Programación

Programación

Alfonso Jiménez Marín
Francisco Manuel Pérez Montes

Paraninfo
ciclos formativos

Paraninfo

Programación

Gerente Editorial
María José López Raso

Técnico Editorial
Paola Paz Otero
Sofía Durán Tamayo

Editora de Adquisiciones
Carmen Lara Carmona

Producción
Nacho Cabal Ramos

Diseño de cubierta
Ediciones Nobel

Preimpresión
Montytexto

1.ª edición, 2021, 1.ª reimpresión, 2022

C/ Velázquez 31, 3.° Dcha. / 28001 Madrid ESPAÑA
Teléfono: 914 463 350 / Fax: 914 456 218
clientes@paraninfo.es / www.paraninfo.es

ISBN: 978-84-283-4286-5
Depósito legal: M-12521-2021

(26401)

Impreso en España /Printed in Spain
Lavel Industria Gráfica
(Humanes de Madrid, Madrid)

La editorial recomienda que el alumnado realice las actividades sobre el cuaderno y no sobre el libro.

Presentación

Este libro desarrolla los contenidos del módulo profesional de **Programación** de los Ciclos Formativos de grado superior de Desarrollo de Aplicaciones Multiplataforma y Desarrollo de Aplicaciones Web, pertenecientes a la familia profesional de Informática y Comunicaciones.

Las unidades del libro se acompañan de multitud de **recursos didácticos** que ayudarán al futuro profesional a comprender la materia y acercarlo a su inminente realidad laboral:

- Mapas conceptuales al final de cada unidad.
- Multitud de actividades propuestas intercaladas con la teoría y actividades finales de comprobación, de aplicación y de ampliación al final de cada unidad.
- Argot técnico.
- Explicación de fundamentos y conceptos básicos, así como de las estructuras de control.
- Gran cantidad de ejercicios resueltos.
- Introducción muy completa a los tipos genéricos de datos y estudio en profundidad de las colecciones.
- Unidad dedicada a los streams y las operaciones lambda, lo que aporta un nuevo enfoque al tratamiento de datos y abre una ventana al paradigma funcional.
- Desarrollo de aplicaciones que hacen uso de API de persistencia, lo que permite automatizar el proceso de desarrollo.

Este libro dispone de los siguientes **materiales y recursos** disponibles en línea para el **profesorado que confirme su adopción** como libro de texto para impartir la materia:

- **Programación didáctica.**
- **Solucionario.**
- **Presentación en PowerPoint.**
- **Examina.**
- **LDP (Libro Digital Proyectable).**

mirror_mod.use_y = True
mirror_mod.use_z = False
elif _operation == "MIRROR_Z":
mirror_mod.use_x = False
mirror_mod.use_y = False
mirror_mod.use_z = True
#selection at the end -add back the deselected mirror modifier objec
mirror_ob.select= 1
modifier_ob.select=1
bpy.context.scene.objects.active = modifier_ob
print("Selected" + str(modifier_ob)) # modifier ob is the active ob

Índice

7. Clases 199

8. Herencia 251

9. Interfaces 277

UNIDAD 1

Conceptos básicos

Objetivos

- Establecer todos los conceptos básicos que son necesarios para el conocimiento de cualquier lenguaje de programación.
- Concretar la importancia de los mecanismos básicos que usan los compiladores, como la declaración y asignación de variables, el establecimiento de tipos, etcétera.
- Clasificar los distintos operadores, atendiendo a su uso y al resultado de la evaluación de sus expresiones.
- Profundizar en el concepto de tipo primitivo, sus tamaños, rangos y conversiones, así como sus valores literales.
- Asociar los tipos primitivos con sus operadores.
- Asimilar las distintas formas de interacción con el usuario mediante la salida por consola y la entrada de datos desde el teclado.
- Exponer el funcionamiento de herramientas (métodos) que proporciona la API para ciertas clases, la diferencia entre el uso estático y no estático de los métodos de la API, así como la clasificación de clases en los distintos paquetes.

Contenidos

Introducción

En nuestra vida cotidiana estamos en contacto con multitud de máquinas que, en la mayoría de los casos, simplifican nuestras tareas. La forma que tenemos de comunicarnos con ellas, a través de botones, ruletas o teclas, es lo que se conoce como *interfaz hombre-máquina.* Supongamos que queremos cocinar en nuestro horno. Lo ideal sería que el horno no tuviera ningún botón ni mando, solo un pequeño micrófono al que pudiéramos dirigirnos y expresarle nuestros deseos: «esta noche me apetece cenar una pizza de espinacas con extra de queso». Por desgracia, este tipo de interfaz todavía no se encuentra en nuestros electrodomésticos. Quizá en unos años.

Volviendo al presente, un horno sencillo donde solo podamos controlar la temperatura adecuada en cada momento y el tiempo que estaremos cocinando presenta los siguientes mandos (Figura 1.1).

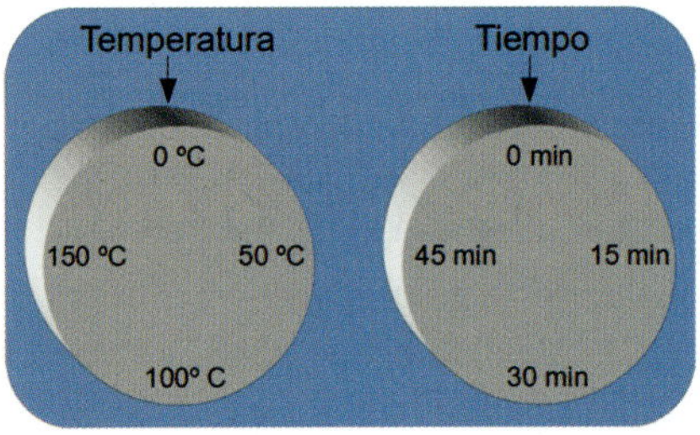

Figura 1.1. *Interfaz hombre-máquina para un horno simple.*

Girando ambas ruedas y colocándolas en la posición deseada podemos configurar o programar el horno. Aunque internamente un horno funciona dejando pasar corriente eléctrica a través de unas resistencias que generan calor, este proceso se interrumpe y continúa, a intervalos, para controlar la temperatura deseada mediante un termostato. Además, todo está dirigido por un cronómetro que se encarga de controlar el tiempo total de funcionamiento. La interfaz, nuestras dos ruedas selectoras de tiempo y temperatura, nos abstrae del verdadero funcionamiento interno del horno. No necesitamos tener ningún conocimiento sobre resistencias, termostatos ni cronómetros. Los mandos hacen invisible el funcionamiento interno y transforman el manejo en algo mucho más sencillo.

Veamos este mismo proceso para un ordenador, una máquina mucho más compleja que un horno. El funcionamiento interno de un ordenador depende de voltajes que cambian entre niveles bajos y altos; estos valores se representan también como ceros (0) y unos (1), un sistema de numeración binario, pues estos voltajes —o ceros y unos— que pasan a través de unos componentes electrónicos, son los que controlan el funcionamiento de la computadora. Cuando un videojuego o un procesador de textos se ejecutan en un ordenador, es difícil pensar que, en el fondo, no son más que el procesado de ceros y unos por dispositivos electrónicos. Para un humano, programar a través de ceros y unos es algo bastante complicado. Por ejemplo, indicarle a un ordenador que realice una suma se hace a través del código 0010101011011000 y una multiplicación es 0011000010101101.

Aquí se aprecia que, aparte de memorizar multitud de códigos binarios, un pequeño error puede ser un desastre y producir un resultado totalmente distinto del que pretendemos.

Para solucionar este problema, al igual que en nuestro horno, existe una interfaz hombre-máquina que nos facilita esta tarea. Esta interfaz se denomina *lenguaje de programación.*

1.1. Algoritmo

Continuando con nuestra cena, para cocinarla nos basta con seguir una serie de instrucciones y seleccionar la posición adecuada de cada mando en cada momento. Dicho de otra forma, tenemos que seguir un conjunto de pasos definidos para resolver el problema: ¿cómo cocinar una pizza?

Podemos definir un **algoritmo** como un conjunto finito de instrucciones bien definidas que nos ayudan a resolver un problema. El algoritmo para preparar una pizza, que en el mundo gastronómico se conoce como *receta*, es:

1. Introducir la pizza en el horno.
2. Colocar la temperatura a 150 °C.
3. Colocar el tiempo a 15 min.
4. Esperar.
5. Retirar y comer.

Estamos acostumbrados a utilizar multitud de algoritmos, que son los procedimientos que realizamos de forma mecánica para solucionar un problema. Algunos ejemplos son: recetas de cocina, procesos para realizar operaciones matemáticas (sumas, multiplicaciones, etc.), pulsar los botones adecuados y en el orden correcto para que cualquier máquina haga su trabajo, etcétera.

Veamos el algoritmo para sumar dos números, utilizando a modo de ejemplo los números 2616 y 3708:

1. Colocar ambos números en dos filas haciendo coincidir las cifras del mismo orden (unidades con unidades, decenas con decenas y así sucesivamente) dos a dos.

$$\begin{array}{r} 2\ 6\ 1\ 6 \\ +\ 3\ 7\ 0\ 8 \\ \hline \end{array}$$

2. Comenzar por la derecha.
3. Hacer la suma de un solo guarismo de cada operando, anotando debajo las unidades resultantes y en la parte superior del guarismo de la izquierda las decenas, si existieran.

$$\begin{array}{r} 1\ \ \\ 2\ 6\ 1\ 6 \\ +\ 3\ 7\ 0\ 8 \\ \hline 4 \end{array}$$

4. Repetir el punto 3 con el guarismo de la izquierda.

$$
\begin{array}{ccccc}
 & & & 1 & \\
 & 2 & 6 & 1 & 6 \\
+ & 3 & 7 & 0 & 8 \\
\hline
 & & & 2 & 4
\end{array}
$$

5. Terminar cuando no queden más elementos por sumar.

$$
\begin{array}{ccccc}
 & 1 & & 1 & \\
 & 2 & 6 & 1 & 6 \\
+ & 3 & 7 & 0 & 8 \\
\hline
 & 6 & 3 & 2 & 4
\end{array}
$$

1.2. Lenguajes de programación

Un lenguaje de programación puede definirse como un idioma artificial diseñado para que sea fácilmente entendible por un humano e interpretable por una máquina. Consta de una serie de reglas y de un conjunto de órdenes o instrucciones. Cada una de estas instrucciones realiza una tarea determinada. A través de una secuencia de instrucciones podemos indicar a una computadora el algoritmo que debe seguir para solucionar un problema dado. A un algoritmo escrito utilizando las instrucciones de un lenguaje de programación se le denomina *programa*.

Existen multitud de lenguajes de programación, cada uno con sus ventajas e inconvenientes. Disponemos de lenguajes especializados para realizar cálculos científicos, para escribir videojuegos o para programar robots. Por ejemplo, Fortran es un lenguaje de programación diseñado para realizar aplicaciones científicas. Podemos utilizarlo para calcular operaciones complejas fácilmente, pero sería tremendamente laborioso utilizarlo para escribir un videojuego. Igualmente existen lenguajes de propósito general —como por ejemplo el lenguaje C— que no están especializados en un campo concreto, pero con los que podemos realizar casi cualquier tarea con un mayor o menor esfuerzo.

Entre todos los lenguajes hemos elegido Java por ser de propósito general, sencillo y didáctico, sin dejar de ser potente y escalable. Quizá, junto al lenguaje C, sea el lenguaje de programación más utilizado por empresas e instituciones científicas y académicas.

Argot técnico

Para conocer cuáles son los lenguajes más utilizados existen distintos sitios que realizan mediciones del número de proyectos que usan un lenguaje concreto.

Entre estos sitios destaca el **índice TIOBE,** que mide la popularidad de los lenguajes de programación. Esta se calcula a partir del número de resultados que proporcionan las consultas en los principales motores de búsquedas para un lenguaje de programación.

1.2.1. Lenguajes compilados e interpretados

Un lenguaje de programación está diseñado para que una persona escriba fácilmente algoritmos, pero la circuitería de un ordenador no comprende ningún lenguaje distinto al sistema binario. ¿Cómo se consigue que un ordenador comprenda lo que se ha escrito mediante un lenguaje de programación? La solución es utilizar una herramienta llamada *compilador,* que transforma el conjunto de órdenes o instrucciones que escribimos utilizando cualquier lenguaje de programación —también llamado *código fuente*— en los ceros y unos que son comprensibles por la circuitería de la máquina, lo que se llama *código máquina* (véase Figura 1.2).

Con esta solución tan elegante podremos programar una máquina tan compleja como un ordenador, casi de la misma forma en la que utilizamos un horno, abstrayéndonos de su funcionamiento interno, sin conocimientos de electrónica y sin necesidad de entender todas y cada una de sus partes.

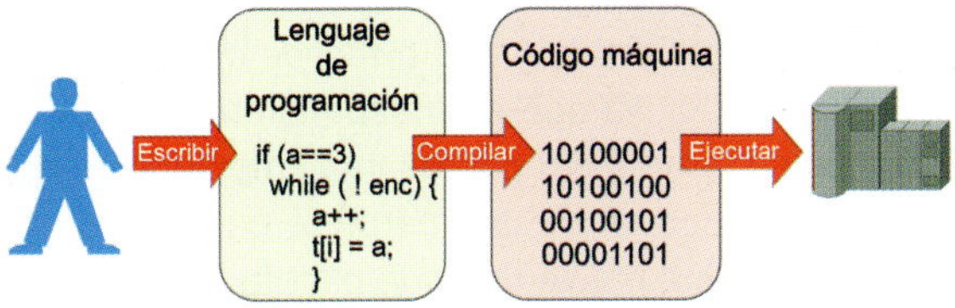

Figura 1.2. *Interfaz hombre-máquina a través de un lenguaje de programación.*

Existen dos enfoques para realizar el proceso de traducción del lenguaje de programación (código fuente) al código máquina. El primero, llamado *compilación,* que ya hemos visto, traduce todas las instrucciones del código fuente y almacena el código máquina generado. Esto permite ejecutar el programa, sin volver a compilarlo, tantas veces como se necesite y sin disponer del código fuente.

El otro enfoque se denomina *interpretación* y consiste en traducir el código fuente instrucción a instrucción e ir ejecutando, es decir, solo se traduce y ejecuta la siguiente instrucción que necesitamos. El proceso continuará sucesivamente hasta que la ejecución termine. Por regla general, el código máquina obtenido en la interpretación no se suele almacenar, lo que obliga a volver a interpretar cada vez que se necesite ejecutar un programa.

A partir del proceso de compilación e interpretación vamos a introducir dos nuevos conceptos:

- **Tiempo de compilación:** es el intervalo de tiempo durante el cual se compila un programa.
- **Tiempo de ejecución:** es el intervalo de tiempo durante el cual un programa se ejecuta.

De los distintos estadios por los que pasa un programa es importante entender en cuál de ellos estamos, ya que los tipos de comprobaciones y chequeos que se realizan dependen de la etapa en la que nos hallemos.

1.2.2. Lenguajes multiplataforma

El lenguaje C sigue el esquema de la Figura 1.2, lo que necesita que un mismo programa se compile para cada combinación de tipo de máquina —IBM-PC, Macintosh, SPARC, etc.— y sistema operativo donde se va a ejecutar. Esto se debe a que el código máquina varía según los estándares hardware y software donde se va a ejecutar; estos definen el entorno de ejecución, también llamado *plataforma.*

Aunque se pueda ejecutar en distintas plataformas, el lenguaje C requiere del compilado específico para cada una de ellas. Por este motivo, no se considera un lenguaje multiplataforma.

Java se concibió como un lenguaje para internet y, por lo tanto, necesita ser multiplataforma, para que un mismo programa se compile una única vez y pueda ser ejecutado en multitud de ordenadores y sistemas operativos completamente diferentes. Esto se consigue añadiendo una capa extra a la solución representada en la Figura 1.2. El compilador de Java no genera un código máquina dependiente de ninguna plataforma; en su lugar, genera un código binario especial llamado *bytecode de Java.* Este no es ejecutable directamente por ningún ordenador, ya que es independiente de cualquier plataforma y ha sido ideado como un código intermedio por los implementadores de Java. Para poder ejecutarlo la solución está en disponer de un intérprete en cada equipo, que traduce el bytecode de Java al código máquina nativo de cada plataforma.

Al programa que interpreta el bytecode se le conoce como *Máquina Virtual de Java* o JVM, por sus siglas en inglés.

De esta forma, se consigue que Java sea un lenguaje multiplataforma: un mismo programa, una vez compilado, se puede ejecutar en cualquier ordenador que tenga instalada la Máquina Virtual de Java, que no es más que un intérprete de bytecode.

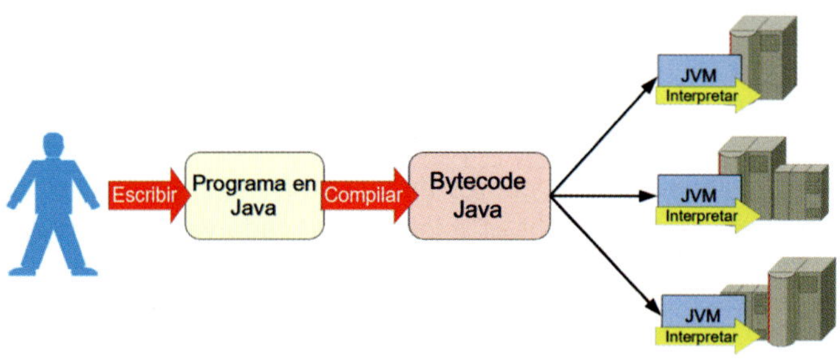

Figura 1.3. *Mecanismos de compilación-interpretación para que Java sea un lenguaje multiplataforma y pueda ejecutar el mismo programa en distintos ordenadores instalados con la JVM.*

Para el caso concreto de Java, vamos a afinar los conceptos de:

- **Tiempo de compilación:** es el espacio de tiempo en el que se traduce el código fuente al bytecode.
- **Tiempo de ejecución:** es el tiempo durante el cual el bytecode se interpreta (por la JVM) y se ejecuta por la plataforma correspondiente.

1.3. ¿Cuál es el propósito de este libro?

El objetivo principal de este libro es doble. En primer lugar, que el lector conozca y aprenda el funcionamiento de las instrucciones o sentencias que proporciona Java y, en segundo lugar, que sea capaz de utilizarlas para escribir algoritmos correctos que resuelvan problemas reales. Estos pueden ser tan simples como calcular la suma de dos números o tan complejos como gestionar la parte financiera de una empresa o desarrollar un videojuego.

Aquí hay que hacer hincapié en que el conocimiento de Java no implica saber programar correctamente. Dicho de otro modo, conocer el funcionamiento individual de cada instrucción no garantiza el éxito; este se consigue teniendo una visión global del problema, conociendo y aplicando técnicas algorítmicas y escribiendo las instrucciones en el orden correcto.

1.4. NetBeans IDE

Un programador dispone de multitud de herramientas para llevar a cabo su tarea. Lo más básico es un editor de texto donde escribir las instrucciones y un compilador que transforme el fichero de texto, con las sentencias de Java, en un fichero escrito en un lenguaje especial, capaz de ser interpretado por la Máquina Virtual de Java (JVM).

También hay entornos de programación más sofisticados que proporcionan una enorme cantidad de funcionalidades: editor de texto, ayuda, compilador, depurador y, en general, casi cualquier cosa que se nos pueda ocurrir. Estos entornos se conocen como IDE, las siglas en inglés de «entorno integrado de desarrollo», y son un conjunto de herramientas integradas orientadas al desarrollo de software.

De todos los entornos disponibles, hemos decidido utilizar NetBeans (Figura 1.4), que es gratuito y de código abierto. En la página web oficial de NetBeans (www.netbeans.org) se puede descargar la última versión.

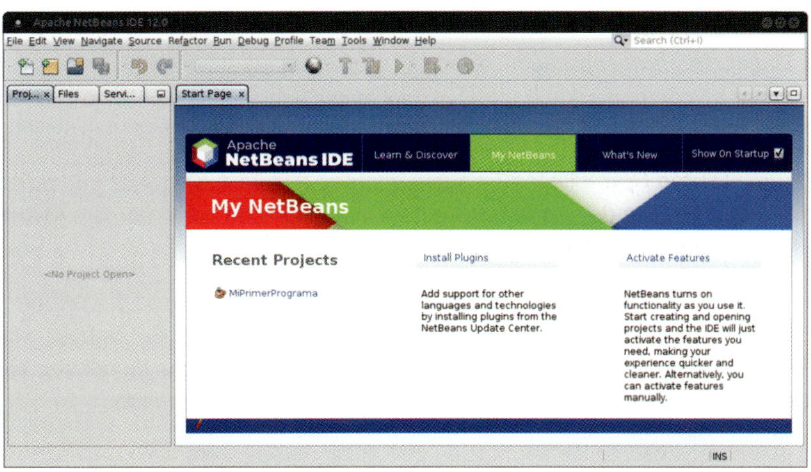

Figura 1.4. *Ventana principal del IDE NetBeans.*

Existen otros entornos de desarrollo, cada uno con sus características. Te invitamos a probar y experimentar hasta que encuentres el que mejor se adapte a tus necesidades, aunque no difieren mucho unos de otros.

En NetBeans crear un proyecto significa crear un nuevo programa en el que escribiremos las sentencias en Java que necesitemos. En el menú *File/New Project...* se accede a la ventana representada en la Figura 1.5, donde podemos elegir el tipo de proyecto. NetBeans se puede utilizar para escribir programas en distintos lenguajes de programación.

1. Seleccionaremos el lenguaje y la opción que nos interese, en nuestro caso, *Java with Ant.*

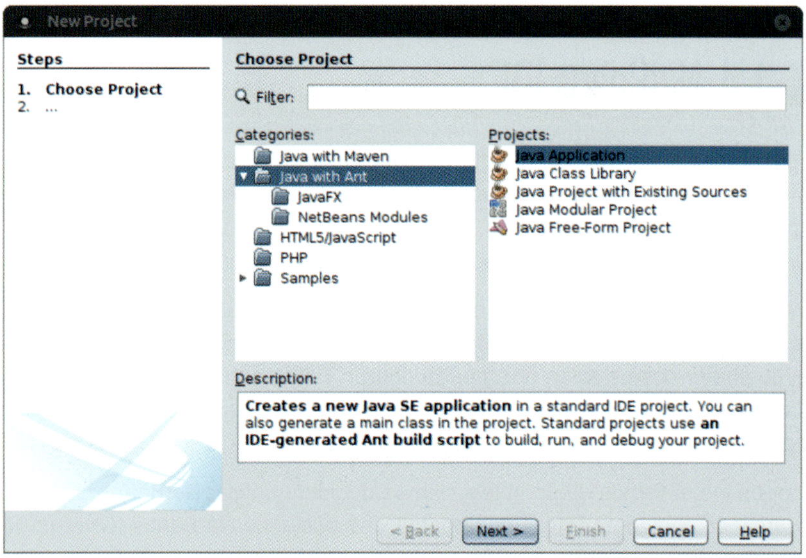

Figura 1.5. *Selección del tipo de proyecto.*

2. Elegiremos *Java Application,* donde el programa que diseñemos hará que el ordenador se comporte como una consola de entrada/salida, evitando elementos de programación avanzada como los gráficos de escritorio.

Pulsando en el botón *Next* > llegamos a una ventana (Figura 1.6), donde podremos elegir el nombre y la ubicación de nuestro proyecto. Hemos elegido como nombre MiPrimerPrograma. Marcaremos la casilla: *Create Main Class.*

El botón *Finish* finaliza el proceso; ahora se muestra un editor (Figura 1.7), donde podremos insertar las instrucciones que deseemos. NetBeans simplifica el trabajo creando el código del programa principal. Nosotros insertaremos las sentencias de nuestro programa entre las llaves de la función `main`, en la parte que aparece sombreada.

Una vez que hemos escrito las sentencias que necesitamos, para que comiencen a ejecutarse pulsaremos en el botón *Run Project,* representado por un triángulo verde que simula una tecla *Play* (véase Figura 1.8).

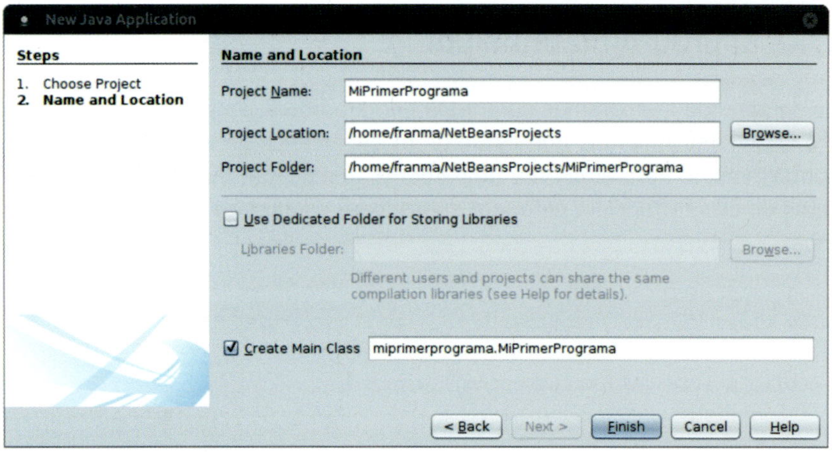

Figura 1.6. *Nombre y localización del proyecto. NetBeans crea el nombre de la clase principal con el mismo nombre que el proyecto. En los ejercicios resueltos hemos modificado la clase principal para que se denomine* `Main`.

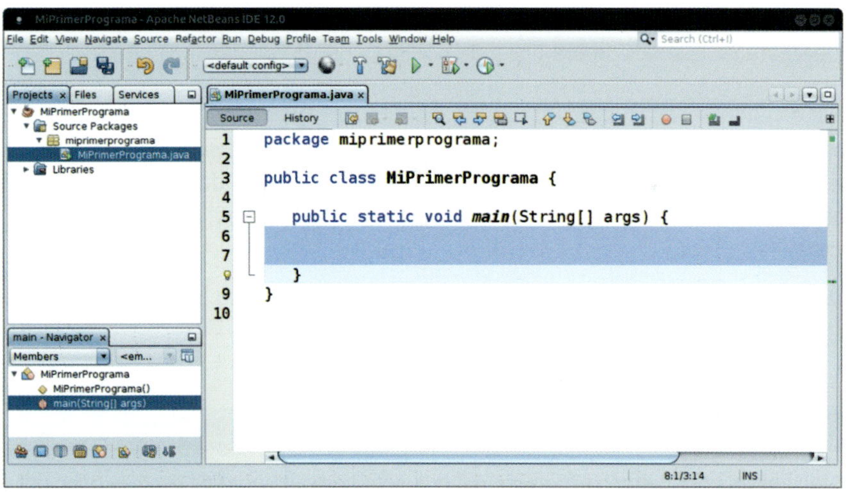

Figura 1.7. *Editor de NetBeans. De momento, todo el código que escribamos irá siempre dentro de las llaves que determinan a la función* `main`, *es decir, nuestro código se escribirá en la zona sombreada.*

Figura 1.8. *El botón rodeado en rojo es el botón* Run Project, *que permite ejecutar el código de nuestro proyecto. Otra alternativa es pulsar la tecla F6, que produce el mismo efecto.*

1.5. El programa principal

Cuando se aprende a programar, durante la primera etapa, es posible que la frase «Esto requiere unos conocimientos que están fuera del alcance de un principiante» aparezca demasiadas veces. Pero aquí está plenamente justificada; más adelante veremos los conceptos de *clase* y *función*, pero, por ahora, para escribir los primeros programas, utilizaremos:

```
package miprimerprograma;
public class MiPrimerPrograma {

   public static void main(String[] args) {
      algoritmo
   }
}
```

Al escribir un programa en Java usaremos literalmente la fórmula anterior, aunque todavía no la comprendamos. De hecho, ni siquiera tendremos que escribir nada, ya que NetBeans la escribirá por nosotros. Solo tenemos que sustituir `algoritmo` por el conjunto de instrucciones que necesitemos.

Hay que destacar que la primera línea de código,

```
package miprimerprograma;
```

especifica que nuestro programa se agrupará en el paquete `miprimerprograma`. El nombre del paquete dependerá del nombre del proyecto; dicho de otra forma, NetBeans escribirá un nombre distinto de paquete dependiendo del nombre que se asigne a los proyectos.

Por este motivo, en la solución de los ejercicios hemos omitido la línea con la sentencia `package`.

Nota técnica

NetBeans asigna por defecto el nombre del proyecto como nombre de la clase principal y como nombre del paquete. Estos se pueden renombrar, tras seleccionarlos, mediante el menú *Refactor/Rename.* Por homogeneidad, hemos decidido que el nombre de la clase principal sea `Main`. En los ficheros con la solución de los ejercicios que se pueden descargar, previo registro, de la web de la Editorial Paraninfo (www.paraninfo.es), se ha omitido la sentencia `package`. Deberás decidir tú cómo se llamarán los proyectos y paquetes.

1.6. Palabras reservadas

En Java existe una serie de palabras con un significado especial, como `package`, `class` o `public`. Estas se denominan *palabras reservadas* y definen la gramática del lenguaje. En la Figura 1.9, se muestra el conjunto de las palabras reservadas en Java.

abstract	continue	float	native	strictfp	void
assert	default	for	new	super	volatile
boolean	do	if	package	switch	while
break	double	implements	private	synchronized	yield
byte	else	import	protected	this	
case	enum	instanceof	public	throw	
catch	extends	int	return	throws	
char	final	interface	short	transient	
class	finally	long	static	try	

Figura 1.9. *Palabras reservadas de Java.*

Al conjunto anterior hay que sumar dos palabras reservadas muy curiosas: `const` y `goto`, que no pueden utilizarse en el lenguaje, pero aun así están reservadas. Además, existen tres valores literales: `true`, `false` y `null`, que tienen también un significado especial para el lenguaje, con un estatus parecido a una palabra reservada.

Las palabras reservadas solo pueden escribirse en determinado lugar de un programa y no pueden ser utilizadas como identificadores.

1.7. Concepto de *variable*

La Real Academia de la Lengua Española define *variable* como la magnitud que puede tener un valor cualquiera de los comprendidos en un conjunto. Dicho con otras palabras: una variable es una representación, mediante un identificador, de un valor, que puede cambiar durante la ejecución de un programa. A las variables se les asignan valores concretos por medio del operador de asignación (=). Ejemplo de ello es:

$a = 3$

Aquí el nombre o identificador de la variable es *a,* y el valor asignado es 3. Esto no significa que posteriormente no pueda cambiar su valor por otro. Otro ejemplo:

$a = 10$
$b = a + 1$

Utilizamos dos variables *a* y *b.* En la primera asignación damos un valor de 10 a la variable *a,* y en la segunda asignación damos a *b* el valor que tuviera *a* más 1. Como *a* vale 10, *b* tomará un valor de 10 más 1, es decir, 11.

1.7.1. Identificadores

El nombre con el que se identifica cada variable se denomina *identificador.* Hay que tener en cuenta que Java distingue entre mayúsculas y minúsculas, es decir, el identificador `edad` es distinto a `eDaD`. Además, no podemos utilizar como identificador ninguna palabra reservada del lenguaje. Los identificadores deben seguir las siguientes reglas:

- Comienzan siempre por una letra, un subrayado (_) o un dólar ($).
- Los siguientes caracteres pueden ser letras, dígitos, subrayado (_) o dólar ($).

- Se hace distinción entre mayúsculas y minúsculas.
- No hay una longitud máxima para el identificador.

Existe una regla de estilo que recomienda distinguir las palabras que forman un identificador escribiendo en mayúscula la primera letra de cada palabra. Esta notación hace que el aspecto del identificador se asemeje a las jorobas de un camello, de ahí su nombre: notación *Camel.* Algunos ejemplos de identificadores que usen la notación Camel son los siguientes: `edad`, `maxValor`, `numCasasLocalidad` o `notaMediaTercerTrimestre`.

1.8. Tipos primitivos

En un programa en ejecución, las variables se almacenan en la memoria del ordenador. Cada una de ellas necesita un tamaño para guardar sus valores. Un tamaño demasiado pequeño no permite guardar valores grandes o muy precisos, y se corre el riesgo de que el valor que se va a guardar no quepa en el espacio reservado. Por el contrario, utilizar un tamaño excesivamente grande desaprovecha la memoria, haciendo un uso ineficiente de ella.

Veamos un ejemplo: la variable *nota,* que utilizaremos para guardar las calificaciones de los alumnos, almacenará valores que están comprendidos en el rango de 0 a 10. Con un tamaño en memoria para dos dígitos es suficiente.

nota = 10

La forma de guardar esta información en la memoria es:

nota	1	0

Nota técnica

El tamaño de la memoria en un ordenador se mide en bytes —ocho bits (cero o uno)— y no en dígitos, como lo estamos haciendo aquí. Para comprender el concepto de tipo supondremos, por ahora, que el tamaño de la memoria se mide en dígitos.

Por el contrario, si deseamos utilizar calificaciones comprendidas entre 0 y 300, dos dígitos no son suficientes.

nota = 125

Asignar 125 a la variable *nota* hace que el valor no pueda guardarse en el espacio reservado (que solo son dos dígitos):

nota	1	2	5

Lo ideal sería que cada variable reserve un espacio lo suficientemente grande para que pueda almacenar todos los valores que guardará en algún momento, pero esto no siempre es posible.

La solución a este problema no es definir un tamaño de memoria para cada variable, sino definir unos tipos de variables, con unos tamaños y rangos de valores conocidos, y que las variables utilizadas en nuestros programas se ciñan a estos tipos.

En Java encontramos los tipos predefinidos: `byte`, `short`, `int`, `long`, `float`, `double`, `boolean` y `char`, también conocidos como *tipos primitivos*. Estos tienen un tamaño predefinido y pueden almacenar valores dentro de unos rangos (a mayor tamaño de memoria, mayor es el rango de posibles valores). Si con estos tipos primitivos no cubrimos nuestras necesidades, en unidades posteriores (Unidad 7) veremos cómo crear otros.

1.8.1. Variables de tipo primitivo

Al escribir un programa, hemos de indicar a qué tipo pertenece cada variable. Este proceso recibe el nombre de *declaración de variables* y se hará forzosamente antes de su primer uso. Veamos como ejemplo la forma de declarar la variable `importe` de tipo `double`:

```
double importe;
```

Todas las declaraciones de variables terminan en punto y coma (;), aunque es posible declarar a la vez varias del mismo tipo, separándolas por comas (,):

```
double importe, total, suma;
```

Existe la posibilidad de asignar un valor —inicializar— una variable en el momento de declararla,

```
double importe = 100.75;
```

que declara la variable `importe` de tipo `double` y le asigna un valor de 100,75.

Las variables de tipo primitivo a las que no se les asigna un valor en su declaración se inicializan automáticamente por defecto, de la siguiente forma: 0 para los tipos numéricos y `char`; y `false` para las variables booleanas. Aunque, por seguridad, Java no permite usarlos hasta que el usuario los inicialice.

Nota técnica

El **tipo primitivo** `char` está pensado para almacenar un solo carácter. El **tipo primitivo** `boolean` está diseñado para guardar tan solo dos posibles valores, que pueden representar: sí o no, cierto o falso; u otros dos conceptos antagónicos cualesquiera, como el día y la noche. Los dos posibles valores que puede almacenar una variable booleana se determinan por los literales: `true` y `false`.

1.8.2. Rangos

En la Tabla 1.1 se describe el tamaño —espacio que ocupa en memoria— y el rango de valores que puede almacenar cada tipo primitivo.

Tabla 1.1. Tipos primitivos en Java. Puede apreciarse que cuanto mayor es el espacio que ocupa, mayor es el rango de valores que puede albergar

Tipo	Uso	Tamaño	Rango
`byte`	entero corto	8 bits	de −128 a 127
`short`	entero	16 bits	de −32 768 a 32 767
`int`	entero	32 bits	de −2 147 483 648 a 2 147 483 647
`long`	entero largo	64 bits	± 9 223 372 036 854 775 808
`float`	real precisión sencilla	32 bits	de -10^{32} a 10^{32}
`double`	real precisión doble	64 bits	de -10^{300} a 10^{300}
`boolean`	lógico	1 bit	**`true`** o `false`
`char`	texto	16 bits	cualquier carácter

El desbordamiento de memoria puede ocurrir cuando un dato ocupa más espacio del asignado. El espacio extra se tomaría de la memoria adyacente, ocupándola. Y es aquí donde aparece el verdadero problema: desconocemos qué es lo que había almacenado en la porción extra de memoria que hemos sobreescrito. Quizá tengamos la suerte de que esté vacío o, por el contrario, podríamos estar destruyendo algún dato crucial. En Java no existe el desbordamiento de memoria, al disponer el lenguaje de un fuerte control de tipos que impide que se puedan realizar operaciones con desbordamiento. Sin embargo, sí existen lenguajes donde el control de tipos es menos exhaustivo o incluso inexistente, y donde sí podemos encontrarnos con situaciones de desbordamiento de memoria.

Por una parte, Java impide que asignemos a una variable un valor fuera del rango permitido por el tipo al que pertenece,

```
byte a = 300;
```

que produce un error del compilador, ya que el tipo `byte` posee un rango cuyos valores están comprendidos entre −128 y 127.

Por otra parte, para evitar el desbordamiento como resultado de un cálculo, los rangos en Java funcionan de forma circular; cuando se sobrepasa el valor máximo, se vuelve al valor mínimo del rango, y viceversa. Para el caso de una variable de tipo `byte`, la forma de contar sería:

0, 1, 2, ..., 126, 127, −128, −127, ..., −2, −1, 0, 1, ...

Expresado de otra forma, el valor máximo de un tipo más 1 no es un valor fuera de rango, sino el valor mínimo permitido para ese tipo. Y ocurre lo mismo con el valor mínimo. Por ejemplo, después de las sentencias,

```
byte a = 127;
a = a + 1;
```

Recordemos que el valor máximo para el tipo byte es 127, por lo tanto la variable `a` tendrá el valor −128, que es el siguiente a 127.

En el Apartado 1.12.2 veremos a fondo el funcionamiento de `System.out.println()`, pero nos adelantamos para que puedas visualizar el valor de las variables usadas en los ejemplos. La forma de mostrar en pantalla el valor de la variable `a` es escribiendo,

```
System.out.println(a);
```

1.9. Variables de objeto

Es posible declarar variables cuyo tipo no sea un tipo primitivo, sino una clase. Por ahora, pensaremos en las clases como tipos de datos complejos, hasta que las estudiemos en profundidad en la Unidad 7.

A estas variables se les denomina *variables de objeto* y las utilizaremos para poder aprovechar las herramientas que Java proporciona.

De igual manera que las variables de tipos primitivos se inicializan por defecto, si en su declaración no se les asigna un valor, las variables de objeto se inicializan por defecto con el valor especial `null`, que representa que la variable se encuentra vacía.

En la regla de estilo que sigue Java, el identificador de las variables comienzan por minúscula, mientras que los nombres de las clases comienza por mayúscula. Esto permite, de un vistazo, distinguir en el código qué es cada cada uno de los identificadores usados.

1.10. Constantes

Las constantes son un caso especial de variables, donde, una vez que se les asigna su primer valor, este permanece inmutable durante el resto del programa. Cualquier dato que no cambie es candidato a guardarse en una constante. Ejemplos de constante son el número π, el número e o el IVA aplicable.

La declaración de constantes es similar a la de variables, pero añadiendo la palabra reservada `final`:

```
final tipo nombreConstante;
```

Recuerda

La línea anterior describe la sintaxis del lenguaje, es decir, el orden en el que se escriben las cosas. Para declarar una constante hemos de sustituir la palabra *`tipo`* por cualquiera de los tipos primitivos de Java: `int`, `char`, `byte`, etcétera.

Igualmente, `nombreConstante` puede sustituirse por cualquier nombre que nos guste para la constante. Por ejemplo: `PI`, `NUMERO_MAXIMO`, `IVA`, etcétera.

La mayoría de los programadores suele escribir sus códigos siguiendo una guía de estilos. Es habitual que los identificadores de las constantes se escriban en mayúscula. Nada nos impide escribirlas de otra forma, pero se hace así para distinguirlas, de un solo vistazo, de las variables. Un ejemplo de la declaración de constantes es el siguiente:

```
final byte MAYORIA_EDAD = 18;
final double PI = 3.141592;
```

También es posible declarar la constante y posteriormente asignarle su valor:

```
final int NUM_ALUMNOS;
...
NUM_ALUMNOS = aulas * 30; //el valor es fruto de una expresión
```

Una vez que se ha asignado el valor a una constante, si intentamos modificarla, se producirá un error.

1.11. Comentarios

Un programa no solo está formado por instrucciones del lenguaje; también es posible incluir notas o comentarios. El objetivo de estos es doble: describir la funcionalidad del código (qué hace) y facilitar la comprensión de la solución implementada (cómo lo hace).

Se considera una buena práctica escribir códigos bien documentados. Están especialmente indicados para facilitar el mantenimiento (modificación futura) de los programas: un código con el que trabajemos habitualmente y que conocemos con gran exactitud puede convertirse en un galimatías tras un tiempo sin trabajar con él; por otra parte, cuando se trabaja en colaboración con otros programadores, los comentarios que acompañan al código ayudan al resto del equipo.

Java dispone de tres tipos de comentarios:

- **Comentario multilínea:** cualquier texto incluido entre los caracteres `/*` (apertura de comentario) y `*/` (cierre de comentario) será interpretado como un comentario, y puede extenderse a través de varias líneas.
- **Comentario hasta final de línea:** todo lo que sigue a los caracteres `//` hasta el final de la línea se considera un comentario.
- **Comentario de documentación:** similar al comentario multilínea, con la diferencia de que, para iniciarlo, se utilizan los caracteres `/**`. Existen herramientas que generan documentación automática a partir de este tipo de comentarios.

Veamos algunos ejemplos:

```
/* esto es un comentario
que se extiende
durante varias líneas */
int numeroPaginas; //declaramos la variable numeroPaginas como un entero
/** este comentario será utilizado en caso de utilizar una herramienta
de generación automática de documentación */
```

1.12. API de Java

Una de las grandes ventajas de los lenguajes de programación modernos es que disponen de una amplia biblioteca de herramientas que realizan tareas complejas de forma transparente al programador que las utiliza, facilitando su tarea.

En el caso de que un lenguaje de programación no disponga de alguna herramienta específica, es necesario que sea el propio programador quien la construya, con los inconvenientes que esto conlleva. Es indudable que el hecho de disponer de herramientas facilita la labor de programar: por un lado se ahorra tiempo y trabajo, al no tener que implementarlas; y por otro, aporta un extra de seguridad al tener la certeza de que estas herramientas funcionan bien, ya que han sido diseñadas y comprobadas por programadores expertos.

Ilustraremos esta idea con un ejemplo de la vida cotidiana: supongamos que deseamos colgar un bonito cuadro en el salón de nuestra casa. Para ello es primordial hacer un taladro en la pared para colocar algún tipo de gancho o alcayata. Si no disponemos de un taladro eléctrico, tendremos que construirlo, lo que nos obliga a tener conocimientos de mecánica y electricidad, entre otras cosas, a la vez que es una tarea que ocupa nuestro tiempo. Es más, una vez construido tendremos dudas sobre su calidad. Si no lo hemos hecho bien, podría fallar al usarse. Es mucho más cómodo disponer de antemano del taladro eléctrico. Las herramientas que acompañan a un lenguaje de programación —al igual que el taladro eléctrico— están a nuestra disposición para facilitar las tareas cotidianas y liberarnos del trabajo de construirlas.

A estas herramientas, en Java, se les denomina clases y facilitan multitud de tareas. Algunos ejemplos de las funcionalidades que nos brindan son:

- **Lectura de datos:** leen información desde el teclado, desde un fichero o desde otros dispositivos.
- **Cálculos complejos:** realizan operaciones matemáticas como raíces cuadradas, logaritmos, cálculos trigonométricos, etcétera.
- **Manejo de errores:** controlan la situación cuando se produce un error de algún tipo.
- **Escritura de datos:** escriben información relevante en dispositivos de almacenamiento, impresoras, monitores, etcétera.

Estos son solo algunos ejemplos, pero la cantidad de clases que se distribuyen con Java es enorme y cubren las necesidades típicas de un programador. A toda esta biblioteca de clases se le denomina API, que son las siglas en inglés de «interfaz de programación de aplicaciones».

1.12.1. Paquetes

El número de clases de la API es tal que, para facilitar su organización, se agrupan según su funcionalidad. A una agrupación de clases se le denomina ***paquete.*** Los paquetes pueden agruparse, a su vez, en otros paquetes. Por ejemplo, la clase `Math`, que proporciona herramientas para realizar cálculos matemáticos, se engloba dentro del paquete `lang`, que engloba clases que son fundamentales para el lenguaje, y que a su vez se encuentra dentro del paquete `java`.

Cada clase se identifica mediante su nombre completo —o *nombre cualificado*— que incluye la estructura de paquetes junto al nombre de la clase. Por ejemplo, el nombre cualificado para la clase `Math` es: `java.lang.Math`.

A su vez, una clase proporciona una o varias funcionalidades, que se denominan métodos. Si consideramos el taladro eléctrico como una clase, nos proporciona dos funcionalidades —dos métodos—: taladrar y atornillar. `Math`, entre otros, dispone de los métodos `sqrt()`, que calcula una raíz cuadrada, `abs()`, que calcula el valor absoluto de un número, o de `random()`, que selecciona un número aleatorio.

Para utilizar cualquier clase de la API, tendremos que escribir su nombre cualificado. Por ejemplo, veamos cómo declarar una variable para guardar la hora. Para ello utilizaremos la clase `LocalTime`, que está ubicada en el paquete `java.time`,

```
java.time.LocalTime queHoraEs;
```

Igualmente, para usar cualquier método de una clase de la API, tendremos que escribir el nombre del método junto al nombre cualificado de la clase a la que pertenece. Por ejemplo, veamos cómo asignar a la variable `queHoraEs` la hora actual del sistema. Usaremos el método `now()` de la clase `LocalTime`:

```
java.time.LocalTime queHoraEs = java.time.LocalTime.now();
```

Tener que escribir continuamente el nombre cualificado de una clase —por ejemplo, `java.time.LocalTime`— puede llegar a ser engorroso. Una alternativa es declarar que vamos a utilizar una clase concreta, mediante la palabra reservada `import`. De la forma:

```
import java.time.LocalTime;
```

que se interpreta como: voy a necesitar —importar— en mi programa la clase `LocalTime`, que se encuentra dentro del paquete `time`, que a su vez se encuentra dentro del paquete `java`. La sentencia `import` se coloca justo debajo de la declaración del paquete, como en la Figura 1.12. Tras importar una clase, ya no es necesario escribir su nombre cualificado,

```
LocalTime queHoraEs = LocalTime.now()); //nombre corto
```

Es posible importar tantas clases como necesitemos y el hecho de importar una clase no nos obliga a utilizarla; tan solo acorta su escritura en la expresión donde la utilicemos. En ocasiones tener que importar una a una las clases de un paquete puede ser algo tedioso. Es posible importar todos las clases de un paquete mediante un asterisco:

```
import java.time.*; //importa todas las clases del paquete java.time
```

Nota técnica

Mientras escribimos código, NetBeans analiza lo que escribimos y comprueba si usamos alguna clase que aún no ha sido importada. En este caso, mediante un triángulo amarillo junto a la línea de código, nos permite importar la clase con un solo clic.

Hay que tener cuidado al seleccionar con el ratón qué clases deseamos importar, ya que en ocasiones existen varias posibilidades. Existen distintas clases con el mismo nombre (aunque realizan funciones distintas y se ubican en paquete distintos).

Con respecto al mecanismo de importación, el paquete `java.lang` es una excepción. Al albergar clases fundamentales para Java —sin las cuales sería prácticamente imposible programar—, se necesitan sus clases en casi cualquier programa. Por este motivo, es el propio compilador el que importa de forma automática todas las clases del paquete `java.lang`, sin que tengamos que hacerlo nosotros. Es decir, podemos utilizar cualquier clase del paquete `java.lang` mediante su nombre corto sin tener que preocuparnos de su importación.

Por otra parte, cada clase que compone la API puede utilizarse de dos modos:

- **De forma estática:** se usa directamente el método. Por ejemplo, la clase `Math` se utiliza de forma estática. Veamos como calcular la raíz cuadrada de 16:

```
raiz = Math.sqrt(16); //calcula la raiz cuadrada de 16, que resulta 4.0
```

- **De forma no estática:** esta manera de utilizar las clases requiere del operador `new`, que se verá en profundidad en unidades posteriores. Un ejemplo de clase que se utiliza de esta forma es `Scanner`, que permite que el usuario introduzca datos en una aplicación. Por ahora, utilizaremos la clase `Scanner` como una fórmula literal (véase el Apartado 1.12.3).

Hasta aquí hemos visto las clases como un conjunto de herramientas, pero en la Unidad 7 las estudiaremos a fondo, veremos cómo implementar nuestras propias clases y todo lo relacionado con ellas. Por ahora, nos limitaremos a utilizar algunas clases sin más.

1.12.2. Salida por consola

Una de las operaciones más básicas que proporciona la API es aquella que permite mostrar mensajes en el monitor, con idea de aportar información al usuario. Cuando los mensajes se muestran de forma simple, en modo texto y sin interfaz gráfica, se habla de salida por consola. Java dispone para ello de la clase `System` con los métodos:

- `System.out.print("Mensaje")`, que muestra literalmente el mensaje en el monitor.
- `System.out.println("Mensaje")`, igual que el anterior pero, tras el mensaje, inserta un retorno de carro (nueva línea).

Un ejemplo de cómo `System.out.print()` muestra la salida por consola se aprecia en la ventana de Output (Figura 1.10).

Nota técnica

Para hacer visible la ventana de Output, pulsa *Output* en el menú *Window* de la barra de menú.

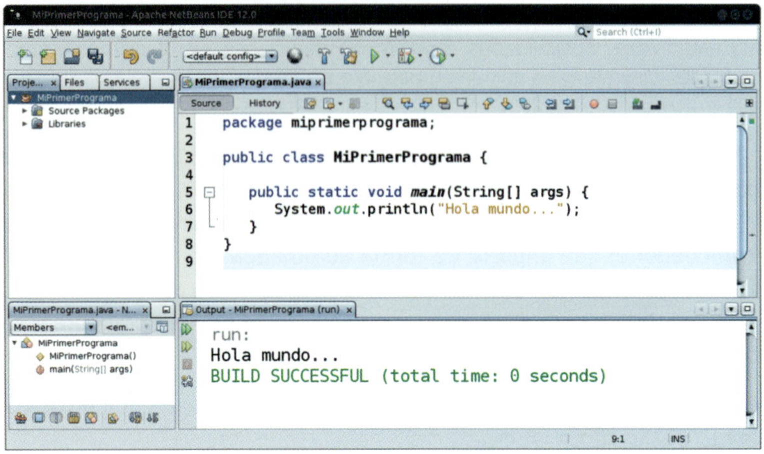

Figura 1.10. *Salida por consola de la ejecución del programa, que mostrará el mensaje: «Hola mundo...».*

El uso de la clase `System` es tan básico que no es necesario importarla, esto lo hace Java por defecto. Incluso el entorno que vamos a utilizar para escribir programas —NetBeans— tiene un truco para escribir `System.out.println`: basta con escribir *sout* y pulsar la tecla tabulador. NetBeans lo escribirá por nosotros.

Para combinar la salida de mensajes literales de texto y el valor de las variables utilizaremos `+`, que nos permite unir todos los elementos que deseemos para formar el mensaje de salida.

```
int edad = 12;
System.out.print("Su edad es de " + edad + " años.");
```

Se obtiene el mensaje en el monitor:

```
Su edad es de 12 años.
```

Lo que está entre comillas se muestra literalmente, mientras que `edad`, al no estar entrecomillado, se evalúa, mostrando su valor: 12.

Hay que tener en cuenta que `System.out.print` no inserta ningún retorno de carro al final del mensaje. Un ejemplo de ello (véase la variable `queHoraEs` en el Apartado 1.12.1):

```
System.out.println("Hola."); //inserta un retorno de carro
System.out.print("La hora del sistema es:"); //sin retorno de carro
System.out.print(queHoraEs); //muestra la hora hasta los milisengudos
```

El resultado será:

```
Hola.
La hora del sistema es:10:20:32.294
```

Los dos últimos mensajes se encuentran unidos, ya que no existe ningún retorno de carro después de «La hora del sistema es:». Donde queramos insertarlo, usaremos:

```
System.out.println()
```

o el carácter especial `\n`, que equivale a un retorno de carro.

```
System.out.println("Hola."); //inserta un retorno de carro
System.out.print("La hora\ndel sistema es:\n"); //dos retornos de carro
System.out.print(queHoraEs);
```

Aparece en pantalla:

```
Hola.
La hora
del sistema es:
10:20:32.294
```

Actividad resuelta 1.1

Escribir unas líneas de código que saluden al usuario con el mensaje: «Hola. Encantado de conocerlo.».

Solución

```
public class Main {
   public static void main(String[] args) {
      System.out.print("Hola. Encantado de conocerlo."); //salida por consola
   }
}
```

1.12.3. Entrada de datos

Otra operación muy utilizada, disponible en la API —mediante la clase `Scanner`—, consiste en recabar información del usuario a través del teclado. Cuando se hace de forma simple, en modo texto, sin ratón ni interfaz gráfica, se dice que obtenemos datos por consola.

`Scanner` es una clase de la API que se utiliza de forma no estática, es decir, necesita del operador `new`. Y la forma de trabajar con ella es siempre la misma: en primer lugar tendremos que crear un nuevo escáner,

```
Scanner sc = new Scanner(System.in);
```

`System.in` indica que vamos a leer del teclado. Una vez creado nuestro escáner, que hemos llamado `sc`, ya solo queda utilizarlo. Para ello disponemos de los métodos:

- `sc.nextInt()`: lee un número entero (`int`) por teclado.
- `sc.nextDouble()`: lee un número real (`double`).
- `sc.nextLine()`: lee una cadena de caracteres (una frase) hasta que se pulsa Intro.
- `sc.next()`: lee una cadena de caracteres hasta que se encuentra un tabulador, un espacio en blanco o un Intro.

Las sentencias para introducir datos por teclado funcionan de la siguiente forma (Figura 1.11):

1. Se detiene la ejecución del programa y se espera a que el usuario teclee.

Recuerda

Para escribir, seleccionar previamente la ventana de *Output*.

2. Recoge toda la secuencia tecleada hasta que se pulsa la tecla Intro.
3. Todo el contenido tecleado es interpretado y devuelto, normalmente asignándose a una variable.
4. El programa dispone del dato introducido por el usuario en la variable.

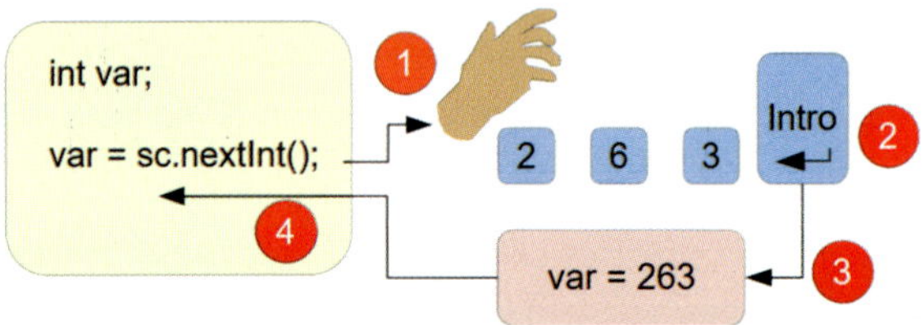

Figura 1.11. *Entrada por consola. La clase* `Scanner` *interpreta la información tecleada por el usuario y la convierte en valores que son asignados a las variables.*

Veamos un ejemplo completo de la lectura por consola de un número real:

```
Scanner sc = new Scanner(System.in); //crea el nuevo escáner
double numero; //declaramos la variable numero
numero = sc.nextDouble(); //se detiene la ejecución del programa hasta que
//escribimos un número en el área de Output y pulsamos Intro.
//ahora disponemos del valor introducido, a través de la variable numero
System.out.println("Ha escrito: " + numero);
```

Recuerda

Antes de escribir el número o cualquier otra cosa que solicitemos con un `Scanner`, tendremos que hacer clic con el ratón en la zona de *Output*. De lo contrario, lo que escribamos se insertará en la zona de código.

Este fragmento de código se utilizará como una fórmula literal cada vez que necesitemos introducir información por teclado. Según deseemos leer un entero, un real o una cadena de caracteres, solo será necesario modificar el nombre y tipo de la variable que leer y el método de `sc`: `nextInt()`, `nextDouble()`, `nextLine()` o `next()`.

Para utilizar la clase `Scanner`, como hemos hecho en el ejemplo anterior, sin tener que escribir su nombre cualificado, la importaremos de la siguiente forma:

```
import java.util.Scanner;
```

Mientras `java.lang` contiene clases fundamentales a la hora de programar, es decir, es prácticamente imposible escribir un programa sin utilizar ninguna de ellas; el paquete `java.util` contiene clases muy útiles, pero no imprescindibles.

Una vez creado `sc` podemos utilizarlo para leer tantas veces como necesitemos:

```
Scanner sc = new Scanner(System.in);
edad = sc.nextInt(); //leemos un entero
precio = sc.nextDouble(); //leemos un real
```

Hay que tener en cuenta que, al utilzar `sc.nextDouble()`, que lee un número real por teclado, tenemos que introducir los números con coma decimal (,) —por ejemplo: 12,3— en lugar de punto (.) —12.3—. Si queremos introducir los decimales con punto, debemos añadir la línea:

```
sc.useLocale(Locale.US);
```

justo después de crear el escáner. Para ello, antes debemos importar la clase `Locale`:

```
import java.util.Locale;
```

Para escribir nuestro programa utilizaremos siempre la estructura que se representa en la Figura 1.12. Finalmente, lo único que nos queda es seguir aprendiendo a programar con Java. Esto requiere practicar mucho sin dejar de disfrutar.

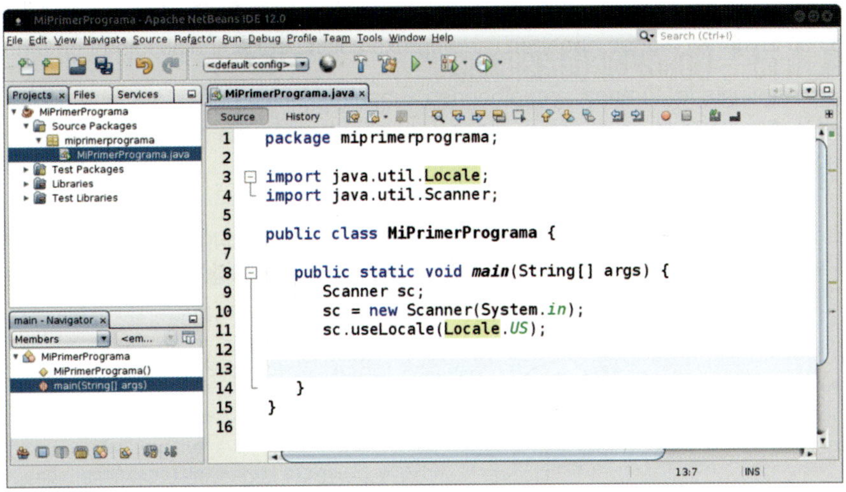

Figura 1.12. *Programa principal donde se usa* `Locale`*; con esto podemos introducir los números decimales con punto, en lugar de coma, como indicador de la parte decimal. También se aprecia que se han usado varios* `import`.

Actividad resuelta 1.2

Diseñar un programa que pida un número al usuario —por teclado— y a continuación lo muestre.

Solución

```
import java.util.Scanner;
/* En este ejercicio se pide un número y después se muestra tal cual. En este caso no
 * procesamos el dato de entrada. Esto no es un caso típico, pero nos sirve para ir
 * mostrando las distintas herramientas de las que disponemos. */
```

```
public class Main {
    public static void main(String[] args) {
        int num; //en la variable num guardaremos el número que se introduzca
        System.out.print("Escriba un número: "); //salida por consola: mensaje
        Scanner sc = new Scanner(System.in);
        num = sc.nextInt(); // entrada por consola
        //ahora mostraremos el valor de la variable num
        System.out.println("Valor introducido: " + num); //salida: mensaje +
        //variable. Utilizando + podemos concatenar en la salida por consola
        //tantos mensajes y variables como necesitemos
    }
}
```

1.13. Operaciones básicas

Java dispone de multitud de operadores con los que se pueden crear expresiones utilizando como operandos variables, constantes, números y otras expresiones.

1.13.1. Operador de asignación

El operador `=` se usa para modificar el valor de una variable. La sintaxis es esta:

```
variable = expresión;
```

A la variable se le asigna como valor el resultado de la expresión. Una expresión no es más que una serie de operaciones. Si en el momento de la asignación la variable tuviera un valor anterior, este se pierde. Un ejemplo:

```
int total, a; //declaramos dos variables enteras
total = 123; //la variable total toma un valor de 123.
total = 0; //ahora toma un valor de 0. El valor 123 se pierde.
a = 3; //la variable a toma el valor 3
```

En estas asignaciones la expresión asignada es un valor explícito y no una expresión que necesite ser evaluada. Estos valores explícitos se llaman *literales*. Por ejemplo, 123 es un literal entero, mientras que 2.5 es un literal `double`. En cambio,

```
total = 2 * a; //total toma como valor el resultado de:
//2 por el valor de la variable a (que es 3). Es decir 6.
total = total - 5; //a total se le asigna el valor de:
//total (que es 6) menos 5. Es decir 1.
```

Ahora a `total` se le asigna dos expresiones que necesitan ser evaluadas antes de la asignación. La primera es una multiplicación —operador `*`— y la segunda es una resta.

Desde que se declara una variable hasta que se le asigna el primer valor, ¿cuánto vale la variable? Java asigna provisionalmente valores por defecto a las variables, pero impide realizar operaciones con ellas hasta que realicemos la primera asignación. En otros lenguajes de programación hay que tener mucho cuidado, ya que la política de variables sin asignar cambia. Por ejemplo, el lenguaje C asigna a la variable un valor al azar.

1.13.2. Operadores aritméticos

El operador `-` (menos unario) sirve para cambiar el signo de la expresión que le sigue, que estará formada por cualquier secuencia de operaciones aritméticas (Tabla 1.2).

```
a = 1;
b = -a; // b vale -1
```

El operador `%` devuelve el resto de dividir el primer operando entre el segundo. Por ejemplo `7%3` (se lee 7 módulo 3) vale 1, ya que al dividir 7 entre 3 el resto (el módulo) es 1.

Tabla 1.2. Operadores aritméticos

Símbolo	Descripción
+	Suma
+	Más unario: positivo
-	Resta
-	Menor unario: negativo
*	Multiplicación
/	División
%	Módulo
++	Incremento en 1
--	Decremento en 1

Los operadores `++` y `--` se utilizan para incrementar o decrementar una variable en 1. El siguiente código:

```
a ++;
b --;
```

es equivalente a:

```
a = a + 1;
b = b - 1;
```

En un programa el incremento o decremento de una variable es algo tan usual que estos operadores están pensados con el único propósito de ahorrar trabajo al programador a la hora de teclear, y de paso, hacer el código más compacto, legible y eficiente. Ambos operadores pueden utilizarse de forma prefija `(++a;)` o posfija (`a++;`), y su comportamiento es distinto. Cuando se utiliza como prefijo, el operador tiene precedencia sobre el resto de las operaciones de la expresión. Y usado como posfijo, se realiza antes cualquier otra operación, dejando el incremento para el final.

```
int a, b, c; //declaramos las variables de tipo entero
a = 1; //a la variable "a" le asignamos 1
b = a ++; //primero asignamos el valor de "a" a "b", y después incrementamos "a"
c = ++ a; //primero incrementamos "a", y después asignamos su valor a "c"
```

Después de estas líneas de código, a vale 3, b vale 1 y c vale 3.

En la segunda asignación, lo primero que se hace es copiar el valor actual de a y, a continuación, se incrementa. El orden de las operaciones es asignar (=) e incrementar (++). En la tercera asignación el valor final de c es 3, debido a que la primera operación que se hace es incrementar a, y después asignamos el valor incrementado a la variable c.

Cuando un ordenador realiza operaciones aritméticas con decimales, la precisión que puede utilizar es limitada, lo que genera pequeños errores de cálculo.

Veamos un ejemplo:

```
double a = 1.0/10.0 + 2.0/10.0; //el resultado debería ser 3/10
a = a * 10.0; //el resultado debería ser 3
System.out.println(a); //muestra 3.0000000000000004
```

Esto es algo que hay que tener en cuenta, ya que el resultado de un programa puede ser distinto al esperado debido a los errores producidos por los decimales.

Actividad resuelta 1.3

Pedir al usuario su edad y mostrar la que tendrá el próximo año.

Solución

```
import java.util.Scanner;
/* En el ejercicio realizamos las tres fases típicas de cualquier aplicación:
 * - Entrada de datos: pedimos la edad
 * - Procesado: en este caso incrementar la edad en 1
 * - Salida de datos: mostrar los resultados */
public class Main {
   public static void main(String[] args) {
      int edad; //aquí guardaremos la edad del usuario
      Scanner sc = new Scanner(System.in);
      System.out.print("Escriba su edad: ");
      edad = sc.nextInt();
      edad = edad + 1; //el año que viene tendrá un año más
      //la línea anterior puede sustuirse por: edad++;
      //ahora mostraremos el valor de la variable edad
      System.out.println("El próximo año su edad será: " + edad + " años");
   }
}
```

Actividad resuelta 1.4

Escribir una aplicación que pida el año actual y el de nacimiento del usuario. Debe calcular su edad, suponiendo que en el año en curso el usuario ya ha cumplido años.

Solución

```
import java.util.Scanner;
/* La edad puede calcularse como la diferencia entre el año actual y el de
 * nacimiento. Esto puede contener un error, en el caso de que en la fecha
 * actual aun no se haya celebrado el cumpleaños del año en curso.
 * Supondremos que el cumpleaños del usuario ya ha tenido lugar este año. */
public class Main {
   public static void main(String[] args) {
      int aActual; //año en curso (actual)
      int aNacimiento; //año de nacimiento
      int edad;
      Scanner sc = new Scanner(System.in);
      //leemos los datos
      System.out.print("Año de nacimiento: ");
      aNacimiento = sc.nextInt();
      System.out.print("Año actual: ");
      aActual = sc.nextInt();
      edad = aActual - aNacimiento; //calculamos la edad
      System.out.println("Su edad es: " + edad + " años.");
   }
}
```

Actividad resuelta 1.5

El tipo `short` permite almacenar valores comprendidos entre –32 768 y 32 767. Escribir un programa que compruebe que el rango de valores de un tipo se comporta de forma cíclica, es decir, el valor siguiente al máximo es el valor mínimo.

Solución

```
// Veremos como Java evita que una operación provoque un desbordamiento.
public class Main {
   public static void main(String[] args) {
      short num;
      num = 32767; //valor máximo dentro del rango de short
      System.out.println("Valor máximo para el tipo short: " + num);
      num++; //incrementamos en 1. Para evitar salirse del rango, la
      //variable num tomará el valor mínimo para el tipo short
      System.out.println("Valor mínimo para el tipo short: " + num);
   }
}
```

Actividad resuelta 1.6

Crear una aplicación que calcule la media aritmética de dos notas enteras. Hay que tener en cuenta que la media puede contener decimales.

Solución

```
import java.util.Scanner;
/* Pediremos dos notas enteras y calcularemos la media. Como la media puede
 * tener decimales utilizaremos una variable de tipo real. */
```

```
public class Main {
   public static void main(String[] args) {
      int nota1, nota2; //variables enteras para las notas
      double media; //la media puede contener decimales: usamos double
      Scanner sc = new Scanner(System.in);
      //leemos las notas
      System.out.print("Nota 1: ");
      nota1 = sc.nextInt();
      System.out.print("Nota 2: ");
      nota2 = sc.nextInt();
      //calculamos la media
      media = (nota1 + nota2) / 2.0;
      //en la expresión, el punto decimal de 2.0 hace que no sea una división entera.
      //El numerador sufre una conversión automática a real en doble precisión y el
      //resultado conserva la parte decimal
      System.out.println("La media es: " + media);
   }
}
```

Actividad resuelta 1.7

Diseñar una aplicación que calcule la longitud y el área de una circunferencia. Para ello, el usuario debe introducir el radio (que puede contener decimales).

Recordamos:

$$Longitud = 2\pi \cdot radio$$

$$Área = \pi \cdot radio^2$$

Solución

```
import java.util.*;
/* Para calcular la longitud y el área utilizaremos el valor de pi que nos brinda Math.
 * Y usaremos el método de la API que eleva una base a un exponente para el cuadrado. */
public class Main {
   public static void main(String[] args) {
      double radio; //el radio puede contener decimales
      double area, longitud;
      Scanner sc = new Scanner(System.in);
      sc.useLocale(Locale.US); //usaremos decimales con .
      // pedimos los datos
      System.out.print("Escriba el radio: ");
      radio = sc.nextDouble();
      longitud = 2 * Math.PI * radio; //la clase Math pertenece al paquete
      //java.lang, que se importa por defecto
      area = Math.PI * Math.pow(radio, 2); //Math.pow(base, exponente) eleva la base
      //al exponente utilizado. Math.pow(radio, 2) eleva el radio a 2 (al cuadrado)
      System.out.println("La longitud de la circunferencia es: " + longitud);
      System.out.println("El área del círculo es: " + area);
   }
}
```

1.13.3. Operadores relacionales

Son aquellos que producen un resultado lógico o booleano a partir de las comparaciones de expresiones numéricas (Tabla 1.3). El resultado solo permite dos posibles valores: verdadero o falso. En Java estos valores se representan mediante los literales `true` y `false`. Al principio, es usual confundir el operador de asignación (`=`) con el operador de comparación (`==`), y creemos estar comparando cuando en realidad estamos asignando. Comparemos de distintas formas los números 3 y 5:

- 3 < 5. ¿Es 3 menor que 5? Es cierto; 3 es un número más pequeño que 5. Por tanto, la expresión devuelve `true`.
- 3 == 5. ¿Es 3 igual que 5? Falso; ambos números son distintos, es decir, no son iguales. La expresión devuelve `false`.
- 3 <= 5. ¿Es 3 menor o igual que 5? Cierto. La expresión devuelve `true`.
- 3 <= 3. ¿Es 3 menor o igual que 3? Es cierto.
- 3 != 4. ¿Es 3 distinto de 4? Cierto; ya que 3 es distinto a 4.

Tabla 1.3. Operadores relacionales.

Símbolo	Descripción
==	Igual que
!=	Distinto que
<	Menor que
<=	Menor o igual que
>	Mayor que
>=	Mayor o igual que

Como se vio en el apartado anterior, las operaciones aritméticas con decimales llevan implícitos pequeños errores de cálculo. Esto es algo que tener en cuenta cuando se realizan comparaciones. Sea:

```
double a = (1.0/10.0 + 2.0/10.0) * 10; //a debería valer 3,
//pero vale 3.0000000000000004
```

Si realizamos la comparación `a == 3`, resultará falso. En lugar de comparar valores de tipo `float` o `double` directamente, lo que se hace es realizar una resta y si el resultado está por debajo de un umbral, se asume que los valores son iguales. Es decir, si `a - 3 <= 0.0000001` es `true`, se asume que `a` es igual a 3.

Actividad resuelta 1.8

Realizar una aplicación que solicite al usuario su edad y le indique si es mayor de edad (mediante un literal booleano: `true` o `false`).

Solución

```
public class Main {
   public static void main(String[] args) {
       Scanner sc = new Scanner(System.in);
       System.out.println("Escriba su edad: ");
       int edad = sc.nextInt();
       boolean mayorEdad = edad >= 18; //ser mayor de edad implica que la
                                       //edad sea mayor o igual que 18
       System.out.println("Mayoría de edad: " + mayorEdad);
   }
}
```

Actividad resuelta 1.9

Escribir un programa que pida un número al usuario e indique mediante un literal booleano (`true` o `false`) si el número es par.

Solución

```
import java.util.*;
/* Los números pares tienen la propiedad que al dividirlos por dos la división es exacta,
 * es decir, el resto (módulo) de la división siempre es 0. */
public class Main {
   public static void main(String[] args) {
      int numero;
      System.out.print("Escriba un número: ");
      //Es habitual crear y leer de un Scanner, haciéndolo todo en la misma instrucción
      numero = new Scanner(System.in).nextInt();
      boolean esPar = (numero % 2) == 0; //calcula el resto de dividir el número
      //entre 2 y el resultado de esta operación la compara con 0
      System.out.println("Es par: " + esPar);
   }
}
```

1.13.4. Operadores lógicos

Permiten operar a partir de expresiones lógicas, formando expresiones más complejas, que devuelven, a su vez, un valor lógico (Tabla 1.4). Existen los operadores *and* (conjunción Y), *or* (disyunción O) y *not* (negación).

Tabla 1.4. Operadores lógicos en Java

Símbolo	Descripción
`&&`	Operador and: Y
`||`	Operador or: O
`!`	Operador not: negación

La expresión formada a partir de otras dos unidas por el operador and será `true` cuando ambas expresiones utilizadas se evalúen como ciertas. Y en caso contrario, es decir, si alguna o las dos expresiones se evalúan como falsas, la expresión resultante también será falsa.

```
exprA && exprB
```

La expresión anterior será cierta solo cuando `exprA` y `exprB` sean ciertas. Veamos las siguientes expresiones:

- 3 <= 5 && 2 == 2. ¿Es 3 menor o igual que 5 y a la vez, es 2 igual a 2? Cierto, ya que tanto la expresión 3 <= 5 como 2 == 2 son ciertas.
- 3 <= 5 && 2 >10. ¿Es 3 menor o igual que 5 y a la vez, es 2 mayor que 10? Falso, ya que al menos una expresión utilizada es falsa (2 > 10).

El operador or —o— será cierto cuando alguna de las expresiones que lo forman sea cierta. En caso contrario será falso.

```
exprA || exprB
```

La expresión se evaluará cierto cuando `exprA` sea cierta, cuando `exprB` sea cierta o cuando ambas sean ciertas.

- 1 != 2 || 5 < 3. ¿Es cierto que 1 sea distinto de 2 o que 5 sea menor que 3? La primera expresión es cierta: 1 es distinto de 2, mientras que la segunda expresión es falsa. Por tanto, la expresión completa se evalúa como verdadera.

El operador not —negación— es un operador unario que cambia los valores booleanos de cierto a falso y viceversa.

- !(1 < 2). La expresión se evalúa como la negación —lo contrario— de 1 menor que 2, que es verdadera. Por tanto, la expresión completa se evalúa falsa.

Actividad resuelta 1.10

Diseñar un algoritmo que nos indique si podemos salir a la calle. Existen aspectos que influirán en esta decisión: si está lloviendo y si hemos terminado nuestras tareas. Solo podremos salir a la calle si no está lloviendo y hemos finalizado nuestras tareas. Existe una opción en la que, indistintamente de lo anterior, podremos salir a la calle: el hecho de que tengamos que ir a la biblioteca (para realizar algún trabajo, entregar un libro, etc.). Solicitar al usuario (mediante un booleano) si llueve, si ha finalizado las tareas y si necesita ir a la biblioteca. El algoritmo debe mostrar mediante un booleano (`true` o `false`) si es posible que se le otorgue permiso para ir a la calle.

Solución

```
//Tras solicitar la información requerida usaremos operadores lógicos para conseguir
//saber si es posible salir a la calle.
public class Main {
   public static void main(String[] args) {
      boolean llueve, finalizadoTareas, irBiblioteca;
      Scanner sc = new Scanner(System.in);
      System.out.println("¿Está lloviendo? (true/false)");
```

```
        llueve = sc.nextBoolean();
        System.out.println("¿Has finalizado tus tareas? (true/false)");
        finalizadoTareas = sc.nextBoolean();
        System.out.println("¿Tienes que salir a la biblioteca? (true/false)");
        irBiblioteca = sc.nextBoolean();
        boolean salir = !llueve && finalizadoTareas || irBiblioteca;
        System.out.println("Puedes salir: " + salir);
    }
}
```

1.13.5. Operadores opera y asigna

Por simplicidad existen otros operadores de asignación llamados *opera y asigna* (Tabla 1.5), que realizan la operación indicada tomando como operandos el valor de la variable a la izquierda y el valor a la derecha del =. El resultado se asigna a la misma variable utilizada como primer operando.

Tabla 1.5. Operadores opera y asigna

Símbolo	Descripción
+=	Suma y asigna
-=	Resta y asigna
*=	Multiplica y asigna
/=	Divide y asigna
%=	Módulo y asigna

Todos tienen el mismo funcionamiento. Utilizan la misma variable para operar con su valor y asignarle el resultado. Veamos a modo de ejemplo:

```
var += 3;
```

Lo que es equivalente a:

```
var = var + 3;
```

De igual forma,

```
x *= 2;
```

es equivalente a:

```
x = x * 2;
```

Actividad resuelta 1.11

Un frutero necesita calcular los beneficios anuales que obtiene de la venta de manzanas y peras. Por este motivo, es necesario diseñar una aplicación que solicite las ventas (en kilos) de cada semestre para cada fruta. La aplicación mostrará el importe total sabiendo que el precio del kilo de manzanas está fijado en 2,35 € y el kilo de peras en 1,95 €.

Solución

```
import java.util.*;
/* Los datos de entrada que necesitamos son:
 * - cantidad vendida en el semestre 1 (de peras y manzanas)
 * - cantidad vendida en el semestre 2 (ídem) */
public class Main {
   public static void main(String[] args) {
      final double PRECIO_MANZANAS = 2.35; //valores constantes, no varian durante
          //el programa
      final double PRECIO_PERAS = 1.95;
      //los identificadores de constantes los escribimos en mayúsculas
      int vManz1Sem, vManz2Sem; //ventas (en kilos) por semestre
      int vPeras1Sem, vPeras2Sem; //igual para las peras
      double impTotal; //importe total
      Scanner sc = new Scanner(System.in);
      //pedimos los datos
      System.out.println("Para las manzanas: ");
      System.out.print("Ventas (en kilos) del primer semestre: ");
      vManz1Sem = sc.nextInt();
      System.out.print("Ventas (en kilos) del segundo semestre: ");
      vManz2Sem = sc.nextInt();
      System.out.println("Para las peras: ");
      System.out.print("Ventas (en kilos) del primer semestre: ");
      vPeras1Sem = sc.nextInt();
      System.out.print("Ventas (en kilos) del segundo semestre: ");
      vPeras2Sem = sc.nextInt();
      //calculamos el importe total obtenido
      impTotal = (vManz1Sem + vManz2Sem) * PRECIO_MANZANAS;
      impTotal += (vPeras1Sem + vPeras2Sem) * PRECIO_PERAS;
      System.out.println("El importe total es de: " + impTotal + " euros");
   }
}
```

1.13.6. Operador ternario

Este operador devuelve un valor que se selecciona de entre dos posibles. La selección dependerá de la evaluación de una expresión relacional o lógica que, como hemos visto, puede tomar dos valores: verdadero o falso.

El operador tiene la siguiente sintaxis:

```
expresiónCondicional ? valor1 : valor2
```

La evaluación de la expresión decidirá cuál de los dos posibles valores se devuelve. En el caso de que la expresión resulte cierta, se devuelve `valor1`, y cuando la expresión resulte falsa, `valor2`.

Veamos un ejemplo:

```
int a, b;
a = 3 < 5 ? 1 : -1; // 3 < 5 es cierto: a toma el valor 1
b = a == 7 ? 10 : 20; // a (que vale 1) == 7 es falso: b toma el valor 20
```

Actividad resuelta 1.12

Escribir un programa que pida un número al usuario y muestre su valor absoluto.

Solución

```
import java.util.*;
/* Dado un número, para calcular su valor absoluto solo tenemos que saber si es
 * negativo, en cuyo caso es necesario multiplicarlo por -1, con lo que se
 * consigue el mismo valor pero con signo positivo.*/
  public class Main {
   public static void main(String[] args) {
      Scanner sc = new Scanner(System.in);
      System.out.println("Escriba un número (positivo o negativo): ");
      int n = sc.nextInt();
      int valorAbsoluto = n < 0 ? -1 * n : n;
      System.out.println("El valor absoluto de " + n + " es " + valorAbsoluto);
   }
}
```

Otra solución consiste en utilizar el método `Math.abs()`, que calcula el valor absoluto de un número.

```
import java.util.Scanner;

public class Main {
   public static void main(String[] args) {
       Scanner sc = new Scanner(System.in);
       System.out.println("Escriba un número (positivo o negativo): ");
       int n = sc.nextInt();
       int valorAbsoluto = Math.abs(n);
       System.out.println("El valor absoluto de " + n + " es " + valorAbsoluto);
   }
}
```

1.13.7. Precedencia

En la Tabla 1.6 se muestran los operadores ordenados, según su precedencia, de mayor a menor. En una expresión, la precedencia establece qué operaciones se realizan antes. Con igualdad de precedencia, las operaciones se realizan en el mismo orden en el que se escriben: de izquierda a derecha.

- En la expresión: 2 + 3 * 4, el operador * tiene una precedencia mayor que el operador +, lo que significa que la multiplicación se realizará antes que la suma. Primero se hace la operación 3 * 4 (que es 12) y a continuación se realiza la suma 2 + 12 (que es 14).

- En cambio, en la expresión: 3 <= 5 && 2 == 2, el operador con mayor precedencia es <=, que será la primera operación que se realice, siendo cierta. Queda:

  true && 2 == 2

A continuación se realizará la comparación, que también resulta cierta:

true && true

Y el operador con menor precedencia de los tres es and lógico, que se realiza en último lugar, por lo que la expresión resulta cierta.

La precedencia puede romperse utilizando paréntesis; por ejemplo, en la expresión:

(2 + 3) * 4

el uso de paréntesis obliga a que la primera operación que se realice sea la suma.

Tabla 1.6. Precedencia de operadores. Los operadores con mayor precedencia (son las primeras operaciones que se realizan) son los posfijos, y los de asignación son los de menor precedencia

Descripción	Operador
Posfijos	`expr++ expr--`
Unarios prefijos	`++expr --expr +expr -expr !expr`
Aritméticos	`* / %`
Aritméticos	`+-`
Relacionales	`< <= > >=`
Comparación	`== !=`
AND lógico	`&&`
OR lógico	`||`
Ternario	`? :`
Asignación	`= += -= *= /= %= &= ^=`

1.14. Conversión de tipos

Como hemos visto, todas las variables en Java tienen asociado un tipo. Cuando asignamos un valor a una variable, ambos deben ser del mismo tipo. A una variable de tipo `int` se le puede asignar un valor `int` y a una variable `double` se le puede asignar un valor `double`.

```
int a = 2;
double x = 2.3;
```

Cada tipo se caracteriza por ocupar un tamaño en memoria, donde se almacenan los valores correspondientes.

Si escribimos

```
int a = 2.6; //trata de asignar un valor real a una variable entera
```

el compilador nos avisará de que estamos cometiendo un error y no nos dejará ejecutar. La razón de este control de tipos tan estricto es evitar errores durante la ejecución del programa, ya que es evidente que una variable de un tipo no puede almacenar valores con un tamaño superior. Por ejemplo, un valor `double` ocupa en la memoria 64 bits, mientras que una variable `int` utiliza 32 bits para almacenar un valor. Simplemente un valor `double` no cabe en una variable `int`.

Sin embargo, un valor `int` puede guardarse sin problemas en una variable `double`.

¿Por qué no permitir una asignación como esta?

```
int a = 3;
double x = a;
```

Java permite esta asignación sin violar la norma de que a una variable `double` se le asigne un valor `double`. Para ello, Java convierte de forma automática el valor entero 3 en el valor `double` 3.0 antes de asignarlo a la variable `x`. Esto es posible porque la variable `double` es de mayor tamaño que el valor `int`, es decir, tiene suficiente espacio para guardarlo. Por tanto, este tipo de conversiones y asignaciones automáticas será posible cuando la variable sea de mayor tamaño que el del valor asignado. Se habla entonces de conversiones de ensanchamiento. Nos permitirá, por ejemplo, guardar valores `byte`, `short`, `int`, `long` o `float` en una variable `double`.

Nota técnica

Caso especial de conversión son los valores de tipo `char` que, con un tamaño de 16 bits, pueden convertirse a su valor entero en el código UNICODE, como se verá más adelante. Esto permite asignarlos a una variable `int`:

```
int c = 'a'; //que equivale a int c = 97;
```

ya que 97 es el código asignado al carácter 'a'.

Muy distinto es que intentemos asignar un valor `double` a una variable `int`, que no tiene sitio suficiente para guardarlo. Lo normal es que se trate de un error del programador.

En este caso Java no hará ninguna conversión automática. Se limitará a darnos un error de compilación. Sin embargo, a veces es interesante guardar la parte entera de un número con decimales en una variable entera. Evidentemente, esto supone una pérdida de información, ya que los decimales desaparecerán. Para ello deberemos colocar un *cast* o molde delante del valor que queremos asignar,

```
int a = (int) 2.6; //(int) indica el tipo al que se convertirá el valor
```

El cast es lo que va entre paréntesis. Lo que hace es eliminar (truncar) la parte decimal de 2.6 y convertirlo en el entero 2, que podrá ser asignado a la variable `a` sin problemas.

Este tipo de conversión se llama *de estrechamiento,* ya que fuerza la asignación de un tipo de dato en una variable de menor tamaño, eso sí, con pérdida de información.

Nada impide, aunque no es necesario, colocar un cast en una conversión de ensanchamiento. Esto a veces hace que el programa gane en legibilidad:

```
double x = (double) 3;
```

Actividad resuelta 1.13

Escribir un programa que solicite las notas del primer, segundo y tercer trimestre (notas enteras que se solicitarán al usuario). El programa debe mostrar la nota media del curso como se utiliza en el boletín de calificaciones (solo la parte entera) y como se usa en el expediente académico (con decimales).

Solución

```
import java.util.Scanner;
/* Pediremos tres notas enteras y calcularemos la media con y sin decimales. */
public class Main {
   public static void main(String[] args) {
      int nota1, nota2, nota3; //variables para las notas
      int mediaBoletin; //la media es de tipo entero
      double mediaExpediente; //la media usa decimales
      Scanner sc = new Scanner(System.in);
      //leemos las notas
      System.out.print("Nota primer trimestre: ");
      nota1 = sc.nextInt();
      System.out.print("Nota segundo trimestre: ");
      nota2 = sc.nextInt();
      System.out.print("Nota tercer trimestre: ");
      nota3 = sc.nextInt();
      //calculamos la media con decimales
      mediaExpediente = (nota1 + nota2 + nota3) / 3.0; //el 3.0 fuerza una
          //división real
      mediaBoletin = (int) mediaExpediente; //convertimos un valor double en un
                            //valor int, truncando la parte decimal.
                            //Por tanto, hay pérdida de información.
      System.out.println("Boletín de calificaciones: " + mediaBoletin);
      System.out.println("Expediente académico: " + mediaExpediente);
   }
}
```

Actividad resuelta 1.14

Realizar un programa que pida como entrada un número decimal y lo muestre redondeado al entero más próximo.

Solución

```
import java.util.Locale; //importamos las dos clases que necesitamos
import java.util.Scanner;
//Cuando se importan múltiples clases de un mismo paquete, en lugar de escribir
//un import para cada clase, existe la opción de usar:
import java.util.*;//que importa las clases necesarias de java.util
/* Redondear un número decimal significa aproximarlo al entero más cercano.
 * Para ello, lo que haremos será sumar 0.5 y truncar (eliminar los decimales)
 * el resultado. Asi los números:
 * 2.3 se redondea a 2
 * 4.8 se redondea a 5 */
```

```
public class Main {
    public static void main(String[] args) {
        double n; //aquí guardamos el número decimal introducido por el usuario
        int redondeo; //utilizamos esta variable para truncar los decimales
        Scanner sc = new Scanner(System.in);
        sc.useLocale(Locale.US); //en lugar de coma utiliza punto para los decimales
        System.out.print("Escriba un número decimal (con punto): ");
        n = sc.nextDouble();
        //ahora redondearemos n
        redondeo = (int) (n + 0.5); //convertimos un real en un entero.
        //Esta es una conversión por estrechamiento, por lo tanto estamos
        //obligados a aplicar un cast (int). En caso de no hacerlo el
        //compilador generará un error.
        System.out.println(n + " redondeado es: " + redondeo);
    }
}
```

MAPA CONCEPTUAL

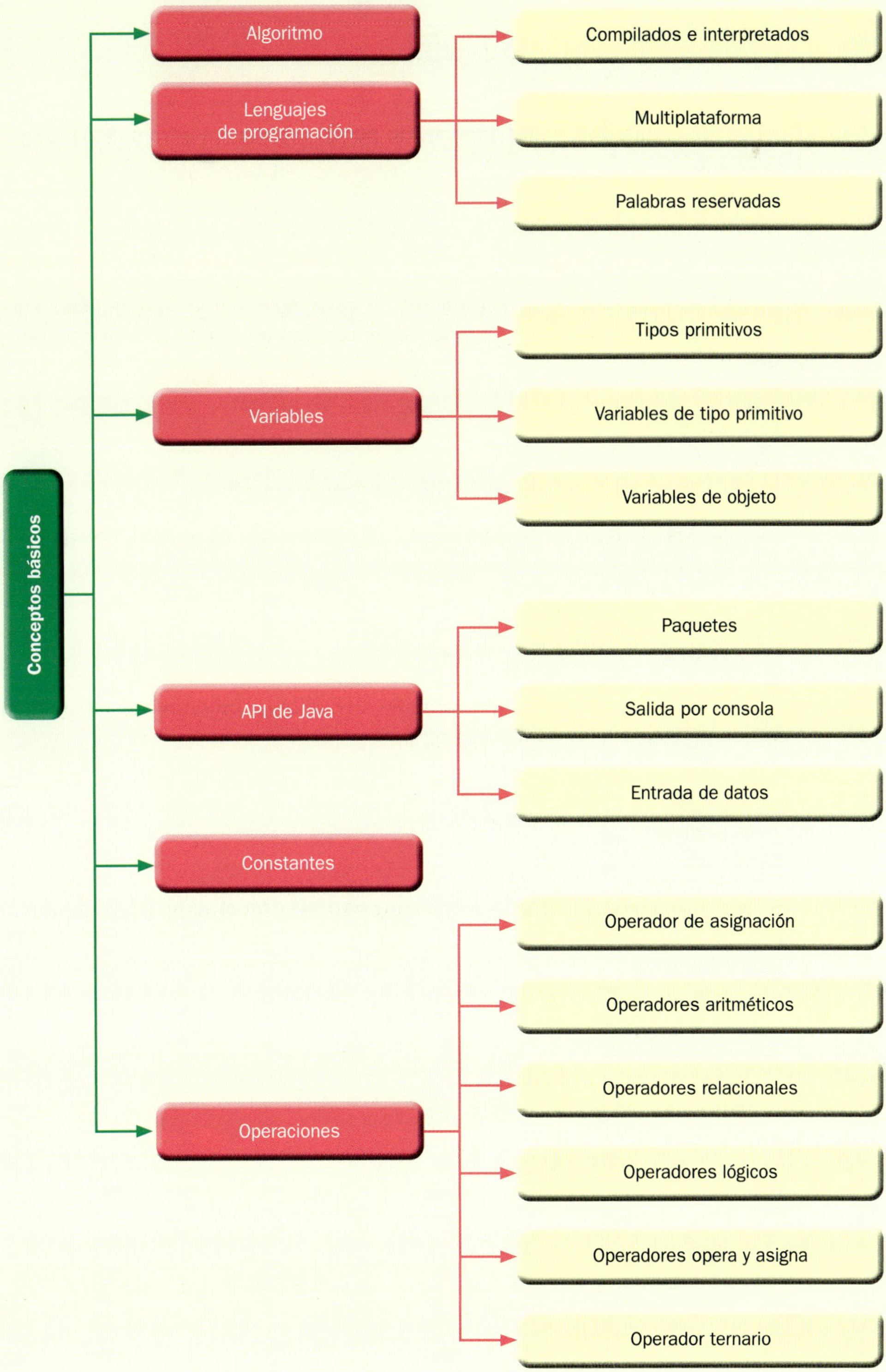

Actividades de comprobación

1.1. ¿Cuál de los siguientes identificadores no puede emplearse para una variable?

a) language.
b) ultimo.
c) final.
d) fin.

1.2. De todos los tipos primitivos disponibles en Java, selecciona cuál o cuáles son los que tienen un mayor tamaño y, por lo tanto, pueden albergar un mayor número de valores:

a) `long`.
b) `long` y `double`.
c) `long`, `double` y `short`.
d) En Java todos los tipos primitivos tienen el mismo tamaño.

1.3. ¿Mediante qué símbolo es posible añadir un comentario en nuestro código?

a) `#`
b) `//`
c) `<!--`
d) Cualquiera de los anteriores.

1.4. ¿Qué paquete se importa automáticamente en cualquier programa sin necesidad de tener que utilizar una sentencia `import`?

a) `java.util`
b) `java.time`
c) `java.Scanner`
d) `java.lang`

1.5. ¿Cuáles de las siguientes instrucciones nos permiten mostrar información por consola?

a) `new Scanner()`
b) `Math.sqrt()`
c) `System.out.println()`
d) `Message()`

1.6. ¿Qué instrucción es equivalente a: `i++`?

a) `i = i + 1`
b) `i = 1 + i`
c) `i += 1`
d) Cualquiera de los anteriores.

1.7. Si evalúas la siguiente expresión: `2 < 1 || 2 != 1`, el resultado de dicha expresión es:

a) 1.
b) 2.
c) `true`.
d) `false`.

1.8. ¿Qué valor toma la variable `a`, tras la ejecución de la instrucción: `int a = 1 < 2 ? 3 : 4;`?

a) 1.
b) 2.
c) 3.
d) 4.

1.9. Selecciona la expresión cuya evaluación resulta 3:

a) 3 + 2 * 6 / 5
b) (3 + 2) * 6 / 5
c) (3 + 2 * 6) / 5
d) 3 + 2 * (6 / 5)

1.10. En las siguientes conversiones de tipo, ¿cuál de ellas produce un error?

a) `int a = (int) 1.23;`
b) `int a = 12.3;`
c) `double a = (double) 123;`
d) `double a = 123;`

Actividades de aplicación

1.11. Un economista te ha encargado un programa para realizar cálculos con el IVA. La aplicación debe solicitar la base imponible y el IVA que se debe aplicar. Muestra en pantalla el importe correspondiente al IVA y al total.

1.12. Escribe un programa que tome como entrada un número entero e indique qué cantidad hay que sumarle para que el resultado sea múltiplo de 7. Un ejemplo:

- A 2 hay que sumarle 5 para que el resultado (2 + 5 = 7) sea múltiplo de 7.
- A 13 hay que sumarle 1 para que el resultado (13 + 1 = 14) sea múltiplo de 7.

Si proporcionas el número 2 o el 13, la salida de la aplicación debe ser 5 o 1, respectivamente.

Pista: El operador módulo puede ser muy útil para solucionar esta actividad.

1.13. Modifica la Actividad de Aplicación 1.12 para que, indicando dos números *n* y *m*, diga qué cantidad hay que sumarle a *n* para que sea múltiplo de *m*.

1.14. Crea un programa que pida la base y la altura de un triángulo y muestre su área.

$$\text{Área triángulo} = \frac{\text{base} \cdot \text{altura}}{2}$$

1.15. Dado el siguiente polinomio de segundo grado:

$$y = ax^2 + bx + c$$

crea un programa que pida los coeficientes *a*, *b* y *c*, así como el valor de *x*, y calcula el valor correspondiente de *y*.

1.16. Diseña una aplicación que solicite al usuario que introduzca una cantidad de segundos. La aplicación debe mostrar cuántas horas, minutos y segundos hay en el número de segundos introducidos por el usuario.

1.17. Solicita al usuario tres distancias:

- La primera, medida en milímetros.
- La segunda, medida en centímetros.
- La última, medida en metros.

Diseña un programa que muestre la suma de las tres longitudes introducidas (medida en centímetros).

1.18. Un biólogo está realizando un estudio de distintas especies de invertebrados y necesita una aplicación que le ayude a contabilizar el número de patas que tienen en total todos los animales capturados durante una jornada de trabajo. Para ello, te ha solicitado que escribas una aplicación a la que hay que proporcionar:

- El número de hormigas capturadas (6 patas).
- El número de arañas capturadas (8 patas).
- El número de cochinillas capturadas (14 patas).

La aplicación debe mostrar el número total de patas.

1.19. Una empresa que gestiona un parque acuático te solicita una aplicación que les ayude a calcular el importe que hay que cobrar en la taquilla por la compra de una serie de entradas (cuyo número será introducido por el usuario). Existen dos tipos de entrada: infantiles, que cuestan 15,50 €; y de adultos, que cuestan 20 €.

En el caso de que el importe total sea igual o superior a 100 €, se aplicará automáticamente un bono descuento del 5 %.

1.20. Solicita al usuario un número real y calcula su raíz cuadrada. Implementa el programa utilizando el nombre cualificado de las clases, en lugar de utilizar ninguna importación.

1.21. Pide dos números al usuario: *a* y *b*. Deberá mostrarse `true` si ambos números son iguales y `false` en caso contrario.

1.22. La FILA (Federación Internacional de Lanzamiento de Algoritmo) realiza una competición donde cada participante escribe un algoritmo en un papel y lo lanza, ganando quien consiga lanzarlo más lejos. La peculiaridad del concurso es que la longitud del lanzamiento se mide en metros (con tantos decimales como se desee), pero para el ranking solo se tiene en cuenta la longitud en centímetros (sin decimales). Por ejemplo, para un lanzamiento de 12,3456 m (que son 1234,56 cm) solo se contabilizarán 1234 cm.

Realiza un programa que solicite la longitud (en metros) de un lanzamiento y muestre la parte entera correspondiente en centímetros.

Actividades de ampliación

1.23. Busca en internet información sobre otros IDE utilizados habitualmente para desarrollar en Java. Realiza una comparativa con respecto a NetBeans.

1.24. Java es un lenguaje de programación que se basa en características de otros lenguajes que le han precedido. Busca las palabras reservadas del lenguaje C y, a partir de ellas, opina sobre qué características piensas que Java ha adquirido de C.

1.25. Existen muchos conceptos vinculados a los lenguajes de programación como, por ejemplo, los lenguajes compilados o interpretados. Investiga sobre qué son y cómo funcionan los lenguajes de programación:

- Del lado del cliente en la web.
- Del lado del servidor en la web.
- Lenguajes de scripting.

Realiza una puesta en común con el resto de la clase.

1.26. El tipo primitivo más usado para realizar cálculos es, sin duda, el `double`, ya que es el que tiene un mayor tamaño, lo que permite guardar números decimales con una mayor precisión. El problema que presenta este tipo es que, para cálculos cotidianos, su precisión es más que suficiente, pero para aplicaciones científico-técnicas, en ciertas ocasiones, su precisión puede quedarse algo corta.

Realiza una investigación en internet y encuentra una o varias clases, pertenecientes a la API de Java, que permitan realizar operaciones reales con una precisión tan alta como se necesite.

1.27. Además de los operadores que se han visto en esta unidad, Java dispone de otros que se utilizan para diferentes tipos de operaciones. Busca en la documentación oficial de Java algunos operadores que no hemos visto y realiza sencillos programas donde se prueba su utilización.

1.28. El índice TIOBE muestra una evolución mensual de los lenguajes de programación más usados. El número de proyectos que usa cada lenguaje se infiere a partir de las búsquedas que se realizan en distintos navegadores sobre ellos y a partir de lugares que albergan proyectos en distintas tecnologías.

Visita el índice TIOBE y comprueba en qué posición se encuentra Java y cuál ha sido su evolución en los últimos meses.

UNIDAD 2

Condicionales

Objetivos

- Escribir y probar código que haga uso de estructuras de selección.
- Clasificar, reconocer y utilizar los operadores del lenguaje en expresiones.
- Reconocer la estructura de un programa informático, identificando y relacionando los elementos propios de Java.
- Diseñar aplicaciones cuya ejecución no es siempre lineal, permitiendo, a partir de la entrada de datos, discriminar entre distintos escenarios.

Contenidos

Introducción

Un programa no tiene por qué ejecutar siempre la misma secuencia de instrucciones. Puede darse el caso de que, dependiendo del valor de alguna expresión o de alguna condición, interese ejecutar o evitar un conjunto de sentencias. Esta funcionalidad la brindan las instrucciones `if`, `if-else` y `switch`.

2.1. Expresiones lógicas

En primer lugar, hablaremos un poco sobre los condicionales. Una condición no es más que una expresión relacional o lógica. El valor de una condición siempre es de tipo booleano: verdadero o falso. En Java existen dos literales que representan este resultado: `true` y `false`.

La diferencia entre un operador relacional y uno lógico es que, mientras el primero utiliza como operandos expresiones numéricas, el segundo emplea expresiones booleanas. Pero ambos generan valores booleanos.

2.1.1. Operadores relacionales

Los operadores relacionales son aquellos que comparan expresiones numéricas para generar valores booleanos. Recordemos que solo existen dos posibles valores: verdadero o falso. Los operadores relacionales disponibles se recogen en la Tabla 2.1.

Tabla 2.1. Operadores relacionales

Símbolo	Descripción
`==`	Igual que
`!=`	Distinto que
`<`	Menor que
`<=`	Menor o igual que
`>`	Mayor que
`>=`	Mayor o igual que

Veamos algunos ejemplos de expresiones relacionales.

a + b <= 18 será cierto si el valor de *a* más el valor de *b* es menor o igual que 18. Supongamos dos posibles casos:

a) Con $a = 10$ y $b = 2 \rightarrow 10 + 2 = 12$ y resulta que $12 \leq 18$ es `true`.

b) Con $a = 20$ y $b = 1 \rightarrow 20 + 1 = 21$ pero $21 \nleq 18$, que es `false`.

2 × 5 == 10 es `true`, ya que 2 por 5 son 10.

1 != 2 es `true` también, ya que 1 es distinto de 2.

Actividad propuesta 2.1

Realiza un programa que almacene la evaluación de distintas expresiones relacionales en variables booleanas, y muestra el valor de dichas variables.

Actividad propuesta 2.2

Solicita por teclado un número de tipo `int` al usuario y escribe un programa que muestre `true` o `false`, dependiendo de si el número es positivo.

2.1.2. Operadores lógicos

Los operadores lógicos permiten construir condiciones más complejas, ya que estos operan y generan valores booleanos. Sus operadores se definen en la Tabla 2.2.

Tabla 2.2. Operadores lógicos

Símbolo	Descripción
`&&`	Operador Y
`||`	Operador O
`!`	Operador negación

Operador `&&`: será cierto si ambos operandos son ciertos (Tabla 2.3).

Tabla 2.3. Tabla de verdad del operador &&

`a`	`b`	`a && b`
falso	falso	falso
cierto	falso	falso
falso	cierto	falso
cierto	cierto	cierto

Operador `||`: es cierto si cualquiera (uno o ambos) de los operandos es cierto, como muestra la Tabla 2.4.

Tabla 2.4. Tabla de verdad del operador `||`

`a`	`b`	`a || b`
falso	falso	falso
cierto	falso	cierto
falso	cierto	cierto
cierto	cierto	cierto

Operador `!`: niega —cambia— el valor al que se aplica, convirtiendo `true` en `false` y vicerversa, como se aprecia en la Tabla 2.5.

Tabla 2.5. Tabla de verdad del operador `!`

`a`	`!a`
falso	cierto
cierto	falso

Veamos algunos ejemplos. Supongamos que *a* vale 3 y *b* vale 5; en tal caso,

a + *b* <= 18 → es cierto y

a == 4 → es falso

Entonces:

!(*a* + *b* <= 18) resulta falso.

(*a* + *b* <= 18) && (*a* == *4*) resulta falso, ya que el operador && devuelve falso si cualquiera de los operandos también lo hace.

!(*a* + *b* <= 18) || (*a* == 4) también es falso, ya que ambos operandos los son.

(*a* + *b* <= 18) || *(cualquier condición)* resulta cierto, independientemente del valor de la segunda condición, debido a que el operador ||, para devolver cierto, solo requiere que uno de los operandos sea cierto. En cambio,

(*a* == 4) && *(cualquier condición)* resulta falso independientemente del valor del segundo operando, ya que si uno de los operandos es falso, la expresión completa es falsa.

Actividad propuesta 2.3

Escribe una aplicación que pida al usuario dos números enteros y muestre: `true`, si ambos números son distintos entre sí o alguno de ellos es cero; y `false` en caso contrario.

Actividad propuesta 2.4

Realiza un programa que informe al usuario (mostrando `true`) si un primer número es múltiplo de otro número. Ambos números se piden por teclado.

2.2. Condicional simple: if

La sentencia `if` proporciona un control sobre un conjunto de instrucciones que pueden ejecutarse o no, dependiendo de la evaluación de una condición. Los dos posibles valores (`true` o `false`) de esta determinan si el bloque de instrucciones de `if` se ejecuta (cuando la condición es `true`) o no (condición `false`). La sintaxis es la siguiente:

```
if (condición) {
   bloque de instrucciones
   ...
}
```

La Figura 2.1 nos muestra el flujo de control de un condicional simple, que es:

1. Se ejecutan las instrucciones anteriores a `if`.
2. Cuando le llega el turno a `if`, se evalúa la condición. El resultado será: `true` o `false`.
3. En caso de que la evaluación de la condición resulte `false`, no se ejecuta el bloque de instrucciones y se salta a la siguiente instrucción después de la estructura `if`.
4. Si, por el contrario, la evaluación de la condición es `true`, se ejecutará el bloque de instrucciones que contiene `if`. Este bloque de instrucciones puede albergar cualquier tipo de sentencia, incluido otro `if`.

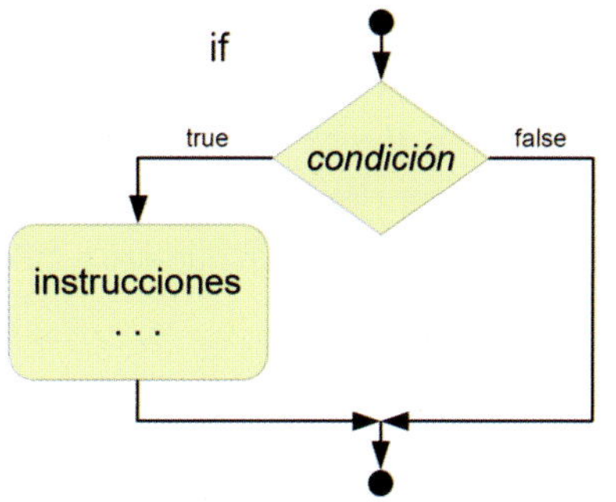

Figura 2.1. *Funcionamiento de la instrucción* `if`.

Un bloque de instrucciones es un conjunto de sentencias delimitadas mediante llaves (`{}`). Dentro de un bloque de instrucciones es posible utilizar cualquier número de sentencias, e incluso definir otros bloques de instrucciones. También existe la posibilidad de declarar variables, que solo podrán ser usadas dentro del bloque donde se declaran. El lugar o bloque donde es posible utilizar una variable se denomina *ámbito de la variable.* Hasta ahora hemos visto dos ámbitos de variables: las variables declaradas en `main`, que se denominan *variables locales,* y las variables declaradas en un bloque de instrucción, denominadas *variables de bloque.* El funcionamiento de ambas variables es idéntico; la única distinción entre variables locales y de bloque reside en su ámbito.

Veamos un ejemplo de una sentencia `if`:

```
a = 3;
if (a + 1 < 10) {
   a = 0;
   System.out.println("Hola");
}
System.out.println("El valor de a es: " + a);
```

Al evaluar la condición `(a + 1 < 10)` resulta: `3 + 1 < 10`, que da verdadero (`true`). Al ser cierta la evaluación de la condición, se ejecutará el bloque de instrucciones de `if`:

- `a = 0;` se asigna a la variable `a` un valor cero.
- Se muestra en pantalla el mensaje «Hola».

Una vez terminada la ejecución del bloque `if`, se continua con la siguiente instrucción, que muestra el mensaje «El valor de a es 0».

Veamos otro ejemplo similar con distinto resultado:

```
a = 9;
if (a + 1 < 10) {
   a = 0;
   System.out.println("Hola");
}
System.out.println ("El valor de a es: " + a);
```

En este caso, la condición resulta ser falsa, ya que diez no es menor que diez ($10 \nless 10$); en todo caso, son iguales. El bloque de instrucciones de `if` se ignora, ejecutándose directamente la siguiente instrucción, que mostraría el mensaje «El valor de a es 9».

Actividad resuelta 2.1

Diseñar una aplicación que solicite al usuario un número e indique si es par o impar.

Solución

```
import java.util.Scanner;
/* Vamos a introducir por teclado un número entero. Para saber si es par
 * o impar comprobamos el resto de dividir por 2. */
public class Main {
   public static void main(String[] args) {
      Scanner sc = new Scanner(System.in);
      int num; //número introducido por el usuario
      System.out.print("Introduzca un número: ");
      num = sc.nextInt();
      if (num % 2 == 0) { //si num es par
         System.out.println("Es par");
      } else { // es impar
         System.out.println("Es impar");
      }
   }
}
```

2.3. Condicional doble: if-else

Existe otra versión de la sentencia `if`, denominada `if-else`, donde se especifican dos bloques de instrucciones. El primero (bloque `true`) se ejecutará cuando la condición resulte verdadera y el segundo (bloque `false`), cuando la condición resulte falsa. Ambos bloques son mutuamente excluyentes, es decir, en cada ejecución de la instrucción `if-else` solo se ejecutará uno de ellos. La sintaxis es:

```
if (condición) {
   bloque true //se ejecuta cuando la condición es cierta
} else {
   bloque false //se ejecuta cuando la condición es falsa
}
```

La Figura 2.2 describe los posibles flujos de control de un programa que utilice un condicional doble.

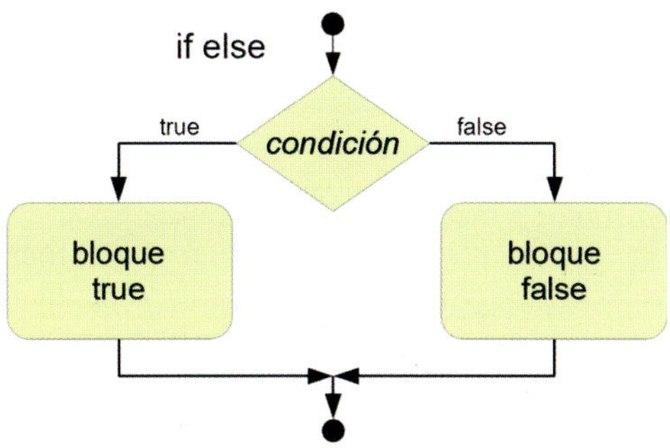

Figura 2.2. *Funcionamiento de la instrucción* `if-else`.

Veamos un ejemplo:

```
if (a > 0) {
   System.out.println("Valor positivo");
} else {
   System.out.println("Valor negativo o cero");
}
```

Supongamos que al evaluar la condición resulta cierta, lo que significa que la variable `a` tiene un valor mayor que 0. Entonces se ejecuta el primer bloque de instrucciones mostrando el mensaje «Valor positivo». Si, por el contrario, al evaluar la condición resulta falsa, lo que significa que `a` tiene un valor menor o igual que cero, se ignorará el primer bloque y se ejecutará el segundo, mostrando «Valor negativo o cero».

Actividad resuelta 2.2

Pedir dos números enteros y decir si son iguales o no.

Solución

```
import java.util.Scanner;

/* Leemos dos números enteros, que tendremos que comparar para decidir si son
 * iguales o distintos */
public class Main {
   public static void main(String[] args) {
      Scanner sc = new Scanner(System.in);
      System.out.print("Introduzca un número: ");
      int n1 = sc.nextInt(); //primer número
```

```
        System.out.print("Introduzca otro número: ");
        int n2 = sc.nextInt();
        if (n1 == n2) { //si n1 es igual que n2
            System.out.println("Ambos números son iguales");
        } else {
            System.out.println("Lo números son distintos");
        }
    }
}
```

Actividad resuelta 2.3

Solicitar dos números distintos y mostrar cuál es el mayor.

Solución

```
import java.util.Scanner;
// Leemos dos números (en este caso enteros), que compararemos con el operador >
public class Main {
    public static void main(String[] args) {
        Scanner sc = new Scanner(System.in);
        System.out.print("Introduzca un número: ");
        int n1 = sc.nextInt();
        System.out.print("Introduzca otro número: ");
        int n2 = sc.nextInt();
        // el caso donde ambos números son iguales no se contempla e imprimiría
        // en pantalla que n2 es mayor que n1
        if (n1 > n2) {
            System.out.println(n1 + " es mayor que " + n2);
        } else {
            System.out.println(n2 + " es mayor que " + n1);
        }
    }
}
```

Actividad resuelta 2.4

Implementar un programa que pida por teclado un número decimal e indique si es un número casi-cero, que son aquellos, positivos o negativos, que se acercan a 0 por menos de 1 unidad, aunque curiosamente el 0 no se considera un número casi-cero. Ejemplos de números casi-cero son el 0,3, el −0,99 o el 0,123; algunos números que no se consideran casi-ceros son: el 12,3, el 0 o el −1.

Solución

```
import java.util.*;
/* Un número casi-cero es el que se encuentra en el intervalo (-1, 1), donde
 * se excluye el -1, el 0 y el 1. Para comprobar si un número es casi-cero
 * tendremos que utilizar una condición con una expresión lógica. */
public class Main {
    public static void main(String[] args) {
```

```
        Scanner sc = new Scanner(System.in);
        sc.useLocale(Locale.US); //para utilizar punto (.) con los decimales
        System.out.print("Introduzca un número real positivo o negativo: ");
        double num = sc.nextDouble();
        //un casi-cero es mayor que -1, menor que 1 y no es 0
        if (-1 < num && num < 1 && num != 0) {
            System.out.println("Es un número casi-cero");
        } else {
            System.out.println("No es un casi-cero");
        }
    }
}
```

2.3.1. Operador ternario

El operador ternario permite seleccionar un valor de entre dos posibles, dependiendo de la evaluación de una condición. La sentencia

```
variable = condición ? valor1 : valor2
```

es equivalente a utilizar un condicional doble de la forma

```
if (condición) {
    variable = valor1;
} else {
    variable = valor2;
}
```

Es recomendable utilizar el operador ternario por economía y legibilidad del código, en lugar de un `if-else`, cuando sea posible.

Un ejemplo para calcular el máximo de dos números introducidos por teclado es:

```
Scanner sc = new Scanner(System.in);
int a = sc.nextInt();
int b = sc.nextInt();
int maximo = a > b ? a : b;
System.out.println("El máximo es: " + maximo);
```

Actividad resuelta 2.5

Pedir dos números y mostrarlos ordenados de forma decreciente.

Solución

```
import java.util.Scanner;
/* Para ordenar dos números hay que compararlos. Es posible hacer el programa
 * usando if-else, pero en este caso vamos a hacerlo con el operador ternario.
 */
public class Main {
    public static void main(String[] args) {
        Scanner sc = new Scanner(System.in);
```

```
        int n1, n2; //números introducidos por el usuario
        int mayor, menor; //contendrán el mayor y el menor de n1 y n2
        System.out.print("Introduzca un número: ");
        n1 = sc.nextInt();
        System.out.print("Introduzca otro: ");
        n2 = sc.nextInt();
        mayor = n1>n2 ? n1 : n2; //si n1 es el mayor, entonces mayor=n1, si no = n2
        menor = n1<n2 ? n1 : n2; //si n1 es menor que n2, entonces menor=n1, si no = n1
        System.out.println(mayor + ", " + menor);
    }
}
```

2.3.2. Anidación de condicionales

Cuando debamos realizar múltiples comprobaciones, podemos anidar tantos `if` o `if-else` como necesitemos, unos dentro de otros. La anidación de condicionales hace que las comprobaciones sean excluyentes, y resulta un código más eficiente. Veamos un ejemplo:

```
if (a - 2 == 1) {
   System.out.println("Hola ");
} else {
   if (a - 2 == 5) {
      System.out.println("Me ");
   } else {
      if (a - 2 == 8) {
         System.out.println("Alegro ");
      } else {
         if (a - 2 == 9) {
            System.out.println("De ");
         } else {
            if (a - 2 == 11) {
               System.out.println("Conocerte.");
            } else {
               System.out.println("Sin coincidencia");
            }
         }
      }
   }
}
```

Podemos aprovechar una cualidad que poseen tanto `if` como `else`, y es que cuando el bloque de instrucciones del condicional está formado por una única sentencia, no es necesario utilizar llaves (`{ }`), aunque son recomendables. De todas formas, cuando hay muchos casos alternativos es habitual eliminar las llaves de los bloques `else`, consiguiendo un código más compacto. De esta manera, el ejemplo anterior podría reescribirse

```
if (a - 2 == 1) {
   System.out.println("Hola ");
} else if (a - 2 == 5) {
   System.out.println("Me ");
```

```
} else if (a - 2 == 8) {
   System.out.println("Alegro ");
} else if (a - 2 == 9) {
   System.out.println("De ");
} else if (a - 2 == 11) {
   System.out.println("Conocerte.");
} else {
   System.out.println("Sin coincidencia");
}
```

Actividad resuelta 2.6

Realizar de nuevo la Actividad resuelta 2.3 considerando el caso de que los números introducidos sean iguales.

Solución

```
import java.util.Scanner;
// En esta versión contemplamos la posibilidad que ambos números sean iguales.
public class Main {
   public static void main(String[] args) {
      Scanner sc = new Scanner(System.in);
      System.out.print("Introduzca un número: ");
      int n1 = sc.nextInt();
      System.out.print("Introduzca otro número: ");
      int n2 = sc.nextInt();
      if (n1 == n2) {
         System.out.println("Son iguales");
      } else {
         //si no son iguales podemos decidir cuál es el mayor
         if (n1 > n2) {
            System.out.println(n1 + " es mayor que " + n2);
         } else {
            System.out.println(n2 + " es mayor que " + n1);
         }
      }
   }
}
```

Actividad resuelta 2.7

Pedir tres números y mostrarlos ordenados de mayor a menor.

Solución

```
import java.util.Scanner;
/* Supondremos que todos los números introducidos por teclado son distintos.
 * Para el caso de números iguales solo hay que utilizar el operador >=
 * Vamos a plantear tantos condicionales como casos existen con tres números. */
public class Main {
   public static void main(String[] args) {
      Scanner sc = new Scanner(System.in);
      int a, b, c; //números a ordenar
```

```
        System.out.print("Introduzca primer número: ");
        a = sc.nextInt();
        System.out.print("Introduzca segundo número: ");
        b = sc.nextInt();
        System.out.print("Introduzca tercer número: ");
        c = sc.nextInt();
        if (a > b && b > c) {
           System.out.println(a + ", " + b + ", " + c);
        } else if (a > c && c > b) {
           System.out.println(a + ", " + c + ", " + b);
        } else if (b > a && a > c) {
           System.out.println(b + ", " + a + ", " + c);
        } else if (b > c && c > a) {
           System.out.println(b + ", " + c + ", " + a);
        } else if (c > a && a > b) {
           System.out.println(c + ", " + a + ", " + b);
        } else if (c > b && b > a) {
           System.out.println(c + ", " + b + ", " + a);
        }
     }
  }
```

Actividad resuelta 2.8

Pedir los coeficientes de una ecuación de segundo grado y mostrar sus soluciones reales. Si no existen, habrá que indicarlo. Hay que tener en cuenta que las soluciones de una ecuación de segundo grado, $ax^2 + bx + c = 0$, son:

$$x = \frac{-b \pm \sqrt{b^2 - 4ac}}{2a}$$

Solución

```
import java.util.*;
/* Para calcular las soluciones de una ecuación de segundo grado hay que aplicar
* una sencilla fórmula. El único inconveniente es comprobar que no existan
* divisiones por 0 o que no calculemos la raíz cuadrada de un número negativo.
* Estos errores producen una parada de la ejecución del programa. */
public class Main {
   public static void main(String[] args) {
      Scanner sc = new Scanner(System.in);
      sc.useLocale(Locale.US);
      double a, b, c; // coeficientes ax² + bx + c = 0
      double x1, x2, d; // soluciones y discriminante.
      System.out.print("Introduzca primer coeficiente (a): ");
      a = sc.nextDouble();
      System.out.print("Introduzca segundo coeficiente: (b): ");
      b = sc.nextDouble();
      System.out.print("Introduzca tercer coeficiente: (c): ");
      c = sc.nextDouble();
      // calculamos el discriminante
      d = (b * b - 4 * a * c);
      if (d < 0) { //como hay que calcular la raíz cuadrada de d, este no
              //puede ser negativo
```

```
            System.out.println("No existen soluciones reales");
        } else {
            // si a=0 se produce una división por cero. Y en este caso, ni siquiera
            //sería una ecuación de 2° grado
            if (a == 0) {//si a es igual a 0
                System.out.println("No es una ecuación de segundo grado");
            } else {
                x1 = (-b + Math.sqrt(d))/(2 * a); //sqrt() calcula la raíz cuadrada
                x2 = (-b - Math.sqrt(d))/(2 * a);
                System.out.println("Solución 1: " + x1);
                System.out.println("Solución 2: " + x2);
            }
        }
    }
}
```

Actividad resuelta 2.9

Escribir una aplicación que indique cuántas cifras tiene un número entero introducido por teclado, que estará comprendido entre 0 y 99999.

Solución

```
import java.util.Scanner;
/* Los números comprendidos entre 0 y 9, inclusives, tienen una cifra.
 * Los números comprendidos entre 10 y 99, inclusives, tienen 2 cifras.
 * Los números comprendidos entre 100 y 999, inclusives, tienen 3 cifras.
 * Etc. */
public class Main {
    public static void main(String[] args) {
        Scanner sc = new Scanner(System.in);
        System.out.print("Introduzca un número entre 0 y 99.999: ");
        int num = sc.nextInt();
        if (num < 10) {
            System.out.println("Tiene 1 cifra");
        } else if (num < 100) {
            System.out.println("Tiene 2 cifras");
        } else if (num < 1000) {
            System.out.println("Tiene 3 cifras");
        } else if (num < 10000) {
            System.out.println("Tiene 4 cifras");
        } else if (num < 100000) {
            System.out.println("Tiene 5 cifras");
        }
    }
}
```

El algoritmo propuesto en la Actividad resuelta 2.9 está pensado para trabajar con números positivos. Si deseamos saber cuántas cifras tiene un número negativo, habrá que modificarlo, ya que, por ejemplo, el número –23, al ser menor que 10, lo consideraría de una única cifra, cuando en realidad tiene dos.

Sería un buen ejercicio modificar la actividad para que indique cuántas cifras tiene un número comprendido entre –99 999 y 99 999.

2.4. Condicional múltiple: switch

En ocasiones, el hecho de utilizar muchos `if` o `if-else` anidados suele producir un código poco legible y difícil de mantener. Para estos casos Java dispone de la sentencia `switch`, cuya sintaxis es:

```
switch (expresión) {
   case valor1:
      conjunto instrucción 1
   case valor2:
      conjunto instrucción 2
   ...

   case valorN:
      conjunto instrucción N
   default:
      conjunto instrucción default
}
```

La evaluación de expresión debe dar un resultado entero, convertible en entero o un valor de tipo `String`. La cláusula `default` es opcional. Disponemos de la Figura 2.3 para describir el comportamiento de un condicional múltiple.

Argot técnico

La clase `String` es una herramienta disponible en Java que permite crear y manipular texto. Se considera texto cualquier palabra, frase o conjunto de caracteres, como por ejemplo: «Hola», «Mi nombre es Pepe» o «abcd1234».

En la Unidad 6 veremos a fondo las cadenas de texto y la clase `String`.

La dinámica del `switch` es la siguiente:

1. Evalúa `expresión` y obtiene su valor.
2. Compara, uno a uno, el valor obtenido con cada valor de las cláusulas `case`. Se puede utilizar en un mismo `case` varios valores separados por coma.
3. En el momento en que coincide con alguno de ellos, ejecuta el conjunto de instrucciones de esa cláusula `case` y de todas las siguientes.
4. Si no existe coincidencia alguna, se ejecuta el conjunto de instrucciones de la cláusula `default`, siempre y cuando esta esté presente. No olvidemos que es opcional.

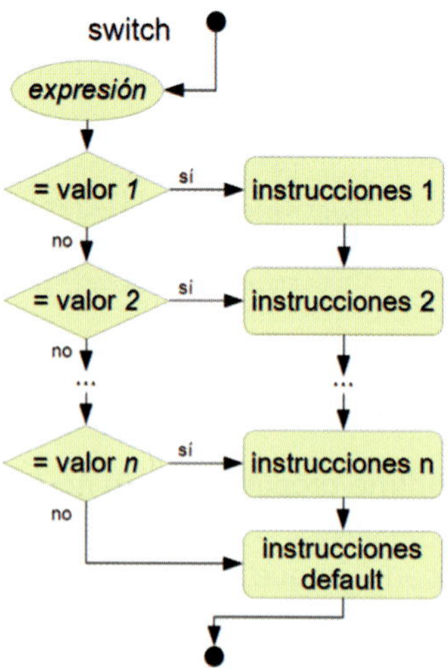

Figura 2.3. *Funcionamiento de la instrucción* `switch`.

A continuación se muestra un ejemplo sencillo:

```
a = 10;
switch (a-2) {
    case 1:
        System.out.print("Hola ");
    case 5:
        System.out.print("Me ");
    case 8:
        System.out.print("Alegro ");
    case 9:
        System.out.print("De ");
    case 11:
        System.out.print("Conocerte. ");
    default:
        System.out.print("Sin coincidencia");
}
```

Veamos cómo se ejecuta `switch`:

1. Evaluamos la expresión, en este caso `a`, que vale 10, menos 2 resulta 8.
2. Se comprueba uno a uno el valor de cada `case`. En el ejemplo, el tercer `case` lleva asociado el valor 8, que coincide con el resultado de la evaluación de la expresión.
3. Se ejecuta el conjunto de instrucciones desde el tercer `case` hasta el último, incluyendo la cláusula `default`.

El resultado final es:

```
Alegro De Conocerte. Sin coincidencia
```

Como puede verse, dependiendo del orden en el que coloquemos las cláusulas `case` se ejecutará un conjunto de instrucciones u otro. Java dispone de la sentencia `break` que, colocada al final de cada bloque de sentencias, impide que la ejecución continúe en el bloque siguiente. Esto nos permite hacer que solo se ejecute un bloque. De esta forma, es más sencillo escribir el `switch` sin tener que preocuparse del orden en el que se colocan los `case`.

La Figura 2.4 describe los flujos de control si utilizamos `break`.

Por otra parte, se puede emplear un sistema mixto, donde algunos bloques de instrucciones acaben en `break` y otros no, según nuestra conveniencia.

A continuación se muestra un ejemplo de código que usa `break` en todos los bloques:

```
a = 1;
switch (a*2) {
    case 1:
        System.out.println("Hola");
        break;
    case 2:
        System.out.println("Paco");
        break;
```

```
    case 3:
        System.out.println("Adiós");
        break;
    default:
        System.out.println("Sin coincidencia");
        break;
}
```

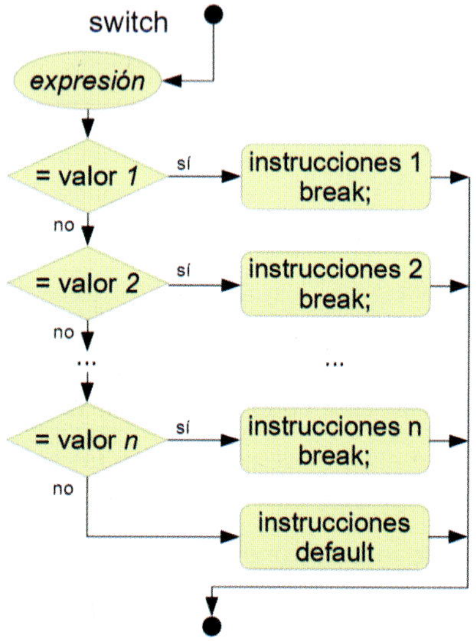

Figura 2.4. *Funcionamiento de la instrucción* `switch` *con* `break`.

Nótese que el último `break` no es necesario, pero, aparte de homogeneizar el código, facilita una futura modificación del programa por si decidimos añadir otros `case` al final.

En este ejemplo, el valor de la expresión principal del `switch` coincide con el segundo `case`. Se ejecuta el bloque de instrucciones asociado al segundo `case`, pero `break` impide que se ejecuten los siguientes. La salida por pantalla sería «Paco».

Veamos otro ejemplo:

```
a = 1;
switch (a*2) {
    case 1:
        System.out.println("Hola");
        break;
    case 2:
        System.out.println("Paco");
    case 3:
        System.out.println("Adiós");
        break;
    default:
        System.out.println("Sin coincidencia");
}
```

Este ejemplo es similar al anterior, pero hemos eliminado algunos `break`. Se ejecutará el bloque del segundo `case`, junto a los bloques de los siguientes `case`. La ejecución continuará hasta encontrar el `break` del tercer `case`. La salida que se obtiene es:

```
Paco
Adiós
```

En las últimas versiones de Java se ha añadido una nueva forma de utilizar la instrucción `switch` en la que no es necesario usar `break`. Si el valor de la expresión coincide con algún `case`, solamente se ejecutará el bloque de instrucciones asociado a dicho `case`. La forma de distinguir entre la versión clásica de `switch` y la nueva es que esta, en lugar de utilizar dos puntos (:) después de cada `case`, emplea un guion seguido de un mayor que (`->`).

En la nueva versión de `switch`, cada bloque de instrucciones de un `case` debe ir entre llaves, excepto si el bloque de instrucciones está formado por una única instrucción. En este caso no es necesario encerrar la instrucción entre llaves.

Veamos cómo mostrar una nota numérica (del 1 al 10) en una calificación textual:

```
switch (nota) {
   case 0,1,2,3,4 -> { //bloque formado por dos instrucciones: entre llaves
      System.out.println("Suspenso.");
      System.out.println("Ánimo...");
   }
   case 5 -> //bloque de una única instrucción: podemos obviar las llaves
      System.out.println("Suficiente.");
   case 6 ->
      System.out.println("Bien.");
   case 7, 8 ->
      System.out.println("Notable");
   case 9, 10 -> {
      System.out.println("Sobresaliente.");
      System.out.println("Enhorabuena");
   }
   default ->
      System.out.println("Nota incorrecta");
}
```

Además, el nuevo `switch` también permite que se use como una expresión, es decir, toda la sentencia `switch` se sustituirá por un valor, con el que podremos operar o simplemente asignarlo a una variable. Para que `switch` se use como una expresión, dentro de cada bloque de instrucciones `case` debe especificarse el valor que sustituirá a la instrucción `switch`. Para ello usaremos la palabra reservada `yield`. El uso de `yield` implica que todos los bloques de instrucciones deberán estar delimitados por llaves (indistintamente de si están formados por una o más instrucciones).

Veamos ahora cómo asignar a la variable `dias` el número de días que tiene un mes (descrito con un número del 1 al 12):

```
System.out.println("Escriba un mes (1 al 12):");
int mes = new Scanner(System.in).nextInt();
int dias = switch (mes) {
```

```
        case 1, 3, 5, 7, 8, 10, 12 -> {
            yield 31; //estos meses tienen 31 días
        }
        case 2 -> {
            yield 28; //febrero tiene 28 días
        }
        case 4, 6, 9, 11 -> {
            yield 30; //el resto de meses tiene 30 días
        }
        default -> {
            System.out.println("Error: el mes es incorrecto");
            yield -1; //con -1 indicamos que hay un error
        }
    };
    System.out.println("Días: " + dias);
```

En este ejemplo hay que señalar que la asignación (marcada con el operador `=` en rojo) no finaliza hasta que se escribe toda la instrucción `switch`, y que, como toda instrucción, necesita su punto y coma final (también en rojo). Toda la sentencia `switch` se sustituye por el valor que, en cada caso, indique `yield`.

Nota técnica

Si NetBeans no es capaz de ejecutar un programa donde hemos usado la instrucción `switch` con `->`, es posible que estemos usando alguna versión antigua de Java. Se recomienda actualizar la versión de Java e incluso la de NetBeans.

Actividad resuelta 2.10

Pedir una nota entera de 0 a 10 y mostrarla de la siguiente forma: insuficiente (de 0 a 4), suficiente (5), bien (6), notable (7 y 8) y sobresaliente (9 y 10).

Solución a)

```
import java.util.Scanner;
/* Hay alumnos que no están muy de acuerdo con esta clasificación de las notas,
 * y toda calificación mayor que 3 debe ser Notable. :-) */
public class Main {
    public static void main(String[] args) {
        Scanner sc = new Scanner(System.in);
        System.out.print("Introduzca una nota: ");
        int nota = sc.nextInt();
        if (0 <= nota && nota < 5) { //se podría utilizar 0<=nota && nota <=4
            System.out.println("Insuficiente");
        } else if (nota == 5) {
            System.out.println("Suficiente");
        } else if (nota == 6) {
            System.out.println("Bien");
        } else if (nota == 7 || nota == 8) { //si nota es 7 u 8
            System.out.println("Notable");
```

```
      } else if (nota == 9 || nota == 10) { //si nota es 9 o 10
         System.out.println("Sobresaliente");
      } else {
         System.out.println("Error: nota no válida");
      }
   }
}
```

Solución b)

```
import java.util.Scanner;
/*Vamos a resolver el ejercicio utilizando una estructura switch en lugar de if's
 *anidados.*/
public class Main {
   public static void main(String[] args) {
      Scanner sc = new Scanner(System.in);
      System.out.print("Introduzca una nota: ");
      int nota = sc.nextInt();
      switch (nota) {
         case 0, 1, 2, 3, 4 ->
            System.out.println("Insuficiente");
         case 5 ->
            System.out.println("Suficiente");
         case 6 ->
            System.out.println("Bien");
         case 7, 8 ->
            System.out.println("Notable");
         case 9, 10 ->
            System.out.println("Sobresaliente");
         default ->
            System.out.println("Error: nota no válida");
      }
   }
}
```

Actividad resuelta 2.11

Idear un programa que solicite al usuario un número comprendido entre 1 y 7, correspondiente a un día de la semana. Se debe mostrar el nombre del día de la semana al que corresponde. Por ejemplo, el número 1 corresponde a «lunes» y el 6 a «sábado».

Solución

```
import java.util.Scanner;
// Utilizaremos switch para distinguir las distintas alternativas.
public class Main {
   public static void main(String[] args) {
      Scanner sc = new Scanner(System.in);
      System.out.print("Introduzca un número de 1 a 7: ");
      int dia = sc.nextInt();
      switch (dia) {
         case 1 -> System.out.println("lunes");
         case 2 -> System.out.println("martes");
```

```
            case 3 -> System.out.println("miércoles");
            case 4 -> System.out.println("jueves");
            case 5 -> System.out.println("viernes");
            case 6 -> System.out.println("sábado");
            case 7 -> System.out.println("domingo");
        }
    }
}
```

Actividad resuelta 2.12

Pedir el día, mes y año de una fecha e indicar si la fecha es correcta. Hay que tener en cuenta que existen meses con 28, 30 y 31 días (no se considerará los años bisiestos).

Solución

```
import java.util.Scanner;
// Hay que considerar que no todos los meses tienen el mismo número de días.
public class Main {
   public static void main(String[] args) {
      Scanner sc = new Scanner(System.in);
      int dia, mes, año;
      boolean fechaCorrecta; //variable que indica si la fecha es correcta.
      System.out.print("Introduzca día: ");
      dia = sc.nextInt();
      System.out.print("Introduzca mes: ");
      mes = sc.nextInt();
      System.out.print("Introduzca año: ");
      año = sc.nextInt();
      if (año == 0) { // el único año que no existe es el 0
         fechaCorrecta = false;
      } else {
         // primero comprobaremos febrero (mes = 2)
         if (mes == 2 && (1 <= dia && dia <= 28)) {
            fechaCorrecta = true;
         } else // veremos si es un mes de 30 días
            if ((mes == 4 || mes == 6 || mes == 9 || mes == 11)
                  && (1 <= dia && dia <= 30)) {
               fechaCorrecta = true;
            } else { // comprobaremos si es un mes de 31 días
               if ((mes == 1 || mes == 3 || mes == 5 || mes == 7 || mes == 8 ||
                    mes == 10 || mes == 12)
                    && (1 <= dia && dia <= 31)) {
                  fechaCorrecta = true;
               } else { //en cualquier otro caso
                  fechaCorrecta = false;
               }
            }
            if (fechaCorrecta) {
               System.out.println("Fecha OK: " + dia + "/" + mes + "/" + año);
            } else {
               System.out.println("Fecha incorrecta");
            }
         }
      }
   }
```

Actividad resuelta 2.13

Escribir un programa que pida una hora de la siguiente forma: hora, minutos y segundos. El programa debe mostrar qué hora será un segundo más tarde. Por ejemplo:

hora actual [10:41:59] → hora actual +1 segundo: [10:42:00]

Solución

```
import java.util.Scanner;
/* Suponemos que la hora introducida por el usuario es correcta. El algoritmo
 * incrementa los segundos en 1. Esto puede hacer que salgan del rango 0..59, en
 * este caso, pondremos los segundos a 0 e incrementamos los minutos.
 * Igualmente tenemos que comprobar que los minutos no se salgan de rango. E igual
 * para las horas. */
public class Main {
   public static void main(String[] args) {
      Scanner sc = new Scanner(System.in);
      int h, m, s; // horas , minutos y segundos
      System.out.print("Introduzca hora: ");
      h = sc.nextInt();
      System.out.print("Introduzca minutos: ");
      m = sc.nextInt();
      System.out.print("Introduzca segundos: ");
      s = sc.nextInt();
      s++; // incrementamos los segundos
      if (s > 59) { //si los segundos superan 59
         s = 0; //los reiniciamos a 0
         m++; //e incrementamos los minutos
         if (m > 59) { //si los minutos superan 59,
            m = 0; //los reiniciamos
            h++; //e incrementamos la hora
            if (h > 23) { //si la hora supera 23
               h = 0; //reiniciamos la hora a 0
            }
         }
      }
      System.out.println("Hora + 1 segundo: " + h + ":" + m + ":" + s);
   }
}
```

Actividad resuelta 2.14

Crear una aplicación que solicite al usuario una fecha (día, mes y año) y muestre la fecha correspondiente al día siguiente.

Solución

```
import java.util.Scanner;
/* Similar al anterior, en el que incrementábamos la hora. En este caso
 * la dificultad es que no todos los meses tienen el mismo número de días. Por eso,
 * lo primero que haremos es ver cuántos días tiene el mes de la fecha.
 * No tendremos en cuenta los años bisiestos y suponemos correcta la
 * fecha introducida. */
public class Main {
```

```
    public static void main(String[] args) {
        Scanner sc = new Scanner(System.in);
        int diasDelMes=0; // Aquí guardaremos el número de días que tiene el mes
        System.out.print("Introduzca día: ");
        int dia = sc.nextInt();
        System.out.print("Introduzca mes: ");
        int mes = sc.nextInt();
        System.out.print("Introduzca año: ");
        int año = sc.nextInt();
        // suponemos que la fecha introducida es correcta
        diasDelMes = switch(mes) {
            case 2 -> 28; //si hay una sola instrucción se puede obviar yield y {}
            case 4, 6, 9, 11 -> 30;
            default -> 31;
        };
        dia++; // incrementamos el día
        if (dia > diasDelMes) { //si dia supera el número de días del mes
            dia = 1; //reiniciamos día a 1
            mes++; //e incrementamos el mes
            if (mes > 12) { // si mes supera 12
                mes = 1; //lo reiniciamos a 1
                año++; //e incrementamos el año
            }
        }
        //El año -1 pasó al año +1. El año 0 nunca existió.
        // Para evitar que el año pase del -1 al 0
        if (año == 0) {
            año = 1;
        }
        System.out.println(dia + "/" + mes + "/" + año);
    }
}
```

Actividad propuesta 2.5

Escribir un programa que calcule el dinero recaudado en un concierto. La aplicación solicitará el aforo máximo del local, el precio por entrada (suponemos que todas las entradas tienen el mismo precio) y el número de entradas vendidas. Hay que tener en cuenta que si el número de entradas vendidas no supera el 20% del aforo del local, se cancela el concierto. Si el número de entradas vendidas no supera el 50% del aforo del local, se realiza una rebaja del 25% del precio de la entrada.

MAPA CONCEPTUAL

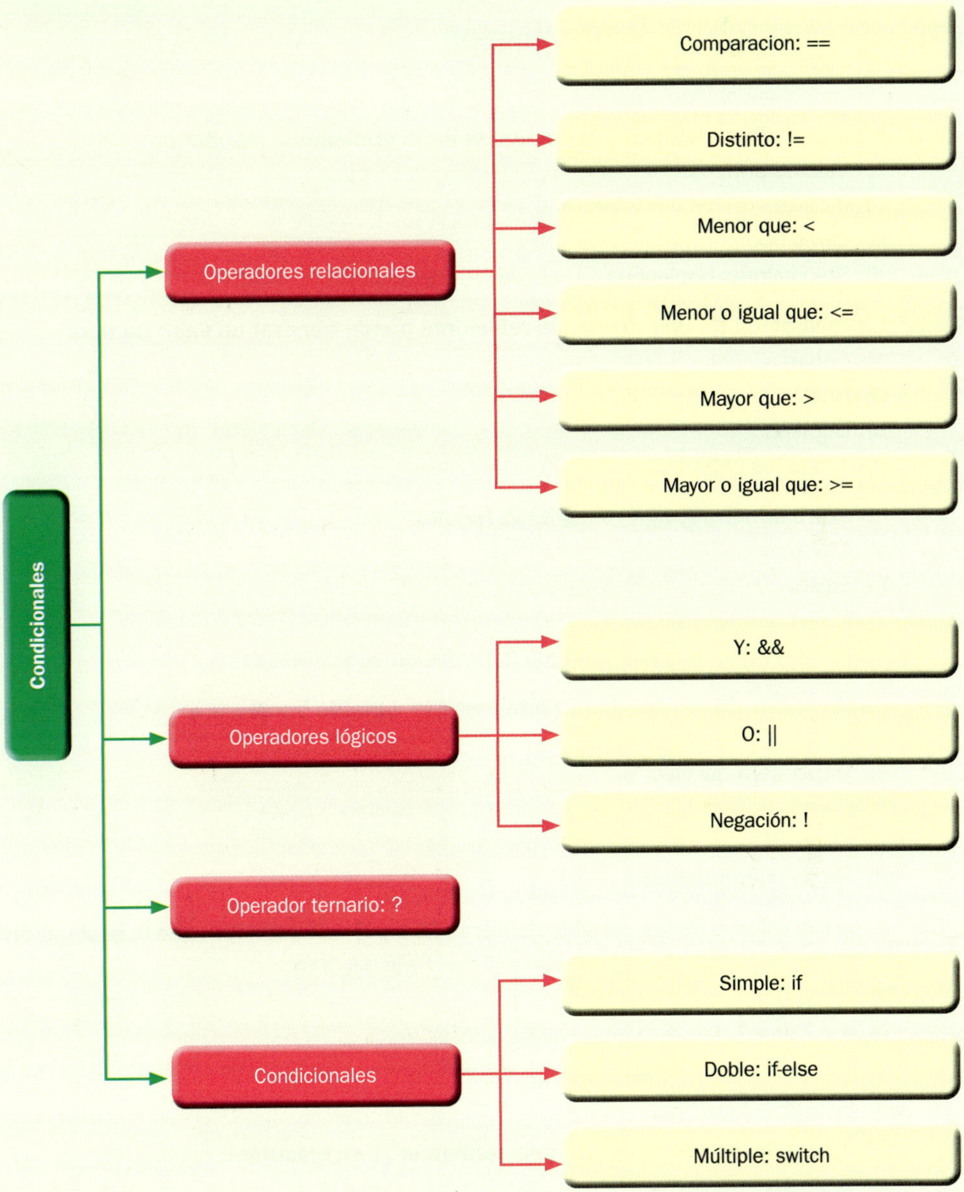

Actividades de comprobación

2.1. Los operadores lógicos operan con valores booleanos, resultando:
- a) Valores enteros.
- b) Valores enteros y booleanos.
- c) Otros tipos de valores.
- d) Solo valores booleanos.

2.2. La evaluación de una expresión relacional puede generar un valor de tipo:
- a) Entero.
- b) Real.
- c) Booleano.
- d) Todos los anteriores.

2.3. La expresión `3==3 && 2<3 && 1!=2` resulta:
- a) Cierto.
- b) Falso.
- c) No se puede evaluar.
- d) No genera un booleano, ya que la expresión es aritmética.

2.4. La siguiente expresión, donde interviene la variable booleana `a`: `3!=3 || a || 1<2`, resulta:
- a) Dependerá del valor `a`.
- b) Cierto.
- c) Falso.
- d) No se puede evaluar.

2.5. Elige los valores de las variables enteras (`a`, `b` y `c`) que permiten que la evaluación de la siguiente expresión sea cierta: `a<b && b!=c && b<=c`:
- a) $a = 1, b = 1, c = 2$.
- b) $a = 2, b = 1, c = 2$.
- c) $a = 1, b = 2, c = 2$.
- d) $a = 1, b = 2, c = 3$.

2.6. El bloque de instrucciones de una sentencia `if` se ejecutará:
- a) Siempre.
- b) Nunca.
- c) Dependerá de la evaluación de la expresión utilizada.
- d) Todas las respuestas anteriores son correctas.

2.7. En una sentencia `if-else` los bloques de instrucciones (bloque `true` y bloque `false`) pueden ejecutarse:
- a) Simultáneamente.
- b) Es posible, dependiendo de la condición utilizada, que no se ejecute ninguno.
- c) Siempre se ejecutará al menos uno y son excluyentes.
- d) Todas las anteriores son incorrectas.

2.8. **¿Qué valor toma la variable `a` en la siguiente expresión: `a = 1<2 ? 3:4`?**

a) 1.
b) 2.
c) 3.
d) 4.

2.9. **La cláusula `default` en la sentencia `switch` es:**

a) Obligatoria y tiene que ser la última que aparezca.
b) Obligatoria, pero puede aparecer en cualquier lugar.
c) Opcional y tiene que ser la última que aparezca.
d) Opcional y puede usarse en cualquier lugar.

2.10. **Realiza una traza del siguiente fragmento de código y selecciona el valor que toma finalmente la variable `a`:**

```
a = 0;
switch a+1 {
   case 0:
      a = 2;
   case 1:
      a = 3;
   case 2:
      a++;
      break;
   case 3:
      a--;
      break;
 }
```

a) 1
b) 2.
c) 3.
d) 4.

Actividades de aplicación

2.11. Escribe una aplicación que solicite al usuario un número comprendido entre 0 y 9999. La aplicación tendrá que indicar si el número introducido es capicúa.

2.12. El DNI consta de un entero de 8 dígitos seguido de una letra que se obtiene a partir del número de la siguiente forma:

letra = número DNI módulo 22

Basándote en esta información, elige la letra a partir de la numeración de la siguiente tabla:

0	1	2	3	4	5	6	7	8	9	10	11	12	13	14	15	16	17	18	19	20	21	22
T	R	W	A	G	M	Y	F	P	D	X	B	N	J	Z	S	Q	V	H	L	C	K	E

y diseña una aplicación en la que, dado un número de DNI, calcule la letra que le corresponde. Observa que un número de 8 dígitos está dentro del rango del tipo `int`.

2.13. En una granja se compra diariamente una cantidad (`comidaDiaria`) de comida para los animales. El número de animales que alimentar (todos de la misma especie) es `numAnimales`, y sabemos que cada animal come una media de `kilosPorAnimal`.

Diseña un programa que solicite al usuario los valores anteriores y determine si disponemos de alimento suficiente para cada animal. En caso negativo, ha de calcular cuál es la ración que corresponde a cada uno de los animales.

Nota: Evitar que la aplicación realice divisiones por cero.

2.14. Escribe un programa que solicite al usuario un número comprendido entre 1 y 99. El programa debe mostrarlo con letras, por ejemplo, para 56, se verá: «cincuenta y seis».

2.15. Escribe una aplicación que solicite por consola dos números reales que corresponden a la base y la altura de un triángulo. Deberá mostrarse su área, comprobando que lo números introducidos por el usuario no son negativos, algo que no tendría sentido.

2.16. Utiliza el operador ternario para calcular el valor absoluto de un número que se solicita al usuario por teclado.

2.17. Realiza el «juego de la suma», que consiste en que aparezcan dos números aleatorios (comprendidos entre 1 y 99) que el usuario tiene que sumar. La aplicación debe indicar si el resultado de la operación es correcto o incorrecto.

2.18. Modifica la Actividad de aplicación 2.17 para que, además de los dos números aleatorios, también aparezca la operación que debe realizar el jugador: suma, resta o multiplicación.

2.19. Crea una aplicación que solicite al usuario cuántos grados tiene un ángulo y muestre el equivalente en radianes. Si el ángulo introducido por el usuario no se encuentra en el rango de 0° a 360°, hay que transformarlo a dicho rango.

Nota: El operador módulo puede ayudarnos a convertir un ángulo a su equivalente en el rango comprendido de 0° a 360°.

Actividades de ampliación

2.20. Busca en internet información sobre los operadores bit a bit y de desplazamiento que implementa Java. ¿Para qué serían útiles? Justifica tu respuesta.

2.21. Realiza una investigación sobre George Boole, el padre del álgebra de Boole, en la que se basa todo el funcionamiento de los ordenadores.

2.22. Además de las estructuras condicionales vistas en esta unidad, existen otras utilizadas en otros lenguajes de programación. Haz una búsqueda de cuáles son dichas estructuras condicionales.

2.23. Como se ha visto, la comparación de valores de tipo double puede acarrear problemas debido a los pequeños errores de precisión que produce un ordenador al efectuar operaciones con decimales. Investiga cuáles son los métodos habituales para poder realizar comparaciones de números reales en un lenguaje de programación.

UNIDAD 3

Bucles

Objetivos

- Conocer y utilizar las estructuras de repetición.
- Programar aplicaciones que repiten conjuntos de instrucciones mediante el uso de bucles.
- Distinguir entre un bucle controlado por contador, un bucle precondición y un bucle poscondición.
- Utilizar las estructuras adecuadas de control para conseguir que un programa funcione según las especificaciones funcionales.

Contenidos

Introducción

Un bucle es un tipo de estructura que contiene un bloque de instrucciones que se ejecuta repetidas veces; cada ejecución o repetición del bucle se llama *iteración*.

El uso de bucles simplifica la escritura de programas, minimizando el código duplicado. Cualquier fragmento de código que sea necesario ejecutar varias veces seguidas es susceptible de incluirse en un bucle. Java dispone de los bucles: `while`, `do-while` y `for`.

3.1. Bucles controlados por condición

El control del número de iteraciones se lleva a cabo mediante una condición. Si la evaluación de la condición es cierta, el bucle realizará una nueva iteración.

3.1.1. while

Al igual que la instrucción `if`, el comportamiento de `while` depende de la evaluación de una condición. El bucle `while` decide si realizar una nueva iteración basándose en el valor de la condición. Su sintaxis es:

```
while (condición) {
    bloque de instrucciones
    ...
}
```

El comportamiento de este bucle (véase Figura 3.1) es:

1. Se evalúa `condición`.
2. Si la evaluación resulta `true`, se ejecuta el bloque de instrucciones.
3. Tras ejecutarse el bloque de instrucciones, se vuelve al primer punto.
4. Si, por el contrario, la condición es `false`, terminamos la ejecución del bucle.

Por ejemplo, podemos mostrar los números del 1 al 3 mediante un bucle `while` controlado por la variable `i`, que empieza valiendo 1, con la condición `i <= 3`:

```
int i = 1; //valor inicial
while (i <= 3) { //el bucle iterará mientras i sea menor o igual que 3
    System.out.println(i); //mostramos i
    i++; //incrementamos i
}
```

Veamos una traza de la ejecución:

1. Se declara la variable `i` y se le asigna el valor 1.
2. La instrucción `while` evalúa la condición (`i <= 3`): ¿es $1 \leq 3$? Cierto.
3. Se ejecuta el bucle de instrucciones: `System.out.println` e `i++`. Ahora la `i` vale 2.

4. La instrucción `while` vuelve a evaluar la condición: ¿es 2 ≤ 3? Cierto.
5. Se ejecuta el bloque de instrucciones: `System.out.println` e `i++`. Ahora la `i` vale 3.
6. La instrucción `while` vuelve a evaluar la condición: ¿es 3 ≤ 3? Cierto.
7. Se ejecuta el bloque de instrucciones: `System.out.println` e `i++`. Ahora la `i` vale 4.
8. La instrucción `while` vuelve a evaluar la condición: ¿es 4 ≤ 3? Falso.
9. Se termina el bucle y se pasa a ejecutar la instrucción siguiente.

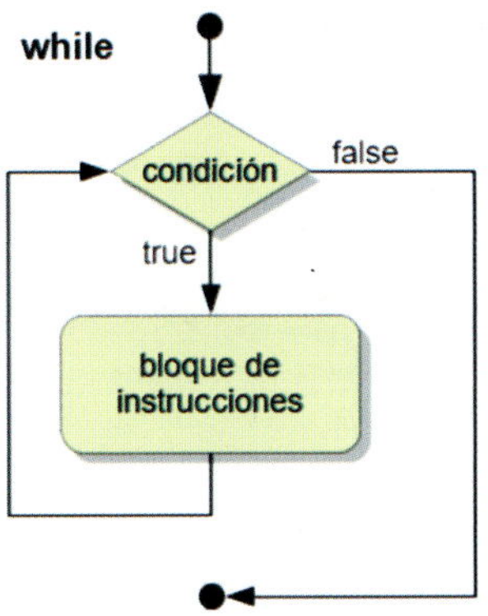

Figura 3.1. *Bucle* `while`.

Un bucle `while` puede realizar cualquier número de iteraciones, desde cero, cuando la primera evaluación de la condición resulta falsa, hasta infinitas, en el caso de que la condición sea siempre cierta. Esto es lo que se conoce como *bucle infinito.*

Veamos un ejemplo de un bucle `while` que nunca llega a ejecutarse:

```
int cuentaAtras = -8; //valor negativo
   while (cuentaAtras >= 0) {
   ...
}
```

En este caso, independientemente del bloque de instrucciones asociado a la estructura `while`, no se llega a entrar nunca en el bucle, debido a que la condición no se cumple ni siquiera la primera vez. Se realizan cero iteraciones. En cambio,

```
int cuentaAtras = 10;
while (cuentaAtras >= 0) {
   System.out.println(cuentaAtras);
}
```

Dentro del bloque de instrucciones no hay nada que modifique la variable `cuentaAtras`, lo que hace que la condición permanezca idéntica, evaluándose siempre `true` y haciendo que el bucle sea infinito.

Actividad propuesta 3.1

Diseña una aplicación que muestre la edad máxima y mínima de un grupo de alumnos. El usuario introducirá las edades y terminará escribiendo un −1.

Actividad resuelta 3.1

Diseñar un programa que muestre, para cada número introducido por teclado, si es par, si es positivo y su cuadrado. El proceso se repetirá hasta que el número introducido sea 0.

Solución

```
import java.util.Scanner;
/* No tenemos la certeza de cuántos números se introducirán por teclado, por eso,
 * el bucle while se ejecutará mientras que el número introducido no sea 0.
 * El bloque de instrucciones del bucle estará formado por las sentencias que muestran
 * si el número es par, positivo y su cuadrado. */
public class Main {
   public static void main(String[] args) {
      Scanner sc = new Scanner(System.in);
      boolean esPar, esPositivo; //indicadores para el informe
      System.out.print("Introduzca número: ");
      int num = sc.nextInt(); //leemos el número
      while (num != 0) { //repetimos mientras el número leído no sea 0
         //si divido un número entre 2 y obtengo como resto 0, significa que es par
         //el operador % (resto módulo) calcula el resto. Así sabremos la paridad
         esPar = num % 2 == 0 ? true : false; // si el resto es 0, será par
         esPositivo = num >= 0 ? true : false; //consideramos el 0 positivo
         System.out.println("Es par?: " + esPar + "\nEs positivo?: " + esPositivo);
         System.out.println("Cuadrado: " + num * num);
         System.out.print("Introduzca otro número: ");
         num = sc.nextInt(); // volvemos a leer num
      }
   }
}
```

Actividad resuelta 3.2

Implementar una aplicación para calcular datos estadísticos de las edades de los alumnos de un centro educativo. Se introducirán datos hasta que uno de ellos sea negativo, y se mostrará: la suma de todas las edades introducidas, la media, el número de alumnos y cuántos son mayores de edad.

Solución

```
import java.util.Scanner;
/* Desconocemos cuántas edades se van a utilizar como datos, el bucle while se
 * ejecutará mientras la edad introducida no sea negativa.
 * En cada iteración acumularemos la edad, incrementaremos un contador para llevar
 * la cuenta de las edades introducidas y, si el alumno es mayor de edad,
 * incrementaremos el contador de alumnos mayores de edad.
 * Cuando salgamos del bucle mostraremos los datos y calcularemos la media. */
public class Main {
 public static void main(String[] args) {
  Scanner sc = new Scanner(System.in);
  int sumaEdades = 0; //acumulará la suma de todas las edades
  int contadorAlumnos = 0, //contador de alumnos (o de edades introducidas)
```

```
      contadorMayorEdad = 0; //contador del número de alumnos mayores de edad
      double media; //media de las edades
      System.out.print("Introduzca edad: ");
      int edad = sc.nextInt(); //leemos la edad
      while (edad >= 0) { //repetimos mientras la edad no sea negativa
         sumaEdades += edad; //acumulamos la edad introducida
         contadorAlumnos++; //incrementamos, se ha introducido la edad de un
                            //alumno más
         if (edad >= 18) { //si la edad introducida corresponde a un mayor de edad
            contadorMayorEdad++; //incrementamos, ahora hay un mayor de edad más
         }
         System.out.print("Introduzca edad: ");
         edad = sc.nextInt(); // volvemos a leer
      }
      media = (double) sumaEdades/contadorAlumnos; //con el cast la división es real
                                                    //mostramos el informe estadístico
      System.out.println("Suma de todas las edades: " + sumaEdades);
      System.out.println("Media: " + media);
      System.out.println("Número total de alumnos: " + contadorAlumnos);
      System.out.println("Mayores de edad: " + contadorMayorEdad);
   }
}
```

Actividad resuelta 3.3

Codificar el juego «el número secreto», que consiste en acertar un número entre 1 y 100 (generado aleatoriamente). Para ello se introduce por teclado una serie de números, para los que se indica: «mayor» o «menor», según sea mayor o menor con respecto al número secreto. El proceso termina cuando el usuario acierta o cuando se rinde (introduciendo un −1).

Solución

```
import java.util.Scanner;
/* La aplicación generará un número aleatorio entre 1 y 100. A continuación el
 * jugador irá probando suerte con la ayuda de las indicaciones que la propia
 * aplicación le ofrece. El juego termina cuando acierta o cuando se rinde
 * (introduciendo un -1). */
public class Main {
   public static void main(String[] args) {
      Scanner sc = new Scanner(System.in);
      int numSecreto = (int) (Math.random() * 100 + 1); //número aleatorio entre
           //1 y 100
      System.out.print("Introduzca un número entre 1 y 100: ");
      int num = sc.nextInt();
      while (numSecreto != num && //mientras no acertemos (son distintos)
             num != -1) { // y no introduzcamos un -1
         if (numSecreto < num) { //el número secreto es menor
           System.out.println("Menor");
         } else { //en otro caso, será mayor
           System.out.println("Mayor");
```

```
            }
            System.out.print("Introduzca otro número: ");
            num = sc.nextInt();
        }
        //salimos del bucle porque el jugador acierta el número o se rinde
        if (numSecreto == num) {
            System.out.println("Enhorabuena...");
        } else {
            System.out.println("Otra vez será...");
        }
    }
}
```

Actividad resuelta 3.4

Un centro de investigación de la flora urbana necesita una aplicación que muestre cuál es el árbol más alto. Para ello se introducirá por teclado la altura (en centímetros) de cada árbol (terminando la introducción de datos cuando se utilice –1 como altura). Los árboles se identifican mediante etiquetas con números únicos correlativos, comenzando en 0. Diseñar una aplicación que resuelva el problema planteado.

Solución

```
import java.util.Scanner;
/* Introducimos la altura de cada árbol dentro de un bucle y guardaremos la mayor y el
 * número de etiqueta del árbol al que corresponde.
 * En la búsqueda del máximo (o mínimo) se nos plantea un problema: con qué valor
 * inicializamos el máximo. Hemos de inicializar el máximo con un valor menor o
 * igual que todos los valores con los que trabajaremos.
 * máximo es -2. Si inicializamos arbitrariamente máximo=0, como 0 es mayor que
 * cualquier valor del conjunto, el algoritmo dirá que el máximo es 0 (error).
 * En este caso, al trabajar con alturas (positivas), podemos inicializar sin
 * problema a 0 (es menor que cualquier positivo). Sin embargo, en el caso
 * general, la mejor opción es inicializar el máximo al primer valor leído.*/
public class Main {
    public static void main(String[] args) {
        Scanner sc = new Scanner(System.in);
        int etiquetaArbolMasAlto; //número identificativo del árbol más alto
        int alturaArbolMasAlto; //altura del árbol más alto
        int etiqueta = 0; //número identificativo del árbol del que se piden los datos
        int altura; //altura del árbol del que se piden los datos
        System.out.print("Altura del árbol (" + etiqueta + "): ");
        altura = sc.nextInt();
        alturaArbolMasAlto = altura; //el primer árbol será, por ahora, el más alto
        etiquetaArbolMasAlto = 0; //el árbol con etiqueta 0 es, por ahora, el más alto
        while (altura != -1) {
            if (altura > alturaArbolMasAlto) { //hemos encontrado un árbol más alto
              alturaArbolMasAlto = altura;
              etiquetaArbolMasAlto = etiqueta;
            }
            etiqueta++; //incrementamos la etiqueta, para solicitar la altura del
                        //siguiente
            System.out.print("Altura del árbol (" + etiqueta + "): ");
            altura = sc.nextInt();
```

```
        }
        if (alturaArbolMasAlto == -1) {
            System.out.println("No hay ningún árbol");
        } else {
            System.out.println("El árbol más alto mide: " + alturaArbolMasAlto);
            System.out.println("Etiqueta del árbol: " + etiquetaArbolMasAlto);
        }
    }
}
```

3.1.2. do-while

Disponemos de un segundo bucle controlado por una condición: el bucle `do-while`, muy similar a `while`, con la diferencia de que primero se ejecuta el bloque de instrucciones y después se evalúa la condición para decidir si se realiza una nueva iteración. Su sintaxis es:

```
do {
    bloque de instrucciones
    ...
} while (condición);
```

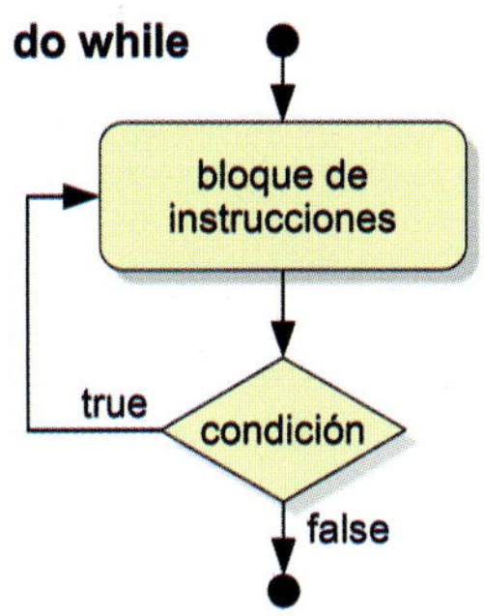

Figura 3.2. *Representación del flujo de ejecución de un bucle* `do-while`.

La Figura 3.2 describe su comportamiento. Se compone de los siguientes puntos:

1. Se ejecuta el bloque de instrucciones.
2. Se evalúa `condición`.
3. Según el valor obtenido, se termina el bucle o se vuelve al punto 1.

Como ejemplo, vamos a escribir el código que muestra los números del 1 al 10 utilizando un bucle `do-while`, en vez de un bucle `while`:

```
int i = 1;
do {
    System.out.println(i);
    i++;
} while (i <= 10);
```

Debemos recordar que es el único bucle que termina en punto y coma (`;`). Mientras el bucle `while` se puede ejecutar de 0 a infinitas veces, el `do-while` lo hace de 1 a infinitas veces. De hecho, la única diferencia con el bucle `while` es que `do-while` se ejecuta, al menos, una vez.

Actividad resuelta 3.5

Desarrollar un juego que ayude a mejorar el cálculo mental de la suma. El jugador tendrá que introducir la solución de la suma de dos números aleatorios comprendidos entre 1 y 100. Mientras la solución introducida sea correcta, el juego continuará. En caso contrario, el programa terminará y mostrará el número de operaciones realizadas correctamente.

Solución

```
import java.util.Scanner;
/* Al menos hay que calcular una suma, por este motivo vamos a utilizar un bucle
 * do-while. Los operandos estarán comprendidos entre 1 y 100*/
public class Main {
   public static void main(String[] args) {
      int resultado, operando1, operando2; //variables
      int numOperaciones = 0;
      do {
         operando1 = (int)(Math.random()*100+1);
         operando2 = (int)(Math.random()*100+1);
         System.out.print(operando1 +" + " + operando2 + " = ");
         resultado = new Scanner(System.in).nextInt();
         numOperaciones++;
      } while (resultado == operando1 + operando2);
      //numOperaciones contabiliza cuántas operaciones se han mostrado. De ellas
      //(numOperaciones -1) son correctas y la última es errónea (si no, no hubiera
      //terminado el do-while).
      System.out.println("A conseguido realizar: " + (numOperaciones -1) +
                         " sumas consecutivas");
   }
}
```

3.2. Bucles controlados por contador: for

El bucle `for` permite controlar el número de iteraciones mediante una variable (que suele recibir el nombre de *contador*). La sintaxis de la estructura `for` es:

```
for (inicialización; condición; incremento) {
   bloque de instrucciones
   ...
}
```

Donde,

- **Inicialización:** es una lista de instrucciones, separadas por comas, donde generalmente se inicializan las variables que van a controlar el bucle. Se ejecutan una sola vez antes de la primera iteración.

- **Condición:** es una expresión booleana que controla las iteraciones del bucle. Se evalúa antes de cada iteración; el bloque de instrucciones se ejecutará solo cuando el resultado sea `true`.
- **Incremento:** es una lista de instrucciones, separadas por comas, donde se suelen modificar las variables que controlan la condición. Se ejecuta al final de cada iteración.

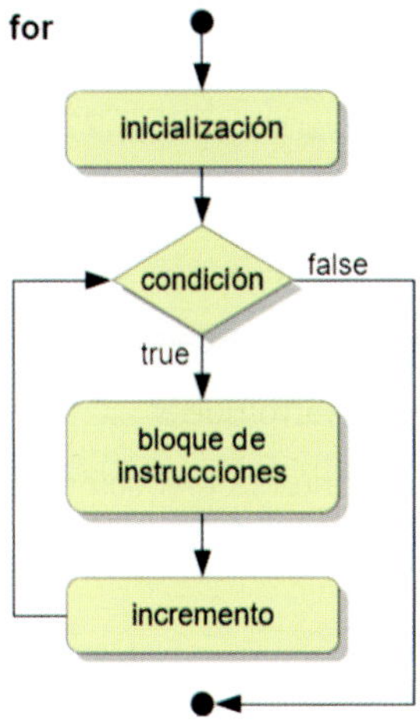

Figura 3.3. *Secuencia del flujo de control de un bucle* `for`.

El funcionamiento de `for` se describe en la Figura 3.3. Consiste en los siguientes puntos:

1. Se ejecuta la inicialización; esto se hace una sola vez al principio.
2. Se evalúa la condición: si resulta `false`, salimos del bucle y continuamos con el resto del programa; en caso de que la evaluación sea `true`, se ejecuta todo el bloque de instrucciones.
3. Cuando termina de ejecutarse el bloque de instrucciones, se ejecuta el incremento.
4. Se vuelve de nuevo al punto 2.

Aunque `for` está controlado por una condición que, en principio, puede ser cualquier expresión booleana, la posibilidad de configurar la inicialización y el incremento de las variables que controlan el bucle permite determinar de antemano el número de iteraciones.

Veamos un ejemplo donde solo se usa la variable `i` para controlar el bucle:

```
for (int i = 1; i <= 2; i++) {
   System.out.println("La i vale " + i);
}
```

Argot técnico

En este caso, la variable `i`, además de inicializarse, también se declara en la zona de inicialización. Esto significa que `i` solo puede usarse dentro de la estructura `for`. En la Unidad 4 profundizaremos en el ámbito de las variables.

A continuación, se muestra una traza de la ejecución del bucle anterior:

1. Primero se ejecuta la inicialización: `i=1`;
2. Evaluamos la condición: ¿es cierto que `i` ≤ 2? Es decir: ¿1 ≤ 2?
3. Cierto. Ejecutamos el bloque de instrucción: `System.out.println(...)`
4. Obtenemos el mensaje: «La i vale 1».
5. Terminado el bloque de instrucciones, ejecutamos el incremento: (`i++`) `i` vale 2.
6. Evaluamos la condición: ¿es cierto que `i` ≤ 2? Es decir: ¿2 ≤ 2?
7. Cierto. Ejecutamos `System.out.println(...)`
8. Obtenemos el mensaje:« La `i` vale 2».
9. Ejecutamos el incremento: (`i++`) la `i` vale 3.
10. Evaluamos la condición: ¿es cierto que `i` ≤ 2? Es decir: ¿3 ≤ 2?
11. Falso. El bucle termina y continúa la ejecución de las sentencias que siguen a la estructura `for`.

Actividad propuesta 3.2

Implementa la aplicación Eco, que pide al usuario un número y muestra en pantalla la salida:

Eco...

Eco...

Eco...

Se muestra «Eco...» tantas veces como indique el número introducido. La salida anterior sería para el número 3.

Actividad resuelta 3.6

Escribir una aplicación para aprender a contar, que pedirá un número *n* y mostrará todos los números del 1 a *n*.

Solución

```
import java.util.Scanner;
/* Sabemos con certeza el número de iteraciones del bucle: n, por lo que
 * utilizaremos un bucle for que recorrerá todos los números de 1 a n. */
public class Main {
  public static void main(String[] args) {
      Scanner sc = new Scanner(System.in);
      System.out.print("Introduzca un número: ");
      int n = sc.nextInt();
      for (int i = 1; i <= n; i++) { //i tomará los valores de 1 a n
        //la variable i es una variable del bloque de instrucciones del for, es
        //decir, solo se puede utilizar en dicho bloque (su ámbito es el bloque)
```

```
            //Utilizar la variable i fuera del bloque genera un error
            System.out.println(i); //mostramos i
        }
    }
}
```

Actividad resuelta 3.7

Escribir todos los múltiplos de 7 menores que 100.

Solución

```
/* Vamos a utilizar un bucle for, inicializando la i a 0, e iterando hasta que el valor
 * supere 100. Los múltiplos de 7, se caracterizan por que se diferencian en 7. */
public class Main {
    public static void main(String[] args) {
        for (int i = 0; i < 100; i += 7) {
            System.out.println(i);
        }
        // Cuando el bloque de instrucciones de for, while o do-while está formado
        // por una sola instrucción, no precisa de llaves { }.
        // Aunque, por claridad en el código, se aconseja ponerlas.
    }
}
```

Actividad resuelta 3.8

Pedir diez números enteros por teclado y mostrar la media.

Solución

```
import java.util.Scanner;
/* Como tenemos claro que vamos a solicitar 10 números al usuario, utilizaremos
 * un bucle for.
 * Sumaremos todos los números introducidos y al final dividiremos entre 10
 * para obtener la media. */
public class Main {
    public static void main(String[] args) {
        Scanner sc = new Scanner(System.in);
        int n; //cada número introducido por el usuario
        int suma = 0; //acumulará la suma de todos los números introducidos
        double media; //la media puede contener decimales, por eso será double
        for (int i = 1; i <= 10; i++) {
            System.out.println("Escriba un número: ");
            n = sc.nextInt();
            suma += n; //es lo mismo que: suma = suma + n
        }
        media = suma / 10.0; //calculamos la media
        System.out.println("La media es: " + media); //mostramos
    }
}
```

Actividad resuelta 3.9

Implementar una aplicación que pida al usuario un número comprendido entre 1 y 10. Hay que mostrar la tabla de multiplicar de dicho número, asegurándose de que el número introducido se encuentra en el rango establecido.

Solución

```
import java.util.Scanner;
/* Las tablas de multiplicar nos traen recuerdos de nuestros tiempos de escolares,
 * cuando intentábamos aprenderlas (recitándolas una y otra vez). */
public class Main {
   public static void main(String[] args) {
      Scanner sc = new Scanner(System.in);
      int num; //del que mostraremos la tabla de multiplicar
      //nos aseguramos de que el número está entre 1 y 10
      do {
         System.out.print("Introduzca un número (de 1 a 10): ");
         num = sc.nextInt();
      } while (!(1 <= num && num <= 10));
      System.out.println("\n\nTabla del " + num);
      for (int i = 1; i <= 10; i++) {
         System.out.println(num + " x " + i + " = " + num * i);
      }
   }
}
```

Actividad resuelta 3.10

Diseñar un programa que muestre la suma de los 10 primeros números impares.

Solución

```
/* El bucle for estará controlado por i (1..10).
 * El i-ésimo número impar se calcula: 2*i - 1 */
public class Main {
   public static void main(String[] args) {
      double suma = 0; // guardará la suma de los 10 primeros impares
      for (int i = 1; i <= 10; i++) {
         int impar = 2 * i - 1;
         suma += impar;
      }
      System.out.println("La suma de los 10 primeros impares es: " + suma);
   }
}
```

Actividad propuesta 3.3

Implementa un programa que pida al usuario un número positivo y lo muestre guarismo a guarismo. Por ejemplo, para el número 123, debe mostrar primero el 3, a continuación el 2 y por último el 1.

Actividad resuelta 3.11

Pedir un número y calcular su factorial. Por ejemplo, el factorial de 5 se denota 5! y es igual a 5 × 4 × 3 × 2 × 1 = 120.

Solución

```
import java.util.Scanner;
/* El factorial de n se define como el producto de todos los enteros entre 1 y n.
 * Por ejemplo: el factorial de 10 es: 10*9*8*7*6*5*4*3*2*1 = 3628800 */
public class Main {
   public static void main(String[] args) {
      Scanner sc = new Scanner(System.in);
      //podríamos declarar factorial de tipo long, el tamaño de este tipo permite
      //calcular hasta el factorial de 25. Mejor utilizamos un double
      double factorial;
      int num;
      System.out.print("Introduzca un número: ");
      num = sc.nextInt();
      factorial = 1; // es importante inicializarlo a 1, ya que multiplicará
      for (int i = num; i > 0; i--) {
         factorial = factorial * i;
      }
      System.out.println("El factorial de " + num + " es: " + factorial);
   }
}
```

Actividad resuelta 3.12

Pedir 5 calificaciones de alumnos y decir al final si hay algún suspenso.

Solución

```
import java.util.Scanner;
/* Utilizamos una bandera para controlar si entre los alumnos existe al menos uno
 * con una asignatura suspensa (nota menor que 5). Una bandera es una variable,
 * normalmente booleana, que indica, mediante sus valores, alguna situación o
 * estado. En este caso:
 * -suspenso = false, significa que no existe ninguna nota suspensa
 * -suspenso = true, significa que existe, al menos, un alumno suspenso
 * Hay que tener cuidado cuando se activa una bandera, en no volver a desactivarla,
 * ya que entonces no refleja lo que intentamos evaluar, sino la última situación
 * ocurrida. */
public class Main {
   public static void main(String[] args) {
      Scanner sc = new Scanner(System.in);
      boolean suspensos = false; // suponemos que en principio no hay ningún suspenso
      for (int i = 0; i < 5; i++) {
         System.out.print("Introduzca nota (de 0 a 10): ");
         int notas = sc.nextInt();
         if (notas < 5) { //si la nota corresponde a un suspenso
            suspensos = true; //activamos la bandera a cierto
         }
      }
```

```
        if (suspensos) {
            System.out.println("Hay alumnos suspensos");
        } else {
            System.out.println("No hay suspensos");
        }
    }
}
```

Actividad resuelta 3.13

Dadas 6 notas, escribir la cantidad de alumnos aprobados, condicionados (nota igual a cuatro) y suspensos.

Solución

```
import java.util.Scanner;
/* Utilizaremos contadores que se incrementan cuando nos encontramos en una
 * situación concreta: la nota está aprobada, está condicionada o está suspensa. */
public class Main {
    public static void main(String[] args) {
        Scanner sc = new Scanner(System.in);
        int aprobados = 0, suspensos = 0, condicionados = 0; //contadores
        for (int i = 1; i <= 6; i++) {
            System.out.println("Nota del alumno número " + i + ": ");
            int nota = sc.nextInt();
            if (nota == 4) { //comprobaremos en que caso nos encontramos
                condicionados++;
            } else if (nota >= 5) {
                aprobados++;
            } else if (nota < 4) { //este if es redundante , al ser el único caso posible
                suspensos++; //y podríamos poner else {...}
            }
        }
        System.out.println("Aprobados: " + aprobados); //mostramos el informe
        System.out.println("Suspensos: " + suspensos);
        System.out.println("Condicionados: " + condicionados);
    }
}
```

Nota técnica

Las actividades que hemos realizado cada vez incluyen un mayor número de variables. Se recomienda utilizar identificadores lo más descriptivos posible, que permitan de un vistazo saber que representa el valor que contiene cada variable.

Por ejemplo, en la Actividad resuelta 3.13, se podrían haber usado los identificadores `n`, `a`, `s` y `c` para las notas, número de aprobados, suspensos e indicar si existe algún alumno condicionado. El problema es que estos identificadores son muy poco descriptivos, lo que dificulta la comprensión del código.

3.3. Salidas anticipadas

Dependiendo de la lógica que implementar en un programa, puede ser interesante terminar un bucle antes de tiempo y no esperar a que termine por su condición (realizando todas las iteraciones). Para poder hacer esto disponemos de:

- `break`: interrumpe completamente la ejecución del bucle.
- `continue`: detiene la iteración actual y continúa con la siguiente.

Cualquier programa puede escribirse sin utilizar `break` ni `continue`; se recomienda evitarlos, ya que rompen la secuencia natural de las instrucciones. Veamos un ejemplo:

```
i = 1;
while (i <= 10) {
   System.out.println("La i vale" + i);
   if (i == 2) {
      break;
   }
   i++;
}
```

En un primer vistazo da la impresión de que el bucle ejecutará 10 iteraciones, pero cuando está realizando la segunda (`i` vale 2), la condición de `if` se evalúa como cierta y entra en juego `break`, que interrumpe completamente el bucle, sin que se ejecuten las sentencias restantes de la iteración en curso ni el resto de las iteraciones. Tan solo se ejecutan dos iteraciones y se obtiene:

La i vale 1
La i vale 2

Veamos otro ejemplo:

```
i = 0;
while (i < 10) {
   i++;
   if (i % 2 == 0) { //si i es par
      continue;
   }
   System.out.println("La i vale " + i);
}
```

Cuando la condición `i % 2 == 0` sea cierta, es decir, cuando `i` es par, la sentencia `continue` detiene la iteración actual y continúa con la siguiente, saltándose el resto del bloque de instrucciones. `System.out.println` solo llegará a ejecutarse cuando `i` sea impar, o dicho de otro modo: en iteraciones alternas. Se obtiene la salida por consola:

La i vale 1
La i vale 3
La i vale 5
La i vale 7
La i vale 9

3.4. Bucles anidados

En el uso de los bucles es muy frecuente la anidación, que consiste en incluir un bucle dentro de otro, como describe la Figura 3.4.

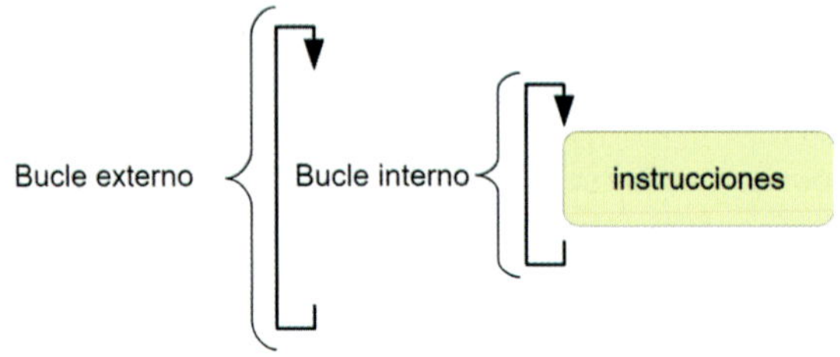

Figura 3.4. *Bucles anidados.*

Al hacer esto se multiplica el número de veces que se ejecuta el bloque de instrucciones de los bucles internos. Los bucles anidados pueden encontrarse relacionados cuando las variables de los bucles más externos intervienen en el control de la iteración de un bucle interno; o independientes, cuando no existe relación alguna entre ellos.

3.4.1. Bucles independientes

Cuando los bucles anidados no dependen, en absoluto, unos de otros para determinar el número de iteraciones, se denominan *bucles anidados independientes.* Veamos un ejemplo sencillo, la anidación de dos bucles for:

```
for (i = 1; i <= 4; i++) {
   for (j = 1; j <= 3; j++) {
      System.out.println("Ejecutando...");
   }
}
```

El bucle externo, controlado por la variable `i`, realizará cuatro iteraciones, donde `i` toma los valores 1, 2, 3 y 4. En cada una de ellas, el bucle interno, controlado por `j`, realizará tres iteraciones, tomando `j` los valores 1, 2 y 3. En total, el bloque de instrucciones se ejecutará doce veces.

Anidar bucles es una herramienta que facilita el procesado de tablas multidimensionales (Unidad 5). Se utiliza cada nivel de anidación para manejar el índice de cada dimensión. Sin embargo, el uso descuidado de bucles anidados puede convertir un algoritmo en algo ineficiente, disparando el número de instrucciones ejecutadas.

Actividad resuelta 3.14

Diseñar una aplicación que muestre las tablas de multiplicar del 1 al 10.

Solución

```
/* Ya tenemos un algoritmo (en un ejercicio anterior) para realizar la tabla de
 * multiplicar de un número dado. La idea es aprovecharlo, y ejecutar el código
 * repetidas veces para mostrar las tablas de multiplicar del 1 al 10. */
public class Main {
   public static void main(String[] args) {
      for (int tabla = 1; tabla <= 10; tabla++) {
         System.out.println("\n\nTabla del " + tabla);
         // por cada iteración del bucle exterior , el interior se ejecuta 10 veces
         for (int i = 1; i <= 10; i++) {
            System.out.println(tabla + " x " + i + " = " + tabla * i);
         }
      }
   }
}
```

3.4.2. Bucles dependientes

Puede darse el caso de que el número de iteraciones de un bucle interno no sea independiente de la ejecución de los bucles exteriores, y dependa de sus variables de control.

Decimos entonces que son *bucles anidados dependientes*. Veamos el siguiente fragmento de código, a modo de ejemplo, donde la variable utilizada en el bucle externo (`i`) se compara con la variable (`j`) que controla el bucle más interno. En algunas ocasiones, la dependencia de los bucles no se aprecia de forma tan clara como en el ejemplo:

```
for (i = 1; i <= 3; i++) {
   System.out.println("Bucle externo, i=" +i);
   j = 1;
   while (j <= i) {
      System.out.println("...Bucle interno, j=" + j);
      j++;
   }
}
```

que proporciona la salida:

Bucle externo, i=1

...Bucle interno, j=1

Bucle externo, i=2

...Bucle interno, j=1

...Bucle interno, j=2

Bucle externo, i=3

...Bucle interno, j=1

...Bucle interno, j=2

...Bucle interno, j=3

- Durante la primera iteración del bucle `i`, el bucle interno realiza una sola iteración.
- En la segunda iteración del bucle externo, con `i` igual a 2, el bucle interno realiza dos iteraciones.
- En la última vuelta, cuando `i` vale 3, el bucle interno se ejecuta tres veces.

La variable `i` controla el número de iteraciones del bucle interno y resulta un total de 1 + 2 + 3 = 6 iteraciones. Los posibles cambios en el número de iteraciones de estos bucles hacen que, *a priori,* no siempre sea tan fácil conocer el número total de iteraciones.

Actividad resuelta 3.15

Pedir por consola un número *n* y dibujar un triángulo rectángulo de *n* elementos de lado, utilizando para ello asteriscos (*). Por ejemplo, para *n* = 4:

```
* * * *
* * *
* *
*
```

Solución

```
import java.util.Scanner;
/* Utilizaremos un bucle para mostrar cada fila, y dentro de este, otro para escribir
 * cada * (columna). El bucle que escribe cada columna (dentro de la fila) dependerá
 * de los valores de la fila, así conseguimos el efecto "triángulo". */
public class Main {
   public static void main(String[] args) {
      Scanner sc = new Scanner(System.in);
      System.out.print("Escriba n: ");
      int n = sc.nextInt();
      for (int fila = 1; fila <= n; fila++) {
         for (int col = fila; col <= n; col++) {//el número de * coincide con: n-fila+1
            System.out.print("* "); //no println , para que no cambie de línea
         }
         System.out.println(""); //tras cada fila metemos una nueva línea
      }
   }
}
```

MAPA CONCEPTUAL

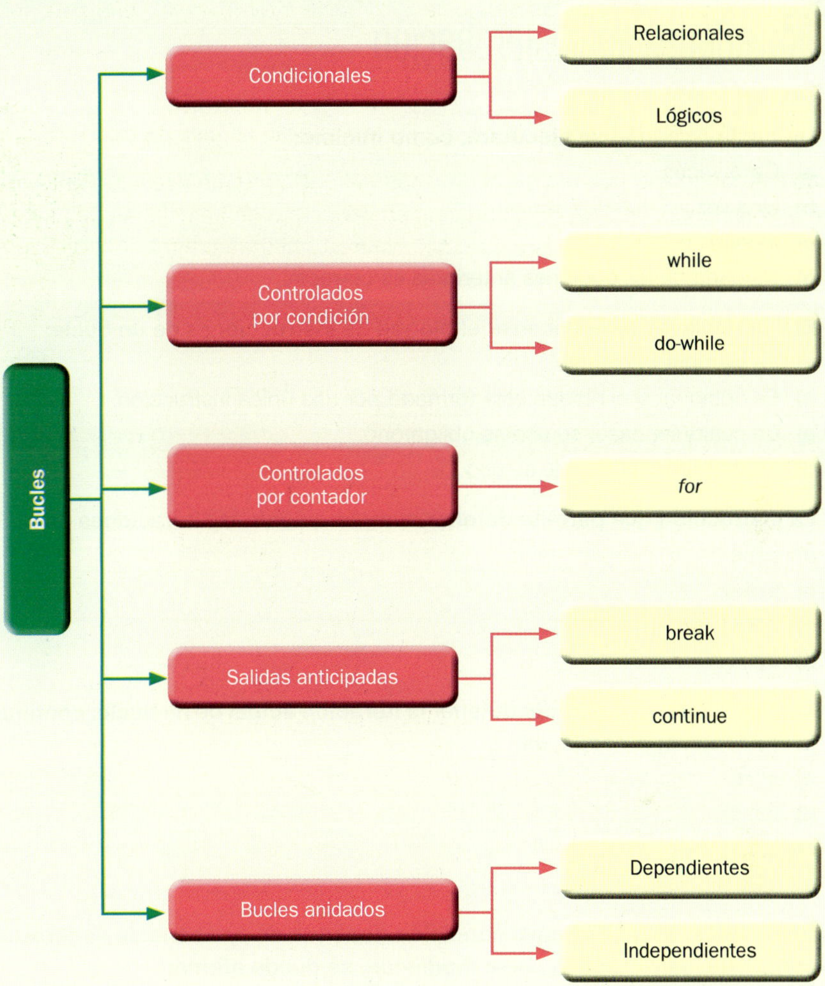

Actividades de comprobación

3.1. Un bucle `do-while` se ejecutará, como mínimo:

a) Cero veces.

b) Una vez.

c) Infinitas veces.

d) Ninguna de las opciones anteriores es correcta.

3.2. El uso de llaves para encerrar el bloque de instrucciones de un bucle:

a) Es siempre opcional.

b) Es opcional si el bloque está formado por una única instrucción.

c) En cualquier caso, su uso es obligatorio.

d) El programador decide su uso.

3.3. La instrucción que permite detener completamente las iteraciones de un bucle es:

a) `stop`.

b) `break`.

c) `continue`.

d) `finish`.

3.4. La instrucción que permite detener la iteración actual de un bucle, continuando con la siguiente, si procede, es:

a) `stop`.

b) `break`.

c) `continue`.

d) `finish`.

3.5. De un bucle `do-while`, cuya condición depende de una serie de variables que en el bloque de instrucciones no se modifican, se puede afirmar:

a) Que su número de iteraciones será siempre una.

b) Que el número de iteraciones será siempre par.

c) Que las variables cambiarán automáticamente en cualquier momento.

d) Ninguna de las opciones anteriores es correcta.

3.6. ¿Cuántas veces se ejecutará el bloque de instrucciones del bucle más interno en el siguiente fragmento de código?

```
for(i=1; i<=10; i++) {
   for(i=1; i<=5; i++) {
      System.out.println("Hola");
   }
}
```

a) 10 veces.

b) 5 veces.

c) 50 veces.

d) Infinitas veces.

3.7. Analiza el siguiente código y busca qué valores de a y b implican un menor número de iteraciones:

```
for (int i=a; i<=a+b; i++) {
    for(int j=a+b; j>=0; j--) {
        ...
    }
}
```

a) a=1 y b=3.
b) a=3 y b=1.
c) a=1 y b=1.
d) a=3 y b=3.

3.8. En cada iteración, el incremento de un bucle `for` se ejecuta:

a) En primer lugar.
b) Después de la inicialización.
c) Después de evaluar la condición.
d) Justo al finalizar cada iteración.

3.9. Una variable que se declara dentro de su bloque de instrucciones solo se podrá utilizar:

a) En cualquier parte del programa.
b) En todos los bucles.
c) Dentro del bloque de instrucciones donde se ha declarado.
d) Todas las opciones anteriores son correctas.

3.10. En un bucle `for`, la inicialización, condición e incremento son:

a) Todos obligatorios.
b) Todos opcionales.
c) La inicialización siempre es obligatoria.
d) La condición siempre es obligatoria.

Actividades de aplicación

3.11. Realiza un programa que convierta un número decimal en su representación binaria. Hay que tener en cuenta que desconocemos cuántas cifras tiene el número que introduce el usuario.

Por simplicidad, iremos mostrando el número binario con un dígito por línea.

3.12. Modifica la Actividad de aplicación 3.11 para que el usuario pueda introducir un número en binario y el programa muestre su conversión a decimal.

3.13. Escribe un programa que incremente la hora de un reloj. Se pedirán por teclado la hora, minutos y segundos, así como cuántos segundos se desea incrementar la hora introducida. La aplicación mostrará la nueva hora. Por ejemplo, si las 13:59:51 se incrementan en 10 segundos, resultan las 14:00:01.

3.14. Realiza un programa que nos pida un número *n*, y nos diga cuántos números hay entre 1 y *n* que sean primos. Un número primo es aquel que solo es divisible por 1 y por él mismo. Veamos un ejemplo para $n = 8$:

Comprobamos todos los números del 1 al 8:

- 1 → primo
- 2 → primo
- 3 → primo
- 4 → no primo
- 5 → primo
- 6 → no primo
- 7 → primo
- 8 → no primo

Resultan un total de 5 números primos.

3.15. Diseña una aplicación que dibuje el triángulo de Pascal, para *n* filas. Numerando las filas y elementos desde 0, la fórmula para obtener el *m*-ésimo elemento de la *n*-ésima fila es:

$$E(n, m) = \frac{n!}{m!(n-m)!}$$

Donde *n*! es el factorial de *n*.
Un ejemplo de triángulo de Pascal con 5 filas ($n = 4$) es:

```
1
1 1
1 2 1
1 3 3 1
1 4 6 4 1
```

3.16. Solicita al usuario un número *n* y dibuja un triángulo de base y altura *n*, de la forma (para *n* igual a 4):

```
   *
  * *
 * * *
* * * *
```

3.17. Para dos números dados, *a* y *b*, es posible buscar el máximo común divisor (el número más grande que divide a ambos) mediante un algoritmo ineficiente pero sencillo: desde el menor de *a* y *b*, ir buscando, de forma decreciente, el primer número que divide a ambos simultáneamente. Realiza un programa que calcule el máximo común divisor de dos números.

3.18. De forma similar a la Actividad de aplicación 3.17, implementa un algoritmo que calcule el mínimo común múltiplo de dos números dados.

3.19. Calcula la raíz cuadrada de un número natural mediante aproximaciones. En el caso de que no sea exacta, muestra el resto. Por ejemplo, para calcular la raíz cuadrada de 23, probamos $1^2 = 1$, $2^2 = 4$, $3^2 = 9$, $4^2 = 16$, $5^2 = 25$ (nos pasamos), resultando 4 la raíz cuadrada de 23 con un resto $(23 - 16)$ de 7.

3.20. Escribe un programa que solicite al usuario las distintas cantidades de dinero de las que dispone. Por ejemplo: la cantidad de dinero que tiene en el banco, en una hucha, en un cajón y en los bolsillos. La aplicación mostrará la suma total de dinero de la que dispone el usuario.

La manera de especificar que no se desea introducir más cantidades es mediante el cero.

Actividades de ampliación

3.21. Los algoritmos que se implementan mediante bucles suelen tener un mayor costo computacional, consumiendo un mayor tiempo de ejecución. Busca en internet información sobre el concepto de orden de un algoritmo y cómo afectan los bucles a dicho orden. ¿Qué orden de algoritmos prefieres? Justifica tu respuesta.

3.22. Investiga sobre los algoritmos de fuerza bruta, como por ejemplo los que calculan todos los posibles movimientos en una partida de ajedrez o buscan una clave mediante todas las combinaciones posibles. ¿Cuál es el inconveniente de este tipo de algoritmos?

3.23. Realiza una búsqueda y pregunta a docentes de otros módulos sobre procesos que ocurran en un ordenador y que se ejecutan de forma perpetua dentro de un bucle.

3.24. Calcula para un monitor, con una determinada resolución y frecuencia de refresco de cada píxel, cuántas operaciones harán falta para procesar todos los píxeles durante un segundo. Escribe un boceto de programa que pueda ejecutar esta acción.

3.25. Realiza una investigación en internet sobre algoritmos donde el uso de bucles sea imprescindible. Piensa si es posible convertir los algoritmos que has encontrado en otros que no usen bucles o que utilicen un número menor de iteraciones.

3.26. Escribe un programa que, mediante bucles, consiga que el tiempo de ejecución sea lo máximo posible. Realiza una competición con el resto de la clase para ver quién consigue el algoritmo más lento. Si los tiempos de ejecución son excesivos, pide ayuda al profesorado para que calcule el orden de tu algoritmo.

UNIDAD 4

Funciones

Objetivos

- Asimilar el concepto de función, las ventajas de su uso y la implicación en la mejora del mantenimiento de aplicaciones.
- Entender y usar el concepto de parámetro de entrada, así como el mecanismo para generalizar el comportamiento de las funciones.
- Escribir programas que hagan un uso adecuado de las funciones y del valor devuelto por estas.
- Resolver problemas mediante el uso de funciones recursivas.

Contenidos

Introducción

Conforme aumenta la extensión y la complejidad de un programa, es habitual tener que implementar, en distintas partes, la misma funcionalidad, cosa que implica copiar una y otra vez, donde sea necesario, el mismo fragmento de código. Esto genera dos problemas:

- Duplicidad del código: aumenta el tamaño del código y lo hace menos legible.
- Dificultad en el mantenimiento: cualquier modificación necesaria dentro del fragmento de código repetido tendría que realizarse en todos y cada uno de los lugares donde se encuentra.

Podríamos pensar en utilizar un bucle, pero si el código se repite en lugares separados del programa, esto no es posible.

4.1. Conceptos básicos

La solución para cuando necesitamos la misma funcionalidad en distintos lugares de nuestro código no es más que etiquetar con un nombre un fragmento de código y sustituir en el programa dicho fragmento, en todos los lugares donde aparezca, por el nombre que le hemos asignado. Esta idea puede verse en el siguiente ejemplo:

```
public static void main(String[] args) {
   ... //código
   System.out.println("Voy a saludar tres veces:"); //fragmento repetido
   for(int i = 0; i < 3; i++) {
      System.out.println("Hola.");
   }
   ... //más código
   System.out.println("Voy a saludar tres veces:"); //fragmento repetido
   for(int i = 0; i < 3; i++) {
      System.out.println("Hola.");
   }
   ... //otro código
   System.out.println("Voy a saludar tres veces:"); //fragmento repetido
   for(int i = 0; i < 3; i++) {
      System.out.println("Hola.");
   }
   ... //resto del código
}
```

Cada fragmento de código repetido (en rojo) a lo largo del programa, con la misma funcionalidad —en nuestro ejemplo, mostrar una serie de mensajes por consola—, puede sustituirse por el nombre que le hemos asignado, en nuestro caso `tresSaludos()`, quedando:

```
public static void main(String[] args) {
   ... //código
   tresSaludos(); //sustitución por una función
   ... //más código
```

```
        tresSaludos(); //sustitución por una función
        ... //otro código
        tresSaludos(); //sustitución por una función
        ...//resto del código
    }
```

La función `tresSaludos()` tendrá que definirse, de forma que se especifique el conjunto de instrucciones que la forma.

```
public static void main(String[] args) {
    ...
}
static void tresSaludos() {
    System.out.println("Voy a saludar tres veces:");
    for(int i = 0; i < 3; i++) {
        System.out.println("Hola.");
    }
}
```

La definición de una función puede hacerse antes o después del `main()`.

Esto representa el concepto de función: un conjunto de instrucciones agrupadas bajo un nombre y con un objetivo común, que se ejecuta al ser invocada.

En general, la sintaxis para definir una función es:

```
static tipo nombreFunción() {
    cuerpo de la función
}
```

Argot técnico

En la Unidad 7, donde veremos las clases, se explicará que lo que ahora estamos llamando *función* también se conoce con el nombre de *método*.

También veremos en profundidad el concepto de método estático (static).

Por ahora, definiremos las funciones `static` y utilizaremos como tipo la función `void`, que indica que la función no devuelve nada. Habitualmente, los nombres de funciones siguen el estilo Camel: los nombres comienzan en minúscula, distinguiendo en los nombres compuestos cada palabra mediante la mayúscula inicial, lo que recuerda las jorobas de un camello; algunos ejemplos son: suma(), tresSaludos(), calculaRaizCuadrada(), muestraTodosDatosCliente()...

Argot técnico

En la Apartado 4.4 se verá con detalle el tipo devuelto por una función. Por ahora, nos basta saber que una función devolverá un dato con algún resultado. Dicho dato, como todas las variables, deberá tener un tipo.

En la definición de una función, `cuerpo de la función` se sustituye por un bloque de instrucciones (limitado por llaves) que implementa la función.

Definimos algunos conceptos necesarios para seguir trabajando con funciones:

- **Llamada a la función:** es el nombre de la función, seguido de ( ) —paréntesis—. Se convierte en una nueva instrucción que podemos utilizar para invocarla.
- **Prototipo de la función:** es la declaración de la función, donde se especifica su nombre, el tipo que devuelve y, entre paréntesis, los parámetros de entrada que utiliza. En nuestro ejemplo, el prototipo de la función `tresSaludos()` es:

```
static void tresSaludos()
```

- **Cuerpo de la función:** es el bloque de código que ejecuta la función cada vez que se invoca y que aparece entre llaves después del prototipo.
- **Definición de una función:** está formada por el prototipo más el cuerpo de la función.

De forma esquemática, la Figura 4.1 representa un programa en el que no se utilizan funciones (a la izquierda) y el mismo programa en el que se ha empleado una función. Se puede apreciar que, en el segundo caso, el cuerpo de la función solo está escrito una vez.

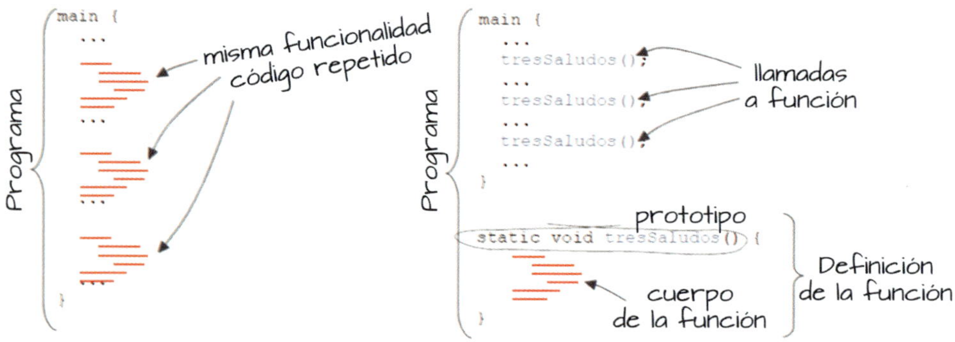

Figura 4.1. *Representación de un programa sin y con funciones.*

Con esto evitamos:

- La duplicidad del código: ya que el código se escribe una única vez, en la definición de la función.
- La dificultad en el mantenimiento: ahora, las modificaciones, en el caso de que sean necesarias, solo se realizan en un lugar: en la definición de la función.

El comportamiento de una llamada a una función (véase la Figura 4.2) consiste en:

1. Las instrucciones del programa principal se ejecutan hasta que encuentra la llamada a la función, en nuestro caso, `tresSaludos()`;
2. La ejecución salta a la definición de la función.
3. Se ejecuta el cuerpo de la función.
4. Cuando la ejecución del cuerpo termina, retornamos al punto del programa desde donde se invocó la función.
5. El programa continúa su ejecución.

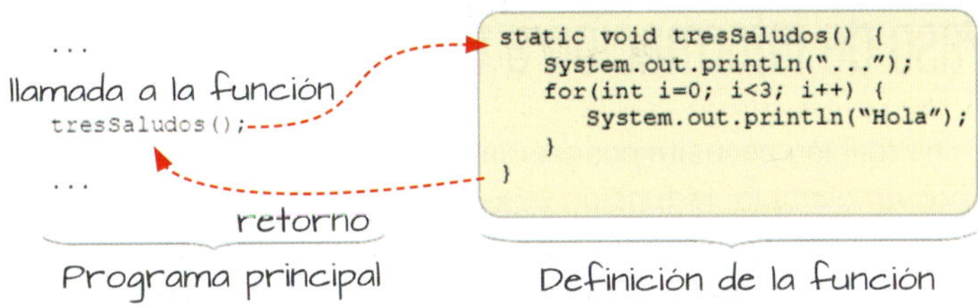

Figura 4.2. *Visualización del flujo de ejecución en la llamada a una función.*

Tanto en la llamada a la función como en el retorno es posible incluir información útil. Estos flujos de información se verán a lo largo de la unidad.

Los métodos que hemos utilizado de algunas clases de la API (como `nextInt()` de `Scanner`) en realidad son funciones. Una función y un método son conceptualmente idénticos, la única diferencia está en el nombre, que varía dependiendo del paradigma de programación usado. En la programación estructurada se llaman **funciones,** y en la programación orientada a objetos, se denominan **métodos.**

4.2. Ámbito de las variables

En el cuerpo de una función podemos declarar variables, que se conocen como **variables locales.** El ámbito de estas, es decir, donde pueden utilizarse, es la propia función donde se declaran, no pudiéndose utilizar fuera de ella. Nada impide que dentro del cuerpo de una función se utilicen sentencias (`if`, `if-else`, etc.) con sus respectivos bloques de instrucciones, donde a su vez, se pueden volver a declarar nuevas variables que se conocen como **variables de bloques,** siempre y cuando su nombre no coincida con una variable declarada antes, fuera del bloque, ya que esto producirá un error.

En el código de la Figura 4.3, se definen dos funciones `func1()` y `func2()` y se representa gráficamente el ámbito de las distintas variables declaradas.

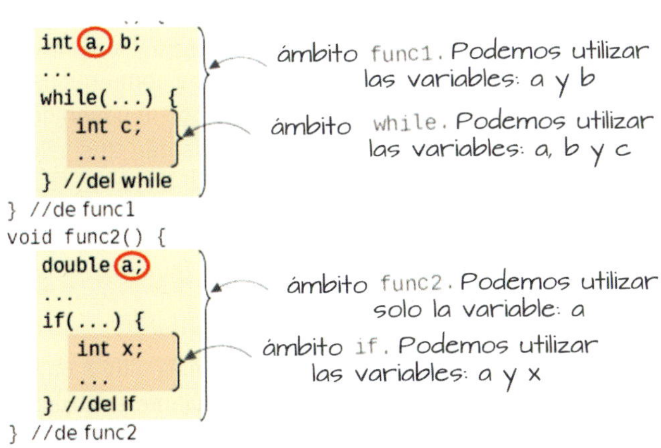

Figura 4.3. *Ámbitos de distintas variables. Aunque las variables* a *de func1() y de func2() (marcadas en rojo) compartan identificador, son variables distintas.*

4.3. Paso de información a una función

En ocasiones, una función necesita conocer información externa para poder llevar a cabo su tarea. Veamos un ejemplo: la función `tresSaludos()` es conveniente cuando queremos saludar exactamente tres veces. Si deseamos saludar un número distinto de veces, estaríamos obligados a implementar las funciones: `unSaludo()`, `dosSaludos()`, `cuatroSaludos()`, etc. Es mucho más práctico implementar la función `variosSaludos()` a la que se le pasa el número de veces que deseamos saludar. De esta manera, si ejecutamos `variosSaludos(7)`, saludará siete veces y si ejecutamos `variosSaludos(2)`, lo hará en dos ocasiones.

```
static void variosSaludos(int veces) {
   for(int i = 0; i < veces; i++) {
      System.out.println("Hola.");
   }
}
```

La variable `veces` es un parámetro de entrada de la función `variosSaludos()`. Un parámetro de entrada de una función no es más que una variable local a la que se le asigna valores en cada llamada.

4.3.1. Valores en la llamada

En la llamada a una función se pueden pasar valores que provienen de literales, expresiones o variables. Por ejemplo, a la función `variosSaludos()` se le pasa un entero (número de veces que deseamos saludar).

```
variosSaludos(2); //llamada con un literal
int n = 3;
variosSaludos(2*n); //llamada con una expresión
```

4.3.2. Parámetros de entrada

Una función puede definirse para recibir tantos datos como necesite. Por ejemplo, una función que realiza la suma puede definirse para que se le pasen dos valores que sumar; y a otra que indica si una fecha es correcta se le pasarán tres valores: el año, el mes y el día de la fecha.

Para una función que calcula y muestra la suma de dos números, la llamada sería:

```
int a = 3;
suma(a, 2); //muestra la suma de a (que vale 3) más 2
```

Cada dato utilizado en la llamada a una función será asignado a un parámetro de entrada, especificado en la definición de la función con la siguiente sintaxis:

```
tipo nombreFuncion(tipo1 parametro1, tipo2 parametro2...) {
   cuerpo de la función
}
```

El primer parámetro de entrada lo hemos llamado `parametro1` y se le puede asignar un valor del tipo `tipo1`, y lo mismo ocurre con el resto de parámetros. El número de parámetros definidos en la función determina el número de valores que hay que utilizar en cada llamada.

Dentro del cuerpo de la función los parámetros son variables locales que han sido inicializadas. ¿De dónde toman los parámetros su valor? De la llamada a la función. De esta forma, en distintas llamadas podemos asignar distintos valores. Solo hay que tener en cuenta que el valor asignado a cada parámetro tiene que corresponder con su tipo. Veamos la función `variosSaludos()`:

```
static void variosSaludos(int veces) {
   int i;
   //disponemos de las variables locales: i y veces
   //el valor de veces se determina en la llamada
   for(i = 0; i < veces; i++) {
      System.out.println("Hola.");
   }
}
```

Si invocamos la función con

```
variosSaludos(7); //7 se asigna al primer parámetro: veces
```

Suponiendo que hubiéramos implementado la función `compruebaHora()`, a la que se le pasa la hora, minutos y segundos de un instante, y muestra en pantalla si la hora es correcta o incorrecta, el prototipo de la función sería:

```
static void compruebaHora(int hora, int minutos, int segundos)
```

Un ejemplo de llamada a la función es:

```
compruebaHora(a, 4, 2*b+1);
```

El mecanismo de paso de parámetro se representa en la Figura 4.4.

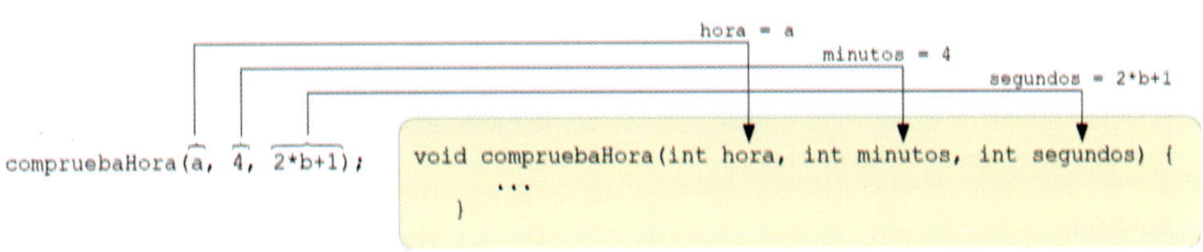

Figura 4.4. *Paso de parámetros a una función.*

En Java los parámetros toman su valor como una copia del valor de la expresión o variable utilizada en la llamada; este mecanismo de paso de parámetros se denomina **paso de parámetros por valor** o **por copia.**

En la Figura 4.5 se aprecia cómo se realiza la copia de los valores de las variables utilizadas en la llamada a las variables empleadas como parámetros.

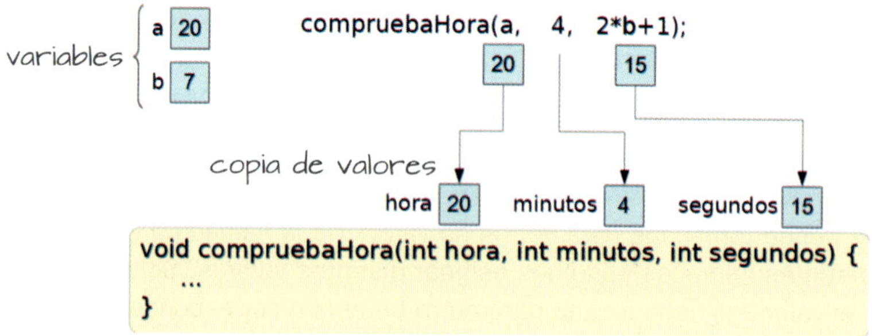

Figura 4.5. *Mecanismo de copia de valores a los parámetros.*

Veámoslo detenidamente: tras ejecutar la llamada a la función, se salta al cuerpo de la función, copiando el valor del primer parámetro (el valor de `a`, que es 20) a la primera variable utilizada como parámetro (`hora`), el segundo valor utilizado en la llamada (4), al segundo parámetro de entrada (`minutos`), etc. El proceso se repite para cada pareja valor-parámetro.

Hay que destacar que cualquier cambio en un parámetro de entrada que se efectúe dentro del cuerpo de la función no repercute en la variable o expresión utilizada en la llamada, ya que lo que se modifica es una copia y no el dato original. Veamos un ejemplo:

```
int a = 1, b = 2, c = 3;
compruebaHora(a, b, c); //llamada
...
//definición de la función
static void compruebaHora(int hora, int minutos, int segundos) {
   //hora tiene un valor asignado en la llamada (a=1)
   hora = 23;
   ...
   }
```

Modificamos `hora`, pero la variable `a` sigue valiendo 1.

Actividad resuelta 4.1

Diseñar la función `eco()` a la que se le pasa como parámetro un número *n*, y muestra por pantalla *n* veces el mensaje «Eco...».

Solución

```
import java.util.Scanner;
/* Las soluciones irán acompañadas de una función main que sirva de prueba.
 * El prototipo de la función es: void eco(int n).    */
public class Main {
   public static void main(String[] args) {
      Scanner sc = new Scanner(System.in);
      System.out.print("Introduzca un número: ");
      int n = sc.nextInt();
      System.out.println("--Antes de llamar a la función--");
```

```
        eco(n); //invocamos la función
        System.out.println("--Después de llamar a la función--");
    }
    //La función lo único que hace es mostrar un mensaje repetido mediante un bucle
    static void eco(int a) { //el parámetro no tiene por qué llamarse como en la
                                 //llamada
        for (int i = 0; i < a; i++) {
            System.out.println("Eco...");
        }
    }
}
```

Actividad resuelta 4.2

Escribir una función a la que se le pasen dos enteros y muestre todos los números comprendidos entre ellos.

Solución

```
import java.util.Scanner;
//Tenemos que saber si los números están en orden creciente (3, 7) o decreciente (7, 3).
public class Main {
    //la función ordena los valores pasados y los utiliza como valores de un bucle for
    static void mostrar(int a, int b) {
        int mayor = a > b ? a : b; //asignamos a mayor el mayor entre a y b
        int menor = a < b ? a : b; //y en menor el más pequeño entre a y b
        for (int i = menor; i <= mayor; i++) { //siempre iremos del menor al mayor
            System.out.println(i);
        }
    }
    public static void main(String[] args) {
        Scanner sc = new Scanner(System.in);
        System.out.print("Introduzca primer número: ");
        int a = sc.nextInt();
        System.out.print("Introduzca segundo número: ");
        int b = sc.nextInt();
        mostrar(a, b);
    }
}
```

Actividad resuelta 4.3

Realizar una función que calcule y muestre el área o el volumen de un cilindro, según se especifique. Para distinguir un caso de otro se le pasará como opción un número: 1 (para el área) o 2 (para el volumen). Además, hay que pasarle a la función el radio de la base y la altura.

$$\text{área} = 2\pi \cdot \text{radio} \cdot (\text{altura} + \text{radio})$$

$$\text{volumen} = \pi \cdot \text{radio}^2 \cdot \text{altura}$$

Solución

```
import java.util.Scanner;
/* Recordemos que el área de un cilindro es 2*PI*radio*(altura+radio) y
 * la fórmula para el volumen es PI*(radio al cuadrado)*altura. */
```

```
public class Main {
    static void areaVolumenCilindro(double radio, double altura, int opcion) {
        double volumen, area;
        switch (opcion) {
            case 1 -> {
                volumen = Math.PI * Math.pow(radio, 2) * altura; //aplicamos la fórmula
                System.out.println("El volumen es de: " + volumen);
            }
            case 2 -> {
                area = 2 * Math.PI * radio * (altura + radio);
                System.out.println("El área es de: " + area);
            }
            default -> System.out.println("Indicador del cálculo erróneo");
        }
    }
    public static void main(String[] args) {
        Scanner sc = new Scanner(System.in);
        System.out.print("Introduzca radio: ");
        double radio = sc.nextDouble();
        System.out.print("Introduzca altura: ");
        double alt = sc.nextDouble();
        System.out.print("Qué desea calcular (1 (área)/ 2 (volumen): ");
        int tipoCalculo = sc.nextInt();
        System.out.println();
        areaVolumenCilindro(radio, alt, tipoCalculo);
    }
}
```

4.4. Valor devuelto por una función

Hemos visto que es posible pasar información hacia la función a través de los parámetros de entrada. También es posible que el paso de información sea en sentido contrario, es decir, desde el cuerpo de la función hacia el código donde se hace la llamada. Con esto conseguimos que la llamada a una función se convierta en un valor cualquiera. Este puede ser utilizado desde el lugar donde se invoca. Supongamos que disponemos de una nueva versión de la función `suma()` que, en vez de mostrar el valor de la suma de los números, lo devuelve, pudiéndoselo asignar a una variable:

```
int a = suma(2, 3);
int b = suma(7, 1) * 5;
```

En la primera instrucción, `suma(2, 3)` se sustituye por 5, que se asigna a la variable `a`. En la segunda instrucción, `suma(7, 1)` se sustituye por el valor 8, que se multiplica por 5, resultando 40, que se asigna a la variable `b`.

Hasta ahora hemos utilizado siempre `void` como tipo devuelto por una función, lo que indica que la función no devuelve nada, o dicho de otra forma: la llamada a la función no se sustituye por ningún valor. Es posible utilizar cualquier tipo para especificar que la llamada a la función se sustituirá por un valor del tipo indicado. ¿Cómo damos ese valor a la llamada de la función? Para ello disponemos de la instrucción `return` que finaliza la ejecución de la función y devuelve el valor indicado. De forma general,

```
tipo nombreFunción(parámetros) {
    ...
    return (valor);
}
```

donde el tipo de `valor` debe coincidir con `tipo`. La instrucción `return` se utiliza en funciones con un tipo devuelto distinto a `void`.

Veamos cómo se implementa la función que realiza la suma de dos números enteros:

```
static int suma(int x, int y) { //cada llamada devuelve un int
    int resultado;
    resultado = x + y;
    return(resultado); //sustituye la llamada por el valor de resultado
}
```

Debe existir una concordancia entre el tipo devuelto declarado en la función y el tipo del valor devuelto con `return`. Es importante recordar que la última instrucción de la función debe ser `return`, que fuerza su fin. En caso de existir instrucciones posteriores, no se ejecutarían. Nada impide utilizar varios `return` en una misma función, pero es una práctica desaconsejable, ya que una función debe tener un único punto de entrada y de salida; el uso de varios `return` rompe esta norma. En las actividades resueltas utilizamos un único `return` en cada función.

Argot técnico

Aunque es posible que una función tenga varios puntos de salida (`return`), no es recomendable que disponga de más de uno. El hecho de usar un único punto de salida aumenta la legibilidad, facilita el mantenimiento y la depuración del código.

Actividad resuelta 4.4

Diseñar una función que recibe como parámetros dos números enteros y devuelve el máximo de ambos.

Solución

```
import java.util.Scanner;
//En caso de que ambos números sean iguales, el algoritmo también es válido.
public class Main {
    //compara los parámetros, a y b, y devuelve el mayor de ambos
    static int maximo(int a, int b) {
        int max;
        if (a > b) { // si a es mayor que b
            max = a;
        } else { // si son iguales o b mayor que a
            max = b;
        }
        return (max); //devuelve el valor de la variable max
    }
    /* main para probar la función */
    public static void main(String[] args) {
```

```
        Scanner sc = new Scanner(System.in);
        System.out.print("Introduzca un número: ");
        int a = sc.nextInt();
        System.out.print("Introduzca otro número: ");
        int b = sc.nextInt();
        System.out.println("El número mayor es: " + maximo(a, b));
    }
}
```

Actividad resuelta 4.5

Crear una función que, mediante un booleano, indique si el carácter que se pasa como parámetro de entrada corresponde con una vocal.

Solución

```
/* La función tendrá en cuenta las vocales minúsculas y mayúsculas. No
 * consideraremos las vocales acentuadas (á, é, ...) o con diéresis. */
public class Main {
   //programa principal para probar la función
   public static void main(String[] args) {
      System.out.println("La i es una vocal " + esVocal('i'));
      System.out.println("La E es una vocal " + esVocal('E'));
      System.out.println("La f es una vocal " + esVocal('f'));
   }

   //comparamos el parámetro de entrada c, con cada posible valor de una vocal.
   //Por simplicidad, obviamos las vocales acentuadas y con diéresis.
   static boolean esVocal(char c) {
      boolean resultado; //true si es una vocal y false en caso contrario
      if (c == 'a' || c == 'e' || c == 'i' || c == 'o' || c == 'u' ||
          c == 'A' || c == 'E' || c == 'I' || c == 'O' || c == 'U') {
         resultado = true;
      } else {
         resultado = false;
      }
   return resultado;
   }
}
```

Actividad resuelta 4.6

Diseñar una función con el siguiente prototipo:

```
boolean esPrimo(int n)
```

que devolverá `true` si `n` es primo y `false` en caso contrario.

Solución

```
/* La función esPrimo() indica con un booleano si el número pasado como parámetro
* es primo. Un número n es primo si no es divisible por ningún número entre 2 y n-1
* Recordemos que un número primo es solo divisible por él mismo y por 1. */
```

```
public class Main {
   static boolean esPrimo(int num) {
      boolean primo = true;// suponemos que el número es primo
      int i = 2; //primer número por el que veremos si es divisible
      if (num < 2) { // el primer primo es 2
         primo = false;
      }
      while (i < num && primo == true) { // se detiene si encuentra un divisor de num
         if (num % i == 0) { // si num es divisible por i
            primo = false; // entonces no es un número primo
         }
         i++;
      }

      // este algoritmo puede mejorar sabiendo que si un número no es divisible por
      // ningún entero comprendido entre 2 y su raíz cuadrada, entonces ya no será
      //divisible por ningún otro número y será primo. Quedaría:
      // while (i <= (int) Math.sqrt(num) && primo == true) {
      //    ...
      // }
      //lo cual ahorra muchas vueltas para números primos grandes
      return (primo);
   }

   public static void main(String[] args) {
      for (int i = 1; i <= 15; i++) {
         if (esPrimo(i)) {
            System.out.println(i + " es primo");
         } else {
            System.out.println(i + " es compuesto");
         }
      }
   }
}
```

Actividad resuelta 4.7

Escribir una función a la que se le pase un número entero y devuelva el número de divisores primos que tiene.

Solución

```
/* Para calcular los divisores de un número, solo tendremos en cuenta los números
 * primos comprendidos entre 1 y el número que nos interese.
 * Un ejemplo: los divisores de 24 son: 1, 2 y 3.
 * Aunque 4 y 6 también dividen a 24, no se consideran al no ser primos. */
public class Main {
   // la función esPrimo() está implementada en la Actividad Resuelta anterior.
   static boolean esPrimo(int num) {
      ... //en el ejercicio anterior
   }

   static int numDivisoresPrimos(int num) {
      int cont = 0; // contador de divisores
```

```
        for (int i = 2; i <= num; i++) {
            if (esPrimo(i) && num % i == 0) { // si i es primo y divide a num
                cont++; // incrementamos el número de divisores
            }
        }
        return (cont);
    }

    //programa principal para probar la función
    public static void main(String[] args) {
        System.out.println("Divisores de 24: " + numDivisoresPrimos(24));
    }
}
```

Actividad resuelta 4.8

Diseñar la función `calculadora()`, a la que se le pasan dos números reales (operandos) y qué operación se desea realizar con ellos. Las operaciones disponibles son: sumar, restar, multiplicar o dividir. Estas se especifican mediante un número: 1 para la suma, 2 para la resta, 3 para la multiplicación y 4 para la división. La función devolverá el resultado de la operación mediante un número real.

Solución

```
public class Main {
    //programa para probar
    public static void main(String[] args) {
        for (int operacion = 1; operacion <= 4; operacion++) { //todas las operaciones
            double resultado = calculadora(3.0, 4.0, operacion); //operamos con 3.0
                                                                  //y 4.0
            System.out.println(resultado);
        }
    }
    //Realiza la operación indicada:
    // 1- suma
    // 2- resta
    // 3- multiplicación
    // 4- división
    static double calculadora(double a, double b, int operacion) {
        double result; // resultado de la operación
        result = switch (operacion) {
            case 1 -> //suma
                a + b; //si solo existe una instrucción no hace falta escribir yield
            case 2 -> //resta
                a - b;
            case 3 -> //multiplicación
                a * b;
            case 4 -> //división
                (double)a / b;
                //falta comprobar que no es una división por 0
                //el cast fuerza que la división sea real
            default -> {
                System.out.println("Operación no válida");
                yield 0; //si la operación no tiene sentido devolveremos 0
```

```
            }
        };

        return (result);
    }
}
```

4.5. Sobrecarga de funciones

Java permite que dos o más funciones compartan el mismo identificador en un mismo programa. Esto es lo que se conoce como **sobrecarga de funciones.** La forma de distinguir entre las distintas funciones sobrecargadas es mediante su listas de parámetros, que deben ser distintas, ya sean en número o en tipo.

Las funciones sobrecargadas pueden devolver tipos distintos, aunque estos no sirven para distinguir una función sobrecargada de otra.

Supongamos que queremos diseñar una función para calcular la suma de dos enteros, pero también es útil hacer una suma ponderada, donde cada sumando tenga un peso distinto.

Veamos las dos funciones sobrecargadas:

```
//función sobrecargada
static int suma(int a, int b) {
   int suma;
   suma = a + b;
   return(suma);
}
//función sobrecargada
static double suma(int a, double pesoA, int b, double pesoB) {
   double suma;
   suma = a * pesoA / (pesoA + pesoB) + b * pesoB / (pesoA + pesoB);
   return(suma);
}
```

A partir de la definición de las funciones, ambas están disponibles, y cumplen con la única restricción de las funciones sobrecargadas: que se puedan distinguir mediante sus parámetros.

Si invocamos a la función `suma()` de la forma: `suma(2, 3)`, se ejecutará la primera versión, y devolverá 5. En cambio, si se llama con: `suma(2, 0.25, 3, 0.75)`, se ejecutará la segunda versión, y devolverá 3,25.

Es muy común encontrar en la API funciones (métodos) sobrecargadas, ya que permiten agrupar distintas funcionalidades, cuyo uso es similar, bajo el mismo identificador. Por ejemplo, la función que más hemos utilizado hasta ahora, `System.out.println`, se encuentra sobrecargada para poder mostrar en pantalla cualquier tipo de dato.

Actividad resuelta 4.9

Repetir la Actividad resuelta 4.4 con una versión que calcule el máximo de tres números.

Solución

```
/* Vamos a sobrecargar la función para que tenga tres parámetros: maximo(a,b,c).
 * Para implementar la función podemos escribir el algoritmo desde cero o
 * basarnos en la función maximo() de la Act. resuelta 4.4. En este caso vamos
 * reutilizar el código existente. */
public class Main {
   // función maximo para tres números
   static int maximo(int a, int b, int c) {
      int aux = maximo(a, b); //la variable auxiliar contiene el mayor entre a y b
      return (maximo(aux, c)); //devuelve el mayor entre aux y c
   }

   // función máximo para dos números, necesaria para la definición anterior
   static int maximo(int a, int b) {
      ... //en la actividad resuelta 4.4
   }

   // main para probar la función
   public static void main(String[] args) {
      int max = maximo(2, 9, 7);
      System.out.println("El mayor es: " + max);
   }
}
```

4.6. Recursividad

Una función puede ser invocada desde cualquier lugar: desde el programa principal, desde otra función e incluso desde dentro de su propio cuerpo de instrucciones. En este último caso, cuando una función se invoca a sí misma, diremos que es una **función recursiva.**

```
static int funcionRecursiva() {
   ...
   funcionRecursiva(); //llamada recursiva
   ...
}
```

Este es el esquema general de una función recursiva. Si observamos con atención, se plantea un problema: dentro de `funciónRecursiva()` se invoca a `funciónRecursiva()`, donde a su vez, se volverá a llamar a `funciónRecursiva()`, y así sucesivamente. Esto nos lleva a un ciclo infinito de llamadas a la función. Para evitarlo, hemos de habilitar un mecanismo que detenga, en algún momento, la serie de llamadas recursivas: una sentencia `if` que, utilizando una condición, llamada «caso base», impida que se continúe con una nueva llamada recursiva. Veamos el esquema general:

```
int funcionRecursiva(datos) {
   int resultado;
```

```
    if (caso base) {
        resultado = valorBase;
    } else {
        resultado = funcionRecursiva(nuevosDatos); //llamada recursiva
        ...
    }
    return (resultado);
}
```

Solo cuando la condición del caso base sea `false`, se hará una nueva llamada **recursiva.** Cuando el caso base sea `true` se romperá la cadena de llamadas. La idea principal de la recursividad es solucionar un problema reduciendo su tamaño. Este proceso continúa hasta que tenga un tamaño tan pequeño que su solución sea trivial.

Para conseguir problemas cada vez más pequeños, los datos de entrada deben tender hacia el caso base. Conceptualmente `nuevosDatos` deben ser de menor tamaño que `datos`; así garantizamos que en algún momento los datos utilizados en la función alcanzan el caso base, cortando la serie de llamadas recursivas.

Veamos un ejemplo. Supongamos que deseamos calcular el factorial de un número *n*, que se representan por *n*! Sabemos que:

$$n! = n\times(n-1)\times(n-2)\times\ldots 2\times 1$$

Por ejemplo:

$$5! = 5\times 4\times 3\times 2\times 1$$

Podemos calcular el factorial de cualquier número directamente realizando la multiplicación anterior mediante un bucle, pero existe una solución recursiva. La definición de factorial se puede escribir también del siguiente modo:

$$n! = n\times \underbrace{(n-1)\times(n-2)\ldots\times 2\times 1}_{} \Rightarrow$$
$$n! = n\times (n-1)!$$

Se considera por definición que el factorial de cero vale uno. Para calcular el factorial de un número, estamos utilizando el factorial de un número más pequeño, con lo cual estamos reduciendo el problema. Hemos de buscar un caso base, es decir, un valor para el que calcular el factorial sea algo trivial y no necesitemos volver a utilizar el método recursivo.

El caso base del factorial es: $0! = 1$.

En cada llamada, los datos de entrada van siendo menores y tienden hacia el caso base: para calcular el factorial de *n*, utilizamos el factorial de $(n-1)$ que, a su vez, usará el factorial de $(n-2)$, y así, sucesivamente, hasta llegar a 0, cuyo factorial vale 1. Este será el caso base.

Con toda la información de la que disponemos podemos escribir una función que calcule el factorial de un número de forma recursiva:

```
long factorial(int n) {
    long resultado;
    if (n == 0) { //si n es 0
```

```
            resultado = 1; //caso base
        } else {
            resultado = n * factorial(n - 1); //llamada recursiva
        }
        return(resultado);
    }
```

Recuerda

El tipo `long`, que es el tipo primitivo con mayor capacidad para guardar enteros en Java, lo usaremos porque el resultado del factorial suele ser un número muy grande. A modo de ejemplo, el factorial de 10 es 3628800.

Hagamos una traza —ejecución paso a paso de las instrucciones de un programa— de la función `factorial(3)`:

```
long factorial(3) {
    long resultado;
    if (3 == 0) { //falso
        ...
    } else {
        resultado = 3 * factorial(2);
```

La ejecución de `factorial(3)` queda a la espera de que se ejecute `factorial(2)`.

En este instante existen dos funciones `factorial()` en memoria. Veamos qué ocurre en la llamada a `factorial(2)`:

```
long factorial(2) {
    long resultado;
    if (2 == 0) { //falso
        ...
    } else {
        resultado = 2 * factorial(1);
```

Ahora también `factorial(2)` se queda esperando a la ejecución de `factorial(1)`. En este momento existen en memoria las funciones `factorial(3)` y `factorial(2)` esperando a que termine la ejecución de `factorial(1)`. La nueva llamada se ejecuta del siguiente modo:

```
long factorial(1) {
    long resultado;
    if (1 == 0) { //falso
        ...
    } else {
        resultado = 1 * factorial(0);
```

De forma análoga a las anteriores, se detiene la ejecución de la llamada a la función `factorial(1)` para que comience a ejecutarse una nueva instancia de la función recursiva; es el último caso, `factorial(0)`. En este momento de la ejecución, están a la espera de que finalicen las respectivas llamadas recursivas varias instancias, o copias, de la función `factorial()`. Veamos cómo se ejecuta `factorial(0)`:

```
long factorial(0) {
   long resultado;
   if (0 == 0) { //cierto
      resultado = 1;
   } else {
      ...
   }
   return(1);
}
```

La última instancia de la función termina de ejecutarse, devolviendo el valor 1, y permitiendo que la llamada anterior (`factorial(1)`) prosiga su ejecución.

```
long factorial(1) {
      ...
      resultado = 1 * 1; //1
   }
   return(1);
}
```

De nuevo la función que se ejecuta actualmente, `factorial(1)`, termina, devolviendo el valor 1 y permitiendo que la instancia de la función que esperaba su finalización continúe.

Desde el punto en que se quedó esperando, el `factorial(2)` prosigue así:

```
long factorial(2) {
      ...
      resultado = 2 * 1; //2
   }
   return(2);
}
```

Termina devolviendo el control para que siga su ejecución `factorial(3)`:

```
long factorial(3) {
      ...
      resultado = 3 * 2; //6
   }
   return(6);
}
```

Finaliza la primera instancia de la función que se invocó, devolviendo el control al programa principal o donde se llamase. Una posible llamada para la traza anterior sería:

```
long solucion = factorial(3);
System.out.println(solucion); //muestra 6
```

Actividad resuelta 4.10

Diseñar una función que calcule a^n, donde *a* es real y *n* es entero no negativo. Realizar una versión iterativa y otra recursiva.

Solución a)

```
import java.util.*;
// El exponente podrá ser 0, pero la base no. Ya que 0 elevado a 0 no está definido.
public class Main {
   static double aElevadoN(double a, int n) {
      double res = 1; // el resultado se inicializa a 1, ya que multiplicamos
      for (int i = 1; i <= n; i++) {
         res = res * a; //multiplicamos
      }
      return (res);
   }

   //programa principal para probar la función
   public static void main(String[] args) {
      Scanner sc = new Scanner(System.in);
      sc.useLocale(Locale.US); //para permitir puntos (.) en los decimales
      System.out.print("Introduzca base (real): ");
      double base = sc.nextDouble();
      System.out.print("Introduzca exponente (entero no negativo): ");
      int exp = sc.nextInt();
      double res = aElevadoN(base, exp);
      System.out.println(base + " elevado a " + exp + " = " + res);
   }
}
```

Solución b)

```
import java.util.*;
/* La funciones recursivas suelen tener la misma estructura:
 * - caso base: que permite salir de la recursividad
 * - llamada recursiva.
 * En nuestro caso: el caso base es aElevadoN(x, 0) = 1
 * y la llamada recursiva: aElevadoN(a, n) = aElevadoN(a, n-1) * a      */
public class Main {
   //programa principal para probar la función aElevadoN(), de forma recursiva.
   public static void main(String[] args) {
      Scanner sc = new Scanner(System.in);
      sc.useLocale(Locale.US);
      System.out.print("Introduzca base (real): ");
      double base = sc.nextDouble();
      System.out.print("Introduzca el exponente: ");
      int exp = sc.nextInt();
      System.out.println("El resultado es: " + aElevadoN(base, exp));
   }

   static double aElevadoN(double a, int n) {
      double res;
      if (n == 0) { // caso base
         res = 1; //a elevado a 0 es 1
      } else {
         res = a * aElevadoN(a, n - 1); //llamada recursiva
      }
      return (res);
   }
}
```

Actividad resuelta 4.11

Escribir una función que calcule de forma recursiva el máximo común divisor de dos números. Para ello sabemos:

$$mcd(a, b) = \begin{cases} mcd(a - b, b) & \text{si } a \geq b \\ mcd(a, b - a) & \text{si } b > a \\ a & \text{si } b = 0 \\ b & \text{si } a = 0 \end{cases}$$

Solución

```
import java.util.Scanner;
/* Para calcular el máximo común divisor usaremos, según el caso, una de las dos
 * llamadas recursivas:
 * - mcd(a, b) = mcd(a-b, b) si a >= b o
 * - mcd(a, b) = mcd(a, b-a) si b > a
 *
 * Ambas llamadas recursivas pueden unificarse en una sola, teniendo en cuenta el valor
 * máximo y mínimo de a y b. Si min = mínimo(a,b) y max = máximo(a, b), entonces:
 * - mcd(min, max) = mcd (min, max-min);
 * Y tenemos dos casos bases:
 * - mcd(a, b) = a si b es 0
 * - mcd(a, b) = b si a es 0. */
public class Main {
   //programa principal que pide dos números y calcula su mcd
   public static void main(String[] args) {
      Scanner sc = new Scanner(System.in);
      int a, b, resultado;
      System.out.print("Introduzca primer número: ");
      a = sc.nextInt();
      System.out.print("Introduzca segundo número: ");
      b = sc.nextInt();
      resultado = mcd(a, b);
      System.out.println("El mcd es " + resultado);
   }

   //función recursiva para calcular el mcd.
   static int mcd(int a, int b) {
      int resultado;
      if (a == 0) { // primer caso base
         resultado = b;
      } else if (b == 0) {
         resultado = a; //segundo caso base
      } else {
         int min = a <= b ? a: b;//valor mínimo entre a y b
         int max = a <= b ? b: a;//valor máximo entre a y b
         resultado = mcd(min, max-min); //llamada recursiva
      }
      return (resultado);
   }
}
```

Actividad resuelta 4.12

Diseñar una función recursiva que calcule el enésimo término de la serie de Fibonacci. En esta serie el enésimo valor se calcula sumando los dos valores anteriores de la serie. Es decir:

fibonacci(n) = fibonacci(n – 1) + fibonacci(n – 2)

fibonacci(0) = 1

fibonacci(1) = 1

Solución

```
import java.util.Scanner;
/* En la serie de Fibonacci tendremos:
 * - caso general: fibonacci(n) = fibonacci(n-1) + fibonacci(n-2)
 * - existen dos casos base: fibonacci(0) = 1
 *                           fibonacci(1) = 1        */
public class Main {
   //programa principal para probar la función fibo()
   public static void main(String[] args) {
      Scanner sc = new Scanner(System.in);
      System.out.println("Vamos a calcular fibonacci(n)");
      System.out.print("Introduzca n (se recomienda n<40): ");
      int num = sc.nextInt();
      int resultado = fibo(num); // si n es muy grande esto puede tardar bastante
      System.out.println("\nfibonacci(" + num + ") = " + resultado);
   }

   //función recursiva
   static int fibo(int num) {
      int res;
      if (num == 0 || num == 1) { // casos base
         res = 1;
      } else {
         res = fibo(num - 1) + fibo(num - 2); // caso general recursivo
      }
      return (res);
   }
}
```

MAPA CONCEPTUAL

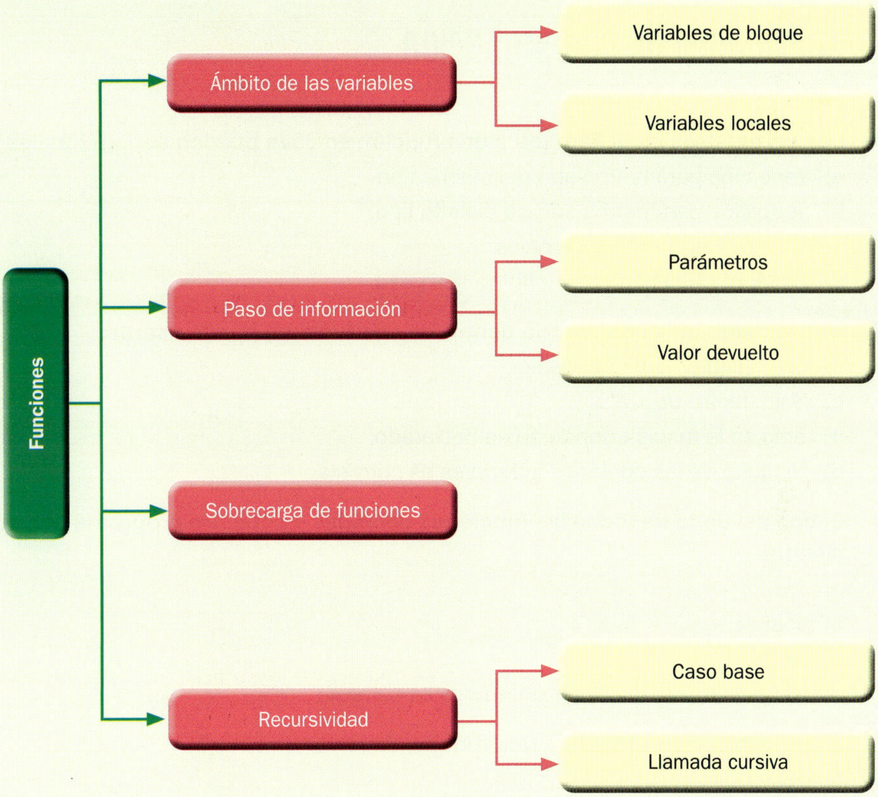

Actividades de comprobación

4.1. Los parámetros en la llamada a una función en Java pueden ser opcionales si:

a) Todos los parámetros son del mismo tipo.
b) Todos los parámetros son de distinto tipo.
c) Nunca pueden ser opcionales.
d) Siempre que el tipo devuelto no sea `void`.

4.2. Una variable local (declarada dentro de una función) puede usarse:

a) En cualquier lugar del código.
b) Solo dentro de `main()`.
c) Solo en la función donde se ha declarado.
d) Ninguna de las opciones anteriores es correcta.

4.3. El tipo devuelto de todas las funciones definidas en nuestro programa tiene que ser siempre:

a) `int`.
b) `double`.
c) `void`.
d) Ninguna de las opciones anteriores es correcta.

4.4. ¿Qué instrucción permite a una función devolver un valor?

a) `value`.
b) `return`.
c) `static`.
d) `function`.

4.5. La forma de distinguir entre dos o más funciones sobrecargadas es:

a) Mediante su nombre.
b) Mediante el tipo devuelto.
c) Mediante el nombre de sus parámetros.
d) Mediante su lista de parámetros: número o tipos.

4.6. ¿Cuál es la definición de una función recursiva?

a) Es aquella que se invoca desde dentro de su propio bloque de instrucciones.
b) Es aquella cuyo nombre permite la sobrecarga y además realiza alguna comprobación mediante `if`.
c) Es aquella cuyo bloque de instrucciones utiliza alguna sentencia `if` (lo que llamamos caso base).
d) Es aquella que genera un bucle infinito.

4.7. El paso de parámetros a una función en Java es siempre:

a) Un paso de parámetros por copia.
b) Un paso de parámetros por desplazamiento.
c) Un paso de parámetros recursivo.
d) Un paso de parámetros funcional.

4.8. En el caso de que una función devuelva un valor, ¿cuál es la recomendación con respecto a la instrucción `return`?

a) Utilizar tantos como hagan falta.

b) Emplear tantos como hagan falta, pero siempre que se encuentren en bloques de instrucciones distintas.

c) Usar solo uno.

d) Utilizar solo uno, que será siempre la primera instrucción de la función.

4.9. ¿Cuáles de las siguientes operaciones se pueden implementar fácilmente mediante funciones recursivas?

a) $a^n = a \times a^{n-1}$.

b) esPar(n) = esImpar(n – 1) y esImpar(n) = esPar(n – 1).

c) suma(a, b) = suma(a + 1, b – 1).

d) Todas las respuestas anteriores son correctas.

4.10. En los identificadores de las funciones, al igual que en los de las variables, se recomienda utilizar la siguiente nomenclatura:

a) `suma_notas_alumnos()`.

b) `sumanotasalumnos()`.

c) `SumaNotasAlumnos()`.

d) `sumaNotasAlumnos()`.

Actividades de aplicación

4.11. Diseña una función que calcule y muestre la superficie y el volumen de una esfera.

$$Superficie = 4\pi \cdot radio^2$$

$$Volumen = \frac{4\pi}{3} \cdot radio^3$$

4.12. Implementa la función

```
static double distancia(double x1, double y1, double x2, double y2)
```

que calcula y devuelve la distancia euclídea que separa los puntos (x1, y1) y (x2, y2). La fórmula para calcular esta distancia es:

$$distancia = \sqrt{(x1 - x2)^2 + (y1 - y2)^2}$$

4.13. Crea la función `muestraPares(int n)` que muestre por consola los primeros `n` números pares.

4.14. Escribe una función a la que se pase como parámetros de entrada una cantidad de días, horas y minutos. La función calculará y devolverá el número de segundos que existen en los datos de entrada.

4.15. Diseña una función a la que se le pasan las horas y minutos de dos instantes de tiempo, con el siguiente prototipo:

```
static int diferenciaMin(int hora1, int minuto1, int hora2, int minuto2)
```

La función devolverá la cantidad de minutos que existen de diferencia entre los dos instantes utilizados.

4.16. Implementa la función `divisoresPrimos()` que muestra, por consola, todos los divisores primos del número que se le pasa como parámetro.

4.17. Escribe una función que decida si dos números enteros positivos son amigos. Dos números *a* y *b* son amigos si la suma de los divisores propios (distintos de él mismo) de *a* es igual a *b*. Y viceversa.

Para probar se pueden usar los números 220 y 284, que son amigos.

4.18. Crea una función que muestre por consola una serie de números aleatorios enteros. Los parámetros de la función serán: la cantidad de números aleatorios que se mostrarán y los valores mínimos y máximos que estos pueden tomar.

4.19. Sobrecarga la función realizada en la Actividad de aplicación 4.18 para que el único parámetro sea la cantidad de números aleatorios que se muestra por consola. Los números aleatorios serán reales y estarán comprendidos entre 0 y 1.

Actividades de ampliación

4.20. Busca en internet información sobre el paradigma de programación funcional.

4.21. Completa tu conocimiento sobre las funciones recursivas. Investiga sobre la recursividad directa e indirecta, y sobre los mecanismos para convertir un algoritmo recursivo en uno iterativo.

4.22. Realizad un pequeño trabajo de investigación en grupo, donde busquéis mecanismos para que una función devuelva más de un valor.

4.23. Es interesante comprender cómo una función trabaja a bajo nivel y realiza el cambio de contexto que permite llevar a cabo el salto desde el lugar donde se invoca hasta la definición de la función y, posteriormente, el retorno al lugar donde se invoca la función. Realizad un debate en clase y aportad ideas de cómo implementaríais las funciones si fueseis un compilador.

4.24. Algunos lenguajes de programación disponen de una herramienta denominada *funciones inline.* Realiza una búsqueda del concepto de función inline y cómo lo implementa la máquina virtual de Java.

4.25. Existen funciones a las que se les pasa como parámetros otras funciones. Lee sobre esto y motiva para qué crees que puede ser útil.

UNIDAD 5

Tablas

Objetivos

- Conocer las tablas, que permiten almacenar múltiples valores en una variable.
- Crear tablas de distinto tipo y longitudes.
- Utilizar las operaciones básicas que se emplean con las tablas.
- Diseñar programas que hagan uso de tablas, donde se almacenan los datos necesarios.
- Modificar la longitud de una tabla en tiempo de ejecución sin pérdida de los datos que contiene.
- Usar la API de Java relacionada con las tablas y aplicar su uso a la resolución de problemas.

Contenidos

Introducción

Responde a una sencilla pregunta: ¿cuántos valores puede almacenar simultáneamente una variable? Según vimos en la primera unidad, la respuesta es obvia: un solo valor en cada instante. Analicemos el siguiente código:

```
edad = 6;
edad = 23;
```

La variable `edad` inicialmente almacena el valor 6 y a continuación 23. Cada nueva asignación modifica `edad`, pero, independientemente del número de asignaciones, la variable contiene tan solo un valor en cada momento. A este tipo de variables (que solo pueden almacenar un valor de forma simultánea) se les conoce como *variables escalares.*

¿Existe una forma de almacenar más de un valor simultáneamente en una variable? La respuesta es sí, mediante el uso de tablas.

Argot técnico

En la bibliografía es común encontrar autores que denominan a las tablas *arrays* (su nombre en inglés) o *vectores.*

También es usual encontrar para las tablas el nombre de *arreglos,* que es una mala traducción al castellano de array. No se recomienda su uso.

5.1. Variables escalares versus tablas

Una tabla es una variable que permite guardar más de un valor simultáneamente. Podemos ver una tabla como una «supervariable» que engloba a otras variables, llamadas *elementos* o *componentes* referidas con un mismo nombre, con la condición de que todas sean del mismo tipo. En la Figura 5.1 se representa la tabla edad que guarda los valores —años— de los asistentes a una fiesta: 85, 3, 19, 23 y 7.

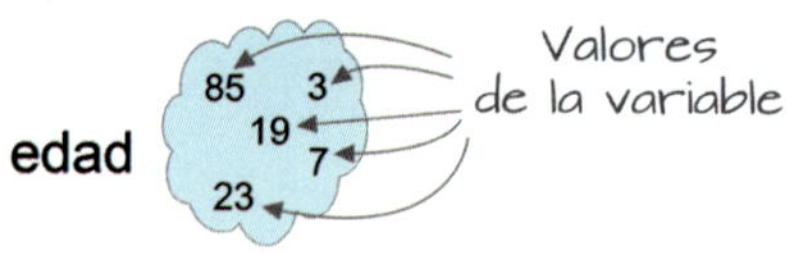

Figura 5.1. *Representación de una tabla con varios valores.*

Siempre que necesitemos manejar varios datos del mismo tipo simultáneamente, en general, se recomienda utilizar una tabla en lugar de varias variables escalares. Es mucho más cómodo trabajar con una tabla que almacena, por ejemplo, 100 valores, que hacerlo con 100 variables escalares. Cuando desconocemos cuántos datos son necesarios gestionar, no existe otra alternativa que utilizar tablas, ya que, a la hora de crearlas, el número de elementos que guardaremos en ella se puede elegir dinámicamente.

5.2. Índices

El problema es cómo distinguir entre cada uno de los elementos o componentes que constituyen una tabla. En nuestro caso, ¿cómo podemos utilizar el valor 85 o el valor 19 que se encuentran almacenados en la tabla edad? La solución consiste en asignar un número de orden a cada elemento, para así poder diferenciarlos. A este número se le llama *índice*. Al primer elemento se le asigna el índice 0, al segundo el índice 1 y así sucesivamente. Al último elemento le corresponde como índice el número total de elementos menos uno.

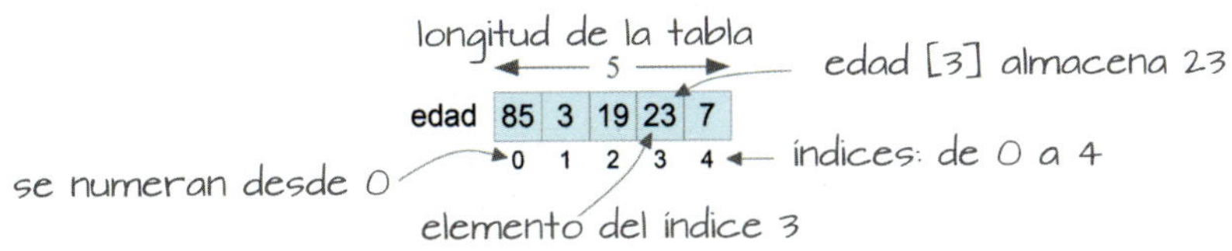

Figura 5.2. *Una tabla de cinco elementos enteros. El hecho de comenzar a numerar los elementos en 0 provoca que el último elemento sea 4 (la longitud de la tabla menos uno).*

La forma de utilizar un elemento concreto de una tabla es por medio del nombre de la variable que identifica a la tabla junto al número —índice— entre corchetes (`[ ]`) que distingue ese elemento. Por ejemplo, para utilizar el cuarto elemento de la tabla `edad` —elemento con índice 3—, escribiremos `edad[3]`, que contiene un valor de 23.

Veamos un ejemplo de cómo mostrar y asignar un elemento:

```
System.out.println(edad[0]); //muestra el primer elemento: 85
edad[3] = 8; //asigna un nuevo valor al cuarto elemento
```

5.2.1. Índices fuera de rango

La variable `edad` es una tabla de 5 enteros y podemos utilizar cada uno de los cinco elementos que la componen de la forma: `edad[0]`, `edad[1]`... , `edad[4]`.

¿Qué ocurrirá si utilizamos un índice que se encuentra fuera del rango de 0 a 4? Es decir, ¿qué efectos producen `edad[-2]` o `edad[7]`? En ambos casos obtendremos un error en tiempo de ejecución que provoca que el programa termine de forma inesperada, ya que se detecta que los elementos con los índices utilizados no existen. La mayoría de los errores al trabajar con tablas provienen de utilizar índices fuera de rango. Se recomienda prestar especial atención a esto.

5.3. Construcción de tablas

En el momento de crear una tabla, deberemos tener en cuenta lo siguiente:

- Decidir qué tipo de datos vamos a almacenar y cuántos elementos necesitamos.
- Declarar una variable para la tabla.
- Crear la propia tabla.

5.3.1. Longitud y tipo

Una tabla se define mediante dos características fundamentales: su longitud y su tipo. La longitud es el número de elementos que tiene, y el tipo de una tabla es el de los datos que almacena en todos y cada uno de sus elementos. En la Figura 5.3 podemos ver dos tablas: la primera compuesta por tres elementos de tipo `double` y la segunda por seis elementos de tipo `int`.

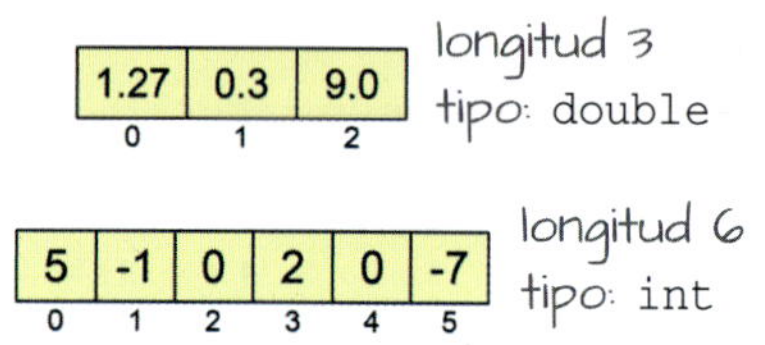

Figura 5.3. *Tablas con distintas longitudes y tipos.*

En la Figura 5.3, la primera tabla podría utilizarse para almacenar, por ejemplo, el tiempo empleado en realizar algunas pruebas, mientras que la segunda tabla podría usarse para guardar el número de puntos obtenidos en distintas partidas de un videojuego.

5.3.2. Variables de tabla

El primer paso para crear una tabla es declarar la variable utilizando corchetes (`[ ]`), símbolo que diferencia entre una variable escalar y una que es tabla. Es posible utilizar dos sintaxis equivalentes:

```
tipo nombreVariable[];
tipo[] nombreVariable;
```

donde *`tipo`* representa cualquier tipo primitivo. Veamos cómo declarar la variable `edad` como una tabla de tipo `int`:

```
int edad[];
```

o mediante la forma (ambas son equivalentes):

```
int[] edad;
```

En este punto la variable está declarada, pero no hemos construido ninguna tabla.

Argot técnico

En esta unidad solo crearemos tablas de algún tipo primitivo. Sin embargo, en Java podemos crear tablas de más tipos, por ejemplo: podríamos crear una tabla de tipo Scanner. De la forma:

```
Scanner tablaScanner[] = new Scanner[]();
```

En la unidad sobre clases, veremos cómo usar y crearlas con distintos tipos de objetos.

Y en la Unidad 12 estudiaremos un mecanismo alternativo a las tablas para almacenar colecciones de datos.

5.3.3. Operador new

Una vez que hemos declarado una variable, crearemos una tabla con la longitud adecuada y la asignaremos a la variable. La sintaxis es:

```
nombreVariable = new tipo[longitud];
```

Veamos cómo crear la tabla `edad`, de tipo `int` con una longitud de 5 elementos:

```
edad = new int[5];
```

El operador `new` construye una tabla donde todos los elementos se inicializan a 0, para tipos numéricos, o `false` si la tabla es booleana.

Argot técnico

Los elementos de las tablas de otros tipos se inicializan a `null`. Véase el Apartado 5.4.2.

Es posible declarar la variable y crear la tabla en una única sentencia.

```
int edad[] = new int[5];
```

Existe una alternativa para crear una tabla sin necesidad de utilizar el operador `new`. En la misma declaración se asignan valores a los elementos de la tabla, que se crea con la longitud necesaria para albergar todos los valores asignados. Por ejemplo:

```
int datos[] = {2, -3, 0, 7}; //tabla de longitud 4
```

Esta sentencia declara la variable `datos` y crea una tabla de cuatro enteros, donde cada elemento tiene asignado el valor correspondiente, equivalente a:

```
int datos[]; //declaramos la variable
datos = new int[4]; //creamos la tabla
datos[0] = 2; //asignamos valores
datos[1] = -3;
datos[2] = 0;
datos[3] = 7;
```

La creación de una tabla mediante la asignación de valores solo puede realizarse en la misma instrucción donde se declara. No se puede escribir

```
int datos[];
datos = {2, -3, 0, 7} //¡Error! Solo en la declaración
```

5.4. Referencias

La siguiente instrucción:

```
edad = new int[10];
```

construye una tabla de 10 elementos de tipo `int` y la asigna a la variable `edad`. Estudiemos cómo funciona el operador `new`:

1. En primer lugar, calcula el tamaño físico de la tabla, es decir, el número de bytes que ocupará la tabla en la memoria. Este cálculo es sencillo y se obtiene de multiplicar la longitud de la tabla por el tamaño de su tipo. Como ejemplo vamos a calcular el tamaño físico de una tabla de longitud diez de tipo `int`:

   tamaño en memoria = *n.°* elementos tabla × tamaño tipo (int) = 10 × 4 bytes = = 40 bytes

2. Conociendo el tamaño físico de la tabla, busca en la memoria un hueco libre (memoria no utilizada) con un tamaño suficiente para albergar todos los elementos de la tabla consecutivamente (véase la Figura 5.4).
3. Reserva la memoria necesaria para almacenar la tabla y la marca como memoria ocupada, siendo este el sitio donde se almacenarán los elementos de la tabla.
4. Por último, recorre todos los elementos de la tabla inicializándolos de la siguiente manera: 0 si es una tabla numérica, `false` si la tabla es booleana.

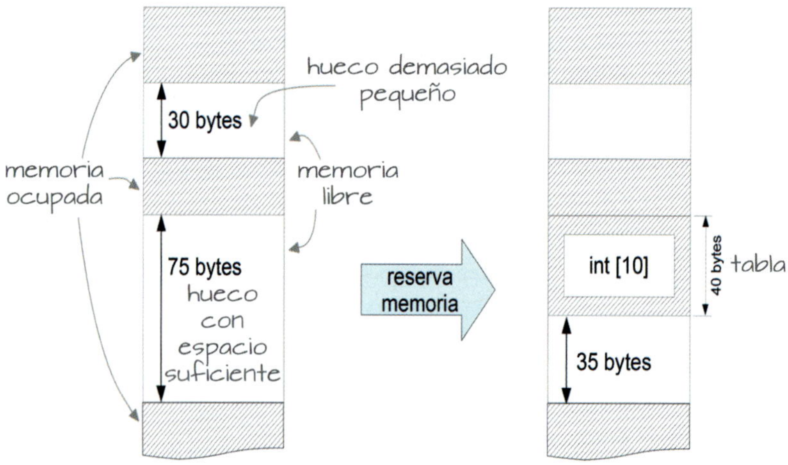

Figura 5.4. *Reserva de memoria. Representación de la memoria antes y después de construir una tabla de 10 enteros.*

En este punto hemos creado la tabla. El siguiente paso es asignarla a la variable correspondiente; para ello Java dispone de un mecanismo para indicar dónde está la tabla en la memoria. Cada posición de la memoria de un ordenador tiene una dirección única que la identifica. Así, la primera posición de memoria tiene la dirección 000; la siguiente, la dirección 001, y así sucesivamente. En Java a cada dirección de memoria se le denomina *referencia.*

Argot técnico

Realmente una referencia es algo un poco más sofisticado, pero con esta simplificación es suficiente para entender el concepto.

La forma de que una variable sepa dónde está la tabla en la memoria es asignándole la referencia de la primera posición que ocupa (una tabla puede ocupar varias posiciones consecutivas). Lo que almacenan realmente las variables de tabla son referencias. Por ese motivo se las conoce también como *variables de referencia*. La Figura 5.5 muestra la zona de la memoria reservada para la nueva tabla, que empieza en la dirección, por ejemplo, 0723. Por tanto, esa es la referencia de la tabla.

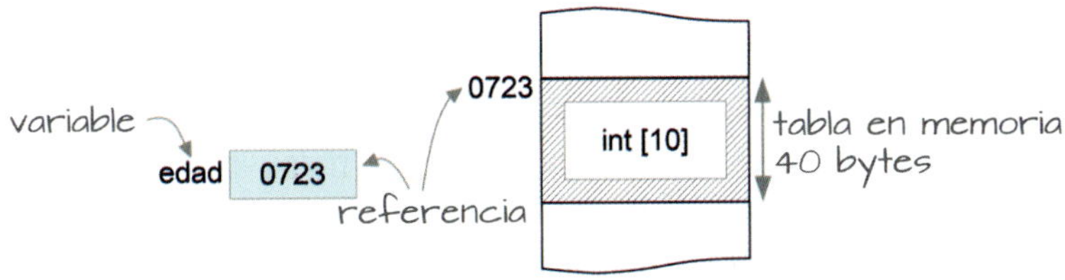

Figura 5.5. *Asignación de una referencia a una variable. La variable `edad` contiene la referencia que le permite acceder a una posición de memoria y encontrar ahí la tabla con todos sus datos.*

Si ejecutamos las siguientes líneas:

```
int t[] = new int[10];
System.out.println(t);
```

podríamos pensar (erróneamente) que se muestra por consola el valor de cada elemento de la tabla `t`, pero esto no es así. Lo que se muestra es la referencia que guarda la variable `t`, que suele tener una forma similar a: I@659e0bfd.

Argot técnico

La «I» de la referencia especifica que la tabla es de enteros (`int`). El primer carácter identifica el tipo de la tabla: B para `byte`, D para `double`, Z para booleanos, etcétera.

A partir de @ se muestra la dirección de memoria (en hexadecimal) en la que se encuentra la tabla. En nuestro ejemplo: 659e0bfd.

Las referencias se modifican en cada ejecución, dependiendo de la ocupación de la memoria. En las representaciones gráficas es mucho más intuitivo sustituir los valores de la referencia por una flecha, que tiene el mismo significado: «la variable está referenciando esta tabla». Esta representación se muestra en la Figura 5.6, donde también hemos cambiado el bloque de memoria por casillas que representan los elementos de la tabla.

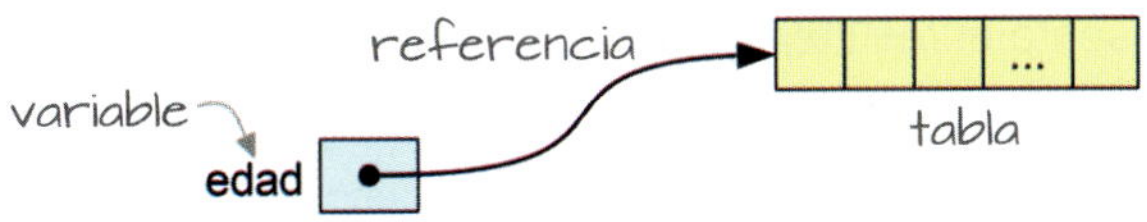

Figura 5.6. *Representación de una tabla referenciada por una variable. La representación más habitual es mediante una flecha, ya que de forma gráfica se aprecia perfectamente a qué tabla referencia cada variable.*

Actividad propuesta 5.1

Crea tres tablas de cinco elementos: la primera de enteros, la segunda de `double` y la tercera de booleanos. Muestra las referencias en las que se encuentra cada una de las tablas anteriores.

Ahora que entendemos cómo funcionan las referencias, podemos analizar el siguiente código:

```
int a[], b[], c[]; //variables
b = new int[4]; //tabla de cuatro enteros accesible mediante la variable b
c = new int[5]; //tabla de cinco enteros accesible mediante la variable c
new int[3]; //creamos una tabla cuya referencia no se asigna a ninguna variable
```

A pesar de que la variable `a` está declarada, por sí sola no sirve de nada, ya que no referencia ninguna tabla, es decir, no disponemos de ningún elemento para almacenar datos. Por el contrario, las variables `b` y `c` sí son útiles, ya que referencian sendas tablas.

La última instrucción (`new int[3];`) construye una tabla con tres elementos enteros, pero la referencia que devuelve `new` no se asigna a ninguna variable, lo que convierte la tabla en inútil, ya que es inaccesible. Una vez que hemos perdido la referencia de una tabla, no existe forma alguna de recuperarla.

La Figura 5.7 muestra todos los casos posibles de referencias.

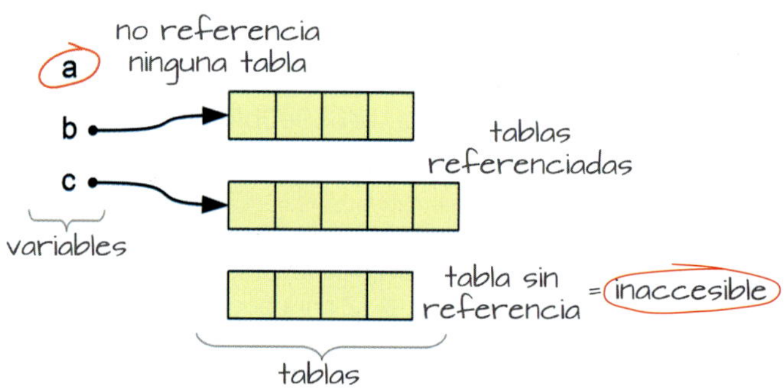

Figura 5.7. *La tabla que no está referenciada tan solo ocupa espacio en la memoria y es completamente imposible acceder a sus datos. Java se encarga de liberar la memoria ocupada de forma inútil.*

Las variables pueden verse como medios para acceder a las tablas a las que referencian. Es posible acceder a una misma tabla mediante más de una variable; para ello, la tabla debe estar referenciada por estas variables.

La Figura 5.8 representa el resultado del siguiente código:

```
int d[], e[]; //variables
d = new int[6]; //construimos una tabla referenciada por d
e = d; //ahora la variable e referencia la misma tabla que d. Ambas guardan
     //la misma dirección de memoria
```

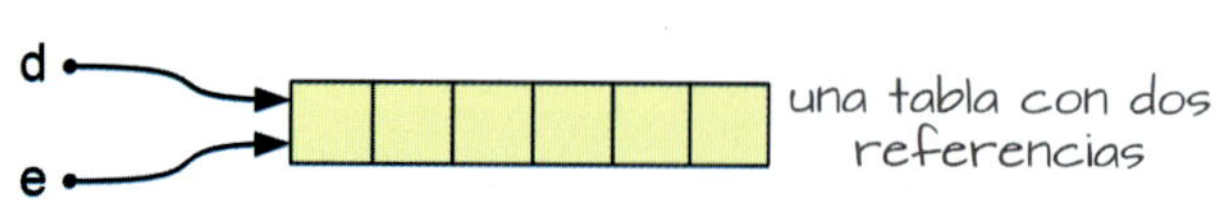

Figura 5.8. *Tabla multirreferenciada. En programación es muy habitual utilizar más de una variable que referencien los mismos elementos. Este mecanismo es la base para compartir información entre distintas partes de un programa.*

Actividad propuesta 5.2

Construye una tabla de 10 elementos del tipo que desees. Declara diferentes variables de tabla que referenciarán la tabla creada. Comprueba, imprimiendo por pantalla, que todas las variables contienen la misma referencia.

Argot técnico

Hay autores que utilizan una analogía con las referencias: una televisión con varios mandos a distancia. Piensan en las variables como mandos a distancias que permiten manejar y utilizar los datos de una tabla (la televisión).

Ahora podemos acceder a los mismos datos utilizando la variable `d` o la variable `e`: utilizar `d[2]` es equivalente a utilizar `e[2]`, ya que `d` y `e` referencian la misma tabla. De todas formas esta práctica es poco aconsejable, ya que puede producir cambios no deseados en la tabla. La única condición para que una variable pueda referenciar a una tabla es que el tipo de ambas coincidan. El siguiente código es erróneo debido a que los tipos no coinciden:

```
boolean t1[]; //variable para tablas booleanas
int t2[]; //variable para tablas enteras
t1 = new boolean[10]; //construye y asigna una tabla de 10 booleanos
t2 = t1; //¡ERROR! Tipos incompatibles
              //t2 puede referenciar tablas enteras, pero no booleanas
```

5.4.1. Recolector de basura

¿Qué ocurre cuando una tabla no está referenciada por ninguna variable? Lo primero y más obvio es que dicha tabla es inútil; no hay forma de acceder a sus elementos. Pero existe un segundo problema: la tabla está ocupando espacio en la memoria. Quizá el tamaño de unas pocas tablas inútiles en la memoria no sea significativo, pero una aplicación puede dejar, durante su ejecución, grandes cantidades de memoria ocupada inaccesible. Esto puede ocurrir por un mal diseño o de forma malintencionada.

Java soluciona el problema mediante un mecanismo muy ingenioso: periódicamente se inicia un proceso llamado *recolector de basura* que comprueba todas las tablas construidas. Si encuentra alguna inaccesible —sin variables que la referencie— la destruye, dejando libre el espacio que estaba ocupando en la memoria.

Argot técnico

En la bibliografía es habitual encontrar al recolector de basura denominado por su nombre en inglés: *garbage collector.*

El recolector de basura se ejecuta de forma automática, aunque nunca sabremos cuándo comenzará. Es un mecanismo que no es exclusivo de Java y que utilizan otros lenguajes.

El secreto de su funcionamiento es que Java lleva una doble contabilidad:

- Un listado de todas las tablas creadas.
- Para cada tabla, un listado de todas las variables que hacen referencia a ella.

Con esta información, va comprobando para todas las tablas si existe alguna que no tenga referencia. En este caso, destruye dicha tabla.

El recolector de basura no solo trabaja con tablas, como veremos en la unidad sobre clases, también se encarga de comprobar todos los objetos construidos.

5.4.2. Referencia null

Hemos visto la forma de asignar a una variable la referencia de una tabla: al crearla con el operador `new` o a través de otra variable. Pero existe la forma de hacer justo lo contrario, es decir, hacer que una variable que referencia a una tabla no referencie nada. Para ello disponemos del literal `null`, que significa «vacío».

Veamos un ejemplo de cómo dejar sin referencia a una tabla:

```
int t1[], t2[]; //variables de tipo tabla entera
t1 = new int[100]; //t1 referencia una tabla de 100 elementos
t2 = t1; //ahora t2 también referencia la misma tabla
t1 = null; //anulamos t1: no referencia nada
        //la tabla sigue siendo accesible desde t2
t2 = null; //anulamos t2: tampoco hace referencia a nada
//la tabla es inaccesible: el recolector de basura se encargará de ella
```

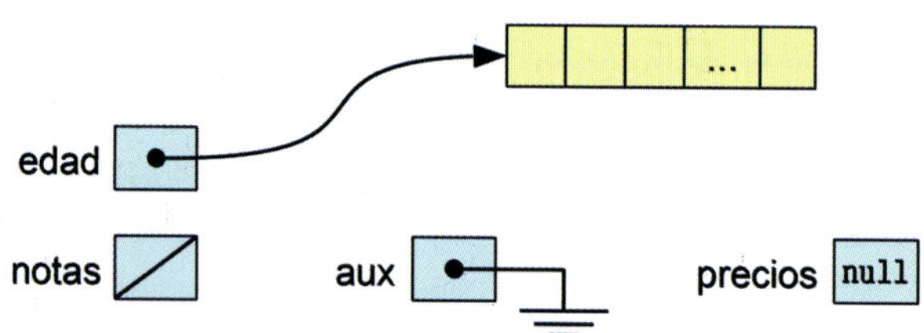

Figura 5.9. *Mientras una referencia se suele representar con una flecha entre la variable y la tabla, es habitual encontrar la referencia vacía representada mediante una línea cruzada, una toma de tierra o incluso con la propia palabra* `null`. *Todo ello informa que la variable no está referenciando nada.*

5.5. Uso de tablas

Existen distintas técnicas para trabajar con tablas: podemos considerar que solo algunos elementos de una tabla almacenan información útil mientras la información de otros elementos no es relevante (véase el Apartado 5.5.2). Otra alternativa es suponer que todos los elementos de una tabla contienen siempre información útil y es la tabla la que adapta su longitud a las necesidades del momento. Esta segunda técnica simplifica la resolución de los problemas y permite aprovechar las herramientas que proporciona Java, lo que minimiza las implementaciones propias que tenemos que desarrollar. Por estos motivos, hemos decidido que para las soluciones de las actividades se preferirá esta técnica.

Veamos un ejemplo donde todos los elementos de una tabla contienen siempre datos útiles, sea la variable `estatura` que referencia una tabla con la altura de algunas personas:

estatura	1,23	2,07	1,74	1,86	1,35
	0	1	2	3	4

Las tablas, una vez creadas, mantienen su longitud constante y no es posible cambiar el número de elementos que contienen. Si necesitamos modificar la longitud de una tabla, lo que haremos será crear una segunda tabla con el número de elementos necesarios y copiar en ella los datos que nos interesan de la tabla original. Si la nueva tabla se referencia con la misma variable que referenciaba a la original, a efectos prácticos es como si la tabla original hubiera modificado su longitud. Por lo tanto, si deseamos modificar la longitud de `estatura`, tendremos que crear una segunda tabla que estará referenciada por la misma variable `estatura`, dando la sensación de que la longitud de la tabla ha cambiado.

Indistintamente de la opción elegida, podemos optar por mantener cierto orden entre los datos de una tabla.

5.5.1. Tablas ordenadas

En ocasiones, interesa que los datos estén ordenados siguiendo algún criterio. Un ejemplo de una tabla ordenada en sentido creciente es:

precios	12,3	18,0	34,65	80,19	102,0
	0	1	2	3	4

Cuando usamos tablas ordenadas, es muy importante, en el momento de insertar o eliminar un elemento, realizar la operación teniendo cuidado de que la tabla continúe ordenada.

5.5.2. Tablas + indicador

Otra técnica para usar las tablas es suponer que no todos sus elementos almacenan datos. La tabla estará subdividida en dos partes: la primera con los elementos que almacenan datos y la segunda con los elementos vacíos. Para ello, la tabla irá acompañada de una variable entera que funciona como indicador del número de datos que contiene la tabla (véase la Figura 5.10), es decir, el indicador especifica cuántos elementos forman la primera parte (datos útiles) y el resto se consideran elementos vacíos.

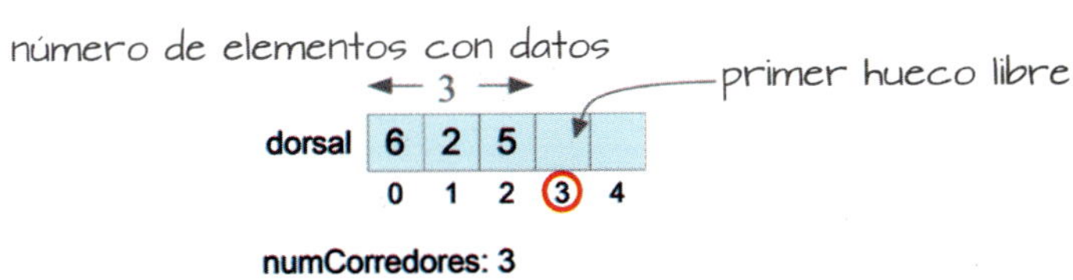

Figura 5.10. *Tabla de longitud 5 donde solo se almacenan 3 dorsales (solo tres datos). La variable* `numCorredores` *actúa como indicador de la tabla. En caso de insertar un nuevo corredor se usaría el primer hueco (elemento) libre (con índice 3).*

Con esta técnica, cada vez que se inserta o elimina un dato en la tabla no es necesario modificar su longitud; en su lugar se modifica el indicador, lo que hace que el número de elementos con datos aumente o disminuya.

Los elementos de una tabla siempre almacenan algún valor, por lo que los elementos que se consideran vacíos realmente contienen valores (denominados *valores basura*) que nunca tendremos en cuenta.

Aunque para esta unidad hemos optado por usar tablas en las que todos sus elementos contienen datos útiles, hemos comentado la técnica de **tabla + indicador** porque es común encontrarla en la bibliografía. Su principal ventaja es que no necesita redimensionar continuamente la tabla, pero en cambio, debemos llevar un control manual del indicador.

5.6. Tablas como parámetros de funciones

Recordemos cuál es el mecanismo de paso de parámetros al invocar una función: el valor de la variable que se utiliza en la llamada se copia al parámetro de la función (que es una variable local en la función). Veamos un ejemplo:

```
muestra(a); //llamada a la función
...
void muestra(int b) { //definición de la función
   ...
}
```

El valor de la variable `a` se copia en el parámetro `b`. Si en el cuerpo de la función se modifica la variable `b`, se está modificando una copia, no la variable `a`.

Cuando utilizamos tablas como parámetros el mecanismo es el mismo, es decir, el valor de la variable utilizada en la llamada se copia al parámetro de la función. Pero en este caso, lo que se copia es la referencia de una tabla, con lo que se consigue que la tabla esté referenciada tanto por la variable utilizada en la llamada como por el parámetro. La modificación de un elemento de la tabla dentro de la función es visible desde la referenciada externa a la función. Esto es normal, ya que disponemos de dos referencias, pero de una única tabla donde se realizan las modificaciones.

En el ejemplo de la Figura 5.11, si dentro del cuerpo de la función `ejemploFuncion()` ejecutamos

```
x[2] = 10;
```

estamos cambiando también `t[2]`, ya que tanto `x` como `t` referencian la misma tabla.

Recuerda

Las funciones solo pueden devolver un único valor mediante la instrucción `return`. El uso de tablas como parámetros y el hecho que se compartan sus datos entre la función y quien la invoca, permite que una función pueda devolver más información que con un simple `return`.

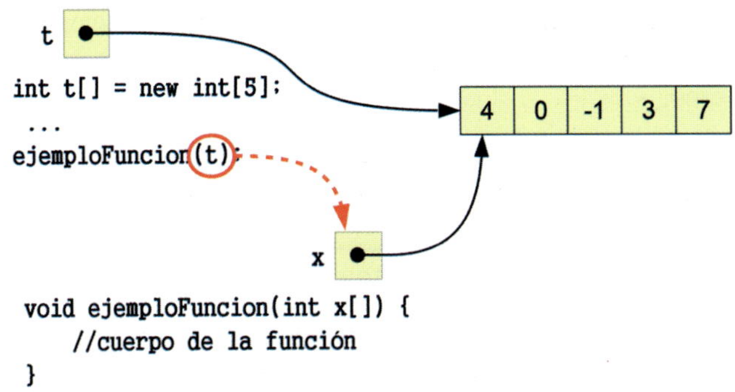

Figura 5.11. *La variable `t`, que referencia a la tabla de datos, copia su referencia a la variable `x` (parámetro de la función). El mecanismo de paso de parámetros es siempre el mismo: el valor de la variable (sea escalar o de tipo tabla) se copia en el parámetro. De esta forma, tanto la variable `t` como `x` referencian a la misma tabla*

5.7. Operaciones con tablas: la clase Arrays

La API de Java proporciona herramientas que facilitan el trabajo del programador; hemos usado ya las clases `Scanner` y `Math`, entre otras. También disponemos de la clase `Arrays`, que tiene una serie de métodos estáticos para operar con tablas. Se ubica en el paquete `java.util` y tiene que ser importada para poder usarse.

```
import java.util.Arrays;
```

No existe ningún motivo por el que no podamos implementar nuestras propias operaciones para tablas, pero `Arrays` nos da la seguridad de un código eficiente, sin errores y la comodidad que supone ahorrarnos el tiempo de escribir nuestra implementación. Siempre que sea posible aprovecharemos las funcionalidades presentes en la clase `Arrays`.

Las opciones al trabajar con tablas son prácticamente infinitas, pero casi todo lo que necesitamos puede sintetizarse en las operaciones que veremos en este apartado.

5.7.1. Obtención del número de elementos de una tabla

Java proporciona un mecanismo para conocer el número de elementos —longitud— con el que se construyó una tabla.

```
nombreVariable.length
```

Por ejemplo, el código:

```
int notas[] = new int [10];
System.out.println("Longitud de la tabla notas: " + notas.length);
```

muestra por pantalla:

```
Longitud de la tabla notas: 10
```

Averiguar la longitud de una tabla puede ser necesario cuando manipulamos, en el cuerpo de una función, una tabla pasada como parámetro. En este contexto desconocemos con qué longitud se creó.

5.7.2. Inicialización

Si deseamos inicializar con un valor distinto a los valores por defecto, tendremos que asignar a cada elemento de la tabla el valor en cuestión.

Recuerda

Por defecto, una tabla se inicializa con valores específicos:

- 0 para tipos numéricos.
- `false` para booleanos.

Aunque todavía no lo hemos visto (se estudiará en la Unidad 7), cuando la tabla contiene objetos las tablas se inicializan a `null`.

Existe un método de la clase `Arrays` que hace exactamente esto.

- `static void fill(`*`tipo`*` t, `*`tipo`*` valor)`: que inicializa todos los elementos de la tabla `t` con `valor`. Esta función está sobrecargada, siendo posible utilizarla con cualquier tipo primitivo, representado por `tipo`, con la restricción de que el tipo de la tabla coincida con el tipo del valor pasado como parámetro.

Veamos cómo inicializar la tabla `sueldos` con un valor de 1234,56:

```
Arrays.fill(sueldos, 1234.56); //inicializa todos los elementos
```

Si interesa inicializar solo algunos elementos de una tabla, disponemos de:

- `static void fill(`*`tipo`*` t[], int desde, int hasta, `*`tipo`*` valor)`: asigna los elementos de la tabla `t`, comprendidos entre los índices `desde` y `hasta`, sin incluir este último, con `valor`. *`tipo`* representa cualquier tipo primitivo, con la restricción de que el tipo de la tabla coincida con el tipo del valor pasado como parámetro.

Como ejemplo, veamos cómo inicializar los elementos con índices del 3 al 6 (en la llamada utilizaremos 7, ya que no se incluye en el rango) de la tabla `sueldos`:

```
Arrays.fill(sueldos, 3, 7, 1234.56); //inicializa solo el rango 3..6
```

El rango de índices es el comprendido entre el 3 y el anterior al 7, es decir, del 3 al 6.

5.7.3. Recorrido

Muchas operaciones con tablas implican recorrerlas, que consiste en visitar sus elementos para procesarlos. Por *procesar* se entiende cualquier operación que realicemos con un elemento, como, por ejemplo, asignarle un valor, mostrarlo por consola o hacer algún tipo de cálculo con él. El recorrido de una tabla puede ser total, cuando se recorren todos sus elementos o parcial, cuando solo visitamos un subconjunto de ellos. El patrón de código para recorrer una tabla es:

```
for (int i = desde; i <= hasta; i++) {
   //procesado de t[i]
   ...
}
```

Se visitan los elementos con índices comprendidos entre `desde` y `hasta`. En el código anterior, el último elemento visitado es `t[hasta]`. Si deseamos que el último elemento visitado sea justo el anterior a `hasta`, bastará con modificar en el `for` la condición: `i<=hasta` por `i<hasta`.

Por ejemplo, si deseamos incrementar un 10 % todos los elementos de la tabla `sueldos`,

```
for (int i = 0; i < sueldos.length; i++) { //recorremos la tabla
   sueldos[i] = sueldos[i] + 0.1 * sueldos[i]; //procesamos
}
```

La instrucción `for` tiene una sintaxis alternativa, conocida como *for-each* o *for* extendido, que permite recorrer los elementos de una tabla.

```
for (declaración variable: tabla) {
   ...
}
```

Es necesario declarar una variable que tiene que ser del mismo tipo que la tabla. Esta variable irá tomando en cada iteración cada uno de los valores de los elementos de la tabla y el bucle se ejecutará tantas veces como elementos existan. Es importante tener en cuenta que la variable es una copia de cada elemento, y que en el caso de que se modifique, estamos modificando una copia, no el elemento de la tabla. Veamos cómo sumar todos los elementos de la tabla `sueldos`:

```
double sumaSueldos = 0;
for (double sueldo : sueldos) { //sueldo tomará todos los valores de la tabla
   sumaSueldos += sueldo;
}
```

Actividad resuelta 5.1

Crear una tabla de longitud 10 que se inicializará con números aleatorios comprendidos entre 1 y 100. Mostrar la suma de todos los números aleatorios que se guardan en la tabla.

Solución

```
int valores[];
valores = new int[10];

//Vamos a recorrer la tabla para inicializar con valores aleatorios.
//Cuando se modifican los elementos de una tabla no podemos usar for-each
for (int i = 0; i < valores.length; i++) {
   valores[i] = (int)(Math.random()*100 + 1);
}
```

```
//Ahora recorreremos la tabla para calcular la suma de sus elementos
int suma = 0;
for(int valor: valores) {
    suma += valor;
}

System.out.println("La suma de los valores aleatorios es " + suma);
```

Actividad propuesta 5.3

Introduce por teclado un número *n;* a continuación, solicita al usuario que teclee *n* números. Realiza la media de los números positivos, la media de los negativos y cuenta el número de ceros introducidos.

5.7.4. Mostrar una tabla

Mostrar una tabla consiste en mostrar sus elementos. Si ejecutamos

```
int t[] = {8, 41, 37, 22, 19};
System.out.println(t); //muestra una referencia
```

no se muestra el contenido de la tabla; en su lugar se muestra la referencia que contiene `t`.

Para mostrar una tabla tendremos que realizar un recorrido en el que mostrar, uno a uno, cada elemento que la compone. Esta funcionalidad la realiza el método estático `toString()` de la clase `Arrays`, que se usa en combinación con `System.out.println()`. Veamos un ejemplo:

```
int t[] = {8, 41, 37, 22, 19};
System.out.println(Arrays.toString(t));
```

Muestra los valores de la tabla entre corchetes: [8, 41, 37, 22, 19].

Si preferimos escribir nuestra propia implementación, tendremos que recorrer la tabla y mostrar sus elementos, de la siguiente forma:

```
for (i = 0; i < t.length; i++) { //recorremos toda la tabla
   System.out.println(t[i]); //mostramos cada elemento
}
```

o utilizando for-each:

```
for (int elemento: t} {
   System.out.println(elemento);
}
```

Evidentemente, es más cómodo utilizar `Arrays.toString()`.

Actividad resuelta 5.2

Diseñar un programa que solicite al usuario que introduzca por teclado 5 números decimales. A continuación, mostrar los números en el mismo orden que se han introducido.

Solución

```
/*
 * Para guardar 5 número es posible utilizar cinco variables escalares, pero es
 * mucho más cómodo una tabla con 5 elementos. Los números pueden tener
 * decimales, por lo tanto, declararemos la tabla de tipo double.
 * Tendremos que recorrer la tabla para insertar los valores.
 */
Scanner sc = new Scanner(System.in);
sc.useLocale(Locale.US); //para separar los decimales con punto (no con coma)
double t[] = new double[5]; //declaración y creación de la tabla con longitud 5

for (int i = 0; i < 5; i++) { //recorremos para leer lo valores
     System.out.print("Introduzca un número: ");
     t[i] = sc.nextDouble();
}

System.out.println(Arrays.toString(t)); //muestra t
```

Actividad resuelta 5.3

Escribir una aplicación que solicite al usuario cuántos números desea introducir. A continuación, introducir por teclado esa cantidad de números enteros, y por último, mostrar en el orden inverso al introducido.

Solución

```
/* Primero leeremos la cantidad de números a introducir. Con esta información
 * creamos una tabla de la longitud adecuada para albergar todos los datos que se
 * introducirán por teclado. Por último, recorreremos la tabla, pero comenzando
 * en el último elemento y finalizando en el primero, con lo que conseguimos
 * mostrarlos en orden inverso. */

Scanner sc = new Scanner(System.in);
System.out.println("Cuántos números desea introducir: ");
int cuantosNumeros = sc.nextInt();

int t[] = new int[cuantosNumeros]; //tabla con la longitud adecuada

for (int i = 0; i < t.length; i++) { //recorremos desde 0 hasta t.length-1
     System.out.print("Introduzca un número: ");
     t[i] = sc.nextInt();
}

System.out.println("Los números en orden inverso son: ");
for (int i = t.length - 1; i >= 0; i--) { // recorremos en orden inverso
      System.out.println(t[i]);
}
//En este caso no podemos utilizar Arrays.toString() para mostrar la tabla
```

Actividad resuelta 5.4

Diseñar la función: `int maximo(int t[])`, que devuelva el máximo valor contenido en la tabla `t`.

Solución

```
static int maximo(int t[]) {
     int max = t[0]; // el primer elemento será, en principio, el máximo.
     //Suponemos que la tabla siempre tendrá al menos un elemento

     for (int e : t) { //recorremos para buscar un elemento mayor que max
              if (e > max) { // si e (t[i]) es mayor que max, es el nuevo máximo
                max = e;
          }
     }
     return (max);
}
```

5.7.5. Ordenación

Ordenar una tabla consiste en cambiar de posición los datos que contiene para que, en conjunto, resulten ordenados. La clase `Arrays` permite ordenar tablas mediante el método:

- `static void sort(`*`tipo`*` t[])`: ordena los elementos de la tabla `t` de forma creciente. El método se encuentra sobrecargado para cualquier tipo primitivo; de ahí que *`tipo`* pueda ser `int`, `double`, etcétera.

Veamos cómo ordenar una tabla:

```
int edad = {85, 19, 3, 23, 7}; //tabla desordenada
Arrays.sort(edad); //ordena la tabla. Ahora edad = [3, 7, 19, 23, 85]
```

Argot técnico

Buscar en una tabla ordenada es una operación muy rápida; por el contrario, hacerlo en una tabla sin ordenar requiere de mucho tiempo. Sin embargo, el proceso de ordenación es muy largo. Por ello, antes de ordenar una tabla hay que plantearse si realmente es necesario, y si compensa hacerlo para que las búsquedas sean más rápidas. Solo merecerá la pena ordenar una tabla si vamos a realizar muchas búsquedas en ella.

Actividad resuelta 5.5

Escribir la función `int[] rellenaPares(int longitud, int fin)`, que crea y devuelve una tabla ordenada de la longitud especificada, que se encuentra rellena con números pares aleatorios comprendidos en el rango desde 2 hasta `fin` (inclusive).

Solución

```
static int[] rellenaPares(int longitud, int fin) {
    //creamos la tabla con la longitud adecuada
    int pares[] = new int[longitud];

    int i = 0; //indica con que elemento de la tabla estamos trabajando

    while (i < pares.length) { // terminaremos de rellenar la tabla cuando el
    //número de pares sea igual que la longitud de la tabla
        int num = (int)(Math.random()*fin + 1);
        if (num % 2 == 0) { // si es par
            pares[i] = num;     // lo guardamos en el elemento i
            i++; //incrementamos el indicador
        }
    }
    //ahora nos falta ordenar la tabla
    Arrays.sort(pares);
    return (pares);
}
```

5.7.6. Búsqueda

Consiste en averiguar si entre los elementos de una tabla se encuentra, y en qué posición, un valor determinado llamado *clave de búsqueda.* El algoritmo de búsqueda depende de si la tabla está o no ordenada.

Una búsqueda en una tabla ordenada siempre es más rápida que buscar en la misma tabla con sus elementos no ordenados.

Búsqueda en una tabla no ordenada

Se denomina *búsqueda secuencial* y consiste en un recorrido de la tabla donde se comprueban los valores de los elementos. El proceso finalizará cuando encontremos la clave de búsqueda o cuando no existan más elementos donde buscar. Dicho de otro modo, mientras no encontremos el valor buscado o el final de la tabla, hemos de continuar con la búsqueda. El siguiente algoritmo busca `claveBusqueda` en una tabla `t` no ordenada.

```
/* búsqueda secuencial */
int indiceBusqueda = 0; //índice que usamos para recorrer la tabla
while (indiceBusqueda < t.length && //no es el último elemento
   t[indiceBusqueda] != claveBusqueda) { //y no encontrado
   indiceBusqueda++; //incrementamos el índice de búsqueda
}
if (indiceBusqueda < t.length) {
   ... //claveBusqueda se encuentra en la posición indiceBusqueda
} else { //el índice se ha salido de rango
   ... //no encontrado
}
```

Cuando salimos del bucle `while` es por dos motivos: o bien hemos encontrado el elemento buscado o, por el contrario, no lo hemos encontrado y no hay más elementos donde buscar.

Actividad propuesta 5.4

Escribe la función: `int buscar(int t[], int clave)`, que busca de forma secuencial en la tabla `t` el valor `clave`. En caso de encontrarlo, devuelve en qué posición lo encuentra; y en caso contrario, devolverá –1.

Búsqueda en una tabla ordenada

Aprovechamos que la posición de los valores nos proporciona información extra. Supongamos que en la tabla `edad`, con una longitud de 12 y ordenada de forma creciente, buscamos si alguien tiene 20 años. Y sabemos que `edad[5]` es `16`. Sin necesidad de conocer más valores de la tabla, deducimos que:

- Los valores de `edad[0]`,... `edad[4]` serán menores o iguales que 16, y aquí es imposible encontrar el 20.
- `edad[5]` vale 16.
- En caso de encontrarse, el valor 20 estará a partir de `edad[6]`.

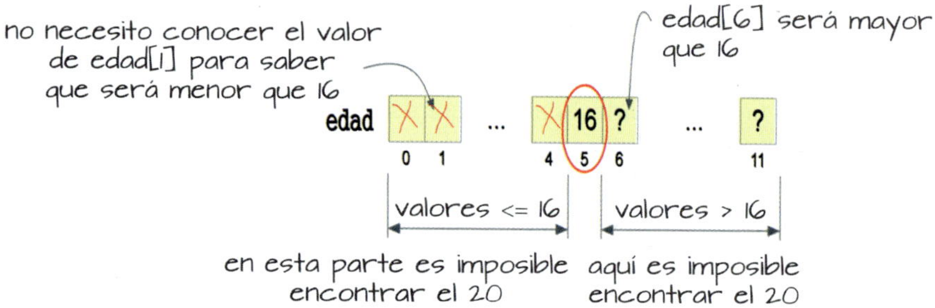

Figura 5.12. *Búsqueda dicotómica. El elemento central de una tabla proporciona información extra de dónde buscar.*

En nuestro ejemplo (Figura 5.12) podemos descartar la primera mitad de la tabla, ya que al estar ordenada, es imposible encontrar el valor 20. En caso de existir, estará en la segunda mitad. Este algoritmo se repetirá sucesivas veces, siempre en la mitad donde sea posible encontrar el valor. Este comportamiento hace que sea la forma más eficiente de buscar.

Esta propiedad de las tablas ordenadas se aprovecha en el algoritmo de **búsqueda dicotómica** —también llamado *búsqueda binaria*—, que comprueba si la clave de búsqueda se encuentra en el elemento central de la tabla. Con esta información sabe si debe seguir buscando en la primera o en la segunda mitad de la tabla. El proceso se repite con la mitad, donde es posible encontrar la clave de búsqueda, que se subdivide de nuevo en dos partes. El algoritmo continúa hasta encontrar la clave de búsqueda o hasta que no existan más elementos donde buscar.

Podemos escribir nuestro propio algoritmo de búsqueda dicotómica, pero no es necesario, ya que se encuentra implementada en la clase `Arrays`.

- `static int binarySearch(`*tipo* `t[],` *tipo* `claveBusqueda)`: busca de forma dicotómica en la tabla `t` (que supone ordenada) el elemento con valor `claveBusqueda`. Devuelve el índice donde se encuentra la primera ocurrencia del elemento buscado o un valor negativo en caso contrario.

Veamos un ejemplo: deseamos buscar en la tabla ordenada `precios`, si existe y en qué posición está algún producto de 19,95 euros.

```
int pos = Arrays.binarySearch(precios, 19.95);
if (pos >= 0) {
   System.out.println("Encontrado en el índice: " + pos);
} else {
   System.out.println("Lo sentimos, no se ha encontrado.");
}
```

Argot técnico

Cuando el elemento que buscar no se encuentra, el valor negativo devuelto tiene un significado especial: informa de la posición donde tendría que colocarse el elemento buscado para que la tabla continúe ordenada. El índice de inserción se calcula:

```
indiceInsercion = -pos - 1;
```

siendo `pos` el valor negativo devuelto por `binarySearch()`. Veamos un ejemplo:

```
int a[] = {2, 4, 5, 6, 9};
int pos = Arrays.binarySearch(a, 3); //pos vale -2
int indiceInsercion = -pos - 1; //vale 1
```

Es decir, si insertamos el valor buscado (3) en la tabla, debemos hacerlo en el índice 1 para que la tabla continúe ordenada.

Actividad resuelta 5.6

Definir una función que tome como parámetros dos tablas, la primera con los 6 números de una apuesta de la primitiva, y la segunda (ordenada) con los 6 números de la combinación ganadora. La función devolverá el número de aciertos.

Solución

```
//Devuelve el número de coincidencias entre los elementos de las tablas
   static int primitiva(int apuesta[], int[] combinacionGanadora) {
      int aciertos = 0; //contador de aciertos

      for (int a : apuesta) { // recorremos la tabla de apuesta
         //aprovechamos que la tabla con la combinación está ordenada
         if (Arrays.binarySearch(combinacionGanadora, a) >= 0) { //si está
            aciertos++; //hemos acertado un número más
         }
      }
      return (aciertos);
   }
```

El método anterior realiza la búsqueda en toda la tabla, pero si solo interesa buscar en un subconjunto de elementos, disponemos de:

- `static int binarySearch(tipo t[], int desde, int hasta, tipo claveBusqueda)`: solo busca en los elementos comprendidos entre los índices `desde` y `hasta`, sin incluir en la búsqueda este último.

Argot técnico

En los métodos de distintas clases de la API, cuando se describe un rango mediante dos índices, `desde` y `hasta`, es habitual que se incluya en el rango el valor `desde` y se excluya `hasta`.

5.7.7. Copia

El procedimiento para realizar manualmente la copia exacta de una tabla consiste en:

1. Crear una nueva tabla, que llamaremos `destino` o `copia`, del mismo tipo y longitud que la tabla original.
2. Recorrer la tabla original, copiando el valor de cada elemento en su lugar correspondiente en la tabla destino.

Sin embargo, `Arrays` proporciona esta funcionalidad mediante:

- `static tipo[] copyOf(tipo origen[], int longitud)`: construye y devuelve una copia de `origen` con la longitud especificada. Si la longitud de la nueva tabla es menor que la de la original, solo se copian los elementos que caben. En caso contrario, los elementos extras se inicializan por defecto. Este método, como la mayoría de los métodos de `Arrays`, está sobrecargado para poder trabajar con todos los tipos.

Veamos un ejemplo:

```
int t[] = {1, 2, 1, 6, 23}; //tabla origen
int a[], b[]; // tablas destino
a = Arrays.copyOf(t, 3); //a = [1, 2, 1]
b = Arrays.copyOf(t, 10); //b = [1, 2, 1, 6, 23, 0, 0, 0, 0, 0]
```

Existe otro método que también realiza una copia de una tabla, pero en este caso de un rango de elementos:

- `static tipo[] copyOfRange(tipo origen[], int desde, int hasta)`: crea y devuelve una tabla donde se han copiado los elementos de `origen` comprendidos entre los índices `desde` y `hasta`, sin incluir este último.

Un ejemplo:

```
int t[] = {7, 5, 3, 1, 0, -2};
int a[] = Arrays.copyOfRange(t, 1, 4); //a = [5, 3, 1]
```

que realiza una copia desde los índices 1 al 3 (el anterior al 4).

Otro método disponible es `arraycopy()` de la clase `System`, que copia elementos consecutivos entre dos tablas. La diferencia entre `arraycopy()` y `copyOfRange()` es que el primero no crea ninguna tabla, ambas tablas deben estar creadas previamente. Su sintaxis es:

- `void arraycopy(Object tablaOrigen, int posOrigen, Object tablaDestino, int posDestino, int longitud`: copia en la `tablaDestino`, a partir del índice `posDestino`, los datos de la `tablaOrigen`, comenzando en el índice `posOrigen`. El parámetro `longitud` especifica el número de elementos que se copiarán entre ambas tablas. Hay que tener precaución, ya que los valores de los elementos afectados por la copia de la tabla destino se perderán. Véase la Figura 5.13.

Argot técnico

`Object` es una forma de llamar en Java a cualquier cosa, incluida las tablas. Por ahora no estamos trabajando con clases, pero pronto entraremos de lleno en el maravilloso mundo de la programación orientada a objetos.

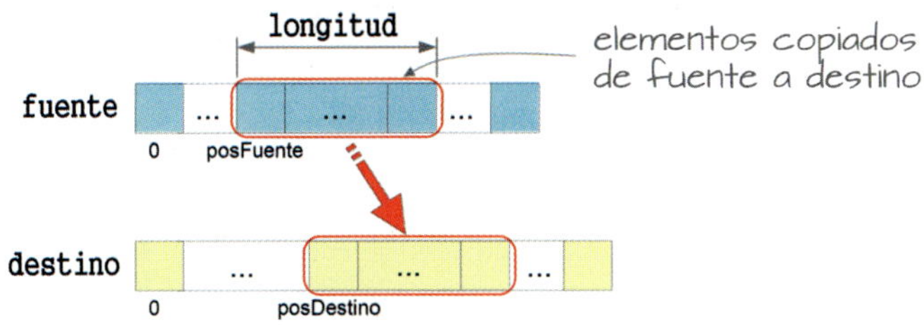

Figura 5.13. *Proceso de copia que realiza* `copyarray()`. *Los elementos copiados pueden moverse desde su posición en la tabla fuente (u origen) a cualquier otra posición en la tabla destino. Ambas tablas pueden ser de distinta longitud, aunque siempre hay que estar seguro de que no copiaremos en elementos fuera de rango, lo que produciría un error.*

5.7.8. Inserción

La forma de añadir un nuevo valor a una tabla depende de si está o no ordenada. Si el orden no importa, basta con incrementar la longitud de la tabla e insertar el nuevo dato en el último elemento. Y cuando la tabla está ordenada, hemos de insertar el nuevo dato de forma que todos los valores sigan ordenados.

Inserción no ordenada

Veamos el algoritmo para insertar el valor `nuevo`, en un elemento que añadimos al final de la tabla `t`. Hay que destacar que la longitud de la tabla no se modifica; lo que realmente ocurre es que se crea una segunda tabla (copia de la tabla original) en la que hemos aumentado la longitud en uno. La nueva tabla se referencia con la misma variable `t`, dando la sensación de que la hemos modificado. La tabla original, al quedar sin referencia, queda a merced del recolector de basura. La Figura 5.14 representa lo que ocurre en el siguiente código:

```
t = Arrays.copyOf(t, t.length + 1); //la copia incrementa la longitud
t[t.length-1] = nuevo;
```

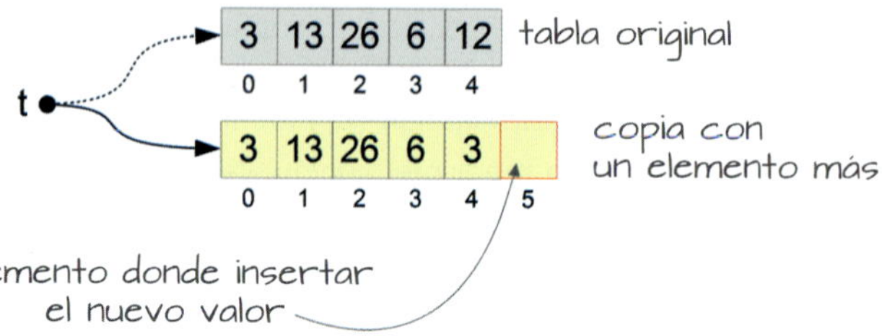

Figura 5.14. *Inicialmente la tabla original estaba referenciada por* `t`. *Tras ejecutar* `Arrays.copyOf()`, `t` *se modifica y pasa a referenciar a la nueva tabla, que es una copia con una longitud incrementada en uno. Ahora disponemos de un nuevo elemento para añadir un dato más.*

Actividad resuelta 5.7

Implementar la función: `int[] sinRepetidos(int t[])`, que construye y devuelve una tabla de la longitud apropiada, con los elementos de `t`, donde se han eliminado los datos repetidos.

Solución

```
/* Vamos a crear una tabla con longitud inicial de 0, a la que llamaremos
 * temporal. Recorreremos la tabla t comprobando que sus elementos no se
 * encuentra en la tabla temporal (aprovecharemos el método buscar() creado
 * en la actividad propuesta 5.1). Si el elemento no está en temporal, lo
 * insertaremos.  */
 static int[] sinRepetidos(int[] t) {
    int temporal[] = new int[0]; //creamos con longitud 0

    for (int elemento : t) {
       if (buscar(temporal, elemento) == -1) { //si no está: insertamos
          //algoritmo de inserción
          temporal = Arrays.copyOf(temporal, temporal.length + 1);
          temporal[temporal.length - 1] = elemento; //añadimos al final
       }
    }
    return temporal;
    }
```

Actividad resuelta 5.8

Leer y almacenar *n* números enteros en una tabla, a partir de la que se construirán otras dos tablas con los elementos con valores pares e impares de la primera, respectivamente. Las tablas pares e impares deben mostrarse ordenadas.

Solución

```
/* Como las tablas con los números pares e impares tienen que estar ordenadas,
 * lo que haremos será ordenar los datos de entrada. Que recorremos y, según
 * sea par o impar, se insertará en la tabla correspondiente. */
Scanner sc = new Scanner(System.in);
int datos[]; //tabla para los datos iniciales
//creamos las tablas par e impar, inicialmente de longitud 0:
int par[] = new int[0];
int impar[] = new int[0];

System.out.print("Escriba n: ");
int n = sc.nextInt(); // n es el número de datos a leer
datos = new int[n]; //creamos la tabla de longitud n

// leemos del teclado los valores de la tabla
for (int i = 0; i < datos.length; i++) {
     System.out.print("Introduzca un número: ");
     datos[i] = sc.nextInt();
}

//recorremos los datos para clasificarlos
for (int numero: datos) {
     //al estar la tabla con todos los datos ordenadas, los elementos
     //se insertarán siempre al final de la tabla par o impar.
     if (numero % 2 == 0) { //si número es par
          par = Arrays.copyOf(par, par.length+1); //incremento la longitud de par
          par[par.length-1] = numero; //guardo el número en el último elemento
     } else {
          impar = Arrays.copyOf(impar, impar.length+1); //igual con la tabla impar
          impar[impar.length-1] = numero;
     }
}

System.out.println("Pares: " + Arrays.toString(par));
System.out.println("Impares: " + Arrays.toString(impar));
```

Inserción ordenada

La inserción ordenada consiste en añadir un nuevo elemento en la tabla en la posición adecuada para que la tabla continúe ordenada. Primeramente, buscaremos el lugar que le correspondería al nuevo valor en la tabla; a este índice le llamaremos `indiceInsercion`. A continuación, crearemos una nueva tabla, que llamaremos `copia`, con un elemento extra.

Ahora hemos de copiar los elementos de la tabla `original` a la tabla `copia`, teniendo la precaución de no utilizar el elemento situado en `indiceInsercion`, que es un hueco que está reservado para el nuevo valor. Es decir, todos los elementos cuyos índices son anteriores a `indiceInsercion` se copian en la misma posición, y los posteriores, se copian desplazados un elemento hacia el final de la tabla. Con esto conseguimos que, tras insertar el nuevo valor en el elemento marcado por `indiceInsercion`, la tabla se mantenga ordenada (véase la Figura 5.15).

Finalmente, la copia será referenciada por la misma variable que referenciaba la tabla original, dando la sensación de que la tabla ha crecido. Veamos un ejemplo:

```
int t[] = {1, 2, 3, 4, 6, 7, 8};
int nuevo = 5;
int indiceInsercion = Arrays.binarySearch(t, nuevo);
//si indiceInsercion >= 0, el nuevo elemento (que está repetido) se inserta en
//el lugar en que ya estaba, desplazando al original. Si por el contrario:
if (indiceInsersion < 0) { //si no lo encuentra
   //calcula donde debería estar
   indiceInsercion = -indiceInsercion - 1;
}
int copia[] = new int[t.length + 1]; //nueva tabla con longitud+1
//copiamos los elementos antes del "hueco"
System.arraycopy(t, 0, copia, 0, indiceInsercion);
//copiamos desplazados los elementos tras el "hueco"
System.arraycopy(t, indiceInsercion,
copia, indieInsercion+1, t.length - indiceInsercion);
copia[indiceInsercion] = nuevo; //asignamos el nuevo elemento
t = copia; //t referencia la nueva tabla
System.out.println(Arrays.toString(t)); //mostramos
```

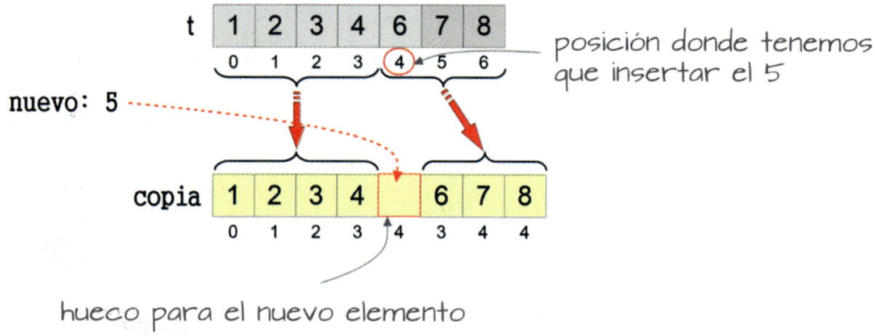

Figura 5.15. *Momento en el que hemos creado el hueco para el nuevo elemento y hemos copiado los datos. Solo queda insertar el nuevo elemento (5) en el hueco y referenciar la tabla* `copia` *con* `t`*, dando la sensación de que la tabla ha incrementado su longitud. Es importante que, tras todas las operaciones, la tabla* `t` *continúe estando ordenada.*

Actividad propuesta 5.5

Escribe en una función el comportamiento de la inserción ordenada.

Actividad resuelta 5.9

Diseñar una aplicación para gestionar un campeonato de programación, donde se introduce la puntuación (enteros) obtenidos por 5 programadores, conforme van terminando su prueba. La aplicación debe mostrar las puntuaciones ordenadas de los 5 participantes. En ocasiones, cuando finalizan los 5 participantes anteriores, se suman al campeonato programadores de exhibición, cuyos puntos se incluyen con el resto. La forma de especificar que no intervienen más programadores de exhibición es introducir como puntuación un –1. La aplicación debe mostrar, finalmente, los puntos ordenados de todos los participantes.

Solución

```
/* Leeremos las puntuaciones en el orden en el que terminen los participantes y
 * las ordenaremos. A continuación, realizaremos una inserción ordenada (por
 * cada programador de exhibición). Una mala idea sería insertar al final la
 * puntuación de los programadores de exhibición y volver a ordenar, ya que
 * esto es muy costoso en tiempo. Es más eficiente una inserción ordenada. */
Scanner sc = new Scanner(System.in);
int puntos[] = new int[5]; //inicialmente intervienen 5  programadores

for (int i = 0; i < 5; i++) {
     System.out.print("Puntos programador (" + (i + 1) + "): ");
     puntos[i] = sc.nextInt(); //leemos los datos, que no están ordenados
}

Arrays.sort(puntos); //ordenamos
System.out.println("Puntuación: " + Arrays.toString(puntos));

System.out.print("Puntos del programador de exhibición: ");
int puntosProgExh = sc.nextInt(); //puntuación del prog. de exhibición
while (puntosProgExh != -1) {
     int pos = Arrays.binarySearch(puntos, puntosProgExh); //buscamos
     int indiceInsercion; //donde insertar para que la tabla siga ordenada
     if (pos < 0) {
          indiceInsercion = -pos - 1; //índice para que la tabla esté ordenada
     } else {
          indiceInsercion = pos; //puntuación repetida, ya está en la tabla
     }

int copia[] = new int[puntos.length + 1]; //nueva tabla con longitud+1
     //copiamos los elementos antes del "hueco"
     System.arraycopy(puntos, 0, copia, 0, indiceInsercion);
     //copiamos desplazados los elementos tras el "hueco"
     System.arraycopy(puntos, indiceInsercion,
                copia, indiceInsercion + 1, puntos.length - indiceInsercion);

     copia[indiceInsercion] = puntosProgExh; //asignamos el nuevo elemento
     puntos = copia; //puntos referencia la nueva tabla

     System.out.print("Puntos del programador de exhibición: ");
     puntosProgExh = sc.nextInt(); //puntuacióndel prog. de exhibición
}

System.out.println("Puntuación final: " + Arrays.toString(puntos));
```

5.7.9. Eliminación

Esta operación consiste en borrar un elemento de la tabla, por lo que después de una eliminación la longitud de la tabla decrece. Antes de eliminar un elemento de una tabla, siempre tendremos que buscarlo para conocer en qué índice se encuentra. Una vez localizado, la operación dependerá del tipo de tabla con la que estemos trabajando.

Tabla no ordenada

Para eliminar un elemento en una tabla, después de buscarlo, lo sustituimos por el último dato de la tabla —que ahora estará repetido—. A continuación, creamos una copia de la tabla con los mismos datos, pero disminuyendo su longitud, lo que provoca que perdamos el último elemento, que es el que estaba repetido.

Veamos el algoritmo donde `t[]` es la tabla con los datos e `indiceBorrado` contendrá, si existe, el índice del elemento que deseamos eliminar, que se almacena en la variable `aBorrar`:

```
... //algoritmo de búsqueda, que devuelve el índice del elemento a borrar si
    //existe, o -1 si no existe.
if (indiceBorrado != -1) { //encontrado
   t[indiceBorrado] = t[t.length - 1]; //copia el último en indiceBorrado
   t = Arrays.copyOf(t, t.length - 1); //disminuimos la longitud de t
   System.out.println(Arrays.toString(t)); //mostramos
} else {
   ... //no podemos borrar nada, ya que no lo hemos encontrado
}
```

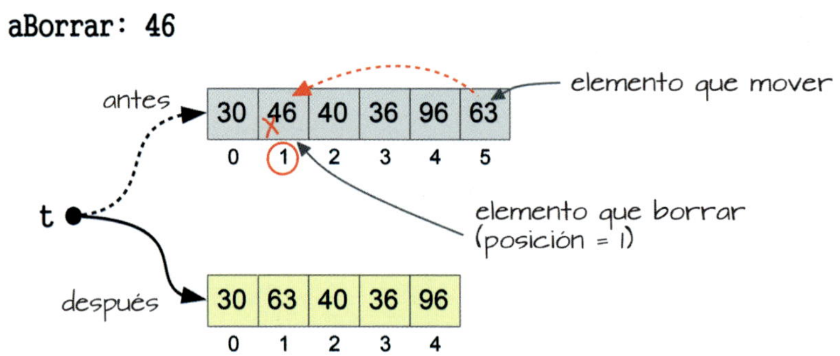

Figura 5.16. *Todas las operaciones de eliminación comienzan localizando el elemento que se va a borrar. Después se han de recolocar el resto de elementos para que produzcan el efecto de que el elemento en cuestión ha desaparecido. Finalmente, redimensionamos a una tabla más pequeña.*

Actividad resuelta 5.10

Escribir la función:

```
int[] eliminarMayores(int t[], int valor)
```

que crea y devuelve una copia de la tabla `t` donde se han eliminado todos los elementos que son mayores que `valor`.

Solución

```
static int[] sinMayores(int t[], int valor) {
   int copia[] = Arrays.copyOf(t, t.length); //copia es un clon de t
   int i=0;
```

```
    while (i<copia.length) { //recorremos copia
        if (copia[i] > valor) {
            //hay que eliminar copia[i]:
            copia[i] = copia[copia.length-1]; //copiamos el último en copia[i]
            //y decrementamos la longitud de copia en 1. Elimina el último.
            copia = Arrays.copyOf(copia, copia.length-1);
            //ahora tendremos que volver a comprobar copia[i]. No modificamos i
        } else {
            i++; //copia[i] se queda en la tabla, comprobaremos copia[i+1]
        }
    }

    return copia;
}
```

Tablas ordenadas

El primer paso es buscar el elemento que se va a borrar (variable `aBorrar`). Al estar la tabla ordenada podemos utilizar la búsqueda dicotómica. Este algoritmo busca el índice (variable `indiceBorrado`) que utilizaremos para determinar el elemento que eliminar. En tablas ordenadas, al eliminar un elemento tenemos que seguir manteniendo los demás valores contiguos y en el mismo orden. Para ello, tenemos que desplazar los valores que siguen a `indiceBorrado` una posición hacia el principio. Con esta técnica sobrescribimos el valor que borrar y obtenemos un hueco libre al final de la tabla, que desaparecerá al disminuir su longitud.

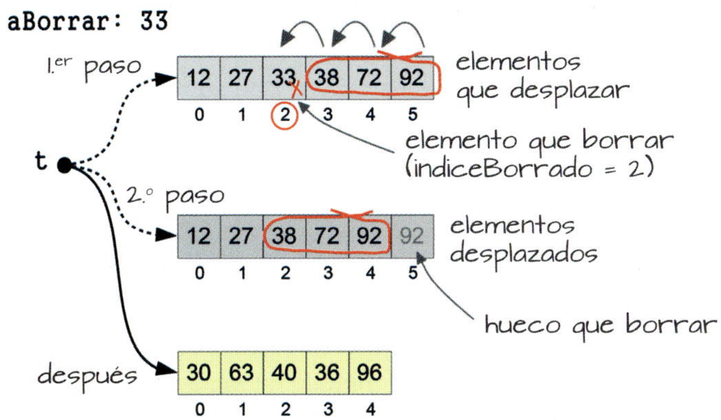

Figura 5.17. *El borrado en una tabla ordenada implica un primer paso donde se localiza el elemento que borrar, un segundo paso donde se desplazan los elementos a la derecha del elemento que nos interesa y, finalmente, el redimensionado de la tabla.*

Veamos a modo de ejemplo cómo eliminar un elemento que se solicita por teclado:

```
int t[] = {12, 27, 33, 38, 72, 92};
int aBorrar = new Scanner(System.in).nextInt();
//usamos el algoritmo de búsqueda dicotómica
int indiceBorrado = Arrays.binarySearch(t, aBorrar);
if (indiceBorrar >= 0) {
```

```
        //desplazamos los elementos posteriores a indiceBorrado
        System.arraycopy(t, indiceBorrado + 1,
        t, indiceBorrado, t.length - indiceBorrado - 1);
        t = Arrays.copyOf(t, t.length - 1); //disminuimos la longitud
        System.out.println(Arrays.toString(t)); //mostramos
    } else {
        ... //no podemos borrar nada, ya que no lo hemos encontrado
    }
```

Actividad propuesta 5.6

Crea una función que realice el borrado de un elemento de una tabla ordenada.

Actividad propuesta 5.7

El «número de la suerte» de una persona puede calcularse a partir de sus números favoritos. De entre estos, se seleccionan dos diferentes al azar, que se eliminarán de la lista, pero en su lugar se añade la media aritmética de los dos eliminados a la lista de números favoritos. El proceso se repite hasta que solo quede un número, que resultará el número de la suerte para esa persona. Para calcular bien el número de la suerte es imprescindible que la lista de números se encuentre siempre ordenada.

Escribe una aplicación que solicite al usuario sus números favoritos y calcula su número de la suerte.

5.7.10. Comparación de dos tablas

El contenido de dos tablas no se puede comparar mediante el operador `==`, ya que este operador no compara los elementos de las tablas, sino sus referencias. Por ejemplo:

```
int t1[] = {7, 9, 20};
int t2[] = {7, 9, 20}; //t1 y t2 tienen los mismos elementos
System.out.println(t1 == t2); //sin embargo muestra false
```

ya que `t1` y `t2` tienen los mismos elementos, pero distintas referencias (están ubicadas en distintas zonas de la memoria).

Dos tablas se consideran iguales si contienen los mismos elementos en el mismo orden. Para comparar dos tablas disponemos del método de `Arrays`.

- `static boolean equals(`*`tipo`*` a[], `*`tipo`*` b[])`: compara las tablas `a` y `b`, elemento a elemento. En el caso de que sean iguales devuelve `true`, y en caso contrario, `false`.

Veamos cómo comparar las dos tablas anteriores:

```
System.out.println(Arrays.equals(t1, t2)); //muestra true
```

Actividad propuesta 5.8

Comprueba qué produce la comparación con el operador `==` de dos tablas del mismo tipo, la misma longitud y los mismos valores.

Actividad resuelta 5.11

Desarrollar el juego «la cámara secreta», que consiste en abrir una cámara mediante su combinación secreta, que está formado por una combinación de dígitos del uno al cinco. El jugador especificará cuál es la longitud de la combinación; a mayor longitud, mayor será la dificultad del juego. La aplicación genera, de forma aleatoria, una combinación secreta que el usuario tendrá que acertar. En cada intento se muestra como pista, para cada dígito de la combinación introducido por el jugador, si es mayor, menor o igual que el correspondiente en la combinación secreta.

Solución

```
/* El juego consiste en acertar la combinación secreta, que se genera de forma
 * aleatoria. */
    public static void main(String[] args) {
        Scanner sc = new Scanner(System.in);
        System.out.println("Longitud de la combinación secreta: ");
        int longitud = sc.nextInt();
        int combSecreta[] = new int[longitud]; //combinación secreta
        int combJugador[] = new int [longitud]; //combinación del jugador

        //generamos aleatoriamente la combinación secreta:
        generaCombinacion(combSecreta);
        //esto es trampa: mostramos la combinación secreta para facilitar
        System.out.println(Arrays.toString(combSecreta));
        System.out.println("Escriba una combinación");
        leeTabla(combJugador);

        while (!Arrays.equals(combSecreta, combJugador)) { //no sean iguales
            muestraPistas(combSecreta, combJugador); //mostramos las pistas
            System.out.println("Escriba una combinación: ");
            leeTabla(combJugador); //volvemos a pedir otra combinación
        }
        //Salir del while significa que hemos acertado la combinación secreta:
        System.out.println("¡La cámara está abierta!");
}

//Esta función inicializa los valores de la tabla t con valores aleatorios.
//La constante MAX determina el valor máximo que se asigna a un elemento,
//estando comprendido en el rango 1..MAX
static void generaCombinacion(int t[]) {
    final int MAX = 5; //rango 1..MAX
    for (int i = 0; i < t.length; i++) {
        t[i] = (int) (Math.random()*MAX+1); //número aleatorio de 1 a MAX
        //t referencia a la tabla combSecreta del programa principal. Por este
        //motivo asignar un valor a t[i] es lo mismo que hacerlo a
        //combSecreta[i]
    }
}

//Recorre t y asigna a cada elemento un valor leído desde el teclado
static void leeTabla(int t[]) {
    Scanner sc = new Scanner(System.in);
    for (int i = 0; i < t.length; i++) { //recorremos para leer
        t[i] = sc.nextInt();
    }
}
```

```
//Recorre las dos tablas, secret y jug, e indica para cada elemento de la
//combinación introducida por el usuario si es mayor, menor o igual que el
//equivalente en la combinación secreta
static void muestraPistas(int secret[], int jug[]) {
    System.out.println("Pistas:");
    for (int i = 0; i < jug.length; i++) { //recorremos ambas tablas
        System.out.print(jug[i]);
        if (secret[i] > jug[i]) { //comparamos el i-ésimo elemento de ambas
            System.out.println(" mayor");
        } else if (secret[i] < jug[i]) {
            System.out.println(" menor");
        } else {
           System.out.println(" igual");
        }
    }
}
```

5.8. Tablas *n*-dimensionales

Hasta el momento las tablas que hemos utilizado han sido unidimensionales: solo tienen longitud; dicho de otra forma, los elementos solo se extienden a lo largo de un eje (el eje *X*), y basta con un índice para recorrerlas.

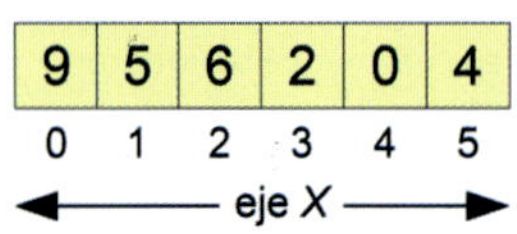

Figura. 5.18. *El eje X, o eje de abscisa, es el eje horizontal. Hay que entender que esto es una representación, y lo habitual es que nos figuremos que las tablas unidimensionales se expanden horizontalmente.*

Pero puede ocurrir que nuestros datos se refieran a entidades que se caracterizan por más de una propiedad, de las cuales alguna o algunas sirven para identificarlo. En este caso, no nos basta con un solo índice para describirlas.

5.8.1. Tablas bidimensionales

Podemos ampliar el concepto de tabla haciendo que los elementos se extiendan en dos dimensiones, utilizando los ejes *X* e *Y*. Ahora la tabla posee longitud y anchura. Para identificar cada elemento de una tabla unidimensional hemos utilizado un índice; para las tablas bidimensionales, compuestas por filas y columnas, se necesita un par de índices [x][y]. Una tabla bidimensional recibe el nombre de *matriz,* aunque a diferencia de las matemáticas, en Java se numeran comenzando por 0.

La declaración de una tabla bidimensional se hace de la forma:

```
tipo nombreTabla[][];
```

A continuación, creamos la tabla, indicando la longitud de cada dimensión. Veamos cómo crear la tabla `datos` correspondiente a la Figura 5.19:

```
int datos[][];
datos = new int[5][5];
```

y con ello, estamos reservando espacio en la memoria para (5 × 5) 25 elementos.

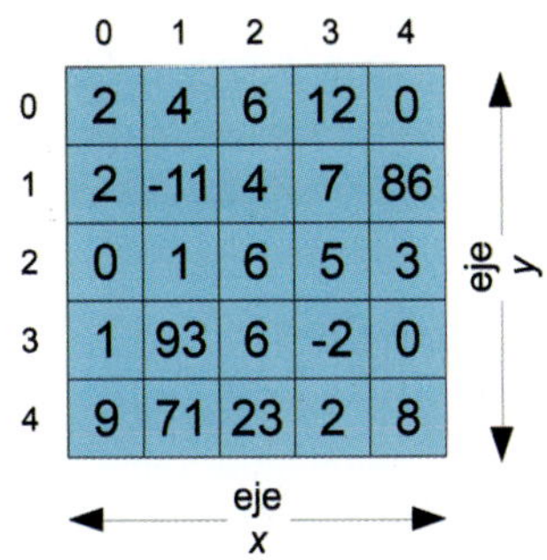

Figura 5.19. *Matriz de 5 × 5 elementos. Ahora la identificación de cada elemento viene dada por el índice del eje X y el índice del eje Y.*

Los algoritmos que utilizan matrices requieren dos bucles anidados. Un bucle se encarga del índice para la dimensión *X* y el otro para el índice del eje *Y*. Veamos un ejemplo para introducir por teclado la matriz `datos`:

```
for (i = 0; i < 5; i++) { //eje X
   for (j = 0; j < 5; j++) { //eje Y
      datos[i][j] = sc.nextInt(); //leemos el elemento [i][j]
   }
}
```

Para mostrar una tabla bidimensional podemos usar dos bucles anidados como los anteriores o bien utilizar el método estático `Arrays.deepToString()`. Por ejemplo, para mostrar la tabla `datos`,

```
System.out.println(Arrays.deepToString(datos));
```

Actividad resuelta 5.12

Crear una tabla bidimensional de longitud 5 × 5 y rellenarla de la siguiente forma: el elemento de la posición [n][m] debe contener el valor 10 × n + m. Después se debe mostrar su contenido.

Solución

```
int t[][]; // declaramos t como una tabla bidimensional
t = new int[5][5]; // creamos la tabla de 5x5

for (int i = 0; i < 5; i++) { // utilizamos i para la primera dimensión
    for (int j = 0; j < 5; j++) { // y j para la segunda dimensión
        t[i][j] = 10*i + j;
    }
}
```

```
System.out.println(Arrays.deepToString(t)); //mostramos
//otra forma de mostrar es hacerlo recorriendo nosotros la matriz.
//Una matriz es un conjunto de filas (tabla unidimensional). Y cada fila
//está compuesta por una serie de elementos.
for (int fila[] : t) {
    for (int columna: fila) {
        System.out.print(columna + " ");
    }
    System.out.println();
}
```

5.8.2. Tablas tridimensionales

Añadiendo una nueva dimensión podemos crear tablas con anchura, altura y profundidad, es decir, tablas tridimensionales. Estas utilizan tres índices ([x][y][z]) para identificar cada elemento que la componen.

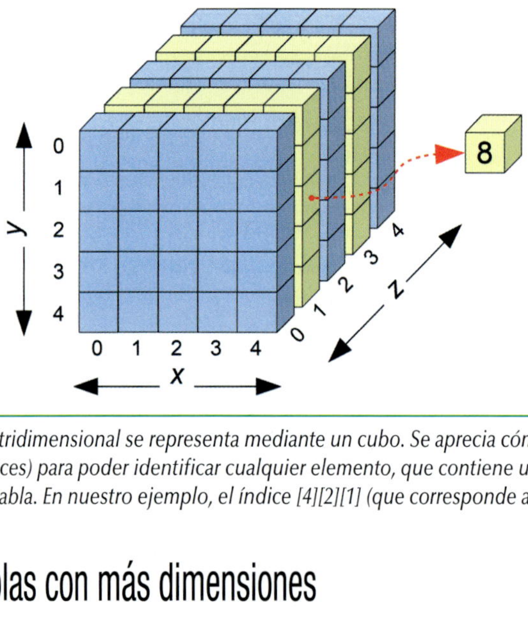

Figura 5.20. *Una tabla tridimensional se representa mediante un cubo. Se aprecia cómo se necesitan tres dimensiones (tres índices) para poder identificar cualquier elemento, que contiene un dato del tipo del que está declarada la tabla. En nuestro ejemplo, el índice [4][2][1] (que corresponde a: x, y, z) vale 8.*

5.8.3. Tablas con más dimensiones

Dibujar o imaginar una tabla de más de tres dimensiones es algo complicado. Nosotros vivimos en un mundo 4-dimensional, con tres dimensiones para localizar cada objeto en el espacio y una cuarta dimensión, el tiempo, para ver la evolución de un objeto en movimiento. Pero más allá de nuestro mundo, es complicado representar, o siquiera imaginar, una tabla multidimensional. Un truco sencillo consiste en descomponer la tabla en otras más simples. Por ejemplo, una tabla de 5 dimensiones puede verse como una tabla tridimensional, donde en cada elemento de la tabla se almacena una tabla bidimensional. De los cinco índices necesarios para identificar los elementos de una tabla 5-dimensional, podemos utilizar los tres primeros en la tabla tridimensional y utilizar los otros dos índices para situarnos en la segunda tabla bidimensional.

Pero el hecho de que no podamos dibujarla ni imaginarla no significa que no se puedan manipular sus elementos.

Las tablas *n*-dimensionales son útiles para manejar la información atendiendo a criterios de clasificación. No es necesario que la información tenga una representación gráfica. Veamos un ejemplo: supongamos una máquina que procesa naranjas y necesitamos, por motivos de calidad, clasificarlas y llevar la cuenta del número de frutas recogidas de cada tipo, atendiendo a los criterios: diámetro, color, maduración, forma y peso.

Al utilizar cinco criterios, lo más apropiado para almacenar los datos es una matriz 5-dimensional, haciendo corresponder cada dimensión con un criterio de clasificación. Falta, para cada una de las dimensiones (criterios), formalizar una correspondencia entre los posibles valores reales de un criterio (color: naranja, amarillo o verde; nivel de maduración: madura o inmadura; etc.) con las longitudes de cada dimensión, que utilizaremos como índices. Una posible correspondencia puede ser la que se muestra en la Figura 5.21.

Diámetro	0	1	2
	Pequeño, < 4 cm	Mediano, entre 4 y 8 cm	Grande, > 8 cm

Color	0	1	2
	Naranja	Amarillo	Verde

Maduración	0	1	2	4
	Pasada	Óptima	Algo inmadura	Totalmente inmadura

Forma	0	1
	Redondeada	Otra forma

Peso	0	1	2	3	4	5
	<100 g	100-200 g	200-300 g	300-400 g	400-500 g	>500 g

Figura 5.21. *Correspondencia entre los valores de cada dimensión y clasificaciones de distintos criterios de las naranjas.*

Crearemos la variable `naranjas`, que será una matriz con 5 dimensiones, donde cada una de ellas representa un criterio: `naranjas[diámetro][color][maduración][forma][peso]`.

La declaración y creación de la variable es:

```
int naranjas[][][][][];
naranjas = new int[3][3][5][2][6];
```

Si la máquina contabiliza 25 naranjas con:

- Diámetro de 11 cm: primer índice 2.
- De un color naranja intenso: segundo índice 0.
- En su punto óptimo de maduración: tercer índice 1.
- La forma es redonda: cuarto índice 0.
- Pesa 385 g: quinto índice 3.

Haremos la asignación:

```
naranjas[2][0][1][0][3] = 25;
```

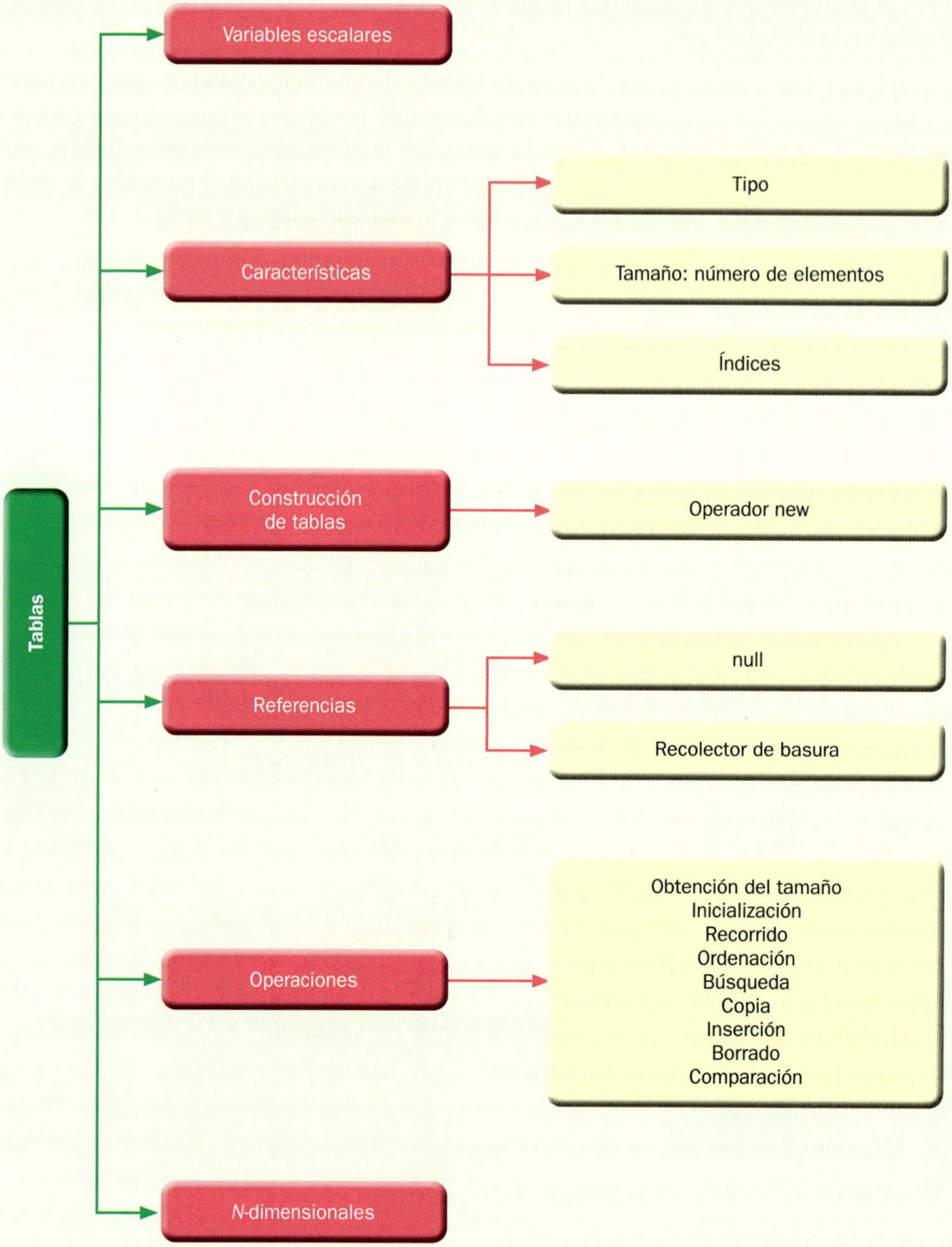
Tablas
Variables escalares
Características
Tipo
Tamaño: número de elementos
Índices
Construcción de tablas
Operador new
Referencias
null
Recolector de basura
Operaciones
Obtención del tamaño
Inicialización
Recorrido
Ordenación
Búsqueda
Copia
Inserción
Borrado
Comparación
N-dimensionales

Actividades de comprobación

5.1. Una tabla puede almacenar datos de distintos tipos, como por ejemplo enteros, booleanos, reales, etcétera:

a) Cierto, las tablas siempre pueden almacenar datos de distintos tipos.
b) Falso, las tablas solo pueden almacenar datos de un único tipo.
c) Puede almacenar datos de distintos tipos siempre que estos sean numéricos.
d) Puede almacenar datos de distintos tipos siempre que la longitud de los datos sea idéntica.

5.2. En Java, la numeración de los índices que determina la identificación de cada elemento de una tabla comienza en:

a) Cero.
b) Uno.
c) Depende del tipo de dato de la tabla.
d) Es configurable por el usuario.

5.3. Si en una tabla de 10 elementos utilizamos el elemento con índice 11 (que se encuentra fuera de rango):

a) Al salir del rango de la longitud, Java redimensiona la tabla de forma automática.
b) No es posible y produce un error.
c) Las tablas tienen un comportamiento circular y utilizar el índice 11 es idéntico a utilizar el índice 1.
d) Ninguna de las anteriores respuestas es cierta.

5.4. ¿Qué método de la clase Arrays permite realizar una búsqueda dicotómica en una tabla?

a) `Arrays.search()`.
b) `Arrays.find()`.
c) `Arrays.binarySearch()`.
d) Cualquiera de los métodos anteriores realiza una búsqueda.

5.5. Con respecto a las tablas, el operador `new`:

a) Destruye, crea y redimensiona tablas.
b) Destruye y crea tablas.
c) Crea tablas.
d) Destruye las tablas.

5.6. La forma de invocar al recolector de basura es:

a) Mediante `System.garbageCollector()`.
b) Mediante el operador `new`.
c) Mediante `Arrays.garbageCollector()`.
d) Ninguna de las anteriores respuestas es correcta.

5.7. La forma de conocer la longitud de una tabla `t` es mediante:

a) `t.size.`
b) `t.elements`.
c) `t.length`.
d) `Arrays.size(t)`.

5.8. La comparación del contenido (los elementos) de dos tablas se realiza utilizando:

a) `Arrays.compare()`.

b) El operador `==`.

c) `Arrays.equals()`.

d) `Arrays.same()`.

5.9. ¿Qué condición tiene que cumplir una tabla para que podamos realizar búsquedas dicotómicas en ella?

a) Que esté ordenada.

b) Que esté ordenada y sea una tabla de enteros.

c) Que no esté ordenada.

d) No importa si la tabla está ordenada, lo realmente importante es que sea de algún tipo numérico.

5.10. ¿Cuál es la principal diferencia entre `Arrays.copyOf()` y `System.arraycopy()`?

a) No existe diferencia alguna, ambos métodos son idénticos.

b) `Arrays.copyOf()` copia mientras `System.arraycopy()` copia y compara.

c) `Arrays.copyOf()` copia entre tablas existentes mientras `System.arraycopy()` crea una nueva tabla y copia en ella.

d) `Arrays.copyOf()` crea una nueva tabla y copia en ella mientras `System.arraycopy()` solo copia entre tablas ya creadas.

Actividades de aplicación

5.11. Realiza la función: `int[] buscarTodos(int t[], int clave)`, que crea y devuelve una tabla con todos los índices de los elementos donde se encuentra la clave de búsqueda. En el caso de que `clave` no se encuentre en la tabla `t`, la función devolverá una tabla vacía.

5.12. Escribe la función `void desordenar(int t[])`, que cambia de forma aleatoria los elementos contenidos en la tabla `t`. Si la tabla estuviera ordenada, dejaría de estarlo.

5.13. Modifica la Actividad de aplicación 5.12 para que la función no modifique la tabla que se pasa como parámetro y, en su lugar, cree y devuelva una copia de la tabla donde se han desordenado los valores de los elementos.

5.14. El ayuntamiento de tu localidad te ha encargado una aplicación que ayude a realizar encuestas estadísticas para conocer el nivel adquisitivo de los habitantes del municipio. Para ello, tendrás que preguntar el sueldo a cada persona encuestada. *A priori,* no conoces el número de encuestados. Para finalizar la entrada de datos, introduce un sueldo con valor –1.

Una vez terminada la entrada de datos, muestra la siguiente información:

- Todos los sueldos introducidos ordenados de forma decreciente.
- El sueldo máximo y mínimo.
- La media de los sueldos.

5.15. Debes desarrollar una aplicación que ayude a gestionar las notas de un centro educativo. Los alumnos se organizan en grupos compuestos por 5 personas. Leer las notas (números enteros) del primer, segundo y tercer trimestre de un grupo. Debes mostrar al final la nota media del grupo en cada trimestre y la media del alumno que se encuentra en una posición dada (que el usuario introduce por teclado).

5.16. En un juego de rol el mapa puede implementarse como una matriz donde las filas y las columnas representan lugares (lugar 0, lugar 1, lugar 2, etc.) que estarán conectados. Si desde el lugar X podemos ir hacia el lugar Y, entonces la matriz en la posición [x][y] valdrá cierto; en caso contrario, valdrá falso. Escribe una función que, dada una matriz que representa el mapa y dos lugares, indique si es posible viajar desde el primer lugar al segundo (directamente o pasando por lugares intermedios).

5.17. Implementa la función: `int[] suma(int t[], int numElementos)`, que crea y devuelve una tabla con las sumas de los `numElementos` elementos consecutivos de `t`. Veamos un ejemplo, sea t = [10, 1, 5, 8, 9, 2]. Si los elementos de `t` se agrupan de 3 en 3, se harán las sumas:

10 + 1 + 5. Igual a 16.
1 + 5 + 8. Igual a 14.
5 + 8 + 9. Igual a 22.
8 + 9 + 2. Igual a 19.

Por lo tanto, la función devolverá una tabla con los resultados: [16, 14, 22, 19].

5.18. Escribe un programa que solicite los elementos de una matriz de tamaño 4 × 4. La aplicación debe decidir si la matriz introducida corresponde a una matriz mágica, que es aquella donde la suma de los elementos de cualquier fila o de cualquier columna valen lo mismo.

5.19. Diseña una aplicación para gestionar la llegada a meta de los participantes de una carrera. Cada uno de ellos dispone de un dorsal (un número entero) que los identifica. En la aplicación se introduce el número de dorsal de cada corredor cuando este llega a la meta. Para indicar que la carrera ha finalizado (han llegado todos los corredores a la meta), se introduce como dorsal el número –1.

A continuación, la aplicación solicita información extra de los corredores. En primer lugar, se introducen los dorsales de todos los corredores menores de edad; para premiarlos por su esfuerzo se les avanza un puesto en el ranking general de la carrera, es decir, es como si hubieran adelantado al corredor que llevaban delante. En segundo lugar, se introducen los dorsales de los corredores que han dado positivo en el test antidopaje, lo que provoca su expulsión inmediata. Para finalizar, se introducen los dorsales de los corredores que no han pagado su inscripción en la carrera, lo que provoca que se releguen a los últimos puestos del ranking general. La aplicación debe mostrar los dorsales de los corredores que han conseguido las medallas de oro, plata y bronce.

5.20. La fusión de dos tablas ordenadas consiste en copiar todos sus elementos (de ambas tablas) en una tercera que deberá seguir ordenada. Podemos realizar una fusión «ineficiente» copiando los elementos de ambas tablas (sin tener en cuenta el orden) en la tabla final y ordenar esta. Existe una manera óptima de realizar la fusión en la que se elige en cada momento el primer elemento no copiado de alguna de las tablas y se añade a la tabla final, que seguirá ordenada sin necesidad de ordenación alguna.

Busca información sobre el algoritmo de fusión e impleméntalo en Java.

Actividades de ampliación

5.21. Explica las ventajas e inconvenientes de utilizar tablas. Busca algunas alternativas al uso de tablas para almacenar datos.

5.22. Busca en internet información sobre el algoritmo de ordenación de la burbuja y explica su funcionamiento.

5.23. El algoritmo de ordenación por selección ordena una tabla seleccionando en cada momento el mayor y menor elemento de entre los que no se encuentran ordenados. Busca información sobre este algoritmo e impleméntalo.

5.24. Halla información sobre el algoritmo de ordenación por intercambio, que es muy parecido al algoritmo de la burbuja. Tras indagar sobre él, explica las similitudes y diferencias entre ambos tipos de algoritmo.

5.25. Con respecto a los algoritmos de ordenación por intercambio y el de la burbuja, para una tabla que está prácticamente ordenada, ¿cuál de los dos sería mejor utilizar? Razona tu respuesta.

5.26. Las pilas son estructuras de datos que simulan una pila de platos, donde los datos entran y salen por la parte superior. Se pueden implementar de muchas formas, pero es habitual hacerlo mediante una tabla. Busca información sobre ellas e implementa sus operaciones utilizando una tabla.

5.27. Al igual que las pilas, las colas son una estructura de datos que simula una cola de espera, donde hay una persona esperando el primero y el resto aguarda su turno. Busca información sobre esta estructura de datos e implementa sus operaciones utilizando una tabla.

5.28. Por simplicidad, solo hemos vistos las tablas bidimensionales cuyas columnas contienen el mismo número de elementos. Es posible crear tablas irregulares, donde cada columna tiene un número determinado de elementos. Busca información de cómo se crean este tipo de matrices y abrid un debate entre toda la clase donde cada uno aporte el contenido de interés que ha encontrado.

UNIDAD 6

Cadenas de caracteres

Objetivos

- Utilizar el tipo primitivo char.
- Conocer las funcionalidades que proporciona la clase Character para la manipulación de caracteres.
- Usar la clase String como parte de las aplicaciones que se construyan.
- Profundizar en el uso de operaciones avanzadas con texto y realizar implementaciones acordes a los requisitos del sistema.
- Plantear distintas alternativas y elegir la solución óptima en cada caso, según el problema que se necesite resolver.
- Conocer la API de Java, que permite codificar aplicaciones que utilizan datos de tipo texto.
- Exponer las ventajas e inconvenientes de las posibles herramientas que se usan para la creación y manipulación de texto.

Contenidos

Introducción

En los programas escritos hasta ahora hemos utilizado los tipos primitivos: `char`, `byte`, `int`, `float`, `double` y `boolean`. Estos bastan para implementar muchas aplicaciones, sobre todo las relacionadas con datos numéricos, pero proporcionan pocas herramientas para trabajar con texto. El tipo `char`, que almacena un solo carácter, es insuficiente para manejar textos complejos.

Por *texto* entendemos una palabra, una frase e incluso uno o más párrafos de cualquier longitud. En definitiva, un texto, como por ejemplo este mismo párrafo, es una secuencia de caracteres, de ahí que también se le denomine *cadena de caracteres* o, por economía del lenguaje, simplemente *cadena.*

Para manipular textos disponemos en la API de las clases `Character` y `String` —ambas ubicadas en el paquete `java.lang`—, que proporcionan multitud de funcionalidades para trabajar con un solo carácter la primera y con textos de cualquier longitud la segunda.

6.1. Tipo primitivo char

De forma general un **carácter** se define como una letra —de cualquier alfabeto—, un número, un ideograma o cualquier símbolo. En Java un carácter o literal carácter se escribe entre comillas simples (`'`). Algunos ejemplos de ellos son: `'p'`, `'ñ'`, `'Ψ'`, `'7'`, `'♡'` o `'#'`.

6.1.1. Unicode

Mediante un teclado podemos escribir ciertos caracteres, como 'a', pero esto no es posible para otros, como '♡'. Para solventar este problema, un conglomerado de empresas fundó el Unicode Consortium, un organismo que, mediante un comité técnico, diseñó y mantiene un estándar de codificación de caracteres denominado **Unicode.**

Este identifica cada carácter mediante un número entero único, llamado *code point,* cuyo valor se puede representar en decimal o en hexadecimal. Para evitar confusión cuando el code point se representa en hexadecimal se le antepone la secuencia U+ o \u, de forma general, aunque Java solo permite la segunda. Otra particularidad de la representación de un code point en hexadecimal es que siempre se utilizan, como mínimo, 4 dígitos, completando con ceros por la izquierda si fuera necesario.

El esquema de codificación Unicode comprende un total de 1 114 112 posibles code points, que según la representación usada tomarán valores en el rango de 0_{dec} a $1\,114\,111_{dec}$, en decimal, o valores en el rango de 0_{hex} a $10ffff_{hex}$, en hexadecimal. Lo que requiere un tamaño de 3 bytes para poder albergar todos los posibles valores.

Recuerda

El uso de mayúsculas o minúsculas en los números hexadecimales es indiferente. Por lo tanto, el número $1a_{hex}$ es idéntico a $1A_{hex}$.

A la hora de seleccionar un carácter es posible usar su codificación Unicode o el propio carácter si es posible escribirlo mediante el teclado. Por ejemplo, el carácter 'a' puede escribirse pulsando la tecla adecuada del teclado o mediante su code point en decimal (97) o en hexadecimal (\u0061). Veamos la forma de asignar 'a' a una variable de tipo `char`,

```
char c;
c = 'a'; //directamente mediante el teclado
c = 97; //usando el code point en decimal
c = '\u0061'; //o con el code point en hexadecimal
```

La única forma de designar el carácter '♡' es mediante su code point.

```
char c = '\u2661'; //o bien, c = 9825;
System.out.println(c); //muestra un ♡
```

Para codificar cualquier code point necesitamos 3 bytes, por lo tanto, ¿cómo es posible que podamos asignar un code point a un tipo primitivo `char` (2 bytes)? La respuesta es que no todos los code points pueden asignarse a `char`. El problema surge porque, en un principio, los code points de Unicode usaban solamente 2 bytes para codificar todos los caracteres; por lo tanto, el tipo `char` se definió acorde a este tamaño. Con el tiempo, el tamaño del code point ha crecido para poder identificar la enorme cantidad de símbolos que se han ido añadiendo.

En consecuencia, solo los code points cuyo valor es inferior o igual a 65 535 —\uFFFF— pueden asignarse a una variable de tipo `char`. Para valores mayores de code point hemos de utilizar variables de tipo `int`, que tiene un tamaño de 4 bytes y dispone de espacio suficiente para albergar cualquier code point. Como veremos en el Apartado 6.1.3, existe una fuerte relación entre los tipos `char` e `int`.

Para conocer la codificación de cualquier carácter necesitamos recurrir a las tablas diseñadas por el Unicode Consortium o bien a las bases de datos de caracteres —véase a modo de ejemplo la Tabla 6.1—. Estas tablas agrupan los caracteres según el alfabeto (latino, braille, etc.) o por el conjunto de símbolos al que pertenecen (matemáticos, jeroglíficos egipcios, etc.). Por ejemplo, si deseamos trabajar en Java con el ideograma ♡, lo primero que tenemos que hacer es buscar su code point en las tablas de caracteres, donde encontramos que el code point que lo identifica es 9825 o \u2661.

Tabla 6.1. Ejemplos de codificación Unicode

Carácter	*Code point*	
	decimal	hexadecimal
A	65	\u0041
a	97	\u0061
Ψ	936	\u03A8
♡	9825	\u2661
7	55	\u0037

Argot técnico

Otra solución que implementa Java para el problema de que el tipo `char` es demasiado pequeño para albergar todos los símbolos Unicode consiste en codificar los code points en dos variables de tipo `char`, normalmente una tabla de tamaño 2.

6.1.2. Secuencias de escape

Un carácter precedido de una barra invertida (\) se conoce como *secuencia de escape*. Al igual que los caracteres escritos mediante la codificación Unicode, representan un único carácter, pero en este caso poseen un significado especial. En la Tabla 6.2 se muestran las secuencias de escape de Java.

Tabla 6.2. Caracteres especiales en Java: su nombre y secuencia de escape

Carácter	Nombre
`\b`	Borrado a la izquierda
`\n`	Nueva línea
`\r`	Retorno de carro
`\t`	Tabulador
`\f`	Nueva página
`\'`	Comilla simple
`\"`	Comilla doble
`\\`	Barra invertida

Veamos algunos ejemplos:

```
char c = '\'';
System.out.println(c); //muestra una comilla simple: '
c = '\"';
System.out.println(c); //muestra una comilla doble: "
c = '\t'; //tabulador. Al ser invisible lo representamos con |______|
System.out.println("1" + c + "2"); //muestra "1|______|2";
```

6.1.3. Conversión char ↔ int

Cada code point no es más que un número entero, representado en decimal o en hexadecimal. El hecho de que un carácter se identifique con un número crea una estrecha relación entre el tipo `char` y el tipo `int`. Es posible asignar un valor entero a una variable de tipo char (siempre y cuando el valor del entero esté comprendido entre 0 y 65 535) y asignar un carácter a una variable de tipo `int`, ya que Java se encarga de realizar las conversiones oportunas (el tipo `int` representa los números en decimal por defecto).

Veamos un ejemplo: el carácter 'a' tiene asociado el code point \u0061. Si convertimos el número hexadecimal 0061_{hex} a decimal, obtenemos 97_{dec}.

Aprovechando este mecanismo de conversión podemos realizar asignaciones de la forma:

```
int e = 'a'; //asigna un carácter a una variable int
System.out.println(e); //muestra 97
e = '\u0061'; //asigna un carácter a una variable int
System.out.println(e); //muestra 97
char c = 97; //asigna un entero a una variable char
System.out.println(c); //muestra 'a'
```

También es posible forzar una conversión por medio de un cast.

```
char c = 'a';
System.out.println((int)c); //muestra 97
int e = 97;
System.out.println((char) e); //muestra 'a'
```

Se pueden realizar asignaciones de variables del tipo `int` a `char` con un cast.

```
int e = 97;
char c = (char) e; //c vale 'a'
```

En este último caso hemos hecho una conversión de estrechamiento, ya que `char` se codifica en 2 bytes e `int` necesita 4 bytes. En la variable `c` se guardan los 2 bytes menos significativos de `e`.

Por otra parte,

```
char c = 'a';
int e = c; //e vale 97
```

Aquí no es necesario el cast porque la conversión es de ensanchamiento.

6.1.4. Aritmética de caracteres

La relación existente entre un carácter y su representación numérica en Unicode, ya sea en hexadecimal o en decimal, permite realizar operaciones aritméticas con ellos. En realidad, no es posible operar con un carácter, sino con su representación numérica. Veamos como ejemplo la suma:

```
System.out.println('a' + 1); //se muestra una 'b' en la pantalla
```

Para poder realizar la suma, Java transforma el carácter en su representación numérica, sea en hexadecimal o en decimal, ambas representan el mismo valor. La operación quedaría así:

$$\text{'a'} + 1 = 61_{hex} + 1 = 62_{hex} = 98_{dec}$$

Es importante entender que el número obtenido (98) puede ser interpretado, a su vez, como un carácter.

```
char c = 98; //98 es el valor Unicode de la letra b
```

Otra forma de entender la aritmética de caracteres consiste en que, al realizar una suma o una resta, por ejemplo 'x' ± n, el resultado es el carácter situado n posiciones delante o detrás, en la codificación Unicode del carácter con el que estamos operando. Veamos un ejemplo en Java:

```
char c = 'e' - 2; //vale 'c'
c = 'e' + 2; //vale 'g'
```

Es decir, la letra e tiene en el código Unicode dos puestos por delante la letra g y dos puestos por detrás la letra c.

Este comportamiento permite transformar un carácter de minúscula a mayúscula y viceversa.

```
char c = 'h' + 'A' - 'a';
System.out.println(c) //muestra 'H'
```

`'a' - 'A'` representa la distancia que existe en el código Unicode entre las letras minúsculas y las mayúsculas.

Actividad resuelta 6.1

Escribir un programa que muestre todos los caracteres Unicode junto a su code point, cuyo valor esté comprendido entre \u0000 y \uFFFF.

Solución

```
/* Aprovechando la aritmética de caracteres mostraremos todos los símbolos
 * disponibles en la codificación Unicode, comprendidos entre \u0000 y \uFFFF. */
public class Main {
   public static void main(String[] args) {
      //usamos números en base hexadecimal, lo que se indica anteponiendo 0x
      //internamente la variable codePoint contiene valores decimales
      for(int codePoint = 0x0000; codePoint <= 0xFFFF; codePoint++) {
         String xxxx = Integer.toHexString(codePoint); //convierte un número en su
         //representación hexadecimal
         System.out.println("\\u" + xxxx + ": " + (char)codePoint);
      }
   }
}
```

6.2. Clase Character

El tipo `char` es a todas luces insuficiente, por sí solo, para realizar operaciones con caracteres. La clase `Character` amplía su funcionalidad para trabajar con caracteres simplificando mucho el trabajo. Pensemos en lo engorroso que puede ser, por ejemplo, decidir si un carácter dado es una letra minúscula: para ello, tendríamos que realizar una serie de comprobaciones. Por el contrario, esta funcionalidad se encuentra en `Character`, que dispone de una batería de métodos estáticos, útiles para clasificar y convertir valores de tipo `char`.

Nota técnica

En esta unidad usamos la clase `Character` que proporciona, mediante sus métodos, una serie de herramientas. Sin embargo, la clase `Character` es un **wrapper** o clase **envoltorio** para el tipo primitivo `char`.

En la Unidad 7 estudiaremos en profundidad las clases.

En la web de la Editorial Paraninfo existe, como recurso digital, un anexo con la descripción de los wrappers.

6.2.1. Clasificación de caracteres

Un carácter puede clasificarse dentro de algunos de los grupos siguientes:

- **Dígitos:** este grupo está formado por los caracteres '0', '1' ..., '9'.
- **Letras:** formado por todos los elementos del alfabeto, tanto en minúscula ('a', 'b'...) como en mayúscula ('A', 'B'...).
- **Caracteres blancos:** como el espacio o el tabulador, entre otros.
- **Otros caracteres:** signos de puntuación, matemáticos, etcétera.

Argot técnico

Como *letras* hemos considerado el alfabeto latino (a, b, c... tanto en mayúsculas como minúsculas), pero en realidad se incluyen las letras de cualquier alfabeto.

Los métodos de `Character` para verificar si un carácter pertenece a alguno de estos grupos devuelven un booleano: `true` en caso de que pertenezca o `false` en caso contrario. Esto métodos son:

- `boolean isDigit(char c)`: indica si el carácter `c` es un dígito. Devuelve `true` en caso afirmativo y `false` en caso contrario.

```
char c1 = '8', c2 = 'p';
boolean b;
b = Character.isDigit(c1); //b vale true, ya que '8' es un dígito
b = Character.isDigit(c2); //b es false, 'p' no es un dígito
```

- `boolean isLetter(char c)`: determina si el carácter pasado como parámetro es una letra (minúscula o mayúscula).

```
Character.isLetter('8'); //false: el carácter '8' no es una letra
Character.isLetter('e'); //true: el carácter 'e' sí es una letra
```

- `boolean isLetterOrDigit(char c)`: indica si el carácter es una letra o un dígito. El conjunto de estos caracteres se conoce como caracteres *alfanuméricos.*

```
boolean b;
b = Character.isLetterOrDigit('%'); //false: '%' no es alfanumérico
```

```
b = Character.isLetterOrDigit('p'); //true: 'p' es una letra
b = Character.isLetterOrDigit('2'); //true: '2' es un dígito
```

- `boolean isLowerCase(char c)`: especifica si `c` es una letra y, además, está en minúscula.

```
char c1 = 'q', c2 = 'Q';
Character.isLowerCase('*'); //false: ni siquiera es una letra
Character.isLowerCase(c1); //true: es una letra en minúscula
Character.isLowerCase(c2); //false: es una letra, pero no minúscula
```

- `boolean isUpperCase(char c)`: funciona igual que el método anterior, pero indicando si el carácter es una letra mayúscula.

```
Character.isUpperCase('t'); //false
Character.isUpperCase('T'); //true
```

- `boolean isSpaceChar(char c)`: devolverá `true` si el carácter utilizado como parámetro de entrada es el espacio (' '), que se consigue pulsando en la barra espaciadora. Como no se ve, lo representaremos de la forma: '␣'. En la bibliografía es habitual encontrar otras representaciones, como por ejemplo una letra b tachada ('ƀ') para simbolizar un espacio en blanco.

```
Character.isSpaceChar('␣'); //devuelve true
Character.isSpaceChar('a'); //false: es obvio que no es un espacio
```

- `boolean isWhitespace(char c)`: amplía el método anterior y determina si el carácter pasado es cualquier carácter blanco. Los caracteres que hacen que el método devuelva `true` son:
  - Espacio en blanco ('␣'): se teclea mediante la barra espaciadora.
  - Retorno de carro ('\r'): dependiendo del sistema operativo, este carácter tendrá distinto comportamiento al imprimirse.
  - Nueva línea ('\n'): es el carácter que se consigue al pulsar la tecla Intro.
  - Tabulador ('\t'): equivale a varios espacios en blanco. Se genera con la tecla Tab.
  - Otros: existen otros caracteres considerados blancos como el tabulador vertical, el separador de ficheros, etc., aunque están en desuso.

  Veamos un ejemplo:

```
char c = '\t';
Character.isWhiteSpace(c); //true: tabulador
Character.isWhiteSpace('\n'); //true: carácter nueva línea
Character.isWhiteSpace('a'); //false: evidentemente no es un blanco
```

6.2.2. Conversión

Los métodos que realizan conversiones son aquellos que devuelven transformado el valor que se les pasa como parámetro, normalmente un carácter, en otro carácter o en un valor de un tipo distinto. También existen los que realizan la operación inversa, es decir, convierten un valor de otro tipo en un carácter.

Conversión entre caracteres

Son los métodos que transforman un carácter en otro. Cuando la conversión no es posible, por ejemplo, no se puede transformar un número a mayúscula, se devuelve el mismo carácter pasado como parámetro. Disponemos de los siguientes métodos:

- `char toLowerCase(char c)`: si el carácter pasado es una letra, lo devuelve convertido a minúscula. En otro caso, devuelve el mismo.

```
char c1 = 'A', c2;
c2 = Character.toLowerCase(c1); //la variable c2 toma el valor 'a'
c2 = Character.toLowerCase('3'); //al no ser una letra, devuelve el
                                  //mismo valor pasado: '3'
```

- `char toUpperCase(char c)`: similar al anterior método, pero convierte el carácter, si es una letra, a mayúscula. En otro caso devuelve el mismo carácter.

```
char c1 = 'g';
char c2 = Character.toUpperCase(c1); //a c2 se le asigna el valor 'G'
```

6.3. Clase String

Las cadenas, conjuntos secuenciales de caracteres, se manipulan mediante la clase `String`, que funciona de forma dual. Por un lado, de manera general, tiene un funcionamiento no estático; pero a su vez, dispone de algunos métodos que sí lo son. Es posible definir variables de tipo `String` de la forma habitual:

```
String cad; //cad es una variable de tipo cadena
```

Una variable de tipo `String` almacenará una cadena de caracteres, que provendrá de la manipulación de otra cadena o de un literal. Un literal cadena consiste en un texto entre comillas dobles ("). Es posible utilizar cualquier carácter, incluidos los codificados mediante Unicode y las secuencias de escape. Algunos ejemplos de literal cadena son:

```
"Hola\n"
"En un lugar de la mancha"
"Un corazón: \u2661"
```

Los literales carácter y cadena se diferencian en el tipo de comillas utilizado; mientras 'a' es un carácter, "a" es una cadena que está compuesta por un único carácter.

Con una cadena de caracteres se pueden realizar multitud de operaciones. Algunas trabajan con la cadena como un todo y otras trabajan carácter a carácter.

6.3.1. Inicialización de cadenas

De forma análoga a como lo hacemos con la clase `Scanner`, podemos utilizar `new` para crear y asignar un valor a una variable de tipo `String`.

```
cad = new String("literal cadena");
```

Sin embargo, el uso de la clase `String` es tan habitual que Java permite una forma abreviada, funcionalmente idéntica a la anterior:

```
cad = "literal cadena";
```

Ambas formas son equivalentes. Por economía en la escritura del código, utilizaremos habitualmente la segunda forma de asignación.

Cuando queramos usar comillas (") dentro de un literal cadena, dado que es el carácter que inicia y finaliza un texto, disponemos de la secuencia de escape \". Un ejemplo:

```
String cad = "Mi perro \"Perico\" es de color blanco";
System.out.print(cad);
```

que muestra en pantalla: «Mi perro "Perico" es de color blanco».

Valores de otros tipos

A menudo necesitaremos representar un valor de un tipo primitivo en forma de cadena. Veamos un ejemplo: sea el valor entero 1234 (mil doscientos treinta y cuatro), que podemos representar como la cadena "1234", es decir, la cadena formada por el carácter '1', seguido del carácter '2', el '3' y finalizada con el carácter '4'. De igual manera, podemos representar el valor de cualquier tipo primitivo. El método estático que construye una cadena para representar un valor es:

- `static String valueOf(tipo valor)`: construye y devuelve una cadena con la representación del valor pasado como parámetro. Aquí `tipo` hace referencia a cualquier tipo primitivo. En realidad, el método `vauleOf()` es un método sobrecargado para cada tipo de dato primitivo. Veamos varios ejemplos:

```
String cad;
cad = String.valueOf(1234); //cad = "1234"
cad = String.valueOf(-12.34); //cad = "-12.34"
cad = String.valueOf('C'); //cad = "C"
cad = String.valueOf(false); //cad = "false"
```

Recuerda

No se debe confundir la cadena "1234", formada por cuatro caracteres, cada uno de los cuales ocupa 2 bytes, con el número entero 1234, que se codifica en 4 bytes.

Argot técnico

El método `valueOf()` de la clase `String`, en realidad, también admite objetos de clases que sean representables por medios de cadenas. Esto está vinculado con el método `toString()`, que veremos en la unidad sobre herencia.

6.3.2. Comparación

Los operadores de comparación disponibles para números y caracteres igual (`==`), menor que (`<`) y mayor que (`>`) no se encuentran disponibles directamente para comparar cadenas de caracteres, pero en su lugar disponemos de métodos de la clase `String` que realizan las comparaciones oportunas.

Argot técnico

La comparación de caracteres se realiza según su valor Unicode que, para letras, coincide con el orden alfabético. Por ejemplo, el carácter 'a' es menor alfabéticamente que el carácter 'b', es decir, la comparación 'a' < 'b' es cierta.

Igualdad

Un error común es comparar dos variables de tipo cadena utilizando el operador de comparación (`==`). Este operador no se puede utilizar con `String` debido a que es una clase y no un tipo primitivo. Por ello, para comparar cadenas usaremos:

- `boolean equals(String otra)`: compara la cadena que invoca el método con otra. El resultado de la comparación se indica devolviendo `true` o `false`, según sean iguales o distintas. Para que las cadenas se consideren iguales deben estar formadas por la misma secuencia de caracteres, distinguiendo mayúsculas de minúsculas. Veamos un ejemplo:

```
String cad1 = "Hola mundo";
String cad2 = "Hola mundo";
String cad3 = "Hola, buenos días"
boolean iguales;
iguales = cad1.equals(cad2); //iguales vale true
iguales = cad1.equals(cad3); //iguales vale false
```

Puede ocurrir que nos interese realizar una comparación, pero sin tener en cuenta las letras mayúsculas y minúsculas, que `equals()` considera distintas. Es decir, poder comparar la cadena «hola» con «HoLa» y que resulten iguales. Para ello, existe el siguiente método:

- `boolean equalsIgnoreCase(String otraCadena)`: funciona igual que `equals()` pero sin distinguir mayúsculas de minúsculas al realizar la comparación. Veamos un ejemplo:

```
String cad1 = "Hola mundo";
String cad2 = "HOLA Mundo";
boolean iguales;
iguales = cad1.equals(cad2); //false, no son iguales
iguales = cad1.equalsIgnoreCase(cad2); //true, sin atender a
                                        //mayúsculas/minúsculas son iguales
```

Los métodos vistos comparan la totalidad de dos cadenas, pero es posible comparar solo una región, o fragmento, de cada cadena. Para ello disponemos de:

- `boolean regionMatches(int inicio, String otraCad, int inicioOtra, int longitud)`: compara dos fragmentos de cadenas: el primero corresponde a la cadena invocante y comienza en el carácter con índice `inicio`; y el segundo corresponde a la cadena `otraCad` y comienza en el carácter con índice `inicioOtra`. Ambos fragmentos tendrán la longitud indicada. El método devuelve `true` o `false` para indicar si las regiones coinciden. Por ejemplo,

```
String cad = "Mi␣perro␣ladra␣mucho";
String otra = "Un␣bonito␣perro␣blanco";
boolean b = cad.regionMatches(3, otra, 10, 5) //cierto
```

compara las regiones "perro" (comienza en el índice 3) de `cad` y "perro" (comienza en el índice 10) de `otra`, ambas de longitud 5.

- `boolean regionMatches(boolean ignora, int ini, String otraCad, int iniOtra, int longitud)`: hace lo mismo que el método anterior con la diferencia de que si el valor del parámetro que ignora es `true`, la comprobación se realiza considerando iguales las mayúsculas y minúsculas.

Comparación alfabética

Otra forma de comparar dos cadenas es alfabéticamente, es decir, según el orden de un diccionario. Una cadena se considera alfabéticamente menor que otra si va antes en un diccionario. El orden lo marca la posición de las letras en el alfabeto. La comparación se lleva a cabo mirando el primer carácter distinto de cada cadena; si, por ejemplo, comparamos "mon**i**tor" y "mon**z**ón", la comparación se realiza mirando el cuarto carácter, con índice 3, de cada cadena, que es el primer carácter distinto. Si no hay un carácter distinto pero una cadena es más corta, esta es la menor. Por ejemplo, "monito" va antes que "monitor".

Recuerda

El orden de los caracteres los marca su valor Unicode, que para las letras coinciden con el orden alfabético. Las letras mayúsculas son anteriores a las minúsculas.

Los métodos disponibles para comparar cadenas alfabéticamente son:

- `int compareTo(String cadena)`: compara alfabéticamente la cadena invocante y la que se pasa como parámetro, devolviendo un entero cuyo valor determina el orden de las cadenas de la forma:
  - 0: si las cadenas comparadas son exactamente iguales.
  - negativo: si la cadena invocante es menor alfabéticamente que la cadena pasada como parámetro, es decir, va antes por orden alfabético.
  - positivo: si la cadena invocante es mayor alfabéticamente que la cadena pasada, es decir, va después.

```
String cad1 = "Alondra";
String cad2 = "Nutria";
```

```
String cad3 = "Zorro";
System.out.println(cad2.compareTo(cad1)) //valor mayor que 0
//"Nutria" está después que "Alondra" alfabéticamente
System.out.println(cad2.compareTo(cad3)) //valor menor que 0
//"Nutria" está antes que "Zorro" alfabéticamente
```

- `int compareToIgnoreCase(String cadena)`: realiza una comparación alfabética sin distinguir entre letras mayúsculas ni minúsculas.

6.3.3. Concatenación

El operador `+` sirve para unir o concatenar dos cadenas. Veamos su funcionamiento con un ejemplo:

```
String nombre = "Miguel";
String apellidos = "de␣Cervantes␣Saavedra";
String nombreCompleto = nombre + apellidos;
System.out.println(nombreCompleto); //"Miguelde Cervantes Saavedra"
```

La concatenación une dos cadenas, pero no inserta nada entre ellas. En nuestro ejemplo, el nombre está completamente pegado a los apellidos. Esto puede evitarse haciendo

```
String nombreCompleto = nombre + "␣" + apellidos;
System.out.println(nombreCompleto); //"Miguel de Cervantes Saavedra"
```

La conversión de datos de tipo primitivo a tipo `String` permite concatenarlos a una cadena. Esta conversión la realiza Java automáticamente y de forma transparente al programador. Veamos algunos ejemplos:

```
String a = "Resultado: " + 3; //a = "Resultado: 3"
String b = "Resultado: " + true; //b = "Resultado: true"
String c = "Resultado: " + 'a'; //c = "Resultado: a"
```

También es posible usar el operador `+=` para la concatenación de cadenas. Otra forma de concatenar cadenas, idéntica al operador `+`, es mediante el método `concat()`, aunque rara vez se usa.

6.3.4. Obtención de caracteres

Todos los caracteres que forman una cadena pueden ser identificados mediante la posición que ocupan, al igual que los elementos de una tabla. Cada carácter se numera con un índice único que comienza en 0. En la Tabla 6.3 se incluye un ejemplo con una cadena junto a los índices que identifican a cada carácter.

Tabla 6.3. Identificación de los caracteres que componen una cadena mediante su emplazamiento

L	l	a	m	a	d	m	e	␣	l	s	m	a	e	l
0	1	2	3	4	5	6	7	8	9	10	11	12	13	14

En la cadena de la Tabla 6.3, en la posición 2 encontramos el carácter 'a', en la posición 9 el carácter 'l' y en la posición 12, de nuevo, otro carácter 'a'.

Cuando hablamos de extraer uno o varios caracteres de una cadena nos referimos a obtener una copia del carácter o caracteres en cuestión, pero la cadena se mantiene intacta.

Obtención de un carácter

Para conocer qué carácter se encuentra en una posición determinada de una cadena disponemos de:

- `char charAt(int posicion)`: devuelve el carácter que ocupa el índice `posicion` en la cadena que invoca el método. Hay que tener mucha precaución con no utilizar una posición que se encuentre fuera de rango, ya que esto provocará un error y la terminación abrupta del programa. Veamos un ejemplo:

```
String frase = "Nació con el don de la risa";
System.out.println(frase.charAt(4)); //muestra el carácter 'ó'
char c = frase.charAt(30); //¡error! No existe la posición 30
```

Obtención de una subcadena

Una subcadena es un fragmento de una cadena, es decir, un subconjunto de caracteres contiguos de una cadena. En ocasiones puede ser interesante extraer de una cadena un fragmento. Por ejemplo, si tenemos el nombre y los apellidos de alguien, puede ser útil extraer solo los apellidos. Los métodos que llevan a cabo esto son:

- `String substring(int inicio)`: devuelve la subcadena formada desde la posición `inicio` hasta el final de la cadena. Lo que se devuelve es una copia y la cadena invocante no se modifica.

```
String cad1 = "Una mañana, al despertar de un sueño intranquilo";
String cad2 = cad1.substring(28); //cad2 vale "un sueño intranquilo"
```

- `String substring(int inicio, int fin)`: hace lo mismo que la anterior, devolviendo la subcadena comprendida entre los índices `inicio` y el anterior a `fin`.

```
String cad1 = "Una␣mañana,␣al␣despertar␣de␣un␣sueño␣intranquilo";
String cad2 = cad1.substring(15, 36); //cad2 = "despertar de un sueño"
```

Hay que notar que en `cad1` el carácter que ocupa el índice 36 es el espacio en blanco, que va justo antes de *intranquilo* y que este carácter no forma parte de la subcadena devuelta. Esta se forma con los caracteres que se encuentran desde el índice 15 hasta el carácter anterior al 36, es decir, el 35.

Argot técnico

Es una norma general en Java que, cuando se especifica un rango de índices mediante **inicio** y **fin,** el índice **inicio** esté incluido en el rango y el de **fin,** excluido. La razón es que así la longitud del rango puede calcularse restando: **fin – inicio.**

En ambos métodos ocurre que si utilizamos un índice que se encuentra fuera de rango, es decir, no corresponde a ningún carácter, se produce un error que termina la ejecución del programa.

A veces una cadena leída del teclado o de algún fichero viene acompañada de una serie de espacios en blanco ('␣') y tabuladores ('\t', que representaremos '└───┘') al comienzo o al final de la cadena. Para eliminar estos caracteres blancos,

- `String strip()`: devuelve una copia de la cadena eliminando los caracteres blancos del principio y del final. La cadena invocante no se modifica.

```
String cad1 = "␣␣␣Mi␣perro␣se␣llama␣Perico␣␣└───┘";
String cad2 = cad1.strip(); //cad2 vale "Mi perro se llama Perico"
```

Argot técnico

Tradicionalmente se ha usado el método `trim()` para esta operación, pero el resultado no es idéntico. Mientras `strip()` elimina los espacios blancos, `trim()` elimina todos los caracteres no imprimibles.

- `String stripLeading()`: igual que `strip()` pero solo elimina los espacios en blanco del principio.
- `String stripTrailing()`: solo elimina los espacios en blanco del final.

6.3.5. Longitud de una cadena

Como hemos visto, en ciertos métodos es necesario utilizar algunos índices para localizar los caracteres que forman una cadena. Para evitar el uso de un índice que se encuentre fuera de rango, existe:

- `int length()`: devuelve el número de caracteres (longitud) de una cadena. Una vez conocida la longitud, podemos usar, sin miedo a generar un error, cualquier índice comprendido entre 0 y el índice del último carácter, que es la longitud de la cadena menos 1.

```
int longitud;
String cad1 = "Hola", cad2 = "";
longitud = cad1.length(); //devuelve 4
longitud = cad2.length(); //devuelve 0
```

Actividad resuelta 6.2

Introducir por teclado dos frases e indicar cuál de ellas es la más corta, es decir, la que contiene menos caracteres.

Solución

```
import java.util.Scanner;
/* Leeremos dos cadenas (String), y compararemos sus longitudes.
 * Para obtener el tamaño utilizamos length(). */
```

```
public class Main {
   public static void main(String[] args) {
      Scanner sc = new Scanner(System.in);
      // leemos las dos frases
      System.out.println("Primera frase:");
      String frase1 = sc.nextLine();
      System.out.println("Segunda frase:");
      String frase2 = sc.nextLine();
      // calculamos la longitud de cada palabra
      int longFrase1 = frase1.length();
      int longFrase2 = frase2.length();
      // comparamos los tamaños
      if (longFrase1 == longFrase2) {
         System.out.println("Son de idéntica longitud");
      } else if (longFrase1 < longFrase2) {
         System.out.println(frase1 + " es más corta que " + frase2);
      } else {
         System.out.println(frase2 + " es más corta que " + frase1);
      }
   }
}
```

Actividad resuelta 6.3

Diseñar el juego «Acierta la contraseña». La mecánica del juego es la siguiente: el primer jugador introduce la contraseña; a continuación, el segundo jugador debe teclear palabras hasta que la acierte. Realizar dos versiones; en la primera se facilita el juego indicando si la palabra introducida es mayor o menor alfabéticamente que la contraseña. En la segunda, el programa mostrará la longitud de la contraseña y una cadena con los caracteres acertados en sus lugares respectivos y asteriscos en los no acertados.

Solución a)

```
import java.util.Scanner;
/* El método equals() nos dice si dos cadenas son iguales y el método compareTo()
 * especifica qué cadena es mayor o menor que la otra. */
public class Main {
   public static void main(String[] args) {
      Scanner sc = new Scanner(System.in);
      String passwd, palabra;
      System.out.print("Jugador 1. Introduzca la contraseña: ");
      passwd = sc.nextLine(); //leemos la contraseña
      do {
         System.out.print("Jugador 2. Palabra: ");
         palabra = sc.nextLine();
         int comparacion = passwd.compareTo(palabra); //comparamos alfabéticamente
         if (comparacion == 0) {
            System.out.println("¡Acertaste!"); //son iguales
         } else if (comparacion < 0) {
            System.out.println("La contraseña es menor que: " + palabra);
         } else {
            System.out.println("La contraseña es mayor que: " + palabra);
         }
      } while (!passwd.equals(palabra));
   }
}
```

Solución b)

```
import java.util.Scanner;
/* Las cadenas no se pueden comparar utilizando el operador ==, para
 * realizar comparaciones de cadenas disponemos de equals() y otros métodos. */
public class Main {
   public static void main(String[] args) {
      Scanner sc = new Scanner(System.in);
      String passwd, palabra;
      System.out.print("Jugador 1. Introduzca la contraseña: ");
      passwd = sc.nextLine(); //leemos la contraseña
      System.out.println("La contraseña tiene " + passwd.length() + " caracteres");
      System.out.print("Jugador 2. Palabra: ");
      palabra = sc.nextLine(); //leemos una palabra: primer intento
      while (!palabra.equals(passwd)) {//mientras no sean iguales seguimos jugando
         String pista = "";
         //si palabra tiene una longitud menor que la contraseña se producirá
         //un error en tiempo de ejecución. ¿Por qué?
         for (int i = 0; i < passwd.length(); i++) {
            if (passwd.charAt(i) == palabra.charAt(i)) { //si son iguales
               pista += passwd.charAt(i); //se añade el i-ésimo caracter a la pista
            } else {
               pista += '*'; //en otro caso, añadimos un *
            }
         }
         System.out.println(pista); //mostramos la pista
         System.out.print("Jugador 2. Introduzca palabra de nuevo: ");
         palabra = new Scanner(System.in).next(); //leemos otra palabra
      }
      System.out.println("¡Acertaste!"); //salir de while significa acertar
   }
}
```

Actividad resuelta 6.4

Diseñar una aplicación que pida al usuario que introduzca una frase por teclado e indique cuántos espacios en blanco tiene.

Solución

```
import java.util.Scanner;
/* Vamos a recorrer la cadena introducida por el usuario, comprobando carácter a
 * carácter si coincide con un espacio en blanco. */
public class Main {
   public static void main(String[] args) {
      Scanner sc = new Scanner(System.in);
      String frase;
      int numEspaciosBlanco = 0; //contador del número de espacios en blanco
      char c;
      System.out.print("Escriba una frase: ");
      frase = sc.nextLine();
      for (int i = 0; i < frase.length(); i++) {//recorremos del índice 0 a longitud -1
         c = frase.charAt(i); //vemos cual es el i-ésimo carácter
         if (Character.isSpaceChar(c)) { //es equivalente a: c == ' '
```

```
                numEspaciosBlanco++; //incrementamos
            }
        }
        System.out.println("Tiene: " + numEspaciosBlanco + " espacios en blanco");
    }
}
```

Actividad resuelta 6.5

Diseñar una función a la que se le pase una cadena de caracteres y la devuelva invertida. Un ejemplo, la cadena «Hola mundo» quedaría «odnum aloH».

Solución

```
import java.util.Scanner;
//Vamos a crear una función a la que se le pasa una cadena y la devuelve invertida.
public class Main {
    public static void main(String[] args) {
        Scanner sc = new Scanner(System.in);
        String antes, despues;
        System.out.print("Escriba una cadena: ");
        antes = sc.nextLine();
        despues = alReves(antes); //utilizamos la función
        System.out.println(despues); //mostramos
    }

// Vamos a recorrer la cadena original en el sentido de la escritura: de
// izquierda a derecha. Cada carácter se concatenará al principio de la
// cadena nueva. Con lo que conseguimos invertirla.
    static String alReves(String original) {
        String nueva = "";
        for (int i = 0; i < original.length(); i++) {
            nueva = original.charAt(i) + nueva; //concatenamos el carácter antes que
                                                //nueva
        }
        return nueva;
    }
}
```

6.3.6. Búsqueda

Dentro de una cadena, entre los caracteres que la forman, es posible buscar un carácter o una subcadena. Disponemos de métodos que realizan la búsqueda de izquierda a derecha, o en sentido contrario a partir de una posición dada. En cualquier caso, los métodos de búsqueda devuelven el índice donde se ha encontrado lo que se buscaba, o un –1 en caso contrario.

- `int indexOf(int c)`: busca la primera ocurrencia del carácter `c` en la cadena invocante empezando por el principio. Si lo encuentra, devuelve su índice, o –1 en caso contrario. Obsérvese que el carácter se pasa como un entero; esto no supone ningún problema gracias a la conversión automática entre el tipo `char` e `int`.

```
int pos;
String cad = "Mi␣perro␣se␣llama␣Perico";
pos = cad.indexOf('j'); //pos vale -1, no encontramos 'j' en cad
pos = cad.indexOf('e'); //pos vale 4, el índice de la primera 'e'
```

- `int indexOf(String cadena)`: sirve para buscar la primera ocurrencia de una cadena.

```
pos = cad.indexOf("hola"); //pos vale -1, no se encuentra "hola"
pos = cad.indexOf("perro"); //pos vale 3
```

Los métodos anteriores buscan desde el comienzo de la cadena, comenzando en la posición 0 y avanzando, pero es posible comenzar la búsqueda en otra posición.

- `int indexOf(int c, int inicio)`: busca la primera ocurrencia del carácter `c`, pero en lugar de comenzar a buscar en la posición 0, lo hace desde la posición `inicio` en adelante. Devuelve el índice del elemento buscado si lo encuentra o –1 en caso contrario.

```
int pos;
String cad = "Mi␣perro␣pequines␣se␣llama␣perico";
pos = cad.indexOf('s'); //devuelve 16
pos = cad.indexOf('s', 25); //devuelve -1, a partir de la
                            //posición 25 no se encuentra 's'
```

- `int indexOf(String cadena, int inicio)`: busca la primera ocurrencia de cadena a partir de la posición `inicio`:

```
pos = cad.indexOf("pe"); //devuelve 3
pos = cad.indexOf("pe", 4); //devuelve 9, la posición del primer
                            //"pe" a partir del índice 4
```

Los métodos anteriores realizan la búsqueda de izquierda a derecha, en el sentido de la escritura, pero es posible realizar la búsqueda empezando por el final:

- `int lastIndexOf(int c)`: devuelve el índice de la última ocurrencia de `c`, o –1 en el caso de que no se encuentre.

```
String cad = "su␣perro␣pequines␣se␣llama␣perico";
int pos = cad.lastIndexOf('s'); //devuelve 18. Busca 's' desde el final
```

- `int lastIndexOf(String cadena)`: funciona igual que el anterior, pero buscando la última ocurrencia de cadena. Un ejemplo:

```
pos = cad.lastIndexOf("pe"); //devuelve 27
```

El método `lastIndexOf()` está sobrecargado para buscar a partir de una posición cualquiera. En este caso, la búsqueda comienza en la posición indicada, de derecha a izquierda.

- `int lastIndexOf(int c, int inicio)`: la búsqueda se realiza desde el final al inicio de la cadena, comenzando en la posición `inicio`.
- `int lastIndexOf(String cadena, int inicio)`: devuelve la posición de `cadena` en la cadena invocante, comenzando en el índice inicio y buscando desde el final hacia el principio. En caso de no encontrar nada, devuelve –1.

Actividad resuelta 6.6

Escribir un programa que pida el nombre completo al usuario y lo muestre sin vocales (mayúsculas, minúsculas y acentuadas). Por ejemplo, "Álvaro Pérez" se mostrará «lvr Prz».

Solución

```
import java.util.Scanner;
/* La idea es recorrer el nombre, carácter a carácter, comprobando si es una
 * vocal. En el caso de que no sea una vocal concatenaremos el carácter al final de
 * una segunda cadena, que llamaremos sinVocales. Para comprobar si un carácter
 * es una vocal crearemos la función: esVocal() */
public class Main {
   public static void main(String[] args) {
      Scanner sc = new Scanner(System.in);
      String nombre, sinVocales = "";
      char c;
      System.out.print("Escriba su nombre completo: ");
      nombre = sc.nextLine();
      for (int i = 0; i < nombre.length(); i++) {//recorremos la tabla
         c = nombre.charAt(i);
         if (!esVocal(c)) {
            sinVocales = sinVocales + c;
         }
      }
      System.out.println(sinVocales);
   }

   static boolean esVocal(char c) {
      boolean result; //resultado de la comprobación
      String vocales = "aeiouáéíóúü"; //cadena con todas las vocales posibles
      //en minúsculas
      c = Character.toLowerCase(c); //convertimos c en minúsculas
      if (vocales.indexOf(c) == -1) { //buscamos c en la cadena vocales
         result = false; //si no se encuentra es que no es una vocal
      } else {
         result = true; //en caso contrario: es una vocal
      }
   return result;
   }
}
```

Actividad resuelta 6.7

Diseñar un programa que solicite al usuario una frase y una palabra. A continuación buscará cuántas veces aparece la palabra en la frase.

Solución

```
import java.util.Scanner;
/* Buscamos la palabra en la frase usando el método indexOf(), una vez encontrada
 * la primera ocurrencia (en el índice pos) seguiremos buscando, a partir de
 * pos, por si existe otra ocurrencia. Y así sucesivamente hasta que no
 * encontremos más (pos será -1). */
```

```
public class Main {
   public static void main(String[] args) {
      Scanner sc = new Scanner(System.in);
      String frase, palabra;
      int veces = 0, pos; //variables contador y posición
      System.out.print("Introduzca una frase: ");
      frase = sc.nextLine();//lee cualquier carácter hasta pulsar Intro
      System.out.print("Introduzca una palabra: ");
      palabra = sc.next();//solo lee una palabra: sin espacios
      pos = frase.indexOf(palabra); //buscamos la primera ocurrencia
      while (pos != -1) { //mientras pos no sea -1, no hemos encontrado la palabra
         veces++; //si hemos encontrado una ocurrencia, incrementamos veces
         pos = frase.indexOf(palabra, pos + 1); //volvemos a buscar a partir de la
         //posición siguiente a pos, por si encontramos otra ocurrencia de palabra
      }
      //cuando salimos del bucle es que ya no existen más ocurrencias
      if (veces == 0) { //no hemos encontrado la palabra en la frase
         System.out.println("\"" + palabra + "\" no se encuentra en la frase");
      } else {
         System.out.println("\"" + palabra + "\" está " + veces + " veces");
      }
   }
}
```

6.3.7. Comprobaciones

Es posible realizar ciertas comprobaciones con una cadena de caracteres, como por ejemplo si está vacía, si contiene cierta subcadena, si comienza con un determinado prefijo o si termina con un sufijo dado, entre otras. Por regla general, los métodos que realizan estas comprobaciones devuelven un booleano que indica el éxito o el fracaso de la consulta.

Cadena vacía

Una cadena vacía es aquella que no está formada por ningún carácter, y se representa mediante `""` (comillas dobles seguidas de otras comillas dobles). No contiene ningún carácter, es decir, su longitud es 0. Para asignar la cadena vacía a una variable,

```
String cad = "";
```

Si mostramos una cadena vacía, no aparecerá nada en pantalla. Una operación frecuente es inicializar una variable con la cadena vacía para ir concatenándole otras cadenas. El método para comprobar si una variable contiene la cadena vacía es:

- `boolean isEmpty()`: indica mediante un booleano `true`, si la cadena está vacía, o `false` en caso contrario. Un ejemplo:

```
String cad1 = "", cad2 = "Hola...";
cad1.isEmpty(); //true
cad2.isEmpty(); //false
```

Contiene

Si necesitamos comprobar si una cadena contiene otra subcadena,

- `boolean contains(CharSequence subcadena)`: devuelve `true` si en la cadena invocante se encuentra `subcadena` en cualquier posición. Hay que notar que el parámetro de entrada que se le pasa al método es un objeto `CharSequence`, pero podemos utilizar el método directamente con `String`. Veamos un ejemplo:

```
String frase = "En un lugar de la Mancha";
String palabra = "lugar";
System.out.println(frase.contains(palabra)); //muestra true
System.out.println(frase.contains("silla")); //muestra false
```

Argot técnico

`CharSequence` es una interfaz implementada por la clase `String`. Para entender mejor estos conceptos debemos esperar a estudiar la unidad sobre interfaces.

Prefijos y sufijos

Los prefijos y sufijos no son más que subcadenas que van al principio o al final de una cadena respectivamente. Un ejemplo de prefijo en Java para la palabra *programación* es *prog*. En las cadenas de caracteres podemos comprobar si comienzan o terminan con un prefijo o sufijo dado. Para ello disponemos de los siguientes métodos:

- `boolean startsWith(String prefijo)`: comprueba si la cadena que invoca el método comienza con la cadena `prefijo` que se pasa como parámetro.

```
String frase = "Hola mundo...";
boolean empieza = frase.startsWith("Hol"); //true, frase comienza por "Hol"
empieza = frase.startsWith("mun"); //false, frase no comienza por "mun"
```

- `boolean startsWith(String prefijo, int inicio)`: hace lo mismo que el método anterior, comenzando la comprobación en la posición `inicio`. Dicho de otra forma, para realizar la comprobación ignora los caracteres desde el principio de la cadena hasta una posición anterior a `inicio`.

```
String frase = "Hola mundo...", prefijo1 = "Hol", prefijo2 = "mun";
empieza = frase.startsWith(prefijo1, 5);//false
   // "Hola mundo..." eliminando los caracteres del 0 al 4: "Hola mundo..."
   // "Hola mundo..." no empieza por "Hol"
empieza = frase.startsWith(prefijo2, 5);//true
   // "Hola mundo..." comienza por "mun"
```

- `boolean endsWith(String sufijo)`: indica si la cadena termina con el sufijo que le pasamos como parámetro.

```
String frase = "Hola mundo";
b = frase.endsWith("De"); //falso, evidentemente frase no termina en "De"
b = frase.endsWith("undo"); //cierto, frase finaliza con "undo"
```

Actividad resuelta 6.8

Los habitantes de Javalandia tienen un idioma algo extraño; cuando hablan siempre comienzan sus frases con «Javalín, javalón», para después hacer una pausa más o menos larga (la pausa se representa mediante espacios en blanco o tabuladores) y a continuación expresan el mensaje. Existe un dialecto que no comienza sus frases con la muletilla anterior, pero siempre las terminan con un silencio, más o menos prolongado y la coletilla «javalén, len, len». Se pide diseñar un traductor que, en primer lugar, nos diga si la frase introducida está escrita en el idioma de Javalandia (en cualquiera de sus dialectos), y en caso afirmativo, nos muestre solo el mensaje sin muletillas.

Solución

```
import java.util.Scanner;
/* Para ver si la frase está escrita en javalandés, miramos si empieza o termina por
* el prefijo o el sufijo de sus dialectos. Para ello, usamos los métodos startsWith()
* y endsWith() de la clase String. Para extraer el mensaje, utilizamos dos versiones
* sobrecargadas de substring() */
public class Main {
   public static void main(String[] args) {
      final String prefijo = "Javalín, javalón"; //constantes con el comienzo y la
      final String sufijo = "javalén, len, len"; //terminación en javalandés
      Scanner sc = new Scanner(System.in);
      System.out.print("Escriba una frase: ");
      String entrada = sc.nextLine();//texto de entrada al traductor
      boolean idiomaJavalandia = false; //suponemos que entrada no está javalandés
      //Vamos a comprobar si el texto de entrada empieza o termina con alguna
      // muletilla
      if (entrada.startsWith(prefijo)) { //si la frase comienza con prefijo
         idiomaJavalandia = true; //el idioma es javalandés
         entrada = entrada.substring(prefijo.length()); //quitamos el prefijo
         //nos quedamos con los carácteres de entrada a partir del siguiente al
         // prefijo
      } else if (entrada.endsWith(sufijo)) { //si la entrada termina con sufijo
         idiomaJavalandia = true; //es javalandés
        entrada = entrada.substring(0, entrada.length() - sufijo.length()); //quitamos
         //el sufijo. Nos interesa desde el primer carácter de la entrada (0)
         //hasta el caracter antes del sufijo
      }
      if (idiomaJavalandia) {
         entrada = entrada.strip(); // quitamos los espacios antes y después
         System.out.println(entrada); //mostramos
      } else {
         System.out.println("No está escrito en el idioma de Javalandia");
      }
   }
}
```

6.3.8. Conversión

Una cadena puede transformarse sustituyendo todas las letras que la componen a minúsculas o a mayúsculas, lo que resulta útil a la hora de procesar, por ejemplo, valores que provienen de un formulario y que cada usuario puede escribir de una forma u otra.

Por homogeneidad se suele trabajar con todos los valores convertidos a un solo tipo de letra. Para realizar esta operación disponemos de:

- `String toLowerCase()`: devuelve una copia de la cadena donde se han convertido todas las letras a minúsculas.
- `String toUpperCase()`: similar al método `toLowerCase()`, convierte todas las letras a mayúsculas.

  Veamos un ejemplo de los dos métodos:

```
String frase = "Mi PeRrO: sE lLaMa PeRiCo23.";
String copia;
copia = frase.toLowerCase(); //"mi perro: se llama perico23."
copia = frase.toUpperCase(); //"MI PERRO: SE LLAMA PERICO23."
```

  Solo se convierten las letras; el resto de caracteres se mantiene igual.

Actividad resuelta 6.9

Introducir por teclado una frase palabra a palabra, y mostrar la frase completa separando las palabras introducidas con espacios en blanco. Terminar de leer la frase cuando alguna de las palabras introducidas sea la cadena «fin» escrita con cualquier combinación de mayúsculas y minúsculas. La cadena «fin» no aparecerá en la frase final.

Solución

```
import java.util.Scanner;
/* Vamos a leer una serie de palabras que iremos concatenando. Hay que comprobar
 * cada palabra leída por si coincide con alguna combinación de mayúsculas/
 * minúsculas de la cadena "fin" */
public class Main {
   public static void main(String[] args) {
      Scanner sc = new Scanner(System.in);
      String frase = "", palabra; //frase debe inicializarse con la cadena vacía
      //ya que vamos a concatenarle otra cadena.
      //leemos la primera palabra fuera del bucle por si es "fin"
      System.out.print("Escriba una palabra: ");
      palabra = sc.next(); //solo leemos una palabra
      while (!palabra.toLowerCase().equals("fin")) {
         frase = frase + " " + palabra; //concatenamos la palabra al final de la
         //frase, con un espacio en blanco. La primera vez, frase está
         //inicializada con la cadena vacía. Si no, produciría un error.
         System.out.print("Escriba una palabra: ");
         palabra = sc.next();
      }
      //Sea cual sea la combinación de mayúsculas/minúsculas de palabra, la
      //convertimos a minúscula para compararla con "fin". Se podría convertir a
      //mayúsculas y comparar con "FIN"
      System.out.println(frase); //mostramos el resultado
   }
}
```

Actividad resuelta 6.10

Realizar un programa que lea una frase del teclado y nos indique si es palíndroma, es decir, que la frase sea igual leyendo de izquierda a derecha, que de derecha a izquierda, sin tener en cuenta los espacios. Un ejemplo de frase palíndroma es: «Dábale arroz a la zorra el abad».

Las vocales con tilde hacen que los algoritmos consideren una frase palíndroma como si no lo fuese. Por esto, supondremos que el usuario introduce la frase sin tildes.

Solución

```
import java.util.Scanner;
/* La frase "Dabale arroz a la zorra el abad" es palíndroma si no tenemos encuentra
 * los espacios en blanco. Por lo tanto, lo primero que tenemos que hacer, es eliminarlos.
 * A continuación, vamos a construir la frase invertida. Si ambas, original e
 * invertida, coinciden es porque la frase original es palíndroma.
 * Nota: escribiremos las frases sin vocales acentuadas. */
public class Main {
   public static void main(String[] args) {
      Scanner sc = new Scanner(System.in);
      String frase, sinEspacios, invertida;
      System.out.print("Introduzca una frase: ");
      frase = sc.nextLine();
      frase = frase.toLowerCase(); //trabajaremos con las letras en minúsculas
      sinEspacios = eliminaEspacios(frase);//devuelve una cadena sin espacios
      invertida = alReves(sinEspacios); //definida en la Act. Resuelta 6.5
      if (sinEspacios.equals(invertida)) {
         System.out.println("La frase es palíndroma");
      } else {
         System.out.println("La frase no es palíndroma");
      }
   }

   //La función construye y devuelve una cadena idéntica a la pasada, con la
   //diferencia que se han eliminado todos los espacios en blanco
   static String eliminaEspacios(String cadena) {
      String sin = "";
      for (int i = 0; i < cadena.length(); i++) { //recorremos la cadena
         char c = cadena.charAt(i); //miramos el carácter en la i-ésima posición
         if (!Character.isWhitespace(c)) { //si no es un carácter blanco
            sin = sin + c; //construimos la cadena sin con c (que no es un blanco)
         }
      }
      return sin;
   }

   static String alReves(String original) {
      ... //implementada en la Actividad Resuelta 6.5
   }
}
```

El método `replace()` permite sustituir todas las ocurrencias de un carácter de una cadena por otro que se pasa como parámetro.

- `String replace(char original, char otro)`: devuelve una copia de la cadena invocante donde se han sustituido todas las ocurrencias del carácter original por otro. Un ejemplo:

```
String frase = "Hola mundo";
frase = frase.replace('o', '\u2661') //"H♡la mund♡"
//recordamos que el code point 2661 identifica el carácter ♡
```

- `String replace(CharSequence original, CharSequence otra)`: cambia todas las ocurrencias de la cadena `original` por la cadena `otra`.

6.3.9. Separación en partes

Una cadena se puede descomponer en partes si definimos un separador. Por ejemplo, podemos descomponer la frase: «En un lugar de La Mancha», formada por seis palabras separadas por espacios, en una tabla de seis elementos de tipo `String`. Para ello utilizaremos el siguiente método:

- `String[] split(String separador)`: devuelve las subcadenas resultantes de dividir la cadena invocante con el separador pasado como parámetro. La subcadenas resultantes de la división se devuelven como una tabla de `String`.

  En nuestro ejemplo, escribiríamos:

```
String frase = "En␣un␣lugar␣de␣La␣Mancha";
String[] palabras = frase.split("␣"); //separador: espacio en blanco
```

  La tabla `palabras` tiene una longitud de 6 y sus elementos son: «En», «un», «lugar», «de», «La», «Mancha». Es decir,

```
palabras = ["En", "un", "lugar", "de", "La", "Mancha"]
```

Argot técnico

En realidad, el separador que utiliza `split()` es una expresión regular. Las expresiones regulares son complejas y se salen del objetivo de este libro. Baste decir aquí que podemos usar cualquier cadena de caracteres como separador, siempre que no contengan determinados caracteres especiales, como el punto (.), +, *, $ o ?, ya que estos se usan como cuantificadores en la sintaxis de las expresiones regulares.

6.4. Cadenas y tablas de caracteres

Existe una innegable relación entre las cadenas, clase `String`, y las tablas de caracteres, `char[]`, hasta el punto de que en algunos lenguajes de programación no existe el tipo cadena, sino tablas de caracteres. En Java, ambas, cadenas y tablas de caracteres, pueden convertirse sin problema unas en otras. En aquellas ocasiones en que interese manipular o cambiar de lugar los caracteres dentro de una cadena, resulta más cómodo trabajar con una tabla, cuyo acceso a los elementos es directo. Además, las cadenas en Java no se pueden modificar una vez creadas. Cuando modificamos una cadena lo que ocurre es que se crea una cadena nueva donde se incluyen las modificaciones. Afortunadamente, este proceso es transparente al programador.

El método que crea una tabla de caracteres tomando como base una cadena es:

- `char[] toCharArray()`: crea y devuelve una tabla de caracteres con el contenido de la cadena desde la que se invoca, a razón de un carácter en cada elemento.

```
String frase = "Hola␣mundo";
char letras[];
letras = frase.toCharArray();
//la tabla letras contiene ['H','o','l','a','␣','m','u','n','d','o']
```

Tabla 6.4. Ejemplo de relación entre String y char[]

Tipo	Descripción	Ejemplo
String	Cadena de caracteres	"Hola mundo"
char[]	Tabla de caracteres	'H' 'o' 'l' 'a' '␣' 'm' 'u' 'n' 'd' 'o'

El método que realiza el proceso inverso, crear una cadena tomando como base una tabla de caracteres, es:

- `static String valueOf(char[] tabla)`: devuelve un `String` con el contenido de la tabla de caracteres.

```
String cad;
char c[] = {'H', 'o', 'l', 'a'};
cad = String.valueOf(c); //cad vale "Hola"
```

En ocasiones, puede ser interesante obtener una cadena, pero no de una tabla de caracteres al completo, sino de un subconjunto de elementos de la tabla. Al siguiente método se le pasa la posición del primer índice que nos interesa y el número de caracteres que queremos utilizar.

- `static String valueOf(char[] t, int inicio, int cuantos)`: funciona de forma similar al método anterior, con la diferencia de que devuelve la cadena formada por un subconjunto de caracteres consecutivos de la tabla `t`. El parámetro `inicio` es el índice del primer elemento de la tabla que nos interesa y `cuantos` determina el número de caracteres que compondrán la cadena. Veamos cómo funciona:

```
String cad;
char c[] = {'a', 'b', 'c', 'd', 'e', 'f', 'g'};
cad = String.valueOf(c, 2, 4}; //cad vale "cdef"
```

Actividad resuelta 6.11

Se dispone de la siguiente relación de letras:

conjunto 1:	e	i	k	m	p	q	r	s	t	u	v
conjunto 2:	p	v	i	u	m	t	e	r	k	q	s

Con ella es posible codificar un texto, convirtiendo cada letra del conjunto 1 en su correspondiente del conjunto 2. El resto de las letras no se modifican. Los conjuntos se utilizan tanto para codificar mayúsculas como minúsculas, mostrando siempre la codificación en minúsculas.

Un ejemplo: la palabra «PaquiTo» se codifica como «matqvko».

Realizar un programa que codifique un texto. Para ello implementar la siguiente función:

```
char codifica(char conjunto1[],char conjunto2[], char c)
```

que devuelve el carácter `c` codificado según los conjuntos 1 y 2 que se le pasan.

Solución

```
import java.util.Scanner;
/* En primer lugar vamos a convertir el texto introducido a minúsculas, para que los
 * alfabetos conjunto 1 y 2 sirvan para las letras mayúsculas y minúsculas.
 * El procedimiento a seguir será recorrer y codificar el texto introducido,
 * carácter a carácter. La codificación se almacenará en una tabla, que nos
 * permite asignar valores (caracteres) a cada uno de sus elementos. */
public class Main {
   public static void main(String[] args) {
      Scanner sc = new Scanner(System.in);
      final char conjunto1[] = {'e', 'i', 'k', 'm', 'p', 'q', 'r', 's', 't', 'u', 'v'};
      final char conjunto2[] = {'p', 'v', 'i', 'u', 'm', 't', 'e', 'r', 'k', 'q', 's'};
      char codificado[]; //tabla que contendrá la codificación del texto introducido
      String texto;
      System.out.print("Introduzca un texto a codificar: ");
      texto = sc.nextLine();
      texto = texto.toLowerCase(); //convertimos el texto a minúscula, para poder
      //codificar las mayúsculas y las minúsculas con el mismo conjunto.
      codificado = new char[texto.length()];//creamos una tabla de igual tamaño
                                            //que texto
      for (int i = 0; i < texto.length(); i++) { // recorremos el texto a codificar
         //codificamos el i-ésimo carácter del texto
         codificado[i] = codifica(conjunto1, conjunto2, texto.charAt(i));
      }
      texto = String.valueOf(codificado); //convertimos la tabla con la codificación
      //en una cadena
      System.out.println(texto);
   }

   //Esta función codifica el carácter c según los alfabetos conjunto 1 y 2.
   //Buscamos el carácter c en conjunto1. Si se encuentra en la posición pos,
   //se devuelve el carácter equivalente en el segundo conjunto: conjunto2[pos].
   //En caso de no encontrar c en conjunto 1 se devuelve c sin codificar.
   static char codifica(char conjunto1[], char conjunto2[], char c) {
      final String conj1 = String.valueOf(conjunto1); //conj1 es un String con los
      //elementos de la tabla conjunto1. Facilita la búsqueda.
      char codificado; //carácter codificado correspondiente a c
      int pos = conj1.indexOf(c); //buscamos c en el conjunto 1. Al ser conj1 una
      // cadena, indexOf() busca por nosotros. En otro caso, tendríamos que
      // buscar mediante un bucle un elemento en una tabla
      if (pos == -1) { //si no hemos encontrado c en conj1
```

```
            codificado = c; //no podemos codificar, devolveremos c
        } else {
            codificado = conjunto2[pos]; //pos marca la posición de c en conjunto1
            //entonces elegimos el correspondiente en conjunto2
        }
        return codificado;
    }
}
```

Actividad resuelta 6.12

Un anagrama es una palabra que resulta del cambio del orden de los caracteres de otra. Ejemplos de anagramas para la palabra *roma* son: *amor, ramo* o *mora*. Construir un programa que solicite al usuario dos palabras e indique si son anagramas una de otra.

Solución

```
import java.util.*;
/* El algoritmo que comprueba si cada letra de la palabra 1 se encuentra en la
 * palabra 2, y lo que es más importante, comprobar que cada letra, tanto de la
 * palabra 1 como de la 2 solo se utilizan una vez. Esto último puede ser algo
 * más laborioso de escribir.
 * Vamos a buscar una propiedad de los anagramas que nos facilite el trabajo.
 * Para que dos palabras sean anagramas tienen que tener la misma longitud y las
 * mismas letras el mismo número de veces. Lo que haremos es ordenar las letras
 * de cada palabra y comprobar si son iguales. Un ejemplo: (sin vocales acentuadas)
 * "esponja" -> ordenamos las letras: "aejnops" -> son iguales
 * "japones" -> ordenamos las letras: "aejnops" -> son iguales */
public class Main {
    public static void main(String[] args) {
        String palabra1, palabra2;
        System.out.println("Escriba una palabra: ");
        palabra1 = new Scanner(System.in).next(); //solo lee una palabra
        palabra1 = palabra1.toLowerCase(); //convertimos a minúsculas
        System.out.println("Escriba otra: ");
        palabra2 = new Scanner(System.in).nextLine();
        palabra2 = palabra2.toLowerCase(); //convertimos a minúsculas
        if (palabra1.length() != palabra2.length()) {//si son de distintos tamaño
            System.out.println("No son anagramas"); //no pueden ser anagramas
        } else {
            char p1[] = palabra1.toCharArray(); //es más fácil ordenar una tabla
            char p2[] = palabra2.toCharArray(); //convertimos las palabras a tablas
            Arrays.sort(p1); //ordenamos ambas tablas
            Arrays.sort(p2);
            if (Arrays.equals(p1,p2)) {//si las tablas son iguales: tienen las
                                      //mismas letras
                System.out.println("Son anagramas"); //son anagramas
            } else {
                System.out.println("No son anagramas");
            }
        }
    }
}
```

Actividad resuelta 6.13

Diseñar un algoritmo que lea del teclado una frase e indique, para cada letra que aparece en la frase, cuántas veces se repite. Se consideran iguales las letras mayúsculas y las minúsculas para realizar la cuenta. Un ejemplo sería:

```
Frase: En un lugar de La Mancha.
Resultado:
a: 4 veces
c: 1 vez
d: 1 vez
e: 2 veces
      ...
```

Solución

```
import java.util.Scanner;
/* Vamos a utilizar una tabla de contadores (numVeces) donde cada elemento de la tabla
 * corresponde a una letra y donde se almacena el número de veces que aparece en la frase
 * dicha letra. numVeces tendrá tantos elementos como letras tiene el alfabeto, es decir,
 * 'z'-'a'+1 elementos. Las letras del abecedario tienen valores Unicode correlativos.
 * A un carácter cualquiera c, le corresponde el elemento de la tabla con posición c-'a':
 * numVeces[c-'a'], se incrementa cada vez que haya una ocurrencia de c en la frase. */
public class Main {
   public static void main(String[] args) {
      Scanner sc = new Scanner(System.in);
      String frase;
      int[] numVeces; //contador de las ocurrencias de cada letra
      System.out.print("Introduzca una frase: ");
      frase = sc.nextLine();
      //para contabilizar también las mayúsculas pasamos todo a minúsculas
      frase = frase.toLowerCase();
      // Cada posición de numVeces guardará el número de ocurrencias de una letra.
      // numVeces[0] para la 'a', numVeces[1] para la 'b', numVeces[2] para la 'c'...
      numVeces = new int['z' - 'a' + 1];//tantas componentes como letras.
      //La tabla se crea con todos los elementos inicializados a 0
      for (int i = 0; i < frase.length(); i++) { //recorre la frase carácter a carácter
         if (Character.isLetter(frase.charAt(i))) { //si el i-ésimo carácter es una letra
            numVeces[frase.charAt(i) - 'a']++; //incrementamos el contador de esa letra
         }
      }
      for (int i = 0; i < 'z' - 'a' + 1; i++) { //mostramos numVeces
         if (numVeces[i] != 0) { //solo las letras que aparecen en frase
            System.out.println("La letra " + (char) (i + 'a') +
                               " se repite " + numVeces[i] + " veces");
         }
      }
   }
}
```

Actividad resuelta 6.14

Implementar el juego del anagrama, que consiste en que un jugador escribe una palabra y la aplicación muestra un anagrama (cambio del orden de los caracteres) generado al azar. A continuación, otro jugador tiene que acertar cuál es el texto original. La aplicación no debe permitir que el texto introducido por el jugador 1 sea la cadena vacía. Por ejemplo, si el jugador 1 escribe «teclado», la aplicación muestra como pista un anagrama al azar, como por ejemplo: «etcloda».

Solución

```
import java.util.Scanner;
public class Main {

   public static void main(String[] args) {
      String original; //texto original que introduce el jugador 1
      String intento; //intento de acertar la palabra original del jugador 2
       do {
          System.out.print("Jugador 1. Introduzca una palabra: ");
          original = new Scanner(System.in).next();
      } while (original.isEmpty());

      String anagrama = creaAnagrama(original);
      System.out.println("A qué palabra correspondo el anagrama: " + anagrama);
      do {
         System.out.println("Jugador 2. ¿Cuál es el original? ");
         intento = new Scanner(System.in).next();
      } while (!original.equals(intento)); //mientras no acierte el texto original
      System.out.println("Muy bien..."); //si salimos del bucle es que ha acertado
   }

   /* La función creaAnagrama() crea y devuelve un anagrama del texto original
    * pasado como parámetro. El algoritmo para construir el anagrama es:
    * 1. Convertir el String original en una tabla, que es más cómoda para
    *    intercambiar caracteres.
    * 2. Elegir dos caracteres (sus índices) al azar e intercambiarlos.
    * 3. Repetir el punto 2. Cuanta más veces se repita, mayor es el desorden.
    * Repetiremos tantas veces como la longitud del texto original. */
   static String creaAnagrama(String original) {
      char anagrama[] = original.toCharArray(); //una tabla es más cómoda para modificar

      //realizamos un intercambio al azar por cada carácter que forma el texto
      for (int numCambios = 0; numCambios < anagrama.length; numCambios++) {
         int i = (int) (Math.random() * anagrama.length); //índice al azar
         int j = (int) (Math.random() * anagrama.length); //índice al azar
         char aux = anagrama[i]; //intercambiamos anagrama[i] y anagrama[j]
         anagrama[i] = anagrama[j];
         anagrama[j] = aux;
      }
      return String.valueOf(anagrama); //devolvemos un String a partir la tabla
   }
}
```

Actividad resuelta 6.15

Modificar la Actividad resuelta 6.14 para que el programa indique al jugador 2 cuántas letras coinciden (son iguales y están en la misma posición) entre el texto introducido por él y el original.

Solución

```
import java.util.Scanner;
public class Main {

   public static void main(String[] args) {
      ... //código idéntico a la Actividad Resuelta 6.14
      //solo se modifica el bucle do-while:
      do {
         System.out.println("Jugador 2. ¿Cuál es el original? ");
         intento = new Scanner(System.in).next();
         System.out.println("Letras correctas: " + letrasCorrectas(original, intento));
      } while (!original.equals(intento)); //mientras no acierte el texto original
      System.out.println("Muy bien..."); //si salimos del bucle es que ha acertado
   }

   //Comprueba cuántas letras coinciden (son iguales y ocupan la misma posición)
   //entre las dos cadenas pasadas como parámetros.
   static int letrasCorrectas(String a, String b) {
      int longitudMinima = Math.min(a.length(), b.length());
      //usamos la longitud mínima de ambas cadenas para evitar extraer caracteres de más
      int contadorLetrasCorrectas = 0;
      for (int i = 0; i < longitudMinima; i++) {
         if (a.charAt(i) == b.charAt(i)) {
            contadorLetrasCorrectas++;
         }
      }
      return contadorLetrasCorrectas;
   }

   static String creaAnagrama(String original) {
      ... //implementación en la Actividad Resuelta 6.14

   }
}
```

MAPA CONCEPTUAL

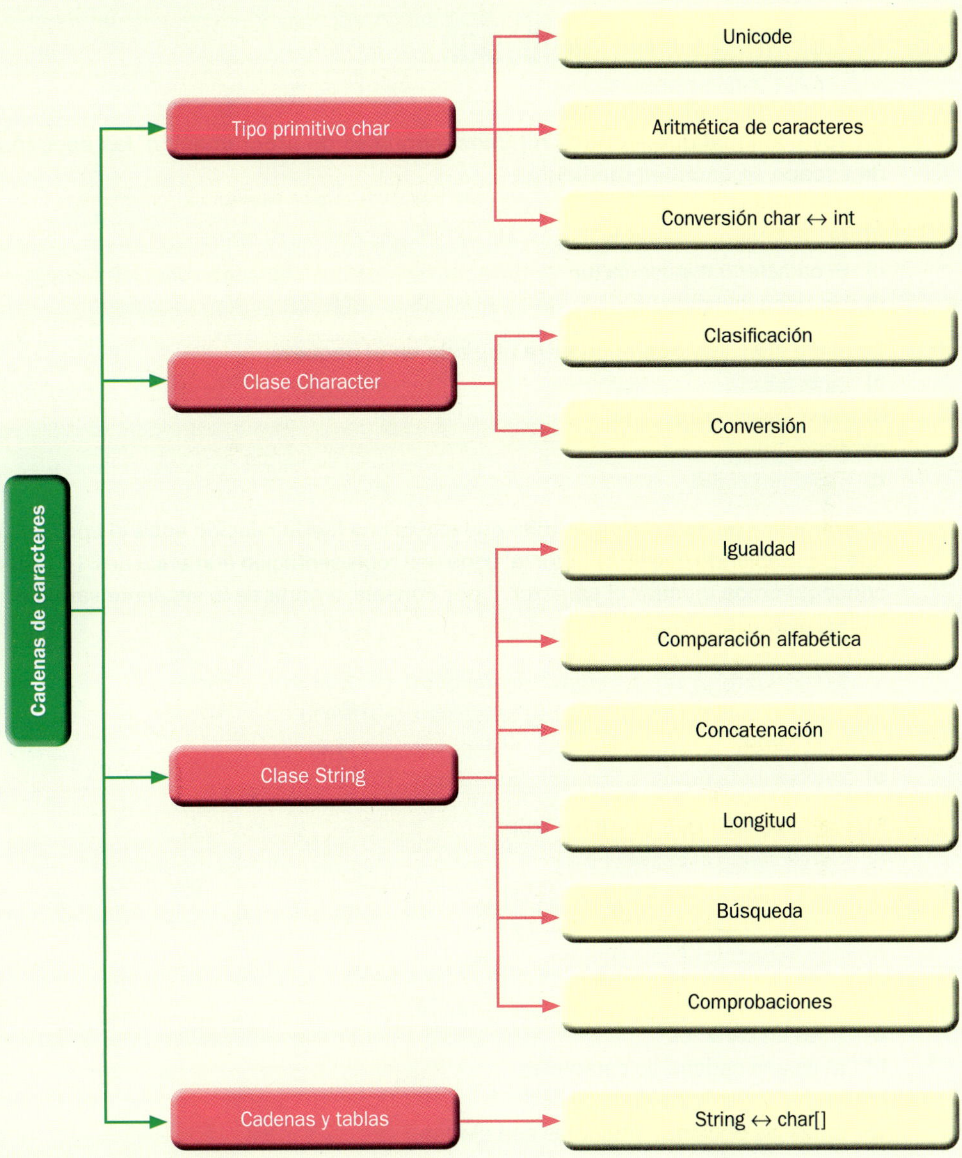

Actividades de comprobación

6.1. **En Java, al igual que en otros muchos lenguajes de programación, las secuencias de escape se escriben mediante:**

a) Dos puntos (:).
b) El carácter *u* mayúscula (U).
c) El carácter *u* minúscula (u).
d) Un barra invertida (\).

6.2. **La clase `Character` se encuentra ubicada en el paquete:**

a) `java.util.`
b) `java.character.`
c) `java.lang.`
d) `java.unicode.`

6.3. **La aritmética de caracteres permite que exista una fuerte relación entre el tipo `char` y el tipo `int`. Sabiendo que el carácter 'a' tiene una representación numérica de 61_{hex}, ¿cómo conseguiremos mostrar el carácter 'i' por consola, a partir de la siguiente variable?**

```
int codepoint = 0x61;
```

a) `System.out.println((char)(codepoint + '8'));`
b) `System.out.println((char)(codepoint - '8'));`
c) `System.out.println((char)(codepoint - 8));`
d) `System.out.println((char)(codepoint + 8));`

6.4. **Marca la opción que devuelve true:**

a) `Character.isLetter('2');`
b) `Character.isUpperCase('2');`
c) `Character.isLowerCase('2');`
d) `Character.isLetterOrDigit('2');`

6.5. **Señala qué opción es cierta:**

a) 'a' es un carácter.
b) 'a' es una cadena de caracteres.
c) "a" es un carácter.
d) Todas las opciones anteriores son ciertas.

6.6. **La forma correcta de comparar alfabéticamente dos cadenas es mediante:**

a) El operador `==`.
b) El método `equal()` de `String`.
c) El método `equal()` de `Character`.
d) Todas permiten comparar dos cadenas.

6.7. **La forma de extraer el cuarto carácter de la cadena contenida en la variable `cad` es mediante:**

a) `cad.indexOf(3)`.
b) `cad.charAt(3)`.
c) `cad.position(3)`.
d) `cad.extract(3)`.

6.8. La forma de concatenar dos cadenas es mediante:

a) El operador `+`.
b) El operador `+=`.
c) El método `concat()`.
d) Todas permiten concatenar cadenas.

6.9. El método que permite eliminar los caracteres blancos del principio y el final de una cadena es:

a) `isWhiteSpace()`.
b) `deleteWhiteSpace()`.
c) `strip()`.
d) `stripLeading()`.

6.10. Existe una relación entre las cadenas (clase `String`) y las tablas de caracteres (`char[]`). ¿Qué métodos permiten convertir un `String` en un `char[]`?

a) `toCharArray()`.
b) `valueOf()`.
c) `convertString()`.
d) `empty()`.

Actividades de aplicación

6.11. Escribe un programa descodificador que muestre un texto codificado con el programa realizado en la Actividad resuelta 6.11.

6.12. Realiza el juego del ahorcado. Las reglas del juego son:

a) El jugador A teclea una palabra, sin que el jugador B la vea.
b) Ahora se le muestra tantos guiones como letras tenga la palabra secreta. Por ejemplo, para «hola» será «_ _ _ _».
c) El jugador B intentará acertar, letra a letra, la palabra secreta.
d) Cada acierto muestra la letra en su lugar y las letras no acertadas seguirán ocultas como guiones. Siguiendo con el ejemplo anterior, y suponiendo que se ha introducido: la 'o', la 'j' y la 'a', se mostrará: «_ o _ a».
e) El jugador B solo tiene 7 intentos.
f) La partida terminará al acertar todas las letras que forman la palabra secreta (gana el jugador B) o cuando se agoten todos los intentos (gana el jugador A).

6.13. El preprocesador del lenguaje C elimina los comentarios (/* ... */) del código fuente antes de compilar. Diseña un programa que lea por teclado una sentencia en C, y elimine los comentarios.

Sentencia: `if (a==3) /* igual a tres */ a++; /* incrementamos a */`

Salida: `if (a==3) a++;`

6.14. Diseña una aplicación que se comporte como una pequeña agenda. Mediante un menú el usuario podrá elegir entre:

a) Añadir un nuevo contacto (nombre y teléfono).

b) Buscar el teléfono de un contacto a partir de su nombre.

c) Mostrar la información de todos los contactos ordenados alfabéticamente mediante el nombre.

Pista: El nombre y el teléfono se pueden codificar como una única cadena con la forma «nombre:teléfono».

6.15. Escribe un programa que lea el título y el contenido de una página web. La aplicación generará por consola un documento HTML donde el título será un encabezado de primer nivel (<h1>) y el resto del contenido será un párrafo (<p>).

6.16. Lee una palabra o frase y muestra el proceso en el que cada letra se sustituye por otro símbolo no alfabético. Por ejemplo el carácter 'a' se podría sustituir por el carácter '@', la 'e' por '€', la 'i' por '1', etcétera.

6.17. Construir un programa que convierta una palabra en secuencias de *n* letras. Por ejemplo, la palabra «destornillador», dividida en secuencias de 4 letras, se mostrará de la siguiente forma:

```
dest
orni
llad
or
```

6.18. Escribe una aplicación que convierte una frase (que puede estar escrita con cualquier combinación de mayúsculas y minúsculas) en el nombre de una variable que utilice la nomenclatura Camel. Por ejemplo, la frase «Me GUsta merenDAR gaLLEtas», se convertirá en «meGustaMerendarGalletas».

Supondremos que cada palabra que compone la frase está separada por un único espacio en blanco.

6.19. Implementa un sencillo editor de texto que, una vez que se ha introducido el texto, permita reemplazar todas las ocurrencias de una palabra por otra.

6.20. Implementa un programa que lea una frase y muestre todas sus palabras ordenadas de forma alfabética. Suponemos que cada palabra de la frase se separa de otra por un único espacio.

Actividades de ampliación

6.21. El tipo `String` es un tipo especial, ya que se diseñó para ser inmutable, es decir, una vez que se crea una cadena no puede modificarse. Lo que se hace es sustituir esa cadena por otra, dando la impresión de que el contenido se ha modificado. Busca en internet información sobre el mecanismo que usa Java para que variables String con el mismo contenido referencien los mismos literales cadena y cómo afecta esto a que sean inmutables.

ACTIVIDADES FINALES

6.22. Uno de los principales usos de las cadenas es guardar información de los usuarios; entre esta información son especialmente importantes las claves. Estas jamás se guardan directamente, siempre deben ser cifradas para salvaguardarlas. Busca cuáles son los mecanismos para cifrar dichas claves e implementa algún algoritmo de cifrado y comparación de claves.

6.23. Las expresiones regulares son una forma de especificar patrones para cadenas de caracteres. Busca información sobre qué son las expresiones regulares y cómo se especifican.

6.24. Existen lenguajes (sobre todo algunos más antiguos como el lenguaje C) que no disponen de un tipo específico para guardar cadenas y, en su lugar, usan tablas de `char`. Realiza un viaje al pasado y resuelve alguna de las actividades resueltas sin usar el tipo `String` (solamente para su lectura por consola con `Scanner`); en su lugar, impleméntalo todo con tablas de caracteres.

6.25. Realiza una tormenta de ideas con tus compañeros y buscad una forma de implementar un programa que pueda estar disponible en castellano, inglés y francés.

6.26. Un programa puede generar texto que, a su vez, sirva como código fuente de otro lenguaje. Aprovechando esta idea, implementa un programa en Java que muestre por consola el contenido de un fichero HTML que muestre la tabla de multiplicar de un número dado.

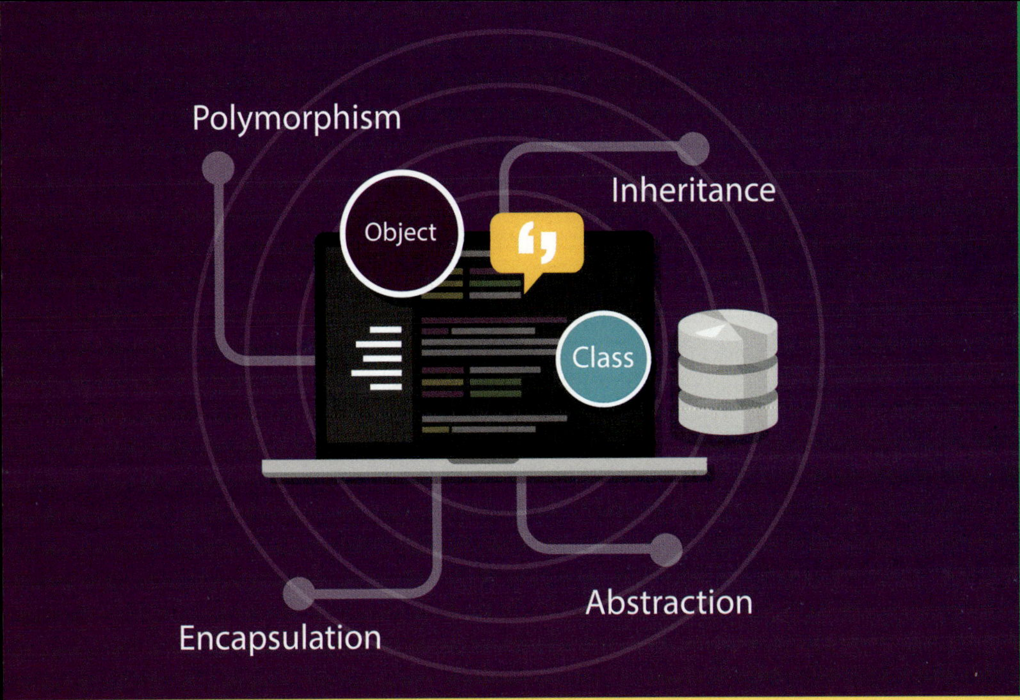

UNIDAD 7

Clases

Objetivos

- Comprender y asimilar los conceptos de la POO.
- Escribir programas que hagan uso de la POO para solucionar problemas, facilitando la tarea del programador.
- Decidir si los métodos y atributos serán visibles o no, para clases externas y vecinas.
- Implementar métodos que permitan la asignación controlada de los atributos no visibles, así como otros que posibiliten consultar los valores de estos atributos.

Contenidos

Introducción

Hasta aquí hemos utilizado un paradigma de programación llamado *programación estructurada,* que emplea las estructuras de control —condicionales y bucles—, junto a datos y funciones. Una de sus principales desventajas es que no existe un vínculo fuerte entre funciones y datos. Esto dificulta el tratamiento de problemas complejos. Por eso, llegados este punto, vamos a saltar a un nuevo paradigma, la **programación orientada a objetos** (en adelante POO), que amplía los horizontes de un programador, dotándolo de nuevas herramientas que facilitan la resolución de problemas complejos.

7.1. Definición de una clase

La POO se inspira en una abstracción del mundo real, en la que los objetos se clasifican en grupos. Por ejemplo, todos los mamíferos de cuatro patas que dicen ¡guau! se engloban dentro del grupo de los perros. Si observamos a Pepa, Paco y Miguel, vemos que los tres pertenecen al mismo grupo: los tres son personas. Pepa es una persona, Paco es una persona y Miguel también es una persona. Todos pertenecen al grupo de las personas. En el argot de la POO, a cada uno de estos grupos se le denomina *clase.*

Nota técnica

Una persona es mucho más que un nombre, una edad y una estatura, pero estamos haciendo una abstracción, donde elegimos las propiedades que interesan en cada problema.

Podemos definir cada grupo o clase mediante las propiedades y comportamientos que presentan todos sus miembros. Una propiedad es un dato que conocemos de cada miembro del grupo, mientras que un comportamiento es algo que puede hacer.

Vamos a definir la clase persona mediante dos elementos:

- **Propiedades:** un nombre, una edad y una estatura. Tanto Pepa como Paco como Miguel tienen un nombre, una edad y una estatura; son datos que en cada uno tendrá un valor distinto.
- **Comportamientos:** Pepa, Paco y Miguel —en realidad todas las personas— pueden saludar, crecer o cumplir años, por ejemplo.

Como vemos, es posible definir una clase mediante un conjunto de propiedades y comportamientos. La sintaxis para definir una clase usa la palabra reservada `class`.

```
class NombreClase {
   //definición de la clase
}
```

Por ejemplo, la clase `Persona` se define:

```
class Persona {
   //definición de Persona
}
```

Argot técnico

En todos los identificadores usaremos la notación *Camel,* pero para distinguir las variables de las clases, los identificadores de las primeras comenzarán en minúsculas mientras que los identificadores de las clases comenzarán con la primera letra en mayúscula.

7.2. Crear una clase desde NetBeans

La definición de una clase tiene que escribirse en un fichero independiente que tiene que llamarse igual que la clase y tendrá extensión .java. Gracias a NetBeans no tendremos que estar pendientes de estos detalles. La forma de crear una clase desde NetBeans es la siguiente:

1. Pulsar en la opción del menú *File/New File...*, que accede a la ventana que se muestra en la Figura 7.1.

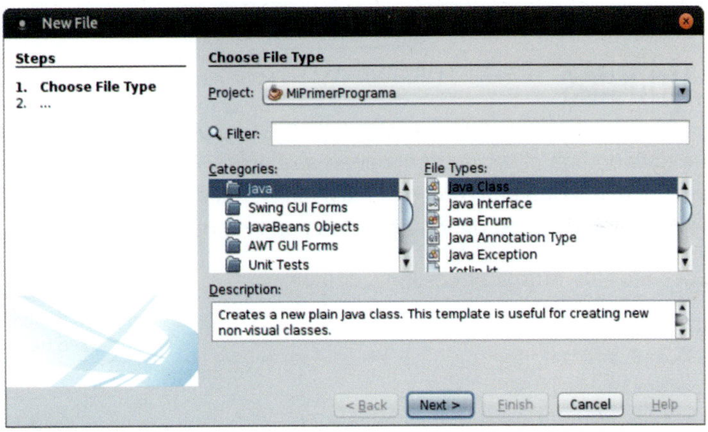

Figura 7.1. *Crear un elemento: elegir el tipo.*

Tendremos que seleccionar el proyecto en el que queremos crear la clase, ya que es posible tener abierto más de un proyecto simultáneamente. A continuación elegimos la categoría Java y, dentro de esta, qué tipo de fichero deseamos crear. En nuestro caso una clase: *Java Class.*

2. Mediante el botón *Next* >, accedemos a una ventana (Figura 7.2), que nos permite escribir el nombre de la clase, así como en qué paquete deseamos que se ubique.
3. Finalmente, con el botón *Finish* terminamos el proceso.

Nota técnica

Las ventanas que usa NetBeans son básicamente las mismas, aunque su aspecto puede cambiar dependiendo de la versión instalada o del sistema operativo.

A partir de ahora disponemos de la nueva clase, en la que falta definir sus atributos y métodos.

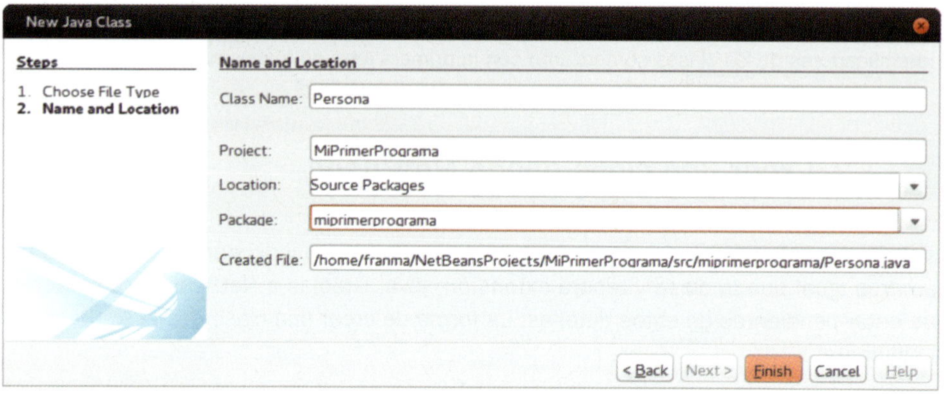

Figura 7.2. *Características de una clase: desde su nombre, el proyecto en el que se incluye, etcétera.*

7.3. Atributos

Los datos que definen una clase se denominan *atributos*. Por ejemplo, la clase `Vehiculo` puede definirse mediante los atributos matrícula, color, marca y modelo. Como se ha visto, nuestra clase `Persona` dispone de los atributos nombre, edad y estatura.

La forma de declarar los atributos en una clase es:

```
class NombreClase {
   tipo atributo1;
   tipo atributo2;
   ...
}
```

El tipo especificado en `tipo` puede ser cualquier tipo primitivo —o una clase, como veremos a lo largo de esta unidad—. El código para definir nuestra clase `Persona` será:

```
class Persona {
   String nombre;
   byte edad;
   double estatura;
}
```

Nota técnica

En una clase es posible declarar atributos de varios tipos: primitivos (por ejemplo: `int edad`), de otras clases (como por ejemplo: `String nombre`) y de tipos de una interfaz. Las interfaces se estudiarán en profundidad en la Unidad 9.

7.3.1. Inicialización

Se puede asignar un valor por defecto a los atributos de una clase; esto se realiza en la propia declaración de la forma.

```
class NombreClase {
   tipo atributo1 = valor;
   ...
}
```

En general, los atributos pueden cambiar durante la ejecución de un programa, salvo que sean declarados con el modificador `final`. En este caso, el atributo será una constante que, una vez inicializado, no podrá cambiar de valor.

Si suponemos que el DNI de una persona no cambia una vez asignado,

```
class Persona {
   String nombre;
   byte edad;
   double estatura;
   final String dni; //una vez asignado no podrá cambiarse
}
```

La inicialización de un atributo `final` puede hacerse en su declaración o, como veremos más adelante, por medio de un constructor.

7.4. Objetos

Los elementos que pertenecen a una clase se denominan *instancias* u *objetos*. Cada uno tiene sus propios valores de los atributos definidos en la clase. Explicaremos este concepto con un símil: supongamos que una clase es un formulario donde se solicitan una serie de datos. Cada formulario relleno recoge distintos valores para los datos que se solicitan, siendo cada uno de los formularios rellenos, en nuestro símil, un objeto concreto. Todos los formularios cumplimentados —los objetos— tendrán la misma estructura. Esto es lógico, ya que utilizamos como plantilla el mismo formulario —la clase—. Sin embargo, cada formulario relleno —objetos— tendrá distintos valores: distintos nombres, direcciones, etcétera.

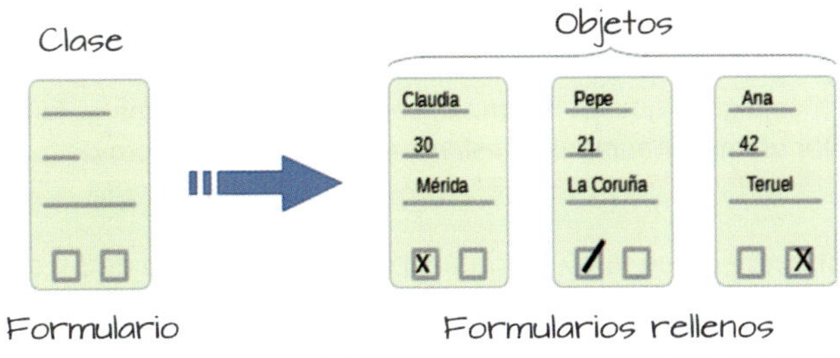

Figura 7.3. *Formulario general y formularios rellenos.*

Si nos fijamos de nuevo en Pepa, Paco y Miguel, nos damos cuenta de que cada uno de ellos es un objeto de la clase `Persona`. La Figura 7.4 muestra la clase junto a tres objetos con distintos valores para sus atributos.

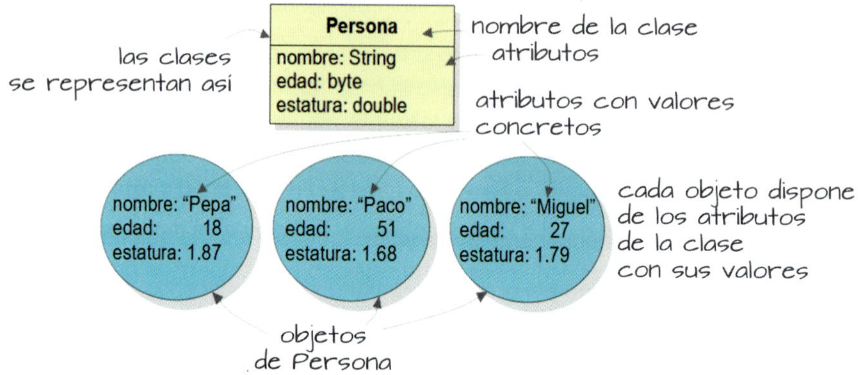

Figura 7.4. *Ejemplo de valores de atributos para personas.*

Nota técnica

Para representar las clases y las relaciones entre ellas se utilizan los diagramas de clases.

7.4.1. Referencias

El comportamiento de los objetos en la memoria del ordenador y sus operaciones elementales (creación, asignación y destrucción) son idénticos al de las tablas. Esto es debido a que ambos, objetos y tablas, utilizan las referencias (véase el Apartado 5.4). De hecho, las propias tablas se consideran en Java como un tipo más de objetos.

Recordemos brevemente el concepto de referencia: la memoria de un ordenador está formada por pequeños bloques consecutivos identificados por un número único que se denomina *dirección de memoria.* Es habitual utilizar números hexadecimales; por este motivo, las direcciones de memoria tienen un aspecto similar a: 2a139f55.

Recuerda

Los números hexadecimales utilizan los dígitos del 0 al 9 y los dígitos A, B, C, D, E y F. El hecho de utilizar más dígitos que, por ejemplo, en los números decimales (dígitos del 0 a 9) permite representar un mayor número de valores con el mismo número de guarismos.

Cualquier dato almacenado en la memoria ocupará, dependiendo de su tamaño, una serie de bloques consecutivos, y puede ser identificado mediante la dirección del primero de ellos. A esta primera dirección de memoria que identifica un objeto se le denomina en Java *referencia.*

Nota técnica

Una referencia no es exactamente una dirección de memoria, es ligeramente distinto. Pero para facilitar la comprensión de los conceptos y por simplicidad vamos a equiparar las referencias con las direcciones de memoria, algo que no afectará a la comprensión de los mecanismos de referencia.

7.4.2. Variables referencia

Antes de construir un objeto necesitamos declarar una variable cuyo tipo sea su clase. La declaración sigue las mismas reglas que las variables de tipo primitivo,

```
Clase nombreVariable;
```

donde `Clase` será el nombre de cualquier clase disponible.

Veamos cómo declarar la variable `p` de tipo `Persona`:

```
Persona p; //p es una variable de tipo Persona
```

La diferencia entre una variable de tipo primitivo y una variable de tipo referencia es que mientras una variable de tipo primitivo almacena directamente un valor, una variable del tipo clase almacena la referencia de un objeto.

7.4.3. Operador new

La forma de crear objetos, como en las tablas, es mediante el operador `new`.

```
p = new Persona();
```

En este caso, crea un objeto de tipo `Persona` y asigna su referencia a la variable `p`.

El operador `new` primero busca en memoria un hueco disponible donde construir el objeto. Este, dependiendo de su tamaño, ocupará cierto número consecutivo de bloques de memoria. Por último, devuelve la referencia del objeto recién creado, que se asigna a la variable `p`.

Nota técnica

El tamaño de una clase depende del tipo y la cantidad de atributos que esta contenga.

Podemos comprobar qué aspecto tiene una referencia ejecutando

```
p = new Persona();
System.out.println(p); //muestra en consola la referencia del objeto
```

A la hora de trabajar con referencias, es bastante más sencillo pensar en ellas como flechas que se dirigen desde la variable hacia el objeto (véase Figura 7.5).

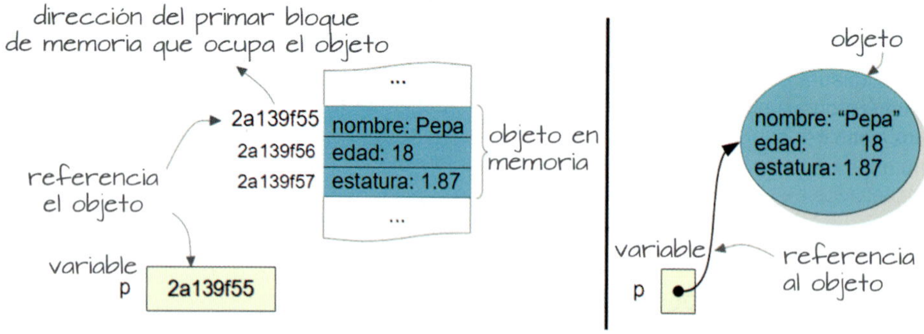

Figura 7.5. *Dos formas de representar una misma referencia. En la izquierda, tal y como se construye el objeto en memoria. En la derecha, la representación es más intuitiva, sustituyendo la referencia por una flecha que indica a qué objeto se accede desde la variable.*

En el momento en que disponemos de un objeto, podemos acceder a sus atributos mediante el nombre de la variable seguido de un punto (.) Por ejemplo, para asignar valores a los atributos del objeto referenciado por `p` escribimos:

```
p = new Persona();
p.nombre = "Pepa";
p.edad = 18;
p.estatura = 1.87;
```

Es importante comprender que podemos acceder al mismo objeto mediante distintas variables que almacenen la misma referencia. La Figura 7.6 representa el siguiente código, donde un objeto está referenciado por dos variables:

```
Persona p1, p2;
p1 = new Persona(); //p1 referencia al objeto creado
p2 = p1; //asignamos a p2 la referencia contenida en p1
p2.nombre = "Pepa" //es equivalente a utilizar p1.nombre
```

Ahora podemos acceder al objeto de dos maneras: mediante `p1` o mediante `p2`. En ambos casos estamos referenciando el mismo objeto.

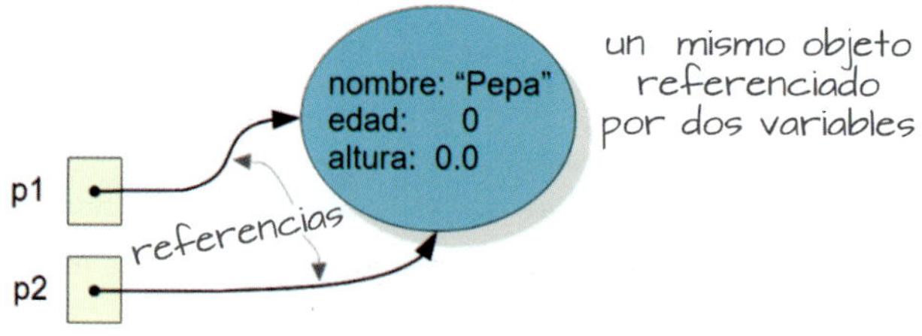

Figura 7.6. *Un mismo objeto referenciado por dos variables.*

El mecanismo en el que varias variables comparten la misma referencia es aprovechado por la clase `String` para ahorrar espacio en textos usados frecuentemente, ya que Java se encarga por su cuenta de que todas las variables a las que se les han asignado idéntico literal cadena compartan su referencia.

```
String a = "Hola mundo";
String b = "Hola mundo"; //las variables a y b guardan la misma referencia
String c = "Escriba un número:";
String d = "Escriba un número:" //c y d comparten la misma referencia
```

El hecho de que se compartan las referencias de un mismo literal cadena es la causa de que la clase `String` sea inmutable. Si en el código anterior se permitiera modificar la cadena referenciada por `a`, se estaría modificando también el contenido de la variable `b` y de todas aquellas que estuvieran referenciando el mismo literal.

7.4.4. Referencia null

El valor literal `null` es una referencia nula. Dicho de otra forma, una referencia a ningún bloque de memoria. Cuando declaramos una variable referencia se inicializa por defecto a `null`.

Hay que tener mucho cuidado de no intentar acceder a los miembros de una referencia nula, ya que se produce un error que termina la ejecución del programa de forma inesperada.

```
Persona p; //se inicializa por defecto a null
p.nombre //¡error!
```

La última instrucción genera un error del tipo: Null pointer exception, que significa que estamos intentando acceder a los atributos de un objeto que no existe.

El literal `null` se puede asignar a cualquier variable referencia.

```
Persona p = new Persona(); //p referencia un objeto
...
p = null; //p no referencia nada
```

7.4.5. Recolector de basura

Existen tres formas de conseguir que un objeto no esté referenciado:

- Es posible, aunque no tenga mucho sentido, crear un objeto y no asignarlo a ninguna variable.

  ```
  new Persona();
  ```

- Otra posibilidad es asignar `null` a todas las variables que contenían una referencia a un objeto.
- También podemos asignar un objeto distinto a la variable.

  ```
  Persona p = new Persona(); //objeto 1
  p = new Persona(); //objeto 2. Ahora el objeto 1 queda sin referencia
  ```

En todos los casos, el objeto se queda perdido en memoria, es decir, no existe forma de acceder a él. Sin embargo está ocupando memoria (véase Figura 7.7). Si este comportamiento se repite demasiado, fortuita o malintencionadamente, es posible que se agote toda la memoria libre disponible, lo que impediría el normal funcionamiento del ordenador.

Figura 7.7. *Objeto sin referencia.*

Para evitar este problema, Java dispone de un mecanismo llamado **recolector de basura** —*garbage collector*—, que se ejecuta de vez en cuando de forma transparente al usuario, y se encarga de comprobar, uno a uno, todos los objetos de la memoria. Si alguno de ellos no estuviera referenciado por ninguna variable, se destruye, liberando la memoria que ocupa.

7.5. Métodos

Hemos declarado clases con atributos, pero también disponen de comportamientos. En el argot de la POO, a los comportamientos u operaciones que pueden realizar los objetos de una clase se les denomina *métodos*. Por ejemplo, las personas son capaces de realizar operaciones como saludar, cumplir años, crecer, etcétera.

Los métodos no son más que funciones que se implementan dentro de una clase. Su sintaxis es:

```
public class NombreClase {
   ... //declaración de atributos

   tipo nombreMétodo (parámetros ) {
      cuerpo del método
   }
}
```

La definición de un método es la de una función, sustituyendo `cuerpo del método` por un bloque de instrucciones. Hasta ahora todas las funciones —métodos de la clase `Main`— que hemos implementado han sido estáticas por razones que explicaremos más adelante. Sin embargo, en general, todos los métodos de una clase no tienen por qué ser estáticos.

Nota técnica

Un ejemplo de métodos no estáticos de la clase `Main` puede encontrarse en la Actividad resuelta 7.14.

Ampliemos la clase `Persona` con algunos métodos:

```
public class Persona {
   String nombre;
```

```
    byte edad;
    double estatura;

    void saludar() {
        System.out.println("Hola. Mi nombre es " + nombre);
        System.out.println("Encantando de conocerte");
    }

    void cumplirAños() {
        edad++; //incrementamos la edad en 1
    }

    void crecer(double incremento) {
        estatura += incremento; //la estatura aumenta cierto incremento
    }
}
```

La Figura 7.8 muestra el diagrama de clases de `Persona` con sus atributos y métodos.

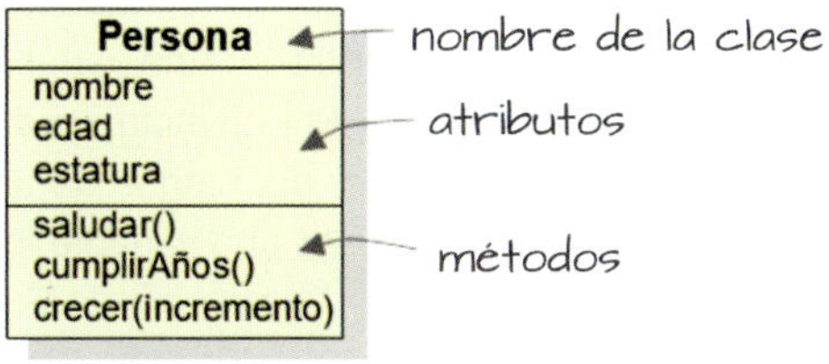

Figura 7.8. *Diagrama de clases para la clase* `Persona`. *En un diagrama de clases cada clase se representa por un rectángulo subdividido en varias partes. En la división superior siempre se coloca el nombre de la clase. Aunque opcionales, en estas subdivisiones se especifican los atributos y los métodos.*

A partir de ahora, los objetos de tipo `Persona` pueden invocar sus métodos utilizando un punto (.), al igual que se hace con los atributos. Veamos un ejemplo:

```
Persona p;
p = new Persona();
p.edad = 18;
p.cumplirAños(); //¡Felicidades! La edad de p se incrementa
System.out.println(p.edad); //mostrará 19
```

Tanto a los atributos como a los métodos de una clase se les llama de forma genérica *miembros*. De esta forma, al hablar de miembros de una clase, hacemos referencia a los atributos y métodos declarados en su definición.

Los métodos de una clase tienen acceso a las siguientes variables: variables locales declaradas dentro del método, parámetros de entrada y atributos de la clase. Asimismo, tiene acceso a los demás métodos de la clase.

7.5.1. Ámbito de las variables y atributos

El ámbito de una variable define en qué lugar puede usarse y coincide con el bloque en el que se declara la variable que, como se vio en el Apartado 4.2, puede ser:

- El bloque de una estructura de control: `if`, `if-else`, `switch`, `while`, `do-while` o `for`; también podemos definir bloques de usuario. Basta con poner la pareja de llaves y escribir código entre ellas. Las variables declaradas en este ámbito se denominan *variables de bloque.*
- Una función o método. Las variables declaradas aquí se conocen como *variables locales.*

Con la POO, aparece un nuevo ámbito:

- La clase. Cualquier miembro —atributo o método— definido en una clase podrá ser utilizado en cualquier lugar de ella. Los atributos son variables de la clase.

Un ámbito puede contener a otros ámbitos, formando una estructura jerárquica. Por ejemplo, una clase puede contener dos métodos, y estos, distintos bloques de, por ejemplo, una estructura `while` o `if`.

Una variable puede utilizarse en el ámbito o bloque en el que se declara, que incluye sus bloques internos. Sin embargo, no ocurre lo contrario: una variable no podrá utilizarse en el ámbito padre del bloque en el que se declara. Por ejemplo, un atributo puede emplearse dentro de un método, y una variable local dentro del bloque de una estructura de control de un método. Pero, en cambio, no podremos usar una variable local fuera de su método, ni una variable de bloque fuera de él.

El código de la Figura 7.9 muestra el ámbito de tres variables, donde `atributo` puede utilizarse en cualquier lugar de la clase; `varLocal` en cualquier lugar dentro del método en el que se declara; por último, `varBloque` puede usarse solo dentro del bloque de instrucciones de la estructura `while`.

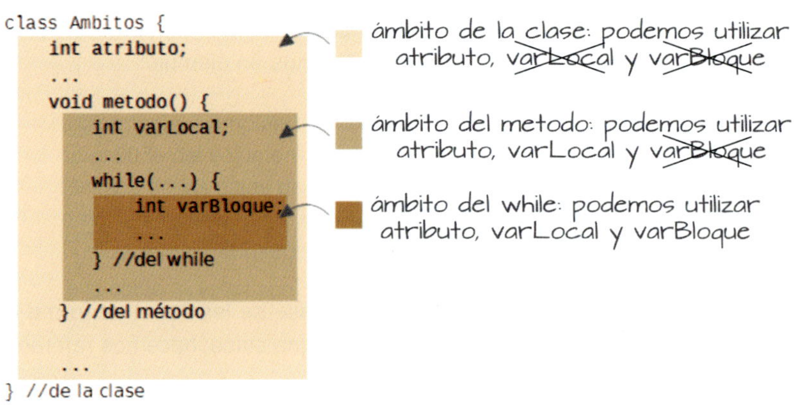

Figura 7.9. *Representación de los distintos ámbitos de las variables y su alcance mediante un código de colores.*

7.5.2. Ocultación de atributos

Dos variables declaradas en ámbitos anidados no pueden tener el mismo identificador, ya que esto genera un error. Sin embargo, existe una excepción cuando una variable local en un método tiene el mismo identificador que un atributo de la clase. En este caso, dentro del método, la variable local tiene prioridad sobre el atributo, es decir, que al utilizar el identificador se accede a la variable local y no al atributo. En la jerga de la POO se dice que la variable local oculta al atributo.

Veamos un ejemplo:

```
public class Ambito {
   int edad; //atributo entero
   void metodo() {
      double edad; //variable local. Oculta al atributo edad (que es entero)
      edad = 8.2; //variable local double, que oculta al atributo de la clase
      ...
   }
}
```

7.5.3. Objeto this

La palabra reservada `this` permite utilizar un atributo incluso cuando ha sido ocultado por una variable local. De igual manera que cada uno se refiere a sí mismo como *yo,* aunque tengamos un nombre que los demás utilizan para identificarnos, las clases se refieren a sí mismas como `this`, que es una referencia al objeto actual y funciona como una especie de yo para clases. Al escribir `this` en el ámbito de una clase se interpreta como *la propia clase,* y permite acceder a los atributos aunque se encuentren ocultos.

Estudiemos el siguiente fragmento de código donde, en el ámbito de un método, una variable local oculta un atributo de la clase:

```
public class Ambito {
   int edad; //atributo entero
   void metodo() {
      double edad; //oculta el atributo edad (que es entero)
      edad = 20.0; //variable local, no el atributo
      this.edad = 30; //atributo de la clase
   }
}
```

7.6. Atributos y métodos estáticos

Un atributo estático, también llamado *atributo de la clase,* es aquel del que no existe una copia en cada objeto. Todos los objetos de una misma clase comparten su valor.

Supongamos que necesitamos añadir a la clase `Persona` un atributo que nos indique qué día de la semana es hoy. Evidentemente si hoy es lunes, será lunes para todo el mundo;

e igualmente si es martes, será martes para todos. Por tanto, el valor del atributo `hoy` será compartido por todos los objetos de la clase `Persona`. No tiene sentido que para una persona sea lunes y para otra sea sábado. La Figura 7.10 representa este concepto.

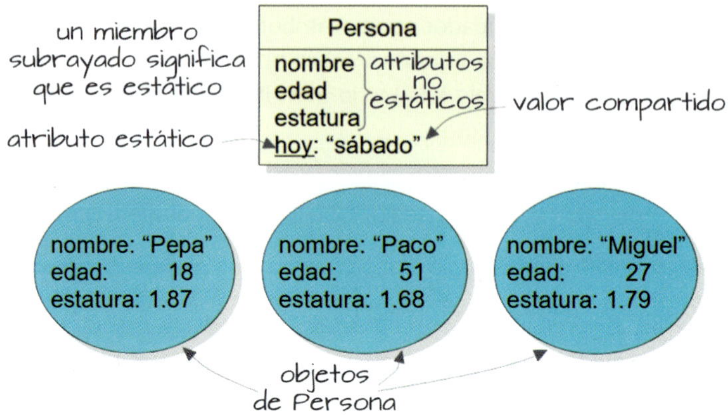

Figura 7.10. *Diagrama de clases de `Persona`, con el atributo estático `hoy`. Dicho atributo no pertenece a los objetos, al contrario, es un atributo de la clase.*

Un atributo estático se declara mediante la palabra reservada `static`.

```
class Persona {
   ...
   static String hoy;
}
```

Para acceder a un atributo estático se utiliza el nombre de la clase de la siguiente forma:

```
Persona.hoy = "domingo";
System.out.println(Persona.hoy); //mostrará "domingo"
```

Un atributo estático se inicializa en el momento de cargar la clase en memoria; esto ocurre cuando se declara alguna variable del tipo de la clase o cuando se crea un primer objeto de dicha clase. Si deseamos asignar un valor inicial al atributo `hoy`, escribiremos

```
class Persona {
   ...
   static String hoy = "lunes"; //valor inicial
}
```

También podemos declarar métodos estáticos. Son aquellos que no requieren de ningún objeto para ejecutarse y, por tanto, no pueden utilizar ningún atributo que no sea estático. En el caso de que lo intente, se producirá un error.

A modo de ejemplo, vamos a diseñar un método que actualice el atributo `hoy` a partir de un entero que se le pasa como parámetro. Este estará comprendido entre 1 y 7, que representan los días de la semana, de lunes a domingo.

```
static void hoyEs(int dia) {
   hoy = switch (dia) {
      case 1-> "lunes";
```

```
            case 2-> "martes";
            ...
            case 7-> "domingo";
        }
    }
```

La forma de invocar un método estático es, igual que con los atributos estáticos, mediante el nombre de la clase. Vamos a actualizar el día de hoy a martes:

```
Persona.hoyEs(2); //martes
```

Por otra parte, desde un método estático solo se pueden invocar directamente métodos y atributos estáticos. Esa es la razón por la cual hasta ahora solo hemos usado métodos estáticos. Todos ellos eran invocados desde la función `main()` que siempre es `static`. No obstante, dentro de un método estático se pueden crear objetos de cualquier clase —incluida la suya propia— y desde él invocar miembros no estáticos definidos en esta clase. La Actividad resuelta 7.12 muestra un ejemplo de ello.

7.7. Constructores

¿Qué valores toman los atributos de un objeto recién creado? Los atributos a los que no se les asigna un valor en su declaración se inicializan por defecto dependiendo de su tipo, de la siguiente manera: cero para valores numéricos primitivos y char, `null` para referencias y `false` para booleanos.

Sin embargo, generalmente, antes de utilizar un objeto desearemos asignar determinados valores a cada uno de sus atributos. Por ejemplo, si deseamos crear un objeto de tipo `Persona` con nombre «Claudia», una edad de 8 años y una estatura de 1,20 m,

```
Persona p = new Persona(); //creamos el objeto
p.nombre = "Claudia"; //asignamos valores
p.edad = 8;
p.estatura = 1.20;
```

Este proceso —asignar valores— es necesario cada vez que creamos un objeto si no queremos trabajar con los valores por defecto. El operador `new` facilita esta tarea mediante los constructores. Un constructor es un método especial que debe tener el mismo nombre que la clase, se define sin tipo devuelto —ni siquiera `void`—, y se ejecuta inmediatamente después de crear el objeto. El principal cometido de un constructor es asignar valores a los atributos, aunque también se puede utilizar para otros fines como crear tablas, mostrar cualquier tipo de información, crear otros objetos que necesitemos, etcétera.

Al constructor, como a cualquier otro método, se le puede pasar parámetros y se puede sobrecargar. Vamos a implementar un constructor para `Persona` que asigne los valores iniciales de sus atributos: `nombre`, `edad` y `estatura`:

```
class Persona {
    ...
    Persona (String nombre, int edad, double estatura) {
        this.nombre = nombre; //asigna el parámetro al atributo
```

```
        this.edad = edad;
        this.estatura = estatura;
    }
    ...
}
```

La llamada al constructor con los valores de los parámetros de entrada se hace por medio del operador `new`. Si deseamos crear un objeto `Persona` con los datos anteriores,

```
Persona p = new Persona("Claudia", 8, 1.20); //creamos el objeto
//y lo inicializamos mediante el constructor
```

Los atributos declarados como `final` también se pueden inicializar pasando sus valores como parámetros al constructor; no es necesario hacerlo en el sitio donde se declaran.

A la hora de sobrecargar un método tenemos que asegurarnos de que se pueda distinguir entre las distintas versiones mediante el número o el tipo de parámetros de entrada. La sobrecarga de constructores es útil cuando necesitamos inicializar objetos de varias formas. Hemos visto un constructor de `Persona` que permite asignar valores a todos los atributos. Podría darse el caso de que solo nos interesara pasar al constructor el nombre de la persona, dejando que el resto de los atributos se inicializaran con algunos valores arbitrarios.

```
class Persona {
    ...
    //constructor que asigna valores a todos los atributos
    Persona (String nombre, int edad, double estatura) {
        this.nombre = nombre;
        this.edad = edad;
        this.estatura = estatura;
    }

    //constructor sobrecargado: solo asigna el nombre
    Persona (String nombre) {
        this.nombre = nombre;
        estatura = 1.0; //valor arbitrario para la estatura
        //al no asignar la edad se inicializa por defecto: a 0
    }
}
```

Ahora disponemos de dos constructores, que se utilizan de la forma:

```
Persona a = new Persona("Pepe", 20, 1.90);
Persona b = new Persona("Dolores");
```

Cuando en una clase no se implementa ningún constructor, Java se encarga de crear uno que se denomina *constructor por defecto.* Este no usa parámetros de entrada e inicializa los atributos a cero, false o `null` según el tipo si no están ya inicializados en su declaración. No obstante, es conveniente implementar los constructores y no dejarlo en manos de Java. En cuanto se implementa un constructor en una clase, el constructor, por defecto, deja de estar disponible.

Un ejemplo: supongamos que definimos la clase `Mascota` sin ningún constructor; gracias al constructor, por defecto, podremos crear objetos de tipo `Mascota`:

```
Mascota perro = new Mascota();
```

Actividad resuelta 7.1

Diseñar la clase `CuentaCorriente`, que almacena los datos: DNI y nombre del titular, así como el saldo. Las operaciones típicas con una cuenta corriente son:

- Crear una cuenta: se necesita el DNI y nombre del titular. El saldo inicial será 0.
- Sacar dinero: el método debe indicar si ha sido posible llevar a cabo la operación, si existe saldo suficiente.
- Ingresar dinero: se incrementa el saldo.
- Mostrar información: muestra la información disponible de la cuenta corriente.

Solución

Clase `CuentaCorriente`

```
class CuentaCorriente {
   String dni; //del titular
   String nombre; //del titular
   double saldo; //efectivo disponible en la cuenta
   //Los parámetros de entrada: nombre y dni, ocultan a los atributos de la clase
   //con el mismo identificador. Para acceder a ellos hay que utilizar this.
   CuentaCorriente(String dni, String nombre) { //constructor
      this.dni = dni; //DNI pasado como parámetro
      this.nombre = nombre; //nombre pasado como parámetro
      saldo = 0; //asignamos el saldo por defecto
   }
   boolean egreso(double cant) { //sacar dinero de la cuenta corriente
      boolean operacionPosible;
      if (saldo >= cant) { //si disponemos de saldo suficiente
         saldo -= cant;
         operacionPosible = true;
      } else { //no hay saldo disponible
         System.out.println("No hay dinero suficiente");
         operacionPosible = false;
      }
      return (operacionPosible); //indica si ha sido posible realizar la operación
   }
   void ingreso(double cant) { //añadimos dinero a la cuenta corriente
      saldo += cant;
   }
   void mostrarInformacion() { //muestra el estado de la cuenta corriente
      System.out.println("Nombre: " + nombre);
      System.out.println("Dni: " + dni);
      System.out.println("Saldo: " + saldo + " euros");
   }
}
```

Programa principal

```
//Creamos un objeto CuentaCorriente para probar la clase y realizar algunas operaciones.
public class Main {
    public static void main(String[] args) {
        CuentaCorriente c;
        c = new CuentaCorriente("12345678A", "Pepe"); //Cuenta de Pepe con DNI 12.345.678-A
        c.ingreso(1000); // ingresamos 1000 euros
        c.egreso(300); // sacamos 300 euros. Quedarán 700 euros
        c.mostrarInformacion(); // mostramos
        System.out.println("Puedo sacar 700 euros: " + c.egreso(700)); //quedan 0 euros
        System.out.println("Puedo sacar 500 euros: " + c.egreso(500)); //no es posible
    }
}
```

7.7.1. this()

Cuando una clase dispone de un conjunto de constructores sobrecargados, es posible que un constructor invoque a otro y así reutilice su funcionalidad. Para eso se usa el constructor genérico `this()`, en lugar del constructor por su nombre. La forma de distinguir los distintos constructores, igual que en cualquier método sobrecargado, es mediante el número y el tipo de los parámetros de entrada.

Vamos a redefinir el constructor de `Persona` al que solo se le pasa el nombre usando `this()`:

```
class Persona {
    ...
    //constructor que asigna valores a todos los atributos
    Persona (String nombre, int edad, double estatura) {
        this.nombre = nombre;
        this.edad = edad;
        this.estatura = estatura;
    }

    //constructor sobrecargado que solo asigna el nombre
    Persona (String nombre) {
        this(nombre, 0, 1.0); //invoca al primer constructor
        //la edad se pone a 0 y la estatura a 1.0
    }
}
```

Tenemos que tener presente que, en el caso de utilizar `this()`, tiene que ser siempre la primera instrucción de un constructor; en otro caso se producirá un error.

Actividad resuelta 7.2

En la clase `CuentaCorriente` sobrecargar los constructores para poder crear objetos.

- Con el DNI del titular de la cuenta y un saldo inicial.
- Con el DNI, nombre y el saldo inicial.

Escribir un programa que compruebe el funcionamiento de los métodos.

Solución a)

Clase `CuentaCorriente`

```
// Sobrecargamos los constructores
class CuentaCorriente {
   ... //resto de implementación
   CuentaCorriente(String dni, String nombre) { //constructor
      this.dni = dni; //DNI pasado como parámetro
      this.nombre = nombre; //nombre pasado como parámetro
      saldo = 0; //asignamos el saldo por defecto
   }
   CuentaCorriente(String dni, double saldo) { //constructor
      this.dni = dni;
      this.saldo = saldo;
      this.nombre = "Sin asignar"; //indicamos que no disponemos del nombre
   }
   CuentaCorriente(String dni, String nombre, double saldo) { //constructor
      this.dni = dni;
      this.nombre = nombre;
      this.saldo = saldo;
   }
}
```

Programa principal

```
//probamos los métodos
public class Main {
   public static void main(String[] args) {
      CuentaCorriente c;
      c = new CuentaCorriente("12345678-A", "Pepe");//crea un objeto con DNI y nombre
      c.ingreso(1000); // ingresamos 1000 euros
      c.egreso(300); // sacamos 300 euros. Quedarán 700 euros
      c.mostrarInformacion(); // mostramos
      System.out.println("Puedo sacar 700 euros: " + c.egreso(700)); //quedan 0 euros
      System.out.println("Puedo sacar 500 euros: " + c.egreso(500)); //no es posible
      //vamos a probar el constructor que utiliza el dni y el saldo:
      c = new CuentaCorriente("98765432-Z", 2000); //c referencia al nuevo objeto ,
      //el anterior queda sin referencia a merced del recolector de basura
      c.mostrarInformacion();
   }
}
```

Solución b)

Clase `CuentaCorriente`

```
//Vamos a reutilizar los constructores mediante this(). Es habitual invocar el
//constructor con más parámetros y adaptar los valores por defecto.
class CuentaCorriente {
   ...
   // Reutilizamos el constructor: CuentaCorriente(dni, nombre, saldo)
   CuentaCorriente(String dni, String nombre) { //constructor
      this(dni, nombre, 0); //saldo inicial por defecto a 0
      //Una alternativa sería: usar this(dni, saldo) y posteriormente asignar el nombre
      //this(dni, 0);
      //this.nombre = nombre;
   }
```

```
    CuentaCorriente(String dni, double saldo) {
        this(dni, "Sin asignar", saldo); //si no disponemos del nombre, lo indicamos
    }
    CuentaCorriente(String dni, String nombre, double saldo) {
        this.dni = dni;
        this.nombre = nombre;
        this.saldo = saldo;
    }
}
```

7.8. Paquetes

En Java es importante controlar la accesibilidad de unas clases desde otras por razones de seguridad y eficiencia. Esto se consigue mediante paquetes, que son contenedores que permiten guardar clases en compartimentos separados, de modo que podamos decidir, por medio de la importación, qué clases son accesibles y cómo se accede a ellas desde una clase que estemos implementando.

Todas las clases están dentro de algún paquete que, a su vez, pueden estar anidados, unos dentro de otros. Se considera que una clase que pertenece a un paquete, que a su vez está dentro de otro, solo pertenece al primero, pero no al segundo.

Un archivo fuente de Java es un archivo de texto con extensión .java, que se guarda en un paquete y que contiene los siguientes elementos:

- Una sentencia donde se especifica el paquete al que pertenece, que empieza con la palabra clave `package` seguida del nombre del paquete.
- Una serie opcional de sentencias de importación, con la palabra reservada `import`, que permite importar clases definidas en otros paquetes.
- La definición de una o más clases, de las cuales solo una puede ser declarada pública —por medio del modificador de acceso `public`—. De todas formas, es recomendable que en cada archivo fuente se defina una sola clase, que debe tener el mismo nombre que el archivo.

Recuerda

En las soluciones de las actividades (descargables desde la web de la Editorial Paraninfo), no se incluye la sentencia `package`, ya que el nombre del paquete dependerá del lector.

7.8.1. Crear un paquete desde NetBeans

En Java, cada paquete se convierte físicamente en un directorio que contiene clases y otros paquetes. Gracias a NetBeans no tendremos que estar pendientes de la ubicación ni de la estructura de estos directorios. La forma de crear un paquete desde NetBeans es la siguiente:

1. Pulsar en la opción del menú *File/New File...*, que da acceso a la ventana que se muestra en la Figura 7.11

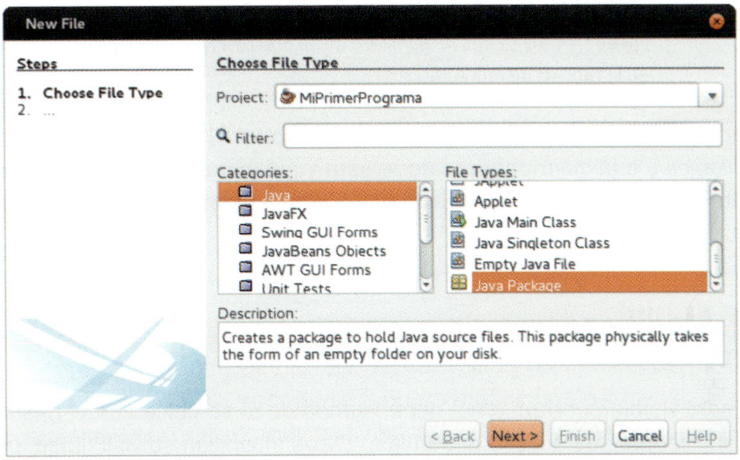

Figura 7.11. *Crear un elemento: elegir el tipo.*

Tendremos que seleccionar el proyecto en el que queremos crear el paquete, ya que es posible trabajar con más de un proyecto simultáneamente. A continuación elegimos la categoría Java, y dentro de esta, qué tipo de fichero deseamos crear. En nuestro caso un paquete: *Java Package.*

2. Mediante el botón *Next >*, accedemos a una ventana (Figura 7.12), que permite escribir, mediante su nombre cualificado, en qué paquete se ubica, así como la localización, que será *Source Packages* por defecto.

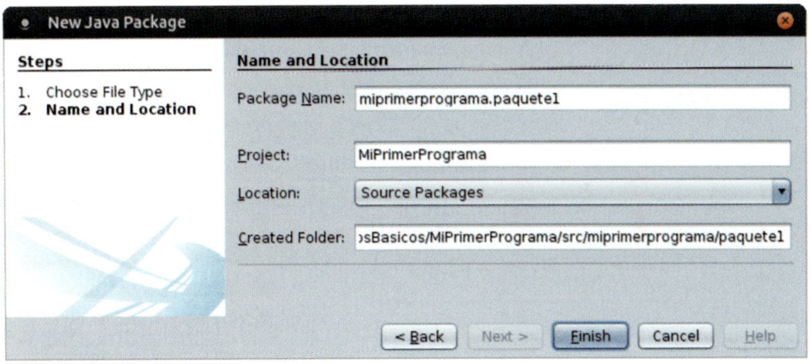

Figura 7.12. *Propiedades del paquete.*

3. Por último, mediante el botón *Finish,* terminamos el proceso.

A partir de ahora disponemos del nuevo paquete, en el que falta incluir las clases que contendrá. La estructura de paquetes de NetBeans queda como se muestra en la Figura 7.13.

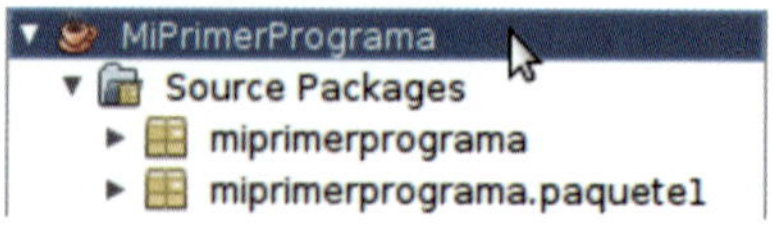

Figura 7.13. *Estructura de paquetes resultante tal y como aparece en la ventana de proyectos.*

Otra opción para crear un paquete es utilizar el ratón. Para ello seleccionamos sobre *Source Packages* o cualquier paquete de la lista y pulsamos el botón derecho del ratón. Esto permite acceder a un menú contextual con el que podemos crear, entre otras cosas, nuevos paquetes.

7.9. Modificadores de acceso

Una clase será visible por otra, o no, dependiendo de si se ubican en el mismo paquete y de los modificadores de acceso que utilice. Estos modifican su visibilidad, permitiendo que se muestre u oculte.

De igual manera que podemos modificar la visibilidad entre clases, es posible modificar la visibilidad entre los miembros de distintas clases, es decir, qué atributos y métodos son visibles para otras clases.

7.9.1. Modificadores de acceso para clases

Debido a la estructura de clases, organizadas en paquetes, que utiliza Java, dos clases cualesquiera pueden definirse de las siguientes formas (véase Figura 7.14):

- **Clases vecinas:** cuando ambas pertenecen al mismo paquete.
- **Clases externas:** cuando se han definido en paquetes distintos.

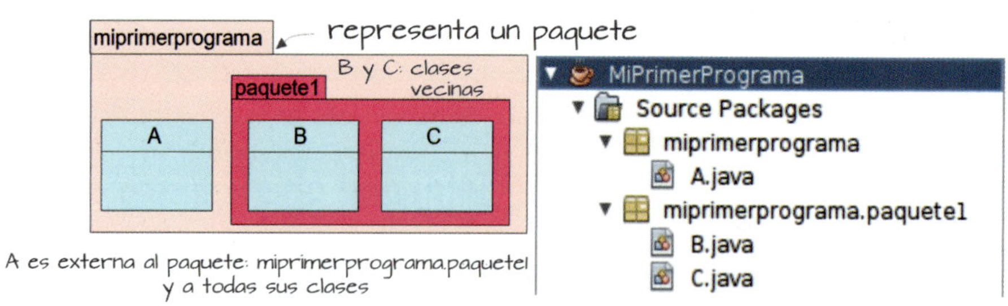

Figura 7.14. *Representación de clases vecinas y externas. A la izquierda, representación en un diagrama de clases; en la derecha con estructura de árbol, como aparece en el navegador de proyectos de NetBeans.*

Una aplicación puede entenderse como un conjunto de instrucciones que usan los servicios proporcionados por otras clases para resolver un problema. Para conocer qué servicios o herramientas están disponibles, las clases siguen el lema «si lo ves, puedes utilizarlo».

Visibilidad por defecto

Cuando definimos una clase sin utilizar ningún modificador de acceso,

```
package miprimerprograma.paquete1;
class B { //sin modificador de acceso
    ...
}
```

se dice que usa visibilidad por defecto, que hace que solo sea visible por sus clases vecinas. En nuestro caso, B es visible por C, pero no será visible por A (Figura 7.15).

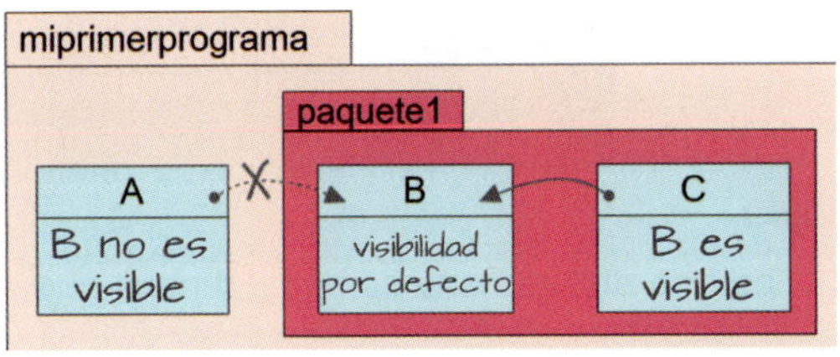

Figura 7.15. *Visibilidad de la clase B desde A y C.*

Visibilidad total

En la Figura 7.15 la clase B es invisible para A y para todas las clases externas. ¿Cómo podemos hacer que B sea visible desde A? Mediante el modificador de acceso `public`, la clase B, además de ser visible para sus vecinas, lo será desde cualquier clase externa usando una sentencia de importación. De esta forma, el modificador `public` proporciona visibilidad total a la clase.

Vamos a redefinir B para que tenga visibilidad total:

```
package miprimerprograma.paquete1;
public class B { //clase marcada como pública
    ...
}
```

A partir de ahora, cualquier clase, vecina o externa, puede crear objetos o acceder a los miembros públicos de B. Lo único que necesita una clase externa, como A, para acceder a B es importarla.

```
package miprimerprograma;
import miprimerprograma.paquete1.B; //ahora A puede usar la clase B

class A {
    ...
}
```

Se importan las clases, no los paquetes. Si queremos importar todas las clases públicas de un paquete en una sola sentencia de importación, se usa el asterisco.

```
package miprimerprograma;
import miprimerprograma.paquete1.*; //A puede usar cualquier clase pública
                                    //del paquete miprimerprograma.paquete1
class A {
    ...
}
```

La visibilidad entre clases puede resumirse como: una clase siempre será visible por sus clases vecinas. Que sea visible —previa importación— por clases externas dependerá de si está declarada como pública (Tabla 7.1).

Tabla 7.1. Resumen de la visibilidad entre clases

	Visible desde...	
	clases vecinas	clases externas
sin modificador	✓	
public	✓	✓

7.9.2. Modificadores de acceso para miembros

De igual manera que es posible modificar la visibilidad de una clase, podemos regular la visibilidad de sus miembros. Que un atributo sea visible significa que podemos acceder a él, tanto para leer como para modificarlo. Que un método sea visible significa que puede ser invocado.

Para que un miembro sea visible, es indispensable que su clase también lo sea. Es evidente que si no podemos acceder a una clase, no existe forma alguna de acceder a sus miembros.

Debemos destacar que cualquier miembro es siempre visible dentro de su propia clase, indistintamente del modificador de acceso que utilicemos. Es decir, desde dentro de la definición de una clase siempre tendremos acceso a todos sus atributos y podremos invocar cualquiera de sus métodos.

```
public class A { //clase pública
    int dato; //su ámbito es toda la clase:
    ... // el atributo dato es accesible desde cualquier lugar de A
}
```

Visibilidad por defecto

Cuando queramos acceder a miembros de otra clase hay diversos grados de visibilidad. La visibilidad por defecto es aquella que se aplica a miembros declarados sin ningún modificador de acceso, como el atributo `dato` en el código anterior.

La visibilidad por defecto hace que un miembro sea visible desde las clases vecinas, pero invisible desde clases externas.

En nuestro ejemplo, el atributo `dato` será:

- Visible por clases vecinas, que pueden acceder tanto a la clase `A` como al atributo `dato`. Acceder a una clase significa utilizar sus miembros visibles, incluidos los constructores que permiten crear objetos.
- Invisible desde clases externas. Cualquier clase externa podrá acceder a la clase `A` —previa importación— por ser pública, pero no al atributo `dato`.

No olvidemos que la clase `A` se ha definido `public`, lo que permite que sea visible desde clases externas. Si `A` no fuera visible desde el exterior, tampoco lo serían sus miembros, sin importar el modificador utilizado en su declaración.

Modificador de acceso private y public

Con el modificador `private` obtenemos una visibilidad más restrictiva que por defecto, ya que impide el acceso incluso para las clases vecinas. Un miembro, ya sea un atributo o un método, declarado privado es invisible desde fuera de la clase.

En cambio, `public` hace que un miembro sea visible incluso desde clases externas previa importación. Otorga visibilidad total.

El uso de `private` está justificado cuando queremos controlar los cambios de un atributo o cuando deseamos que no se conozca directamente su valor, o bien cuando queremos que un método solo sea invocado desde otros métodos de la clase, pero no fuera de ella. El acceso a esos miembros privados deberá hacerse a través de algún método `public` de la misma clase.

En el siguiente ejemplo se implementa la clase `Alumno` con los atributos nombre y nota media. Esta última será un atributo privado, ya que interesa controlar el rango de valores válidos, que estarán comprendidos entre 0 y 10, inclusive. El método público `asignaNota()` será el encargado de controlar el valor asignado a la nota.

```
public class Alumno {
   public String nombre; //atributo público
   private double notaMedia; //atributo privado
   String direccion; //atributo con visibilidad por defecto

   public void asignaNota(double notaMedia) {
      //nos aseguramos de que esté en el rango 0..10
      if (notaMedia < 0 || notaMedia > 10) {
         System.out.println("Nota incorrecta");
      } else {
         this.notaMedia = notaMedia;
      }
   }
}
```

De este modo, solo es posible modificar la nota a través del método que la controla.

La Tabla 7.2 muestra un resumen del alcance de la visibilidad de los miembros de una clase, según el modificador de acceso que se utilice.

Tabla 7.2. Alcance de la visibilidad según el modificador de acceso

	Visible desde...		
	la propia clase	clases vecinas	clases externas
private	✓		
sin modificador	✓	✓	
public	✓	✓	✓

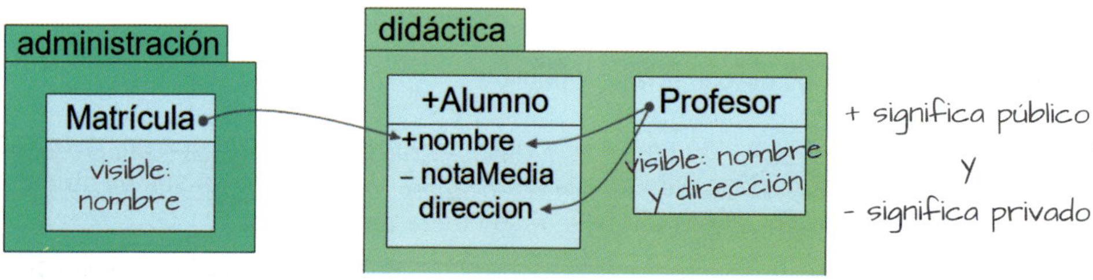

Figura 7.16. *Ejemplo de clases con visibilidad* `private`, `public` *y por defecto.*

Actividad resuelta 7.3

Modificar la visibilidad de la clase `CuentaCorriente` para que sea visible desde clases externas y la visibilidad de sus atributos para que:

- `saldo` no sea visible para otras clases.
- `nombre` sea público para cualquier clase.
- `dni` solo sea visible por clases vecinas.

Realizar un programa para comprobar la visibilidad de los atributos.

Solución

Clase `CuentaCorriente`

```
/* Marcamos la clase con public: para que sea visible desde clase externas donde es
 * posible usarla mediante importación. */
public class CuentaCorriente {
   String dni; //sin modificador, visibilidad por defecto. Solo visible por clases vecinas
   public String nombre; //visibilidad total
   private double saldo; //invisible para cualquier clase (vecina o externa)
   ...
}
```

Programa principal

```
// La clase Main es una clase vecina de CuentaCorriente
public class Main {
   public static void main(String[] args) {
      CuentaCorriente c;
      c = new CuentaCorriente("12345678-A", "Pepe"); //CuentaCorriente de ejemplo
      c.saldo = 2000; //produce un error, ya que el saldo no es visible desde fuera de
```

```
        //la clase CuentaCorriente
        c.dni = "11111111-T"; //al ser Main una clase vecina, dni es visible
        //en caso de acceder al dni desde una clase externa produciría un error
        c.nombre = "Antonio"; //nombre es visible desde cualquier clase
    }
}
```

7.9.3. Métodos get/set

Un atributo público puede ser modificado desde cualquier clase, lo que a veces tiene sus inconvenientes, ya que es imposible controlar los valores asignados, que pueden no tener sentido. Por ejemplo, nada impide que se asigne a un atributo edad un valor negativo.

Por este motivo, existe una convención en la comunidad de programadores que consiste en ocultar atributos y, en su lugar, crear dos métodos públicos: el primero —habitualmente llamado *set*— permite asignar un valor al atributo, controlando el rango válido de valores. Y el segundo —habitualmente llamado *get*— devuelve el atributo, lo que posibilita conocer su valor. Los métodos set/get hacen, en la práctica, que un atributo no visible se comporte como si lo fuera.

Estos métodos se identifican con set/get seguido del nombre del atributo. Para el atributo `edad` quedaría:

```
class Persona {
   private int edad;
   ...

   public void setEdad(int edad) {
      if (edad >= 0) //solo los valores positivos tienen sentido
         this.edad = edad;
      } // en caso contrario no se modifica la edad
   }

   public int getEdad() {
      return edad;
   }
}
```

Las ventajas de utilizar métodos set/get son que la implementación de la clase se encapsula, ocultando los detalles y, por otro lado, permite controlar qué atributos son accesibles para lectura y cuáles para escritura, así como los valores asignados. En nuestro ejemplo se ha limitado el uso a valores no negativos para la edad.

Actividad resuelta 7.4

Todas las cuentas corrientes con las que se va a trabajar pertenecen al mismo banco. Añadir un atributo que almacene el nombre del banco (que es único) en la clase `CuentaCorriente`. Diseñar un método que permita recuperar y modificar el nombre del banco (al que pertenecen todas las cuentas corrientes).

Solución

Clase `CuentaCorriente`

```
/* Vamos a añadir el atributo banco a la clase. Como el banco es el mismo para
 * todas las cuentas el atributo será estático. El atributo será privado y
 * escribiremos dos métodos estáticos para solicitar y modificar el nombre del banco.
*/
public class CuentaCorriente {
    ...
    static private String nombreBanco = "International Java Bank"; //valor por defecto
    //este valor se asigna antes de crear ningún objeto
    static void setBanco(String nuevoNombre) {
        nombreBanco = nuevoNombre;
    }
    static String getBanco() {
        return nombreBanco;
    }
}
```

Programa principal

```
// La clase Main y CuentaCorriente son vecinas (ubicadas en el mismo paquete).
public class Main {
    public static void main(String[] args) {
        CuentaCorriente c1, c2;
        c1 = new CuentaCorriente("12345678-A", "Pepe"); //CuentaCorriente para Pepe
        c2 = new CuentaCorriente("999999999-E", "Ana"); //cuenta de Ana
        c1.mostrarInformacion();
        CuentaCorriente.setBanco("Banco Central");
        c1.mostrarInformacion();
        CuentaCorriente.setBanco("Caja de Ahorros de Do-While");
        c1.mostrarInformacion();
        c2.mostrarInformacion();
    }
}
```

Actividad resuelta 7.5

Existen gestores que administran las cuentas bancarias y atienden a sus propietarios.

Cada cuenta, en caso de tenerlo, cuenta con un único gestor. Diseñar la clase `Gestor` de la que interesa guardar su nombre, teléfono y el importe máximo autorizado con el que pueden operar. Con respecto a los gestores, existen las siguientes restricciones:

- Un gestor tendrá siempre un nombre y un teléfono.
- Si no se asigna, el importe máximo autorizado por operación será de 10 000 euros.
- Un gestor, una vez asignado, no podrá cambiar su número de teléfono. Y todo el mundo podrá consultarlo.

El nombre será público y el importe máximo solo será visible por clases vecinas.

Modificar la clase `CuentaCorriente` para que pueda disponer de un objeto `Gestor`. Escribir los métodos necesarios.

Solución

Clase `Gestor`

```
/* Para cumplir los requisitos:
 * -Todos los constructores usaran el nombre y el teléfono.
 * -El importe máximo autorizado tendrá un valor por defecto de 10000 euros.
 * -El teléfono será privado con un método get() para que se pueda consultar.
 * -El nombre será público y el importe máximo usará visibilidad por defecto. */
public class Gestor {
   public String nombre;
   private String tlf; //es un número con el que no se opera: es usual usar String
   double importeMax; //visibilidad por defecto
   public Gestor(String nombre, String tlf, double importeMax) {
      this.nombre = nombre;
      this.tlf = tlf;
      this.importeMax = importeMax;
   }
   public Gestor(String nombre, String tlf) {
      this(nombre, tlf, 10000.0); //asignamos el importe máximo por defecto:
                                  //10000 euros
   }
   String getTlf() { //al ser tlf privado permite consultar el teléfono de un gestor
      return tlf;
   }
   void mostrarInformacion() {
      System.out.println("Nombre: " + nombre);
      System.out.println("Teléfono: " + tlf);
      System.out.println("Importe máximo: " + importeMax + " euros");
   }
}
```

Clase `CuentaCorriente`

```
//Cada CuentaCorriente tendrá una referencia a un objeto de tipo Gestor.
public class CuentaCorriente {
... //resto de atributos y métodos
   Gestor gestor; //gestor que administra la cuenta
   CuentaCorriente(String dni, String nombre, Gestor gestor) { //sobrecargamos
      this(dni, nombre);
      this.gestor = gestor;
   }
   //permite asignar un nuevo objeto Gestor a la cuenta
   void setGestor(Gestor gestor) {
      this.gestor = gestor;
   }
   void mostrarInformacion() { //muestra el estado de la cuenta, incluido el gestor
      //No podemos usar directamente gestor.mostrarInformacion(), ya que puede
      //que el gestor sea null. Al intentar acceder a los miembros de un objeto
      //nulo se produce una excepción
      if (gestor == null) { //si la cuenta no está administrada por un gestor
         System.out.println("Cuenta sin gestor");
      } else {
         System.out.println("Información del gestor");
         gestor.mostrarInformacion(); //no es posible mostrar directamente sus
         //atributos, ya que algunos no son visibles
      }
```

```
         System.out.println("Información de la cuenta");
         System.out.println("Nombre: " + nombre);
         System.out.println("Dni: " + dni);
         System.out.println("Saldo: " + saldo);
      }
}
```

Programa principal

```
// La clase Main es una clase vecina de CuentaCorriente.
public class Main {
   public static void main(String[] args) {
      CuentaCorriente c1, c2, c3;
      //creamos dos gestores
      Gestor g1 = new Gestor("Antonio González", "666 555 444");
      Gestor g2 = new Gestor("Bea Rodríguez", "987 543 210", 12000.0);
      //creamos varias cuentas
      c1 = new CuentaCorriente("12345678-A","Pepita", g1);//cuenta administrada por g1
      c2 = new CuentaCorriente("98765432-Z", "Ana", g1); //otra cuenta de g1
      c3 = new CuentaCorriente("11222333-B", "Sancho"); //cuenta sin gestor
      c1.mostrarInformacion();
      c2.mostrarInformacion();
      c3.mostrarInformacion();
      c1.setGestor(g2); //cambiamos de gestor
      c1.mostrarInformacion();
   }
}
```

Actividad resuelta 7.6

Escribir un programa que lea por teclado una hora cualquiera y un número *n* que representa una cantidad en segundos. El programa mostrará la hora introducida y las *n* siguientes, que se diferencian en un segundo. Para ello hemos de diseñar previamente la clase `Hora` que dispone de los atributos hora, minuto y segundo. Los valores de los atributos se controlarán mediante métodos set/get.

Solución

Clase `Hora`

```
/* La clase Hora es muy simple y dispone de los atributos: hora, minuto y segundo.
 * Estos serán privados y, para acceder a ellos, usaremos métodos set/get.
 * Internamente vamos a utilizar el tipo byte para almacenar los atributos, pero desde
 * fuera de la clase nos interesa dar la sensación de que los atributos son int:
 * estamos ocultando la verdadera implementación.
 * No escribimos ningún constructor. */
public class Hora {
   private byte hora; //atributos de tipo byte: más que suficiente para los valores
   private byte minuto; //que tenemos que guardar
   private byte segundo;
   public int getHora() {
      return hora; //devuelve la hora
   }
```

```
    public void setHora(int hora) {
        if (0 <= hora && hora <= 23) { //la hora está comprendida en el rango 0..23
            this.hora = (byte) hora;
        } else {
            this.hora = 0; //si el valor está fuera de rango, lo ponemos a 0
        }
    }
    public int getMinuto() {
        return minuto; //devuelve los minutos
    }
    public void setMinuto(int minuto) { //los minutos están comprendidos de 0..59
        if (0 <= minuto && minuto <= 59) {
            this.minuto = (byte) minuto;
        } else {
            this.minuto = 0; //si el valor está fuera de rango lo ponemos a 0
        }
    }
    public byte getSegundo() {
        return segundo; //devuelve los segundos
    }
    public void setSegundo(int segundo) { //los segundos están comprendidos: 0..59
        if (0 <= segundo && segundo <= 59) {
            this.segundo = (byte) segundo;
        } else {
            this.segundo = 0; //si el valor está fuera de rango lo ponemos a 0
        }
    }
    public void incrementaSegundo() {
        segundo++; //incrementamos los segundos
        if (segundo == 60) { //si los segundo alcanza un valor de 60
            segundo = 0; //reiniciamos los segundos
            minuto++; //e incrementamos los minutos
            if (minuto == 60) { //si los minutos alcanza un valor de 60
                minuto = 0; //reiniciamos los minutos
                hora++; //e incrementamos las horas
                if (hora == 24) { //si la hora alcanza un valor 24
                    hora = 0; //reiniciamos las horas
                }
            }
        }
    }
}
```

Programa principal

```
import java.util.Scanner;
public class Main {
    public static void main(String[] args) {
        Scanner sc = new Scanner(System.in);
        Hora h = new Hora(); //creamos un objeto Hora
        System.out.println("Hora: ");
        int valor = sc.nextInt(); //leemos un valor para la hora
        h.setHora(valor); //asignamos un valor para la hora
        System.out.println("Minuto: ");
        valor = sc.nextInt(); //leemos un valor para los minutos
        h.setMinuto(valor); //asignamos un valor a los minutos
        System.out.println("Segundo: ");
```

```
        valor = sc.nextInt(); //leemos un valor para los segundos
        h.setSegundo(valor); //asignamos un valor a los segundos
        System.out.println("Cuántos segundos quiere mostrar: ");
        int numSegundos = sc.nextInt();
        for (int i = 0; i <= numSegundos; i++) {
            //mostramos la hora
            System.out.println(h.getHora() + ":" + h.getMinuto() + ":" + h.getSegundo());
            h.incrementaSegundo(); //incrementamos la hora actual en un segundo
        }
    }
}
```

7.10. Enumerados

Los tipos enumerados sirven para definir grupos de constantes como posibles valores de una variable. Por ejemplo, `DiaDeLaSemana` sería un tipo enumerado que puede tomar solo los valores constantes: LUNES, MARTES... DOMINGO. Se define de forma parecida a una clase:

```
enum DiaDeLaSemana {
    LUNES, MARTES, MIERCOLES, JUEVES, VIERNES, SABADO, DOMINGO
}
```

En la definición usamos la palabra clave `enum` y no `class`. En un programa se accede a sus valores de la forma `DiaDeLaSemana.LUNES`, `DiaDeLaSemana.MARTES`, etcétera.

Un tipo enumerado se puede implementar en un archivo aparte —normalmente dentro del mismo paquete, aunque no es obligatorio—, como si fuera una clase o bien dentro de la definición de la clase donde se va a usar. En el primer caso, en NetBeans pulsamos con el botón derecho sobre el nombre del paquete: *New/Java Enum.*

Ahora, si queremos guardar en una variable el día de la semana que tenemos inglés —los lunes— escribiremos:

```
DiaDeLaSemana ingles = DiaDeLaSemana.LUNES;
```

Normalmente, cuando tengamos que introducir por teclado un valor de tipo enumerado, escribiremos una cadena como «LUNES» y no «DiaDeLaSemana.LUNES». Para asignarlo a una variable de tipo `DiaDeLaSemana`, tendremos que convertirla en el valor enumerado correspondiente. Para eso se usa el método `valueOf()`, que convierte la cadena «LUNES» en el valor `DiaDeLaSemana.LUNES`.

```
Scanner sc = new Scanner(System.in);
String dia = sc.nextLine(); //introducimos LUNES
DiaDeLaSemana ingles = DiaDeLaSemana.valueOf(dia);
```

Si vamos a usar un tipo enumerado exclusivamente dentro de una clase, se puede definir dentro de ella. Por ejemplo, para añadir a la clase `Cliente` el atributo `sexo` con los valores posibles HOMBRE y MUJER, definimos el tipo enumerado `Sexo` dentro de la clase:

```
class Cliente {
    enum Sexo {HOMBRE, MUJER} //definición del tipo enumerado
    Sexo sexo; //declaración de un atributo del tipo enumerado
    ...
}
```

Aquí, el tipo `Sexo` solo es accesible directamente desde dentro de la propia clase. Al escribir el constructor de `Cliente`, tenemos dos opciones para el parámetro de entrada del atributo `sexo`:

1. Definirlo de tipo `String` y convertirlo en `Sexo` dentro del código del constructor.

```
Cliente(..., String sexo) {
    ...
    this.sexo = Sexo.valueOf(sexo);
}
```

2. Definirlo de tipo Sexo directamente.

```
Cliente(..., Sexo sexo) {
    ...
    this.sexo = sexo;
}
```

En el primer caso, cuando se llame al constructor, se le pasa una cadena.

```
String sexoCliente = new Scanner(System.in).next();
Cliente c = new Cliente(..., sexoCliente);
```

En segundo caso, habrá que hacer la conversión de `String` a `Sexo` antes de llamar al constructor. Dicha conversión dependerá de dónde está definido el tipo enumerado.

a) Si está definido dentro de la clase Cliente, se accede a él con el nombre de la clase,

```
Cliente c = new Cliente(..., Cliente.Sexo.valueOf(sexoCliente));
```

b) Si se ha definido en un archivo propio, aunque dentro del mismo paquete,

```
Cliente c = new Cliente(..., Sexo.valueOf(sexoCliente));
```

Los tipos enumerados se pueden definir en paquetes distintos a donde se vayan a usar. En ese caso, habrá que definirlos `public` e importarlos igual que si fueran clases.

Nota técnica

En la Actividad resuelta 7.7 haremos uso de las clases `LocalDate` y `LocalDateTime`, que se usan para gestionar la fecha y la hora.

Debido a la extensión de la API de Java es imposible detallar todas y cada una de las clases que utilizamos. En la web de la Editorial Paraninfo puedes encontrar un anexo con el uso de las clases que manejan las fechas y horas en Java.

Actividad resuelta 7.7

Diseñar la clase `Texto` que gestiona una cadena de caracteres con algunas características:

- La cadena de caracteres tendrá una longitud máxima que se especifica en el constructor.

- Permite añadir un carácter al principio o al final, siempre y cuando no se exceda la longitud máxima, es decir, exista espacio disponible.
- Igualmente, permite añadir una cadena, al principio o al final del texto, siempre y cuando no se rebase el tamaño máximo establecido.
- Es necesario saber cuántas vocales (mayúsculas y minúsculas) hay en el texto.
- Cada objeto de tipo `Texto` tiene que conocer la fecha en la que se creó, así como la fecha y hora de la última modificación efectuada.
- Deberá existir un método que muestre la información que gestiona cada texto.

Solución

Clase `Texto`

```
import java.time.LocalDate;
import java.time.LocalDateTime;

/* La clase Texto contendrá:
 *  - un String (donde guardaremos la cadena de caracteres)
 *  - un número entero que indicará la longitud máxima del texto
 *  - fecha de creación del texto
 *  - y la fecha y hora de la última modificación */
public class Texto {
   private String cad; //cadena de caracteres
   LocalDate creacion;
   LocalDateTime ultimaModificacion;
   private final int LONGITUD_MAX; //del texto. Una vez asignado no varía
   static final String VOCALES = "aeiouáéíóúü"; //cadena constante y estática que
   //contiene todas las posibles vocales en minúsculas

   public Texto(int longitudMax) {
      cad = ""; //cad referencia un objeto String con valor "", no se puede usar
      // cad = null, en este caso cad no referencia ningún objeto y no es posible
      //usar sus métodos
      this.LONGITUD_MAX = longitudMax;
      creacion = LocalDate.now();
      ultimaModificacion = null; //aún no se ha modificado nada
   }

   //Añade un carácter al final del texto, siempre y cuando quede sitio
   public void addFinal(char c) {
      if (LONGITUD_MAX > cad.length()) {
         cad = cad + c; //concatena el carácter al final
         ultimaModificacion = LocalDateTime.now();
      }
   }

   //Añade una cadena al final del texto, siempre y cuando quede sitio
   public void addFinal(String c) {
      if (LONGITUD_MAX >= cad.length() + c.length()) {
         cad = cad + c;
         ultimaModificacion = LocalDateTime.now();
      }
   }
```

```
    //Añade un carácter al comienzo del texto, siempre y cuando quede sitio
    public void addPrincipio(char c) {
        if (LONGITUD_MAX > cad.length()) {
            cad = c + cad;
            ultimaModificacion = LocalDateTime.now();
        }
    }

    //Añade una cadena al comienzo del texto, siempre y cuando quede sitio
    public void addPrincipio(String c) {
        if (LONGITUD_MAX >= cad.length() + c.length()) {
            cad = c + cad;
            ultimaModificacion = LocalDateTime.now();
        }
    }

    public void mostrar() {
        System.out.println("Texto creado el " + creacion);
        System.out.println("Última modificación: " + ultimaModificacion);
        System.out.println(cad);
    }

    //Devuelve el número de vocales presentes en el texto
    public int numVocales() {
        int voc = 0; // número de vocales del texto
        for (int i = 0; i < cad.length(); i++) {
            if (esVocal(cad.charAt(i))) {
                voc++;
            }
        }
        return (voc);
    }

    //Comprueba si el carácter pasado es una vocal: mayúscula/minúscula/acentuada
    private boolean esVocal(char c) {
        boolean vocal = false;

        c = Character.toLowerCase(c); //convertimos el carácter a minúscula
        if (VOCALES.indexOf(c) != -1) {//buscamos el carácter (en minúscula) en
            vocal = true;              //las posibles vocales
        }
        return (vocal);
    }
}
```

Programa principal

```
// Creamos un objeto Texto para probar su funcionamiento.
public class Main {
    public static void main(String[] args) {
        Texto t = new Texto(5);
        t.addPrincipio("HO");
        t.addPrincipio(';');
        t.addFinal("Lá");
        t.addFinal('X'); // este carácter no cabe en el texto. No se añade.
        t.mostrar();
        System.out.println("Número de vocales: " + t.numVocales());
    }
}
```

Actividad resuelta 7.8

Definir una clase que permita controlar un sintonizador digital de emisoras FM; concretamente, se desea dotar al controlador de una interfaz que permita subir (up) o bajar (down) la frecuencia (en saltos de 0,5 MHz) y mostrar la frecuencia sintonizada en un momento dado (display). Supondremos que el rango de frecuencias para manejar oscila entre los 80 MHz y los 108 MHz y que, al inicio, el controlador sintonice la frecuencia indicada en el constructor o 80 MHz por defecto. Si durante una operación de subida o bajada se sobrepasa uno de los dos límites, la frecuencia sintonizada debe pasar a ser la del extremo contrario. Escribir un pequeño programa principal para probar su funcionamiento.

Solución

Clase `SintonizadorFM`

```
/* La clase tiene un atributo real que almacena la frecuencia a la que estamos
 * sintonizando, junto a los métodos necesarios para utilizar el sintonizador. */
public class SintonizadorFM {
double frecuencia;
   // constructor que permite asignar una frecuencia inicial
   SintonizadorFM(double frecuenciaInicial) {
      // la frecuencia inicial debe encontrarse en el rango [80 - 108]
      if (frecuenciaInicial < 80) {
         frecuencia = 80; // MHz
      } else if (frecuenciaInicial > 108) {
         frecuencia = 108; //MHz
      } else {
         frecuencia = frecuenciaInicial;
      }
   }
   SintonizadorFM() { //constructor
      this(80); // MHz. Frecuencia inicial por defecto.
      // Otra forma sería inicializar el valor por defecto directamente:
      // frecuencia = 80;
   }
   public double down() {
      frecuencia -= 0.5; //bajamos la frecuencia 0.5 MHz
      comprobarRango(); //comprobamos si la nueva frecuencia está en el rango permitido
      return (frecuencia);
   }
   public double up() {
      frecuencia += 0.5; //subimos la frecuencia
      comprobarRango(); //y comprobamos el rango
      return (frecuencia);
   }
   public void display() {
      System.out.println("Sintonizando: " + frecuencia + " MHz"); //mostramos
   }
   //método de uso interno que se encarga de comprobar que la frecuencia se encuentre
   //en el rango 80..108. En caso de que la frecuencia esté fuera de rango la ajusta
   private void comprobarRango() {
      if (frecuencia < 80) { //si al bajar la frecuencia es menor que el límite inferior
         frecuencia = 108; //asignamos el límite superior
      } else if (frecuencia > 108) { //si sobrepasamos el límite superior
         frecuencia = 80; //colocamos la frecuencia en el valor menor
      }
   }
}
```

Programa principal

```
// Probamos el uso del sintonizador de FM
public class Main {
   public static void main(String[] args) {
      // ejemplo de funcionamiento
      SintonizadorFM a, b;
      a = new SintonizadorFM(107);
      a.up(); a.up(); a.up(); a.up(); // subimos un total de 2 MHz
      a.display(); // debe mostrar 80.5 MHz
      b = new SintonizadorFM(80.5);
      b.down(); b.down(); b.down(); //bajamos 1.5 MHz
      b.display(); // debe mostrar 107.5 MHz
      a = new SintonizadorFM(200); //frecuencia fuera de rango. Debe ajustarse
      a.display(); //debe mostrar 108.0 MHZ
   }
}
```

Actividad resuelta 7.9

Modelar una casa con muchas bombillas, de forma que cada bombilla se pueda encender o apagar individualmente. Para ello, hacer una clase `Bombilla` con una variable privada que indique si está encendida o apagada, así como un método que nos diga el estado de una bombilla concreta. Además, queremos poner un interruptor general, de forma que si este se apaga, todas las bombillas quedan apagadas. Cuando el interruptor general se activa, las bombillas vuelven a estar encendidas o apagadas, según estuvieran antes. Cada bombilla se enciende y se apaga individualmente, pero solo responde que está encendida si su interruptor particular está activado y además hay luz general.

Solución

Clase `Bombilla`

```
/* La clase Bombilla se implementa con un indicador de estado (apagada/encendida), que
 * será individual para cada bombilla (para cada objeto bombilla). Además, el interruptor
 * general (que afecta a todas las bombillas) se implementa con un atributo estático,
 * cuyo valor será el mismo para todos los objetos de la clase. */
public class Bombilla {
   public static boolean interruptorGeneral = true; // atributo estático
   private boolean interruptor; //interruptor (estado) que posee cada bombilla
   public Bombilla() {
      interruptor = false; // inicialmente la nueva bombilla está apagada
   }
   public void enciende() {
      interruptor = true; // activamos el interruptor (a true)
   }
   public void apaga() {
     interruptor = false; // desactivamos el interruptor
   }
   public boolean estado() {
      return interruptorGeneral && interruptor;
     //el estado es true si el interruptor de la bombilla y el general están activados
   }
  //Devuelve una cadena con el estado de la bombilla
```

```
    public String muestraEstado() {
        return estado() ? "Encendida" : "Apagada";
        //dependiendo del estado se devuelve la cadena "Encendida" o "Apagada"
    }
}
```

Programa principal

```
public class Main {
    public static void main(String[] args) {
        // vemos un ejemplo de funcionamiento
        Bombilla b1, b2;
        b1 = new Bombilla();
        b2 = new Bombilla();
        b1.enciende();
        b2.apaga();
        System.out.println("b1: " + b1.muestraEstado());
        System.out.println("b2: " + b2.muestraEstado());
        Bombilla.interruptorGeneral = false; // cortamos la luz
        System.out.println("\nCortamos la luz general");
        System.out.println("b1: " + b1.muestraEstado());
        System.out.println("b2: " + b2.muestraEstado());
        Bombilla.interruptorGeneral = true; // activamos la luz
        System.out.println("\nActivamos la luz general");
        System.out.println("b1: " + b1.muestraEstado());
        System.out.println("b2: " + b2.muestraEstado());
    }
}
```

Actividad resuelta 7.10

Hemos recibido el encargo de un cliente para definir los paquetes y las clases necesarias (solo implementar los atributos y los constructores) para gestionar una empresa ferroviaria, en la que se distinguen dos grandes grupos: el personal y la maquinaria. En el primero se ubican todos los empleados de la empresa, que se clasifican en tres grupos: los maquinistas, los mecánicos y los jefes de estación. De cada uno de ellos es necesario guardar:

- Maquinistas: su nombre, DNI, sueldo y el rango que tienen adquirido.
- Mecánicos: su nombre, teléfono (para contactar en caso de urgencia) y en qué especialidad desarrollan su trabajo (esta puede ser: frenos, hidráulica, electricidad o motor).
- Jefes de estación: su nombre, DNI y la fecha en la que fue nombrado jefe de estación.

En la parte de maquinaria podemos encontrar trenes, locomotoras y vagones. De cada uno de ellos hay que considerar:

- Vagones: tienen un número que los identifica, una carga máxima (en kilos), la carga actual y el tipo de mercancía con el que están cargados.
- Locomotoras: disponen de una matrícula (que las identifica), la potencia de sus motores y una antigüedad (año de fabricación). Además, cada locomotora tiene asignado un mecánico que se encarga de su mantenimiento.
- Trenes: están formados por una locomotora y un máximo de 5 vagones. Cada tren tiene asignado un maquinista que es responsable de él.

Todas las clases correspondientes al personal (`Maquinista`, `Mecanico` y `JefeEstacion`) serán de uso público. Entre las clases relativas a la maquinaria solo será posible construir, desde clases externas, objetos de tipo `Tren` y de tipo `Locomotora`. La clase `Vagon` será solo visible por sus clases vecinas.

Solución

Clase `Maquinista`

```
package personal;
public class Maquinista {
   String nombre;
   String dni;
   double sueldo;
   String rango;
   public Maquinista(String nombre, String dni, double sueldo, String rango) {
      this.nombre = nombre;
      this.dni = dni;
      this.sueldo = sueldo;
      this.rango = rango;
   }
}
```

Clase `Mecanico`

```
package personal;
public class Mecanico {
   String nombre;
   String telefono;
   enum Especialidad {FRENOS, HIDRAULICA, ELECTRICIDAD, MOTOR} //enumerado
   Especialidad especialidad;
   public Mecanico(String nombre, String telefono, String especialidad) {
      this.nombre = nombre;
      this.telefono = telefono;
      this.especialidad = Especialidad.valueOf(especialidad);//pasa de String a
                                                             //enumerado
   }
}
```

Clase `JefeEstacion`

```
package personal;
import java.util.DateTime;

public class JefeEstacion {
   String nombre;
   String dni;
   DateTime nombramiento;

  public JefeEstacion(String nombre, String dni, DateTime nombramiento) {
      this.nombre = nombre;
      this.dni = dni;
      this.nombramiento = nombramiento;
   }
}
```

Clase Vagon

```
package maquinaria;
class Vagon { //visibilidad por defecto. Solo visible por clases vecinas
   int numIdentificativo;
   int cargaMax;
   int cargaActual;
   String mercancia;
   public Vagon(int numIdentificativo, int cargaMax, int cargaActual, String mercancia) {
      this.numIdentificativo = numIdentificativo;
      this.cargaMax = cargaMax;
      this.cargaActual = cargaActual;
      this.mercancia = mercancia;
   }
}
```

Clase Locomotora

```
package maquinaria;
import personal.Mecanico;
   public class Locomotora {
   String matricula;
   int potencia;
   int añoFabricacion;
   Mecanico mec;
   public Locomotora(String matricula, int potencia, int añoFabricacion, Mecanico mec) {
      this.matricula = matricula;
      this.potencia = potencia;
      this.añoFabricacion = añoFabricacion;
      this.mec = mec;
   }
}
```

Clase Tren

```
package maquinaria;
import personal.Maquinista;
public class Tren {
   Locomotora locomotora;
   Vagon vagones[];
   Maquinista responsable;
   private int numVagones; //número de vagones que forman el tren
   public Tren(Locomotora locomotora, Maquinista responsable) {
      this.locomotora = locomotora;
      this.responsable = responsable;
      vagones = new Vagon[5]; //creamos la tabla de tamaño 5, pero no se
                              //crea ningún objeto de tipo Vagón
      numVagones = 0; //por ahora no hay vagones enganchados al tren
   }
   /* Al ser la clase Vagon no visible por clases externas, será la clase Tren la
    * que se encargue de construir el objeto a partir de los datos que nos pasen. */
   public void enganchaVagon(int cargaMax, int cargaActual, String mercancia) {
      if (numVagones >= 5) {
         System.out.println("El tren no admite más vagones");
      } else {
         Vagon v = new Vagon(numVagones, cargaMax, cargaActual, mercancia);
        vagones[numVagones] = v; //el vagón pasado ocupa el último lugar
        numVagones++; //ahora tenemos un vagón más enganchado al tren
      }
   }
}
```

Nota técnica

Los *wrappers* o envoltorios son clases que internamente contienen un dato de tipo primitivo, lo que proporciona una forma de trabajar con estos como objetos. Cada tipo primitivo tiene su correspondiente clase envoltorio: `Integer` para el tipo `int`, `Double` para el tipo `double`, `Character` para el tipo `char`, etcétera.

En la web de la Editorial Paraninfo puedes encontrar un anexo con la descripción de los *wrappers*.

Actividad resuelta 7.11

Las listas son estructuras dinámicas de datos donde se pueden insertar o eliminar elementos de un determinado tipo sin limitación de espacio.

Implementar la clase `Lista` correspondiente a una lista de números de la clase `Integer`. Los números se guardarán en una tabla que se redimensionará con las inserciones y eliminaciones, aumentando o disminuyendo la capacidad de la lista según el caso.

Entre los métodos de la clase, se incluirán las siguientes tareas:

- Un constructor que inicialice la tabla con un tamaño 0.
- Obtener el número de elementos insertados en la lista.
- Insertar un número al final de la lista.
- Insertar un número al principio de la lista.
- Insertar un número en un lugar de la lista cuyo índice, que es el de la tabla, se pasa como parámetro.
- Añadir al final de la lista los elementos de otra lista que se pasa como parámetro.
- Eliminar un elemento cuyo índice en la lista se pasa como parámetro.
- Obtener el elemento cuyo índice se pasa como parámetro.
- Buscar un número en la lista, devolviendo el índice del primer lugar donde se encuentre. Si no está, devolverá −1.
- Mostrar los elementos de la lista por consola.

Solución

`Clase Lista`

```
import java.util.Arrays;

/* Implementamos las listas con tablas de tipo Integer, que iremos
 * redimensionando según vaya haciendo falta. El índice de un elemento en la
 * lista coincide con el índice del lugar que ocupa en la tabla. */
public class Lista {
   Integer[] tabla;

   public Lista() {
      tabla = new Integer[0];
   }
```

```
void insertarPrincipio(Integer nuevo) {
   tabla = Arrays.copyOf(tabla, tabla.length + 1);
   System.arraycopy(tabla, 0, tabla, 1, tabla.length - 1);
   tabla[0] = nuevo;
}

void insertarFinal(Integer nuevo) {
   tabla = Arrays.copyOf(tabla, tabla.length + 1);
   tabla[tabla.length - 1] = nuevo;
}

void insertarFinal(Lista otraLista) {
   int tamIni = tabla.length;//tamaño inicial tabla
   tabla = Arrays.copyOf(tabla, tabla.length + otraLista.tabla.length);
   System.arraycopy(otraLista.tabla, 0, tabla, tamIni, otraLista.tabla.length);
}

//El primer parámetro es el índice del lugar donde queremos insertar
//el valor del segundo parámetro
void insertar(int posicion, Integer nuevo) {
   tabla = Arrays.copyOf(tabla, tabla.length + 1);
   System.arraycopy(tabla, posicion, tabla, posicion + 1,
      tabla.length - posicion - 1);
   tabla[posicion] = nuevo;
}

//Se elimina el elemento correspondiente a indice y se devuelve
Integer eliminar(int indice) {
   Integer eliminado = null;
   if (indice >= 0 && indice < tabla.length) {
      eliminado = tabla[indice];
      for (int i = indice + 1; i < tabla.length; i++) {
         tabla[i - 1] = tabla[i];
      }
      tabla = Arrays.copyOf(tabla, tabla.length - 1);
   }
   return eliminado;
}

/* Al siguiente método le pasaremos un índice y nos devolverá el elemento
    correspondiente de la tabla sin modificarla. En el caso de que el índice no
    sea válido, devolverá null, con lo cual evitamos que el programa aborte. */
Integer get(int indice) {
   Integer resultado = null;
   if (indice >= 0 && indice < tabla.length) {//índice válido
      resultado = tabla[indice];
   }
   return resultado;
}

int buscar(Integer claveBusqueda) {
   int indice = -1;
   for (int i = 0; i < tabla.length && indice == -1; i++) {
      if (tabla[i].equals(claveBusqueda)) {//no vale tabla[i]==claveBusqueda
        indice = i;
      }
   }
   return indice;
```

```
    }

    //El número de elementos de la lista es el número de elementos de la tabla
    public int numeroElementos() {
        return tabla.length;
    }

    //Muestra por consola el contenido de la lista
    public void mostrar() {
        System.out.println("Lista: " + Arrays.toString(tabla));
    }
}
```

Programa principal

```
public class Main {
    //prueba de los métodos de la clase Lista
    public static void main(String[] args) {
        Lista l1 = new Lista();
        Lista l2 = new Lista();
        l1.insertarFinal(4);
        l1.insertarFinal(5);
        l1.insertarFinal(6);
        l1.mostrar();
        l1.insertarPrincipio(3);
        l1.insertarPrincipio(2);
        l1.insertarPrincipio(1);
        l1.mostrar();
        l1.insertar(2, 99);
        l1.mostrar();
        l1.eliminar(2);
        l1.mostrar();
        System.out.println(l1.buscar(4));
        l2.insertarFinal(10);
        l2.insertarFinal(20);
        l2.insertarFinal(30);
        l2.insertarFinal(40);
        l2.insertarFinal(50);
        l2.mostrar();
        l1.insertarFinal(12);
        l1.mostrar();
    }
}
```

Actividad resuelta 7.12

Añadir a la clase `Lista` el método estático:

```
Lista concatena(Lista l1, Lista l2)
```

que construye y devuelve una lista que contiene, en el mismo orden, una copia de todos los elementos de `l1` y `l2`.

Solución

Clase `Lista`

```
public class Lista {
    ... //resto de implementación de Lista
```

```
  //Crearemos un objeto Lista donde insertaremos todos los elementos de l1 y l2.
  static Lista concatena(Lista l1, Lista l2) {
     Lista resultado = new Lista(); //objeto Lista que contendrá la concatenación
     for (Integer e : l1.tabla) { //recorremos los elementos de l1 e insertamos
        resultado.insertarFinal(e); //insertamos al final para mantener el orden
     }
     for (Integer e : l2.tabla) { //hacemos lo mismo con l2.
        resultado.insertarFinal(e);
     }
     return resultado;
  }
```

Programa principal

```
public class Main {
   //prueba del método estático concatena() de Lista
   public static void main(String[] args) {
      Lista l1 = new Lista();
      Lista l2 = new Lista();
      l1.insertarFinal(1); l1.insertarFinal(1); l1.insertarFinal(2);
      l1.insertarFinal(3);
      l2.insertarFinal(10); l2.insertarFinal(20); l2.insertarFinal(30);
      Lista concatenacion = Lista.concatena(l1, l2);
      concatenacion.mostrar();
   }
}
```

Actividad resuelta 7.13

Una pila es una estructura dinámica de datos donde los elementos se insertan (se apilan) y se retiran (se desapilan) siguiendo la norma de que el último que se apila será el primero en desapilarse, como ocurre con una pila de platos. Cuando vamos a retirar un plato de una pila a nadie se le ocurre tirar de uno de los de abajo; retiramos (desapilamos) el que está encima de todos, que fue el último en ser apilado. Se llama *cima* de la pila al último elemento apilado (o al primer elemento para desapilar). Los métodos fundamentales de una pila son `apilar()` y `desapilar()`.

Implementar la clase `Pila` para números `Integer`, donde se usa una lista (un objeto de la clase Lista implementada en la Actividad resuelta 7.11) para guardar los elementos apilados.

Solución

Clase `Pila`

```
/* Vamos a implementar una estructura de pila para Integer usando objetos de la clase
 * Lista para guardar los datos que se apilan. Por razón de eficiencia, la cima será el
 * final de la lista, evitando así mover los datos apilados previamente. */
public class Pila {
  private Lista lista; //objeto donde almacenaremos los datos
   public Pila() {
      lista = new Lista(); //creamos un objeto Lista
   }
   //apilamos añadiendo el elemento al final de la lista
   void apilar(Integer elemento) {
      lista.insertarFinal(elemento);
  }
```

```
    //desapilamos extrayendo el elemento de la cima. Si la pila está vacía, es
    //porque la lista también lo está y devuelve null
    Integer desapilar() {
        return lista.eliminar(lista.tabla.length - 1);
    }
    public void mostrar() {
        lista.mostrar();
    }
}
```

Programa principal

```
public class Main {
    //programa principal para probar la clase Pila
    public static void main(String[] args) {
        Pila p = new Pila();
        System.out.println(p.desapilar());//muestra null, ya que p está vacía
        for (int i = 0; i < 10; i++) { //apilamos los números del 0 al 9
            p.apilar(i);
        }
        Integer num = p.desapilar(); //desapilamos
        while (num != null) { //mientras la pila no esté vacía
            System.out.print(num + " "); //mostramos el elemento desapilado
            num = p.desapilar(); //y volvemos a desapilar
        }
    }
}
```

Actividad resuelta 7.14

Implementar el método no estático

```
void insertarFinal(int nuevo)
```

que inserta un número entero al final de `tablaEnteros[]`, que es un atributo no estático de la clase `Main`. Escribir un programa que inicialice la tabla con los números del 1 al 10 y después la muestre por consola.

Solución

```
import java.util.Arrays;
/* La clase Main puede tener atributos y métodos no estáticos, aunque no podemos
 * invocarlos directamente desde el método main(), ya que este es static, pero sí a
 * través de un objeto de la propia clase Main. */
public class Main {
    int[] tablaEnteros = new int[0]; //atributo no estático de Main
    public static void main(String[] args) {
        Main m = new Main(); //creamos un objeto de la clase Main con el constructor
        //por defecto
        for (int i = 0; i < 10; i++) {
            m.insertarFinal(i + 1);
        }
        System.out.println("tabla: " + Arrays.toString(m.tablaEnteros));
    }
    void insertarFinal(int nuevo) {//método no estático de Main
        tablaEnteros = Arrays.copyOf(tablaEnteros, tablaEnteros.length + 1);
        tablaEnteros[tablaEnteros.length - 1] = nuevo;
    }
}
```

MAPA CONCEPTUAL

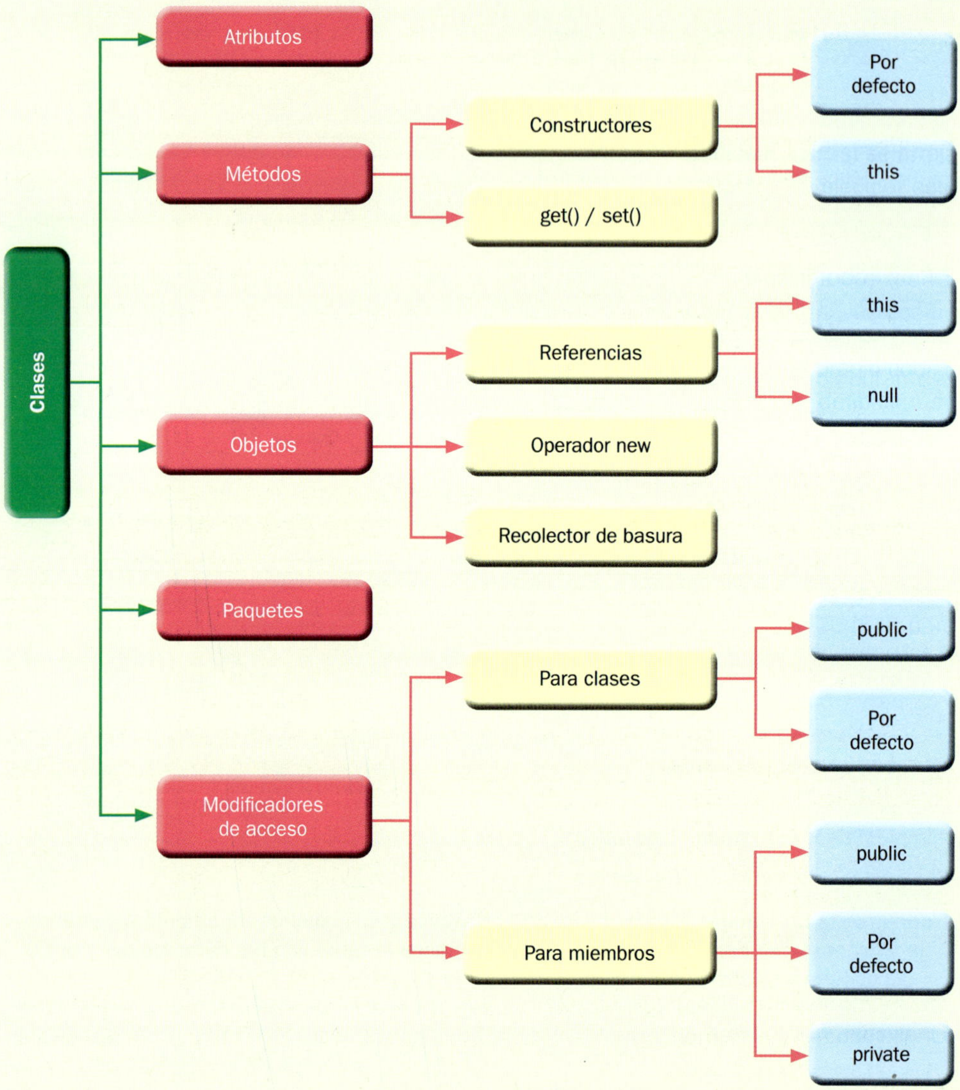

Actividades de comprobación

7.1. Dos clases se consideran vecinas siempre y cuando:

a) Sean visibles.
b) Ambas dispongan del mismo número de constructores.
c) Pertenezcan al mismo paquete.
d) Todo lo anterior ha de cumplirse para que dos clases sean vecinas.

7.2. Un miembro cuyo modificador de acceso es `private` será visible desde:

a) Todas las clases vecinas.
b) Todas las clases externas.
c) Es indistinto el paquete, pero será visible siempre que se importe la clase que lo contiene.
d) Ninguna de las respuestas anteriores.

7.3. Si desde un constructor queremos invocar a otro constructor de la misma clase, tendremos que usar:

a) `set()`.
b) `get()`.
c) `this()`.
d) `this`.

7.4. Si por error dejamos un objeto sin ninguna referencia, siempre podremos volver a referenciarlo mediante:

a) La referencia `this`.
b) La referencia `null`.
c) Utilizando `new`.
d) Es imposible.

7.5. ¿Qué hace el operador `new`?

a) Construye un objeto, invoca al constructor y devuelve su referencia.
b) Construye un objeto, comprueba que su clase esté importada y devuelve su referencia.
c) Busca en la memoria un objeto del mismo tipo, invoca al constructor y devuelve su referencia.
d) Busca en memoria un objeto del mismo tipo y devuelve su referencia.

7.6. Cuando hablamos de miembros de una clase, nos estamos refiriendo a:

a) Todos los atributos.
b) Todos los métodos.
c) Todos los atributos y métodos, indistintamente de los modificadores de acceso utilizados.
d) Todos los atributos y métodos que son visibles por sus clases vecinas.

7.7. En la definición de una clase, los únicos modificadores de acceso que se pueden utilizar son:

a) `public`.
b) `public` y el modificador de acceso por defecto.
c) `public`, el modificador de acceso por defecto y `private`.
d) El modificador `class`.

7.8. ¿Qué diferencia un atributo estático definido en una clase de otro que no lo es?

a) El atributo estático es visible por todas las clases vecinas, mientras que el no estático solo será visible para las clases que usen importación.

b) Solo existe una copia del atributo estático en la clase, mientras que el atributo no estático tendrá una copia en cada uno de los objetos.

c) Existe una copia del atributo estático en todos y cada uno de los objetos, mientras que del atributo no estático solo existe una copia en la clase.

d) Ambos disponen de copias en cada objeto, pero el atributo no estático es accesible mediante la clase y el no estático es accesible mediante los objetos.

7.9. ¿Qué efecto tiene las siguientes líneas de código?

```
Cliente c;
c.nombre = "Pepita";
```

a) Inicializa el atributo nombre de `Cliente` con el valor «Pepita».

b) Invoca al constructor y posteriormente asigna el valor «Pepita» al atributo nombre, siempre y cuando este sea público.

c) Si el atributo `nombre` es público, se le asigna un valor, pero si el atributo es privado, producirá un error.

d) Siempre produce un error.

7.10. La ocultación de atributos puede definirse como:

a) El proceso en el que un atributo pasa de ser público a privado.

b) El proceso en el que se define una variable local (en un método) con el mismo identificador que un atributo.

c) El proceso en el que un atributo estático deja de serlo.

d) Todas las respuestas anteriores son correctas.

Actividades de aplicación

7.11. Escribe la clase `MarcaPagina`, que ayuda a llevar el control de la lectura de un libro. Deberá disponer de métodos para incrementar la página leída, para obtener información de la última página que se ha leído y para comenzar desde el principio una nueva lectura del mismo libro.

7.12. Implementa una clase que permita resolver ecuaciones de segundo grado. Los coeficientes pueden indicarse en el constructor y modificarse *a posteriori.* Es fundamental que la clase disponga de un método que devuelva las distintas soluciones y de un método que nos informe si el discriminante es positivo.

7.13. En el momento de decorar una casa, una habitación o cualquier objeto, se plantea el problema de elegir la paleta de colores que vamos a utilizar en nuestra decoración. Existe una solución, algo atrevida, que consiste en utilizar colores al azar.

Diseña la clase `Colores`, que alberga por defecto una serie de colores (mediante una cadena), aunque es posible añadir tantos como necesitemos. La clase tendrá un método que devuelve una tabla con los *n* colores que necesitemos elegidos al azar sin repeticiones.

7.14. Crea una clase que sea capaz de mostrar el importe de un cambio, por ejemplo, al realizar una compra, con el menor número de monedas y billetes posibles.

7.15. Diseña la clase `Calendario` que representa una fecha concreta (año, mes y día). La clase debe disponer de los métodos:

- `Calendario(int año, int mes, int dia)`: que crea un objeto con los datos pasados como parámetros, siempre y cuando, la fecha que representen sea correcta.
- `void incrementarDia()`: que incrementa en un día la fecha del calendario.
- `void incrementarMes()`: que incrementa en un mes la fecha del calendario.
- `void incrementarAño(int cantidad)`: que incrementa la fecha del calendario en el número de años especificados. Ten en cuenta que el año 0 no existió.
- `void mostrar()`: muestra la fecha por consola.
- `boolean iguales(Calendario otraFecha)`: que determina si la fecha invocante y la que se pasa como parámetro son iguales o distintas.

Por simplicidad, solo tendremos en consideración que existen meses con distinto número de días, pero no tendremos en cuenta los años bisiestos.

7.16. Escribe la clase `Punto` que representa un punto en el plano (con un componente x y un componente y), con los métodos:

- `Punto(double x, double y)`: construye un objeto con los datos pasados como parámetros.
- `void desplazaX(double dx)`: incrementa el componente x en la cantidad `dx`.
- `void desplazaY(double dy)`: incrementa el componente y en la cantidad `dy`.
- `void desplaza(double dx, double dy)`: desplaza ambos componentes según las cantidades `dx` (en el eje x) y `dy` (en el componente y).
- `double distanciaEuclidea(Punto otro)`: calcula y devuelve la distancia euclídea entre el punto invocante y el punto `otro`.
- `void muestra()`: muestra por consola la información relativa al punto.

7.17. El cifrado César es una forma sencilla de modificar un texto para que no sea entendible a quienes no conocen el código. Este cifrado consiste en modificar cada letra de un texto por otra que se encuentra en el alfabeto *n* posiciones detrás.

Por ejemplo, para un valor de *n* igual a 3, la letra *a* se codifica con la *d,* y la letra *q* se codifica con la *x.* En el caso de que una letra exceda a la *z,* seguiremos de forma circular utilizando la *a.* Solo se cifrarán las letras, mayúsculas o minúsculas.

Realiza una clase que, mediante un método estático, devuelva cifrado el texto que se le pasa con un paso de *n* letras.

7.18. Una cola es otra estructura dinámica como la pila, donde los elementos, en vez de apilarse y desapilarse, se encolan y desencolan. La diferencia con las pilas es que se desencola el primer elemento encolado, ya que así es como funcionan las colas del autobús o del cine. El primero que llega es el primero que sale de la cola (vamos a suponer que nadie se cuela). Por tanto, los elementos se encolan y desencolan en extremos opuestos de la estructura, llamados *primero* (el que está primero y será el próximo en abandonar la cola) y *último* (el que llegó último). Implementa la clase `Cola` donde los elementos `Integer` encolados se guardan en una tabla.

7.19. Implementa la clase `Pila` para números `Integer`, usando directamente una tabla para guardar los elementos apilados.

7.20. Repite la Actividad de aplicación 7.18, usando una `Lista` para guardar los elementos encolados.

7.21. Un conjunto es una estructura dinámica de datos como la lista, con dos diferencias: en primer lugar, en una lista puede haber elementos repetidos, mientras que en un conjunto, no. Además, en una lista el orden de inserción de los elementos puede ser relevante y debemos tenerlo en cuenta, mientras que en un conjunto solo interesa si un elemento pertenece o no al conjunto y no el lugar que ocupa. Se pide implementar la clase Conjunto utilizando una lista para almacenar números de tipo `Integer`. Implementa los siguientes métodos:

- Un constructor sin parámetros.
- `int numeroElementos()`: devuelve el número de elementos del conjunto.
- `boolean insertar(Integer nuevo)`: inserta un nuevo elemento en el conjunto.
- `boolean insertar(Conjunto otroConjunto)`: añade al conjunto los elementos del conjunto `otroConjunto`.
- `boolean eliminarElemento(Integer elemento)`: en caso de pertenecer al conjunto, elimina `elemento`.
- `boolean eliminarConjunto(Conjunto otroConjunto)`: elimina del conjunto invocante los elementos del conjunto que se pasa como parámetro.
- `boolean pertenece(Integer elemento)`: indica si el elemento que se le pasa como parámetro pertenece o no al conjunto.
- `muestra()`: muestra el conjunto por consola.

De forma general, los métodos que devuelven un booleano indican con él si el conjunto se ha modificado.

7.22. Añade a la clase `Conjunto` los siguientes métodos estáticos:

- `static boolean incluido(Conjunto c1, Conjunto c2)`: que devuelve `true` si `c1` está incluido en `c2`, es decir, si todos los elementos de `c1` están también en `c2`.
- `static Conjunto union(Conjunto c1, Conjunto c2)`: devuelve un nuevo conjunto con todos los elementos que están en `c1`, en `c2` o en ambos (elementos comunes y no comunes).
- `static interseccion(Conjunto c1, Conjunto c2)`: que devuelve un nuevo conjunto con todos los elementos que están en `c1` y en `c2` a la vez (elementos comunes).
- `static diferencia(Conjunto c1, Conjunto c2)`: que devuelve un nuevo conjunto con todos los elementos que están en `c1`, pero no en `c2`.

Actividades de ampliación

7.23. Busca en internet información sobre qué son y para qué se usan las colecciones. ¿Qué opinión te merecen? Razona dónde se podrían utilizar.

7.24. Realiza una investigación sobre los tipos abstractos de datos (TAD) que se usan en lenguajes que no disponen de POO. Enumera las ventajas e inconvenientes de los TAD frente a la POO. Justifica tu respuesta.

7.25. Familiarízate con la documentación de Java de Oracle, donde están disponibles las principales clases de la API, así como sus atributos y métodos.

7.26. Existen lenguajes orientados a objetos que utilizan, al igual que Java, constructores para inicializar los objetos recién creados; pero además, implementan el uso de destructores: métodos que se ejecutan justo antes de que un objeto se elimine de la memoria. Lee sobre los destructores y sus usos.

7.27. La POO se basa en una serie de conceptos que son utilizados por los lenguajes de programación. Algunas de las características más importantes de la POO son la abstracción, el encapsulamiento, el principio de ocultación y la herencia. Realiza una investigación sobre estos conceptos y comparte tus conocimientos con tus compañeros.

7.28. La POO está muy vinculada a otro paradigma de programación denominado *programación orientada a eventos.* Busca en internet en qué consiste y cómo podría usarse para implementar una aplicación con interfaz gráfica de usuario.

UNIDAD 8

Herencia

Objetivos

- Conocer la idea y la necesidad de la herencia entre clases.
- Saber cuáles son los conceptos de subclase y superclase.
- Utilizar la herencia como mecanismo de especialización.
- Conocer las limitaciones de acceso a los miembros de una superclase.
- Comprender y usar el mecanismo de la sustitución de métodos.
- Utilizar el acceso a miembros sustituidos de una superclase.
- Comprender y usar la selección dinámica de métodos en tiempo de ejecución.
- Reconocer las principales funcionalidades definidas en la clase `Object`.
- Usar la sustitución de los métodos de `Object`. En particular, la implementación de `toString()`, `equals()`.
- Conocer y utilizar las clases abstractas.
- Usar las clases abstractas para la selección dinámica de métodos.

Contenidos

Introducción

La herencia es una de las grandes aportaciones de la POO y permite, igual que en la vida real, que las características pasen de padres a hijos. Cuando una clase hereda de otra, adquiere sus atributos y métodos visibles, permitiendo reutilizar el código y las funcionalidades, que se pueden ampliar o extender.

La clase de la que se hereda se denomina clase *padre* o *superclase,* y la clase que hereda es conocida como clase *hija* o *subclase*. El diagrama de clases de la Figura 8.1 representa el concepto de herencia.

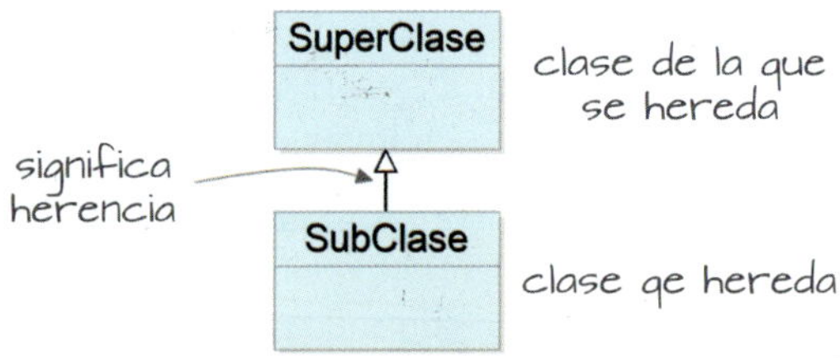

Figura 8.1. *Herencia entre clases.*

8.1. Subclase y superclase

Una subclase dispone de los miembros heredados de la superclase y, habitualmente, se amplía añadiéndole nuevos atributos y métodos. Esto aumenta su funcionalidad, a la vez que evita la repetición innecesaria de código. En la API, por ejemplo, la mayoría de las clases no se definen desde cero. Por el contrario, se construyen heredando de otras, lo que simplifica su desarrollo. En realidad, todas las clases de Java heredan de la clase `Object`, definida también en la API.

La forma de expresar cuál es la superclase de la que heredamos es mediante la palabra reservada *extends,* de la forma

```
class SubClase extends SuperClase {
    ...
}
```

Veamos un ejemplo: supongamos que disponemos de la clase `Persona` —nombre, edad y estatura— y necesitamos construir la clase `Empleado`. Un empleado, para nuestra aplicación, será una persona —nombre, edad y estatura— con un salario. Vamos a definir `Empleado` heredando de `Persona`. Esto hará que adquiera todos sus miembros, que no es necesario escribir de nuevo. De momento añadiremos el atributo `salario` y un constructor.

```
class Persona {
    String nombre;
    byte edad;
```

```
        double estatura;
    }
    class Empleado extends Persona {
        double salario;
        Empleado(String nombre, byte edad, double estatura, double salario) {
            ...
        }
    }
```

Al crear un objeto de la clase `Empleado` disponemos de los atributos `nombre`, `estatura` y `edad`, además de los métodos que se hubieran definido en `Persona` y de los miembros propios —`salario` y un constructor— añadidos en la definición de `Empleado`. Por ejemplo,

```
Empleado e = new Empleado("Sancho",  25,  1.80,  1725.49);
System.out.println(e.nombre); //muestra un atributo heredado
System.out.println(e.salario); //muestra un atributo propio
```

El mecanismo de la herencia puede continuar ampliando la biblioteca de clases a partir de las existentes. En nuestro ejemplo, podemos definir, a partir de `Empleado`, la clase `Jefe`, que no es más que un empleado con unas propiedades añadidas.

Existen lenguajes de programación, como C++, que permiten que una clase herede de más de una superclase, lo que se conoce como **herencia múltiple.** Java solo permite **herencia simple,** donde cada clase tiene como padre una única superclase, cosa que no impide que, a su vez, tenga varias clases hijas.

Argot técnico

Los términos *subclase* y *superclase* son relativos. Una clase es subclase de otra si hereda de ella por medio de la palabra clave *extends* en su declaración. Automáticamente esta última es superclase de la primera. Una clase puede ser, a la vez, subclase de una clase y superclase de otra u otras.

8.2. Modificador de acceso para herencia

Con la aparición de la herencia podemos plantearnos algunas cuestiones: ¿se heredan todos los miembros de una clase?; si no es así, ¿cuáles son los miembros que se heredan? Se heredan todos salvo los `private`, que no son accesibles directamente en la subclase. No obstante, se puede acceder a ellos indirectamente con un método no privado.

Por otra parte, junto con los tipos de visibilidad citados, para que un miembro sea accesible desde una subclase, con el fin de obtener una mayor flexibilidad, podemos hacer uso de un nuevo modificador de acceso, `protected` (que siginifica «protegido»), pensado para facilitar la herencia.

Funciona de forma muy similar a la visibilidad por defecto, con la diferencia de que los miembros protegidos serán siempre visibles para las clases que hereden, independientemente de si la superclase y la subclase son vecinas o externas, aunque en este último caso, habrá que importar la superclase.

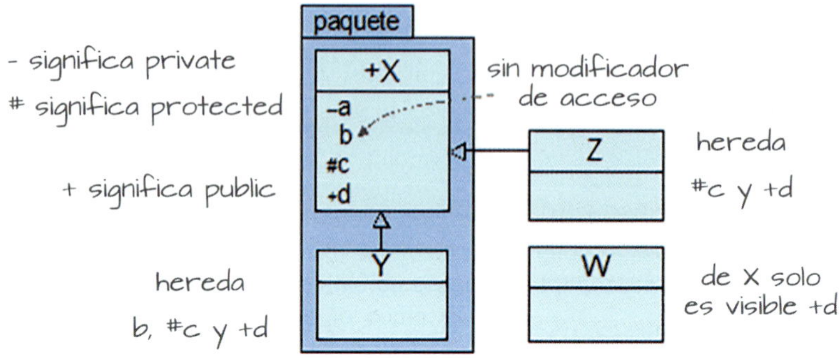

Figura 8.2. *Visibilidad de un miembro protected.*

En resumen, un miembro `protected` es visible en las clases vecinas, no es visible para las clases externas, pero siempre es visible, independientemente del paquete al que pertenezca, desde una clase hija.

La Tabla 8.1 muestra la visibilidad de un miembro `protected` junto al resto de los modificadores.

Tabla 8.1. Alcance de la visibilidad (incluida la herencia) según el modificador de acceso

	Visible desde...			
	la propia clase	clases vecinas	subclases	clases externas
`private`	✓			
sin modificador	✓	✓		
`protected`	✓	✓	✓	
`public`	✓	✓	✓	✓

Veamos cómo se define la clase `X` utilizada en la Figura 8.2:

```
public class X {
    private int a; //invisible fuera de la clase
    int b; //visibilidad por defecto: visible en el paquete
    protected int c; //visible en el paquete y para
    //las subclases (aunque sean externas)
    public int d; //visibilidad total
}
```

El atributo `a` es invisible desde fuera de la clase —aunque visible indirectamente desde una subclase—; el atributo `b` es visible solo desde el mismo paquete, es decir, clases vecinas; `c` es accesible desde el mismo paquete y desde las subclases, y por último `d` es visible desde cualquier lugar, incluso para clases externas previa importación.

8.3. Redefinición de miembros heredados

Cuando una clase hereda de otra, en alguna ocasión puede ocurrir que interese modificar el tipo de algún atributo o redefinir un método. Este mecanismo se conoce como *ocultación* para los atributos y *sustitución* u *overriding* para los métodos. Consiste en declarar un miembro con igual nombre que uno heredado, lo que hace que este se oculte —si es un atributo— o se sustituya —si es un método— por el nuevo.

Argot técnico

Los miembros de una superclase se pueden redefinir en una subclase. Cuando se trata de un atributo, se habla de *ocultación*. Si es un método, se llama *sustitución* u *overriding*.

Veamos cómo sustituir un método. Partimos de la superclase

```
class Persona {
    String nombre;
    byte edad;
    double estatura;
    void mostrarDatos() {
            System.out.println(nombre);
            System.out.println(edad);
            System.out.println(estatura);
    }
}
```

A continuación definimos una nueva clase:

```
class Empleado extends Persona { //Empleado hereda de Persona
    double salario; //atributo propio
    ...
}
```

Nos encontramos que la clase `Empleado` dispone, heredado de `Persona`, del método `mostrarDatos()`, pero, en la práctica, este método no basta para mostrar la información de un empleado, ya que no muestra su salario. Una solución es redefinir el método en la clase `Empleado`. Aunque es opcional, los métodos sustituidos en las subclases se suelen marcar con la anotación `@Override`, que indica que el método es una sustitución u overriding de un método de la superclase.

Para hacer overriding de un método de la superclase, es imprescindible que el que lo sustituye en la subclase tenga el mismo nombre y la misma lista de parámetros de entrada —el tipo devuelto deberá ser también el mismo; en caso contrario, se producirá un error de compilación—.

Veamos cómo redefinir el método `mostrarDatos()` de la clase `Persona` en la subclase `Empleado`:

```
class Empleado extends Persona {
    double salario;
    @Override //significa: sustituye un método de la superclase
```

```
        void mostrarDatos() {
                System.out.println(nombre);
                System.out.println(edad);
                System.out.println(estatura);
                System.out.println(salario);
        }
    }
```

El método `mostrarDatos()` definido en `Empleado` sustituye al método, con el mismo nombre y los mismos parámetros, de `Persona`. Si la lista de parámetros no es la misma, no hay overriding. Estaríamos haciendo una sobrecarga del método `mostrarDatos()`. La Figura 8.3 muestra un ejemplo de qué miembros se usan.

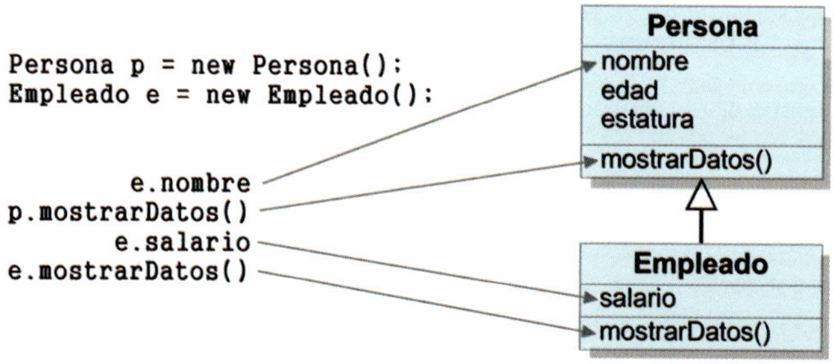

Figura 8.3. *Uso de miembros, heredados o propios.*

Veamos ahora un ejemplo de ocultación. Supongamos que la estatura de un empleado definida como una longitud no es un dato relevante para la empresa, pero sí es interesante conocer la estatura como talla del uniforme. Redefiniríamos el atributo como un `String` que contenga la talla del uniforme: «XXL», «XL», «L», etcétera.

```
class Empleado extends Persona {
    String estatura; //oculta a: la estatura de tipo byte
            ...
}
```

El código de la Figura 8.3 muestra qué miembro es el que se utiliza en cada caso. De todas formas, el uso de la ocultación de atributos se desaconseja en la programación.

8.3.1. super y super()

Del mismo modo que la palabra reservada `this` se utiliza para indicar la propia clase, disponemos de `super` para hacer referencia a la superclase de aquella donde se usa.

Consideremos las siguientes clases:

```
class SuperClase {
    int a;
    int b;
    void mostrarDatos() {
            ...
    }
```

```
}
class SubClase extends SuperClase {
     String b;
     void mostrarDatos() {
               ...
     }
}
```

Como puede apreciarse, en `SubClase` se han redefinido el atributo `b` y el método `mostrarDatos()`. Cada vez que se escriba `b` en el código de `SubClase` estaremos utilizando un `String`, pero si deseamos utilizar el atributo `b`, de tipo entero, de `Superclase` en el código de `Subclase`, escribiremos `super.b`.

Del mismo modo, para invocar el método `mostrarDatos()` de `Superclase` desde el código de `Subclase` escribiremos `super.mostrarDatos()`. Para el caso de `Persona` y `Empleado`, podríamos poner:

```
public class Persona {
     String nombre;
     byte edad;
     double estatura;
     ...
     void mostrarDatos() {
               System.out.println(nombre);
               System.out.println(edad);
               System.out.println(estatura);
     }
}
class Empleado extends Persona {
     double salario;
     @Override
     void mostrarDatos() {
               super.mostrarDatos(); /*método de la superclase, muestra los
               atributos definidos en Persona*/
               System.out.println(salario); /*muestra el atributo añadido en
               Empleado*/
     }
}
```

Algo análogo ocurre con los constructores. Para ellos disponemos del método `super()`, que invoca un constructor de la superclase. Desde el constructor de la subclase, podemos invocar uno de la superclase con objeto de inicializar los atributos heredados de ella. En nuestro ejemplo, quedaría:

```
public class Persona {
     String nombre;
     byte edad;
     double estatura;
     Persona (String nombre, byte edad, double estatura) {
               this.nombre = nombre;
               this.edad = edad;
               this.estatura = estatura;
     }
```

```
        ...
    }
    class Empleado extends Persona {
        double salario;
        Empleado (String nombre, byte edad, double estatura, double salario) {
            super(nombre, edad, estatura); //constructor de Persona
            this.salario = salario; //atributo propio de Empleado
        }
        ...
    }
```

En caso de que el constructor de la superclase esté sobrecargado, podemos variar los parámetros de entrada de `super()` en número o tipo para hacerla coincidir con la versión que nos interese del constructor de la superclase.

Una restricción de `super()` es que, si lo utilizamos, tiene que ser forzosamente la primera instrucción que aparezca en la implementación de un constructor.

Aquí hay que hacer mención del caso de los atributos privados. Sabemos que las subclases no heredan los atributos privados. Sin embargo, están ahí y son accesibles indirectamente a través de métodos públicos heredados. Además de esto, deben ser inicializados al crear un objeto de la subclase. Por ejemplo, si `Persona` tuviera el atributo privado `nacionalidad`, este tendría que ser inicializado de una forma u otra al crear un objeto de la clase `Empleado`, aunque esta no herede el atributo. Normalmente, `nacionalidad` aparecerá en la lista de parámetros del constructor de `Persona` y, en consecuencia, en el método `super()` cuando lo invoquemos desde el constructor de `Empleado`.

8.3.2. Selección dinámica de métodos

Cuando definimos una clase como subclase de otra, los objetos de la subclase son también objetos de la superclase. Por ejemplo, un objeto `Empleado` será, al mismo tiempo, un objeto de la clase `Persona`, ya que posee todos los miembros de `Persona` —además de otros específicos de `Empleado`—. Esto no debe extrañar; ocurre lo mismo en el mundo real: todo empleado es una persona. Por tanto, podemos referenciar un objeto `Empleado` usando una variable `Persona`. Por ejemplo (véase Figura 8.4):

```
Empleado e = new Empleado();
Persona p = e;
```

¿Es lo mismo una variable `Empleado` que una variable `Persona` para referenciar un objeto `Empleado`? No. Hay una sutil pero importante diferencia. En primer lugar, solo serán visibles los miembros —tanto atributos como métodos— definidos en la clase `Persona`. Sin embargo, cuando hay ocultación de atributos o sustitución de métodos en la subclase, ¿a qué versión accedemos, la de la variable o la del objeto referenciado? Depende, los atributos accesibles son los definidos en la clase de la variable. Por tanto, si usamos la variable de tipo `Persona` referenciando un objeto `Empleado`, no se produce la ocultación.

```
p.estatura //atributo de Persona de tipo double
```

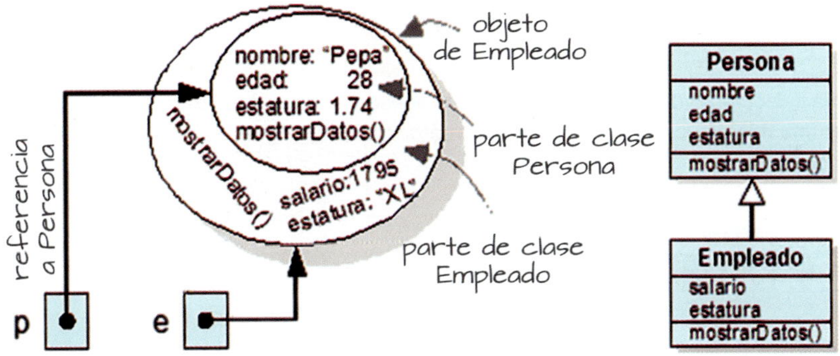

Figura 8.4. *Objeto de la clase Empleado.*

Si hubiéramos usado `e.estatura`, se estaría accediendo al atributos de `Empleado` de tipo `String`.

Pero, en cambio, con los métodos ocurre lo contrario. Se ejecuta la versión del objeto referenciado, es decir, de la subclase `Empleado`. Por tanto, sí funciona el overriding.

```
p.mostrarDatos(); //método de Empleado
```

En caso de usar `e.mostrarDatos()` se estaría ejecutando el mismo método. Esto proporciona una de las herramientas más potentes de que dispone Java para usar el polimorfismo: la selección de métodos en tiempo de ejecución. Por ejemplo, supongamos que una tercera clase `Cliente` hereda de `Persona`.

```
class Cliente extends Persona {
    ...
    @Override
    void mostrarDatos() {
            ...
    }
}
```

Si creamos una variable de tipo `Persona`, con ella podemos referenciar tanto objetos de clase `Empleado` como `Cliente` o `Persona`. Para todos ellos disponemos del método `mostrarDatos()`, pero se ejecutará una u otra versión, según el objeto referenciado, que puede cambiar en tiempo de ejecución.

```
Persona p;
p = new Persona();
p.mostarDatos(); //se ejecuta el método de Persona
p = new Empleado();
p.mostarDatos(); //se ejecuta el método de Empleado
p = new Cliente();
p.mostarDatos(); //se ejecuta el método de Cliente
```

Así, la misma línea de código, `p.mostrarDatos()`, ejecutará métodos distintos, según el tipo de objeto referenciado. Pero no debemos olvidar que, con una variable `Persona`, solo podemos acceder a métodos definidos en dicha clase.

Argot técnico

Se llama *selección dinámica de métodos* al proceso por el cual, en tiempo de ejecución, usando una misma variable, se ejecuta un método u otro, según la clase del objeto referenciado.

8.4. La clase Object

La clase `Object` del paquete `java.lang` es una clase especial de la que heredan, directa o indirectamente, todas las clases de Java. Es la **superclase** por excelencia, ya que se sitúa en la cúspide de la estructura de herencias entre clases.

Todas las clases que componen la API descienden de la clase `Object`. Incluso cualquier clase que implementemos nosotros hereda de `Object`. Esta herencia se realiza por defecto, sin necesidad de especificar nada. Por ejemplo, la definición de la clase `Persona`

```
class Persona {
    ...
}
```

es en realidad, equivalente a:

```
class Persona extends Object {
    ...
}
```

Y cualquier clase que herede de `Persona` está heredando, a su vez, de `Object`.

¿Cuál es el objetivo de que todas las clases hereden de `Object`? Haciendo esto se consigue:

- Que todas las clases implementen un conjunto de métodos —en `Object` solo se han definido métodos— que son de uso universal en Java, como realizar comparaciones entre objetos, clonarlos o representar un objeto como una cadena. La función de estos métodos es ser reimplementados a la medida de cada clase.
- Como se ha visto en el Apartado 8.3.2, poder referenciar cualquier objeto, de cualquier tipo, mediante una variable de tipo `Object`.

Si queremos ver los métodos de `Object` que ha heredado `Persona`, escribiremos en NetBeans una variable de tipo `Persona`, seguida de un punto (.) Se desplegarán todos los atributos y métodos disponibles: los propios —en negrita— más los heredados de `Object`.

Veamos los métodos más importantes de `Object`, heredados por todas las clases de Java.

8.4.1. Método toString()

Este método está pensado para que devuelva una cadena que represente al objeto que lo invoca con toda la información que interese mostrar.

Tiene el prototipo

```
public String toString()
```

Su implementación en la clase `Object` consiste en devolver el nombre cualificado de la clase a la que pertenece el objeto, seguida de una arroba (@) junto a la referencia del objeto. Para un objeto `Persona` devuelve algo similar a:

```
"paquete.Persona@2a139a55"
```

Esta implementación por defecto no es útil para representar la mayoría de los objetos, por lo que nos vemos obligados a realizar un overriding de `toString()` en cada clase, que es donde se encuentra la información que queremos representar.

Vamos a reimplementar `toString()` en `Persona`; podemos elegir cómo queremos representar una persona, pero en este caso decidimos que una representación adecuada consiste en el nombre junto a la edad, omitiendo la estatura.

```
class Persona {
    ...
    @Override
    public String toString() { //siempre utilizar public
        String cad;
        cad = "Persona: " + nombre + " (" + edad + ")";
        return cad;
    }
}
```

Debe declararse `public`, igual que en la clase `Object`, ya que todo método que sustituye a otro tiene que tener, al menos, el mismo nivel de acceso.

Ahora podemos mostrar por consola la información de un objeto `Persona`.

```
Persona p = new Persona("Claudia", 8, 1.20);
System.out.println(p.toString());
```

En realidad, `System.out.println()` invoca por defecto el método `toString()`. Por tanto, solo será necesario escribir

```
System.out.println(p); //equivale a System.out.println(p.toString());
```

8.4.2. Método equals()

Compara dos objetos y decide si son iguales, devolviendo `true` en caso afirmativo y `false` en caso contrario. Su prototipo en la clase `Object` es:

```
public boolean equals(Object otro)
```

El operador `==` es útil para comparar tipos primitivos, pero no sirve para comparar objetos, ya que en este caso compara sus referencias, sin fijarse en su contenido. Por ejemplo,

```
Persona a = new Persona("Claudia", 8, 1.20);
Persona b = new persona("Claudia", 8, 1.20);
System.out.println(a == b); //false
```

El resultado es `false` porque la comparación se hace atendiendo a las referencias de los objetos, que son distintas.

El prototipo de `equals()` tiene un parámetro de entrada de tipo `Object` para poder comparar objetos de cualquier clase. Este prototipo debe mantenerse al hacer overriding en cualquier subclase —de lo contrario no sería overriding, sino sobrecarga—. Pero, para acceder a los atributos del objeto pasado como parámetro, tenemos que informar al compilador de que, en realidad, es un objeto `Persona`. Esto se consigue por medio de un cast, como veremos a continuación.

Vamos a reimplementar `equals()` para comparar objetos de la clase `Persona`. Lo primero es decidir qué significa que dos personas sean iguales. Para este ejemplo, vamos a considerar dos personas iguales si tienen el mismo nombre y la misma edad.

```
@Override
public boolean equals(Object otro) { //compara this con otro
     Persona otraPersona = (Persona) otro; //este cast se explica más abajo
     boolean iguales;
     if (this.nombre.equals(otraPersona.nombre) && this.edad == otraPersona.edad) {
              iguales = true;
     } else {
              iguales = false;
     }
     return iguales;
}
```

Nota técnica

En la práctica, a la hora de comparar, se suelen utilizar atributos que identifiquen de forma única a cada objeto, como el DNI, el número de socio de una biblioteca, etcétera.

El cast siempre es necesario porque el prototipo de `equals()` tiene que ser el mismo que en la clase `Object`, donde el parámetro de entrada es de tipo `Object`. Pero para acceder a los atributos `nombre` y `edad` de la clase `Persona` necesitamos que la variable `otro` sea de tipo `Persona`. Esto nos obliga a realizar un cast en la asignación. Es una conversión de estrechamiento, que podemos hacer porque sabemos que el objeto pasado como parámetro es, en realidad, de la clase `Persona`, aunque esté referenciado con una variable de tipo `Object`.

Por otra parte, en la condición de la estructura `if`, hemos invocado la implementación de `equals()` de la clase `String` para comparar los nombres, ya que son cadenas. Pero hemos utilizado `==` para comparar la edad, ya que es de un tipo entero primitivo. Ahora podemos comparar

```
Persona a = new Persona("Claudia", 8, 1.20);
Persona b = new persona("Claudia", 8, 0.0);
Persona c = new Persona("Pepe", 24, 1.89);
System.out.println(a.equals(b)); //true
System.out.println(a.equals(c)); //false
```

Aquí `equals()` compara los atributos `nombre` y `edad`, no referencias. Obsérvese que la estatura no influye en el resultado de la primera comparación.

Recuerda

Los valores de tipo Double e Integer no se pueden comparar con el operador ==, aunque a veces funcione, ya que son objetos, no valores primitivos. Para ellos debe usarse el método equals(). Por otra parte, los datos de tipo `double` primitivo tampoco se deben comparar con `==` debido a problemas de precisión interna del ordenador. Por ejemplo,

```
System.out.println(5.6+5.8 == 5.7*2);
```

muestra `false` cuando debería mostrar `true`. Para cálculos de mayor precisión disponemos de la clase `BigDecimal`, que está definida en el paquete `java.math` y hereda de `Number`. Con ella podemos elegir la precisión (número de dígitos significativos) y el modo de redondeo que deseemos.

La mayoría de las clases de la API tienen su propia implementación de `equals()`, que permite comparar sus objetos entre sí. Sin embargo, las tablas, a pesar de ser objetos, no traen implementado el método `equal()`. Si queremos comparar dos tablas para ver si son iguales, tendremos que comparar elemento a elemento. Otra opción sería utilizar el método estático `equals()` de la clase `Arrays`, que devuelve `true` si las dos tablas tienen los mismos elementos en el mismo orden. Veamos un ejemplo:

```
int t1[] = {1, 2, 3, 4};
int t2[] = {1, 2, 3, 4};
int t3[] = {1, 4, 3, 2};
boolean iguales = Arrays.equals(t1, t2); //devuelve true
boolean iguales = Arrays.equals(t1, t3); //devuelve false
```

8.4.3. Método getClass()

Es común usar una variable `Object` para referenciar un objeto de cualquier clase que, como sabemos, siempre será una subclase de `Object`. A veces necesitamos saber cuál es esa clase.

Para eso está el método `getClass()`, definido en `Object` y heredado por todas las clases. Este método, invocado por un objeto cualquiera, devuelve su clase que, a su vez, es un objeto de la clase `Class`. Todas las clases de Java, incluidas `Object` y la propia `Class`, son objetos de la clase `Class`. Por ejemplo, si escribimos

```
Object a = "Luis";
System.out.println(a.getClass());
```

obtendremos por pantalla:

```
class java.lang.String
```

Es decir, la clase cuyo nombre cualificado es: `java.lang.String`. Podríamos haber puesto:

```
System.out.println(a.getClass().getName());
```

para obtener directamente el nombre: `java.lang.String`.

El método `getName()`, de la clase `Class`, devuelve el nombre cualificado de la clase invocante.

Por otra parte, a partir de una clase, podemos obtener su superclase por medio del método `getSuperclass()` de la clase `Class`. Por ejemplo,

```
Object b = Double.valueOf(3.5); //un objeto Double
Class clase = b.getClass(); //la clase de b: Double
Class superclase = clase.getSuperclass(); //superclase: class java.lang.Number
System.out.println(superclase.getName()); //nombre: java.lang.Number
```

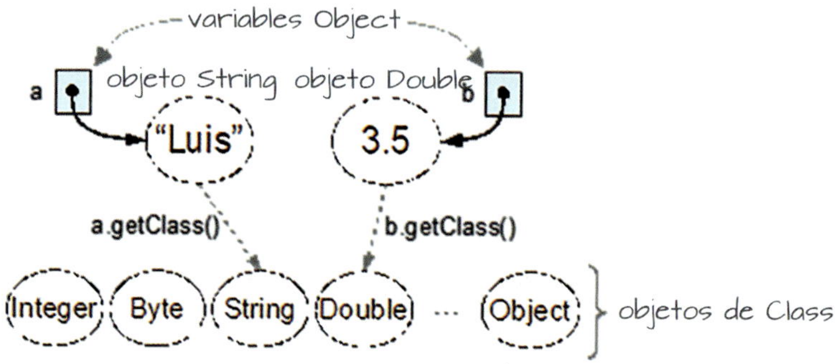

Figura 8.5. *Todas las clases existentes son objetos de la clase Class.*

Actividad resuelta 8.1

Diseñar la clase `Hora`, que representa un instante de tiempo compuesto por la hora (de 0 a 23) y los minutos. Dispone de los métodos:

- `Hora(hora, minuto)`, que construye un objeto con los datos pasados como parámetros.
- `void inc()`, que incrementa la hora en un minuto.
- `boolean setMinutos(valor)`, que asigna un valor, si es válido, a los minutos. Devuelve `true` o `false` según haya sido posible modificar los minutos o no.
- `boolean setHora(valor)`, que asigna un valor, si está comprendido entre 0 y 23, a la hora. Devuelve `true` o `false` según haya sido posible cambiar la hora o no.
- `String toString()`, que devuelve un `String` con la representación de la hora.

Solución

```
public class Hora {
    protected int hora , minutos; //atributos protegidos, pensados para heredar
    Hora(int hora , int minutos) { //constructor
        this.hora = 0; //valores por defecto
        this.minutos = 0;
        if (!setHora(hora)) { //usamos métodos de asignación, que comprueban los
                              //valores
            System.out.println("La hora es incorrecta");
        }
        if (!setMinutos(minutos)) {
```

```
                System.out.println("Los minutos no son válidos");
            }
        }
        public void inc() { //incrementa la hora +1 minuto
            minutos++;
            if (minutos > 59) { //comprobamos si los minutos sobrepasan 59
                minutos = 0; //reiniciamos los minutos a 0
                hora++; //e incrementamos la hora
                if (hora > 23) { //si la hora es mayor a 23 (algo que no tiene sentido)
                    hora = 0; //reiniciamos la hora a 0
                }
            }
        }
        public boolean setMinutos(int minutos) {
            boolean correcto = false;
            if (0 <= minutos && minutos < 60) { //solo modificamos si valor está en 0..59
                this.minutos = minutos;
                correcto = true;
            }
            return correcto;
        }
        public boolean setHora(int hora) {
            boolean correcto = false;
            if (0 <= hora && hora < 24) { //solo modificamos si el valor está en 0..23
                this.hora = hora;
                correcto = true;
            }
            return correcto;
        }
        @Override //indica que estamos sustituyendo (overriding) el método
        public String toString() {
            String result;
            result = hora + ":" + minutos;
            return result;
        }
}
```

Programa Principal

```
//vamos a probar la clase Hora
static public void main(String args[]) {
    Hora r = new Hora(11, 30); //las 11:30
    System.out.println(r);
    for (int i = 1; i <= 61; i++) { //incrementamos 61 minutos
        r.inc();
    }
    System.out.println(r); //mostramos
    System.out.println("Escriba una hora:");
    int hora = new Scanner(System.in).nextInt();
    boolean cambio = r.setHora(hora); //cambiamos la hora
    if (cambio) {
        System.out.println(r);
    } else {
        System.out.println("La hora no se pudo cambiar");
    }
}
```

Actividad resuelta 8.2

A partir de la clase `Hora` implementar la clase `HoraExacta`, que incluye en la hora los segundos. Además de los métodos heredados de `Hora`, dispondrá de:

- `HoraExacta(hora, minuto, segundo)`, que construye un objeto con los datos pasados como parámetros.
- `setSegundo(valor)`, que asigna, si está comprendido entre 0 y 59, el valor indicado a los segundos.
- `inc()`, que incrementa la hora en un segundo.

Solución

```
public class HoraExacta extends Hora { //heredamos de la clase Hora
    protected int segundos; //añadimos un atributo para los segundos
    public HoraExacta(int hora , int minutos, int segundos) {
        super(hora , minutos); //aprovechamos el constructor de la superclase
        //this.segundos = segundos; permitiría asignar cualquier valor a los
        //segundos
        if (!setSegundos(segundos)) { //mejor usar el método para asignar valores
            System.out.println("Segundos incorrectos ");
        }
    }
    //añadimos un método que asigna los segundos
    public boolean setSegundos (int segundos) {
        boolean correcto = false;
        if (0 <= segundos && segundos < 60) { //si está en un rango válido
            this.segundos = segundos; //modificamos los segundos
            correcto = true;
        }
        return correcto;
    }
    @Override //sustituimos el método para incrementar segundos en lugar de minutos
    public void inc() {
        segundos++;
        if (segundos > 59) { //si los segundos son mayores que 59
            segundos = 0; // inicializamos los segundos
            super.inc(); //+1 con el método inc() de la superclase, que
                         //incrementa minutos
        }
    }
    @Override //sustituimos toString() para mostrar los segundos
    public String toString() {
        String result = super.toString(); //utilizamos toString() de la superclase
        result += ":" + segundos; //añadimos los segundos
        return result;
    }
}
```

Programa Principal

```
static public void main(String args[]) {
    HoraExacta r = new HoraExacta (11, 15, 23); //¡hora del descanso!
    System.out.println(r);
```

```
        for (int i = 1; i <= 61; i++) {
            r.inc();
        }
        System.out.println(r);
        System.out.println("Escriba los segundos: ");
        int segundos = new Scanner(System.in).nextInt();
        if (r.setSegundos (segundos)) {
            System.out.println(r);
        } else{
            System.out.println("No es posible cambiar los segundos");
        }
    }
```

Actividad resuelta 8.3

Añadir a la clase `HoraExacta` un método que compare si dos horas (la invocante y otra pasada como parámetro de entrada al método) son iguales o distintas.

Solución

```
public class HoraExacta extends Hora { //hereda de Hora
    //resto de implementación de la clase
    /*Reimplementaremos (overriding) el método equals() heredado de la clase
    Object, para comparar dos horas, que serán iguales si sus horas, minutos y
    segundos son iguales.
    La hora con la que tenemos que comparar se pasa como un objeto de la clase
    Object, que tendremos que convertir (cast) a HoraExacta.*/
    @Override
    public boolean equals(Object o) {
        HoraExacta otroReloj = (HoraExacta) o; //el mismo objeto está referenciado
        //como Object (con el parámetro o) y como HoraExacta (con la variable
        //otroReloj).
        boolean iguales;
        if (this.hora == otroReloj.hora //si las horas son iguales
            && this.minutos == otroReloj.minutos// y los minutos son iguales
            && this.segundos == otroReloj.segundos) {//y los segundos son iguales
                iguales = true; //son iguales
        } else {
            iguales = false; //no son iguales
        }
        return iguales;
    }
}
```

Programa principal

```
static public void main(String args[]) {
    HoraExacta a = new HoraExacta (1, 2, 3);
    HoraExacta b = new HoraExacta (1, 2, 3);
    HoraExacta c = new HoraExacta (10, 20, 30);
    System.out.println(a.equals(b)); //son iguales
    System.out.println(a.equals(c)); //son distintas
}
```

8.5. Clases abstractas

En la jerarquía de herencia de clases, cuanto más abajo, más específica y particular es la implementación de los métodos. Asimismo, cuanto más arriba, más general.

Hay métodos que no podemos implementar en una clase determinada por falta de datos, pero sí en sus subclases, donde se han añadido los atributos necesarios. La idea es implementarlos «vacíos», solo con el prototipo, en la superclase, y hacer overriding en las subclases, donde ya disponemos de la información necesaria para implementar los detalles.

Un método definido en una clase, pero cuya implementación se delega en las subclases, se conoce como *abstracto*. Para declarar un método abstracto se le antepone el modificador `abstract` y se declara el prototipo, sin escribir el cuerpo de la función. Por ejemplo, para declarar un método abstracto que muestra información del objeto escribiremos:

```
abstract void mostrarDatos();
```

Las subclases deberán implementar el método `mostrarDatos()`, cada una con las particularidades específicas de la clase, que no se conocen al nivel de la superclase.

Toda clase que tiene un método abstracto debe ser declarada, a su vez, `abstract`.

Las clases abstractas no son instanciables, es decir, no se pueden crear objetos de esa clase. Las clases abstractas existen para ser heredadas por otras, y no para ser instanciadas. Si una clase hereda de una abstracta, pero deja alguno de sus métodos abstractos sin implementar, será también abstracta. Sin embargo, una clase abstracta puede tener algún método implementado y algunos atributos definidos, que heredarán las subclases, pudiendo hacer sustitución u ocultación de ellos.

Vamos a ver todo esto por medio de un ejemplo. Definimos una clase abstracta `A`, donde declaramos e inicializamos una variable `x` entera. Asimismo, definimos e implementamos un método `metodo1()`. Tanto la variable como el método serán heredados tal cual por las subclases de `A`. Por otra parte, declaramos un método abstracto `metodo2()`

```
//clase abstracta, ya que uno de sus métodos, metodo2(), es abstracto
abstract class A {
     int x = 1;
     void metodo1() {  //método implementado y heredados por las subclases
            System.out.println("método1 definido en A");
     }
     abstract void metodo2();  //método abstracto para ser implementado por
                               //las subclases
}
```

A continuación, definimos las clases `B` y `C` que heredan de `A`, e implementan el método `metodo2()`. Ambas clases heredan tanto la variable `x` como el método `metodo1()`, con su implementación.

```
class B extends A {
     //atributos y métodos propios de B
```

```
        void metodo2() {
                System.out.println("método2 implementado en B");
        }
}
class C extends A {
        //atributos y métodos propios de C
        void metodo2() {
                System.out.println("método2 implementado en C");
        }
}
```

Tanto `B` como `C` han heredado `metodo1()` tal como .está implementado en `A`, pero cada una tiene su propia implementación de `metodo2()`.

En el programa principal creamos sendos objetos de clase `B` y `C` —de la clase `A` no es posible, puesto que es abstracta— y ejecutamos los métodos `metodo1()` y `metodo2()` de cada uno de los dos objetos.

```
B b = new B();
C c = new C();
System.out.println("Valor de x en la clase B: " + b.x); //heredado de A
b.metodo1(); //método heredado directamente de A
b.metodo2(); //implementación del método2() abstracto de A
c.metodo1(); //método heredado de directamente A
c.metodo2(); //implementación del método2() abstracto de A
```

El resultado mostrado por consola será:

```
Valor de a en la clase B: 1
método1 definido en A
método2 definido en B
método1 definido en A
método2 definido en C
```

El que no se puedan crear objetos de clase `A` no significa que no puedan existir variables de dicha clase. Una variable de clase `A` puede hacer referencia a cualquier objeto de una subclase de `A` que no sea abstracta, como `B` o `C`. Al código anterior le podemos añadir las siguientes líneas:

```
A a = b;
a.metodo2();
```

Como el objeto referenciado es de clase `B`, la versión de `metodo2()` ejecutada será la implementada en `B`. Si ahora asignamos a `a` la referencia de `c` de tipo `C`, se ejecutará la versión de `metodo2` implementada en `C`.

```
a = c;
a.metodo2();
```

Como vemos, con la misma línea de código `a.metodo2()`, se ejecutan implementaciones distintas, es decir, código diferente. Esto es otro ejemplo de **selección dinámica de métodos.**

Actividad resuelta 8.4

Crear la clase abstracta `Instrumento`, que almacena en una tabla las notas musicales de una melodía (dentro de una misma octava). El método `add()` añade nuevas notas musicales. La clase también dispone del método abstracto `interpretar()` que, en cada subclase que herede de `Instrumento`, mostrará por consola las notas musicales según las interprete. Utilizar enumerados para definir las notas musicales.

Solución

```
/* La clase abstracta Instrumento , básicamente contiene una tabla con una serie
de notas. Cada clase que herede de Instrumento, tendrá que implementar el método
interpretar() donde se decide de qué forma suenan las notas. Distinguiremos un
timbre de otro, por la forma en que escribamos las notas, por ejemplo: do, Do,
Dolooon, dooooooooooo , etc. */
public abstract class Instrumento {
    protected Nota[] melodia; //tabla que almacena las notas a interpretar
    public Instrumento () {
        melodia = new Nota[0]; //creamos la tabla
    }
    //Usa el algoritmo de inserción no ordenada
    void add(Nota n) {
        melodia = Arrays.copyOf(melodia, melodia.length + 1); //redimensionamos
        melodia[melodia.length - 1] = n; //insertamos el nuevo elemento al final
    }
    abstract void interpretar (); //a implementar en cada subclase
}
```

Enumerado `Nota`

```
//Enumerado con las nota musicales
public enum Nota {DO, RE, MI, FA, SOL, LA, SI}
```

Actividad resuelta 8.5

Crear la clase `Piano` heredando de la clase abstracta `Instrumento`.

Solución

```
//Un piano es un instrumento que interpreta las notas con un timbre muy
//característico
public class Piano extends Instrumento {
    //podemos añadir tantos atributos y métodos como necesitemos
    //...
    public Piano() {
        super(); //constructor de la superclase
    }
    @Override //implementamos el método abstracto
    //recorreremos las notas y las interpretaremos de la forma específica del piano.
    public void interpretar () {
        for (Nota nota: melodia) {
            switch (nota) {
                case DO:
                    System.out.print("do ");
```

```
                    break;
                case RE:
                    System.out.print("re ");
                    break;
                case MI:
                    System.out.print("mi ");
                    break;
                case FA:
                    System.out.print("fa ");
                    break;
                case SOL:
                    System.out.print("sol ");
                    break;
                case LA:
                    System.out.print("la ");
                    break;
                case SI:
                    System.out.print("si ");
                    break;
            }
        }
        System.out.println("");
    }
}
```

Programa Principal

```
public static void main(String[] args) {
    Nota cancion[] = {Nota.DO, Nota.SI, Nota.SOL, Nota.RE, Nota.FA}; //notas
    Piano p = new Piano();
    for(Nota nota: cancion) { //añadimos las notas al piano
        p.add(nota);
    }
    p.interpretar ();
}
```

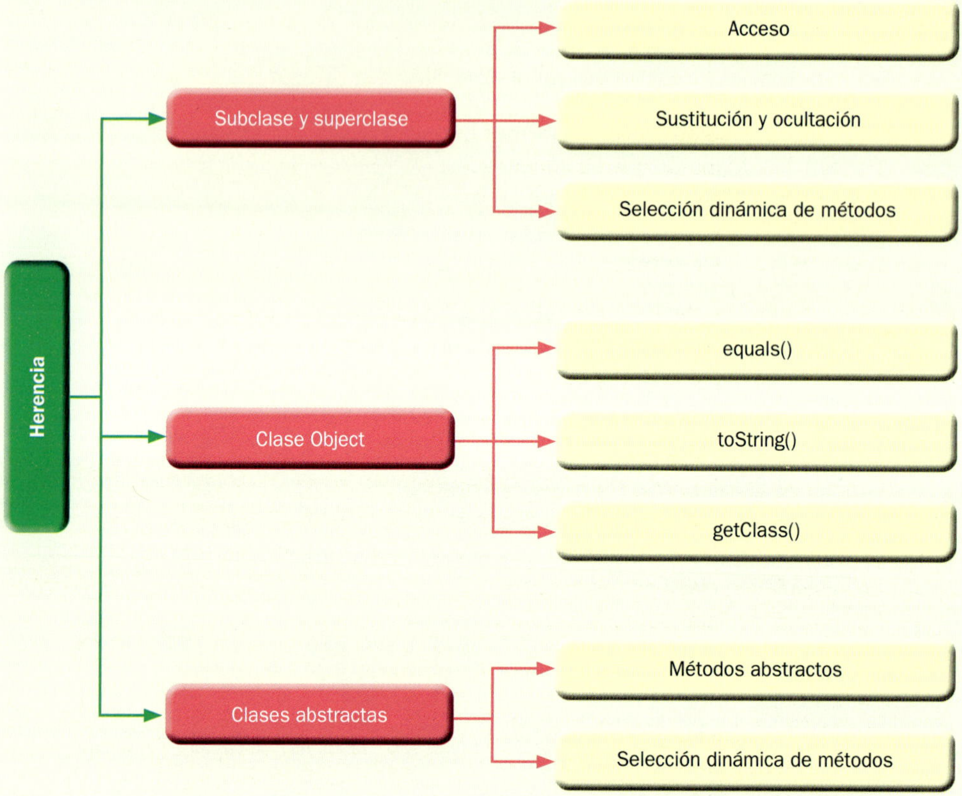
Herencia
Subclase y superclase
Acceso
Sustitución y ocultación
Selección dinámica de métodos
Clase Object
equals()
toString()
getClass()
Clases abstractas
Métodos abstractos
Selección dinámica de métodos

Actividades de comprobación

8.1. Sobre una subclase es correcto afirmar que:

a) Tiene menos atributos que su superclase.
b) Tiene menos miembros que su superclase.
c) Hereda los miembros no privados de su superclase.
d) Hereda todos los miembros de su superclase.

8.2. En relación con las clases abstractas es correcto señalar que:

a) Implementan todos sus métodos.
b) No implementan ningún método.
c) No tienen atributos.
d) Tienen algún método abstracto.

8.3. ¿En qué consiste la sustitución u overriding?

a) En sustituir un método heredado por otro implementado en la propia clase.
b) En sustituir un atributo por otro del mismo nombre.
c) En sustituir una clase por una subclase.
d) En sustituir un valor de una variable por otro.

8.4. Sobre la clase `Object` es cierto indicar que:

a) Es abstracta.
b) Hereda de todas las demás.
c) Tiene todos sus métodos abstractos.
d) Es superclase de todas las demás clases.

8.5. ¿Cuál de las siguientes afirmaciones sobre el método `equals()` es correcta?

a) Hay que implementarlo, ya que es abstracto.
b) Sirve para comparar solo objetos de la clase `Object`.
c) Se hereda de `Object`, pero debemos reimplementarlo al definirlo en una clase.
d) No hay que implementarlo, ya que se hereda de Object.

8.6. ¿Cuál de las siguientes afirmaciones sobre el método `toString()` es correcta?

a) Sirve para mostrar la información que nos interesa de un objeto.
b) Convierte automáticamente un objeto en una cadena.
c) Encadena varios objetos.
d) Es un método abstracto de `Object` que tenemos que implementar.

8.7. ¿Cuál de las siguientes afirmaciones sobre el método `getClass()` es correcta?

a) Convierte los objetos en clases.
b) Obtiene la clase a la que pertenece un objeto.
c) Obtiene la superclase de una clase.
d) Obtiene una clase a partir de su nombre.

8.8. Una clase puede heredar:

a) De una clase.
b) De dos clases.
c) De todas las clases que queramos.
d) Solo de la clase `Object`.

8.9. La selección dinámica de métodos:

a) Se produce cuando una variable cambia de valor durante la ejecución de un programa.

b) Es el cambio de tipo de una variable en tiempo de ejecución.

c) Es la asignación de un mismo objeto a más de una variable en tiempo de ejecución.

d) Es la ejecución de distintas implementaciones de un mismo método, asignando objetos de distintas clases a una misma variable, en tiempo de ejecución.

8.10. ¿Cuál de las siguientes afirmaciones sobre el método `super()` es correcta?

a) Sirve para llamar al constructor de la superclase.

b) Sirve para invocar un método escrito más arriba en el código.

c) Sirve para llamar a cualquier método de la superclase.

d) Sirve para hacer referencia a un atributo de la superclase.

Actividades de aplicación

8.11. Crea la clase `Campana` que hereda de `Instrumento` (definida en la Actividad resuelta 8.4).

8.12. Las empresas de transporte, para evitar daños en los paquetes, embalan todas sus mercancías en cajas con el tamaño adecuado. Una caja se crea expresamente con un ancho, un alto y un fondo y, una vez creada, se mantiene inmutable. Cada caja lleva pegada una etiqueta, de un máximo de 30 caracteres, con información útil como el nombre del destinatario, dirección, etc. Implementa la clase `Caja` con los siguientes métodos:

- `Caja(int ancho, int alto, int fondo, Unidad unidad)`: que construye una caja con las dimensiones especificadas, que pueden encontrarse en «cm» (centímetros) o «m» (metros).
- `double getVolumen()`: que devuelve el volumen de la caja en metros cúbicos.
- `void setEtiqueta(String etiqueta)`: que modifica el valor de la etiqueta de la caja.
- `String toString()`: que devuelve una cadena con la representación de la caja.

8.13. La empresa de mensajería BiciExpress, que reparte en bicicleta, para disminuir el peso que transportan sus empleados solo utiliza cajas de cartón. El volumen de estas se calcula como el 80 % del volumen real, con el fin de evitar que se deformen y se rompan. Otra característica de las cajas de cartón es que sus medidas siempre están en centímetros. Por último, la empresa, para controlar costes, necesita saber cuál es la superficie total de cartón utilizado para construir todas las cajas.

Escribe la clase `CajaCarton` heredando de la clase `Caja`.

8.14. Reimplementa la clase `Lista` de la Actividad resuelta 7.11, sustituyendo el método `mostrar()` por el método `toString()`.

8.15. Escribe en la clase `Lista` un método `equals()` para compararlas. Dos listas se considerarán iguales si tienen los mismos elementos (incluidas las repeticiones) en el mismo orden.

8.16. Diseña la clase `Pila` heredando de `Lista` (ver Actividad resuelta 7.13).

8.17. Escribe la clase `Cola` heredando de `Lista` (ver Actividad final 7.18).

8.18. Diseña la clase `ColaDoble`, que hereda de `Cola` para enteros, añadiendo los siguientes métodos:

- `void encolarPrincipio()`, que encola un elemento al principio de la cola.
- `Integer desencolarFinal()`, que desencola un elemento del final de la cola.

8.19. Un conjunto es un objeto similar a las listas, capaz de guardar valores de un tipo determinado, con la diferencia de que sus elementos no pueden estar repetidos. Escribe la clase `Conjunto` para enteros heredando de `Lista` y reimplementando los métodos de inserción para evitar las repeticiones.

8.20. Implementa el método `equals()` en la clase `Conjunto`. Dos conjuntos se consideran iguales si tienen los mismos elementos, no importa en qué orden.

8.21. Implementa los siguientes métodos:

- `static boolean esNumero(Object ob)`, que nos dice si su parámetro de entrada es de tipo numérico (`Integer, Double, Long, Float. . .`).
- `boolean sumar(Object a, Object b)`, que muestra por consola la concatenación de los parámetros de entrada, si ambos son cadenas, o muestra su suma convertida al tipo `Double,` si ambos son de tipo numérico. En cualquier otro caso, muestra el mensaje «No sumables».

8.22. La clase `Object` dispone del método `finalize()`, que se ejecuta justo antes de que el recolector de basura destruya un objeto. Escribe un programa que, mediante la creación masiva de objetos no referenciados y el overriding del método `finalize()`, compruebe el funcionamiento del recolector de basura.

8.23. Implementa la clase abstracta `Poligono`, con los atributos `base` y `altura`, de tipo double y el método abstracto `double area()`.

8.24. Heredando de `Poligono`, implementa las clases no abstractas `Triangulo` y `Rectangulo`.

Actividades de ampliación

8.25. Define la clase `Punto`, que tiene como atributos las coordenadas `x` e `y`, de tipo entero, que lo sitúan en el plano. Además del constructor, implementa el método

```
double distancia(Punto otroPunto),
```

que devuelve la distancia a otro punto que se le pasa como parámetro.

A partir de `Punto`, por herencia, implementa la clase `Punto3D`, que representa un punto en tres dimensiones y necesita una coordenada adicional `z`. Reimplementa el método `distancia()` para puntos 3D.

8.26. A partir de la clase `Calendario`, implementada en la Actividad de aplicación 7.15, escribe la clase `CalendarioExacto`, que determina un instante de tiempo exacto formado por un año, un mes, un día, una hora y un minuto. Implementa los métodos `toString()`, `equals()` y aquellos necesarios para manejar la clase.

8.27. Implementa el método `equals()` para las clases `Punto` y `Punto3D`, teniendo en cuenta que dos puntos son iguales solo si tienen todas sus coordenadas iguales.

8.28. Implementa la clase `Suceso`, que hereda de `Punto3D`. Un suceso está caracterizado de forma única por el lugar y el instante en que ocurre (el atributo `tiempo` de tipo int). Añade un atributo `descripcion` de tipo `String`.
Implementa el método `equals()` para sucesos.

8.29. Calcula la raíz cuadrada de 2 con 100 cifras significativas usando objetos de la clase `BigDecimal`.

UNIDAD 9

Interfaces

Objetivos

- Conocer la idea y la necesidad de las interfaces y distinguirlas de las clases abstractas.
- Definir métodos abstractos en una interfaz.
- Implementar una o más interfaces en una clase.
- Implementar métodos de extensión en una interfaz.
- Implementar métodos privados como auxiliares en una interfaz.
- Diseñar interfaces para operaciones específicas en clases diversas.
- Utilizar variables de tipo interfaz para conseguir la selección dinámica de métodos.
- Conocer qué son la herencia simple y múltiple de interfaces.
- Conocer algunas interfaces importantes de la API.
- Saber implementar clases anónimas.
- Implementar criterios de comparación y aplicarlos a procesos de búsqueda y ordenación.

Contenidos

Introducción

Supongamos que vamos a trabajar con clases de animales. De ellos, unos tienen la capacidad de emitir un sonido —por ejemplo, los perros, los gatos o los lobos— y otros no. Los primeros, por tanto, tendrán el método

```
void voz()
```

Sin embargo, la forma en que se ejecuta dicho método es distinta según la clase. En un objeto de la clase Gato, la ejecución de `voz()` hará que aparezca en la pantalla la cadena «¡Miau!». En cambio, en un objeto Perro mostrará «¡Guau!». Pero todos ellos tienen en común que implementan el método `voz()`.

9.1. Concepto de interfaz

Para gestionar la situación descrita en la introducción, podríamos crear la clase abstracta `Animal`, de la que heredarían las clases `Gato` y `Perro`, con el método abstracto `voz()`, pero eso descartaría otras clases que no son animales, pero emiten sonido, como `Persona` o `Piano`.

En Java disponemos de otra forma de expresar una funcionalidad común de algunas clases que no tienen otra relación entre ellas, en este caso las que tienen implementado el método `voz()`. A dichas funcionalidades las definiremos en las **interfaces.** En nuestro ejemplo hablaríamos de la interfaz `Sonido`, que consiste en implementar el método `voz()`. Diremos que las clases `Perro`, `Gato` y `Lobo` implementan la interfaz `Sonido`, ya que, entre sus métodos está `voz()`, mientras que las clases `Caracol` y `Lagartija` no.

9.1.1. Definición de una interfaz

La definición de la interfaz `Sonido` tendría la siguiente forma:

```
interface Sonido {
    void voz(); //método de la interfaz
}
```

En la definición aparece el nombre del método, la lista de parámetros de entrada —aquí está vacía— y el tipo devuelto —`void`—. Naturalmente, no se implementa el cuerpo del método, ya que este depende de la clase concreta que implemente `Sonido`.

9.1.2. Implementación de una interfaz

Es en la definición de cada clase donde se decide qué hace exactamente `voz()`. Por ejemplo, la clase `Perro` se definiría así:

```
class Perro implements Sonido {
    public void voz() {
```

```
            System.out.println("¡Guau!");
        }
        ... //resto de la implementación de Perro
    }
```

Como vemos, cuando una clase implementa una interfaz, la declara en la cabecera con la palabra reservada `implements` seguida del nombre de la interfaz, en nuestro caso, `Sonido`. Con ello estamos declarando que la clase `Perro` implementa la interfaz `Sonido` y que, por tanto, entre sus métodos se encuentra `voz()`. La implementación de un método de una interfaz en una clase tiene que declararse `public`, como hemos hecho en nuestro ejemplo. La definición de la clase `Gato` sería:

```
    class Gato implements Sonido {
        public void voz() {
            System.out.println("¡Miau!");
        }
        ... //resto de la implementación de Gato
    }
```

En cambio, la clase `Caracol` no implementa la interfaz `Sonido` y entre sus métodos no encontraremos la implementación de `voz()`.

En definitiva, cuando una clase declara en su encabezamiento que tiene implementada una interfaz concreta, se está comprometiendo a tener implementadas en su definición todas las funcionalidades de esa interfaz. En caso contrario, el compilador se encargará de mostrar un mensaje de error. Las interfaces, sin embargo, no son instanciables por sí mismas; solo podemos crear objetos de las clases que las implementan.

Vamos a ver ejemplos con las interfaces `Cola` y `Pila`.

Recuerda

Lo esencial de una cola es que encole y desencole en los extremos opuestos de la estructura de datos utilizada. En el lenguaje de programación, al sitio donde se encola un elemento se le llama *final de la cola* y al sitio de donde se desencola, *cabeza de la cola*. De esta forma, el primer elemento que entra en la cola será el primero en salir.

En cambio, las funcionalidades de una pila son apilar y desapilar. Ambas operaciones se realizan en el mismo extremo de la pila, llamado *cima*. Por tanto, en una pila, el último elemento que se apiló será el primero en ser desapilado.

Actividad resuelta 9.1

Definir la interfaz `Cola` para números enteros, e implementarla en la clase `Lista`, definida en la Actividad resuelta 7.11.

Solución

*/*Nosotros, en esta implementación, decidimos que la cabeza de la cola coincida con el principio de la lista y el final de la cola con el final de la lista, pero se puede hacer al contrario. */*

```
interface Cola{
        void encolar(Integer o);
        Integer desencolar();
}

class Lista implements Cola{
        //...atributos y métodos ya implementados en el capítulo anterior
        void encolar(Integer nuevo){
                insertarFinal(nuevo); //encola al final de la lista
        }
        Integer desencolar(){
                return eliminar(0); //desencola del principio de la lista
        }
}
```

Actividad resuelta 9.2

Utilizando la lista anterior, escribir un programa en el que se encolen números enteros introducidos por teclado, hasta que se introduzca uno negativo. A continuación, desencolarlos todos a medida que se muestran por pantalla.

Solución

```
public static void main(String[] args) {
        Lista c = new Lista();
        System.out.print("Introducir número: ");
        Integer n = new Scanner(System.in).nextInt();
        while (n >= 0) {
                c.encolar(n);
                System.out.print("Introducir número: ");
                n = new Scanner(System.in).nextInt();
        }
        n = c.desencolar();
        while (n != null) {        //la cola vacía devuelve null al desencolar
                System.out.print(n+" ");
                n = c.desencolar();
        }
        System.out.println("");
}
```

Actividad resuelta 9.3

Definir la interfaz `Pila` para números enteros.

Solución

```
public interface Pila {
        void apilar(Integer elemento); //apila un elemento Integer
        Integer desapilar(); //desapila un elemento y lo devuelve
}
```

Actividad resuelta 9.4

Añadir en la clase `Lista` la implementación de la interfaz `Pila`, junto a la interfaz `Cola`, ya implementada.

Solución

```
import java.util.Arrays;
public class Lista implements Pila , Cola{//Se declaran las dos
        .../*resto de implementación de la clase Lista incluidos los de la
            interfaz Cola*/

/*Implementación de Pila: apilamos y desapilamos del final de la lista, que será
la cima (se podría escoger el principio de la tabla igualmente). Recuérdese que
el método eliminar() de la clase Lista devuelve el elemento eliminado */
        public void apilar(Integer elemento) {
                insertarFinal (elemento);
        }
        public Integer desapilar(){ //se extrae el último elemento
                return eliminar(tabla.length - 1);//null si pila vacía
        }
}
```

Actividad propuesta 9.1

Utilizando la lista anterior, escribe un programa en el que se apilen números enteros introducidos por teclado, hasta que se introduzca uno negativo. A continuación, desapílalos todos mientras se muestran por pantalla.

9.2. Atributos de una interfaz

Una interfaz también puede declarar atributos. Por ejemplo, si queremos llevar la cuenta de las sucesivas versiones de nuestra interfaz `Sonido`, podemos definir el atributo entero `version`. La definición de la interfaz tendría la siguiente forma:

```
interface Sonido {
     int version = 1;
     void voz();
}
```

El atributo `version` se convertirá automáticamente en un atributo de las clases `Gato` y `Perro`, y solo podrá cambiarse en la definición de `Sonido`, pero no en las clases que la implementan, ya que los atributos definidos en una interfaz son `static` y `final` por defecto, sin necesidad de escribirlo explícitamente. Se accede a ellos, solo para lectura, a través del nombre de la interfaz o de una clase que la implemente, pero no desde una instancia. Por ejemplo, si queremos mostrar la versión actual de la interfaz `Sonido`, podemos poner

```
System.out.println(Sonido.version);
```

o bien

```
System.out.println(Perro.version);
```

Una interfaz puede incluso constar solo de atributos. Se pueden usar para añadir un conjunto de constantes compartidas por muchas clases distintas.

9.3. Métodos implementados en una interfaz

Hasta ahora solo hemos declarado un método en la interfaz `Sonido`. Pero, en general, una interfaz puede declarar más de uno. Entre ellos puede haber también métodos implementados en la propia interfaz. A los métodos declarados pero no implementados, como `voz()`, se les llama `abstractos`, igual que en las clases abstractas. Los que sí están implementados en la interfaz se llaman *métodos de extensión* y pueden ser tanto estáticos como no estáticos, públicos o privados. A los métodos de extensión no estáticos públicos se les llama *métodos por defecto.*

9.3.1. Métodos por defecto

Los métodos por defecto se declaran anteponiendo la palabra reservada `default` y son `public` sin necesidad de especificarlo. Vamos a añadir uno a nuestro ejemplo de los animales. Supongamos que, entre los sonidos de los animales, queremos incluir los ruidos que hacen durmiendo, y que todos emiten el mismo sonido cuando duermen. En este caso podemos incluir, dentro de la interfaz, el método `vozDurmiendo()`, que va a valer para todos los animales. Por tanto, lo implementamos en la misma interfaz.

```
interface Sonido {
    int version = 1;
    void voz();
    default void vozDurmiendo() {
        System.out.println("Zzz");
    }
}
```

Este método, con su implementación, será incorporado por `Perro` y `Gato` automáticamente, y será accesible para todos los objetos de ambas clases.

```
Gato g = new Gato();
g.vozDurmiendo(); //muestra por pantalla <<Zzz>>
Perro p = newPerro();
p.vozDurmiendo(); //también muestra <<Zzz>>
```

No obstante, `vozDurmiendo()` se puede reimplementar en cada clase haciendo overriding de la implementación que se ha hecho en la interfaz. Supongamos que los leones son una excepción entre los animales, y rugen hasta cuando duermen.

```
class Leon implements Sonido {
    public void voz() {
        System.out.println("¡Grrrr!");
```

```
        }
        @Overriding //de la implementación en Sonido
        public voidvozDurmiendo() {
                System.out.println("¡Grrrr!");
        }
        ... //resto de la implementación de Leon
}
```

En este caso, el código

```
Leon le = new Leon();
le.vozDurmiendo();
```

mostraría por consola «¡Grrrr!».

Recuerda

Un método que hace sustitución u overriding de otro implementado en una superclase o una interfaz debe ser declarado `public`.

9.3.2. Métodos estáticos en una interfaz

En una interfaz también se pueden implementar métodos estáticos. Si no se especifica un modificador de acceso, son `public`. Estos métodos pertenecen a la interfaz, y no a las clases que la implementan y mucho menos a sus objetos. Por ejemplo, supongamos que todos los animales, sin excepción, emitieran el mismo sonido al bostezar. Entonces podríamos implementar un método estático para los bostezos.

```
interface Sonido {
        //...
        static void bostezo() {//public por defecto
                System.out.println("¡Aaaauuuh!");
        }
}
```

Este método será accesible directamente desde la interfaz `Sonido`. Para invocarlo tendremos que escribir

```
Sonido.bostezo();
```

9.3.3. Métodos privados

Además de los métodos abstractos, por defecto y estáticos, que son públicos por defecto, en una interfaz se pueden implementar métodos privados anteponiendo el modificador `private`. Pueden ser tanto estáticos como no estáticos y no son accesibles fuera del código de la interfaz. Estos métodos están implementados —no son abstractos— y solo pueden ser invocados por el resto de los métodos no abstractos de la interfaz. En general, son métodos auxiliares para uso interno de otros métodos de la interfaz.

Argot técnico

Los métodos declarados, pero no implementados, en una interfaz se dice que son **abstractos.**

Los métodos no abstractos se implementan dentro de la interfaz y pueden ser estáticos o no estáticos, privados o públicos.

9.4. Herencia

Las interfaces pueden heredar unas de otras, heredando todos los atributos y métodos, salvo los privados, y pudiéndose añadir otros nuevos. A diferencia de las clases, una interfaz puede heredar de más de una interfaz —entre las interfaces es posible la herencia múltiple—. Veamos un ejemplo de interfaz que hereda de otra.

A partir de la interfaz `Cola`, podemos definir la interfaz `ColaDoble`, que añade dos métodos nuevos, que encolan en la cabeza y desencolan del final de la cola, justo al revés que los métodos originales de `Cola`. Como se trata de añadir miembros nuevos, hacemos que herede de la interfaz `Cola`.

```
interface ColaDoble extends Cola{
    void encolarCabeza(Integer nuevo);
    Integer desencolarFinal();
}
```

Si implementamos la interfaz `ColaDoble` en la clase `Lista`, tendremos que implementar los cuatro métodos: los dos definidos en `Cola` y los dos añadidos en `ColaDoble`. Por tanto, al implementar `ColaDoble`, estaremos implementando también `Cola` de forma automática.

Actividad propuesta 9.2

Implementa la interfaz `ColaDoble` en la clase `Lista` de enteros.

9.5. Variables de tipo interfaz

También se pueden crear variables cuyo tipo es una interfaz. Con ellas podremos referenciar cualquier objeto de cualquier clase que la implemente —a ella o a una subinterfaz—.

Por ejemplo, podremos crear la variable de tipo `Sonido`.

```
Sonido son;
```

Con ella es posible referenciar objetos de cualquier clase que implemente `Sonido`.

```
son = new Gato();
```

La sentencia

```
son.voz();
```

mostrará en la pantalla el mensaje «¡Miau!», ya que se ejecuta el método voz implementado en la clase `Gato`. Esa misma variable puede referenciar a un objeto `Perro`.

```
son = new Perro();
```

con lo cual la misma sentencia

```
son.voz();
```

escribirá «¡Guau!», que es el mensaje implementado en la clase `Perro`.

Este es otro ejemplo de selección dinámica de métodos. La misma línea de código produce efectos distintos —ejecuta métodos distintos—, dependiendo del objeto referenciado por la variable `son`. Se decide en tiempo de ejecución qué implementación concreta del método se va a ejecutar.

Es importante señalar que cuando usemos una variable de tipo `Sonido` para referenciar un objeto de la clase `Perro`, solo tendremos acceso a los métodos que pertenezcan a la interfaz `Sonido` y a los heredados de `Object`, pero no a los otros métodos implementados en la clase `Perro`. De esta forma, el objeto se manifestará exclusivamente como un objeto que emite un sonido. Esto va a ocurrir con todas las variables de tipo interfaz. Volviendo al ejemplo de la interfaz `Cola` implementada en la clase `Lista` (Actividad resuelta 9.1), si creamos una lista y la referenciamos con una variable de tipo `Cola`, veremos que, con esa variable, solo podemos acceder a los métodos `encolar()` y `desencolar()` (aparte de los heredados de la clase `Object`, que siempre son accesibles para cualquier objeto de cualquier clase) y no al resto de los miembros de la clase `Lista`. De ahí el nombre de interfaz: a través de ella, «vemos» la lista como una cola «pura».

```
Cola c = new Lista();
c.encolar(5);
System.out.println(c.desencolar());//muestra un 5
```

Al escribir el punto después de la `c`, NetBeans despliega un menú con los métodos accesibles, entre los que solo figuran los de `Cola` y los heredados de `Object`.

9.6. Clases anónimas

Lo más común es que las interfaces sean implementadas por clases, de las que luego se crearán diversos objetos. Sin embargo, hay ocasiones en que una determinada implementación de una interfaz es necesaria en un solo lugar. Cuando ocurre eso, no merece la pena definir una clase nueva para crear un solo objeto del que solo interesan las funcionalidades de la interfaz.

En estos casos, podemos crear sobre la marcha, en el mismo lugar del código donde se va a usar, un objeto de una clase sin nombre, es decir, anónima, en la que se implementan los métodos de la interfaz que nos interesa. Como no dispondremos de nombre para la clase, tampoco lo tendremos para el constructor. Por eso se usa uno con el nombre de la interfaz. Asimismo, el objeto será referenciado por una variable del tipo de la interfaz. Como ejemplo, crearemos una clase anónima que implemente la interfaz `Sonido`. Imaginemos que alguien ha encontrado un animal de una especie desconocida, que emite un extraño ruido. Mientras se identifica o no, para describir su sonido crearemos un objeto de una clase anónima que implementa la interfaz `Sonido`.

```
Sonido son = new Sonido() {
     public voidvoz() {
             System.out.println("¡Jajejijojuuuu!");
     }
}; //hasta aquí hemos escrito una sentencia, terminada en punto y coma
son.voz();
```

Por pantalla obtendremos el mensaje «¡Jajejijojuuuu!». En realidad, no hemos definido ninguna clase. Lo que hemos hecho es crear un objeto sin clase, que nos permite describir el sonido que emite, aunque es costumbre hablar de clases anónimas. Además, todo esto se implementa en una línea de código ejecutable, no en una clase ni archivo aparte. Por eso se dice que su definición es local. Vamos a ver un ejemplo algo más útil.

Actividad resuelta 9.5

Implementar un programa en el que, usando una `Cola` anónima, se encolan números enteros hasta que se introduce un valor negativo. Luego se desencolan todos los valores mostrándolos por pantalla.

Solución

*/*En este ejemplo, en vez de implementar la cola en una lista, construimos una lista dentro de la clase anónima y la usamos para guardar en ella los elementos insertados*/*

```
    Cola cola = new Cola() {
        Lista l = new Lista(); //aquí guardamos los números
        @Override
        public void encolar(Integer nuevo) {
                l.insertarFinal(nuevo);
         }
        @Override
        public Integer desencolar() {
                return l.eliminar(0);
        }
};
    System.out.print("Introducir número(negativo para salir): ");
    Integer n = new Scanner(System.in).nextInt();
    while (n >= 0) {
        cola.encolar(n);
        System.out.print("Introducir número: ");
        n = new Scanner(System.in).nextInt();
    }
    n = cola.desencolar();
    while (n != null) {
        System.out.print(n + " ");
        n = cola.desencolar();
    }
```

Argot técnico

Una clase anónima es la implementación local (en una línea de código) de una interfaz, creándose un objeto único.

9.7. Acceso entre miembros de una interfaz

Es importante destacar que, dentro de una interfaz, todos los métodos `default` y `private` tienen acceso entre ellos y, a su vez, pueden acceder a los métodos abstractos. No olvidemos que estos últimos son invocados a través de un objeto de alguna clase (aunque esta sea anónima), donde ya están implementados. Veamos un ejemplo con la interfaz `Cola`.

Actividad resuelta 9.6

Implementar, en la interfaz `Cola`, el **método** `encolarMultiple()`, que encole un mismo elemento varias veces seguidas.

Solución

*/*Será un método por defecto, que se limitará a llamar varias veces al método abstracto `encolar()`. La interfaz quedará, */*

```
public interface Cola {
        void encolar(Integer nuevo); //método abstracto
        Integer desencolar();        //ídem
        default void encolarMultiple(Integer nuevo,int repeticiones){
                for (int i = 0; i < repeticiones; i++) {
                        encolar(nuevo); //a implementar en la clase
                }
        }
}
```

9.8. Sintaxis general

La sintaxis general de la definición de una interfaz tiene la siguiente forma:

```
tipoDeAcceso interface NombreInterfaz {
     //atributos: son public, static y final por defecto:
     tipo atributo1 = valor1;
     //...resto atributos

     //métodos abstractos, sin implementar:
     tipo metodo1(listaParámetros1);
     //...resto métodos abstractos

     //métodos static, implementados:
     static tipo metodoEstatico1(listaParámetros1) {
             //...cuerpo de metodoEstatico1
```

```
        }
        //...resto métodos estáticos

        //métodos por defecto, implementados:
        default tipo metodoDefault1(listaParámetros1) {
                //...cuerpo de metodoDefault 1
        }
        //...resto métodos por defecto

        //métodos privados, solo accesibles dentro de la interfaz
        private tipo metodoPrivado1(listaParámetros1) {
                //...cuerpo de metodoPrivado1
        }
        //...resto métodos privados
}
```

Si se omite `tipoDeAcceso`, el acceso a la interfaz está restringido al paquete en el que está incluida. Si es `public`, la interfaz podrá ser importada desde otro paquete mediante una sentencia `import`.

Una clase puede implementar más de una interfaz, para lo cual deberá declararlas, separadas por comas, en el encabezamiento, e implementar todos los métodos abstractos de cada una de ellas. En general, la declaración de una clase que implementa una o más interfaces tiene la siguiente forma:

```
tipoDeAcceso class NombreClase implements Interfaz1, Interfaz2,...{
    ...
}
```

Cuando una clase implementa varias interfaces, puede haber algún método declarado en más de una de ellas con el mismo nombre y la misma lista de parámetros —el tipo devuelto tendría que ser también el mismo automáticamente; si no, daría error de compilación—. En este caso, en la clase se hará una única implementación del método.

En general, decimos que una clase implementa una interfaz si tiene implementados todos sus métodos abstractos, como hemos hecho en nuestros ejemplos. Sin embargo, se puede dejar alguno sin implementar con tal de que la clase se declare como abstracta.

Cuando una interfaz hereda de otra u otras, su definición tendrá la siguiente forma:

```
interface nombreInterfaz extends superInterfaz1, superInterfaz2,...{
    //...definición de la interfaz
}
```

9.9. Un par de interfaces de la API

En programación hay operaciones tan necesarias y tan frecuentes, que merecen entrar a formar parte de las interfaces de la API. Una de esas operaciones es la de comparar valores para buscar u ordenar objetos. Con este fin, los desarrolladores de Java han implementado un par de interfaces, `Comparable` y `Comparator`. Las estudiamos aquí a modo de ejemplo. Además, las vamos a usar frecuentemente a partir de ahora.

9.9.1. Interfaz Comparable

Cuando queramos establecer un criterio de comparación natural o por defecto entre los objetos de una clase, haremos que implemente la interfaz `Comparable`, que consta de un único método abstracto,

```
int compareTo(Object ob);
```

Este método será el encargado de establecer un criterio de ordenación entre los objetos de la clase. Para comparar dos objetos `ob1` y `ob2` de una determinada clase que implemente `Comparable`, escribiremos

```
ob1.compareTo(ob2)
```

que devolverá un número entero.

Si en una ordenación el objeto `ob1` debe ir antes que el objeto `ob2`, el método devolverá un número negativo; si debe ir después, devolverá un número positivo, y si deben ser iguales a efectos de ordenación, devolverá un cero.

- `ob1.compareTo(ob2) < 0 si ob1 va antes que ob2.`
- `ob1.compareTo(ob2) > 0 si ob1 va después que ob2.`
- `ob1.compareTo(ob2) = 0 si ob1 es igual que ob2.`

Veámoslo con un ejemplo de los socios de una biblioteca.

Actividad resuelta 9.7

Implementar la interfaz `Comparable` en la clase `Socio` para que, por defecto, se ordene según los números de identificación —`id`— crecientes.

Solución

```
class Socio implements Comparable {
        int id; //número identificativo del socio
        String nombre;
        LocalDate fechaNacimiento;
        public Socio(int id, String nombre, String fechaNacimiento) {
                this.id = id;
                this.nombre = nombre;
                //establecemos el formato español para las fechas:
                DateTimeFormatter f = DateTimeFormatter.ofPattern("dd-MM-yyyy");
                this.fechaNacimiento = LocalDate.parse(fechaNacimiento, f);
        }
        int edad() {
                return (int)fechaNacimiento.until(LocalDate.now(),ChronoUnit.YEARS);
        } /*el cast (int) es porque until() devuelve un valor long. Al ser de
        estrechamiento, en teoría podría suponer una pérdida de información
        para números muy grandes (de ahí un warning del compilador) pero, por
        desgracia, las edades de las personas son enteros muy pequeños. */
        @Override
        //la implementación debe declararse public
        public int compareTo(Object ob) {
```

```
            int resultado;
            Socio otroSocio = (Socio) ob;
            if (id < otroSocio.id) { //this va antes que ob
                    resultado = -1; //o cualquier número negativo
            } else if (id > otroSocio.id) { //this va después que ob
                    resultado = 1; //o cualquier número positivo
            } else {//this es igual que ob
                    resultado = 0;
            }
            return resultado;
    }
    public String toString() {
            return "Id: " + id + " Nombre: " + nombre + " Edad: " + edad() + "\n";
    } //el '\n' del final es para que cada socio vaya en una línea distinta
}
```

Si observamos la implementación de `compareTo()`, llama la atención el cast `Socio` aplicado al parámetro `ob` como ya hicimos con el método `equals()` de la clase `Object`, que vimos en la unidad dedicada a las clases. La razón es que, para que la interfaz sea útil para cualquier clase de Java, su parámetro de entrada debe ser de la clase `Object`, que es la más general posible. Esto obliga a que, en el cuerpo de definición del método, haya que aplicarle un cast que le diga al compilador que, en realidad, es un objeto `Socio`, y permita acceder así al atributo `id`. En la implementación del método, el `id` del objeto que llama a `compareTo()` es accesible directamente, ya que estamos accediendo al atributo desde el código del propio objeto (`this`) que hace la llamada. En cambio, `ob` es una referencia a un objeto externo, de tipo `Object`, que se le pasa como parámetro, y para acceder a su `id` deberemos poner el cast delante.

En casos como este, en que se usa un atributo de tipo numérico en la comparación, hay una implementación mucho más sencilla:

```
int compareTo(Object ob) {
     return id - ((Socio)ob).id;
}
```

Debemos tener en cuenta que el número positivo —o negativo— devuelto no tiene por qué ser 1 o –1. Lo que importa es si es positivo, negativo o 0.

Actividad propuesta 9.3

Verifica que, para comparar números enteros, son equivalentes las dos implementaciones propuestas con los `id` de los socios.

Vamos a aplicar todo esto a la comparación de dos objetos `Socio`.

```
Socio s1 = new Socio(3, "Anselmo", "11-07-2002");
Socio s2 = new Socio(1, "Josefa", "21-11-2001");
int resultado = s1.compareTo(s2);
System.out.println(resultado);
```

Se mostrará por pantalla un número positivo, ya que `s1` iría después de `s2` en una ordenación por número `id`. En cambio, si la tercera línea fuera

```
int resultado = s2.compareTo(s1);
```

aparecería un número negativo.

La interfaz `Comparable` ha sido creada por los desarrolladores de Java y la reconocen otras clases de la API. Entre ellas, la clase `Arrays`, donde se implementa el método `sort()`, que sirve para ordenar una tabla. Por ejemplo, si declaramos e inicializamos la tabla de números enteros

```
int[] tabla = {5, 3, 6, 9, 3, 4, 1, 0, 10};
```

la sentencia

```
Arrays.sort(tabla);
```

ordena la tabla `tabla` por el orden natural de sus elementos que, en el caso de los números enteros, es el orden creciente.

Es importante tener en cuenta que el método `sort()` no devuelve una copia ordenada de `tabla`, sino que ordena la tabla original. Si queremos mostrarla sin necesidad de un bucle que la recorra, podemos recurrir a otro método de la clase `Arrays`

```
System.out.println(Arrays.toString(tabla));
```

que mostrará por pantalla

[0, 1, 3, 3, 4, 5, 6, 9, 10]

En este ejemplo hemos usado `sort()` en una tabla cuyos elementos son de un tipo primitivo, pero también sirve para ordenar una tabla de objetos de cualquier clase, con tal de que esta tenga implementada la interfaz `Comparable`. Usará el orden natural de la clase, es decir, el establecido por el método `compareTo()`. A continuación se muestra un ejemplo: vamos a crear una tabla de objetos `Socio` que, de paso, inicializaremos de una forma nueva:

```
Socio[] t = new Socio[]{
    new Socio(2, "Ana", "07-12-1995"),
    new Socio(5, "Jorge", "20-01-2002"),
    new Socio(1, "Juan", "06-05-2004")
    };
```

Para ordenarlos utilizaremos el método `sort()`, ya que `Socio` tiene implementada la interfaz `Comparable` que, como acabamos de ver, se basa en el atributo `id` creciente, escribiremos:

```
Arrays.sort(t);
```

Podemos mostrar la tabla ya ordenada usando la sentencia

```
System.out.println(Arrays.deepToString(t));
```

donde, en lugar de `toString()`, válido para tablas de tipos primitivos, hemos utilizado `deepToString()` que sirve para tablas de objetos. Este método llamará al método `toString()` que hayamos implementado en la clase `Socio` para mostrar los objetos individuales.

Se obtendrá por pantalla:

[Id: 1 Nombre: Juan Edad: 16
, Id: 2 Nombre: Ana Edad: 24
, Id: 5 Nombre: Jorge Edad: 18
]

Las edades variarán con la fecha en que se ejecute el programa.

Muchas clases de la API de Java, como la clase `String`, traen implementada la interfaz `Comparable`, con lo cual podemos comparar sus objetos y ordenarlos con el método `sort()`. En particular, las cadenas se comparan siguiendo el orden alfabético creciente.

Cuando se hacen búsquedas y ordenaciones de objetos de una clase definida por nosotros, además de la interfaz `Comparable`, debemos implementar el método `equals()`. Ambos identifican cuándo dos objetos son iguales —`compareTo()` devuelve 0 y `equals()` devuelve `true`—. Para evitar conflictos, debemos asegurarnos de que ambos resultados sean consistentes, es decir, que identifiquen como iguales las mismas parejas de objetos.

Actividad resuelta 9.8

Cambiar la implementación de la clase *Socio* para que su criterio de ordenación natural sea por orden alfabético creciente de nombres.

Solución

//Basta que cambiemos la implementación del método `compareTo()` en la clase Socio

```
public int compareTo(Object otro){
    return nombre.compareTo(((Socio)otro).nombre);/*se invoca compareTo() de la
    clase String*/
}
```

Actividad propuesta 9.4

Crea e inicializa una tabla de socios, ordénala por orden alfabético de nombres y muéstrala por consola.

9.9.2. Interfaz Comparator

La interfaz `Comparable` proporciona un criterio de ordenación natural, que es el que usan por defecto los distintos métodos de la API, como `sort()`. Pero es frecuente que tengamos que ordenar los objetos de la misma clase con distintos criterios en el mismo programa. Por ejemplo, puede ser que necesitemos un listado de objetos `Socio` por orden alfabético de nombres, o por edades, en sentido creciente o decreciente. Para resolver este problema existe la interfaz `Comparator`, definida también en la API. Antes de usarla habrá que importarla con la sentencia:

```
import java.util.Comparator;
```

Esta interfaz tiene un único método abstracto:

```
int compare(Object ob1, Object ob2)
```

Recibe como parámetros dos objetos que queremos comparar para determinar cuál va antes y cuál después en un proceso de ordenación. Devuelve un entero, que será negativo si `ob1` va antes de `ob2`, positivo si va después y cero si son iguales. Llamamos *comparador* a cualquier objeto de una clase que implemente la interfaz `Comparator`. Necesitaremos una clase de comparadores distinta para cada criterio de comparación que queramos emplear con objetos de una clase determinada. Pero, a diferencia de la interfaz `Comparable`, `Comparator` no se implementa en la clase de los objetos que queremos ordenar —en nuestro caso, `Socio`—, sino en una clase específica, cuyos objetos llamaremos *comparadores*. Por cada criterio de comparación adicional para la clase `Socio`, definiremos una nueva clase de comparadores.

Por ejemplo, si queremos ordenar una tabla de socios por orden creciente de edad manteniendo como orden natural el atributo `id`, implementaremos una clase comparadora para el atributo `edad`.

```
import java.util.Comparator;
public class ComparaEdades implements Comparator {
    @Override
    public int compare(Object ob1, Object ob2) {
            return ((Socio)o1).edad()-((Socio)o2).edad();
    }
}
```

Igual que ocurre con la interfaz `Comparable`, `Comparator` se ha diseñado para que sirva para comparar objetos de cualquier clase. Por eso los parámetros de entrada son de tipo `Object`. Esto obliga a usar el cast correspondiente, en este caso (`Socio`).

Los métodos de ordenación de la API de Java, por ejemplo el método `sort()`, están sobrecargados y admiten como parámetro adicional un comparador que les diga el criterio de ordenación que deben emplear. Como ejemplo vamos a reordenar la lista de socios por orden de edades crecientes.

Empezamos por crear un objeto comparador de edades

```
ComparaEdades c = new ComparaEdades();
```

que pasaremos al método `sort()` como argumento, junto con la tabla que queremos ordenar,

```
Arrays.sort(t, c);
```

Para mostrar la tabla ordenada escribimos

```
System.out.println(Arrays.deepToString(t));
```

obteniéndose por pantalla

[Id: 1 Nombre: Juan Edad: 16
, Id: 5 Nombre: Jorge Edad: 18
, Id: 2 Nombre: Ana Edad: 24
]

En vez de declarar la variable `c`, podríamos haber creado el comparador en la propia llamada al método `sort()`

```
Arrays.sort(t, new ComparaEdades());
```

Otra opción, en caso de que se vaya a hacer la ordenación una sola vez, es crear una clase anónima en la llamada al método `sort()`:

```
Arrays.sort(t, new Comparator() {
    public int compare(Object ob1, Object ob2) {
        return((Socio) ob1).edad - ((Socio) ob2).edad;
    }
});
```

Actividad propuesta 9.5

Define una clase comparadora que ordene los socios por orden alfabético de nombres.

Cuando queramos una ordenación en sentido decreciente, basta cambiar el signo del valor devuelto en el método `compare()` o `compareTo()`. Sin embargo, la interfaz `Comparator` lleva implementado el método por defecto,

```
default Comparator reversed()
```

que, invocado por un objeto comparador, devuelve otro con el criterio de comparación invertido.

Actividad resuelta 9.9

A partir del comparador de `Socios` basado en las edades crecientes, obtener otro que los ordene según edades decrecientes.

Solución

//En el programa principal, creamos un objeto comparador para edades crecientes,

```
Comparator c1 = new ComparaEdades();
```

//Para ordenar en sentido decreciente, obtenemos c2, el comparador inverso de c1,

```
Comparator c2 = c1.reversed();
```

//Ahora podemos ordenar una tabla de socios en orden decreciente de edad con,

```
Arrays.sort(tablaSocios, c2);
```

Actividad resuelta 9.10

Implementar una clase comparadora que permita ordenar números enteros en sentido decreciente. Crear una tabla de 20 números aleatorios comprendidos entre 1 y 100 y ordenarla en sentido decreciente.

Solución

*/*En este caso, no tenemos una clase comparadora a la que darle la vuelta (ya veremos cómo obtenerla cuando estudiemos los tipos genéricos). Por tanto, tendremos que implementar directamente la clase comparadora para el orden inverso de los enteros. Para ello basta poner un signo menos delante del valor que se devolvería para la ordenación normal*/*

```
class ComparaEnterosInverso implements Comparator{
        public int compare(Object o1, Object o2){
                return -((Integer)o1 - (Integer)o2);
        }
}
```

En clases más complejas, con más atributos, podrá haber más criterios posibles de ordenación. Para cada uno de ellos habría que definir una clase comparadora específica.

La ordenación no es la única operación que precisa de un criterio de comparación. Cuando una tabla está ordenada, podemos hacer búsquedas rápidas, aprovechando el orden, por medio del método `binarySearch()`, que está implementado en la clase `Arrays`, igual que `sort()`. Para ello es indispensable que ambos métodos trabajen con el mismo criterio de ordenación. Por defecto, este criterio será el natural, implementado en la interfaz `Comparable`. Por ejemplo, si ordenamos una tabla t de números enteros por medio de la sentencia

```
Arrays.sort(t);
```

la tabla quedará ordenada en orden natural (creciente) y podremos buscar el índice del valor 10 en la tabla escribiendo

```
int indice = Arrays.binarySearch(t,10);
```

Pero si la ordenamos en orden decreciente por medio de un objeto comparador de la clase `ComparaEnterosInverso`, implementado en la Actividad resuelta 9.10, escribiremos:

```
Arrays.sort(t, new ComparaEnterosInverso());
```

Para buscar el valor 10, tendremos que pasar al método de búsqueda un argumento adicional con el mismo comparador:

```
int indice = Arrays.binarySearch(t, 10, new ComparaEnterosInverso());
```

En resumen, cuando en una aplicación tenemos que comparar objetos de una clase con distintos criterios, tanto si es para ordenarlos como para hacer búsquedas binarias, definimos un criterio de ordenación natural —por defecto— a través de la interfaz `Comparable`, y añadimos el resto de los criterios de ordenación con clases comparadoras, es decir, que implementen la interfaz `Comparator`.

Argot técnico

Se llama *criterio de orden* a aquel con el cual se comparan dos valores u objetos en Java. Se usa para ordenar conjuntos de un tipo de datos, como tablas o colecciones (que se verán más adelante) y para buscar elementos por métodos de búsqueda binaria.

Se llama *criterio de ordenación natural* de una clase al que se implementa a través de la interfaz `Comparable`, que usan por defecto los algoritmos de ordenación y búsqueda de la API.

Actividad resuelta 9.11

Implementar la clase `Lista` para almacenar elementos de tipo `Object`.

Solución

```
public class Lista{
        Object tabla[];
        Lista(){
                tabla=new Object[0];
        }
        void insertarPrincipio(Object nuevo) {
                tabla = Arrays.copyOf(tabla, tabla.length + 1);
                System.arraycopy(tabla, 0, tabla, 1, tabla.length - 1);
                tabla[0] = nuevo;
        }
        void insertarFinal(Object nuevo) {
                tabla = Arrays.copyOf(tabla, tabla.length + 1);
                tabla[tabla.length - 1] = nuevo;
        }
        void insertarFinal(Lista otraLista) {
                int tamIni = tabla.length;//tamaño inicial tabla
                tabla = Arrays.copyOf(tabla, tabla.length + otraLista.tabla.length);
                System.arraycopy(otraLista.tabla, 0, tabla, tamIni, otraLista.tabla.length);
        }
/*El primer parámetro es el índice del lugar donde queremos insertar el valor del segundo
parámetro*/
        void insertar(int posicion, Object nuevo) {
                tabla = Arrays.copyOf(tabla, tabla.length + 1);
                System.arraycopy(tabla, posicion, tabla, posicion + 1,
                                tabla.length - posicion - 1);
                tabla[posicion] = nuevo;
        }
        Object eliminar(int indice) {
                Object eliminado = null;
                if (indice >= 0 && indice < tabla.length) {
                        eliminado = tabla[indice];
                        for (int i = indice + 1; i < tabla.length; i++) {
                                tabla[i - 1] = tabla[i];
                        }
                        tabla = Arrays.copyOf(tabla, tabla.length - 1);
                }
                return eliminado;
        }
        Object get(int indice) {
                Object resultado = null;
                if (indice >= 0 && indice < tabla.length) {//índice válido
                        resultado = tabla[indice];
                }
                return resultado;
        }
        int buscar(Object claveBusqueda) {
                int indice = -1;
                for (int i = 0; i < tabla.length && indice == -1; i++) {
                        if (tabla[i].equals(claveBusqueda)) {
                              indice = i;
                        }
                }
                return indice;
        }
        public String toString() {//mostramos la tabla
                return Arrays.deepToString(tabla);
        }
}
```

MAPA CONCEPTUAL

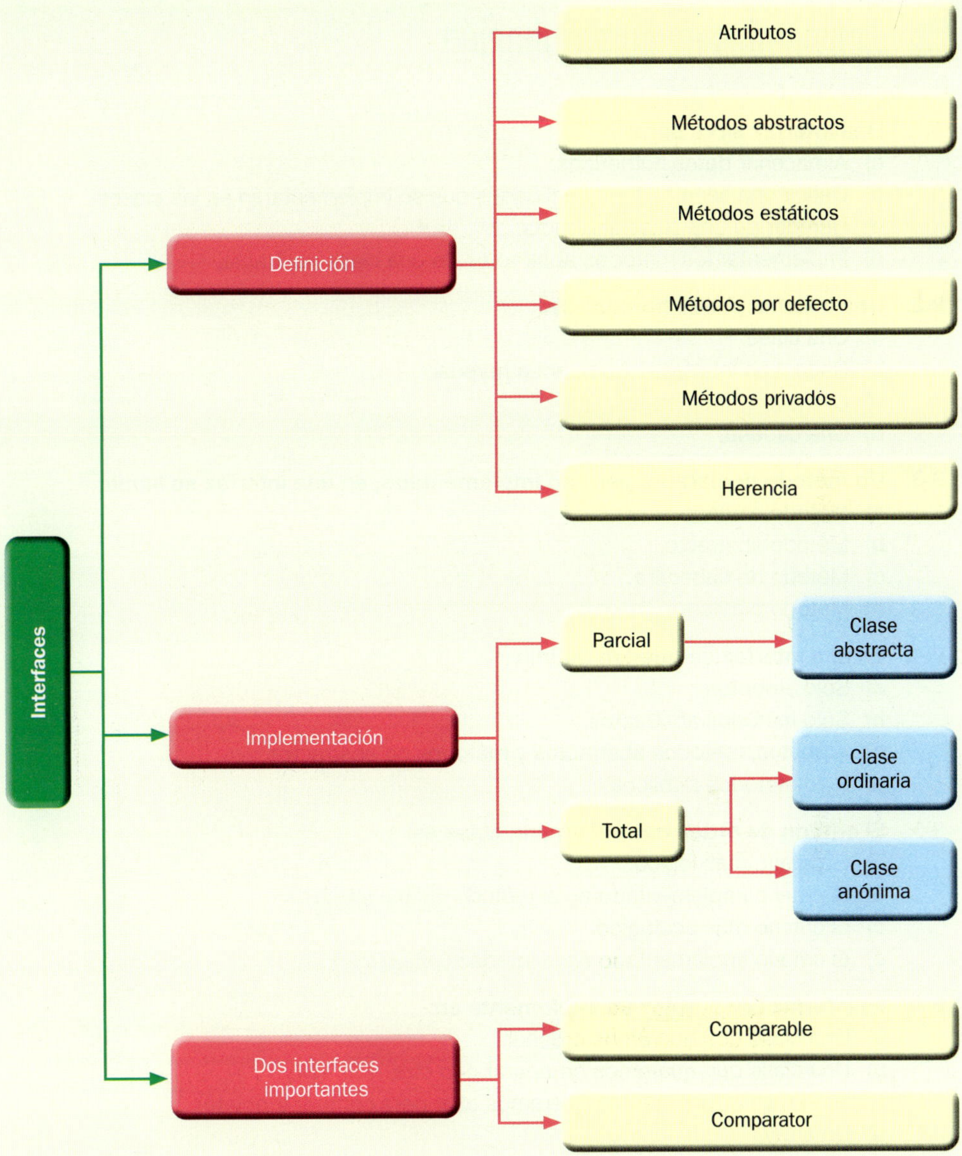

Actividades de comprobación

9.1. Una interfaz sirve para:

a) Almacenar datos numéricos.
b) Definir una serie de funcionalidades que se implementarán en las clases.
c) Heredar de una clase abstracta.
d) Implementar los métodos abstractos de una clase abstracta.

9.2. Una interfaz puede heredar de:

a) Una clase.
b) Nada. Las interfaces no pueden heredar.
c) Una o más interfaces.
d) Una cadena.

9.3. Un método declarado, pero no implementado, en una interfaz se llama:

a) Método estático.
b) Método abstracto.
c) Método de cabecera.
d) Método público.

9.4. En una interfaz se pueden definir:

a) Sólo atributos.
b) Sólo métodos abstractos.
c) Atributos, métodos abstractos y métodos no abstractos.
d) Solo métodos públicos.

9.5. El criterio de orden natural en una clase es:

a) El criterio más lógico.
b) El criterio implementado en el método `compareTo()`.
c) El criterio más ecológico.
d) El criterio implementado en la interfaz `Comparator`.

9.6. La interfaz `Comparator` se implementa en:

a) Una clase que queremos ordenar.
b) Una clase que queremos comparar con otra.
c) Una clase cuyos objetos queremos usar para comparar objetos.
d) Un array.

9.7. El método `compare()` es invocado por:

a) Un objeto que queremos comparar.
b) Una clase que implementa la interfaz `Comparator`.
c) Una clase que implementa la interfaz `Comparable`.
d) Un objeto de una clase que implementa *Comparator*.

9.8. Si queremos comparar los objetos `s1` y `s2` de la clase `Socio`, usando el criterio de orden natural, escribiremos:

a) comp.compare(s1,s2).
b) s1.compare(s2).
c) s1.compareTo(s2).
d) comp.compareTo(s1, s2).

9.9. Las interfaces se parecen a las clases abstractas en que:

a) No tienen atributos.
b) Todos sus métodos son abstractos.
c) No son instanciables.
d) Carecen de métodos privados.

9.10. Las clases anónimas:

a) Sirven para crear atributos sin nombres.
b) Sirven para implementar métodos privados.
c) Se emplean para heredar de varias clases.
d) Sirven para implementar interfaces localmente, creando un objeto único, cuya clase no lleva ningún nombre.

Actividades de aplicación

9.11. Implementar la clase `Lista` para almacenar elementos de tipo `String`.

9.12. Definir las interfaces `Cola` y `Pila` para objetos `String` e implementarlos en la clase *Lista* definida en la Actividad de aplicación 9.11.

9.13. Diseñar la clase `Futbolista` con los siguientes atributos: dni, nombre, edad y número de goles. Implementar:

- Un constructor y los métodos `toString()` y `equals()` (este último basado en el DNI).
- La interfaz `Comparable` con un criterio de ordenación basado también en el DNI.
- Un comparador para hacer ordenaciones basadas en el nombre y otro basado en la edad.

Crear una tabla con 5 futbolistas y mostrarlos ordenados por DNI, por nombre y por edad.

9.14. Añadir a la Actividad de aplicación 9.13 un comparador que ordene los futbolistas por edades y, para aquellos que tienen la misma edad, por nombres.

9.15. Implementar la clase `Supercola`, que tiene como atributos dos colas para enteros, en las que se encola y desencola por separado. Sin embargo, si una de las colas queda vacía, al llamar a su método desencolar, se desencola de la otra mientras tenga elementos. Solo cuando las dos colas estén vacías, cualquier llamada a desencolar devolverá `null`. Escribir un programa con el menú:

1. Encolar en `cola1`.
2. Encolar en `cola2`.
3. Desencolar de `cola1`.
4. Desencolar de `cola2`.
5. Salir

Después de cada operación se mostrará el estado de las dos colas para seguir su evolución.

9.16. Definir las interfaces `Cola` y `Pila` para objetos `Object` e implementarlos en la clase `Lista` definida en la Actividad resuelta 9.11.

9.17. Escribir un programa donde se use una `Lista` para elementos `Object` para encolar y desencolar objetos de distintos tipos, mostrándolos por pantalla.

9.18. Repetir la Actividad de aplicación 9.17 con la interfaz `Pila` apilando y desapilando.

9.19. Implementar la interfaz `Comparable` en la clase `Socio` para que el criterio de ordenación natural sea de menor a mayor edad.

9.20. Repetir Actividad de aplicación 9.19 para que se ordene por edades y, si dos socios tienen la misma edad, vaya antes el que tenga un número de socio menor.

9.21. Repetir Actividad de aplicación 9.20 con un criterio que ordene por fechas de nacimiento.

9.22. Definir una clase comparadora que ordene los socios por orden alfabético de nombres.

9.23. Repetir Actividad de aplicación 9.22 con un orden alfabético de nombres invertido (que empieza por la letra 'z').

9.24. Implementar en la clase `Lista` para elementos `Object` las funciones sobrecargadas:

- `void ordenar()`, que ordena la lista con el orden natural de sus elementos.
- `void ordenar(Comparator c)`, que la ordena con el criterio que establezca `c`. Aquí tendremos que ser muy cuidadosos con que todos los elementos insertados sean del mismo tipo.

9.25. Usar la `Lista` Actividad de aplicación 9.24 para insertar cadenas de caracteres y ordenarlos por orden alfabético.

9.26. Repetir Actividad de aplicación 9.25 con elementos de tipo `Socio` cuyo orden natural es el de la edad.

9.27. Manteniendo el mismo orden natural de la clase `Socio` (por edades), ordenar la lista de socios por orden alfabético de nombres.

Actividades de ampliación

9.28. Implementar la clase `Jornada`, cuyos objetos son los datos de cada día de trabajo de los empleados de una empresa. En ella se identificará al trabajador por su DNI y figurarán la fecha y las horas de entrada y salida del trabajo de cada jornada. Un método computará el número de minutos trabajados en la jornada. El criterio de orden natural de las jornadas será el de los DNI, y para igual DNI, el de la fecha de la jornada, con objeto de que aparezcan consecutivas todas las jornadas de cada trabajador. Asimismo implementar el método `toString()` que muestre el DNI del empleado, la fecha y la duración en minutos de las jornadas.

9.29. Usar la clase `Lista` de elementos `Object` para almacenar una serie de jornadas de empleados como las de la Actividad de ampliación 9.28. Una vez insertadas, ordenar la lista y mostrar por pantalla sus elementos.

9.30. Implementar una clase comparadora para ordenar las jornadas de trabajo (ver actividades anteriores) por orden de número de minutos trabajados. Ordenar la lista de la Actividad de ampliación 9.29 por dicho orden y mostrarla por pantalla.

9.31. En una compañía de telecomunicaciones se desean registrar los datos de todas las llamadas de sus clientes. Implementar la clase `Llamada`, que guardará los siguientes datos: número de teléfono del cliente, número del interlocutor, atributo booleano que indique si la llamada es saliente, fecha y hora del inicio de la llamada y del fin, atributo enumerado que indique la zona del interlocutor (suponer cinco zonas con tarifas distintas) y tabla de constantes con las tarifas de las zonas en céntimos de euro/minuto. En la clase se establecerá un orden natural compuesto basado en el número del teléfono del cliente como primer criterio y en la fecha y hora de inicio como segundo criterio. Asimismo, se implementará un método que devuelva la duración en minutos de la llamada y otro que calcule su coste, si es saliente. Por último, implementar el método `toString()`, que muestre los dos números de teléfono, la fecha y hora del inicio, la duración y el coste.

9.32. Utilizar la clase `Lista` para guardar una serie de llamadas. A continuación, ordenarla con el criterio de orden natural y mostrarla por pantalla.

9.33. Implementar una clase comparadora que ordene las llamadas por coste. Usarla para ordenar la lista de la Actividad de ampliación 9.32 y mostrar el resultado por pantalla.

9.34. Las cartas, formadas por un palo y un número, son la base para muchos juegos de azar. Construir las clases necesarias que permitan ordenar una serie de cartas según el palo y el número, o solamente por su número. Asimismo, como el azar es algo ligado a los juegos de cartas, implementar en la clase `Carta` un método estático que construya y devuelva una carta al azar.

9.35. Implementar una aplicación para gestionar la información de los empleados y clientes de un banco, teniendo en cuenta que un empleado puede ser, a la vez, cliente del banco. Para ello, crear una única clase `Persona` que implemente las interfaces `Cliente` y `Empleado`. Para simplificar solo se van a tener en cuenta los siguientes atributos:

- Como empleado: número de horas trabajadas en el mes.
- Como cliente: saldo de su cuenta.
- Comunes: DNI (inmutable una vez creado), nombre y dos booleanos que digan si es cliente y/o empleado.

Escribir un programa donde se crea un empleado que es cliente y se incrementa su número de horas trabajadas y su saldo como cliente.

9.36. Escribir la interfaz `Funcion` con un único método abstracto:

```
double aplicar(double)
```

Implementar en la clase `Main` el método:

```
static double[] funcionTabla(double[] t, Funcion f)
```

al que se le pasa una tabla de números reales y un objeto cuya clase implementa la interfaz `Funcion`. Devolverá una nueva tabla cuyos elementos son el resultado de aplicar el método `aplicar()`, que se haya definido en `f` , a cada uno de los elementos de la tabla original. Utilizar `funcionTabla()` para calcular la raíz cuadrada de los elementos de una tabla de números reales.

UNIDAD 10

Ficheros de texto

Objetivos

- Conocer el concepto de excepción y sus tipos.
- Manipular excepciones.
- Crear excepciones de usuario.
- Saber qué es el concepto de flujos de entrada y salida.
- Crear flujos de entrada de texto.
- Conocer y aplicar funciones de lectura en flujos de entrada de texto.
- Utilizar la entrada formateada desde archivos de texto con `Scanner`.
- Crear flujos de salida de texto.
- Conocer y aplicar funciones de escritura en flujos de salida de texto.
- Cerrar flujos de entrada y salida de texto.
- Leer y escribir entre archivos XML y aplicaciones Java con JAXB.

Contenidos

Introducción

En la mayoría de los programas, en un momento u otro hay que interaccionar con alguna fuente o soporte de datos, como un archivo en un dispositivo de almacenamiento de datos o un dispositivo de red, ya sea para guardar información o para recuperarla. Java implementa una serie de clases llamadas *flujos,* encargadas de comunicarse con estos dispositivos. El funcionamiento de estos flujos, desde el punto de vista del programador, no depende del tipo del dispositivo hardware con el que está asociado, lo que nos liberará del trabajo que supone tener en cuenta las características físicas de cada uno de ellos.

Los flujos pueden ser de entrada o de salida, según sean para recuperar o guardar información. Por otra parte, atendiendo a la clase de datos que se transmiten, los flujos son de dos tipos:

- **Carácter:** si se asocian a archivos u otras fuentes de texto.
- **Binarios:** si transmiten bytes, cuyos valores están comprendidos entre 0 y 255. Estos, en realidad, permiten manipular cualquier tipo de datos.

Vamos a empezar por los flujos de tipo texto, mientras que en la siguiente unidad nos dedicaremos a los archivos —flujos— de tipo binario. Pero, dado que en los flujos de datos entre el ordenador y los dispositivos de almacenamiento se producen errores frecuentes, como intentos de acceso a ficheros inexistentes o con nombres mal escritos, tendremos que estudiar las **excepciones,** que es como se llaman los errores en Java.

Argot técnico

Un flujo (*stream,* en inglés) es una abstracción que permite que un programa se conecte con un dispositivo físico (un disco duro, un puerto de red, un DVD, etc.) para recibir o enviar información.

No debemos confundir los flujos de datos con los objetos de tipo Stream, que estudiaremos en una unidad posterior.

10.1. Excepciones

Los errores en los programas son prácticamente inevitables, tanto si están originados por códigos deficientes, entrada de datos, parámetros incorrectos o archivos inexistentes como si lo están por discos defectuosos, entre otros.

En la mayoría de los lenguajes de programación, la manipulación de los errores suele ser complicada y confusa. Su código se mezcla con el del resto del programa, haciéndolo poco claro, y suele estar destinado solo a evitar el error y no a controlar la situación una vez que dicho error se ha producido.

Java es un lenguaje que se adapta a las condiciones de internet, y sus programas se ejecutarán en máquinas remotas, casi siempre manipuladas por personal no cualificado.

Esto obliga a adoptar un enfoque nuevo, en el que se trata de evitar, en lo posible, que el programa se interrumpa a causa del error. Para ello no basta con evitar que se produzcan los errores, sino que hay que implementar los medios para que un programa se recupere de las condiciones generadas por un error que no se ha podido evitar. Eso depende del tipo de error, y no siempre es posible.

Cuando, en la ejecución de un programa, se produce una situación anormal —un error— que interrumpe el flujo normal de ejecución, el método que se esté ejecutando genera un objeto de la clase `Throwable` («arrojable»), que contiene información del error, de su causa y del contexto del programa en el momento en que se produce, y lo entrega (lo «arroja») al sistema de tiempo de ejecución —la máquina virtual—. Este objeto es susceptible de ser capturado —ya veremos cómo— por el programa y analizado para dar una respuesta, si procede. En caso contrario, el programa se interrumpe y el sistema de tiempo de ejecución muestra una serie de mensajes que describen el error, como ocurre en otros lenguajes de programación.

Hay errores lo bastante graves para que sea preferible que el programa se interrumpa. Por ejemplo, errores derivados de problemas de hardware. Si intentamos leer de un disco defectuoso, se producirán errores de los que es difícil, si no imposible, recuperarse. Estos y otros errores relacionados directamente con la máquina virtual, y no con el código de nuestro programa, arrojan objetos de la clase `Error`, una subclase de `Throwable`. De ellos no nos vamos a ocupar, ya que poco se puede hacer con estos errores a la hora de programar. Tampoco nos ocuparemos de las excepciones llamadas *de tiempo de ejecución* (`runtime exceptions`), que proceden de líneas de código equivocadas. La solución a estos errores es corregir el código.

Pero hay otra clase de errores más habituales y menos graves, como entradas de datos de tipo equivocado, aperturas de ficheros con ruta de acceso errónea u operaciones aritméticas no permitidas. A estos errores se les llama *excepciones,* y producen un objeto de la clase `Exception`, otra subclase de `Throwable`. A continuación explicaremos estas excepciones, ya que son manipulables a través del código. Para ello se usan los bloques `try`, `catch` y `finally`.

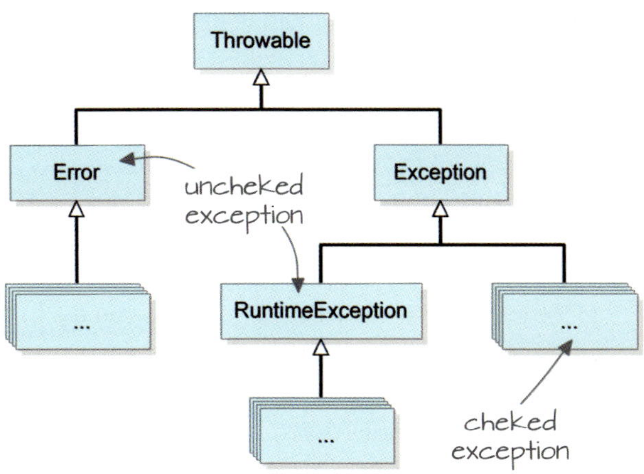

Figura 10.1. *Estructura de las clases que forman el sistema de excepciones de Java.*

Cuando sabemos que en un determinado fragmento de código se puede producir una excepción, lo encerramos dentro de un bloque `try`. Por ejemplo, si en una división entre las variables `a` y `b` sospechamos que el divisor `b` podría hacerse cero en algún momento, escribimos

```
try {
        int c;
        c = a / b;
    }
```

Con esta estructura estamos sometiendo a observación al bloque de código encerrado entre llaves. Si salta una excepción en ese bloque, deberá ser capturada por un bloque `catch` de la siguiente forma:

```
catch(ArithmeticException e) {
        System.out.println("Error: división por cero");
}
```

Si se produce la excepción y es capturada, se interrumpe la ejecución del código del bloque `try`, saltando a la primera línea del bloque `catch`. Cuando se termina de ejecutar dicho bloque, continúa en la línea inmediatamente posterior a la estructura `try-catch`.

La palabra reservada `catch` va seguida de unos paréntesis donde se encierra un parámetro de la clase de excepción que puede atrapar; en este caso, una excepción aritmética. El parámetro `e` se puede usar como variable local dentro del bloque. Hace referencia al objeto de la excepción y contiene toda la información sobre el error que la ha producido. Entre sus métodos está `getMessage()`, que nos muestra un mensaje descriptivo del error. Podríamos haber puesto

```
catch(ArithmeticException e) {
        System.out.println(e.getMessage());
}
```

o incluso

```
catch(ArithmeticException e) {
        System.out.println(e);
}
```

que hace una llamada a `toString()` de la clase de la variable `e`, donde también se describe el error (en inglés).

Los bloques `try` y `catch` deben ir uno a continuación del otro, sin ningún código en medio.

```
try {
        //…bloque try
} catch(TipoExcepción nombreParámetro) {
        //…bloque catch
}
```

En el bloque `catch` solo se recogerán las excepciones del tipo declarado entre paréntesis o de una subclase. En el ejemplo anterior podríamos haber escrito lo siguiente:

```
try {
        c = a / b;
} catch(Exception e) {
        System.out.println("Error: división por cero");
}
```

ya que `ArithmeticException` es una subclase de `Exception`.

Esto nos permitiría recoger otros tipos de excepción en el mismo `catch`, pero, para ese caso, es mejor escribir más de un bloque `catch`. Con un mismo bloque `try` se pueden poner tantos bloques `catch` como deseemos, siempre que vayan seguidos,

```
try {
        //...bloque try
} catch(tipoExcepción1 nombreParámetro1) {
        //...bloque catch
} catch(tipoExcepción2 nombreParámetro2) {
        //...bloque catch
} ...
```

Cuando se produce una excepción en el bloque `try`, se compara con el tipo del primer bloque `catch`. Si coincide con él o con una subclase, se ejecuta dicho bloque y continúa el programa después del último bloque `catch`. Si no coincide, se compara con el tipo del segundo bloque, y así sucesivamente hasta que se encuentra un bloque cuyo parámetro coincida o sea una superclase de la excepción producida, de forma que solo se ejecuta un bloque `catch`, el primero cuyo tipo sea compatible. Si la excepción no coincide con ninguno de los parámetros de los bloques, no es capturada y se interrumpe la ejecución del programa. Aquí hay que tener cuidado de no poner un bloque `catch` con una excepción que sea superclase de otra que vaya más abajo, pues el bloque de esta última nunca se ejecutará.

Por ejemplo:

```
try {
        c = a / b;
} catch(Exception e) {
        System.out.println("Estoy en el primer catch");
} catch(ArithmeticException e) {
        System.out.println("Estoy en el segundo catch");
}
```

Si `b` vale cero, se producirá una excepción de tipo `ArithmeticException`, pero, al ser un subtipo de `Exception`, será capturada en el primer `catch`, cuyo bloque será el que se ejecute, apareciendo el mensaje: «Estoy en el primer `catch`». La ejecución seguirá después del último bloque, de modo que el segundo bloque `catch` es inútil, ya que jamás se va a ejecutar. De hecho, en nuestro ejemplo —como todo tipo de excepción es subclase de `Exception`— cualquier excepción que se produzca en el bloque `try` será capturada en el primer bloque `catch` y ningún bloque que pongamos después se va a ejecutar nunca.

Por otra parte, existe la posibilidad de capturar más de un tipo de excepción con un único bloque `catch`.

```
catch(tipoExcepción1 | tipoExcepción2 | ... e) {
        ...
}
```

Aquí, la barra vertical equivale a una disyunción lógica `O`. Se pueden añadir tantos tipos de excepción como se quiera, separados por barras verticales. El significado es: «si se arroja una excepción del tipo `tipoExcepción1` o del tipo `tipoExcepción2` o `. . .`, ejecutar este bloque `catch`, donde la excepción será referenciada con la variable `e`».

Todo código en Java forma parte de algún método que, en última instancia, puede ser el método `main()`. Si desde un método `metodo2()` se invoca otro método `metodo1()` y salta una excepción durante la ejecución de este último, podemos capturarla y manipularla, como hemos hecho hasta ahora, con una estructura `try-catch` en el propio código de `metodo1()`. Pero hay un enfoque alternativo. Podemos declarar, en la definición de `metodo1()`, que en su ejecución puede producirse dicha excepción. Para ello usaremos la palabra clave `throws`.

```
tipo metodo1(tipo1 parametro1,...) throws tipoExcepción {
        ...
}
```

En el cuerpo de `metodo1()` ya no tenemos que insertar los bloques `try-catch` para ese tipo de excepción. En cambio, `metodo2()` será el encargado de gestionarla cuando invoque a `metodo1()`.

```
tipo metodo2(tipo1 parametro1, tipo2 parametro2...) {
        ...
        try {
                metodo1(); //llamada al metodo1()
        } catch (tipoExcepción e) {
                //...tratamiento de la excepción
        }
}
```

Veámoslo con un ejemplo. Supongamos que en método `metodo1()` se puede dar una división por cero. Por otra parte, un segundo método `metodo2()` llama a `metodo1()`. Lo que hemos hecho hasta ahora es:

```
void metodo1(int a, int b) {
        int c;
        try {
                c = a / b;
        } catch(ArithmeticException e) {
                System.out.println("División por cero");
        }
        System.out.println("a/b = " + c);
}
```

`metodo2()`, que llama a `metodo1()`, podría ser:

```
void metodo2() {
        int x, y;
        ...
```

```
        metodo1(x, y);
        ...
}
```

Si la variable `y` es cero, la excepción producida es capturada y manipulada en el lugar donde se ha intentado la división —en `metodo1()`— antes de que la ejecución vuelva al método que lo llama —`metodo2()`—.

Pero podríamos hacerlo de otra forma. Primero, eliminamos el bloque `try-catch` de `metodo1()` y declaramos a este último como susceptible de producir una `ArithmeticException`. Esto se implementa por medio de la palabra clave `throws` en su encabezamiento,

```
void metodo1(int a, int b) throws ArithmeticException {
        int c;
        c = a / b;
        System.out.println("a/b = " + c);
}
```

Con esto estamos declarando que, dentro del método, puede producirse una excepción aritmética y que deberá ser manipulada por código externo, en el método que llame a `metodo1()`, en nuestro caso `metodo2()`. Además, esta particularidad, que forma parte de la definición de `metodo1()`, deberá constar en la documentación que la acompaña para que los usuarios del método sepan a qué atenerse. La implementación de `metodo2()`, por tanto, deberá hacerse cargo de la excepción,

```
void metodo2() {
        int x, y;
        ...
        try {
                metodo1(x, y);
        } catch(ArithmeticException e) {
                System.out.println("División por cero");
        }
        ...
}
```

Por supuesto, `metodo2()` podría «pasar» la excepción a un tercer método que lo invoque, y así sucesivamente.

Una estructura `try-catch` supone una bifurcación en el programa. Pero a menudo estamos interesados en que una serie de líneas de código se ejecuten, tanto si se produce una excepción como si no; por ejemplo, para cerrar un archivo en el que estábamos escribiendo.

Para esto se define el bloque opcional `finally` que, cuando está presente, se coloca al final de una estructura `try-catch` —es posible una estructura `try-finally`, sin bloque `catch`— y se ejecuta independientemente de si en el bloque `try` se ha lanzado una excepción o no, y de si la excepción ha sido capturada o no. Se ejecutará antes incluso que cualquier sentencia `return` que aparezca en los bloques `try` o `catch`. Esto nos asegura que, en circunstancias anómalas, se van a ejecutar determinadas tareas, como cerrar ficheros abiertos, antes de que termine la ejecución del programa. En el siguiente trozo de código:

```
try {
        //...bloque que trabaja con archivos
        return
} catch(IOException e) {
        //...bloque si salta excepción
} finally {
        //...código para cerrar archivos
}
...
return;
```

el bloque `finally` se ejecuta incluso antes de ejecutarse el `return` del bloque `try`, a pesar de que figura después de dicha sentencia, tanto si se produce una excepción como si no.

10.1.1. Requisito de captura o especificación

Al principio distinguimos entre las excepciones —clase `Exception`— y los errores propiamente dichos —clase `Error`—. Pero, entre las excepciones, hay un grupo especialmente importante, ya que son predecibles a partir del código y es fácil recuperarse de ellas. Tanto es así que el propio compilador sabe dónde se pueden producir y nos obliga a manipularlas, ya sea por medio de estructuras `try-catch` o declarándolas en el encabezamiento de los métodos (mediante `throws`).

Este grupo de excepciones, llamadas **excepciones comprobadas** —*checked exceptions*—, entre las que se encuentran las más comunes, generalmente con un origen fuera del programa (entradas de datos, nombres de ficheros incorrectos, etc.), se dice que están sometidas al requisito de «capturar o especificar» (*catch or specify*); es decir, o implementamos el bloque `try-catch`, o especificamos la excepción en la declaración del método por medio de `throws`. Como el compilador nos exige su tratamiento (si no lo hacemos, genera un error de compilación), no tenemos que preocuparnos por saber cuáles son exactamente, aunque con la práctica acabamos familiarizándonos con las más importantes: `IOException`, `FileNotFoundException`, `NumberFormatException`, `ClassCastException`, etcétera.

Junto a ellas se encuentran las excepciones **no comprobadas** (*unchecked exceptions*), como `ArithmeticException`, producidas por errores aritméticos, o `ArrayIndexOutOfBoundsException`, que se produce cuando intentamos salirnos de los límites de una tabla. Dichas excepciones suelen estar asociadas a malas prácticas de programación. Por tanto, más que tratarlas con una estructura `try-catch`, hay que corregir el código para evitar que se produzcan.

Argot técnico

Se llaman *excepciones comprobadas* o *checked exception* a aquellas cuya posible ocurrencia es predecible y, por tanto, anticipable por el compilador, que nos exige su tratamiento por medio de una estructura `try-catch` adecuada o por la cláusula `throws`.

Actividad resuelta 10.1

Escribir el método

```
Integer leerEntero(),
```

que pide un entero por consola, lo lee del teclado y lo devuelve. Si la cadena introducida por consola no tiene el formato correcto, muestra un mensaje de error y vuelve a pedirlo.

Solución

```
/* Establecemos un bucle infinito del que solo nos puede sacar el break que, por
otra parte, solo se ejecutará si se produce la lectura de Scanner sin que salte
una excepción InputMismatchException por una entrada de tipo erróneo. */
static Integer leerEntero () {
        Integer resultado;
        while (true) {
                try {
                        System.out.print("Introducir entero: ");
                        resultado = new Scanner(System.in).nextInt();
                        break; /*aquí se llega solo si la lectura del Scanner ha
                        sido correcta*/
                } catch (InputMismatchException ex) {
                        System.out.println("Tipo erróneo");
                }
        }
        return resultado;
}
```

10.1.2. Excepciones de usuario

Hasta ahora, todas las excepciones que hemos visto vienen predefinidas en Java. Pero podemos implementar las nuestras propias con tan solo heredar de alguna que ya exista. Además, es posible lanzarlas cuando nos interese por medio de la palabra reservada `throw`.

Por ejemplo, si estamos introduciendo por teclado un valor entero que representa una edad, no tiene sentido un número negativo. Normalmente, en estos casos nos conformamos con un condicional y un simple mensaje de error. Pero también podemos crear con `new` y lanzar con `throw` una excepción definida por nosotros.

En la definición de una excepción de usuario no necesitamos implementar ningún método; basta con heredar de `Exception`. En todo caso, podemos sustituir el método `toString()` por uno que represente mejor nuestro caso.

```
public class ExcepcionEdadNegativa extends Exception {
        public String toString(){
                return "Edad negativa";
        }
}
```

Veamos un ejemplo donde se usa esta excepción:

```
try {
        System.out.print("Introducir edad: ");
        int edad = new Scanner(System.in).nextInt();
        if (edad < 0) {
                throw new ExcepcionEdadNegativa();
        } else {
                //cualquier código donde se use edad, por ejemplo:
                System.out.println("edad correcta: " + edad);
        }
} catch (ExcepcionEdadNegativa ex) {
        System.out.println(ex);
}
```

10.2. Flujos de entrada de texto

Los flujos de entrada de tipo texto heredan de la clase `InputStreamReader`. Todas las clases que vamos a usar para trabajar con ficheros se encuentran en el paquete `java.io`. Podemos importarlas todas con la sentencia,

```
import java.io.*;
```

Las clases de entrada de texto tienen siempre un nombre que termina en `Reader`. Nosotros usaremos flujos del tipo `FileReader`. El constructor es:

```
FileReader(String nombreArchivo)
```

al que se le pasa, como parámetro, el nombre del archivo al que se quiere asociar un flujo para su lectura. Este nombre puede llevar incluida la ruta de acceso si el archivo no está en la carpeta de trabajo. Por ejemplo,

```
FileReader in = new FileReader("C:\\programas\\prueba.txt");
```

crea un flujo de texto asociado al archivo *prueba.txt,* que se halla en la carpeta *programas* de la unidad C. No hay que olvidar que, para imprimir la barra invertida, hay que escribirla doble (\\), ya que escrita de forma simple se emplea para las secuencias de escape (por ejemplo, «\n» significa un cambio de línea). Cuando estamos trabajando en una plataforma Linux, las rutas de acceso son distintas. Por ejemplo,

```
FileReader in = new FileReader("/home/pedro/programas/prueba.txt");
//la barra hacia delante (/) se puede escribir simple
```

La apertura de un fichero puede arrojar una excepción del tipo `IOException` —Input-Output Exception, excepción de entrada y salida— o alguna subclase, cuando el archivo no se abre por alguna razón. Por ejemplo, el constructor de FileReader puede arrojar una excepción FileNotFoundException, que hereda de IOException si el archivo que queremos abrir para lectura no existe, o no se encuentra en la ruta de acceso especificada. Por ello, dicha operación siempre deberá ir dentro de la estructura `try-catch` correspondiente. Cuando se abre un archivo, un cursor se posiciona al principio, apuntando al primer carácter, e irá avanzando por el archivo a medida que vayamos leyendo de él.

Una vez que se ha abierto el fichero para lectura, podremos leer del flujo asociado, usando el siguiente método:

- `int read()`: lee del fichero y devuelve un carácter *Unicode* codificado como un entero. Si queremos recuperar el carácter que lleva dentro cada entero, debemos aplicarle un cast, ya que la conversión, al ser de estrechamiento, no es automática. Sabremos que hemos llegado al final del archivo cuando `read()` devuelva –1, que no corresponde a ningún carácter.

A medida que vamos llamando al método `read()`, el cursor va avanzando dentro del archivo, apuntando al siguiente carácter. Una vez que terminemos de leer del flujo, hay que cerrarlo con el siguiente método:

- `void close()`: cierra el flujo de entrada con objeto de completar las lecturas pendientes y liberar el archivo.

Pongamos un ejemplo: queremos leer el archivo de texto Main.java de uno de los proyectos que ya hemos terminado. Lo copiamos de su ubicación original y lo pegamos en la carpeta del proyecto actual que estamos implementando en NetBeans (la carpeta de trabajo, que lleva el mismo nombre que nuestro proyecto), al lado de los archivos build.xml, manifest.mf, etc. Con esta ubicación, al crear el flujo de entrada, basta con poner el nombre del archivo, sin ruta de acceso.

```
FileReader in = null;
try {
        in = new FileReader("Main.java");
        ...
} catch(IOException ex) {
        System.out.println(ex.getMessage());
}
```

Actividad resuelta 10.2

Leer el archivo de texto Main.java de uno de los proyectos que hayamos terminado y mostrarlo por pantalla.

Solución

```
/*Una vez abierto el flujo, leemos de él carácter a carácter, incluidos los cambios
de línea, y los vamos concatenando en la cadena de caracteres que al final contendrá
el texto completo del archivo Main.java*/
String texto = "";
FileReader in = null; /*la declaramos fuera de la estructura try-catch para que sea
accesible también desde fuera*/
try {
        in = new FileReader("Main.java");
        int c = in.read();
        while (c != -1) { //mientras no lleguemos al final del archivo
                texto = texto + (char) c; //convertimos c a char
                c = in.read();
        }
} catch (IOException ex) {
```

```
		System.out.println(ex.getMessage());
	} finally { //en todo caso cerramos el flujo
		if (in != null) { //si el flujo está abierto
			try {
				in.close(); //cerramos el flujo
			} catch (IOException ex) {
				System.out.println(ex);
			}
		}
	}
	System.out.println(texto); //mostramos el texto leído
```

`FileReader` nos permite leer cualquier archivo de texto plano creado con un editor de texto como NotePad o Gedit (no con un procesador de texto, como Word).

Sin embargo, por razones de eficiencia, no se suele usar `FileReader` tal cual. Normalmente se emplean flujos de la clase `BufferedReader`, que no es más que un `FileReader` filtrado para asociarle un búfer (espacio reservado para almacenamiento temporal) en memoria. Esto permite hacer lecturas en el dispositivo físico (el disco, por ejemplo) de grupos de caracteres, en vez de caracteres individuales. Estos son colocados en cola en el búfer, a la espera de que el programa los vaya reclamando. Con ello se reduce el número de accesos al disco, que es una operación extremadamente lenta. Para crear un `BufferedReader`, basta pasarle al constructor un objeto `FileReader`.

```
BufferedReader in = new BufferedReader(new FileReader("Main.java"));
```

Ahora, el flujo `in` dispone del método `read()` para hacer las lecturas de caracteres individuales, pero, además, al tener un búfer asociado, puede hacer lecturas de líneas completas con el siguiente método:

- `String readLine()`: lee y devuelve líneas completas del archivo de texto, sin incluir el cambio de línea del final. Al llegar al final del fichero devuelve `null`.

El ejemplo anterior lo podríamos implementar ahora con un flujo de tipo `BufferedReader`.

Actividad resuelta 10.3

Repetir la Actividad resuelta 10.2 usando un flujo de texto con búfer.

Solución

```
String texto = "";
BufferedReader in = null;
try {
	in = new BufferedReader(new FileReader("Main.java"));
	String linea = in.readLine();
	while (linea != null) { //mientras no llegue al final del archivo
		texto = texto + linea + '\n'; /*el cambio de línea hay que
		insertarlo manualmente*/
		linea = in.readLine();
	}
```

```
} catch (IOException ex) {
        System.out.println(ex.getMessage());
} finally {
        if (in != null) {
                try {
                        in.close();
                } catch (IOException ex) {
                        System.out.println(ex);
                }
        }
}
System.out.println(texto);
```

Actividad propuesta 10.1

Crea un fichero de texto con un editor e implementa un programa que lo abra y lo lea, mostrando su contenido por pantalla.

Nota: No olvides escribir la ruta de acceso al fichero completa si este no se encuentra en la carpeta del proyecto actual.

Actividad resuelta 10.4

Crear con un editor el fichero de texto *NumerosReales.txt* en la carpeta del proyecto de NetBeans actual y escribir en él una serie de números reales separados por espacios simples.

Implementar un programa que acceda a *NumerosReales.txt,* lea los números y calcule la suma y la media aritmética, mostrando los resultados por pantalla.

Solución

```
//Todos los números están en una única línea
BufferedReader in = null;
try {
        in = new BufferedReader(new FileReader("NumerosReales.txt"));
        String texto = in.readLine();//leemos la cadena con los números
        String[] subcadenas = texto.split(" ");//separamos las subcadenas
        double suma = 0;
        for (int i = 0; i < subcadenas.length; i++) {
                        suma += Double.valueOf(subcadenas[i]);/*las convertimos y
                        acumulamos*/
         }
         System.out.println("suma: " + suma + "\tmedia: " + suma /     subcadenas.length);
} catch (IOException ex) {
        System.out.println(ex.getMessage());
} finally {
                if (in != null) {
                        try {
                                in.close();
                        } catch (IOException ex) {
                                System.out.println(ex.getMessage());
                        }
                }
}
```

10.3. Scanner y flujos de entrada

Hasta ahora hemos usado la clase `Scanner` para leer datos introducidos por el teclado, pero este, en realidad, es un flujo de entrada de texto (`System.in`). Lo que hace la clase `Scanner` es acceder al búfer del teclado en busca de secuencias de caracteres —llamadas *tokens*— que se adapten al tipo de datos requeridos por el método invocado: `next()`, `nextInt()`, etc. Esto supone que `Scanner`, además de leer secuencias de caracteres, es capaz de analizarlas y convertirlas en datos de tipos primitivos. Por defecto, para que un objeto `Scanner` identifique los distintos *tokens*, estos deben estar separados por caracteres blancos —espacios, tabuladores o cambios de línea— o secuencias de ellos. Por ejemplo, si queremos leer del teclado una serie de cinco números enteros, y guardarlos en una tabla, podemos escribir

```
int[] tabla=new int[5];
Scanner s = new Scanner(System.in);
System.out.print("Introducir serie de 5 enteros: ");
for (int i = 0; i < 5; i++) {
        int n = s.nextInt();
        tabla[i]=n;
}
System.out.println(Arrays.toString(tabla));
```

Al ejecutar el programa, es posible introducir los números de uno en uno, pulsando Intro cada vez, o podemos escribirlos todos separados por espacios en una sola línea —por ejemplo: 1 34 22 0 143— y pulsar Intro después. En ambos casos obtendremos por pantalla la serie de los números introducidos:

```
[1, 34, 22, 0, 143]
```

Si hemos introducido todos los números en una misma línea, en cada llamada a `nextInt()`, el `Scanner` localiza los espacios separadores y reconoce cada *token* (grupo de caracteres no blancos), lo analiza, identifica un entero, lo convierte en un dato de tipo `int` y lo devuelve. La sentencia de asignación correspondiente lo asigna a la variable `n`.

Argot técnico

En una secuencia de caracteres leída con un objeto `Scanner`, llamamos *`token`* o *`componente léxico`* a una subsecuencia separada del resto por secuencias separadoras que, por defecto, son caracteres o grupos de caracteres blancos. Las secuencias separadoras se pueden cambiar por otras o por algún patrón definido en una **`expresión regular`**. Las expresiones regulares se salen del objetivo de este libro, aunque tienen una gran importancia en programación.

Actividad propuesta 10.2

Pide por teclado el nombre, la edad (`int`) y la estatura en metros (`double`) de un deportista. Introduce los datos en una sola línea y léelos con un objeto `Scanner`. Muestra los resultados por pantalla.

Recuerda

Si queremos usar el punto decimal en vez de la coma al leer un número real con `Scanner`, debemos establecer como localización un país que la use, como Estados Unidos.

```
Scanner s = new Scanner(System.in).useLocale(Locale.US);
```

Igual que hemos usado `Scanner` para leer y analizar una secuencia de caracteres tecleados en una línea, podemos analizar una cadena de caracteres. En este caso no leeremos del flujo procedente del búfer del teclado (`System.in`), sino de un objeto `String`, que le pasaremos al constructor de `Scanner`.

```
String numeros = "1 34 22 0 143";
Scanner s = new Scanner(numeros);
```

El resto del programa sería igual y produciría los mismos resultados.

Ahora podemos usar la clase `Scanner` para analizar el contenido de un archivo de texto. Lo abrimos creando un flujo de tipo `BufferedReader` y analizamos las cadenas devueltas por el método `readLine()`, línea a línea.

Actividad resuelta 10.5

Crear con un editor un archivo de texto con un conjunto de números reales, uno por línea. Abrirlo con un flujo de texto para lectura y leerlo línea a línea. Convertir las cadenas leídas en números de tipo `double` por medio de `Scanner`, y mostrar al final la suma de todos ellos.

Solución

```
BufferedReader in = null;
try {
        in = new BufferedReader(new FileReader("Numeros.txt"));
        Scanner s;
        double numero;
        double suma = 0;
        String linea = in.readLine();
        while (linea != null) { //hasta final de fichero
                s = new Scanner(linea).useLocale(Locale.US);
                if (s.hasNextDouble()) { //si es un número real
                        numero = s.nextDouble();
                          suma += numero;
                 }
                 linea = in.readLine();
        }
        System.out.println("suma: " + suma);
} catch (IOException ex) {
        System.out.println(ex.getMessage());
} finally {
         if (in != null) {
                 try {
                          in.close();
                 }catch (IOException ex) {
                            System.out.println(ex);
                 }
         }
}
```

Cabe preguntarse si, dado que el teclado es un flujo de caracteres, `Scanner` puede acceder a otros flujos de texto, como los que estamos estudiando en esta unidad. La respuesta es sí: basta con pasar al constructor de `Scanner` el flujo asociado a un archivo de texto, con su ruta de acceso si procede.

La clase Scanner es útil cuando un archivo de texto contiene *tokens* que representan datos numéricos que hay que identificar y codificar para luego hacer cálculos.

Actividad resuelta 10.6

Crear con un editor el fichero de texto *Enteros.txt* en la carpeta del proyecto actual de NetBeans y escribir en él una serie de enteros separados por secuencias de espacios y tabuladores, incluso en líneas distintas, tal como:

```
2  3  45    73
123      4  21
```

Implementar un programa que acceda a *Enteros.txt* con un objeto Scanner a través de un flujo de entrada, lea los números y calcule su suma y su media aritmética, mostrando los resultados por pantalla.

Solución

```
/*Primero creamos el flujo de texto a partir del nombre del archivo. Como dentro
del bloque try solo se va a abrir el archivo y no se va a leer de él, basta con
la excepción FileNotFoundException, que es una subclase de IOException*/
FileInputStream flujo = null;
try {
        flujo = new FileInputStream("Enteros.txt");
} catch (FileNotFoundException ex) { //valdría su superclase IOException
        System.out.println(ex.getMessage());
}
Scanner s = new Scanner(flujo);
int contador = 0;
int suma = 0;
while (s.hasNext()) { //en principio, no sabemos cuántos números hay
      int n = s.nextInt();
      System.out.print(n + " "); //vamos mostrando los números leídos
      suma += n;
      contador++;
 }
 double media = (double) suma / contador; //la media es un número real
 System.out.println("\nsuma: " + suma + "   media: " + media);
```

Actividad propuesta 10.3

Crea con un editor el fichero de texto *Jugadores.txt* en la carpeta del proyecto de NetBeans actual y escribe en él los nombres, edades y estaturas de los jugadores de un equipo, cada uno en una línea.

juan 22 1.77
luis 22 1.80
pedro 20 1.73
...

Implementa un programa que lea del fichero los datos, muestre los nombres y calcule la media de la edad y de las estaturas, mostrándolas por pantalla.

10.4. Flujos de salida de texto

Si en vez de leer de un archivo de texto queremos escribir en él, necesitaremos un flujo de salida de texto. Para ello, crearemos un objeto de la clase `FileWriter`, que hereda de `OutputStreamWriter` —las clases de salida de texto tienen un nombre que acaba en `Writer`—.

Los constructores de `FileWriter` son:

```
FileWriter(String nombreArchivo )
FileWriter(String nombreArchivo , boolean append)
```

donde `nombreArchivo`, como ya ocurría en `FileReader`, puede contener la ruta de acceso. El primer constructor destruye la versión anterior del archivo y escribe en él desde el principio.

Sin embargo, el booleano `append`, cuando vale `true`, nos permite añadir texto al final del archivo, respetando el contenido anterior. La apertura de un `FileWriter` puede generar una excepción del tipo `IOException`, que habrá que tratar con el `try-catch` correspondiente.

Como hicimos con `FileReader`, para mejorar el rendimiento usaremos una versión con búfer, `BufferedWriter`, que guarda los caracteres en un búfer. Cuando este está lleno, se graban en la unidad de almacenamiento correspondiente. Al constructor de `BufferedWriter` se le pasa como parámetro un flujo de salida de tipo `FileWriter`. Por ejemplo,

```
BufferedWriter out;
out = new BufferedWriter(new FileWriter("salida.txt"));
```

Los métodos de que disponemos con `BufferedWriter` son:

- `void write(int caracter)`: escribe un carácter en el archivo.
- `void write(String cadena)`: escribe una cadena en el archivo.
- `void newLine()`: escribe un salto de línea en el fichero. Se debe evitar el uso explícito del carácter «\n» para insertar saltos de líneas, ya que su codificación es distinta según la plataforma utilizada.
- `void flush()`: vacía el búfer de salida, escribiendo en el fichero los caracteres pendientes.
- `void close()`: cierra el flujo de salida, vaciando el búfer y liberando el recurso correspondiente.

En la Actividad resuelta 10.7 podemos ver un ejemplo.

Actividad resuelta 10.7

Como ejemplo, vamos a guardar en un fichero el texto,

"En un lugar de La Mancha,
de cuyo nombre no quiero acordarme"

La primera línea, carácter a carácter, y la segunda, en una sola sentencia.

Solución

```
BufferedWriter out = null;
try {
        out = new BufferedWriter(new FileWriter("quijote.txt"));
        String cad = "En un lugar de la mancha,"; //primera línea
        for (int i = 0; i < cad.length(); i++) {
                out.write(cad.charAt(i)); //escribimos carácter a carácter
        }
        cad = "de cuyo nombre no quiero acordarme."; //segunda línea
        out.newLine(); //cambio de línea en el archivo
        out.write(cad); //escribimos con una única sentencia
} catch (IOException ex) {
        System.out.println(ex.getMessage());
} finally {
        if (out != null) {
                try {
                        out.close(); /*hacemos que se vacíe el búfer y se
                        escriba en el archivo*/
                } catch (IOException ex) {
                        System.out.println(ex);
                }
        }
}
```

Actividad propuesta 10.4

Escribe un texto en un archivo de texto, línea a línea leídas del teclado, hasta que introduzca la cadena «fin».

Es común olvidarse de cerrar el flujo. Como resultado podemos encontrarnos un archivo incompleto o incluso vacío. Esto es porque los caracteres se han guardado en el búfer, pero no han llegado a escribirse en el archivo antes de que el programa termine. Por eso es importante no olvidar el bloque `finally` con el cierre del flujo.

Sin embargo, a partir de Java 7 disponemos de una estructura para cerrar archivos o liberar cualquier recurso, sin necesidad de usar el método `close()` ni el bloque `finally`. Se trata de la estructura *try-catch-resources* o **apertura con recursos.** El código de la Actividad resuelta 10. 7 quedaría así:

```
try(BufferedWriter out = new BufferedWriter(new FileWriter("quijote.txt"))) {
        String cad = "En un lugar de La Mancha,"; //primera línea
        for (int i = 0; i < cad.length(); i++) {
                out.write(cad.charAt(i));
        }
        cad = "de cuyo nombre no quiero acordarme."; //segunda línea
        out.newLine(); //cambio de línea en el archivo
        out.write(cad);
} catch (IOException ex) {
        System.out.println(ex.getMessage());
}
```

Tanto si se produce la excepción como si no, el flujo `in` se cierra automáticamente al terminar de ejecutarse la estructura `try-catch`. En el paréntesis que sigue a `try`, se pueden abrir varios flujos. Basta separar las sentencias de apertura con un signo «;», como vemos en la Actividad resuelta 10.8.

Actividad resuelta 10.8

Escribir un programa que duplique el contenido de un fichero cuyo nombre se pide al usuario. El fichero copia tendrá el mismo nombre con el prefijo «copia_de_».

Solución

```
System.out.println("Nombre del fichero: ");
String fichOriginal = new Scanner(System.in).nextLine();
String fichCopia = "copia_de_" + fichOriginal ;
/*Abrimos los ficheros para lectura y escritura en la misma sentencia del bloque
try-catch-resources:*/
try (BufferedReader in = new BufferedReader (new FileReader (fichOriginal ));
BufferedWriter out = new BufferedWriter (new FileWriter(fichCopia ))) {
        int c = in.read(); //leemos del original
        while (c != -1) { //mientras no lleguemos al final del fichero
                out.write(c); //escribimos en el fichero copia
                c = in.read(); //volvemos a leer
        }
} catch (IOException ex) {
        System.out.println(ex.getMessage ());
}
```

10.5. Ficheros XML y Java. API JAXB

Una forma cada vez más común de guardar y transmitir información es por medio de los ficheros de texto de tipo XML. Como consecuencia, se presenta el problema de procesar dicha información con programas escritos en lenguajes de programación, como Java. Esto obliga a traducir la información contenida en dichos ficheros a valores de tipos definidos en los distintos lenguajes para su procesado y viceversa. Para dar respuesta a todo esto, Java ha implementado la API JAXB (Java Architecture for XML Binding), que permite enlazar los elementos de un archivo XML con un conjunto de clases y objetos de Java, creados con ese fin, haciendo las conversiones en los dos sentidos. Nosotros vamos a hacer una pequeña introducción con un ejemplo sencillo —un estudio completo se saldría de los objetivos de este libro; para el lector que esté interesado, se recomienda la documentación original de Java con sus tutoriales—.

Supongamos que tenemos guardados los datos de los socios de un club en archivos XML separados, uno por cada socio. Por ejemplo, los datos de Martin Fisher, en el fichero *socio.xml*

```
<?xml version="1.0" encoding="UTF-8" standalone="yes"?>
<socio id="23">
    <nombre>Martin Fisher</nombre>
    <direccion>43 Bass St</direccion>
```

```
    <alta>12/12/2020</alta>
</socio>
```

Queremos trasladar esta información a objetos Java que nos permitan procesarlos. Esta operación se llama *unmarshalling* (algo así como «desagrupamiento» en español, aunque también se le suele llamar «leer» un documento XML), que consiste en separar las distintas partes de la estructura de árbol de XML, propia del modelo DOM, donde los elementos de información están anidados unos dentro de otros, y todos ellos en el elemento raíz (en nuestro caso, *socio*), y convertirlos en objetos Java de distintas clases.

En primer lugar, tenemos que definir las clases necesarias. Dado que nuestro ejemplo es muy simple, lo haremos a partir del propio documento XML, aunque la forma correcta sería a partir del esquema.

En este caso solo necesitamos una clase, pero luego veremos un ejemplo más complejo. Es lógico suponer que el elemento raíz de nuestro documento XML se corresponda con una clase `Socio` y los elementos hijo *nombre*, *dirección* y *alta,* así como el atributo *id,* sean atributos de ella. Vamos a definir la clase `Socio` con los atributos que queremos que tenga e iremos viendo cómo añadir indicaciones (llamadas *anotaciones*), con información adicional para las conversiones entre XML y Java, que se realizarán en tiempo de ejecución. Todas las anotaciones empiezan por *@Xml* y se hallan en el paquete `javax.xml.bind.annotation`, que hay que importar. Se coloca cada una de ellas justo encima de la clase, atributo o propiedad a que se refieren. Por ejemplo, antes de la declaración del atributo `nombreSocio` de la clase `Socio` se escribe la anotación: `@XmlElement(name="nombre")`, que significa que ese atributo se corresponderá con un elemento simple, llamado '`nombre'`, en el fichero XML.

La clase `Socio` sin anotaciones sería:

```
import javax.xml.bind.annotation.*;

public class Socio {
        private Integer identificacion;
        private String nombreSocio;
        private String dirección;
        private String fechaAlta;

/*el constructor por defecto es obligatorio, aunque nosotros añadiremos otro
que nos resultará útil: */
     public Socio() {
     }
     public Socio(Integer identificacion, String nombreSocio, String direccion,
     String fechaAlta) {
            this. identificacion = identificacion;
            this.nombreSocio = nombreSocio;
            this.direccion = direccion;
            this.fechaAlta = fechaAlta;
     }
/*…resto de la implementación, incluyendo los getter, los setter y toString()
para ver los resultados*/
}
```

Ahora vamos a añadir las anotaciones:

Justo encima de la definición de la clase irán las anotaciones que le atañen, que serán tres:

```
@XmlRootElement(name="socio") //el elemento raíz se llamará 'socio'
@XmlType(propOrder = {"nombreSocio","direccion","fechaAlta"})
@XmlAccessorType(XmlAccessType.FIELD)
public class Socio {
            ...
```

La primera significa que la propia clase se corresponderá, en el documento XML, con un elemento raíz llamado `socio`, con elementos hijo o atributos. Todas las clases y tipos enumerados llevan una anotación `@XmlRootElement`. La segunda anotación establece el orden en que aparecerán los elementos hijo del elemento *socio* en el archivo XML (obsérvese que aquí deben aparecer los nombres que tienen los atributos en la clase `Socio`, no los que tendrán en el archivo XML). La tercera anotación establece que los elementos hijo del elemento raíz *socio* se tomarán automáticamente de los atributos (*fields* en inglés) no estáticos de la clase, aunque sean privados, salvo los que declaremos como transitorios (veremos un ejemplo más adelante). Otra opción sería tomarlos de las propiedades (los *getter* o los *setter*) con el valor PROPERTY en vez de FIELD o de los miembros públicos, ya sean atributos o propiedades, con PUBLIC_MEMBER.

A continuación, escribiremos anotaciones encima de las declaraciones de los atributos de la clase para especificar cómo se trasladarán al documento XML. Todos ellos serán elementos hijo o atributos del elemento raíz. El primero será:

```
@XmlAttribute(name = "id", required = true)
private Integer identificacion;
```

Esta anotación significa que el atributo Java `identificacion` se corresponderá, en el documento XML, con un atributo *id* del elemento raíz *socio*. Además, será obligatorio. Cuando una anotación recoge más de una opción dentro de sus paréntesis, van separadas por comas.

El siguiente atributo Java será:

```
@XmlElement(name = "nombre")
private String nombreSocio;
```

La anotación `@XmlElement` indica que el atributo `nombreSocio` se convertirá, en el documento XML, en un elemento simple con nombre `nombre` (hijo de *socio*).

Al atributo `direccion` no le pondremos ninguna anotación. Esto hará que se corresponda con un elemento XML del mismo nombre:

```
private String dirección;
```

La última anotación indicará que el atributo `fechaAlta` se va a corresponder con el elemento de nombre «alta».

```
@XmlElement(name="alta")
private String fechaAlta;
```

JAXB hace corresponder el tipo *date* de XML con el tipo obsoleto `XMLGregorianCalendar` de Java. Hay métodos que convierten este último en `LocalDate`, pero nosotros trabajaremos con cadenas, que se pueden pasar a `LocalDate`, cuando sea necesario, con el formateador correspondiente.

La clase `Socio` completa, con anotaciones, quedará:

```
import javax.xml.bind.annotation.*;

@XmlRootElement(name="socio") //el elemento raíz se llamará 'socio'
@XmlType(propOrder = {"nombreSocio","direccion","fechaAlta"})
@XmlAccessorType(XmlAccessType.FIELD)
public class Socio {
    @XmlAttribute(required=true)
    private Integer id;
    @XmlElement(name="nombre")
    private String nombreSocio;
    private String dirección;
    @XmlElement(name="alta")
    private String fechaAlta;
    public Socio() {
    }
    public Socio(Integer id, String nombreSocio, String direccion,
    String fechaAlta) {
            this.id = id;
            this.nombreSocio = nombreSocio;
            this.direccion = direccion;
            this.fechaAlta = fechaAlta;
    }
/*...resto de la implementación, incluyendo los getter, los setter y toString()
para ver los resultados*/
}
```

Una vez construida la clase `Socio`, con todas las anotaciones referentes a la estructura del documento XML asociado, vamos a proceder a extraer la información de nuestro documento inicial, con los datos de *Martin Fisher,* y a crear con ellos el objeto `Socio` correspondiente.

El punto de entrada a la API JAXB para cualquier proceso de agrupamiento, desagrupamiento o validación es un objeto de la clase `JAXBContext`, que contiene toda la información necesaria. Para obtener una instancia de esta clase (un contexto), no disponemos de constructor, sino del método estático `newInstance()`, al que se le pasa como parámetro la clase raíz principal (en problemas más complejos habrá más de un elemento raíz) de nuestro documento.

En el programa principal, escribiremos:

```
JAXBContext contexto = JAXBContext.newInstance(Socio.class);
```

A partir del contexto, podemos crear un objeto `Marshaller` para agrupar (escribir en un archivo XML) o `Unmarshaller` para desagrupar (leer del documento XML y crear objetos `Socio`). En nuestro caso, queremos hacer lo segundo.

```
Unmarshaller um = contexto.createUnmarshaller();
```

Ahora procedemos a leer del archivo *socio.xml,* desagrupar sus distintos elementos y construir un objeto `Socio`, todo ello con la sentencia,

```
Socio s = (Socio) um.unmarshal(new File("socio.xml"));
```

El cast es necesario porque el método `unmarshal()` devuelve un objeto `Object`.

El nombre del archivo deberá llevar su ruta de acceso si no está en la carpeta raíz de nuestro proyecto.

Si hemos implementado el método `toString()` en la clase `Socio`,

```
System.out.println(s);
```

muestra por pantalla

```
Socio{id=23, nombre=Martin Fisher, direccion=43 Bass St, alta=12/12/2020}
```

Para hacer una agrupación a partir de una clase, es decir, escribir un documento XML a partir de un conjunto de datos Java, también tenemos que crear el contexto apropiado. Nosotros vamos a hacerlo con la misma clase `Socio`. Por tanto, nos sirve el mismo contexto que acabamos de usar. La diferencia es que ahora, a partir de él, tenemos que obtener un objeto `Marshaller` e invocar el método `marshal()`:

```
Marshaller m = contexto.createMarshaller();
```

Con este Marshaller, vamos a agrupar el socio,

```
Socio s1 = new Socio(1, "Armando Fuentes", "C/Fontanería 1", "01/09/1990");
```

Llamamos al método `marshal()` con el objeto Java que queremos escribir y el archivo de texto, con extensión XML, donde queremos que se escriba. Pero antes estableceremos una salida formateada con `setProperty()`. De lo contrario, se escribiría todo en una sola línea.

```
m.setProperty(Marshaller.JAXB_FORMATTED_OUTPUT, Boolean.TRUE);
m.marshal(s1, new FileWriter("socio1.xml"));
```

Después de esta sentencia se creará, en la carpeta raíz del proyecto, el archivo de texto *socio1.xml* con el código XML correspondiente al objeto `s1`.

```
<?xml version="1.0" encoding="UTF-8" standalone="yes"?>
<socio id="1">
    <nombre>Armando Fuentes</nombre>
    <direccion>C/Fontanería 1</direccion>
    <alta>01/09/1990</alta>
</socio>
```

Si solo queremos visualizar el resultado por pantalla sin guardarlo en un archivo, en vez de pasar al método `marshal()` un archivo de texto, le pasamos el flujo `System.out`, correspondiente al monitor.

```
m.marshal(s1, System.out);
```

Vamos a ver un caso algo más complejo, donde hace falta definir dos clases y, por tanto, dos elementos raíz. Además, tendremos que introducir una tabla. Partiremos del archivo *club.xml* con la información de un club y de sus socios.

```
<?xml version="1.0" encoding="UTF-8" standalone="yes"?>
<club>
    <nombre>Diogenes</nombre>
    <socios>
        <socio id="1">
            <nombre>Sherlock Holmes</nombre>
            <direccion>221B Baker St</direccion>
            <alta>12/12/1890</alta>
        </socio>
        <socio id="51">
            <nombre>Winston Churchill</nombre>
            <direccion>10 Downing St</direccion>
            <alta>13/02/1942</alta>
        </socio>
    </socios>
</club>
```

Como puede verse, aquí hay elementos de dos tipos, que tendrán que corresponderse con sendas clases: el club y los socios. La clase `Socio` ya la hemos definido y se corresponde exactamente con los socios de este archivo. La clase `Club` deberá tener un atributo `nombre` con el nombre del club y otro con la lista de los socios, que nosotros implementaremos por medio de una tabla de tipo `Socio`. En la práctica, estas listas de elementos se suelen implementar con colecciones, que nosotros no veremos hasta la Unidad 12, pero, de todas formas, las anotaciones son las mismas. Por otra parte, vamos a añadir un elemento que no queremos que se refleje en el archivo XML. Supongamos que, en nuestra aplicación Java, queremos gestionar el NIF del club, pero sin que aparezca en los archivos XML generados. En este caso, deberá existir un atributo `nif` en la clase `Club`, pero ningún elemento ni atributo `nif` en el archivo XML.

La clase `Club` tendrá la siguiente forma:

```
import java.util.Arrays;
import javax.xml.bind.annotation.*;

@XmlRootElement(name = "club")
@XmlType(propOrder = {"nombreClub", "listaSocios"})
@XmlAccessorType(XmlAccessType.FIELD)
public class Club {
    @XmlElement(name = "nombre")
    private String nombreClub;
    @XmlElementWrapper(name = "socios")
    @XmlElement(name = "socio")
    private Socio[] listaSocios;
    @XmlTransient
    private String nif;
    public Club() {
```

```
    }
    public Club(String nombreClub, String nif) {
        this.nombreClub = nombreClub;
        this.listaSocios = new Socio[0];
        this.nif = nif;
    }
    public void nuevoSocio(Socio nuevo) {
       listaSocios = Arrays.copyOf(listaSocios, listaSocios.length + 1);
       listaSocios[listaSocios.length - 1] = nuevo;
    }
     //..resto de la implementación con getters, setters, etc
}
```

Lo primero que llama la atención son las anotaciones de la declaración de `listaSocios`, que es una tabla de elementos `Socio`.

```
@XmlElementWrapper(name = "socios")
@XmlElement(name = "socio")
private Socio[] listaSocios;
```

La primera anotación declara que `listaSocios` va a corresponderse con un elemento **envoltorio** *(wrapper)*, de nombre «socios», con otros elementos en su interior. La segunda nos dice que esos otros elementos (correspondientes a objetos `Socio`) van a aparecer con el nombre «socio». Los elementos envoltorio son complejos, pero, a diferencia de lo que ocurre con los elementos raíz que se asocian con clases, sus elementos hijo son todos iguales, ya que proceden de tablas (o colecciones), cuyos elementos son también homogéneos.

Otra anotación nueva para nosotros es la que precede al atributo `nif`.

```
@XmlTransient
private String nif;
```

Significa que, al generar el fichero XML, no se reflejará en él el atributo `nif`. Por eso tampoco aparece en la lista de atributos de la anotación `@XmlType` del elemento raíz.

La forma de agrupar y desagrupar la clase `Club` es igual que la de `Socio`. Basta con crear el contexto con la clase `Club`. Java rastrea todas las relaciones con la clase Socio, que quedará incorporada al contexto.

```
JAXBContext contexto = JAXBContext.newInstance(Club.class);
```

Para desagrupar, creamos un `Unmarshaller` a partir del contexto y llamamos al método `unmarshall()` con el fichero XML como parámetro.

```
Unmarshaller um = contexto.createUnmarshaller();
Club c = (Club) um.unmarshal(new File("club.xml"));
System.out.println(c);
```

Se observa que el atributo `nif` de `c` tiene valor `null`, como cabía esperar, ya que no figura en documento *club.xml*.

Para agrupar, creamos un club con un par de socios.

```
Club c = new Club("Nautico", "1234");
Socio s1 = new Socio(1, "Juan Vela", "C/Galera 4", "03/02/2001");
Socio s2 = new Socio(2, "Amanda Lagos", "C/Siroco 21", "14/07/2002");
c.nuevoSocio(s1);
c.nuevoSocio(s2);
```

Con el mismo contexto, creamos el `Marshaller` y escribimos el resultado en el archivo *club2.xml*.

```
Marshaller m = contexto.createMarshaller();
m.setProperty(Marshaller.JAXB_FORMATTED_OUTPUT, Boolean.TRUE);
m.marshal(c, new FileWriter("club2.xml"));
```

El archivo quedará así:

```
<?xml version="1.0" encoding="UTF-8" standalone="yes"?>
<club>
    <nombre>Nautico</nombre>
    <socios>
        <socio id="1">
            <nombre>Juan Vela</nombre>
            <direccion>C/Galera 4</direccion>
            <alta>03/02/2001</alta>
        </socio>
        <socio id="2">
            <nombre>Amanda Lagos</nombre>
            <direccion>C/Siroco 21</direccion>
            <alta>14/07/2002</alta>
        </socio>
    </socios>
</club>
```

Como puede verse, no aparece el `nif` del club, que sabemos tiene el valor «1234».

MAPA CONCEPTUAL

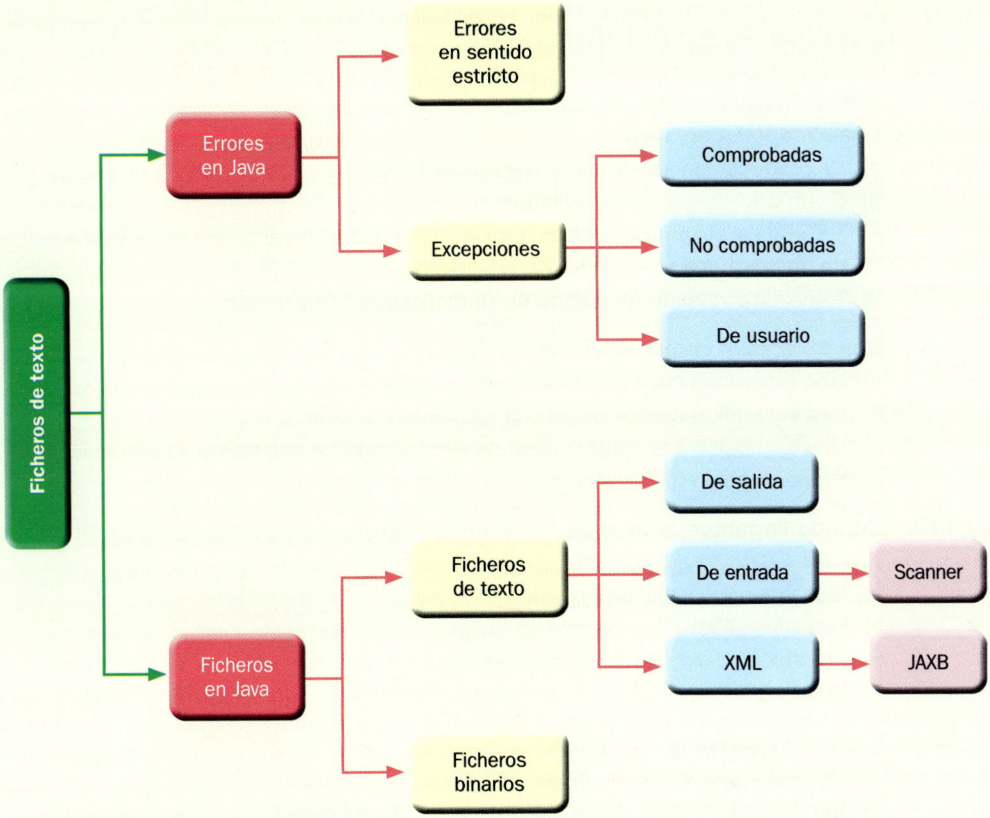

Actividades de comprobación

10.1. Una excepción en Java:

a) Se produce cuando un disco está defectuoso.
b) Es un valor único de una variable.
c) Se arroja al sistema cuando se produce una condición anómala durante la ejecución de un programa.
d) Tiene lugar cuando un código es sintácticamente incorrecto.

10.2. Una excepción comprobada es:

a) Una excepción que hemos reparado.
b) Una excepción que no detiene la ejecución del programa.
c) Una excepción previsible, que el propio compilador nos obliga a gestionar.
d) Una excepción muy conocida.

10.3. Cuando llegamos al final de un flujo de entrada de tipo `FileReader`, el método `read()`:

a) Muestra el mensaje: End of File
b) Devuelve `null`.
c) Produce una excepción `EOFException`
d) Devuelve –1.

10.4. La palabra reservada `finally`:

a) Termina la ejecución de un programa.
b) Termina la ejecución de un método, forzando el `return`.
c) En una estructura `try`-`catch`, fuerza la ejecución de su bloque antes de que se ejecute una sentencia `return` e independientemente de si se produce o no una excepción.
d) Indica el final de un método.

10.5. Un flujo de tipo `BufferedReader`:

a) Crea un archivo de texto con búfer.
b) Solo sirve para leer cadenas de caracteres.
c) Nos permite acceder a archivos binarios.
d) Accede a un archivo de texto para lectura con búfer.

10.6. La clase `Scanner`:

a) Solo permite leer texto de cualquier flujo de texto.
b) Permite digitalizar imágenes.
c) Permite leer y analizar texto de cualquier flujo de entrada de texto.
d) Solo nos permite leer de la consola.

10.7. Para cambiar de línea al escribir en el flujo `salida` de tipo `BufferedWriter` debemos ejecutar:

a) salida.write("\n")
b) salida.write("\r\n")
c) salida.write("newLine")
d) salida.newLine()

10.8. Nos tenemos que asegurar de que todos los flujos abiertos deben cerrarse antes de que termine la aplicación...

a) Porque se quedarían abiertos hasta que se apague el ordenador.
b) Porque otra aplicación podría alterarlos.
c) Porque se deben liberar los recursos asociados, como los archivos. Además, podrían quedar caracteres del búfer sin escribir.
d) Porque se pueden borrar datos de un archivo.

10.9. Los flujos se cierran:

a) Con el método `close()`.
b) Apagando el ordenador.
c) Abortando el programa.
d) Con el método `cerrar()`.

10.10. Apertura de flujos con recursos:

a) Consiste en abrir flujos asociados con varios archivos a la vez.
b) Es abrir archivos recurriendo a una tabla.
c) Es una nueva forma de abrir flujos en Java, que permite prescindir del cierre explícito de los archivos y del método `close()`.
d) Consiste en abrir flujos sin peligro de que se produzcan excepciones.

Actividades de aplicación

10.11. Escribe un programa que solicite al usuario el nombre de un fichero de texto y muestre su contenido en pantalla. Si no se proporciona ningún nombre de fichero, la aplicación utilizará por defecto *prueba.txt.*

10.12. Diseña una aplicación que pida al usuario su nombre y edad. Estos datos deben guardarse en el fichero *datos.txt.* Si este fichero existe, deben añadirse al final en una nueva línea, y en caso de no existir, debe crearse.

10.13. Implementa un programa que lea dos listas de números enteros no ordenados de sendos archivos con un número por línea, los reúna en una lista única y los guarde en orden creciente en un tercer archivo, de nuevo uno por línea.

10.14. Escribe un programa que lea un fichero de texto llamado *carta.txt.* Tenemos que contar los caracteres, las líneas y las palabras. Para simplificar supondremos que cada palabra está separada de otra por un único espacio en blanco o por un cambio de línea.

10.15. En el archivo *numeros.txt* disponemos de una serie de números (uno por cada línea). Diseña un programa que procese el fichero y nos muestre el menor y el mayor.

10.16. Un libro de firmas es útil para recoger los nombres de todas las personas que han pasado por un determinado lugar. Crea una aplicación que permita mostrar el libro de firmas e insertar un nuevo nombre (comprobando que no se encuentre repetido). Llamaremos al fichero *firmas.txt.*

10.17. En Linux disponemos del comando *more,* al que se le pasa un fichero y lo muestra poco a poco: cada 24 líneas. Implementa un programa que funcione de forma similar.

10.18. Escribe la función `Integer[] leerEnteros(String texto)`, al que se le pasa una cadena y devuelve una tabla con todos los enteros que aparecen en ella.

10.19. Un encriptador es una aplicación que transforma un texto haciéndolo ilegible para aquellos que desconocen el código. Diseña un programa que lea un fichero de texto, lo codifique y cree un nuevo archivo con el mensaje cifrado. El alfabeto de codificación se encontrará en el fichero *codec.txt.* Un ejemplo de codificación de alfabeto es:

Alfabeto: a b c d e f g h i j k l m n o p q r s t u v w x y z

Cifrado: e m s r c y j n f x i w t a k o z d l q v b h u p g

10.20. Algunos sistemas operativos disponen de la orden `comp`, que compara dos archivos y nos dice si son iguales o distintos. Diseña esta orden de forma que, además, nos diga en qué línea y carácter se encuentra la primera diferencia. Utiliza los ficheros *texto1.txt* y *texto2.txt.*

10.21. Diseña una pequeña agenda, que muestre el siguiente menú:

1. Nuevo contacto.
2. Buscar por nombre.
3. Mostrar todos.
4. Salir.

En ella, guardaremos el nombre y el teléfono de un máximo de 20 personas.

La opción 1 nos permitirá introducir un nuevo contacto siempre y cuando la agenda no esté llena, comprobando que el nombre no se encuentra insertado ya.

La opción 2 muestra todos los teléfonos que coinciden con la cadena que se busca. Por ejemplo, si tecleamos «`Pe`», mostrará el teléfono de `Pe`dro, de `Pe`pe y de `Pe`tunia.

La opción 3 mostrará un listado con toda la información (nombres y teléfonos) ordenados alfabéticamente por el nombre.

Por último, la opción 4 guarda todos los datos de la agenda en el archivo *agenda.txt.*

La próxima vez que se ejecute la aplicación, si hay datos guardados, se cargarán en memoria.

10.22. Crea con un editor de texto el fichero *deportistas.txt,* donde se recogen los datos de un grupo de deportistas, uno en cada línea. Aparecerá el nombre completo, seguido de la edad, el peso y la estatura. La primera línea será el encabezamiento con los nombres de los campos. El documento tendrá la siguiente forma:

Nombre	Edad	Peso	Estatura
Juan Pedro Pérez Gómez	25	70,5	1,80
Ana Ruiz del Val	23	60	1,75
...			

Implementa un programa donde se cree un flujo de texto de entrada, a partir del cual, usando un objeto `Scanner`, se leerán los datos de los deportistas, que se mostrarán por pantalla. Al final aparecerán los valores medios de la edad, el peso y la estatura.

10.23. Con el fichero *deportistas.txt* de la Actividad de aplicación 10.22, implementa una aplicación que lea los datos de los deportistas y los guarde en otros tres ficheros, uno con los nombres y las edades, otro con los nombres y los pesos y el tercero con los nombres y las estaturas.

10.24. Implementa una aplicación que mantenga un registro de las temperaturas máxima y mínima diarias medidas en una estación meteorológica. Los datos se guardarán en un archivo de texto con el siguiente formato:

Fecha	Temperatura máxima	Temperatura mínima
2020-01-15	12	–1
2020-01-16	15	2

...

Al arrancar la aplicación aparecerá un menú con las opciones:

1. Registrar nueva temperatura.
2. Mostrar historial de registros.
3. Salir.

El historial de registros mostrará todos los datos registrados junto con el máximo valor de las temperaturas máximas y el mínimo de las temperaturas mínimas.

10.25. Repite la Actividad de aplicación 10.21, pero guardando los datos en un fichero XML.

10.26. Repite la Actividad de aplicación 10.24, pero guardando los datos en un fichero XML.

Actividades de ampliación

10.27. Repite la Actividad de aplicación 10.14, pero sabiendo que una palabra puede no estar separada de otra solo por un espacio en blanco; también puede ser un tabulador, punto, coma o punto y coma.

10.28. Diseña un programa al que se le proporcione el nombre de un fichero de texto y una cadena. Debemos buscar todas las ocurrencias de la cadena en el fichero.

10.29. Escribe un programa que pida el nombre de un fichero de texto que contenga código fuente en Java. El programa debe crear un nuevo fichero que tenga como nombre el mismo del fichero original con el prefijo «sin_comentarios_». El nuevo fichero tendrá como contenido el código fuente sin ningún tipo de comentarios.

10.30. En ocasiones, es necesario particionar un fichero de texto de gran tamaño en otros ficheros más pequeños. Crea una aplicación a la que se le proporciona un fichero de texto y un tamaño. Este puede estar en bytes, kilobytes o megabytes. La aplicación debe fragmentar el fichero original en tantos ficheros del tamaño especificado como necesite. Los nombres de estos ficheros serán idénticos al nombre original con el prefijo «parte999_», donde «999» es el número del volumen. Para indicar el tamaño se escribirá una cantidad seguida de b (bytes), k (kilobytes) o m (megabytes).

10.31. Se pretende mantener los datos de los clientes de un banco en un archivo de texto. De cada cliente se guardará: DNI, nombre completo, fecha de nacimiento y saldo. Implementa una aplicación que arranque mostrando en el menú:

1. Alta cliente.
2. Baja cliente.
3. Listar clientes.
4. Salir.

Implementa la clase `Cliente` con los atributos referidos. Nada más arrancar la aplicación se leerán del archivo los datos de los clientes construyendo los objetos `Cliente` de todos ellos, que se irán insertando en una tabla de clientes. Cuando se dé de alta uno nuevo, se creará el objeto correspondiente y se insertará en la tabla por orden de DNI. Para eliminar un cliente, se pedirá el DNI y se eliminará de la tabla. Al listar los clientes, se mostrará el DNI, el nombre, el saldo y la edad de todos ellos, así como el saldo máximo, el mínimo y el promedio del conjunto de los clientes. Al cerrar la aplicación, se guardarán en el archivo los datos actualizados con el mismo formato.

UNIDAD 11

Ficheros binarios

Objetivos

- Abrir y cerrar archivos binarios.
- Escribir datos primitivos y objetos en archivos binarios.
- Leer datos primitivos y objetos de archivos binarios.
- Conocer las distintas excepciones que se pueden arrojar durante la apertura y cierre de archivos binarios.
- Identificar las distintas excepciones que se pueden arrojar durante la escritura y lectura de datos en archivos binarios.
- Gestionar sistemas complejos donde se guarda y recupera información.

Contenidos

Introducción

En la unidad anterior vimos que hay dos tipos de flujos de datos en Java, los binarios (también llamados *de bytes*) y los de texto. Allí nos dedicamos a estudiar con detalle los de texto. Ahora nos ocuparemos de los flujos de datos de tipo `byte`, que nos van a permitir guardar (o transferir) y recuperar (o recibir) cualquier tipo de datos usados en un programa. No olvidemos que, para usar cualquier flujo en Java, debemos importar las clases del paquete `java.io`.

Cuando se trata de escribir (o leer) bytes en un flujo, existen dos clases básicas, `FileOutputStream` y `FileInputStream`. Pero nosotros no solemos manejar bytes individuales en nuestros programas, sino datos (eso sí, formados por bytes) más complejos, ya sean de tipos primitivos u objetos. Por eso necesitamos un intermediario capaz de convertir los datos complejos en series planas de bytes o reconstruir los datos a partir de series de bytes, en procesos de **serialización** y de **deserialización** de datos, respectivamente. Esos intermediarios son flujos llamados *envoltorio:* `ObjectOutputStream` y `ObjectInputStream`, que se crean a partir de flujos de bytes planos, como `FileOutputStream` y `FileInputStream`.

11.1. Flujos de salida binarios

Supongamos que queremos grabar en disco los enteros guardados en una tabla. Para ello empezaremos creando un flujo de salida de tipo binario, asociado al fichero donde vamos a grabarlos, que llamaremos *enteros.dat*.

```
FileOutputStream archivo = new FileOutputStream("enteros.dat");
```

El constructor puede arrojar una excepción del tipo `FileNotFoundException`, que hereda de `IOException`. La sentencia creará en el disco el archivo *enteros.dat*. Si ya existía, borrará la versión anterior y lo sustituirá por una nueva.

Como ocurría con los archivos de texto, el nombre del archivo puede incluir una ruta de acceso, con los requisitos que vimos en la Unidad 10. Una vez creado este flujo, lo «envolvemos» en un objeto de la clase `ObjectOutputStream`.

```
ObjectOutputStream out = new ObjectOutputStream(archivo);
```

El constructor de `ObjectOutputStream` puede arrojar una excepción `IOException` —excepción de entrada-salida—. Por tanto, debe ir encerrado en una estructura `try-catch`, que puede englobar también al constructor del objeto `FileOutputStream`.

La clase `ObjectOutputStream` tiene una serie de métodos que permiten la escritura de datos complejos de cualquier tipo o clase, serializándolos antes de enviarlos al flujo de salida. Para ello, las clases de estos datos deben tener implementada la interfaz `Serializable`, que no es más que una especie de sello que declara a sus objetos como susceptibles de ser serializados, es decir, convertibles en una serie plana de bytes.

Las clases implementadas por Java, como `String`, las colecciones (que veremos en la Unidad 12) y las tablas, traen implementadas la interfaz `Serializable`. Los objetos de estas clases, así como los datos de tipo primitivo, son serializados automáticamente por Java. En cambio, las clases definidas por el usuario deben declararse como serializables en su definición, sin que esto nos obligue a implementar ningún método especial.

```
class miClase implements Serializable {
    //cuerpo de la clase
}
```

Con esto, `miClase` ya es serializable, y sus objetos susceptibles de ser enviados por un flujo binario.

`ObjectOutputStream` dispone de los siguientes métodos para la escritura de datos en un flujo de salida:

- `void writeBoolean(boolean b)`: escribe un valor `boolean` en el flujo.
- `void writeChar(int c)`: escribe el valor `char` que ocupa los dos bytes menos significativos del valor entero que se le pasa como parámetro.
- `void writeInt(int n)`: escribe un entero.
- `void writeLong(long n)`: escribe un entero largo.
- `void writeDouble(double d)`: escribe un número de tipo `double`.
- `void writeObject(Object o)`: escribe un objeto serializable.

Como ejemplo, en la Actividad resuelta 11.1, vamos a guardar en un archivo los elementos de una tabla de enteros.

Actividad resuelta 11.1

Escribir en un archivo *datos.dat* los valores de una tabla de diez enteros.

Solución

*/*Inicializamos la tabla con los enteros del 0 al 9. Luego creamos el archivo y le asociamos un flujo de salida de la clase ObjectOutputStream. A continuación, recorremos la tabla escribiendo los enteros en él*/*

```
int[] t = {0, 1, 2, 3, 4, 5, 6, 7, 8, 9};
ObjectOutputStream flujoSalida = null;
try {
    flujoSalida = new ObjectOutputStream(new FileOutputStream("datos.dat"));
    for (int n : t) {
        flujoSalida.writeInt(n);
    }
} catch (IOException ex) {
    System.out.println(ex);
} finally {
    if (flujoSalida != null) {
        try {
                flujoSalida.close();
        } catch (IOException ex) {
    System.out.println(ex);
        }
}
```

En el ejemplo de la Actividad resuelta 11.1, hemos recorrido la tabla para obtener sus elementos y grabarlos por separado. Pero, en Java, una tabla es un objeto, y podríamos haberla escrito en el archivo como tal objeto, usando el método `writeObject()`. Por tanto, en este código el bucle `for` puede ser sustituido por una sentencia única:

```
flujoSalida.writeObject(t);
```

donde le hemos pasado como parámetro la referencia al objeto que queremos grabar, la tabla `t`.

En este caso grabamos la tabla como objeto, que no es lo mismo que grabar los enteros por separado. Esta distinción será importante a la hora de recuperarla.

Igualmente, para guardar una cadena de caracteres se usa el método `writeObject()`, ya que una cadena es un objeto de la clase `String`.

```
String cadena = "Sancho Panza";
flujoSalida.writeObject(cadena);
```

Actividad resuelta 11.2

Escribe como una cadena, en el fichero binario *cancionPirata.dat*, la siguiente estrofa:

```
Con diez cañones por banda,
viento en popa a toda vela,
no corta el mar, sino vuela
un velero bergantín.
```

Solución

```
/*Como no se trata de un archivo de texto, convertimos la estrofa en una cadena,
incluyendo los cambios de línea, y luego la escribimos en el flujo como un objeto
String*/
String estrofa = "Con diez cañones por banda, \n"
    + "viento en popa a toda vela, \n"
    + "no corta el mar, sino vuela \n"
    + "un velero bergantín.";
try ( ObjectOutputStream out = new ObjectOutputStream(new
FileOutputStream("canconPirata.dat"))) {
    out.writeObject(estrofa);
}catch (IOException ex) {
    System.out.println(ex);
}
/*La estrofa se guardará con la codificación específica de los objetos de la clase
String y no podremos leerla directamente del archivo con un editor de texto. Si
queremos guardar texto legible con un editor de texto, deberemos usar archivos de
texto*/
```

Hasta Java 7, los flujos, tanto de texto como binarios, había que cerrarlos con el método `close()`, disponible en todas las clases de entrada y salida, incluyéndolo en un bloque `finally`. No obstante, como vimos con los archivos de texto y en la Actividad resuelta 11.2, usando una estructura `try-catch` con recursos, el cierre es automático y no tenemos que usar el método `close()`.

Actividad resuelta 11.3

Pedir un entero `n` por consola y, a continuación, pedir `n` números de tipo `double`, que iremos insertando en una tabla. Guardar la tabla en un archivo binario.

Solución

```
try (ObjectOutputStream out = new ObjectOutputStream(
new FileOutputStream ("datos.dat"))){
     System.out.println("Número de elementos: ");
     int n = new Scanner(System.in).nextInt(); /*cantidad de valores a leer*/
     double tabla[] = new double[n]; //tabla con el tamaño adecuado
     for (int i = 0; i < tabla.length; i++) {
          System.out.print("Introduzca un número real: ");
          tabla[i] = new Scanner(System.in).useLocale(Locale.US).nextDouble ();
     }
     out.writeObject (tabla); // las tablas son objetos
} catch (IOException e) {
     System.out.println(e.getMessage ());
}
```

Actividad propuesta 11.1

Repite la Actividad resuelta 11.1 escribiendo la tabla de enteros en el archivo *datos.dat,* y no los enteros individualmente.

11.2. Flujos de entrada binarios

Para leer de fuentes de datos binarios, usaremos flujos de la clase `ObjectInputStream`, construidos a partir de un flujo de bytes planos `FileInputStream`. Por ejemplo, si leemos los datos escritos en el archivo *datos.dat* de las actividades propuesta y resuelta 11.1, crearemos un flujo de entrada asociado al archivo.

```
ObjectInputStream flujoEntrada = new ObjectInputStream(new
                                    FileInputStream("datos.dat"));
```

Esta sentencia puede producir una excepción `IOException`; por tanto, deberá ir encerrada en una estructura `try-catch`. Lo mismo ocurre a la hora de cerrarlo con el método `close()`, aunque nosotros usaremos habitualmente una estructura `try-catch` con recursos.

Los métodos de la clase `ObjectInputStream` permiten leer los mismos datos que grabamos con `ObjectOutputStream`. Por cada método de escritura de esta última hay otro de lectura de la primera. En el caso de que hayamos grabado los 10 enteros de una tabla por separado usando `writeInt()`, los podemos recuperar, también por separado, con el método `readInt()`, que puede arrojar una excepción `IOException` si hay un error de lectura o `EOFException` si se ha llegado al final del fichero.

Actividad resuelta 11.4

Leer de un archivo *datos.dat* 10 números enteros, guardándolos en una tabla de tipo `int`.

Solución

```
//usaremos una estructura try-catch con recursos
try (ObjectInputStream flujoEntrada = new ObjectInputStream (
new FileInputStream("datos.dat"))) {
     int[] t = new int[10];
     for (int i = 0; i < t.length; i++) {
          t[i] = flujoEntrada.readInt();
     }
     System.out.println(Arrays.toString(t));
} catch (IOException ex) {
     System.out.println("error lectura");
}
```

Los métodos más importantes de `ObjectInputStream` son los siguientes:

- `boolean readBoolean()`: lee un booleano del flujo de entrada.
- `char readChar()`: lee un carácter.
- `int readInt()`: lee un entero.
- `long readLong()`: lee un entero largo.
- `double readDuoble()`: lee un número real de tipo `double`.
- `Object readObject()`: lee un objeto.

Dado que las tablas son objetos, si se ha guardado la tabla `t` usando el método `writeObject()`, en vez de un bucle `for` para la lectura, usaremos una sentencia única, ya que lo que hay guardado es un objeto, no una serie de enteros.

Actividad resuelta 11.5

Leer una tabla de enteros de un archivo *datos.dat.*

Solución

```
try (ObjectInputStream flujoEntrada = new ObjectInputStream(
new FileInputStream("datos.dat"))) {
     int[] tabla = (int[]) flujoEntrada.readObject();
     System.out.println(Arrays.toString(tabla));
} catch (IOException e) {
     System.out.println("Error de entrada/salida");
} catch (ClassNotFoundException e) {
     System.out.println("El fichero no almacena un objeto tabla");
}
```

En la Actividad resuelta 11.5 el cast `(int[])` es necesario, ya que `readObject()` devuelve un objeto de la clase `Object`, que es asignado a una variable de tipo `int[]` (tabla de enteros), lo que supone una conversión de estrechamiento.

Por otra parte, llama la atención la excepción `ClassNotFoundException`, que puede ser arrojada por el método `readObject()`. Esto se debe a que, cuando leemos un objeto de un flujo de entrada, puede ocurrir que la clase a la que pertenece no sea visible desde el lugar del código donde se invoca `readObject()`, debido a que no esté en el mismo paquete ni haya sido importada de otro.

Como ya vimos, las cadenas de texto son objetos y, si se guardaron como tales, se deben recuperar utilizando el método `readObject()`.

```
try {
        String cadena = (String) flujoEntrada.readObject();
} catch (ClassNotFoundException ex) {
        System.out.println(ex.getMessage());
}
```

Actividad resuelta 11.6

Recuperar la estrofa del archivo *cancionPirata.dat* de la Actividad resuelta 11.2 y mostrarla por consola.

Solución

```
try ( ObjectInputStream in = new ObjectInputStream(
    new FileInputStream("cancionPirata.dat"))) {
      String cancion = (String) in.readObject();
      System.out.println(cancion);//la mostramos
} catch (IOException ex) {
      System.out.println(ex);
} catch (ClassNotFoundException ex) {
      System.out.println(ex);
}
```

A menudo desconocemos el número de datos guardados en un archivo. En este caso, para recuperarlos todos, no podemos usar un bucle `for` controlado por contador, sino que tenemos que leer hasta que se llegue al final del fichero, es decir, hasta que salte la excepción `EOFException`. Por ejemplo, si un fichero contiene una lista de enteros y no sabemos cuántos hay, para recuperarlos todos, usamos un bucle infinito del que solo nos puede sacar la excepción `EOFException` de fin de fichero.

```
try {
     while (true) {
             System.out.println(in.readInt());
     }
}catch(EOFException ex) {
     System.out.println("Fin de fichero");
}
```

Cuando se haya leído el último entero, se habrá llegado al final del fichero. Entonces se arrojará la excepción y el programa saldrá del bucle `while` y del bloque `try` para continuar en el bloque `catch`.

Actividad resuelta 11.7

Grabar en el fichero *numeros.dat* una serie de números enteros no negativos introducidos por teclado. La serie acabará cuando escribamos –1. Abrir de nuevo *numeros.dat* para lectura y leer todos los números hasta el final del fichero, mostrándolos por pantalla y copiándolos en un segundo fichero *numerosCopia.dat*.

Solución

```
try ( ObjectOutputStream salida = new ObjectOutputStream(                    new
FileOutputStream("numeros.dat"))) {
    System.out.print("Introduce entero: ");
    Scanner s = new Scanner(System.in);
    int numero = s.nextInt();
    while (numero >= 0) {
         salida.writeInt(numero);
         System.out.print("Introduce entero: ");
         s = new Scanner(System.in);
         numero = s.nextInt();
    }
} catch (IOException ex) {
    System.out.println(ex);
}
/*Abrimos flujo de entrada para leer los números grabados y de salida para
grabarlos en el archivo copia: */
try ( ObjectInputStream entrada = new ObjectInputStream(new
FileInputStream("numeros.dat"));ObjectOutputStream salida = new
ObjectOutputStream(new FileOutputStream("numerosCopia.dat"))) {
   System.out.print("[");
   while (true) {
       int numero = entrada.readInt();
       System.out.print(numero + " ");
       salida.writeInt(numero);
   }
} catch (EOFException ex) {
   System.out.println("]\nFin de fichero");
} catch (IOException ex) {
   System.out.println(ex);
}
```

11.3. Ficheros binarios y objetos complejos

Los objetos que queremos guardar en un archivo binario no siempre son tan simples como una cadena de caracteres. La mayoría pertenecen a clases con atributos, que muchas veces son también objetos. Los valores de estos atributos, en realidad, son solo referencias a los objetos propiamente dichos. Entonces se plantea la siguiente cuestión: ¿qué se guarda en el fichero, el valor del objeto referenciado o solo la referencia? Si fuera solo la referencia, no estaríamos guardando la información que nos interesa, ya que las referencias cambian en cada ejecución del programa. Si leyéramos el archivo al día siguiente en una nueva ejecución del programa, no recuperaríamos la información del objeto, sino la dirección de memoria que tenía cuando se guardó.

Supongamos que queremos guardar una tabla de objetos de la clase `Socio`. Pasaremos al método `writeObject()` la variable `tablaSocios`, que guarda la referencia a la tabla en la memoria. Pero no olvidemos que cada componente de la tabla guarda, a su vez, la referencia a un objeto de la clase `Socio`, no el objeto propiamente dicho. ¿Qué se guarda realmente en el archivo? La respuesta es: toda la información necesaria para reconstruir la tabla cuando se vuelva a leer del archivo. Esto incluye: la propia tabla y los objetos referenciados en cada componente, con la información sobre su clase y los valores de los atributos, incluidos aquellos que referencian otros objetos, como el nombre o el `dni`. Los atributos pueden ser incluso otras tablas, como la lista de los familiares del socio, que se guardarían de la misma forma. Java rastrea todas las referencias a objetos hasta construir la estructura completa de los datos, y guarda toda la información necesaria para reconstruir de nuevo el objeto guardado, junto con todos los objetos referenciados desde él, cuando se lea más tarde con `readObject()`.

Actividad resuelta 11.8

Implementar un programa que guarde en el fichero *socios.dat* una tabla de objetos `Socio`. Después se abrirá de nuevo el fichero en modo lectura para recuperar la tabla de socios, mostrándose por pantalla.

Solución

```
/*Implementaremos una clase Socio simplificada, suficiente para ilustrar lo que
nos interesa. Para que se pueda guardar en un fichero binario, deberá implementar
la interfaz Serializable*/
class Socio implements Serializable {
        String dni;
        String nombre;
        public Socio(String dni, String nombre) {
                this.dni = dni;
                this.nombre = nombre;
        }
        @Override
        public String toString() {
                return "Socio{" + "dni=" + dni + ", nombre=" + nombre + '}';
        }
}
/*El programa principal sería: */
Socio[] tablaSocios = new Socio[4];
tablaSocios[0] = new Socio("1", "pepe");
tablaSocios[1] = new Socio("11", "ana");
tablaSocios[2] = new Socio("7", "pepa");
tablaSocios[3] = new Socio("23", "cris");
//mostramos la tabla de socios antes de guardarla:
System.out.println(Arrays.deepToString(tablaSocios));
//Creamos un flujo de salida binario y escribimos en él:
try(ObjectOutputStream salida=new ObjectOutputStream(new
FileOutputStream("socios.dat"))){
            salida.writeObject(tablaSocios);
}catch (IOException ex) {
            System.out.println(ex);
} //El flujo de salida se cierra automáticamente
```

```
/*Creamos un flujo de entrada y leemos de él la tabla de socios, que asignaremos
a la misma variable tablaSocios. El bloque catch recoge tanto la excepción
IOException de la apertura del flujo como ClassNotFoundException ligado al cast
(Socio[]), como ya se comentó en el parágrafo 11.2*/
try(ObjectInputStream entrada=new ObjectInputStream(
new FileInputStream("socios.dat"))){
      tablaSocios=(Socio[])entrada.readObject();
} catch (IOException | ClassNotFoundException ex) {
      System.out.println(ex);
}
//Volvemos a mostrar la tabla de socios:
System.out.println(Arrays.deepToString(tablaSocios));
```

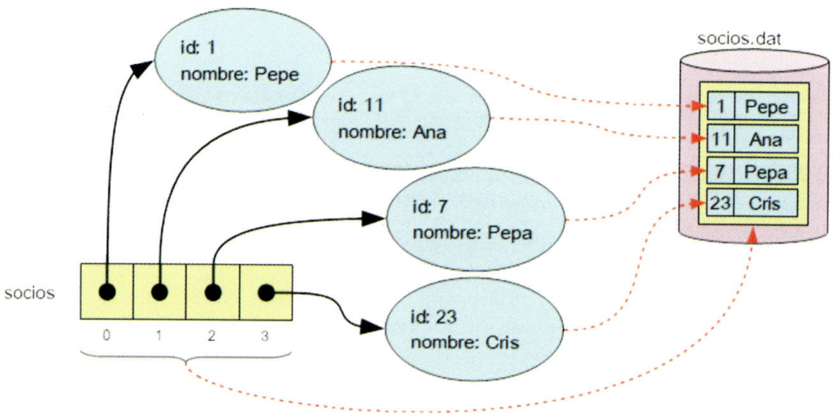

Figura 11.1. *Se guarda la tabla* `socios` *en el fichero socios.dat*

Recuerda

En una estructura `try-catch`, el bloque catch puede capturar más de un tipo de excepción. Para ello, basta escribir en el paréntesis todos los tipos separados por barras verticales, poniendo al final el nombre del parámetro que referencia la excepción, que funcionará como variable local dentro del bloque.

Actividad resuelta 11.9

Implementar un programa que registra la evolución temporal de la temperatura en una ciudad. La aplicación mostrará un menú que permite añadir nuevos registros de temperatura y mostrar el listado de todos los registros históricos. Cada registro constará de la temperatura en grados centígrados, introducida por teclado, y la fecha y hora, que se leerá del sistema en el momento de la creación del registro.

Solución

```
/*Definimos la clase Registro con dos atributos, la temperatura (double) y el
momento de la lectura (LocalDateTime)*/
class Registro implements Serializable {
```

```
        double temperatura;
        LocalDateTime fechaYHora;
        Registro(double temperatura) {
                this.temperatura = temperatura;
                fechaYHora = LocalDateTime.now();//lee del sistema
        }
        @Override
        public String toString() {
/*Mostramos la fecha y hora en formato local (en España, el español) corto*/
           DateTimeFormatter f = DateTimeFormatter
                .ofLocalizedDateTime(FormatStyle.SHORT)
                        .withLocale(Locale.getDefault());/*el del país local*/
           return "Registro{" + "temperatura=" + temperatura
                + ", fechaYHora=" + f.format(fechaYHora) + "}\n";
        }
}

/*En el programa principal, empezaremos creando la tabla de registros vacía: */
    Registro[] reg = new Registro[0];
/*La primera vez que se ejecute el programa, el archivo no existe y se trabaja
con la tabla vacía para insertar el primer registro. Si había registros previos,
ya existirá el fichero y se lee de él la tabla de registros, sustituyendo la
tabla vacía: */
    try ( ObjectInputStream in = new ObjectInputStream(
            new FileInputStream("temperaturas.dat"))) {
        reg = (Registro[]) in.readObject();
    } catch (FileNotFoundException ex) {
        System.out.println("Registro vacío");
    } catch (IOException | ClassNotFoundException ex) {
        System.out.println(ex);
    }
    int opcion;
    do {
        System.out.println("1.Nuevo registro");
        System.out.println("2.Mostrar historial de registros");
        System.out.println("3.Salir");
        System.out.print("\nIntroducir opción: ");
        opcion = new Scanner(System.in).nextInt();
        switch (opcion) {
                case 1 -> {
                    System.out.print("Introducir temperatura: ");
                    double temperatura = new Scanner(System.in)
                            .useLocale(Locale.US).nextDouble();
                    Registro nuevo = new Registro(temperatura);
                    reg = Arrays.copyOf(reg, reg.length + 1);
                    reg[reg.length - 1] = nuevo;
                }
                case 2 ->
                    System.out.println(Arrays.deepToString(reg));
                }
        } while (opcion != 3);
        /*Al salir, guardamos la tabla de registros actualizada*/
    try ( ObjectOutputStream out = new ObjectOutputStream(
          new FileOutputStream("temperaturas.dat"))) {
        out.writeObject(reg);
    } catch (IOException ex) {
            System.out.println(ex);
    }
```

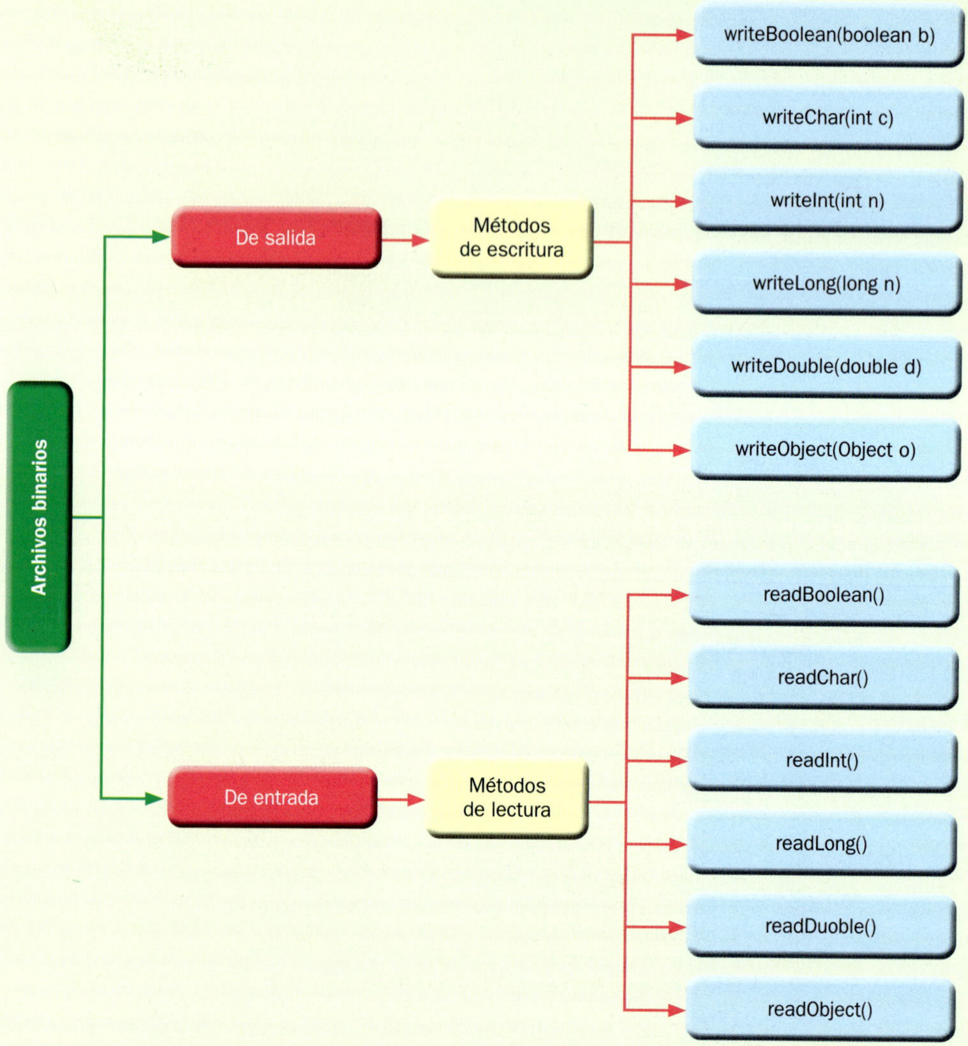
Archivos binarios
De salida
Métodos de escritura
writeBoolean(boolean b)
writeChar(int c)
writeInt(int n)
writeLong(long n)
writeDouble(double d)
writeObject(Object o)
De entrada
Métodos de lectura
readBoolean()
readChar()
readInt()
readLong()
readDuoble()
readObject()

Actividades de comprobación

11.1. Los ficheros binarios se diferencian de los de texto en que:

a) Solo tienen ceros y unos.
b) Sirven tanto para escribir como para leer.
c) No sirven para guardar texto.
d) Permiten guardar todo tipo de datos, incluidos datos primitivos y objetos.

11.2. Si queremos guardar una cadena de caracteres en un flujo binario de tipo `ObjectOutputStream`, usaremos:

a) writeString().
b) writeChar().
c) writeObject().
d) Nada, no se puede.

11.3. Para guardar una tabla del tipo `int[]` en un fichero binario de tipo `ObjectOutputStream`, usaremos:

a) writeInt().
b) writeArrayInt().
c) readObject().
d) writeObject().

11.4. Si queremos leer una tabla de `Cadenas` de caracteres del flujo binario `entrada` de tipo `ObjectInputStream`, escribiremos:

a) String[] tabla = (String[])entrada.readObject();
b) String tabla = (String)entrada.readObject();
c) String[] tabla = entrada.readObject();
d) String[] tabla = (Object).readObject();

11.5. Un flujo de tipo `ObjectInputStream` permite leer de:

a) Cualquier archivo de Windows.
b) Archivos de imagen con extensión JPG.
c) Archivos creados con un flujo `ObjectOutputStream`.
d) Archivos creados con un flujo `BufferedReader`.

11.6. Un flujo de tipo `ObjectInputStream` permite acceder a:

a) Solo archivos del disco duro.
b) Cualquier fuente de datos primitivos u objetos de Java.
c) Únicamente a conexiones de red.
d) Solo nos permite leer de la consola.

11.7. Si guardamos una cadena de caracteres usando un flujo `ObjectOutputStream`, podemos leerla directamente del archivo:

a) Usando un procesador de texto.
b) Usando un editor de texto.
c) Usando una hoja de cálculo.
d) Usando un flujo `ObjectInputStream`.

11.8. Si guardamos una serie de objetos de la clase `Cliente` con un flujo `ObjectOutputStream`, los recuperaremos:

a) En el mismo orden en que se guardaron.
b) En orden inverso.
c) En un orden aleatorio.
d) Nunca se pueden recuperar.

11.9. Los flujos binarios se cierran:

a) Con el método `close()`.
b) Apagando el ordenador.
c) Abortando el programa.
d) Con el método `cerrar()`.

11.10. Hay que cerrar los flujos binarios:

a) Siempre.
b) Una vez al día.
c) Solo si no se han abierto con una estructura `try-catch` con recursos.
d) Nunca.

Actividades de aplicación

11.11. Pide un valor `double` por consola y guárdalo en un archivo binario.

11.12. Abre el fichero de la Actividad de aplicación 11.11, lee el valor `double` contenido en él y muéstralo por pantalla.

11.13. Escribe un programa que lea de un fichero binario una tabla de números `double` y después muestre el contenido de la tabla por consola.

11.14. Introduce por teclado una frase y guárdala en un archivo binario. A continuación, recupérala y muéstrala por pantalla.

11.15. Implementa un programa que lea números enteros desde el fichero *numeros.dat* y los vaya guardando en los ficheros *pares.dat* e *impares.dat*, según su paridad.

11.16. Implementa una aplicación que gestione una lista de nombres ordenada por orden alfabético. Al arrancar se leerá de un fichero los nombres insertados anteriormente y se pedirán nombres nuevos hasta que se introduzca la cadena «fin». Cada nombre que se introduzca deberá añadirse a los que ya había, de forma que la lista permanezca ordenada. Al terminar, se guardará en el fichero la lista actualizada.

11.17. Escribe un texto, línea a línea, de forma que, cada vez que se pulse Intro, se guarde la línea en un archivo binario. El proceso se termina cuando introduzcamos una línea vacía. Después el programa lee el texto completo del archivo y lo muestra por pantalla.

ACTIVIDADES FINALES

11.18. Un libro de firmas es útil para recoger los nombres de todas las personas que han pasado por un determinado lugar. Crea una aplicación que permita mostrar el libro de firmas o insertar un nuevo nombre (comprobando que no se encuentre repetido) usando el fichero binario *firmas.dat.*

11.19. Por motivos puramente estadísticos se desea llevar constancia del número de llamadas recibidas cada día en una oficina. Para ello, al terminar cada jornada laboral se guarda dicho número al final de un archivo binario. Implementa una aplicación con un menú, que nos permita añadir el número correspondiente cada día y ver la lista completa en cualquier momento.

11.20. Implementa una aplicación que permita guardar y recuperar los datos de los clientes de una empresa. Para ello, define la clase `Cliente`, que tendrá los atributos: `id` (identificador de cliente), `nombre` y `telefono`. Los objetos `Cliente` se insertarán en una tabla. Para realizar las distintas operaciones, la aplicación tendrá el siguiente menú:

1. Añadir nuevo cliente.
2. Modificar datos.
3. Dar de baja cliente.
4. Listar los clientes.

La información se guardará en un fichero binario, que se cargará en la memoria al iniciar la aplicación y se grabará en disco, actualizada, al terminar.

11.21. Repite la Actividad de aplicación 11.20, pero insertando los objetos `Cliente` en un objeto `Lista` para `Object`, como el definido en la Actividad resuelta 9.11.

11.22. Implementa una aplicación que gestione los empleados de un banco. Para ello se definirá la clase `Empleado` con los atributos `dni`, `nombre` y `sueldo`. Los empleados se guardarán en un objeto de la clase `Lista` para objetos de la clase `Object`. La aplicación cargará en la memoria, al arrancar, la lista de empleados desde el archivo binario *empleados.dat* y mostrará un menú con las siguientes opciones: 1. Alta empleado; 2. Baja empleado; 3. Mostrar datos empleado; 4. Listar empleados, y 5. Salir. Al pulsar 5, se grabará en el disco la lista actualizada y terminará el programa.

11.23. Implementa el método, `Integer[] fusionar(String fichero1, String fichero2)`, al que se le pasan los nombres de dos ficheros binarios que contienen dos listas ordenadas de objetos `Integer`, y devuelve una tabla ordenada con todos los elementos de los dos ficheros fusionados.

11.24. Implementa el método, `void fusionar(String ficheroBase, String ficheroNuevo)`, que añade a `ficheroBase`, los elementos de `ficheroNuevo`, ambos ordenados. Al final, `ficheroBase` contiene la lista ordenada de todos los elementos de ambos ficheros.

11.25. En una tabla de cadenas se guardan los nombres de 4 ficheros binarios. En cada uno de ellos se guarda una tabla de números enteros ordenados en sentido creciente. Implementa una aplicación donde se introduce por teclado un número entero. El programa debe determinar si ese número se halla en alguno de los 4 ficheros y, en caso afirmativo, en cuál de ellos y en qué lugar de la tabla correspondiente.

Actividades de ampliación

11.26. Se quiere mantener un registro de las temperaturas máxima y mínima diaria en una estación meteorológica. Define la clase `Registro` con los atributos `tempMax`, `tempMin` y `fecha`, cuyos valores se introducen por teclado. Los dos primeros como valores `double` y el tercero como cadena con el formato `dd/mm/aaaa`. Implementa un programa que muestre por pantalla un menú con las opciones: 1. Nuevo registro; 2. Mostrar historial; 3. Mostrar estadísticas, y 4. Salir. La opción 2 mostrará en cuatro columnas las fechas, los valores máximo y mínimo diario y la variación (la diferencia entre el máximo y el mínimo) diaria. La opción 3 mostrará los valores medios, máximos y mínimos de las temperaturas máximas, de las mínimas y de las variaciones diarias.

Todos los registros se insertarán en una tabla, que se guardará en un archivo binario de forma que, al arrancar la aplicación, se leerá del archivo y al salir de ella (opción 4) se volverá a guardar actualizada.

11.27. Implementa la clase `Deportista` para gestionar la sección de deportes de un club social. Los atributos serán el DNI, el nombre, la fecha de nacimiento y el deporte que practica (enumerado), que deberá ser uno de los que ofrece el club: natación, remo, vela y waterpolo. Escribe una aplicación que gestione los datos de los deportistas, utilizando una tabla cuya longitud deberá ajustarse con las altas y bajas, y un menú que incluya las opciones: 1. Alta; 2. Baja; 3. Modificación de datos (todos los atributos salvo el DNI, que es inalterable); 4. Listar por orden alfabético de nombres; 5. Listar por orden de edad, y 6. Salir. Los datos se guardarán en un archivo binario, de donde se leerán al arrancar la aplicación y volverán a grabarse actualizados al salir.

11.28. Implementa la clase `Socio` para gestionar un club. Sus atributos serán: el número de socio, que se adjudicará consecutivamente según el orden de alta en el club, el nombre, la fecha de nacimiento, la fecha de alta, el teléfono y la dirección de correo electrónico. Escribe un programa que gestione las altas, las bajas y las modificaciones de los datos (salvo el número de socio, que es inalterable una vez asignado). Entre las funcionalidades de la aplicación deberán incluirse un listado por orden alfabético de nombres y otro por antigüedad en el club. Toda esta información se mantendrá en un archivo binario.

11.29. Desarrolla la Actividad 11.28 para añadir a la ficha de cada socio una lista de familiares a su cargo. Para ello, define la clase `Familiar` con los atributos: `dni`, `nombre y fecha de nacimiento`. Además, añade la opción de listar los datos de un socio incluyendo la lista de sus familiares ordenada por edad.

11.30. Con la clase `Jornada` de la Actividad de ampliación 9.28, implementa una aplicación que gestione una lista con las jornadas de los trabajadores, controlando las entradas y salidas (lo que comúnmente se llama «fichar»). El programa pedirá el DNI del usuario. A continuación, presentará un menú: 1. Entrada, y 2. Salida. Al elegir la opción se leerá la fecha y hora, que se asignará al atributo correspondiente. Con esta información se creará un registro de la jornada. La aplicación terminará cuando se introduzca como `dni` un número clave que solo conoce un directivo responsable. Los registros se insertarán, según el orden natural descrito en la Actividad de ampliación 9.28, en una tabla redimensionable, que se grabará en disco al finalizar la aplicación y se volverá a cargar al arrancar al día siguiente.

11.31. Se quieren mantener los datos de los clientes de un banco en un archivo binario. De cada cliente se guardará: DNI, nombre completo, fecha de nacimiento y saldo. Implementa una aplicación que arranque mostrando el menú:

1. Alta cliente.
2. Baja cliente.
3. Listar clientes.
4. Salir.

Implementa la clase `Cliente` con los atributos referidos. Los objetos `Cliente` irán insertados en un objeto `Lista` de tipo `Object`. Nada más arrancar la aplicación se leerá del archivo la lista de clientes. Cuando se dé de alta uno nuevo, se creará el objeto correspondiente y se insertará en la lista por orden de DNI. Para eliminar un cliente, se pedirá el DNI y se eliminará de la lista. Al listar los clientes, se mostrará el DNI, el nombre, el saldo y la edad de todos ellos, así como el saldo máximo, el mínimo y el saldo promedio del conjunto de los clientes. Al cerrar la aplicación, se guardará en el archivo la lista actualizada.

11.32. Con la clase `Llamada` de la Actividad de ampliación 9.31, crea un registro de las llamadas efectuadas en una centralita, que se guardarán en el archivo binario *centralita.dat*. Al arrancar la aplicación se leerán los datos del archivo y a continuación se mostrará el menú:

1. Nuevo registro de llamada; 2. Listar las llamadas de un número de teléfono; 3. Listar todas las llamadas, y 4. Salir.

En el apartado 1, las fechas y horas se introducirán como cadenas con el formato «dd/MM/yyyy HH:mm». En los apartados 2 y 3 se mostrará el número de teléfono del titular, el del interlocutor, la fecha y hora de inicio (con el formato aludido antes) y la duración en minutos de cada llamada. Los registros se insertarán en una tabla por su orden natural. Al terminar la aplicación se guardará la tabla actualizada en el mismo archivo.

UNIDAD 12

Colecciones

Objetivos

- Implementar clases, interfaces y métodos con tipos genéricos.
- Conocer la interfaz `Collection` y sus métodos básicos y globales.
- Conocer la interfaz `List` y sus métodos.
- Utilizar las implementaciones de `List`: `ArrayList` y `LinkedList`.
- Conocer la interfaz `Set`.
- Usar las implementaciones de `Set`: `HashSet`, `TreeSet` y `LinkedHashSet`.
- Emplear las conversiones entre distintas implementaciones de `List` y `Set`.
- Conocer la interfaz `Map`.
- Usar los métodos de `Map` a través de sus implementaciones `HashMap`, `TreeMap` y `linkedHashMap`.
- Emplear las vistas `Collection` de los mapas.

Contenidos

Introducción

A menudo necesitamos guardar información, pero no sabemos de antemano el espacio que va a ocupar en la memoria. En estos casos, las tablas no son la solución adecuada, ya que su tamaño debe permanecer fijo una vez creadas. Al redimensionarlas, lo que hacemos es crear otras nuevas y copiar todos los datos de la antigua, con la sobrecarga que ello supone para la gestión de memoria. En su lugar, necesitamos estructuras dinámicas de datos, es decir, objetos que alberguen datos que se puedan insertar y eliminar, cambiando el tamaño de la estructura sin alterar los datos restantes, todo ello en tiempo de ejecución. Para este fin, Java nos proporciona una serie de estructuras dinámicas que comparten un conjunto de métodos declarados en la interfaz `Collection`. Todas ellas implementan dicha interfaz, aunque de distinta forma.

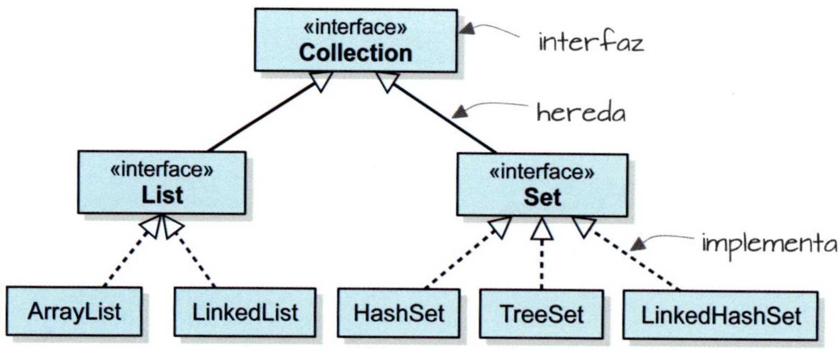

Figura 12.1. *Estructuras de interfaces ligadas a colecciones.*

Una colección es un objeto que sirve para agrupar un conjunto de objetos, llamados *elementos*, que generalmente guardan una relación entre ellos. Los métodos de las colecciones nos permiten llevar a cabo distintas operaciones con sus elementos, como la inserción, la eliminación, la búsqueda o la ordenación.

Hay colecciones de diferentes tipos, adaptadas a distintos fines más o menos específicos. Por eso no existe una clase colección, sino todo un marco de trabajo (framework), con una estructura jerárquica de interfaces (véase Figura 12.1) que se implementan en distintas clases, y con un conjunto de algoritmos que permiten la manipulación de los datos almacenados en las colecciones.

Los tipos fundamentales de estructuras dentro del framework de las colecciones son tres:

- **Listas:** responden a la necesidad de manejar sucesiones de datos que pueden estar repetidos y cuyo orden puede ser relevante. De alguna forma sustituyen a las tablas, con la diferencia de que podemos insertar o eliminar datos en ellas sin limitaciones de espacio. Implementan la interfaz `List` que, al heredar de `Collection`, incorpora todas sus funcionalidades y añade alguna más.
- **Conjuntos:** el orden de los datos no es relevante y lo que realmente importa es la mera pertenencia a la estructura, con lo que las repeticiones ni son posibles ni tienen sentido. Implementan la interfaz Set, que también hereda de `Collection`.

- **Mapas o diccionarios:** están dentro del framework de las colecciones, aunque no implementan la interfaz `Collection`. Sirven para guardar datos identificados por claves que no se repiten. Los mapas implementan la interfaz `Map`, que no hereda de `Collection`.

De todas estas estructuras, la más conocida y usada es la lista, aunque como vemos, no es la única.

Todas ellas son dinámicas, ya que permiten añadir y quitar unidades de información —objetos llamados *nodos* o *elementos*— en tiempo de ejecución, sin más límite que la memoria del ordenador. Nosotros llamaremos *colecciones* a todas las clases que implementen la interfaz `Collection`, aunque también usaremos el nombre del tipo especial de colección: lista o conjunto.

Argot técnico

Hablamos del framework `Collection` como el entorno de trabajo formado por un conjunto de interfaces y clases relacionadas y que interactúan entre sí, pudiéndose obtener unas de otras según el modelo de datos que buscamos.

El conjunto de interfaces y clases del marco de trabajo `Collection` se halla en el paquete `java.util`.

12.1. Tipos parametrizados o genéricos

Una particularidad de `Collection` es que trabaja con tipos genéricos de datos. Por eso, antes de tratar las colecciones propiamente dichas, vamos a hacer una introducción a los tipos genéricos.

El uso de los tipos genéricos obedece a la necesidad de disponer de clases, interfaces o métodos que se puedan usar con muchos tipos de datos distintos, pero haciendo comprobaciones de tipo en tiempo de compilación. Ejemplos importantes son los métodos de comparación, `compareTo()` y `compare()`, que aparecen en las interfaces `Comparable` y `Comparator` respectivamente. Ambas interfaces están pensadas para comparar objetos de cualquier clase. De hecho, tendremos que implementar `Comparable` para cualquier clase de objetos que insertemos en cualquier tabla o colección que pretendamos ordenar. Por eso el método `compareTo()`, antes de que aparecieran los genéricos con Java 5, recibía como parámetro una variable de tipo `Object`, que es la clase más general de todas. Si tenemos una tabla de objetos `Cliente` que queremos ordenar por su DNI, implementamos la interfaz `Comparable` en la clase `Cliente` basándonos en su atributo `dni`. La interfaz, cuyo único elemento es el método `compareTo()`, antes de la aparición de los genéricos, tenía el prototipo

```
int compareTo(Object ob)
```

El parámetro de tipo `Object` garantizaba la total generalidad del método. En la implementación de `compareTo()` para la clase `Cliente`, como ya vimos en la Unidad 9, introducíamos un cast `Cliente` delante de la variable `ob`.

```
int compareTo(Object ob) {
    return dni.compareTo(((Cliente)ob).dni);
}
```

El problema con este enfoque, aparte de la incomodidad de aplicar el cast, es que un valor del parámetro `ob` con tipo erróneo no se manifiesta durante la compilación, sino en tiempo de ejecución, lanzando una excepción. Esta es la razón para el uso de los tipos genéricos, que permiten la implementación con tipos tan generales como `Object`, pero comprobándolos y detectando sus errores antes de ejecutar el programa.

12.1.1. Clases con parámetros genéricos

Supongamos que queremos definir la clase `Contenedor`, que permita guardar un solo objeto de cualquier tipo. Los únicos métodos serán `guardar()` y `extraer()`. Habrá un único atributo `objeto` que, en principio, podría ser de tipo `Object`, para que el objeto para guardar pueda ser de cualquier clase. Pero así no tenemos control sobre el tipo del objeto guardado. Desde luego, siempre podríamos implementar una clase `Contenedor` para `Integer`, otra para `Double` y así sucesivamente. Pero si lo que queremos es una clase `Contenedor` que sirva para todo tipo de objetos y que, a la vez, permita controlar en cada caso ese tipo, tenemos que recurrir a los tipos genéricos. Una clase `Contenedor` con tipo genérico `T` podría ser:

```
class Contenedor<T> {
        private T objeto; //se inicializa a null: contenedor vacío
        public Contenedor() {
        }
        void guardar(T nuevo) {
                objeto = nuevo;
        }
        T extraer() {
                T res = objeto;
                objeto = null; //el contenedor vuelve a estar vacío
                return res;
        }
}
```

T representa el tipo de datos que se va a usar en la clase en cada declaración concreta, y tiene que ser una clase o interfaz, nunca un tipo primitivo.

Ahora podemos crear un `Contenedor` para enteros. La sintaxis es:

```
Contenedor<Integer> c = new Contenedor<Integer>();
```

El segundo `Integer` (el del lado derecho de la sentencia de asignación) puede ser omitido, ya que el compilador puede inferirlo a partir del lado izquierdo, con lo que pondremos

```
Contenedor<Integer> c = new Contenedor<>();
```

La expresión `<>` se llama *operador diamante.*

En este `Contenedor` vamos a guardar un 5 y luego lo volvemos a extraer y lo mostramos por consola.

```
c.guardar(5);
Integer n = c.extraer();
System.out.println(n); //aparece un 5 por consola
```

El compilador comprueba el tipo del valor que pasamos al método `guardar()`, que tiene que ser `Integer`. Si hubiéramos pasado el valor 7.4 o la cadena «silla», habría dado un error en la compilación. También hace una comprobación de tipos en la asignación a la variable `n`, que se ha declarado `Integer`. Si hubiéramos implementado la clase `Contenedor` con una variable `Object` en vez de un tipo genérico, habríamos tenido que poner un cast `Integer` delante de `c.extraer()`, y si el objeto devuelto fuera de tipo distinto a `Integer`, el error se habría producido durante la ejecución del programa.

La misma clase nos sirve para crear un `Contenedor` de números reales

```
Contenedor<Double> c1 = new Contenedor<>();
```

o de clientes

```
Contenedor<Cliente> c2 = new Contenedor<>();
```

En general, para definir una clase con un tipo genérico `T`, se escribe `<T>` después del nombre de la clase.

```
class nombreClase<T> {
        ...
}
```

Se suele usar la letra `T` para el tipo genérico, pero puede ser cualquier otra, aunque es costumbre reservar `E` para elementos de colecciones, `K` para claves, `V` para valores o `N` para números.

En la implementación de una clase puede intervenir más de un tipo genérico `U`, `V`... En ese caso, se especifican los parámetros separados por comas.

```
class nombreClase<U, V...> {
        ...
}
```

Las clases definidas con tipos genéricos, como nuestro `Contenedor`, también pueden usarse sin ellos, en cuyo caso el compilador trabaja por defecto con variables de tipo `Object`. Eso significa que no hace comprobaciones de tipos y se pueden guardar objetos de distintas clases mezclados. Podemos escribir:

```
Contenedor c = new Contenedor();
c.guardar(7); //el atributo objeto guarda un 7 como Object
c.guardar("roca"); //ahora guarda la cadena "roca" como Object
```

Este código compilará sin problema, incluso si añadimos

```
Double x = (Double) c.extraer();
```

aunque sabemos que el `Object` extraído es una cadena y no un `Double`. El compilador se limita a darnos un aviso de que estamos realizando operaciones sin comprobación de tipo. El error se producirá al ejecutar el programa, con una excepción `ClassCastException` al aplicar el cast.

Muchos métodos de clases o interfaces de `java.lang`, como `compareTo()` o `compare()`, que actualmente están implementados con tipos genéricos, siguen soportando la implementación antigua con parámetros `Object`, aunque debe evitarse cuando sea posible, ya que eso sería renunciar a la ventaja de los tipos genéricos, que es la comprobación en tiempo de compilación de los tipos de los datos pasados como parámetro a las funciones o asignados a las variables.

12.1.2. Interfaces con genéricos

También se pueden definir interfaces con tipos genéricos y la sintaxis es idéntica,

```
interface nombreInterfaz<T> {
        ...
    }
```

Como ya hemos comentado, un ejemplo de interfaz con tipo genérico, definida de esta forma desde Java 5 y presente en `java.lang`, es la interfaz `Comparable`.

```
public interface Comparable<T> {
        int compareTo(T o);
}
```

Si queremos implementarla en la clase `Cliente` para que tenga un orden natural basado en el DNI, escribiremos,

```
public class Cliente implements Comparable<Cliente> {
        String dni;
        String nombre;
        ...
        public int compareTo(Cliente o) {
                    return dni.compareTo(o.dni);
        }
}
```

donde se ha prescindido del cast que aparecía en la versión antigua. Otra interfaz que ha sido redefinida con tipos genéricos es `Comparator`.

```
public interface Comparator<T> {
        int comparable(T o1, T o2);
}
```

Como ejemplo de esta última, vamos a implementar una clase comparadora para ordenar los clientes por orden alfabético de nombres.

```
class ComparaNombres implements Comparator<Cliente> {
        public int compare(Cliente o1, Cliente o2) {
                return o1.nombre.compareTo(o2.nombre);
```

```
        }
}
```

Cuando queremos invertir el criterio de orden natural de una clase `T` que implemente la interfaz `Comparable`, podemos implementar una clase comparadora nosotros mismos o bien extraerla de `T` por medio del método estático `naturalOrder()` de la interfaz `Comparator`. Por ejemplo, para conseguir un comparador con el criterio de orden de la clase `Integer`

```
Comparator<Integer> ordenInteger = Comparator.naturalOrder();
```

Java infiere del lado izquierdo la clase (el tipo `Integer`) de la que debe extraer el criterio de ordenación.

A partir de `ordenInteger` se puede obtener el criterio de ordenación inverso para `Integer`.

```
Comparator<Integer> ordenIntegerInverso = ordenInteger.reversed();
```

12.1.3. Parámetros genéricos limitados

La implementación de una clase con el tipo genérico `T` implica que, en sus métodos, se van a realizar operaciones con variables de dicho tipo. Pero, a veces, dichas operaciones solo tienen sentido para determinados tipos de `T`. Por ejemplo, si aparece alguna operación aritmética entre valores de tipo `T`, sabemos que este no puede ser `String` o `Cliente`. Para casos así, existen los tipos genéricos limitados. La idea es que se limiten los posibles tipos de `T` a una determinada clase `claseLimite` y todas sus subclases (si `claseLimite` es un límite superior) o todas sus superclases (si `claseLimite` es un límite inferior). En el primer caso,

```
class nombreClase<T extends claseLimite> {
        ...
}
```

`<T extends claseLimite>` significa que `T` puede ser `claseLimite` o cualquiera de sus subclases.

O bien

```
class nombreClase<T super claseLimite> {
        ...
}
```

`<T super claseLimite>` significa `claseLimite` y todas sus superclases.

Argot técnico

Hablamos de límite superior de un parámetro genérico cuando el rango de los tipos admitidos en una declaración incluye al tipo límite y todos los subtipos.

Hablamos de límite inferior, cuando incluye al tipo límite y todos los supertipos.

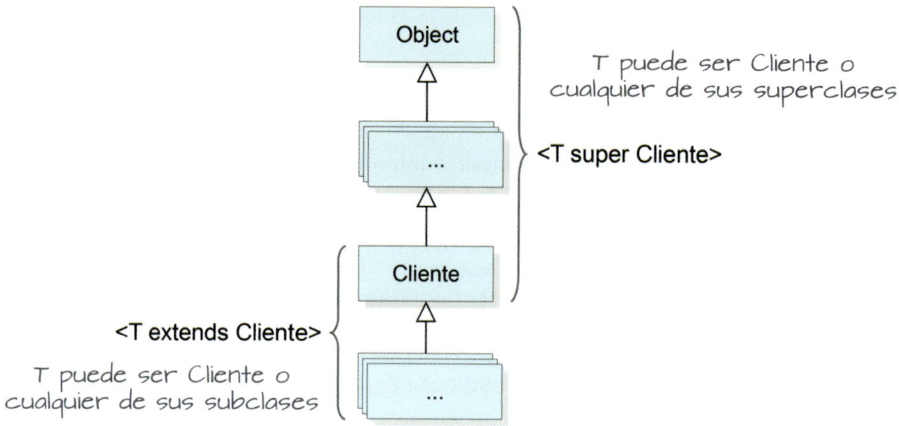

Figura 12.2. *Representación de los límites inferior y superior de la clase Cliente.*

Como ejemplo, supongamos que queremos implementar la clase `Calculadora` con el tipo genérico `T`, donde se realizarán operaciones aritméticas. En este caso debemos limitarnos a las clases envoltorio que heredan de la clase abstracta `Number` (`Integer`, `Double`. . .). La clase `Calculadora` sería de la forma:

```
class Calculadora<T extends Number> {
        T a, b;
        //operaciones con a y b
}
```

Cuando declaremos una variable o usemos el constructor de una clase con tipo genérico, el compilador comprobará si el tipo declarado está dentro de los límites del parámetro genérico que aparece en la definición de la clase. Por ejemplo, la sentencia

```
Calculadora<Double> c = new Calculadora<>();
```

será correcta, ya que `Double` es una subclase de `Number`.

En cambio, se producirá un error de compilación con

```
Calculadora<Object> c = new Calculadora<>();
```

ya que `Object` no hereda de `Number`.

También se pueden limitar los tipos genéricos a aquellos que implementan una o más interfaces. En este caso no se usa la palabra `implements`, sino `extends`, como si fuera una herencia. Esta es una particularidad exclusiva de la sintaxis de los parámetros genéricos.

Por ejemplo, si estamos definiendo una clase `MiClase` con un parámetro genérico `T`, que sea válido solo para valores que tengan implementada la interfaz `MiInterfaz`, escribiremos

```
class MiClase<T extends MiInterfaz> { //¡no ponemos implements!
        ...
}
```

12.1.4. Métodos genéricos

Los parámetros genéricos de una clase o interfaz suelen aparecer en los métodos implementados dentro de ella. Por ejemplo, en los métodos `guardar()` y `extraer()` de la clase `Contenedor`, aparece el parámetro `T`. Sin embargo, dentro de cualquier clase, tanto si está definida con tipos genéricos como si no, podemos implementar métodos con sus propios parámetros genéricos, distintos de los que pueda tener la clase. Dichos métodos se llaman *métodos genéricos.*

Como ejemplo, vamos a implementar un método que nos devuelve el número de elementos `null` que hay en una tabla que se le pasa como argumento. El tipo `U` de la tabla es genérico, y se declara en la definición del método, justo antes del tipo devuelto.

```
static <U> int numeroDeNulos(U[] tabla) {
        int cont = 0;
        for (U e : tabla) {
                if (e == null) {
                        cont++;
                }
        }
        return cont;
}
```

Este método se puede incluir en cualquier clase y no depende para nada de los parámetros propios de ella.

El tipo asociado a un método genérico también puede estar limitado. Por ejemplo, si quisiéramos que nuestro método `numeroDeNulos()` solo funcionara para tablas numéricas, pondríamos `<U extends Number>` en vez de `<U>`.

Actividad resuelta 12.1

Implementar un método genérico estático que realice la inserción de un objeto al final de una tabla, ambos del mismo tipo genérico, que se pasan como parámetros. Devuelve una nueva tabla con el resultado de la inserción.

Solución

```
static <E> E[] guardar(E elem, E[] tabla) {
      E[] nuevaTabla = Arrays.copyOf(tabla, tabla.length + 1);
      nuevaTabla[nuevaTabla.length - 1] = elem;
      return nuevaTabla;
}
          /*Programa principal para probarlo. Insertamos dos cadenas en una tabla y
          la mostramos*/
String cadenas[] = {};//o bien new String[0]
System.out.println(Arrays.toString(cadenas));
cadenas = guardar("coche", cadenas);
cadenas = guardar("avión", cadenas);
System.out.println(Arrays.toString(cadenas));
```

Actividad propuesta 12.1

Implementa un método genérico estático al que se le pasan como parámetro dos tablas con elementos del mismo tipo genérico y devuelve una nueva tabla con los elementos de ambas concatenados (los de la segunda después de los de la primera).

12.1.5. Comodines

Los **comodines** —o *wildcards*— se suelen usar en la declaración de atributos, variables locales o parámetros pasados a una función. Un comodín se representa con el símbolo «?», que significa cualquier tipo. Por ejemplo, si escribimos

```
Contenedor<?> c;
```

hemos declarado una variable `c` de tipo `Contenedor` cuyo parámetro genérico asociado puede ser cualquiera. La variable `c` puede referenciar un `Contenedor` de `Integer`, de `String` o de cualquier otra clase. Esto significa que todos los objetos `Contenedor` pertenecen a alguna subclase de `Contenedor<?>`.

Aquí tenemos que llamar la atención sobre un error común cuando se usan los tipos genéricos. El hecho de que `Integer` sea subclase de `Number` no implica que `Contenedor<Integer>` sea subclase de `Contenedor<Number>`. De igual modo `Contenedor<Cliente>` no es subclase de `Contenedor<Object>`. La relación de herencia entre los valores del parámetro genérico no tiene nada que ver con la relación entre las instancias de la clase `Contenedor`.

Por ejemplo, la sentencia

```
Contenedor<Object> cObj = new Contenedor<Integer>(); //!Error!
```

producirá un error de compilación, a pesar de que `Integer` hereda de `Object`. Si queremos una variable `c` de tipo `Contenedor` que pueda referenciar a cualquier objeto `Contenedor`, tendremos que usar `Contenedor<?> c`.

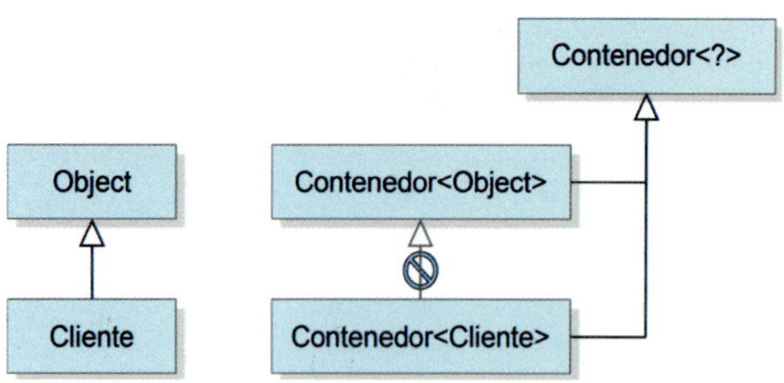

Figura 12.3. *La relación de herencia entre clases usadas como tipos genéricos en otras clases (como las colecciones) no implica que estas últimas mantengan la misma relación de herencia.*

Con el comodín también se puede usar la clase límite superior `<? extends T>`, que significa cualquier clase que herede de `T`, incluyendo a esta. E inferior `<? super T>`, que significa `T` o cualquier superclase de `T`.

Cuando escribimos

```
Contenedor<? extends Number> c;
```

estamos declarando una variable de tipo `Contenedor` de clase numérica. Puede referenciar un objeto `Contenedor<Number>`, `Contenedor<Integer>`, `Contenedor<Double>`, etc. Todas ellas son subclases de `Contenedor<? extends Number>`.

Ejemplos con límite inferior se presentan con frecuencia en los comparadores, como veremos a lo largo de la unidad.

12.1.6. Cosas que no se pueden hacer con parámetros genéricos

A pesar de todas las aportaciones de las clases genéricas a la programación en java, por la forma en que estas han sido implementadas, tienen una serie de limitaciones, algunas de las cuales puede que sean subsanadas en el futuro. En concreto, hay varias operaciones que, de momento, están prohibidas. Las más importantes son:

- Los tipos genéricos nunca pueden ser primitivos. Cuando estos hagan falta, usaremos sus correspondientes clases envoltorio `Integer`, `Character`...
- No se pueden crear instancias de tipo genérico, como en `new T()`;
- No se pueden crear tablas de tipos genéricos, como en `new T[10]`. Cuando hagan falta para un tipo concreto, se pasan como argumento al método donde van a ser usadas, que puede ser un constructor, o deberán ser devueltos por algún método definido fuera de la clase. Las tablas genéricas siempre tienen que venir construidas fuera de nuestra clase, interfaz o método genérico.
- Tampoco se pueden crear tablas de clases parametrizadas, como

  ```
  new Contenedor<Integer>[5];
  ```

- No se pueden usar excepciones genéricas.

Actividad resuelta 12.2

Implementar, con tipos genéricos, la clase `Contenedor`, donde podremos guardar tantos objetos como deseemos. Para ello utilizaremos una tabla, que inicialmente tendrá tamaño cero y se irá redimensionando según añadamos o eliminemos elementos. La clase, además del constructor y `toString()`, tendrá los siguientes métodos:

- void insertarAlPrincipio(T nuevo)
- void insertarAlFinal(T nuevo)
- T extraerDelPrincipio()
- T extraerDelFinal()
- void ordenar()

Solución

```
/*El tipo T debe tener implementada la interfaz Comparable
para que se pueda ordenar la tabla*/
```

```
class Contenedor<T extends Comparable<T>> {
    private T[] objetos;
/* Como no se puede instanciar una tabla de tipo genérico, para cada caso
particular deberá crearse fuera del constructor y se le pasa como parámetro*/
    public Contenedor(T[] objetos) {
        this.objetos = objetos;
    }
    void insertarAlFinal(T nuevo) {
        objetos = Arrays.copyOf(objetos, objetos.length + 1);
        objetos[objetos.length - 1] = nuevo;
    }
    void insertarAlPrincipio(T nuevo) {
        objetos = Arrays.copyOf(objetos, objetos.length + 1);
    /*desplazamos todos los elementos un lugar hacia el final para hacer un hueco
    al principio: */
        System.arraycopy(objetos, 0, objetos, 1, objetos.length - 1);
        objetos[0] = nuevo;
    }
    T extraerDelFinal() {
        T res = null;
        if (objetos.length > 0) {//si la tabla no está vacía
            res = objetos[objetos.length - 1];
            objetos = Arrays.copyOf(objetos, objetos.length - 1);
        }
        return res;
    }
    T extraerDelPrincipio() {
        T res = null;
        if (objetos.length > 0) {
            res = objetos[0];
            objetos = Arrays.copyOfRange(objetos, 1, objetos.length);
        }
        return res;
    }
    void ordenar() {
        Arrays.sort(objetos);
    }
    public String toString() {
        return Arrays.deepToString(objetos);
    }
}
/*Código para probar la clase: */
public static void main(String[] args) {
       Contenedor<Integer> c = new Contenedor<>(new Integer[0]);
       for (int i = 0; i < 20; i++) {
           c.insertarAlFinal((int) (Math.random() * 20));
       }
       System.out.println("Sin ordenar: " + c);
       c.ordenar();
       System.out.println("Ordenado: " + c);
       Integer n = c.extraerDelPrincipio();
       System.out.println("Elemento extraído: " + n);
       System.out.println("Después de extraer: " + c);
}
```

Actividad resuelta 12.3

Definir la interfaz `Pila` con parámetros genéricos. A continuación, implementar la interfaz `Pila` genérica en la clase `Contenedor`. Por último, escribir un programa donde se utilice un objeto contenedor como pila. En ella apilamos números enteros positivos leídos del teclado hasta que se introduzca un −1. Después, mediante un bucle, se desapilan todos los números hasta que la pila esté vacía y los mostramos por consola.

Solución

```
/*Interfaz Pila: */
interface Pila<T> {
    void apilar(T nuevo);
    T desapilar();
}
/*Clase Contenedor implementando Pila*/
class Contenedor<T> implements Pila<T> {
    private T[] objetos;
    public Contenedor(T[] objetos) {
        this.objetos = objetos;
    }
/*Resto de la implementación de Contenedor de la actividad anterior*/
/*Implementación de Pila:*/
    @Override
    public void apilar(T nuevo) {
        this.insertarAlPrincipio(nuevo);
    }
    @Override
    public T desapilar() {
        return this.extraerDelPrincipio();
    }
}
/*Programa principal: Utilizamos un objeto Contenedor como Pila. Esto es posible
porque Contenedor implementa dicha interfaz. Como la variable es de tipo Pila,
los miembros accesibles son apilar() y desapilar(), es decir, el contenedor se
comporta como una Pila*/
Pila<Integer> p = new Contenedor<>(new Integer[0]);
Scanner sc = new Scanner(System.in);
System.out.print("Introducir entero positivo (-1 para terminar): ");
Integer n = sc.nextInt();
while (n != -1) {
      p.apilar(n);
      System.out.print("Introducir entero positivo (-1 para terminar): ");
      n = sc.nextInt();
}
System.out.print("Desapilamos: ");
n = p.desapilar();
while (n != null) {
   System.out.print(n + " ");
   n = p.desapilar();
}
System.out.println("");
```

Actividad propuesta 12.2

Define la interfaz `Cola` con parámetros genéricos. A continuación, implementa la interfaz `Cola` genérica en la clase `Contenedor` (no hace falta suprimir la implementación de `Pila` de la Actividad resuelta 12.3). Por último, escribe un programa donde se utilice un objeto `Contenedor` como cola. En ella encolamos números enteros positivos leídos del teclado hasta que se introduzca un −1. Después, mediante un bucle, se desencolan todos los números hasta que la cola esté vacía y los mostramos por consola.

12.2. Interfaz Collection

La interfaz `Collection` define las funcionalidades comunes a todas las colecciones, ya sean listas o conjuntos. Sin embargo, las clases de la API que la implementan son listas o conjuntos, es decir, implementan la interfaz `List` o `Set`, que son extensiones de `Collection`. Ninguna implementa `Collection` directamente. Por ello, para poner ejemplos prácticos de ella, tendremos que usar listas o conjuntos. Nosotros usaremos listas, para lo cual adelantaremos aquí los conocimientos mínimos para crearlas y manipularlas como colecciones, aunque el estudio detallado de la interfaz `List` se hará más adelante.

Argot técnico

Llamaremos *colección* a toda instancia de alguna de las clases que implementan la interfaz `Collection`. Estas incluyen: `ArrayList, LinkedList, HashSet, TreeSet` y `LinkedHashSet`. Los mapas `(HashMap, TreeMap y LinkedHashMap)` no son colecciones, aunque guardan relación con ellas.

12.2.1. Breve presentación de las listas

Las listas son clases que implementan la interfaz `List`, y sirven para almacenar datos que se pueden repetir y cuyo orden de inserción puede ser relevante. Hay dos implementaciones de `List`, las clases `ArrayList` y `LinkedList`. Las dos proporcionan los mismos métodos y funcionalidades. La diferencia entre `ArrayList` y `LinkedList` radica en la implementación interna y solo afecta levemente al rendimiento. La primera es más rápida en las operaciones que supongan recorrer la lista para la lectura o modificación de elementos, mientras que la segunda tiene mejor rendimiento en las operaciones de inserción y eliminación de elementos.

Nosotros usaremos la primera en nuestros ejemplos, aunque la segunda nos valdría exactamente igual. Por tanto, en todo el código que vamos a escribir, podemos sustituir `ArrayList` por `LinkedList` sin alterar ningún resultado.

La sintaxis para construir un objeto `ArrayList` con un tipo genérico de datos `E` (`Cliente`, `Empleado`, `Integer`...) es:

```
ArrayList<E> lista = new ArrayList<>();
```

O bien, de forma más general, dado que tanto la clase `ArrayList` como `LinkedList` implementan todos los métodos de la interfaz `List`, es posible utilizar una variable de este tipo para referenciar objetos de ambas clases.

```
List<E> lista = new ArrayList<>();
```

En esta lista solo se podrán insertar objetos (elementos) del tipo `E`.

La construcción de un `ArrayList` que nos sirva para guardar objetos de tipo `Cliente`, será:

```
List<Cliente> listaClientes = new ArrayList<>();
```

Una vez creada la colección `listaClientes`, disponemos de una estructura dinámica donde insertar o eliminar objetos `Cliente`. Antes vamos a definir una clase `Cliente` que nos permita probar los distintos métodos con ejemplos concretos:

```
class Cliente implements Comparable<Cliente> {
    String dni;
    String nombre;
    LocalDate fechaNacimiento;
    Cliente(String dni, String nombre, String fechaNacimiento) {
        this.dni = dni;
        this.nombre = nombre;
        DateTimeFormatter formatoFechas=
                DateTimeFormatter.ofPattern("dd/MM/yyyy");
        this.fechaNacimiento = LocalDate.parse(fechaNacimiento, formatoFechas);
    }
    int edad(){
            return (int)fechaNacimiento.until(LocalDate.now(), ChronoUnit.YEARS);
    }
    @Override
    public boolean equals(Object ob) {
        return dni.equals(((Cliente) ob).dni);
    }
    @Override
    public int compareTo(Cliente otro) {
        return dni.compareTo(otro.dni);
    }
    @Override
    public String toString() {
        return "DNI: " + dni + "  Nombre: " + nombre + "  Edad: "  + edad() + "\n";
    }
}
```

Para estudiar la interfaz `Collection`, dado que la interfaz List hereda de ella, vamos a referenciar la lista `listaClientes` con la variable `coleccionClie` del tipo `Collection` (véase la Figura 12.4). Con ello conseguiremos tener acceso únicamente a las funcionalidades de `Collection`, que son las que vamos a estudiar a continuación, y no a las específicas de la interfaz `List`, que estudiaremos después.

```
Collection<Cliente> coleccionClie = listaClientes;
```

Mientras usemos la variable `coleccionClie`, el objeto referenciado (una lista) se comportará como una simple colección, sin ninguna de las particularidades específicas de las listas (véase Apartado 9.5, en la unidad referente a interfaces).

Figura 12.4. *Representación de las referencias de variables de distintos tipos relacionados mediante herencia.*

12.2.2. Métodos básicos de la interfaz Collection

Los métodos de la interfaz `Collection` son de dos tipos. Unos afectan a elementos individuales y otros a grupos de elementos. A los primeros los llamaremos *métodos básicos* y a los segundos, *métodos globales.* En primer lugar, nos ocuparemos de los básicos.

Método de inserción

Es aquel que sirve para añadir elementos nuevos en una colección.

- `boolean add(E elem)`: se le pasa el objeto que se va a insertar. Si la inserción tiene éxito, devuelve `true`. En caso contrario, `false`. En general, es común que un método devuelva `true` cuando, al ejecutarse, cambia la estructura de una colección y `false` si la colección queda inalterada. Ya veremos otros ejemplos. Si la colección es una lista, el nuevo elemento siempre se insertará, y además lo hará al final. En cambio, como veremos más adelante, con los conjuntos será distinto.

Como hemos declarado la colección con un tipo genérico, el compilador no nos va a permitir insertar un objeto de otro tipo que no sea el declarado, en nuestro caso `Cliente`.

```
Cliente cliente = new Cliente("111", "Marta", "12/02/2000" );
coleccionClie.add(cliente);
```

Métodos de eliminación

- `boolean remove(Object ob)`: elimina un elemento `ob` de una colección. Si está repetido, elimina solo el primero que encuentra. Devuelve `true` si la eliminación ha tenido éxito y `false` en caso contrario, por ejemplo, si el objeto no estaba en la colección. Por otra parte, se puede observar que no se exige a `ob` que sea del tipo genérico `E` con el que se ha declarado la colección. Esto se debe a que el método no va a añadir ningún elemento, y no hay peligro de que se inserte un objeto de una clase no permitida. Para eliminar a Marta de nuestra colección escribiremos,

```
coleccionClie.remove(cliente);
```

`void clear()`: nos permite eliminar todos los elementos de una colección y dejarla vacía. Esto no significa eliminar la propia colección, del mismo modo que vaciar una bolsa de caramelos no significa destruir la bolsa. La colección, simplemente, queda vacía y disponible para volver a insertar nuevos elementos.

```
coleccionClie.clear();
```

Métodos de comprobación

Nos permiten comprobar el estado de una colección. Como hemos dejado la colección vacía, vamos a empezar insertando algunos elementos para seguir experimentando:

```
coleccionClie.add(new Cliente("111", "Marta", "12/02/2000"));
coleccionClie.add(new Cliente("115", "Jorge", "16/03/1999"));
coleccionClie.add(new Cliente("112", "Carlos", "01/10/2002"));
```

- `int size()`: nos permite saber, en cada momento, el número de elementos (o nodos) insertados en una colección. Por ejemplo,

```
coleccionClie.size(); //devuelve 3
```

- `boolean isEmpty()`: permite saber si una colección está vacía. Devuelve `true` si está vacía y `false` en caso contrario.

```
coleccionClie.isEmpty(); //devolverá false
```

- `boolean contains(Object ob)`: nos dice si un elemento `ob` determinado está en una colección. Devuelve `true` si `ob` pertenece a la colección y `false` en caso contrario. En nuestro ejemplo,

```
coleccionClie.contains(new Cliente("115", "Jorge", "16/03/1999")); //true
```

En la búsqueda del objeto `ob` (llamado *clave de búsqueda*), `contains()` usa el método `equals()` para compararlo con los elementos de la colección. En nuestro ejemplo con objetos `Cliente`, ese método está basado en el atributo `dni`. Por tanto, la expresión

```
coleccionClie.contains(new Cliente("115", "", ""));
```

también devolverá `true`, ya que, en la búsqueda del objeto, el programa solo va a comparar el atributo `dni` de la clave de búsqueda con los de los distintos elementos de la colección. Esto nos permite hacer búsquedas sin conocer ni tener que escribir toda la información de un elemento. Basta conocer el o los atributos que usa el método `equals()`, en nuestro ejemplo el DNI del cliente. Si tenemos que hacer muchas búsquedas puede ser útil implementar un constructor de `Cliente` con el DNI como único parámetro. Así, la línea de código anterior quedaría

```
coleccionClie.contains(new Cliente("115"));
```

que resulta más cómoda para el programador.

Otros métodos

- `String toString()`: devuelve una cadena que representa la colección. Todas las colecciones tienen implementado este método, que muestra los elementos entre corchetes y separados por comas. Cada elemento se muestra, a su vez, según la implementación de `toString()` que tenga la clase `E`, en nuestro caso la clase `Cliente`. Por tanto, para mostrar los elementos de `coleccionClie`, podemos escribir

```
System.out.println(coleccionClie);
```

Con nuestra implementación de `Cliente`, obtendríamos por pantalla

```
[DNI: 111 Nombre: Marta Edad: 20
, DNI: 115 Nombre: Jorge Edad: 21
, DNI: 112 Nombre: Carlos Edad: 18
]
```

donde las edades pueden diferir, ya que se calculan a partir de la fecha de nacimiento y dependen de cuándo se ejecute el programa. Por otra parte, los datos de los elementos aparecen en líneas distintas porque pusimos un carácter «\n» al final de la cadena devuelta por `toString()` en la clase `Cliente`.

A menudo necesitamos recorrer una colección elemento a elemento. Una de las formas de hacerlo es por medio de iteradores, que son objetos que van apuntando sucesivamente a los elementos de la colección, empezando por el primero. Para usar un iterador con una colección concreta, primero hay que crearlo. El método

- `Iterator<E> iterator()`: invocado por la colección, nos devuelve un iterador asociado a ella. Aquí `E` será del mismo tipo que el de la colección.

Por ejemplo, si queremos recorrer nuestra colección de clientes, creamos el iterador con la sentencia

```
Iterator<Cliente> it = coleccionClie.iterator();
```

`it` es el iterador que sirve para recorrer `coleccionClie`. Para ello dispone de los métodos `hasNext()` y `next()`, que se complementan y emplean conjuntamente. Inicialmente `it` apunta al principio de la colección, justo antes del primer elemento (véase Figura 12.5).

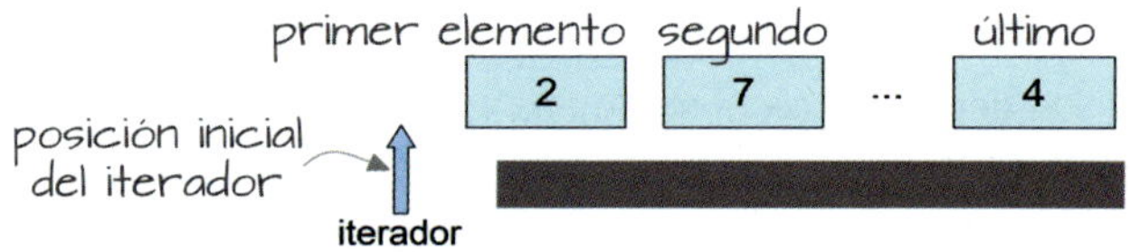

Figura 12.5. *Posición inicial del iterador.*

- `boolean hasNext()`: comprueba si hay un elemento siguiente, es decir, si quedan elementos por visitar, y nos devuelve `true` o `false`, según el caso.
- `E next()`: el iterador avanza al siguiente elemento, si existe, y nos lo devuelve. En caso de que no haya siguiente, porque estemos al final de la colección o porque esta estuviera vacía, `next()` lanzará la excepción `NoSuchElementException`. La primera llamada a `next()` nos devuelve el primer elemento de la colección si esta no está vacía (Figura 12.6).

En la práctica, para evitar la excepción, los dos métodos se usan conjuntamente, de forma que solo se llama al método `next()` si antes se ha comprobado, con `hasNext()`, que hay elemento siguiente. Veamos un trozo de código donde se crea un iterador `it` que empieza apuntando al principio de la colección `coleccionClie` y luego la recorre con un bucle `for`, mostrando todos sus elementos:

```
Iterator<Cliente> it = coleccionClie.iterator();
for ( ; it.hasNext(); ) {
        Cliente p = it.next();
        System.out.println(p);
}
```

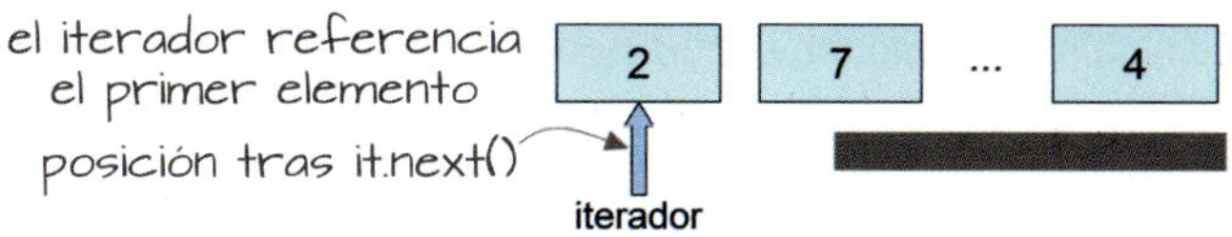

Figura 12.6. *Posición del iterador tras el primer* `next()`.

En el bucle hay que observar varias cosas. En primer lugar, la declaración e inicialización del iterador `it` se podría haber incluido en la parte de inicialización del bucle `for`. En segundo lugar, la parte de los incrementos está vacía. Esto se debe a que el método `next()` incrementa automáticamente el iterador para que apunte al siguiente elemento y después lo devuelve.

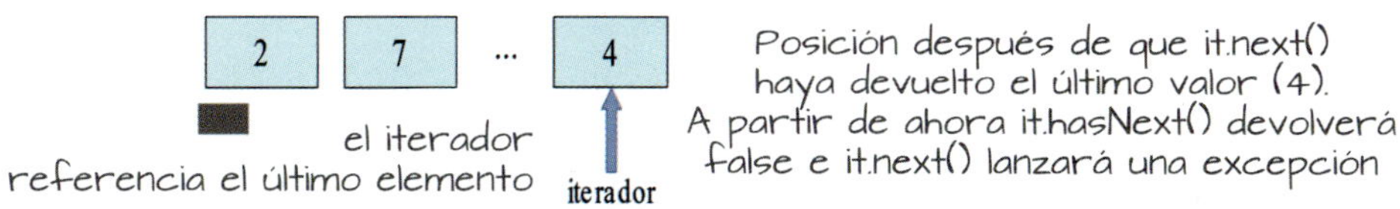

Figura 12.7. *Posición del iterador tras el último* `next()`.

Los iteradores tienen un tercer método que permite eliminar elementos de una colección.

- `void remove()`: elimina de la colección el último elemento devuelto por `next()`, que es el apuntado por el iterador en cada momento. Así podemos eliminar un elemento de una colección dependiendo de alguna condición mientras se está recorriendo con un iterador. Esta es la única forma de eliminar un elemento preservando la integridad de la colección. Aunque tenga el mismo nombre, no debemos confundirlo con el método `remove(Object ob)` de la interfaz `Collection`, que se invoca desde un objeto colección y no debe usarse dentro del bucle de un iterador. En este contexto, debemos invocar el del iterador, al que no se le pasa ningún parámetro. Por ejemplo, si queremos eliminar de nuestra colección aquellos clientes nacidos antes del año 2000,

```
Iterator<Cliente> it = coleccionClie.iterator();
while(it.hasNext()) {
          Cliente p = it.next();
          if (p.fechaNacimiento.compareTo(LocalDate.of(2000, 1, 1))< 0){
                 it.remove(); /*elimina p, ultimo cliente devuelto por next()
                 ¡No usar coleccionClie.remove(p)!*/
          }
}
```

Si mostramos los clientes, veremos que Jorge ha sido eliminado de la colección. Una forma mucho más simple de recorrer una colección es por medio de la estructura `for` extendido o `for-each`,

```
for (Cliente c : coleccionClie) {
        System.out.println(c);
}
```

que se puede leer algo así como: «para cada cliente `c` que pertenece a `coleccionClie`, mostrar `c`». En este bucle, la variable local `c`, de tipo `Cliente`, va tomando todos los valores de la colección. Sin embargo, hay operaciones para las que un bucle `for` extendido no vale. Por ejemplo, no podemos eliminar elementos, ya que `c` es siempre la referencia a una copia de un elemento de la colección. Para la eliminación de elementos durante el recorrido de una colección, tenemos que usar un iterador.

Actividad resuelta 12.4

Implementar una aplicación que pida por consola números enteros no negativos hasta que se introduce –1. Los números se irán insertando en una colección, pudiéndose repetir. Al terminar, se mostrará la colección por pantalla.

A continuación, se mostrarán todos los valores pares. Por último, se eliminarán todos los múltiplos de 3 y se mostrará por pantalla la colección resultante.

Solución

```
Collection<Integer> numeros = new ArrayList<>(); /*las listas permiten repetidos.
Más adelante veremos que los conjuntos, no*/
System.out.print("Introducir entero: ");
Integer n = new Scanner(System.in).nextInt();
while (n >= 0) {
        numeros.add(n);
        System.out.print("Introducir entero: ");
        n = new Scanner(System.in).nextInt();
}
System.out.println("Lista completa: " + numeros);
System.out.print("Pares: ");
for (Integer a : numeros) {
      if (a % 2 == 0) {//si es par
            System.out.print(a + " ");
      }
 }
System.out.println("");
for (Iterator<Integer> it = numeros.iterator(); it.hasNext();)    {
      n = it.next();
      if (n % 3 == 0) {//si es múltiplo de 3
                it.remove(); //elimina el último valor devuelto por next()
      }
}
System.out.println("No múltiplos de 3: " + numeros);
```

Actividad resuelta 12.5

Implementar una aplicación en la que se insertan 20 números enteros aleatorios entre 1 y 10 (incluidos), que pueden estar repetidos, en una colección. A continuación, se crea una lista con los mismos elementos sin repeticiones.

Solución

Collection<Integer> lista = new ArrayList<>();//admite repetidos

```
for (int i = 0; i < 20; i++) {
    lista.add((int) (Math.random() * 10 + 1));
}
System.out.println(lista);
Collection<Integer> listaSinRepetidos = new ArrayList<>();
for (Integer e : lista) {
     if(!listaSinRepetidos.contains(e)){
          listaSinRepetidos.add(e);
     }
}
```

Actividad resuelta 12.6

Implementar una aplicación donde se insertan 100 números enteros aleatorios entre 1 y 10 (incluidos), que pueden estar repetidos, en una colección. Después se eliminan todos los elementos que valen 5. Mostrar la colección antes y después de la eliminación.

Solución

```
Collection<Integer> lista = new ArrayList<>();//admite repetidos
for (int i = 0; i < 100; i++) {
         lista.add((int) (Math.random() * 10 + 1));
}
System.out.println(lista);
boolean eliminado = lista.remove(5);
while (eliminado) {
        eliminado = lista.remove(5);
}
/*podríamos haber prescindido de la variable eliminado y del propio cuerpo del
bucle con,
            while(lista.remove(5));
ya que, al evaluar la condición se ejecuta la eliminación de un 5, hasta que ya
no quede ninguno y devuelva un valor false, con lo cual se termina el bucle. Este
código es más corto, pero el otro es más claro*/
System.out.println(lista);
```

Actividad propuesta 12.3

Repite la Actividad resuelta 12.6 usando un iterador para eliminar los elementos cuyo valor es 5.

Actividad propuesta 12.4

Implementa una aplicación donde se piden por consola números reales hasta que se introduce un 0. A medida que se leen del teclado, los valores positivos se insertan en una colección y los negativos en otra. Al final, se muestran ambas colecciones y las sumas de los elementos de cada una de ellas. Por último, se eliminan de ambas todos los valores que sean mayores que 10 o menores de −10 y se vuelven a mostrar.

12.2.3. Métodos globales de la interfaz Collection

Hasta ahora hemos visto métodos de las colecciones que afectan a un solo elemento. Existen otros métodos, llamados *métodos globales,* en los que intervienen más elementos, incluso más de una colección.

- `boolean containsAll(Collection<?> c)`: se le pasa como parámetro otra colección que es de un tipo genérico cualquiera, independientemente del tipo `E` de la colección que hace la llamada. Devuelve `true` si todos los elementos de `c` están en la colección que hace la llamada y `false` si hay al menos un elemento de `c` que no está en ella.

Para ilustrarlo vamos a crear una segunda colección de objetos `Cliente`, referenciada con la variable `otrosClientes`.

```
Collection<Cliente> otrosClientes = new ArrayList<>();
otrosClientes.add(new Cliente("111", "Marta", "12/02/2000"));
otrosClientes.add(new Cliente("112", "Carlos", "01/10/2002"));
```

Hemos insertado dos clientes que ya estaban en la primera colección. Por tanto, esta contiene a todos los elementos de la segunda.

La expresión

```
coleccionClie.containsAll(otrosClientes);
```

devolverá `true`. Si ahora añadimos un elemento nuevo a `otrosClientes`,

```
otrosClientes.add(new Cliente("211", "Ana", "07/12/2001"));
```

la misma expresión

```
coleccionClie.containsAll(otrosClientes);
```

devolverá `false`, ya que el nuevo elemento de `otrosClientes` no está contenido en `coleccionClie`.

- `boolean addAll(Collection<? extends E> c)`: añade a la colección que hace la llamada todos los elementos de la colección `c`. La forma en que se añaden depende de la implementación concreta de la colección. Si es una lista, se añadirán todos al final, aunque estén repetidos. Más adelante veremos que, si la implementación es un conjunto, no se añaden los repetidos ni tienen por qué insertarse al final. El tipo de `c` es `E` o una subclase. En nuestro caso, como `coleccionClie` se ha declarado como una colección del tipo genérico `Cliente` (esa sería `E`), podemos pasarle como parámetro cualquier colección que sea del tipo `Cliente` o de una subclase de `Cliente`. En particular, `otrosClientes` cumple la condición, ya que es del tipo `Cliente`.

```
coleccionClie.addAll(otrosClientes);
```

Si mostramos `coleccionClie` tal como ha quedado, se obtiene

```
[DNI: 111 Nombre: Marta Edad: 20
, DNI: 112 Nombre: Carlos Edad: 18
, DNI: 211 Nombre: Ana Edad: 19
, DNI: 111 Nombre: Marta Edad: 20
```

```
, DNI: 112 Nombre: Carlos Edad: 18
]
```

Vemos que, al tratarse de una lista, los dos elementos se han añadido al final, aunque están repetidos.

Hay un método que hace lo contrario del anterior:

- `boolean removeAll(Collection<?> c)`: elimina de la colección invocante todos los elementos que estén contenidos en `c`. Después de ejecutar el método no habrá elementos comunes a las dos colecciones.

Para probarlo en nuestro ejemplo, vamos a eliminar de `coleccionClie` todos los elementos incluidos en `otrosClientes`. Pero antes vamos a reducir esta última eliminando a Marta.

```
otrosClientes.remove(new Cliente("111","",0))
```

Como ya hicimos con el método `contains()`, solo necesitamos el DNI en el constructor del objeto clave que pasamos a `remove()`, ya que este es el atributo que usa `equals()` para buscar e identificar el elemento que tiene que eliminar (si en `otrosClientes` estuviera repetido el elemento de Marta, solo se eliminaría una de las copias, la que aparece antes). Después de esta operación únicamente quedarán en `otrosClientes` los elementos de Ana y Carlos. Pues bien, vamos a eliminar de `coleccionClie` los elementos de `otrosClientes`,

```
coleccionClie.removeAll(otrosClientes);
```

con lo cual desaparecen todas las ocurrencias de Ana y Carlos, quedando solo los dos elementos de Marta.

Cuando queramos eliminar de una colección todas las ocurrencias de un elemento repetido, debemos tener en cuenta que `remove(Object ob)` solo elimina la primera que encuentra, empezando por el principio de la colección. Si usáramos este método para eliminar todas las ocurrencias de `ob`, tendríamos que implementar un bucle. Sin embargo, `removeAll(Collection<?> c)` elimina de la colección que hace la llamada a la función todas las ocurrencias de sus elementos que también se hallen en `c`. Más adelante veremos cómo usarlo para eliminar todas las ocurrencias de un elemento determinado.

Otro método global es:

- `boolean retainAll(Collection<?> c)`: elimina todos los elementos de la colección invocante, salvo aquellos que también estén en `c`.

Actividad resuelta 12.7

Repetir la Actividad resuelta 12.6 usando métodos globales.

Solución

```
Collection<Integer> lista = new ArrayList<>();
for (int i = 0; i < 100; i++) {
      lista.add((int) (Math.random() * 10 + 1));
```

```
}
System.out.println(lista);
Collection<Integer> c = new ArrayList<>();
c.add(5); //colección con un único elemento
lista.removeAll(c); //elimina todas las ocurrencias de 5
System.out.println(lista);
```

12.2.4. Métodos de tabla de la interfaz Collection

Hay una tercera categoría de métodos que comparten todas las colecciones: aquellos que sirven para volcar sus datos en tablas:

- `Object[] toArray()`: devuelve una tabla de tipo `Object` con los mismos elementos de la colección. En el caso de listas, como en estas el orden importa, la tabla alberga los mismos elementos, incluyendo las repeticiones, en el mismo orden.

Para obtener en una tabla los elementos de `otrosClientes` escribiremos

```
Object[] t1 = otrosClientes.toArray();
```

La tabla `t1` tiene longitud 2 y contiene los objetos correspondientes a Ana y Carlos, pero para acceder a sus nombres, tendremos que poner un cast.

```
((Cliente)t1[0]).nombre // devolverá "Ana"
```

Como vemos, este método tiene el inconveniente de que devuelve una tabla de tipo `Object`, aunque sabemos que son clientes. Esto nos obliga a emplear un cast para acceder a los miembros de la clase a la que pertenece. Para soslayar este problema, podemos usar otra versión del método:

- `<T>T[] toArray(T[] t)`: es igual que el anterior, pero devuelve una tabla de tipo genérico `T`. El método es invocado por la colección de tipo genérico `T` y, como parámetro, le pasamos una tabla del mismo tipo. No hay que inicializar la tabla ni importa su tamaño. El método la devuelve redimensionada con el tamaño necesario para albergar todos los elementos de la colección. De hecho, es costumbre definirla con tamaño 0.

```
Cliente[] t2 = otrosClientes.toArray(new Cliente[0]);
System.out.println(t2[0].nombre); // "Ana"
```

Ahora `t2` es de tipo `Cliente` y recoge los elementos de `otrosClientes`. Con este método, no es necesario el cast delante de `t2[0]`.

La operación contraria, la de crear una colección a partir de los elementos de una tabla, es posible con el método estático de la clase `Arrays`,

`static <T> List<T> asList(T... a)`: recibe una tabla como argumento y devuelve una lista inmutable con los elementos de la tabla en el mismo orden. Al ser inmutable, no podemos insertar ni eliminar ningún elemento, pero podemos insertarla en otra colección con `addAll()`. Por ejemplo, si queremos crear una colección no inmutable con los elementos de la tabla de enteros tabla,

```
Integer[] tabla={1,2,3,4,5,6};
Collection<Integer> lista=new ArrayList<>();//no es inmutable
lista.addAll(Arrays.asList(tabla));
System.out.println(lista);
```

se mostrará por pantalla

```
[1, 2, 3, 4, 5, 6]
```

Actividad resuelta 12.8

Implementar un programa en el que se insertan 20 números aleatorios en una colección. Esta se ordenará de menor a mayor convirtiéndola antes en tabla y volviéndola a convertir en colección. Repetir el proceso para ordenarla de mayor a menor.

Solución

```
Collection<Integer> lista = new ArrayList<>();
for (int i = 0; i < 20; i++) {
     lista.add((int) (Math.random() * 10 + 1));
}
System.out.println(lista);
Integer[] tabla = lista.toArray(new Integer[0]);
Arrays.sort(tabla);
Collection<Integer> listaCreciente = new ArrayList<>();
listaCreciente.addAll(Arrays.asList(tabla));
System.out.println(listaCreciente);
Comparator<Integer> ordenDecreciente = new Comparator<>() {
        public int compare(Integer e1, Integer e2) {
             return e2 - e1;
        }
};
/*O bien:
Comparator<Integer> ordenEnteros = Comparator.naturalOrder();
ordenDecreciente = ordenEnteros.reversed();
*/
Arrays.sort(tabla, ordenDecreciente);
Collection<Integer> listaDecreciente = new ArrayList<>();
listaDecreciente.addAll(Arrays.asList(tabla));
System.out.println(listaDecreciente);
```

12.3. Métodos específicos de la interfaz List

Todos los métodos vistos hasta ahora pertenecen a la interfaz `Collection` y, aunque los hemos probado con listas, son implementados por todas las colecciones, tanto listas como conjuntos. En realidad, las listas implementan la interfaz `List`, que hereda de `Collection`, añadiéndole una serie de métodos y funcionalidades específicas, que no comparten los conjuntos.

La funcionalidad más importante exclusiva de las listas (ya sean de la clase `ArrayList` como de `LinkedList`) es el acceso posicional a sus elementos por medio de índices. El primer elemento tiene índice 0, el segundo índice 1 y así sucesivamente, como en las tablas. Las listas se inspiran en las sucesiones matemáticas. Sus elementos pueden estar repetidos y el orden en el que se encuentran es relevante.

Vamos a crear una nueva lista, ahora con números enteros de la clase `Integer`, y la vamos a asignar a una variable de tipo `List` para acceder a todas las funcionalidades de las listas.

```
List<Integer> listaEnteros = new ArrayList<>();
```

Aquí podríamos haber creado una lista de tipo LinkedList sin que cambie nada en el resto del epígrafe.

Insertamos algunos elementos:

```
listaEnteros.add(3);
listaEnteros.add(1);
listaEnteros.add(-2);
listaEnteros.add(0);
listaEnteros.add(3);
listaEnteros.add(7);
```

Si mostramos la lista con

```
System.out.println(listaEnteros);
```

obtendremos

```
[3, 1, -2, 0, 3, 7]
```

En la lista el método `add()` inserta el nuevo elemento al final. Es decir, una lista, en principio, mantiene el orden de inserción —cuando hablamos del orden, a secas, de los elementos de una colección, nos referimos al orden en el que los obtenemos al recorrerla con un iterador que, en general, no tiene por qué coincidir con el orden de inserción—.

Los métodos más importantes aportados por la interfaz `List` son:

- `E get(int indice)`: devuelve el elemento que ocupa el lugar `indice` en la lista, siendo 0 el índice del primer elemento, como en las tablas.

  Por ejemplo,

  ```
  listaEnteros.get(2)
  ```

  devolverá –2, que es el valor del elemento que ocupa el tercer lugar de la lista.

- `E set(int indice, E elem)`: guarda el elemento `elem` en la posición `indice`, machacando el valor que hubiera previamente en esa posición, que es devuelto. Con el siguiente código, vamos a poner el valor 10 en el elemento de índice 3, sustituyendo su valor actual (0), que es devuelto y asignado a la variable `y`.

  ```
  Integer y = listaEnteros.set(3, 10);
  System.out.println("y: " + y);
  System.out.println(listaEnteros);
  ```

  Se mostrará por pantalla

  ```
  y: 0
  [3, 1, -2, 10, 3, 7]
  ```

- `void add(int indice, E elem)`: inserta el valor `elem` en la posición `indice`. Todos los elementos que ocupaban una posición igual o mayor que `indice`, se desplazan una posición hacia el final de la lista, para dejar hueco al nuevo elemento. Por ejemplo, si queremos insertar el valor 5 entre el –2 y el 10, se insertará en la posición 3, que actualmente ocupa el 10. Este y los elementos que le siguen se desplazarán un lugar hacia el final de la lista.

```
listaEnteros.add(3, 5);
System.out.println(listaEnteros);
```

Veremos por pantalla

```
[3, 1, -2, 5, 10, 3, 7]
```

- `boolean addAll(int indice, Collection<? extends E> c)`: inserta todos los elementos de la colección `c`, en el mismo orden que tengan, en la lista que invoca al método, empezando por el lugar `indice` y desplazando hacia el final todos los elementos de la lista original a partir de `indice`, incluido este, tantos lugares como sean necesarios. Los elementos de la colección `c` deben ser del mismo tipo `E` que los de la lista original, o de un subtipo de `E`.

Vamos a crear una segunda lista de enteros `Integer`:

```
ArrayList<Integer> otrosEnteros = new ArrayList<>();
otrosEnteros.add(20);
otrosEnteros.add(30);
otrosEnteros.add(40);
```

Ahora insertamos esta lista en el lugar de índice 2 de `listaEnteros`, es decir, donde se encuentra el valor –2. Este elemento, junto con los que le siguen se desplazan hacia el final para hacer sitio a los tres valores insertados.

```
listaEnteros.addAll(2, otrosEnteros);
System.out.println(listaEnteros);
```

Aparecerá en pantalla

```
[3, 1, 20, 30, 40, -2, 5, 10, 3, 7]
```

Para eliminar un elemento hay una versión sobrecargada del método `remove()`, que ya conocíamos, de la interfaz `Collection`.

- `E remove(int indice)`: elimina el elemento que ocupa el lugar `indice` y lo devuelve.

En este caso, hay que tener cuidado si lo usamos en una lista de objetos `Integer`, como la de nuestro ejemplo, ya que una sentencia como

```
listaEnteros.remove(5);
```

no será interpretada como que queremos eliminar un elemento `Integer` con valor 5 de la lista, sino el elemento con índice 5, es decir, el elemento de valor –2, ya que, al ser de tipo `int` el valor pasado como parámetro, dado que hay una versión de `remove()` que admite un `int` como argumento, Java le da prioridad y no hace autoboxing. En el caso de que quisiéramos eliminar un elemento `Integer` cuyo valor es 5, escribiríamos

```
listaEnteros.remove(Integer.valueOf(5));
```

Así estaríamos pasando como argumento un objeto `Integer` y no un valor `int`, con lo cual Java ejecuta la versión del método correspondiente a la interfaz `Collection` y elimina el elemento de valor 5.

Además de los métodos de lectura, escritura, inserción y eliminación de elementos, heredados de la interfaz `Collection`, la interfaz `List` añade funciones de búsqueda, ordenación y comparación.

- `int indexOf(Object ob)`: devuelve el índice de la primera ocurrencia de `ob` en la lista. Si no está, devuelve –1.
- `int lastIndexOf(Object ob)`: hace lo mismo que `indexOf()`, pero empezando la búsqueda por el final, devolviendo la última ocurrencia de `ob`.
- `boolean equals(Object otraLista)`: compara dos listas, tanto si las dos son `ArrayList` como si son `LinkedList`, o una de cada, y devuelve `true` si ambas tienen exactamente los mismos elementos, incluidas las repeticiones, en el mismo orden.
- `void sort(Comparator<? super E> c)`: ordena la lista invocante con el criterio de `c`, cuya implementación compara objetos de la clase `E` o una superclase (para que no se utilicen atributos que no están en `E`). Para ordenar por el criterio de orden natural de `E`, caso de que exista, antes tendremos que obtener el comparador correspondiente, implementándolo nosotros mismos, o por medio del método `naturalOrder()`. También podremos recurrir a la clase `Collections` (con «s» al final, no confundir con la interfaz Collection), que estudiaremos más adelante.

Recuerda

Ya vimos el método `indexOf()` en la unidad sobre cadenas, que sirve para hacer una búsqueda secuencial de la primera ocurrencia de un carácter. Sin embargo, no existe un equivalente para las tablas no ordenadas. De hecho, una forma de buscar un valor en una tabla no ordenada es convertirla antes en una lista con el método `asList()` de la clase `Arrays`.

Actividad resuelta 12.9

Crear una lista de números enteros positivos introducidos por consola hasta que se introduzca uno negativo. A continuación recorrer la lista y mostrar por pantalla los índices de los elementos de valor par, que será multiplicado por 100.

Solución

```
List<Integer> lista = new ArrayList<>();
System.out.print("Introducir número: ");
Integer n = new Scanner(System.in).nextInt();
while (n >= 0) {
        lista.add(n);
        System.out.print("Introducir número: ");
        n = new Scanner(System.in).nextInt();
```

```
}
System.out.println(lista);
System.out.print("Índices de valores pares: ");
for (int i = 0; i < lista.size(); i++) {
        if(lista.get(i)%2 == 0){
                System.out.print(i+" ");
                lista.set(i, lista.get(i)*100);
        }
}
System.out.println("");
System.out.println(lista);
```

12.4. Interfaz Set

La interfaz `Set` trata los datos como un conjunto matemático, eliminando las repeticiones y sin un orden preestablecido; aunque, como veremos, una de sus implementaciones permite introducir un orden. Todos sus métodos los hereda de `Collection`. Lo único que añade es la restricción de no permitir duplicados. Esto significa que si intentamos insertar un elemento que ya existe, no lo hará.

El conjunto de métodos disponibles es el mismo que vimos en los apartados de métodos básicos y globales de las colecciones:

1. `int size()`
2. `boolean isEmpty()`
3. `boolean contains(Object element)`
4. `boolean add(E element)`
5. `boolean remove(Object element)`
6. `Iterator<E>iterator()`
7. `boolean containsAll(Collection<?>c)`
8. `boolean addAll(Collection<? extends E>c)`
9. `boolean removeAll(Collection<?>c)`
10. `boolean retainAll(Collection<?>c)`
11. `void clear()`
12. `Object[] toArray()`
13. `<T>T[] toArray(T[])`

Asimismo, podemos recorrer un conjunto con un iterador o con una estructura `for-each`, igual que las listas.

Las diferencias más importantes son el orden en que se van insertando los elementos nuevos y que un elemento que ya está en el conjunto no se puede volver a insertar, ya que no son posibles los elementos repetidos. Cuando intentemos insertar un elemento repetido con el método `add()` o con `addAll()`, no se producirá ningún error ni se arrojará ninguna excepción; sencillamente, el elemento no se inserta y, como el conjunto no habrá cambiado, el método devuelve `false`.

Sin embargo, no tendremos los métodos propios de listas, que vienen declarados en la interfaz `List`. En particular, no es posible el acceso posicional por medio de índices, aunque sí las iteraciones.

Las implementaciones de `Set` son las clases: `HashSet, TreeSet y LinkedHashSet`.

- `HashSet`: tiene un buen rendimiento, aunque no garantiza ningún orden en la inserción.
- `TreeSet`: a pesar de tener peor rendimiento, garantiza el orden basado en el valor de los elementos insertados. El criterio de ordenación por defecto es el natural (el proporcionado por el método `compareTo()` de la clase genérica `E`) o bien se especifica por medio de un comparador pasado como parámetro al constructor.
- `LinkedHashSet`: inserta los elementos al final, con lo cual se garantiza un orden basado en la inserción.

Al contrario de lo que pasa con las listas, las tres implementaciones de `Set` tienen diferencias en su comportamiento. Es muy común utilizar variables de tipo `Set` para referenciarlos. Esto permite aprovechar el polimorfismo de las distintas implementaciones y, como veremos, hacer transformaciones de unas en otras.

Por ejemplo, vamos a declarar un conjunto con un orden natural, basado en la implementación de la interfaz `Comparable` del tipo de los elementos, en este caso `Cliente`.

```
TreeSet<Cliente> conjuntoClientes = new TreeSet<>();
```

Sabemos que la clase `Cliente` implementa el método `compareTo()` basado en el atributo `dni`. Por tanto, los elementos se insertarán ordenados por `dni`, que es la ordenación natural de los objetos `Cliente`. Podríamos haber declarado `conjuntoCliente` como una variable de tipo `Set` o incluso `Collection`, ya que los métodos disponibles son los mismos y su comportamiento depende del objeto referenciado, en este caso de la clase `TreeSet`.

Insertaremos los mismos elementos que en la lista `listaClientes` y los mostramos.

```
conjuntoClientes.add(new Cliente("111", "Marta", "12/02/2000"));
conjuntoClientes.add(new Cliente("115", "Jorge", "16/03/1999"));
conjuntoClientes.add(new Cliente("112", "Carlos", "01/10/2002"));
System.out.println(conjuntoClientes);
```

Veremos por pantalla

```
[DNI: 111 Nombre: Marta Edad: 20
, DNI: 112 Nombre: Carlos Edad: 18
, DNI: 115 Nombre: Jorge Edad: 21
]
```

Observamos que el orden en que aparecen no coincide con el orden de inserción, sino que están ordenados por DNI creciente.

Si ahora intentamos volver a insertar uno de los elementos anteriores, por ejemplo, el de Marta,

```
boolean insertado = conjuntoClientes.add(new Cliente("111", "Marta", "12/02/2000"));
System.out.println(insertado); /*false, ya que no se ha insertado */
System.out.println(conjuntoClientes);
```

aparece por pantalla

```
false
[DNI: 111 Nombre: Marta Edad: 20
, DNI: 112 Nombre: Carlos Edad: 18
, DNI: 115 Nombre: Jorge Edad: 21
]
```

donde vemos que la inserción ha devuelto `false` (no se ha insertado) y que el conjunto no ha cambiado. Pero si queremos otro conjunto de clientes ordenados por nombre, lo creamos pasando a su constructor, como argumento, un comparador basado en el atributo nombre.

Actividad propuesta 12.5

A partir de `conjuntoClientes` del ejemplo, crea otro conjunto con los mismos elementos ordenados por edad y otro con los clientes ordenados por nombre.

Actividad resuelta 12.10

Insertar en una lista 20 enteros aleatorios entre 1 y 10. A partir de ella, crear un conjunto con los elementos de la lista sin repetir, otro con los repetidos y otro con los elementos que aparecen una sola vez en la lista original.

Solución

```
List<Integer> lista = new ArrayList<>();
for (int i = 0; i < 20; i++) {
        lista.add((int) (Math.random() * 10) + 1);
}
/*ordenamos la lista para facilitar la visualización de los elementos originales: */
Comparator<Integer> c = Comparator.naturalOrder();
lista.sort(c); /*más adelante veremos que la clase Collections nos ahorra este c*/
System.out.println("Lista original: " + lista);
Set<Integer> sinRepeticiones = new TreeSet<>();
sinRepeticiones.addAll(lista);
System.out.println("Sin repeticiones: " + sinRepeticiones);
Set<Integer> repetidos = new TreeSet<>();
for (Integer e : sinRepeticiones) {
      lista.remove(e); //solo elimina una ocurrencia de e
}
/*después de eliminar de la lista uno de cada, solo quedan en ella las repeticiones*/
repetidos.addAll(lista);
System.out.println("Repetidos: " + repetidos);
Set<Integer> unicos = new TreeSet<>();
unicos.addAll(sinRepeticiones);
unicos.removeAll(repetidos);
System.out.println("Elementos no repetidos: " + unicos);
```

Por otra parte, para que los elementos se vayan colocando por orden de inserción, como en las listas, en vez de un `TreeSet` crearíamos un objeto `LinkedHashSet`. Si el orden nos es indiferente, podemos usar un `HashSet`, que tiene un mejor rendimiento.

Actividad resuelta 12.11

Implementar la clase `Socio`, cuyos atributos son `dni`, `nombre` y `fechaAlta`, que deberá incluir el método `equals()`, la interfaz `Comparable` basada en el `dni` y el método `antiguedad()`. Implementar un programa que gestione los socios de un club guardando los datos en el fichero *socios.dat*. Al arrancar la aplicación, se leen los datos del fichero y se abre un menú con las opciones: `1. Alta; 2. Baja; 3. Modificación; 4. Listado por DNI; 5. Listado por antigüedad`, y `6. Salir.`

Al salir de la aplicación se guardan en el fichero los datos actualizados.

Solución

```
public class Socio implements Comparable<Socio>, Serializable {
    String dni;
    String nombre;
    LocalDate fechaAlta;
    public Socio(String dni, String nombre, String alta) {
        this.dni = dni;
        this.nombre = nombre;
        DateTimeFormatter f =  DateTimeFormatter.ofPattern("dd/MM/yyyy");
        this.fechaAlta = LocalDate.parse(alta, f);
    }
    /*Constructor para las búsquedas:*/
    public Socio(String dni) {
        this.dni = dni;
    }
    int antiguedad() {
        return (int) fechaAlta.until(LocalDate.now(), ChronoUnit.YEARS);
    }
    /*Ordenación natural por DNI:*/
    @Override
    public int compareTo(Socio o) {
        return dni.compareTo(o.dni);
    }

    /*Definimos un criterio de igualdad basado en el DNI, que no se puede
    repetir, e identifica a los socios de forma única. Además es consistente con
    el criterio de comparación de compareTo(): */
    @Override
    public boolean equals(Object o) {
        return dni.equals(((Socio) o).dni);
    }
    @Override
    public String toString() {
        return "Socio{" + "dni=" + dni + ", nombre=" + nombre
                + ", antiguedad=" + antiguedad() + "}\n";
    }
}
```

```
    /*Programa principal: */
public static void main(String[] args) {
    /*Como los socios no pueden repetirse, usamos un conjunto para guardarlos.
    Además, con un TreeSet se mantendrán ordenados por DNI, que es su clave
    única de identificación*/
    Set<Socio> socios = new TreeSet<>();
    try ( ObjectInputStream in = new ObjectInputStream(
        new FileInputStream("socios.dat"))) {
    /*Al leer del archivo, el compilador no tiene modo de saber si el objeto
    leído se corresponde con el tipo que figura en el cast ni con el de la
    variable 'socios' a la que es asignado. Por tanto, en esa operación,
    no puede hacer comprobación de tipos. De ahí el aviso generado en la
    compilación. Es responsabilidad del programador asegurarse de que los tipos
    son los correctos: */
        socios = (TreeSet<Socio>)in.readObject();
    } catch (IOException ex) {
        System.out.println("Lista de socios vacía");
    } catch (ClassNotFoundException ex) {
        System.out.println(ex);
    }
    int opcion;
    do {
        System.out.println("1.Alta");
        System.out.println("2.Baja");
        System.out.println("3.Modificación");
        System.out.println("4.Listado por dni");
        System.out.println("5.Listado por antigüedad");
        System.out.println("6.Salir");
        System.out.print("\nIntroducir opción: ");
        opcion = new Scanner(System.in).nextInt();
        switch (opcion) {
        case 1 -> {
                System.out.print("dni: ");
                String dni = new Scanner(System.in).next();
                alta(socios, dni);
        }
        case 2 -> {
                System.out.print("dni socio: ");
                String dni = new Scanner(System.in).next();
                socios.remove(new Socio(dni));
        }
        case 3 -> {
                System.out.print("dni: ");
                String dni = new Scanner(System.in).next();
                socios.remove(new Socio(dni));
                alta(socios, dni);
        }
        case 4 -> {
                System.out.println(socios);
        }
       case 5 -> {
                Comparator<Socio> c = new Comparator<>() {
                   @Override
                   public int compare(Socio o1, Socio o2) {
                        return o2.antiguedad() - o1.antiguedad();
```

```
                        }
                    };
                    Set<Socio> s = new TreeSet<>(c);
                    s.addAll(socios);
                    System.out.println(s);
                    }
            }
        }while (opcion != 6);
        try ( ObjectOutputStream out = new ObjectOutputStream(
        new FileOutputStream("socios.dat"))) {
                out.writeObject(socios);
        } catch (IOException ex) {
                  System.out.println(ex);
        }
}

static boolean alta(Set<Socio> socios, String dni) {
  System.out.print("nombre: ");
  String nombre = new Scanner(System.in).next();
  System.out.print("fecha de alta: ");
  String fechaAlta = new Scanner(System.in).next();
  Socio nuevo = new Socio(dni, nombre, fechaAlta);
  return socios.add(nuevo);
}
```

12.5. Conversiones entre colecciones

Una característica interesante de los conjuntos y de todas las colecciones en general es la posibilidad de crear unas a partir de otras, del mismo o distinto tipo, por medio de los constructores. Por ejemplo, para obtener un conjunto ordenado (un `TreeSet`) a partir de otro que no lo está (un `HashSet` o `LinkedHashSet`) o, dicho de otra forma, si queremos ordenar un conjunto, disponemos de dos caminos que podemos seguir:

1. Construimos un `TreeSet` con el criterio de ordenación que deseamos y luego le añadimos con `addAll()` el conjunto que queremos ordenar.
2. Si el criterio de ordenación va a ser el natural (el de la interfaz `Comparable`), podemos construir un `TreeSet` pasando como argumento a su constructor el conjunto que queremos ordenar.

Para ilustrar los dos planteamientos, vamos a crear un `LinkedHashSet` de números enteros. Después le añadimos cinco elementos, que se irán colocando por orden de inserción.

```
Set<Integer> conjuntoEnteros = new LinkedHashSet<>();
conjuntoEnteros.add(4);
conjuntoEnteros.add(1);
conjuntoEnteros.add(5);
conjuntoEnteros.add(10);
conjuntoEnteros.add(3);
System.out.println(conjuntoEnteros);
```

Obtenemos

```
[4, 1, 5, 10, 3]
```

En la variable `conjuntoEnteros` hemos usado el tipo `Set`, es decir, el nombre de la interfaz. Esto es una práctica común si queremos tener la posibilidad de referenciar, con la misma variable, conjuntos con distintas implementaciones. Si la variable `conjuntoEnteros` fuera de tipo `LinkedHashSet`, solo serviría para referenciar objetos de esa clase, pero no un `TreeSet`. Es una forma más de polimorfismo en Java. Volviendo a nuestro ejemplo, si queremos obtener un conjunto ordenado a partir de los elementos de `conjuntoEnteros`, podemos crear un `TreeSet` y añadírselos.

```
Set<Integer> conjuntoEnterosOrdenados = new TreeSet<>();
conjuntoEnterosOrdenados.addAll(conjuntoEnteros);
System.out.println(conjuntoEnterosOrdenados);
```

obteniendo

```
[1, 3, 4, 5, 10]
```

Ahora podemos dejar las variables `conjuntoEnteros` y `conjuntoEnterosOrdenados`, referenciando cada una un tipo distinto de conjunto, o referenciar con `conjuntoEnteros` el nuevo conjunto ordenado.

```
conjuntoEnteros = conjuntoEnterosOrdenados;
```

con lo cual, a todos los efectos, habríamos ordenado `conjuntoEnteros`. A partir de ese momento `conjuntoEnteros` sería un `TreeSet` y mantendría el orden al insertar o eliminar elementos.

La segunda forma de ordenar un conjunto es pasarlo al constructor de un `TreeSet`.

```
Set<Integer> conjuntoEnterosOrdenados = new TreeSet<>(conjuntoEnteros);
```

con lo que obtendríamos el mismo resultado.

No obstante, este segundo método solo sirve si queremos un conjunto con el orden natural de los elementos. Si, en vez de enteros, tuviéramos un conjunto de clientes sin ordenar y quisiéramos ordenarlos por nombre, tendríamos que usar el primer procedimiento, construyendo un `TreeSet` con un comparador `ComparaNombres` (véase su implementación en el Apartado 12.1.2).

```
Set<Cliente> conjuntoClientes = new LinkedHashSet<>(); /*Sin orden*/
conjuntoClientes.add(new Cliente("111", "Marta", "12/02/2000"));
conjuntoClientes.add(new Cliente("115", "Jorge", "16/03/1999"));
conjuntoClientes.add(new Cliente("112", "Carlos", "01/10/2002"));
Set<Cliente> conjuntoClientesOrdenados = new TreeSet<>(
new ComparaNombres());
//el mismo conjunto ordenado por nombres:
conjuntoClientesOrdenados.addAll(conjuntoClientes);
System.out.println(conjuntoClientesOrdenados);
```

Obtenemos así los clientes ordenados por nombre.

Utilizando los constructores, es posible hacer conversiones entre todo tipo de colecciones. Se pueden crear listas pasando conjuntos a su constructor y viceversa; también se pueden añadir a una lista todos los elementos de un conjunto. Un ejemplo útil es la creación de un conjunto a partir de una lista para eliminar elementos repetidos.

```
List<Integer> lista = new ArrayList<>();
lista.add(5);
lista.add(3);
lista.add(5); //elemento repetido
lista.add(2);
lista.add(5); //elemento repetido
Set<Integer> conjunto = new LinkedHashSet<>(lista); /*sin repetidos */
System.out.println(conjunto);
```

Obtenemos

```
[5, 3, 2]
```

donde se han eliminado las repeticiones. Si queremos recuperar la lista original, pero sin repeticiones,

```
lista = new ArrayList<>(conjunto);
```

El orden de los elementos se ha mantenido en todas estas transformaciones porque tanto `ArrayList` como `LinkedHashSet` respetan el orden de inserción.

Cuando se trabaja con colecciones de distinto tipo, siempre que se usen constructores o métodos comunes a listas y conjuntos, es costumbre definir las variables de tipo `Collection` para permitir que la misma variable referencie a diferentes tipos de colección en caso de conversiones. El código anterior podría ser:

```
Collection<Integer> coleccion = new ArrayList<>();
coleccion.add(5);
...
coleccion = new LinkedHashSet<>(coleccion);//de lista a conjunto
coleccion = new ArrayList<>(coleccion);//de conjunto a lista
System.out.println(coleccion);
```

En este caso, con `coleccion` podemos referenciar cualquier lista o conjunto. El comportamiento dependerá del objeto referenciado.

También es posible hacer las conversiones encadenadas con una única sentencia,

```
coleccion = new ArrayList<>( new LinkedHashSet<>(coleccion));
```

dando los mismos resultados. Aquí habría valido una variable de tipo `List`.

Actividad resuelta 12.12

Implementar un método estático que lleve a cabo la unión de dos conjuntos de elementos genéricos. La unión es un nuevo conjunto con todos los elementos que pertenezcan, al menos, a uno de los dos conjuntos.

Hacer lo mismo con la intersección, formada por los elementos comunes a los dos conjuntos. Los prototipos de los métodos son:

- `static <E> Set<E> union(Set<E> conjunto1, Set<E> conjunto2)`
- `static <E> Set<E> interseccion(Set<E> conjunto1, Set<E> conjunto2)`

Solución

```
/*Creamos un conjunto donde añadir los elementos de los dos conjuntos. Como los
conjuntos no permiten repetidos, el conjunto resultante es la unión de ambos. */
static <E> Set<E> union(Set<E> conj1, Set<E> conj2) {
     Set<E> resultado = new HashSet<>(conj1);
     resultado.addAll(conj2); //añadimos los elementos de conj2
     return resultado;
}

/*Usamos el método retainAll() de Set, que elimina todos los elementos de un conjunto ,
salvo los pertenecientes al conjunto pasado como parámetro.*/
static <E> Set<E> interseccion(Set<E> conj1, Set<E> conj2) {
/*creamos el conjunto resultante, que estará inicializado con los elementos de conj1: */
     Set<E> interseccion = new HashSet<>(conj1);
/*borra todos los elementos de interseccion salvo los que estén en conj2. Solo quedan
los comunes a ambos conjuntos: */
     interseccion.retainAll(conj2);
     return interseccion;
}
```

12.6. Clase Collections

Además de los métodos aportados por las interfaces `Collection`, `List` y `Set`, la clase `Collections` (no confundirla con la interfaz `Collection`) reúne una serie de utilidades en forma de métodos estáticos que trabajan con tipos genéricos. En ellos, el primer parámetro de entrada es la colección sobre la que deseamos operar y comprende métodos de búsqueda, ordenación y manipulación de datos, entre otros. Casi todos ellos operan sobre listas, aunque algunos valen para cualquier colección.

Métodos de ordenación

Ya vimos que las listas se pueden ordenar por medio del método `sort()`, al que se le pasa un comparador como argumento. Sin embargo, la clase `Collections` también posee métodos `sort()` estáticos para ordenar listas. El primero es:

- `static <T extends Comparable<? super T>> void sort(List<T> lista)`: ordena una lista que se le pasa como argumento (los conjuntos no se pueden ordenar. En todo caso, los TreeSet se mantienen ordenados de forma automática). Esta tendrá elementos de un tipo genérico `T` que tenga implementada la interfaz `Comparable`. El criterio de ordenación será el llamado «criterio natural», que es el que establecerá el método `compareTo()` de la clase `T`. Las clases envoltorio —wrapper— proporcionadas por Java, como `Integer`, `Character` o `Double`, así como la clase `String` lo traen implementado, de forma que ordenan los números de menor a mayor, los caracteres según el orden de Unicode y los `String` por orden alfabético.

Veamos un ejemplo. Creamos una lista `ArrayList`, para objetos `Cliente`

```
List<Cliente> lista = new ArrayList<>();
```

e insertamos varios elementos

```
lista.add(new Cliente("111", "Marta", "12/02/2000"));
lista.add(new Cliente("115", "Jorge", "16/03/1999"));
lista.add(new Cliente("112", "Carlos", "01/10/2002"));
```

A diferencia del método `sort()` de `List`, el de `Collections` es estático, y se invoca con el nombre de la clase. La lista va como argumento.

Si queremos ordenarla, solo tenemos que escribir

```
Collections.sort(lista);
```

La lista se ordenará con el criterio natural del tipo con el que se declaró. En nuestra clase `Cliente`, por el atributo `dni`.

Si queremos ordenar con otro criterio, tendremos que usar comparadores. Para ello disponemos de otra versión sobrecargada de `sort()`.

- `static <T> void sort(List<T> lista, Comparator<? super T> c)`: ordena listas con el criterio del comparador que se le añade como segundo parámetro. Si queremos ordenar por nombre, escribiremos

```
Collections.sort(lista, new ComparaNombres());
```

Métodos de búsqueda

Uno de los métodos más importantes de la clase `Collections` es:

- `static <T> int binarySearch(List<? extends Comparable<? super T>> list, T clave)`: hace una búsqueda binaria de un objeto, llamado clave de búsqueda, en una lista que debe estar ordenada previamente. Todo ello necesita un criterio de ordenación que, por defecto, es el natural del tipo genérico de la lista. Se exige que la implementación de `Comparable` sea también genérica. Esto, en la clase `Cliente` sería de la siguiente forma:

```
class Cliente implements Comparable<Cliente> {
            ...
        public int compareTo(Cliente ob) {
                return dni.compareTo(ob.dni);
        }
}
```

Vamos a hacer una búsqueda en la lista de clientes. En primer lugar, la volvemos a ordenar por DNI, que es el orden natural.

```
Collections.sort(lista); //ordenada por dni (orden natural)
```

Al método `binarySearch()` se le pasan como parámetros la lista en la que queremos hacer la búsqueda y el objeto clave que queremos buscar. Devuelve el índice de este último si lo encuentra. Por ejemplo, si queremos buscar a Carlos, cuyo DNI es «112»,

```
int indice = Collections.binarySearch(lista, new Cliente("112", null, null));
```

O bien, si tenemos implementado un constructor de `Cliente` con un único parámetro `dni`,

```
int indice = Collections.binarySearch(lista, new Cliente("112"));
```

Como ya vimos cuando estudiamos las tablas, en el caso de que la clave no esté en la lista, devolverá un entero negativo del que se puede deducir el índice `indiceInsercion` que le correspondería al elemento si lo insertáramos manteniendo la lista ordenada. La fórmula es:

```
indiceInsercion = -indice - 1;
```

Supongamos que queremos insertar a Eva en la lista en caso de que no esté. Para ello, primero la buscamos con `binarySearch()`. Como la búsqueda nos da un valor negativo, calculamos su índice de inserción y la insertamos.

```
Cliente nuevo = new Cliente("555", "Eva","21/09/2003");
int indice = Collections.binarySearch(lista, nuevo);
if (indice < 0) { //no está en la lista
        lista.add(-indice - 1, nuevo); //lista sigue ordenada
}
```

Si queremos hacer una búsqueda en una lista ordenada con un criterio distinto al natural, tendremos que pasar a `binarySearch()`, como tercer parámetro, el mismo comparador que se usó para ordenarla.

- `static <T> int binarySearch(List<? extends T> list, T clave, Comparator<? super T> c)`: busca la clave en una lista ordenada con el criterio de ordenación del comparador c.

Por ejemplo, si ordenamos lista por orden alfabético de nombres,

```
Collections.sort(lista, new ComparaNombres());
```

para buscar a Carlos, ahora debemos hacerlo por nombre,

```
indice = Collections.binarySearch(lista, new Cliente(null,"Carlos",null), new
ComparaNombres());
```

que devolverá 0, ya que Carlos es el primero de la lista por orden alfabético de nombres.

El método `binarySearch()` es extremadamente eficiente y sus tiempos de búsqueda son muy cortos en comparación con otros métodos de búsqueda, como el secuencial. El inconveniente es que precisa que la lista esté ordenada previamente. Surge la duda de si no merece la pena ordenarla para acelerar las búsquedas. Sin embargo, esto es así solo si vamos a tener que hacer muchas búsquedas con el mismo criterio. En caso contrario, es más eficiente hacer una búsqueda secuencial.

Recuerda

En la clase `Arrays` se implementa una batería de métodos `binarySearch()` para tablas de toda clase de datos y criterios de ordenación.

Métodos para la manipulación de datos

Si queremos intercambiar dos elementos en una lista, usaremos

`static void swap(List<?> lista, int i, int j)`: intercambia los elementos con índices `i` y `j` entre sí. Pongamos un ejemplo con una lista de enteros:

```
List<Integer> datos = new ArrayList<>();
datos.add(1); //indice 0
datos.add(2);
datos.add(3);
datos.add(4); //indice 3
datos.add(5);
Collections.swap(datos, 0, 3); //cambia los elementos con índices 0 y 3
```

La lista quedaría

```
[4, 2, 3, 1, 5]
```

Para reemplazar todas las ocurrencias de un elemento determinado por otro,

`static <T> boolean replaceAll(List<T> lista, T antiguo, T nuevo)`: reemplaza el elemento antiguo, en todos los lugares en que aparezca en la lista, por el nuevo.

Por ejemplo, si queremos reemplazar los elementos que valgan 4 por el valor 100,

```
Collections.replaceAll(datos, 4, 100);
```

que da,

```
[100, 2, 3, 1, 5]
```

Podemos rellenar todos los elementos que tiene una lista con un valor que pasamos como parámetro.

`static <T> void fill(List<? super T> lista, T valorRelleno)`: sustituye todos los valores de los elementos de la lista por el de `valorRelleno`. La lista debe ser de tipo `<? super T>`, es decir, de la clase `T` o cualquier superclase de `T`. Dicho de otra forma, el elemento de relleno debe ser de la clase genérica de la lista o de una subclase. Rellenemos la lista datos con el valor 7:

```
Collections.fill(datos, 7);
```

quedando `datos` como,

```
[7, 7, 7, 7, 7]
```

Para copiar una lista en otra usamos

`static <T> void copy(List<? super T> destino, List<? extends T> origen)`: copia los elementos de la lista origen en la lista destino, empezando por el principio y sobrescribiendo los valores que hubiera antes. La lista destino deberá ser, como mínimo, del tamaño de la lista origen. Los elementos de la lista origen deben ser de clase compatible con la lista destino. Por eso, los elementos de esta última deben ser de clase `T` o superclase de `T (<? super T>)` y los elementos de la lista origen deben ser de clase `T` o subclase de `T (<? extends T>)`. En particular, si las dos listas son de elementos de la misma clase genérica, se podrán copiar sin problema. Construyamos una segunda lista de enteros:

```
List<Integer> otrosDatos = new ArrayList<>();
otrosDatos.add(1);
otrosDatos.add(2);
otrosDatos.add(3);
```

Ahora vamos a copiarla en datos,

```
Collections.copy(datos, otrosDatos);
```

con lo que `datos` queda:

```
[1, 2, 3, 7, 7]
```

Recuerda

En la clase **`System`** disponemos del método **`arrayCopy()`** para copiar una tabla en otra:

static void arraycopy(Object orig, int posOrig, Object dest, int posDest, int longitud)

Sin embargo, debemos tener cuidado, porque los parámetros origen y destino en el método **`copy()`** de **`Collections`** aparecen en el orden contrario.

Otras utilidades

A veces hace falta que los elementos estén desordenados. Por ejemplo, en aplicaciones de juegos, es útil la siguiente función:

- `static void shuffle(List<?> lista)`: *shuffle* significa barajar en inglés; el método desordena los elementos de lista. Si escribimos

```
Collections.shuffle(datos);
```

la lista datos quedará desordenada, es decir, con un orden aleatorio. En realidad, Java utiliza una fórmula para generar valores pseudoaleatorios, con lo cual el desorden es aparente. Pero el efecto es el mismo, ya que el usuario es incapaz de predecir los resultados.

- `static int frequency(Collection<?> col, Object ob)`: nos devuelve el número de veces que aparece un elemento en una colección. Por ejemplo:

```
Collections.frequency(datos, 7)
```

devolverá 2, ya que 7 aparece dos veces en datos.

- `static <T extends Comparable<? super T>> T max(Collection<? extends T> col)`: busca y devuelve el elemento con valor máximo de una colección —no tiene por qué ser una lista—. Las comparaciones se basan en el orden natural, lo que exige que la clase genérica de los elementos tenga implementada la interfaz `Comparable`. Por ejemplo:

```
Integer maximo = Collections.max(datos);
```

nos dará 7.

Si queremos el valor máximo atendiendo a un criterio de ordenación distinto del natural, le pasaremos a `max()` un segundo parámetro con un comparador adecuado,

- `static <T> T max(Collection<? extends T> col, Comparator<? super T> comp)`: devuelve el máximo utilizando `comp` como criterio de comparación. Por ejemplo, volviendo al conjunto de elementos Cliente, conjuntoClie, con Marta, Carlos y Jorge, con el criterio de ordenación por nombres, el máximo es el elemento que ocuparía el último lugar si el conjunto estuviera ordenado por orden alfabético de nombres,

```
Cliente ultimo = Collections.max(conjuntoClie, new ComparaNombres());
```

obtendríamos a Marta.

Es importante resaltar que para llamar al método `max()` hace falta un criterio de ordenación, pero eso no implica que la colección tenga que estar ordenada. En ninguno de los dos ejemplos anteriores lo estaba.

Hay métodos análogos para calcular el mínimo de una colección, que funcionan exactamente igual:

```
Integer minimo = Collections.min(datos);
Cliente primero = Collections.min(conjuntoClie, new ComparaNombres());
```

También podemos invertir el orden de una lista con:

- `static void reverse(List<?> lista)`: invierte lista, colocando los elementos en orden inverso. La función no devuelve una nueva lista invertida, sino que invierte la lista original.

Por último, podemos crear un conjunto a partir de un elemento,

- `static <T> Set<T> singleton(T elem)`: devuelve un conjunto con `elem` como único elemento. Es un conjunto inmutable, es decir, no podemos añadir más elementos ni eliminar el que ya está. Se suele emplear para eliminar todas las ocurrencias de un elemento repetido de una lista sin necesidad de usar un bucle. Por ejemplo, para eliminar el 7, que aparece dos veces en datos, escribimos

```
datos.removeAll(Collections.singleton(7));
```

Ahora `datos` será:

```
[2, 1, 3]
```

Actividad resuelta 12.13

Implementar la clase `Sorteo` con parámetros genéricos. Deberá guardar un conjunto de valores distintos de tipo genérico, suministrados por consola y será capaz de generar una combinación premiada de un tamaño determinado. Deberán implementarse, como mínimo, los métodos:

- `boolean add(T elemento)`, que añadirá un elemento nuevo al conjunto de valores posibles en una apuesta. Si el elemento se añade, devuelve `true` y, en caso contrario, debido a que ya estaba presente, `false`.
- `Set<T> premiados(int numPremiados)`, que devolverá una combinación ganadora de `numPremiados` elementos distintos.

Solución

```
/* Vamos a usar objetos ordenables en el sorteo para facilitar las lecturas
por consola. Por la misma razón, y porque no admitimos elementos repetidos el
conjunto de elementos los guardaremos en una estructura TreeSet.*/
public class Sorteo<T extends Comparable<T>> { //T ordenable
    private final Set<T> elementos;
    public Sorteo() {
        elementos = new TreeSet<>();
    }
    boolean add(T nuevo) {
        return elementos.add(nuevo);
    }
/*Para escoger un subconjunto de numPremiados elementos al azar, los desordenamos
todos y nos quedamos con los numPremiados primeros. Para poder desordenar con
shuffle(), los pasamos temporalmente a lista. */
    Set<T> premiados(int numPremiados) {
        Set<T> premiados = null;
        List<T> temp = new ArrayList<>(elementos);
        Collections.shuffle(temp);
        if (numPremiados <= elementos.size()) {
            premiados = new TreeSet<>();
            for (int i = 0; i < numPremiados; i++) {
                premiados.add(temp.get(i));
            }
        }
        return premiados;
    }
    @Override
    public String toString() {
        return "Sorteo{elementos=" + elementos + '}';
    }
}

/*Código en Main para probar la clase Sorteo. Extraemos un conjunto de valores
premiados:*/
public static void main(String[] args) {
        Sorteo<Integer> s = new Sorteo<>();
        for (int i = 0; i < 100; i++) {
            s.add(i);
        }
        System.out.println(s);
        System.out.println("Premiados: " + s.premiados(20));
}
```

Actividad resuelta 12.14

Implementar una aplicación que simula el registro de las temperaturas, a lo largo de un día, en una estación meteorológica. La aplicación mostrará un menú con las opciones:

1. Nuevo registro (que introduciremos manualmente, aunque se supone que, en el sistema original, estaría controlado por un reloj).
2. Listar registros.

3. Mostrar estadística (con los valores máximo, mínimo y promedio de las temperaturas registradas hasta el momento desde la primera lectura del día).
4. Salir.

Al salir, los datos se grabarán en un fichero binario cuyo nombre estará compuesto por la cadena «registros» concatenada con la fecha del día en el formato «yyyyMMdd» y extensión «.dat».

Cada registro constará de la temperatura en grados centígrados y la hora, que se leerá del sistema en el momento de la creación del registro.

Solución

```
public class Registro implements Serializable {
    LocalTime hora;
    double temperatura;
    public Registro(double temperatura) {
        this.temperatura = temperatura;
        this.hora = LocalTime.now();
    }

    public boolean equals(Object o) {
        return hora.equals(((Registro) o).hora);
    }

    @Override
    public String toString() {
        DateTimeFormatter f=DateTimeFormatter.
                ofLocalizedTime(FormatStyle.MEDIUM).
                withLocale(Locale.getDefault());
        return "Registro{" + "hora=" + hora.format(f) +
                ", temperatura=" + temperatura + "°C}\n";
    }
}

/*Programa principal:*/
Set<Registro> temperaturas = new LinkedHashSet<>();
int opcion;
do {
       System.out.println("1.Nuevo registro");
       System.out.println("2.Listar registros del día");
       System.out.println("3.Mostrar estadísticas");
       System.out.println("4.Salir");
       System.out.print("\nIntroducir opción: ");
       opcion = new Scanner(System.in).nextInt();
       switch (opcion) {
              case 1 -> {
                     System.out.print("Introducir temperatura: ");
                     double temperatura = new Scanner(System.in).
                     useLocale(Locale.US).nextDouble();
                     temperaturas.add(new Registro(temperatura));
              }
              case 2 -> System.out.println(temperaturas);
              case 3 -> {
                     Comparator<Registro> c = new Comparator<Registro>() {
                           @Override
```

```
                    public int compare(Registro o1, Registro o2) {
                          return (int) Math.signum(o1.temperatura -
                          o2.temperatura);
                    }
               };
               System.out.println("Máxima: " +Collections.
               max(temperaturas, c));
               System.out.println("Mínima: " + Collections.
               min(temperaturas, c));
               double suma = 0;
               for (Registro t : temperaturas) {
                     suma += t.temperatura;
               }
               System.out.println("Media: " + suma / temperaturas.size());
         }
    }
} while (opcion != 4);String nombreArchivo = "registros";
DateTimeFormatter f = DateTimeFormatter.ofPattern("yyyyMMdd");
nombreArchivo += LocalDate.now().format(f);
try(ObjectOutputStream out=new ObjectOutputStream(
new FileOutputStream(nombreArchivo))){
       out.writeObject(temperaturas);
} catch (FileNotFoundException ex) {
       System.out.println(ex);
} catch (IOException ex) {
       System.out.println(ex);
}
```

12.7. Interfaz Map

Los mapas o diccionarios son estructuras dinámicas cuyos elementos, que aquí se llaman *entradas* (objetos del tipo `Map.Entry`), son pares clave/valor en vez de valores individuales como en las colecciones. Todas ellas implementan la interfaz `Map`, que no hereda de `Collection`. Por tanto, los mapas no son colecciones, aunque están íntimamente relacionados con ellas y funcionan dentro del mismo entorno de trabajo. Vamos a usar tres implementaciones de `Map`: `HashMap`, `TreeMap` y `LinkedHashMap`, que se diferencian entre sí de forma similar a `HashSet`, `TreeSet` y `LinkedHashSet`.

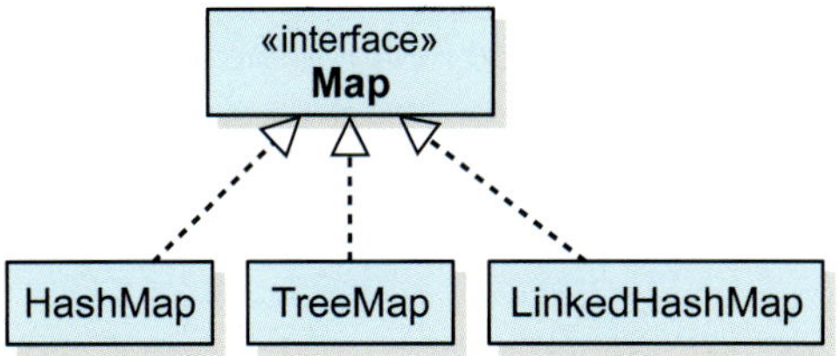

Figura 12.8. *Clases más importantes que implementan la interfaz Map.*

En un mapa se insertan entradas que constan de una clave, que no se puede repetir, y un valor asociado con ella, que sí puede estar repetido. Un mapa es una estructura semejante a la aplicación matemática. De hecho, la traducción al inglés de aplicación matemática es *mapping*.

Las operaciones fundamentales en un mapa son la inserción, la lectura y la eliminación de entradas, aunque veremos algunas más.

Para ilustrar el uso de mapas vamos a empezar utilizando la implementación `HashMap`, que no garantiza ningún orden de inserción de las entradas, aunque es muy eficiente en cuanto a la velocidad de acceso a los datos. El constructor más sencillo es de la forma

```
Map<K, V> m = new HashMap<>();
```

donde `K` es el tipo de las claves y `V`, el de los valores. Son tipos genéricos que, necesariamente, serán clases o interfaces y no tipos primitivos. Como hicimos con los conjuntos, hemos elegido `Map` como tipo de la variable `m` (podríamos haber puesto `HashMap`), con objeto de garantizar la posibilidad de un mayor polimorfismo. El comportamiento de `m` estará determinado por la clase del objeto referenciado. Como ejemplo, vamos a suponer que queremos mantener la información de las estaturas de un grupo de escolares, con entradas en las que figura el nombre del alumno (clase `String`) como clave y la estatura (clase envoltorio `Double`) como valor,

```
Map<String, Double> m = new HashMap<>();
```

Para insertar entradas usamos el siguiente método:

`V put(K clave, V valor)`: se le pasan como parámetros la clave y el valor asociado con ella. Si no había ninguna entrada previa con la misma clave, se inserta en el mapa la nueva entrada con esa clave y ese valor, y el método devuelve `null`. Si ya había una entrada con la misma clave, se sustituye el valor antiguo por el nuevo, sin cambiar la clave, y la función devuelve el valor antiguo. Insertemos unas cuantas entradas:

```
m.put("Ana", 1.65);
m.put("Marta", 1.60);
m.put("Luis", 1.73);
m.put("Pedro", 1.69);
```

Con los mapas, igual que con los conjuntos, disponemos también de una implementación de `toString()`, de forma que podemos visualizarlos

```
System.out.println(m);
```

obteniéndose por pantalla,

```
{Marta=1.6, Ana=1.65, Luis=1.73, Pedro=1.69}
```

Si ahora queremos cambiar la estatura de Pedro, insertamos otra vez un elemento con la misma clave y el nuevo valor

```
m.put("Pedro", 1.71);
```

obteniéndose

```
{Marta=1.6, Ana=1.65, Luis=1.73, Pedro=1.71}
```


Si queremos eliminar un elemento:

- `V remove(Object k)`: elimina la entrada cuya clave es `k`, si existe. En este caso, devuelve el valor asociado con esa clave. En caso contrario, devuelve `null`.

Para eliminar todas las entradas de un mapa, llamamos a la función:

- `void clear()`: elimina todas las entradas, dejando el mapa vacío.

Si queremos conocer el valor de una entrada a partir de su clave,

- `V get(Object k)`: devuelve el valor asociado con la clave `k` o `null` si no hay ninguna entrada con esa clave.

Por ejemplo,

```
m.get("Ana");
```

devuelve 1,65.

Para saber si una determinada clave está presente en un mapa,

- `boolean containsKey(Object k)`: devuelve `true` si hay una entrada con la clave `k`.

Por ejemplo,

```
m.containsKey("Ana");
```

devolverá `true`.

Análogamente, para saber si hay alguna entrada con un valor determinado,

- `boolean containsValue(Object v)`: devuelve `true` si hay alguna entrada con valor `v`.

Dos mapas se pueden comparar entre sí con el método `equals()`, que devuelve `true` si ambos tienen exactamente las mismas entradas, independientemente del orden.

12.7.1. Vistas Collection de los mapas

Aunque `Map` no hereda de `Collection`, los mapas están íntimamente ligados a las colecciones, de forma que se trabaja simultáneamente con ambas interfaces a través de distintas vistas con estructura de colección. Por *vista de un mapa* entendemos una colección respaldada por el mapa original, de forma que cuando accedemos a un elemento de la vista estamos accediendo a la entrada original en el mapa, y los cambios que se hagan en aquella se reflejarán en este. Hay tres tipos de vistas de un mapa. En primer lugar, podemos obtener una vista de las claves del mapa. Para ello disponemos del método:

- `Set<K> keySet()`: nos devuelve una vista, con estructura Set, de las claves presentes en un mapa.

Para obtener las claves del mapa del ejemplo escribimos:

```
Set<String> claves = m.keySet();
System.out.println(claves);
```

mostrará

```
[Marta, Ana, Luis, Pedro]
```

con corchetes, ya que es una colección.

También podemos obtener una vista de los valores del mapa.

- `Collection<V> values()`: devuelve una vista `Collection` de los valores. Si alguno se encuentra más de una vez en el mapa, también aparece repetido en la colección devuelta.

En nuestro ejemplo,

```
Collection<Double> estaturas = m.values();
System.out.println(estaturas);
```

devolverá

```
[1.6, 1.65, 1.73, 1.71]
```

Y, por último, disponemos de un método para obtener una vista de las entradas:

- `Set<Map.Entry<K, V>> entrySet()`: devuelve una vista conjunto de las entradas, objetos del tipo `Map.Entry`, de las que se puede obtener la clave con `getKey()` o el valor con `getValue()`. Map.Entry es una interfaz —no una clase— implementada en los elementos del mapa y del conjunto devuelto por entrySet().

En nuestro mapa,

```
Set<Map.Entry<String, Double>> entradas = m.entrySet();
System.out.println(entradas);
```

se obtiene:

```
[Marta=1.6, Ana=1.65, Luis=1.73, Pedro=1.71]
```

Se puede usar la vista de entradas para acceder a las entradas individuales y obtener la clave o el valor, o bien para cambiar este último, con los métodos de la interfaz `Map.Entry`.

- `K getKey()`: devuelve la clave de la entrada.
- `V getValue()`: devuelve el valor de la entrada.
- `V setValue(V nuevoValor)`: asigna `nuevoValor` a la entrada y devuelve el valor antiguo.

Uno de los inconvenientes de los mapas es que no son iterables. Esto supone que, además de no poder usar iteradores para recorrerlos ni eliminar entradas, tampoco es posible el uso de la estructura `for-each`, cosa que sí podemos hacer con las vistas, que son colecciones.

Como hemos visto, los cambios que hagamos en ellas se reflejarán en el mapa. En particular, podemos eliminar entradas a través del conjunto de claves devuelto por `keySet()` con los métodos `remove()` de `Iterator`, `remove()` de `Collection`, `removeAll()` o `retainAll()`. Estos métodos, invocados por la vista, eliminarán las entradas correspondientes en el mapa. Por ejemplo, si eliminamos la clave «Marta» del conjunto claves,

```
claves.remove("Marta");
```

el mapa queda

```
{Ana=1.65, Luis=1.73, Pedro=1.71}
```

donde vemos que la entrada correspondiente a Marta ha desaparecido.

La única forma segura de eliminar entradas durante un proceso de iteración sobre cualquiera de las tres vistas es el método `remove()` de la interfaz `Iterator`. Veamos un ejemplo, pero antes vamos a añadir algunas entradas a nuestro mapa:

```
m.put("Lucas", 1.8);
m.put("Marta", 1.60);
m.put("Jorge", 1.75);
```

con lo que tenemos:

```
{Marta=1.6, Ana=1.65, Luis=1.73, Lucas=1.8, Pedro=1.71, Jorge=1.75}
```

Ahora vamos a filtrar el mapa eliminando todos aquellos alumnos con estatura mayor que 1,71. Para ello iteramos sobre el conjunto de las entradas:

```
Set<Map.Entry<String, Double>> entradas = m.entrySet(); /*Set de entradas */
Iterator<Map.Entry<String,Double>> it; //iterador de entradas
for (it = entradas.iterator(); it.hasNext();) {
        Map.Entry<String, Double> e = it.next();
        if (e.getValue() > 1.71) {
                it.remove();
        }
}
```

Obtendremos:

```
{Marta=1.6, Ana=1.65, Pedro=1.71}
```

Esto mismo podríamos haberlo hecho iterando sobre la vista de los valores.

```
Collection<Double> estaturas = m.values();
for (Iterator<Double> it = estaturas.iterator(); it.hasNext();) {
        Double v = it.next();
        if (v > 1.71) {
                it.remove();
        }
}
```

En cambio, no podemos añadir entradas a un mapa con `add()` o `addAll()` a través de ninguna de sus vistas. La única forma es con el método `put()` de la interfaz `Map`.

12.7.2. Implementaciones de Map

En nuestro ejemplo hemos utilizado la implementación `HashMap`, que destaca por su eficiencia, pero que no garantiza ningún orden en la inserción de las entradas. La interfaz `Map` tiene otras dos implementaciones, `TreeMap` y `LinkedHashMap`.

`TreeMap`, a semejanza de `TreeSet`, tiene una estructura de árbol que permite una inserción ordenada y una búsqueda rápida y eficiente de las entradas. Estas se insertan por orden natural creciente de las claves.

Por ejemplo,

```
TreeMap<String, Double> tm = new TreeMap<>();
```

```
tm.put("Ana", 1.65);
tm.put("Marta", 1.60);
tm.put("Luis", 1.73);
tm.put("Pedro", 1.71);
```

El mapa `tm` quedará:

```
{Ana=1.65, Luis=1.73, Marta=1.6, Pedro=1.71}
```

Podemos hacer que el orden de un `TreeMap` sea distinto. Para ello le pasamos un comparador al constructor como parámetro de entrada, igual que hacíamos con `TreeSet`. En cualquier caso, el orden siempre se refiere a las claves, nunca a los valores.

Por último, la implementación `LinkedHashMap` mantiene el orden en que se van insertando las entradas, de forma similar a lo que ocurre con `LinkedHashSet`. Es muy eficiente en las operaciones de inserción y eliminación de entradas y algo más lento en las búsquedas.

Actividad resuelta 12.15

Implementar una aplicación para gestionar las existencias de una tienda de repuestos de automóviles. Cada producto se identifica por un código alfanumérico. La aplicación permitirá dar de alta o de baja productos y actualizar el número de unidades en stock de cada uno de ellos. Los datos se mantendrán en un fichero, que deberá actualizarse al cerrar el programa.

Solución

```
/*Implementamos un mapa con un TreeSet que matiene un orden basado en los
códigos*/
  Map<String, Integer> existencias = new TreeMap<>();
  try ( ObjectInputStream in = new ObjectInputStream(
        new FileInputStream("existencias.dat"))) {
        existencias = (TreeMap<String, Integer>) in.readObject();
  } catch (FileNotFoundException ex) {
      System.out.println(ex);
  } catch (IOException | ClassNotFoundException ex) {
      System.out.println(ex);
  }
  int opcion;
  do {
       System.out.println("1.Alta producto");
       System.out.println("2.Baja producto");
       System.out.println("3.Cambio stock de producto");
       System.out.println("4.Listar existencias");
       System.out.println("5.Salir");
       System.out.print("\nIntroducir opción: ");
       opcion = new Scanner(System.in).nextInt();
       switch (opcion) {
           case 1 -> {
              System.out.print("Código producto: ");
              String codigo = new Scanner(System.in).next();
      /*Antes de dar de alta un código debemos asegurarnos
       de que no existe, ya que machacaría su valor: */
            if (!existencias.containsKey(codigo)) {
```

```
                    existencias.put(codigo, 0);
                } else {
                    System.out.println("El producto ya existe");
                }
            }
            case 2 -> {
                System.out.print("Código producto: ");
                String codigo = new Scanner(System.in).next();
                existencias.remove(codigo);
            }
            case 3 -> {
                System.out.print("Código producto: ");
                String codigo = new Scanner(System.in).next();
                System.out.print("Nuevo stock: ");
                int stock = new Scanner(System.in).nextInt();
                existencias.put(codigo, stock);
            }
            case 4 -> {
                System.out.println(existencias);
            }
        }
    } while (opcion != 5);
    try ( ObjectOutputStream out = new ObjectOutputStream(
                new FileOutputStream("existencias.dat"))) {
        out.writeObject(existencias);
    } catch (FileNotFoundException ex) {
        System.out.println(ex);
    } catch (IOException ex) {
        System.out.println(ex);
    }
}
```

Actividad resuelta 12.16

Los miembros de la Real Academia de la Lengua ocupan sillones con las letras del abecedario español, minúsculas y mayúsculas (en la práctica, las letras v, w, x, y, z, Ñ, W, Y nunca se ocupan, pero nosotros no lo tendremos en cuenta). Cuando un sillón queda vacante, se nombra un nuevo académico para ocuparlo.

Implementar la clase `Academico`, cuyos atributos son el nombre y el año de ingreso. El criterio de ordenación natural será por nombres.

Implementar un programa donde se crean cinco objetos `Academico`, que se insertan en un mapa en el que la clave es la letra del sillón que ocupan, y el valor un objeto de la clase `Academico`. Para ello implementar el método estático:

```
static boolean nuevoAcademico(Map<Character, Academico> academia, Academico
nuevo, Character letra),
```

donde se lleva a cabo la inserción después de comprobar que el carácter pasado como parámetro es una letra del abecedario.

Hacer diversos listados de los académicos: primero sin letra, por orden de nombre y de año de ingreso; y después con letra, por orden de letra (clave), nombre y fecha de ingreso. Debemos recordar que, en código Unicode, las mayúsculas van antes que las minúsculas.

Solución

```
public class Academico implements Comparable<Academico> {
     String nombre;
     int aIngreso;
     public Academico(String nombre, int aIngreso) {
          this.nombre = nombre;
          this.aIngreso = aIngreso;
     }
     @Override
     public int compareTo(Academico o) {
          return nombre.compareTo(o.nombre);
     }
     @Override
     public String toString() {
          return "Academico{" + "nombre=" + nombre
               + ", año de ingreso=" + aIngreso + "}\n";
     }
}

     /*Programa principal: Con TreeMap tenemos un mapa ordenado por las claves
     (la letra), donde vamos a insertar cinco académicos */
     Map<Character, Academico> academia = new TreeMap<>();
     for (int i = 0; i < 5; i++) {
          System.out.print("Letra: ");
          Character letra = new Scanner(System.in).next().charAt(0);
          System.out.print("Nombre: ");
          String nombre = new Scanner(System.in).next();
          System.out.print("Año de ingreso: ");
          int ingreso = new Scanner(System.in).nextInt();
          nuevoAcademico(academia, new Academico(nombre, ingreso), letra);
     }
     System.out.println("Orden por letra: " + academia);
/*Para ordenar por los valores, tenemos que obtener una vista del mapa. Si
nos conformamos con mostrar solo los valores (nombre y año de ingreso de los
académicos, bastará una vista de los valores, transformada en lista para poder
ordenar: */
     Collection<Academico> sinLetra =academia.values();
     List<Academico> listaSinLetra = new ArrayList<>(sinLetra);
     Collections.sort(listaSinLetra);
     System.out.println("Por nombre sin letra: " + listaSinLetra);
      /*por año de ingreso: */
     Comparator<Academico> comparaIngresos = new Comparator<>() {
               @Override
               public int compare(Academico o1, Academico o2) {
                  return o1.aIngreso - o2.aIngreso;
          }
     };
     Collections.sort(listaSinLetra, comparaIngresos);
     System.out.println("Por año sin letra: " + listaSinLetra);
     /*Si queremos que aparezca la clave (la letra) trabajaremos con una vista de
     las entradas: */
     Set<Map.Entry<Character, Academico>> conLetra = academia.entrySet();
     /*Convertimos en lista para ordenar las entradas:*/
     List<Map.Entry<Character, Academico>> listaConLetra
          = new ArrayList<>(conLetra);
```

```
/*Ordenamos por año de ingreso: */
Collections.sort(listaConLetra,
     new Comparator<>() { /*el tipo se infiere de listaConLetra*/
     @Override
     public int compare(Map.Entry<Character, Academico> o1,
                Map.Entry<Character, Academico> o2) {
                      return o1.getValue().aIngreso - o2.getValue().aIngreso;
     }
});
System.out.println("Orden por año de ingreso: " + listaConLetra);
/*Ordenamos por orden natural (nombres) de los académicos*/
Collections.sort(listaConLetra,
new Comparator<>() {/*el tipo se infiere de listaConLetra*/
     @Override
     public int compare(Map.Entry<Character, Academico> o1,
               Map.Entry<Character, Academico> o2) {
                     return o1.getValue().compareTo(o2.getValue());
      }
});
System.out.println("Orden por nombre: " + listaConLetra);

static boolean nuevoAcademico(Map<Character, Academico> academia, Academico
nuevo, Character letra) {
    boolean insertado = false;
    if ((letra >= 'A' && letra <= 'Z')
               || (letra >= 'a' && letra <= 'z')
               || letra == 'ñ' || letra == 'Ñ') {
         academia.put(letra, nuevo);
         insertado = true;
     } else {
         System.out.println("Letra no válida");
     }
     return insertado;
}
```

MAPA CONCEPTUAL

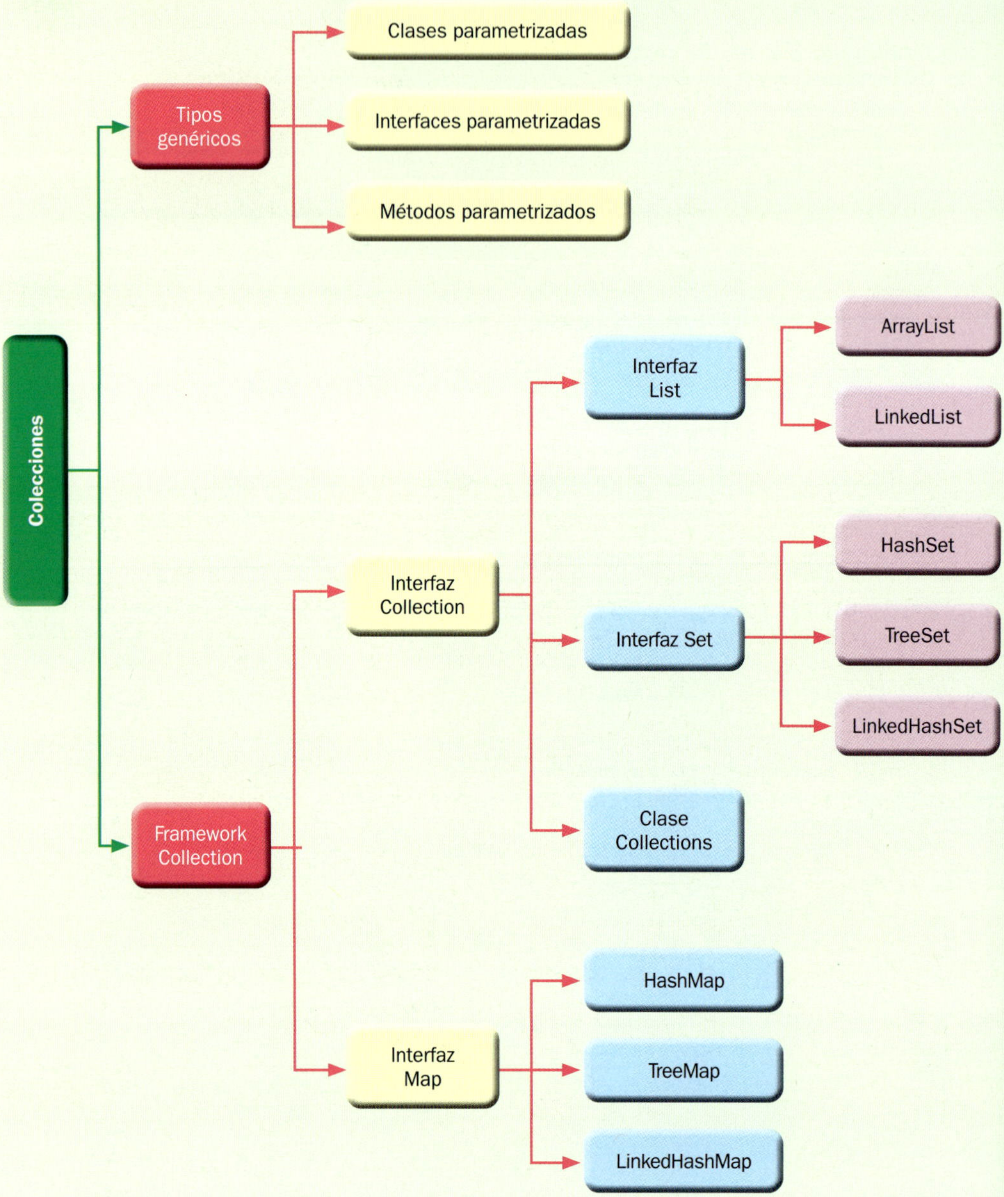

Actividades de comprobación

12.1. ¿Qué es `Collection`?
- a) Una interfaz.
- b) Una clase.
- c) Un sistema operativo.
- d) Un método.

12.2. Los tipos genéricos sirven para:
- a) Usar objetos de la clase `Object`.
- b) Usar variables primitivas.
- c) Usar tipos parametrizados.
- d) No tener que usar ningún tipo.

12.3. ¿Para qué sirve una lista?
- a) Guardar datos primitivos.
- b) Guardar datos que no se pueden repetir.
- c) No tener que ordenar un conjunto de datos.
- d) Guardar, de forma dinámica, datos que se pueden repetir y ordenar.

12.4. Un conjunto es una colección de elementos:
- a) Que no admiten orden.
- b) Que admiten repeticiones.
- c) Que no se pueden alterar.
- d) Cuyo criterio fundamental es el de pertenecer al conjunto.

12.5. `ArrayList` y `LinkedList` se diferencian:
- a) En el número de elementos.
- b) En el rendimiento.
- c) En el orden de los elementos.
- d) En nada.

12.6. Los métodos de la interfaz `Set`:
- a) Son los mismos que los de `List`.
- b) Son los mismos que los de `Collection`.
- c) Son implementados en la clase `ArrayList`.
- d) Esta interfaz no tiene métodos.

12.7. Si la variable `a` referencia un objeto `ArrayList`, la expresión `new TreeSet(a)`:
- a) Devuelve un conjunto ordenado con los elementos de `a`.
- b) Es incorrecta.
- c) Devuelve una lista ordenada.
- d) Devuelve una tabla.

12.8. ¿Qué es `Collections`?
- a) Una clase cuyos objetos están repetidos.
- b) Una interfaz de la que heredan todas las colecciones.
- c) Una clase con métodos estáticos que sirven para gestionar colecciones.
- d) Nada, le sobra la ese.

12.9. Un mapa en Java es:

a) Un gráfico con las relaciones de herencia entre interfaces.
b) Una colección.
c) Una representación de los datos por pantalla.
d) Una estructura dinámica cuyos elementos son parejas clave-valor.

12.10. Si queremos cambiar el valor de una entrada en un mapa, usaremos el método:

a) put().
b) set().
c) add().
d) insert().

Actividades de aplicación

12.11. Utilizando la clase `Contenedor` definida en la Actividad resuelta 12.2, implementa una aplicación donde se guardan 30 enteros aleatorios entre 1 y 10 y luego se ordenan de menor a mayor. La aplicación debe mostrar el contenedor antes y después de ordenar.

12.12. Añade a la clase `Contenedor` el método

```
void ordenar(Comparator<T> c),
```

que ordena los elementos del contenedor según el criterio de `c`.

12.13. Repite la Actividad de aplicación 12.11 ordenando los números de mayor a menor.

12.14. Añade a la clase `Contenedor` el método

```
T get(int indice),
```

que devuelve el elemento que ocupa el lugar `indice` dentro del contenedor.

12.15. Implementa un método genérico al que se le pasa una lista de valores de la clase genérica `T` y devuelve otra donde se han eliminado las repeticiones.

12.16. Implementa una aplicación que gestione los socios de un club usando la clase `Socio` implementada en la Actividad resuelta 12.11. En particular, se deberán ofrecer las opciones de alta, baja y modificación de los datos de un socio. Además, se listarán los socios por nombre o por antigüedad en el club.

12.17. Implementa la clase `Cola` genérica utilizando un objeto `ArrayList` para guardar los elementos.

12.18. Implementa la clase `Pila` genérica utilizando un objeto `ArrayList` para guardar los elementos.

12.19. Escribe un programa donde se introduzca por consola una frase que conste exclusivamente de palabras separadas por espacios. Las palabras de la frase se almacenarán en una lista. Finalmente, se mostrarán por pantalla las palabras que estén repetidas y, a continuación, las que no lo estén.

12.20. Utilizando colecciones, implementa la clase `Supercola`, que tiene como atributos dos colas para enteros, en las que se encola y desencola por separado. Sin embargo, si una de las colas queda vacía, al llamar a su método `desencolar()`, se desencola de la otra mientras tenga elementos. Solo cuando las dos colas estén vacías, cualquier llamada a desencolar devolverá `null`. Escribe un programa con el menú:

1. Encolar en `cola1.`
2. Encolar en `cola2.`
3. Desencolar de `cola1.`
4. Desencolar de `cola2.`
5. Salir.

Después de cada operación se mostrará el estado de las dos colas para seguir su evolución.

12.21. Implementa una aplicación donde se insertan 20 números enteros aleatorios distintos, menores que 100, en una colección. Deberán guardarse por orden decreciente a medida que se vayan generando, y se mostrará la colección resultante por pantalla.

12.22. Introduce por teclado, hasta que se introduzca «fin», una serie de nombres, que se insertarán en una colección, de forma que se conserve el orden de inserción y que no puedan repetirse. Al final, la colección se mostrará por pantalla.

12.23. Repite la Actividad de aplicación 12.22 de forma que se inserten los nombres manteniendo el orden alfabético.

12.24. Implementa una función a la que se le pasen dos listas de enteros ordenadas en sentido creciente y nos devuelva una única lista, también ordenada, fusión de las dos anteriores. Desarrolla el algoritmo de forma no destructiva, es decir, que las listas utilizadas como parámetros de entrada se mantengan intactas.

12.25. Implementa una aplicación que gestione un club donde se identifica a los socios por un apodo personal y único. De cada socio, además del apodo, se guarda el nombre y su fecha de ingreso en el club. Utiliza un mapa donde las claves serán los apodos y los valores, objetos de la clase `Socio`. Los datos se guardarán en un fichero llamado «club.dat», de donde se leerá el mapa al arrancar y donde se volverá a guardar actualizado al salir. Las operaciones se mostrarán en un menú que tendrá las siguientes opciones:

1. Alta socio.
2. Baja socio.
3. Modificación socio.
4. Listar socios por apodo.
5. Listar socios por antigüedad.
6. Listar los socios con alta anterior a un año determinado.
7. Salir.

12.26. Un centro educativo necesita distribuir de forma aleatoria a los alumnos de un curso entre los grupos disponibles para ese curso. Diseña la función

```
List<List<String>> repartoAlumnos(List<String> lista, int numGrupos)
```

que devuelve una lista de listas, cada una de las cuales corresponde a un grupo.

Cada nombre de la lista de alumnos se asigna a uno de los grupos.

Actividades de ampliación

12.27. Implementa la función `leeCadena()`, con el siguiente prototipo:

```
List<Character> leeCadena(),
```

que lee una cadena por teclado y nos la devuelve en una lista con un carácter en cada elemento.

12.28. Implementa la función `uneCadenas`, con el siguiente prototipo:

```
List<Character > uneCadenas(List<Character > cad1, List<Character > cad2)
```

que devuelve una lista con la concatenación de `cad1` y `cad2`.

12.29. Añade a la clase `Contenedor` para tipos genéricos los métodos:

- `int[] buscarTodos(Object e):` devuelve una tabla con los índices de todas las ocurrencias de `e`.
- `boolean eliminarTodos(Object e):` elimina todas las ocurrencias de `e`. Devuelve `true` si la lista queda alterada.

12.30. Implementa una función

```
<T> List<T> eliminaRepetidos(List<T> lista)
```

a la que se pase una lista de objetos y devuelva una copia sin elementos repetidos.

12.31. Implementa las clases `Cola` y `Pila` genéricas heredando de `ArrayList`.

12.32. Implementa la función

```
static <E> List<E> clonaLista(List<E>)
```

que realice una copia exacta de una lista.

12.33. Define la clase `ListaOrdenada`, que almacena una serie de objetos de tipo genérico `E`, de forma ordenada, pudiéndose repetir. Los elementos se ordenarán según el orden natural de `E` o bien con el criterio de orden definido en un comparador que se le pasa al constructor.

12.34. Amplía la Actividad resuelta 12.14, de forma que se gestionen los registros de temperatura de diferentes días en la misma aplicación. Para ello, implementa un mapa cuyas entradas tendrán como clave la fecha y como valor el conjunto con los registros de un día. Implementa también un programa que gestione los registros del día actual y permita visualizar los de un día cualquiera, junto con sus estadísticas. Al arrancar el programa se cargará en memoria el mapa a partir del fichero correspondiente y, al terminar, se volverá a guardar actualizado.

12.35. Con la clase `Jornada` definida en la Actividad de ampliación 9.28, implementa una aplicación que gestione las jornadas de los trabajadores de una empresa por medio de colecciones, incluyendo altas y bajas de trabajadores y altas de jornadas, así como el listado de las jornadas de un trabajador. Los datos se guardarán en un fichero binario.

12.36. Repite la Actividad de ampliación 9.32 utilizando una colección para guardar y manipular las `Llamadas`.

12.37. Queremos gestionar la plantilla de un equipo de fútbol, en la que a cada jugador se le asigna un dorsal que no puede estar repetido. Para ello vamos a crear una estructura de tipo `Map` cuyas entradas corresponden a los jugadores, con el dorsal como clave y un objeto de la clase `Jugador` como valor. De cada jugador se guarda el DNI, el nombre, la posición en el campo —para simplificar, los jugadores pueden ser porteros, defensas, centrocampistas y delanteros— y su estatura.

Define la clase Jugador y un enumerado para la posición en el campo, e implementa los siguientes métodos estáticos:

- `static void altaJugador(Map<Integer, Jugador> plantilla, Integer dorsal)`, que añade una entrada al mapa con el dorsal pasado como parámetro y el jugador creado dentro del método, introduciendo sus datos por consola.
- `static Jugador eliminarJugador(Map<Integer, Jugador> plantilla, Integer dorsal)`, que elimina la entrada correspondiente al jugador cuyo dorsal se pasa como parámetro. Dicho dorsal desaparece del mapa hasta que se asigne a otro jugador por medio de un alta. El método devuelve el jugador eliminado.
- `static void mostrar(Map<Integer, Jugador> plantilla)`, que muestra una lista de los dorsales con los nombres de los jugadores correspondientes.
- `static void mostrar(Map<Integer, Jugador> plantilla, String posicion)`, que muestra una lista de los jugadores que comparten una misma posición. Por ejemplo, todos los defensas o todos los delanteros.
- `static boolean editarJugador(Map<Integer, Jugador> plantilla, Integer dorsal)`, que permite modificar los datos de un jugador, excepto su dorsal y su DNI. Devuelve `true` si el dorsal existe y `false` en caso contrario.

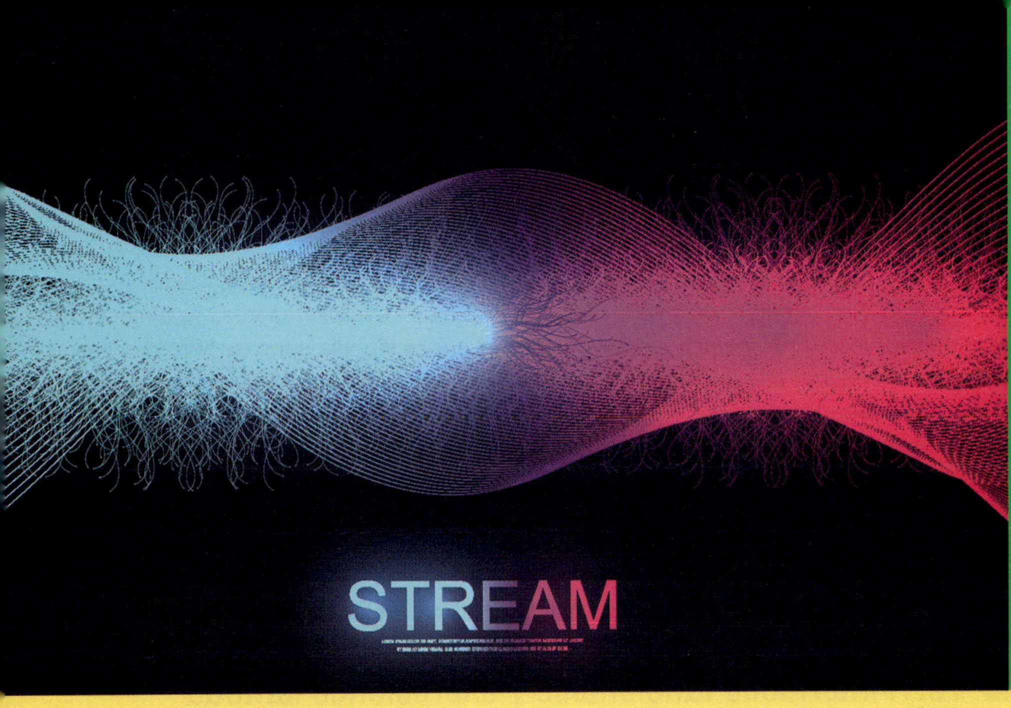

UNIDAD 13

Stream

Objetivos

- Saber implementar interfaces funcionales en línea.
- Implementar expresiones lambda.
- Conocer algunas interfaces funcionales importantes: *Predicate, Function* y *Consumer.*
- Saber aplicar las referencias a métodos.
- Conocer la interfaz Stream con sus funcionalidades más importantes.
- Emplear las operaciones intermedias más importantes de los Stream.
- Usar tuberías en las operaciones encadenadas de los Stream.
- Utilizar las operaciones terminales más importantes de los Stream.

Contenidos

Introducción

Las colecciones aportan versatilidad y potencia al procesamiento y la manipulación de datos complejos. Sin embargo, para recorrerlas disponemos de los iteradores, cuyo manejo puede resultar incómodo. A partir de Java 8, se ha introducido una serie de herramientas que permiten efectuar operaciones globales con los elementos de una colección, sin necesidad de recorrerlas nodo a nodo, aprovechando el procesamiento paralelo (ejecución simultánea de dos partes del código), de una forma transparente al programador. También pueden encadenarse, una a continuación de otra, formando tuberías, para dar un resultado final, sin necesidad de acceder a resultados intermedios. Aquí vamos a introducir los conceptos más importantes, como los Stream o las tuberías, con sus aplicaciones más frecuentes.

13.1. Interfaces funcionales y expresiones lambda

En la Unidad 9, donde estudiamos las interfaces, distinguíamos entre métodos por defecto, estáticos y abstractos. De todos ellos, en la definición de la clase solamente hay que implementar los últimos. Se llaman *interfaces funcionales* a aquellas que tienen un solo método abstracto. Son especialmente importantes porque tienen una sintaxis alternativa que permite una implementación más sencilla. Esto ha hecho que, de un tiempo a esta parte, proliferen las interfaces funcionales para tareas específicas que surgen con frecuencia en el trabajo del programador. Quizá la más conocida es la interfaz `Comparator`, que ya hemos usado repetidas veces y que nos va a servir de ejemplo.

A la hora de implementar una clase comparadora, podemos seguir varios caminos. Lo vamos a ilustrar manejando la lista de clientes de la unidad anterior. Supongamos que, en determinados momentos, queremos hacer una ordenación o una búsqueda por nombres, para lo cual necesitamos un comparador basado en el atributo `nombre`.

Primera forma

Creamos explícitamente una clase `ComparaNombres`, que implemente la interfaz `Comparator`, para comparar objetos `Cliente` basándose en el atributo *nombre.*

```
class ComparaNombres implements Comparator<Cliente> {
        public int compare(Cliente c1, Cliente c2) {
                return c1.nombre.compareTo(c2.nombre);
        }
}
```

A continuación, creamos un objeto `ComparaNombres` y lo pasamos a la función donde se va a usar:

```
Comparator<Cliente> comp = new ComparaNombres();
Collections.sort(lista, comp); /*la lista queda ordenada por nombres*/
```

Incluso podríamos prescindir de la variable `comp`, escribiendo una sola sentencia,

```
Collections.sort(lista, new ComparaNombres());
```

Segunda forma

Si vamos a usar el comparador una sola vez, no merece la pena implementar la clase comparadora explícitamente. Basta crear un objeto con una clase anónima (ver Apartado 9.6).

```
Comparator<Cliente> comp = new Comparator<>() {
        public int compare(Cliente c1, Cliente c2) {
                return c1.nombre.compareTo(c2.nombre);
        }
}
Collections.sort(lista, comp);
```

O bien

```
Collections.sort(lista, new Comparator<>() {
        public int compare(Cliente c1, Cliente c2) {
                return c1.nombre.compareTo(c2.nombre);
        }
});
```

donde el constructor de `Comparator` usa el operador diamante, ya que Java infiere el tipo `Cliente` de la lista que se pasa como primer parámetro.

Tercera forma (expresiones lambda)

La sentencia anterior es la forma más corta de escribir el código para hacer la ordenación de la lista de clientes, pero en ella hay información redundante. Podríamos preguntarnos por qué es necesario especificar el nombre del método `compare()` cuando sabemos que la interfaz `Comparator` solo tiene ese método abstracto. Esa es la idea que subyace en la sintaxis de las expresiones **lambda.** Para implementar una interfaz funcional con una expresión lambda, basta escribir la lista de parámetros y el cuerpo de la función abstracta separados por una flecha (`->`). En nuestro ejemplo, implementar el comparador de nombres de clientes consiste en implementar el método `compare()` que, en forma de expresión lambda, quedaría así:

```
Comparator<Cliente> comp =
(Cliente a, Cliente b) -> {return a.nombre.compareTo(b.nombre);};
```

Todo lo que está a la derecha del operador de asignación es la expresión lambda del método `compare()` de la interfaz `Comparator`, implementado para comparar nombres. El nombre del método no aparece, ya que Java lo infiere del lado izquierdo, donde aparece el de la interfaz `Comparator`, cuyo único método abstracto es `compare()`. Por tanto, Java sabe que en el lado derecho estamos implementando `compare()`. En realidad, también infiere el tipo de los parámetros de entrada (`Cliente` en nuestro caso), que igualmente se puede omitir del lado derecho.

```
Comparator<Cliente> comp =
(a,b) -> {return a.nombre.compareTo(b.nombre);};
```

En general, entre las llaves podemos escribir tantas sentencias como sean necesarias. En los casos como el anterior, en que el cuerpo de la función es una sola sentencia, tampoco es necesaria la orden `return`. También podemos prescindir de la variable `comp` y colocar la expresión lambda directamente en la lista de parámetros de `sort()`.

```
Collections.sort(lista,
(a,b) -> {return a.nombre.compareTo(b.nombre);});
```

Java sabe que el segundo parámetro de `sort()` es un objeto `Comparator` e interpreta que el código que le pasamos corresponde al método `compare()` implementado para objetos `Cliente`, que es el tipo genérico asociado a la lista que se pasa como primer parámetro.

La sintaxis general de una expresión lambda es:

```
(tipo1 param1, tipo2 param2,...) -> {Cuerpo de la expresión lambda };
```

Es decir,

- Una lista de parámetros formales, entre paréntesis, separados por comas. Los tipos de los parámetros se pueden omitir si Java los puede inferir del contexto. Cuando hay un solo parámetro de entrada, también se pueden omitir los paréntesis.
- Una flecha `->` (guion alto «`-`» seguido de «`>`»).
- El cuerpo de la función entre llaves, que puede consistir en una sentencia o un bloque de sentencias. Si es una única sentencia y no devuelve ningún valor, las llaves se pueden omitir. Si es una única sentencia y devuelve un valor, la orden `return` se puede omitir, ya que Java devuelve automáticamente el resultado de la sentencia.

Actividad resuelta 13.1

Definir una interfaz funcional cuya función abstracta permita generar un saludo dirigido al objeto que se le pasa como parámetro. Implementar un saludo para nombres (clase `String`) y otra para clientes (clase `Cliente`). Aplicarlas a varios casos particulares.

Solución

```
public interface Saludo<T> {
    String saludar(T e);
}
/*Programa principal*/
/*Para nombres: */
Saludo<String> saludoNombres = s -> "¡Hola " + s + "!";
System.out.println(saludoNombres.saludar("Claudia"));
System.out.println(saludoNombres.saludar("Ana"));
/*Para clientes: */
Saludo<Cliente> saludoClie = c -> "¡Buenos días " + c.nombre + "!\n";
System.out.println(saludoClie.saludar(
        new Cliente("111", "Marta", "12/02/2000")));
```

Actividad resuelta 13.2

Utilizando la interfaz `Saludo` de la Actividad resuelta 13.1, implementar un método estático que aplique un saludo a un grupo de personas que se le pasa como parámetro en una tabla. Devolverá los saludos en una lista de cadenas.

Aplicarlo a una tabla de clientes.

Solución

```
static <T> List<String> saludarGrupo(T[] grupo, Saludo<T> saludo){
        List<String> res=new ArrayList<>();
        for (T e : grupo) {
            res.add(saludo.saludar(e));
        }
        return res;
}
/*Programa principal: lo aplicamos a un grupo de clientes*/
Cliente[] grupoClientes = {
            new Cliente("111", "Marta", "12/02/2000"),
            new Cliente("115", "Jorge", "16/03/1999"),
            new Cliente("112", "Carlos", "01/10/2002"),
            new Cliente("211", "Ana", "07/12/2001")};
    System.out.println(saludarGrupo(grupoClientes, c -> "¡Buenos días " + c.nombre
    + "!\n"));
```

Actividad resuelta 13.3

Implementar un método estático al que se pasa como parámetro una tabla de tipo genérico y un comparador para dicho tipo. El método devuelve el valor máximo de los elementos de la tabla según el criterio de orden del comparador. Aplicarlo a una tabla de clientes para buscar el de más edad.

Solución

```
/*Para encontrar el valor máximo max de la tabla, empezamos asignándole el
valor del primer elemento y lo vamos comparando con los que le siguen.
Cada vez que encuentra uno mayor, este lo sustituye. Al final, la variable max
guardará el valor máximo */
static <T> T maximo(T[] tabla, Comparator<T> c) {
        T max = tabla[0];
        for (T e : tabla) {
            if (c.compare(e, max) > 0) {
                max = e;
            }
        }
        return max;
    }
/*Programa principal*/
/*Aplicado a la tabla de clientes de la actividad anterior: */
System.out.println(maximo(grupoClientes, (a,b)->a.edad()-b.edad()));
```

13.2. Algunas interfaces funcionales de la API

En vista de la simplicidad y la versatilidad de las interfaces funcionales, se ha definido un cierto número de ellas que, como `Comparator`, corresponden a operaciones fundamentales, frecuentes en las tareas del programador. A continuación, vamos a ver las más importantes, que además serán necesarias con los objetos de tipo `Stream` que estudiaremos más adelante.

- **`Predicate<T>`**: se emplea para comprobar una condición en un valor del tipo genérico `T`. Su método abstracto es:

`boolean test(T valor)`: devuelve `true` si la condición se verifica para `valor` y `false` en caso contrario. Por ejemplo, para comprobar si un `Integer` es positivo, podemos definir el predicado.

```
Predicate<Integer> esPositivo = x -> x > 0;
```

Entoces,

```
esPositivo.test(5)
```

devolverá `true`.

El método `test()` es el único abstracto de la interfaz `Predicate`, pero junto a él hay otros tres métodos por defecto:

1. `Predicate<T> negate()`: devuelve un nuevo predicado que es la negación del predicado invocante. En nuestro caso,

   ```
   esPositivo.negate()
   ```

   nos devuelve un predicado que comprueba si un `Integer` no es positivo (es menor o igual que 0).

   ```
   Predicate<Integer> esNoPositivo = esPositivo.negate();
   ```

   La expresión

   ```
   esNoPositivo.test(5)
   ```

   devolverá `false`. En una sentencia única

   ```
   esPositivo.negate().test(5)
   ```

   que dará el mismo resultado, `false`.

2. `Predicate<T> and(Predicate<? super T> otro)`: devuelve un predicado que es la conjunción del predicado invocante y del que se pasa como parámetro, de modo que `test()` devolverá `true` cuando los dos predicados sean ciertos para el valor que se le pase como parámetro. El tipo genérico de `otro` debe ser igual o una superclase de `T` para garantizar que no va a contener ni evaluar más atributos que los de la clase `T`. Veámoslo con un ejemplo.

Para ello vamos a definir un segundo predicado,

```
Predicate<Integer> esPar = n -> n % 2 == 0;
```

que comprueba si un entero es par.

Si queremos saber si el entero 6 es par y positivo, escribimos

```
Predicate<Integer> esPositivoYPar = esPar.and(esPositivo);
```

Entonces, la expresión

```
esPositivoYPar.test(6)
```

devolverá `true`, ya que 6 es par y positivo a la vez.

También podemos poner

```
esPar.and(esPositivo).test(6)
```

En cambio,

```
esPar.and(esPositivo).test(-6)
```

y

```
esPar.and(esPositivo).test(7)
```

devuelven `false`, ya que –6 es par, pero no positivo y 7 es positivo, pero impar.

3. `Predicate<T> or(Predicate<? Super T> otro)`: devuelve un predicado cuyo método `test()` devolverá `true` cuando al menos uno de los dos predicados —invocante y otro— sea `true` para el valor que se le pase como parámetro.

```
Predicate<Integer> esPosotivoOPar = esPositivo.or(esPar);
esPositivoOPar.test(6) //true, par y positivo
esPositivoOPar.test(5) //true, es positivo
esPositivoOPar.test(-2) //true, es par
esPositivoOPar.test(-3) //false, no es par ni positivo
```

- **`Function<T, V>`**: coincide con la funcionalidad de las funciones matemáticas. Su único método abstracto es:

  `V apply(T x)`: acepta un parámetro de tipo `T` con el que hace una serie de operaciones que dan como resultado un valor de tipo `V`, que es devuelto por la función. Por ejemplo, si queremos definir una función que calcula el cuadrado de un valor real (de tipo `Double`),

```
Function<Double, Double> cuadrado = x -> x*x;
System.out.println(cuadrado.apply(2.0)); /*mostrará 4.0 por consola*/
```

  Además, `Function` añade tres funciones por defecto, que sirven para componer funciones. No las vamos a estudiar aquí por salirse del propósito de este libro.

- **`Consumer<T>`**: sirve para realizar una acción a partir de un argumento de entrada. Su método abstracto es:

  `void accept(T t)`: recibe uçn valor del tipo `T`, con el que hace operaciones sin devolver nada.

Por ejemplo, si queremos mostrar por pantalla un saludo a distintos clientes,

```
Consumer<Cliente> saludoClie = c -> System.out.println("Hola, " + c.nombre);
```

El método `accept()`, recibe como argumento un objeto `Cliente` y, a partir de él, creará un mensaje de saludo con su nombre.

```
Cliente clie=new Cliente("123", "Jorge", 20);
saludoClie.accept(clie); //se mostrará "Hola, Jorge"
```

A veces querremos que un objeto `Comsumer` actúe sobre un conjunto de instancias de una determinada clase. Para ello se usa el método `forEach()`, de la interfaz `Iterable<T>`,

```
default void forEach(Consumer<? super T> accion)
```

Este método podrá ser llamado por cualquier objeto que implemente `Iterable`, como, por ejemplo, las colecciones `ArrayList`, `LinkedList`, `HashSet`, `TreeSet` o `LinkedHashSet`. El método lo recorrerá y realizará la acción «para cada» (*for each*, en inglés) uno de sus elementos. Por ejemplo, si queremos saludar a todos clientes de `listaClientes`,

```
List<Cliente> listaClientes = new ArrayList<>();
listaClientes.add(new Cliente("111", "Marta", "12/02/2000"));
listaClientes.add(new Cliente("115", "Jorge", "16/03/1999"));
listaClientes.add(new Cliente("112", "Carlos", "01/10/2002"));
listaClientes.add(new Cliente("211", "Ana", "07/12/2001"));
listaClientes.forEach(saludoClie);
```

La API proporciona otras interfaces funcionales importantes que iremos viendo.

Una particularidad de las clases anónimas y de las expresiones lambda (en realidad, de todas las clases llamadas *locales*, cuyo estudio excede el objeto de este libro) es que dentro de ellas se pueden usar variables locales del ámbito donde está definida la expresión, es decir, dentro del mismo bloque de sentencias. Por ejemplo, en el siguiente código, se puede usar la variable `x` en la expresión lambda, pero no la `y`:

```
int y = 5;
{
        int x = 6;
        Function<Integer, Integer> f = a -> a + x;//Correcto
        Function<Integer, Integer> g = a -> a + y;// ¡Error!
}
```

Sin embargo, la variable local que se incluya en una expresión lambda (en nuestro caso, la `x`) debe ser una constante, bien declarada con el modificador `final`, o bien «efectivamente inmutable», que significa que, aunque no se haya declarado `final`, actúa como si lo fuera. Es decir que, una vez declarada e inicializada, no cambia su valor dentro de su ámbito de existencia, ya sea antes de la expresión lambda, dentro de ella o después de ella.

```
int x = 6;
x++; // ¡Error!
Function<Integer, Integer> f = a -> a + x++; // ¡Error!
x=10; // ¡Error!
```

Actividad resuelta 13.4

Implementar un método estático al que se pasa como parámetro una tabla de tipo genérico y un predicado. El método devuelve otra tabla con los elementos de la tabla original que verifiquen la condición del predicado. Aplicarlo a una tabla de 50 enteros entre 1 y 100, que devuelva los múltiplos de 3.

Solución

```
static <T> T[] filtrar(T[] original, Predicate<T> p) {
        /*Como no se puede crear una tabla genérica con el operador new, la
        construimos haciendo una copia vacía de la tabla original: */
   T[] filtrada = Arrays.copyOf(original, 0);
   for (T t : original) {
      if (p.test(t)) {
         filtrada = Arrays.copyOf(filtrada,filtrada.length + 1);
         filtrada[filtrada.length - 1] = t;
      }
   }
   return filtrada;
}

/*Programa principal*/
Integer[] t = new Integer[50];
for (int i = 0; i < 50; i++) {
    t[i] = (int) (Math.random() * 100);
}
Arrays.sort(t); //Para visualizar mejor la tabla
Integer[] mult3 = filtrar(t, e -> e % 3 == 0);
System.out.println("Original: " + Arrays.toString(t));
System.out.println("Múltiplos de 3: " + Arrays.toString(mult3));
```

Actividad propuesta 13.1

Implementa un método estático al que se pasa como parámetro una lista de tipo genérico y un predicado. El método devuelve otra lista con los elementos de la lista original que verifiquen la condición del predicado. Aplicarlo a una lista de 50 enteros entre 1 y 100, que devuelva los múltiplos de 3.

Actividad resuelta 13.5

Implementar el método estático

```
static <T, V> V[] transformar(T[] original, V[] transf, Function<T, V> f)
```

al que se pasan dos tablas de tipo `T` y `V` respectivamente, y devuelve la segunda tabla con los elementos de la primera transformados mediante la función que va en el tercer parámetro. Escribir un programa donde se usa este método para obtener una tabla con las raíces cuadradas de los elementos de otra.

Solución

```
static <T, V> V[] transformar(T[] original, V[] transf, Function<T, V> f){
```

```
        /*No olvidemos que no se puede usar new para crear transf, ya que es de
        tipo genérico. La tabla que pasamos en el segundo argumento puede tener
        cualquier tamaño. Nosotros nos encargamos de redimensionarla a nuestra
        conveniencia: */
    transf = Arrays.copyOf(transf, original.length);
    for (int i = 0; i < original.length; i++) {
        transf[i] = f.apply(original[i]);
    }
    return transf;
}
/*En el programa principal:*/
Integer[] tablaEnt = new Integer[20];
for (int i = 0; i < tablaEnt.length; i++) {
    tablaEnt[i] = (int) (Math.random() * 100 + 1);
}
Double[] tablaR = transformar(tablaEnt, new Double[0], y -> Math.sqrt(y));
System.out.println(Arrays.toString(tablaR));
```

Actividad propuesta 13.2

Implementa el método estático

```
static <T, V> List<V> transformar(List<T> original, Function<T, V> f)
```

similar al de la Actividad resuelta 13.5, al que se pasa una lista de tipo `T` y devuelve otra de tipo `V` con los elementos de la primera transformados mediante la función que va en el segundo parámetro. Escribe un programa donde se usa este método para obtener una lista con las raíces cuadradas de los elementos de otra. Observa que la segunda lista se puede crear dentro del método, a diferencia de lo que pasaba con las tablas.

Actividad resuelta 13.6

Implementar el método estático

```
static <T> paraCada(T[] tabla, Consumer<T> c)
```

similar a `forEach` (que no existe para tablas). Este método ejecuta en cada elemento de la tabla la acción implementada en el objeto `Consumer`.

Usarlo para mostrar por pantalla los nombres y edades de los `Clientes` de una tabla.

Solución

```
    static <T> void paraCada(T[] tabla, Consumer<T> c) {
        for (T t : tabla) {
            c.accept(t);
        }
    }
/*Lo usaremos con la tabla grupoClientes declarada e inicializada en la actividad
resuelta 13.2: */
        paraCada(grupoClientes, a -> System.out.println("dni: " + a.dni + "\
        tedad: " + a.edad()));
```

13.2.1. Referencias a métodos

A partir de la versión 8 de Java, es posible trabajar con referencias a métodos ya definidos en alguna clase. Cuando hemos implementado la interfaz `Function`, hemos pasado la función `apply()` como expresión lambda, es decir, como método de una clase anónima. Pero cuando la función ya está implementada en un método de alguna clase, como ocurre con `Math.sqrt()`, tenemos una forma aún más corta de escribirla: como una referencia al método. Una referencia a `Math.sqrt()` se escribe

```
Math::sqrt
```

y se puede colocar en lugar de la expresión lambda,

```
x -> Math.sqrt(x)
```

Entonces, para calcular raíces cuadradas de valores *Double,* podemos implementar

```
Function<Double, Double> raiz = Math::sqrt;
```

Para calcular una raíz cuadrada, pondríamos

```
Double x = raiz.apply(9.); // devolvería 3.0
```

Las referencias a métodos se escriben poniendo el nombre de la clase, seguido de «`::`» y del nombre del método (sin paréntesis ni lista de argumentos) cuando este es estático. Si no es estático, en vez del nombre de la clase pondremos una referencia a un objeto de la clase donde está definido el método. En nuestro caso, hemos escrito una referencia al método estático `sqrt()`, definido en la clase `Math` de la API.

A primera vista puede parecer extraña la idea de una referencia a una función. Pero, cuando el sistema va a ejecutar un programa, antes carga su código en la memoria, de donde luego va leyendo y ejecutando sentencia a sentencia. Por tanto, un método que forma parte de una aplicación que se va a ejecutar ocupa un cierto bloque de memoria. Cuando pasamos como parámetro la referencia de un método, lo que estamos pasando es la referencia del bloque de memoria donde está su código.

Como podemos ver, el método referenciado (en este caso `sqrt()`) no tiene por qué tener el mismo nombre del método «esperado» (`apply()`). Basta con que los parámetros de entrada y el tipo devuelto sean compatibles.

A la hora de asignar a una variable de tipo `Function` (o cualquier otra interfaz funcional) una referencia a un método, este puede estar implementado en una clase cualquiera. Por ejemplo, definamos los métodos `cuadrado()` y `cubo()` en la clase `Calculos`.

```
class  Calculos{
     Integer cuadrado(Integer a){
              return a*a;
     }
     static Integer cubo(Integer x){
              return x*x*x;
     }
}
```

Cualquiera de ellos puede ser asignado a una variable de tipo `Function`, ya que su estructura de parámetros de entrada y tipo devuelto es compatible con el método `apply()` definido en la interfaz. Se accede al método estático por medio del nombre de la clase y al no estático a través de un objeto creado previamente.

```
Function<Integer, Integer> f1 = Calculos::cubo;
Calculos calc = new Calculos();
Function<Integer, Integer> f2= calc::cuadrado;
```

No obstante, si se trata de un método no estático de la propia clase a la que pertenece el valor al que se aplica, se puede invocar con el nombre de la clase, sin necesidad de crear un nuevo objeto. Por ejemplo, si implementamos la clase `Entero`,

```
public class Entero {

    Integer valor;
    public Entero(Integer valor) {
        this.valor = valor;
    }
    Entero siguiente() {
        return new Entero(valor + 1);
    }
    @Override
    public String toString() {
        return "Entero{" + "valor=" + valor + '}';
    }
}
```

A partir de ella podemos definir la función `siguienteEntero`, que nos devuelve un objeto con valor incrementado en 1.

```
Function<Entero,Entero> siguienteEntero = Entero::siguiente;
System.out.println(siguienteEntero.apply(new Entero(3)));//4
```

Vemos que la referencia al método no estático `siguiente` se hace a través del nombre de la clase `Entero`.

Esta circunstancia no se daba en el ejemplo anterior, donde los datos eran de tipo `Integer` y los métodos pertenecían a la clase `Calculos`. Sin embargo, la encontraremos frecuentemente en los `Stream`.

Veamos un ejemplo un poco más elaborado de utilización de referencias a métodos. Vamos a implementar un método estático que aplica una transformación `m` a todos los elementos de una tabla, que también se le pasa como parámetro.

```
static <T> void aplicar(T[] tabla, Function<T,T> m){
    for (int i = 0; i < tabla.length; i++) {
            tabla[i]=m.apply(tabla[i]);
      }
}
```

Para probarlo, le pasaremos una tabla de enteros que deberá elevar al cuadrado con nuestro método `cuadrado()` definido en la clase `Calculos`.

```
Integer[]  t={1, 2, 3, 4, 5}
aplicar(t, f2); //o bien: aplicar(t, calc::cuadrado);
System.out.println(Arrays.toString(t));
```

Obtendríamos por pantalla: `[1 4 9 16 25]`

Obsérvese que los nombres de los métodos son `cuadrado()` o `cubo()`, no `apply()`. Igual que pasa con las expresiones lambda, Java infiere del tipo del parámetro de entrada *m* (la interfaz `Function`), que ambos métodos deben identificarse con `apply()`. Naturalmente, para que esto sea posible, los parámetros de entrada y el tipo devuelto de los métodos referenciados —`cuadrado()` o `cubo()`— tienen que ser compatibles con la definición de `apply()`.

Todo esto es extensible a cualquier interfaz funcional, ya sea de la API o creada por nosotros mismos.

También se pueden usar referencias a constructores. En este caso, la sintaxis es un poco especial. Como el constructor tiene el mismo nombre que la clase, cabría esperar algo así como `Cliente::Cliente`, pero en realidad es `Cliente::new`. Como ejemplo, podríamos implementar la interfaz `Function` para construir objetos de la clase `Saludo`.

```
class Saludo {
        String nombre;
        Saludo(String nombre) {
                this.nombre = nombre;
        }
        public String toString() {
                return "Hola, " + nombre;
        }
}
```

El método `apply()` de la interfaz `Function` recibirá una cadena con el nombre, y deberá construir y devolver un objeto `Saludo` con ese nombre.

```
Function<String, Saludo> construyeSaludo = Saludo::new;
Saludo s = construyeSaludo.apply("Claudia");
System.out.println(s); //¡Hola Claudia!
```

A la hora de ejecutar `apply()`, Java busca el constructor en la clase `Saludo` y lo ejecuta pasando el valor «Claudia» como parámetro.

Actividad resuelta 13.7

Añadir a la clase `Calculos` el método

```
static Double raiz3(Double x)
```

que calcula la raíz cúbica de `x`.

Con el método `transformar()`, implementado en la Actividad resuelta 13.5, obtener una tabla con las raíces cúbicas de los elementos de una tabla de números reales que se le pasa como parámetro.

Solución

```
    static Double raiz3(Double x){
        return Math.pow(x,1./3);
    }
/*En el programa principal:*/
Double[] t1 = {1., 2., 3., 4., 5., 6., 7., 8., 9.};
Double[] t2 = transformar(t1, new Double[0], Calculos::raiz3);
System.out.println(Arrays.toString(t2));
```

Actividad propuesta 13.3

Añade a Calculos el método

```
static Double raizN(Double base, Integer n)
```

que calcula la raíz n-ésima de `base`.

Usando el método `raizN()`, halla la raíz cuarta de los elementos de una tabla de números reales.

Actividad propuesta 13.4

Implementa el método

```
static List<Entero> transformar(List<Entero> original, Function<Entero, Entero> f, int n)
```

que aplica `n` veces la transformación expresada por `f` a los elementos de la lista `original`.

Aplícala para incrementar los elementos de `original` en `n` unidades. Usa referencias a funciones.

Actividad resuelta 13.8

Definir la interfaz `Funcion2`, donde se declara el método abstracto

```
U operar(T a, V b),
```

que admite dos parámetros, de tipo `T` y `V` respectivamente, y devuelve un resultado de tipo `U`.

Implementar el método estático

```
static <T, V, U> U[] operarTablas(T[] op1, V[] op2, U[] resultado,
Funcion2<T, V, U> f)
```

al que se pasan dos tablas, `op1` y `op2`, y devuelve otra tabla cuyos elementos son el resultado de operar los elementos correspondientes de `op1` y `op2` utilizando el método implementado en `f`.

Añadir a `Calculos` el método `producto()`, que devuelve el producto de los dos valores reales que se le pasan como parámetros. Usar el método `operar()` para multiplicar los valores de dos tablas de tipo `Double`.

Solución

```
public interface Funcion2<T, V, U> {
    U operar(T a, V b);
}

static <T, V, U> U[] operar(T[] op1, V[] op2, U[] resultado,
Funcion2<T, V, U> f) {
/*Solo operamos si las longitudes de las dos tablas coinciden*/
        if (op1.length == op2.length) {
            resultado = Arrays.copyOf(resultado, op1.length);
            for (int i = 0; i < op1.length; i++) {
                resultado[i] = f.operar(op1[i], op2[i]);
            }
        } else {
            resultado = null;
        }
        return resultado;
}

/*Añadimos el método producto() a la clase Calculos:*/
   static Double producto(Double x, Double y){
        return x*y;
   }
/*Programa principal:*/
Double[] t1 = {1., 2., 3., 4., 5., 6., 7., 8., 9.};
Double[] t2 = {2., 5., 3., 7., 5., 9., 6., 1., 0.};
Double[] res = operar(t1, t2, new Double[0],Calculos::producto);
System.out.println(Arrays.toString(res));
```

13.3. Interfaz Stream

Los objetos de las clases que implementan la interfaz `Stream`, son sucesiones de objetos sobre los que se puede realizar una serie de operaciones, que pueden ir encadenadas hasta dar un resultado final. Dichas operaciones realizadas con un `Stream` pueden ser de dos tipos:

- **Intermedias:** dan como resultado un nuevo `Stream`, al que se le pueden seguir aplicando nuevas operaciones.
- **Terminales:** dan un resultado final, numérico o de otro tipo, pero no un `Stream`.

La idea es crear, a partir de una colección o una tabla, o bien explícitamente, un `Stream` al que se aplican operaciones intermedias encadenadas (es lo que se conoce como una *tubería* o *pipeline*), obteniendo un resultado final por medio de una operación terminal.

La ventaja de crear el `Stream` es que dispone de muchas más operaciones para procesar sus datos que las colecciones o las tablas.

Los `Stream` son objetos que implementan la interfaz `Stream`. Por tanto, la clase `Stream` no existe y los objetos `Stream` no se pueden crear con un constructor, sino llamando a alguna de las funciones implementadas para ello.

Se dice que las operaciones sobre `Stream` son agregadas y se inspiran en las operaciones globales de las colecciones, ya que operan sobre la totalidad del `Stream`. Muchas de ellas hacen uso de interfaces funcionales de la API, de las que hemos visto algunas ya. De hecho, los `Stream` se han diseñado para trabajar con expresiones lambda.

Argot técnico

Se llaman *operaciones agregadas* a aquellas que operan sobre la totalidad de un Stream, permitiendo la ejecución en paralelo, transparente al programador, para aumentar la velocidad del proceso.

13.3.1. Formas de crear un Stream

Hay diversas formas de obtener un `Stream` inicial, es decir, que no proceda de otro `Stream`. Nosotros vamos a ver cuatro.

- A partir de una colección: llamando al método `stream()`, definido en las clases de tipo `Collection`.

```
Stream<T> nombreStream = nombreColeccion.stream();
```

- A partir de una tabla de tipo `T[]`: llamando al método `of()`, de la interfaz `Stream`, con la tabla como parámetro.

```
Stream<T> nombreStream = Stream.of(tabla);
```

- A partir de una tabla de tipo `T[]`: usando el método `stream()`, de la clase `Arrays`, con la tabla como parámetro.

```
Stream<T> nombreStream = Arrays.stream(tabla);
```

- Inicializándolo directamente: también con el método `of()`, de `Stream`, pero pasándole como lista de parámetros los valores de tipo `T`, que lo inicializan.

```
Stream<T> nombreStream = Stream.of(val1, val2,...)
```

Todos ellos los iremos usando a lo largo de la unidad.

Supongamos que queremos trabajar con los elementos de una lista. Para verlo con un caso práctico, vamos empezar creando una lista de cadenas:

```
List<String> lista = new ArrayList<>();
lista.add("dado");
lista.add("arte");
lista.add("bola");
lista.add("asa");
lista.add("buzo");
lista.add("coche");
lista.add("barco");
lista.add("duna");
```

A partir de ella, creamos un `Stream` de cadenas por el primer método:

```
Stream<String> streamCad = lista.stream();
```

`streamCad` contiene una copia de todos los datos de la lista, no una referencia a los originales. Por tanto, los cambios que se hagan en el `Stream` no se van a reflejar en la lista original, que permanecerá intacta.

Una de las cosas que podemos hacer con los elementos de un `Stream` es filtrarlos. Para ello se usa el método

```
Stream<T> filter(Predicate<? Super T> pred)
```

Invocado desde el `Stream` original, se le pasa un predicado que se aplicará a todos los elementos del `Stream`. Solo aquellos que devuelvan `true` formarán parte del nuevo `Stream` devuelto por el método. Naturalmente, `filter()` es un método intermedio, ya que devuelve un nuevo `Stream`, susceptible de llamar a nuevos métodos para producir nuevas transformaciones. Por ejemplo, si queremos obtener, a partir de `streamCad`, un nuevo `Stream` con los elementos que empiezan por «a», crearemos el predicado

```
Predicate<String> empiezaPorA = s -> s.startsWith("a");
```

donde se ha invocado al método `startsWith()` de la clase `String`. Este predicado se le pasa como argumento al método `filter()`, invocado por `streamCad`, y devuelve un nuevo `Stream` con los elementos filtrados.

```
Stream<String> streamA = streamCad.filter(empiezaPorA);
```

Ahora `streamA` contiene aquellos elementos del `Stream` original que empiezan por «a». En realidad, lo más común es que el filtro solo se tenga que aplicar una vez. Por tanto, generalmente no merece la pena crear una variable para el predicado. Lo normal es pasarlo como argumento directamente, en forma de expresión lambda, al método `filter()`.

```
Stream<String> streamA = streamCad.filter(s -> s.startsWith("a"));
```

Si queremos ver los resultados obtenidos hasta ahora, tendremos que aplicar una nueva operación, ya que no existe una función `toString()` para `Stream`. Es decir, no podemos escribir

```
System.out.println(streamA);
```

Para que todos los elementos de un `Stream` se muestren por pantalla, deberemos hacer que para cada uno de ellos se ejecute el método

```
System.out.println();
```

Siempre que queramos que se ejecute una determinada acción «para cada» elemento de un `Stream`, usaremos el método

```
void forEach(Consumer<? Super T> accion)
```

donde `T` es el tipo genérico del `Stream` que invoca el método. El parámetro `accion` es un `Consumer` que lleva encapsulado el método `accept()`, que se tiene que ejecutar para todos y cada uno de los elementos del `Stream`. Como puede verse, `forEach()` no devuelve otro `Stream` (de hecho, no devuelve nada), por lo cual es un método terminal. Si queremos mostrar por pantalla todos los elementos de `streamA`, llamamos a `forEach()` pasándole como argumento un `Consumer` que muestre cadenas por pantalla

```
Consumer<String> mostrar = s -> System.out.println(s);
streamA.forEach(mostrar);
```

o más brevemente

```
streamA.forEach(s -> System.out.println(s)); /*se mostrará  "arte" y "asa"*/
```

o incluso, usando referencias a métodos

```
streamA.forEach(System.out::println);
```

Una cosa **muy importante** que debemos tener en cuenta con los `Stream` es que no son reusables, es decir, cada operación intermedia sobre un `Stream` nos devuelve un `Stream` transformado, pero el `Stream` original se pierde. Por ejemplo, si después de obtener `streamA` con los elementos filtrados a partir de `streamCad` intentamos volver a utilizar este último para filtrar los elementos que empiezan por «b»,

```
streamCad.filter(s -> s.startsWith("b")).forEach(System.out::println);
```

saltará la excepción `java.lang.IllegalStateException`, con la descripción

```
stream has already been operated upon or closed
```

Es decir, ya se ha operado antes sobre `streamCad` y no se puede volver a usar. Podemos aplicar un nuevo método al `Stream` devuelto, formando una tubería (como veremos en el siguiente apartado), pero no podemos volver a usar el `Stream` original. Todo esto deberá tenerse en cuenta a la hora de probar las distintas funciones que estamos viendo, ya que un `Stream` usado con una función no puede ser reutilizado para probar otra. Si queremos hacerlo, deberemos volver a crearlo desde el principio a partir de la colección o la tabla original.

13.3.2. Tuberías o pipelines

Si de lo que se trataba era de mostrar por pantalla los elementos que empiezan por «a», podríamos haber prescindido de la variable intermedia `streamA` y haber encadenado las dos operaciones para formar lo que se llama una *tubería,* que no es más que un `Stream` fuente (creado a partir de una colección, de una tabla o por otro medio) al que se aplica una serie de operaciones intermedias encadenadas y se acaba con una operación terminal. En el ejemplo anterior, podíamos haber escrito

```
lista.stream().filter(s -> s.startsWith("a")).forEach(System.out::println);
```

Las tuberías, a menudo, son largas y no caben en una sola línea del editor. Además, la lectura puede ser incómoda. Por eso es costumbre poner cada operación en una línea.

```
lista.stream()
        .filter(s -> s.startsWith("a"))
        .forEach(System.out::println);
```

El `Stream` del ejemplo lo obtuvimos a partir de una lista. También podemos obtener un `Stream` a partir de una tabla con el método estático `of()` de la interfaz `Stream`. Para ver un ejemplo, vamos a crear una tabla de clientes.

```
Cliente[] tClie =  {
            new Cliente("111", "Marta", "12/02/2000"),
            new Cliente("115", "Jorge", "16/03/1999"),
```

```
                new Cliente("112", "Carlos", "01/10/2002"),
                new Cliente("211", "Ana", "07/12/2001")};
```

y, a partir de ella, obtendremos un `Stream` por cualquiera de los métodos aludidos

```
Stream<Cliente> streamClie = Stream.of(tClie);
```

o bien

```
Stream<Cliente> streamClie = Arrays.stream(tClie);
```

Como los `Stream` no son reutilizables, tiene poco sentido crear la variable `streamClie`. Lo habitual es escribir las tuberías completas, incluyendo la lista o la tabla iniciales cada vez. Así lo haremos con las nuevas operaciones de agregación que vamos a estudiar.

Una muy importante es ordenar los elementos de un `Stream` por medio del método

```
Stream<T> sorted()
```

que devuelve un nuevo `Stream` con los elementos ordenados según su orden natural.

```
Arrays.stream(tClie)
                .sorted()
                .forEach(System.out::println);
```

mostrará los clientes ordenados por DNI.

El método `sorted()` está sobrecargado y puede admitir como parámetro un comparador para especificar el criterio de ordenación de los elementos. Por ejemplo, si queremos que los clientes se ordenen por nombre, definimos el comparador:

```
Comparator<Cliente> comp = (x, y) -> x.nombre.compareTo(y.nombre);
```

con lo cual

```
Arrays.stream(tClie)
                .sorted(comp)
                .forEach(System.out::println);
```

o bien, prescindiendo de la variable `comp`

```
Arrays.stream(tClie)
                .sorted((x,y) -> x.nombre.compareTo(y.nombre))
                .forEach(System.out::println);
```

muestra los clientes ordenados por nombres.

A partir de un `Stream` podemos obtener otro cuyos elementos se corresponden uno a uno con los del `Stream` original, pero con una determinada transformación. Por ejemplo, puede interesarnos un `Stream` con los DNI de los clientes, en el mismo orden en que aparecen en el `Stream` original. Esa tarea la lleva a cabo el método

```
Stream<V> map(Function<? super T, ? extends V> mapper)
```

A pesar de lo aparatoso de la expresión, es fácil de usar. El método recibe como parámetro una función que transforma los elementos del `Stream` original del tipo `T` y devuelve un `Stream` con los elementos trasformados, de tipo `V`. En el ejemplo propuesto, necesitamos una función (en realidad, el método abstracto `apply()`, que ya vimos) que reciba un objeto `Cliente` y devuelva su DNI. La expresión lambda correspondiente será:

```
Function<Cliente, String> aDni = c -> c.dni;
```

que transforma un objeto `c` del tipo `Cliente` en su DNI, de tipo `String`.

Por tanto, prescindiendo de la variable `aDni`, podemos escribir

```
Arrays.stream(tClie)
                .map(c -> c.dni)
                .forEach(System.out::println);
```

que mostrará los DNI de todos los elementos de la tabla de clientes.

El método terminal

```
long count()
```

nos devuelve el número de elementos de un `Stream`. Por ejemplo,

```
long n = Arrays.stream(tClie)
        .filter(c-> c.fechaNacimiento.isAfter(LocalDate.of(2000, 12, 31)))
        .count();
```

devuelve 2, el número de clientes nacidos después de 2000.

Vamos a crear ahora un `Stream` de enteros inicializándolo de forma explícita.

```
Stream<Integer> streamEnteros = Stream.of(4, 3, 7, 1, 0, 8, 9, 3, 5,
4, 2, 1, 4, 6, 8, 1, 0, 2, 3);
```

Una de las cosas que podemos hacer es eliminar los elementos repetidos. Para ello existe el método

```
Stream<T> distinct()
```

que devuelve un nuevo `Stream` sin repeticiones,

```
    Stream.of(4, 3, 7, 1, 0, 8, 9, 3, 5, 4, 2, 1, 4, 6, 8, 1, 0, 2, 3)
                .distinct()
                .forEach(x -> System.out.print(x + " "));
```

mostrará por pantalla

```
4 3 7 1 0 8 9 5 2 6
```

A menudo querremos obtener un valor como resultado de cálculos con los elementos de un `Stream`. Para ello disponemos de los método de reducción, como `sum()`, `average()` o `reduce()`. Por ejemplo, si queremos obtener la suma de las edades de los clientes de `tClie`,

```
int sumaEdades = Arrays.stream(tClie)
            .mapToInt(c -> c.edad()) /*devuelve Stream de objetos Integer*/
            .sum();
System.out.println(sumaEdades);
```

o el promedio de las edades, por medio de un Stream especial para enteros,

```
double mediaEdades = Arrays.stream(tClie)
            .mapToInt(Cliente::edad) /*devuelve un IntStream, que es
            un Stream especial de enteros*/
```

```
                .average()
                .getAsDouble(); /*necesario, porque average() devuelve un objeto
                            OptionalDouble, no Double*/
System.out.println(mediaEdades);
```

Además de `sum()` y `average()`, `IntStream` dispone de otras operaciones, como `max()` —valor máximo—, `min()` —valor mínimo— o `skip(long n)`, que devuelve un nuevo `Stream` resultante de descartar los `n` primeros elementos.

El método `reduce()` es más general. Permite hacer operaciones que impliquen algún tipo de acumulación. Por ejemplo, podemos calcular la suma de las edades de la siguiente forma:

```
int sumaEdades = Arrays.stream(tClie)
                .map(Cliente::edad)
                .reduce(0, (a, b) -> a + b);
```

donde el primer parámetro es el valor inicial de la acumulación y también el valor por defecto, que se devuelve si el `Stream` está vacío. El segundo parámetro es el criterio de acumulación, que en nuestro caso es la suma.

También podemos concatenar dos `Stream` con el método estático definido en la interfaz `Stream`,

```
static Stream<T> concat(Stream<? extends T> prim, Stream<? extends T> seg)
```

que devuelve un nuevo `Stream` con los elementos del segundo a continuación de los del primero. Por ejemplo, si creamos un nuevo `Stream` de enteros, `streamNuevo`, y lo concatenamos con `streamEnteros` sin repeticiones,

```
Stream<Integer> streamNuevo = Stream.of(-1, -6, -3, -3);
Stream.concat(streamEnteros, streamNuevo)
                        .distinct()
                        .forEach(x -> System.out.print( x + " "));
```

obtendremos por pantalla

```
4 3 7 1 0 8 9 5 2 6 -1 -6 -3
```

A menudo nos interesará crear una tabla con los elementos de un `Stream`. Para ello disponemos del método

```
Object[] toArray()
```

Por ejemplo, si queremos una tabla con los números pares sin repetir,

```
Object[] tObject = Stream.of(-1, -6, -3, -3, 2, 4, 2, -1)
                        .distinct()
                        .filter(x -> x % 2 == 0)
                        .toArray();
```

Para transformar la tabla de tipo `Object[]` en una de tipo `Integer[]`, podemos usar el método `copyOf()` de la clase `Arrays`, sobrecargada con una versión que admite como último parámetro la clase de la tabla destino.

```
Integer[] tInt = Arrays.copyOf(tObject, tObject.length, Integer[].class);
```

Sin embargo, el método `toArray()` de la interfaz `Stream` también está sobrecargado con una versión que admite como parámetro un método que construya la tabla del tipo que deseemos (en nuestro caso usaremos un constructor), con lo cual nos ahorramos la transformación con `copyOf()`.

```
Integer[] tInt= Stream.of(-1, -6, -3, -3, 2, 4, 2, -1)
                .distinct()
                .filter(x -> x % 2 == 0)
                .toArray(Integer[]::new);
                //constructor de tabla de enteros
System.out.println(Arrays.toString(tInt));
```

También podemos agrupar los elementos de un `Stream` en una colección, un mapa o una cadena. O hacer estadísticas de sus datos. Todo esto se consigue con el método `collect()`. Es tan rico como complejo y no vamos a estudiarlo aquí a fondo. Solo veremos algunas aplicaciones sencillas que resultan muy útiles. En todos los casos se le pasa como parámetro un objeto de la clase `Collector`, que se obtiene a partir de distintos métodos de la clase `Collectors`. Por ejemplo, si queremos una lista con los valores de un `Stream`, pasamos como argumento el colector devuelto por `Collectors.toList()`.

```
List<Integer> listaNumeros = Stream.of(2, 5, 1, 4, -6, -3, -3)
                .collect(Collectors.toList());
```

También podemos extraer un conjunto, en vez de una lista:

```
Set<Integer> conjuntoNumeros = Stream.of(5, 1, 2, 6, 3, 9, 4, 1, 7, 3, 5)
                .collect(Collectors.toSet());
```

con lo cual se eliminan automáticamente las repeticiones, resultando

```
[1, 3, 5, 7, 9]
```

Se puede escoger una implementación concreta de lista o de conjunto. Por ejemplo, si queremos un conjunto ordenado, usaremos `Collectors.toCollection(TreeSet::new)`.

```
Set<Integer> conjuntoNumeros = Stream.of(5, 1, 2, 6, 3, 9, 4, 1, 7, 3, 5)
                .collect(Collectors.toCollection(TreeSet::new));
```

Cualquier elemento que se inserte en `conjuntoNumeros` lo hará manteniendo el orden natural.

```
conjuntoNumeros.add(-5);
conjuntoNumeros.add(13);
System.out.println(conjuntoNumeros);
```

Se mostrará:

```
[-5, 1, 3, 5, 7, 9, 13]
```

Volvamos al `Stream` de clientes. Si queremos crear un mapa de los DNI —claves— sobre los nombres —valores— de los clientes, usaremos `Collectors.toMap()` y deberemos especificar los atributos clave y el valor, por ese orden.

```
Map<String, String> mapaClientes = Stream.of(tClie)
                .collect(Collectors.toMap(c -> c.dni, c -> c.nombre));
```

obteniéndose el mapa

```
{111=Marta, 211=Ana, 112=Carlos, 115=Jorge}
```

Con `Collectors.averagingInt()` podemos calcular el promedio de las edades

```
double edadMedia = Stream.of(tClie)
                .collect(Collectors.averagingInt(c -> c.edad));
```

o una estadística general de las edades

```
IntSummaryStatistics sumarioEdad =
streamClie.collect(Collectors.summarizingInt(c -> c.edad));
```

donde `IntSummaryStatistics` es una clase capaz de calcular diversos parámetros estadísticos.

Podemos ejecutar

```
System.out.println(sumarioEdad);
```

y obtenemos por pantalla un sumario de dichos parámetros.

```
IntSummaryStatistics{count=4, sum=78, min=18, average=19.500000, max=21}
```

El método `Collectors.joining()` permite concatenar los elementos de un `Stream` de cadenas, escogiendo el separador y, de forma optativa, un prefijo y un sufijo. Por ejemplo, con un solo parámetro (el separador)

```
String nombres1 = Arrays.stream(tClie)
            .map(c -> c.nombre)
            .collect(Collectors.joining(", "));
            /*separados  por comas*/
System.out.println(nombres1);
```

mostraría por pantalla

```
Marta, Jorge, Carlos, Ana
```

En cambio, añadiendo un parámetro para el prefijo y otro para el sufijo

```
String nombres2 = Arrays.stream(tClie)
            .map(c -> c.nombre)
            .collect(Collectors.joining(", ","Nombres: [","]"));
System.out.println(nombres2);
```

mostraría

```
Nombres: [Marta, Jorge, Carlos, Ana]
```

Actividad resuelta 13.9

Implementar el método

```
static boolean esPrimo(Integer n),
```

que devuelve `true` si `n` es primo y `false` en caso contrario.

Escribir un programa que genere 100 números aleatorios menores que 1000 y que muestre por pantalla todos los que son primos:

1. Ordenados de menor a mayor.
2. Ordenados de mayor a menor.
3. Solo los comprendidos entre 200 y 800.

Solución

```
/*Método esPrimo()*/
static boolean esPrimo(Integer n) {
      boolean primo = true;
      for (int i = 2; primo && i <= Math.sqrt(n); i++) {
            if (n % i == 0) {
                  primo = false;
            }
      }
      return primo;
}
/*Programa principal*/
List<Integer> lista = new ArrayList<>();
for (int i = 0; i < 100; i++) {
      lista.add((int) (Math.random() * 1000));
}
/*Apartado 1*/
lista.stream()
            .filter(n -> esPrimo(n))
            .sorted()
            .forEach(n -> System.out.print(n + " "));
System.out.println("");
/*Apartado 2*/
lista.stream()
            .filter(n -> esPrimo(n))
            .sorted((a, b) -> b - a)
            .forEach(n -> System.out.print(n + " "));
System.out.println("");
/*Apartado 3*/
lista.stream()
            .filter(n -> esPrimo(n) && n > 200 && n < 800)
            .sorted((a, b) -> b - a)
            .forEach(n -> System.out.print(n + " "));
System.out.println("");
```

Actividad resuelta 13.10

Repetir el Apartado 1 de la Actividad resuelta 13.9, pero, en vez de mostrar los números, se devuelven en:

1. Una lista.
2. Una tabla.

Solución

```
/*Apartado 1*/
List<Integer> listaPrimos = lista.stream()
                        .filter(n -> esPrimo(n))
                        .sorted()
                        .collect(Collectors.toList());
System.out.println(listaPrimos);

/*Apartado 2*/
Integer[] tablaPrimos = lista.stream()
                        .filter(n -> esPrimo(n))
                        .sorted()
                        .toArray(Integer[]::new);
System.out.println(Arrays.toString(tablaPrimos));
```

Actividad resuelta 13.11

A partir de la tabla de clientes `tClie`, mostrar un listado de los clientes, donde aparezcan sus nombres y edades, ordenados por nombre.

Solución

```
Arrays.stream(tClie)
            .sorted((a, b) -> a.nombre.compareTo(b.nombre))
            .map(c -> c.nombre + "\t" + c.edad())
            .forEach(System.out::println);
```

Actividad resuelta 13.12

Crear una lista con 40 números enteros aleatorios entre –20 y 20. A partir de ella crear dos `Stream`, uno con los números positivos y otro con los negativos, todos ellos sin repetir.

Mostrar por pantalla el número de elementos de cada `Stream`. Crear otro `Stream` para contar los números que están comprendidos entre –10 y 10 incluidos, sin repeticiones.

Solución

```
        for (int i = 0; i < 40; i++) {
       /*Entre -20 y 20 inclusives, hay 41 números: */
            Integer n = (int) (Math.random() * 41) - 20;
            listaEnteros.add(n);
        }
        Collections.sort(listaEnteros);/*para visualizarlos mejor*/
        System.out.println(listaEnteros);
        /*números positivos*/
        long numPositivos = listaEnteros.stream()
                                .filter(n -> n > 0)
                                .distinct()//eliminamos repetidos
                                .count();
       System.out.println("Positivos:" + numPositivos);
       /*números negativos*/
```

```
long numNegativos = listaEnteros.stream()
                                .filter(n -> n < 0)
                                .distinct()
                                .count();
System.out.println("Negativos:" + numNegativos);
/*Entre -10 y 10*/
long num = listaEnteros.stream()
                                .filter(n -> n <= 10 && n >= -10)
                                .distinct()
                                .count();
System.out.println("Entre -10 y 10: " + num);
```

Actividad resuelta 13.13

A partir de la clase `Cliente`, crear la clase `DatosCliente` con los atributos nombre y `fechaNacimiento`, y los métodos:

- DatosCliente(Cliente c).
- int edad().
- String toString(), que muestre nombre y edad.

Con los elementos de la tabla de clientes `tClie`, construir un mapa que tenga como clave el atributo `dni` y como valor el objeto `DatosCliente` correspondiente. Mostrar el mapa por pantalla.

Solución

```
public class DatosCliente {
    String nombre;
    LocalDate fechaNacimiento;
    public DatosCliente(Cliente c) {
        this.nombre = c.nombre;
        this.fechaNacimiento = c.fechaNacimiento;
    }
    int edad() {
            return (int) fechaNacimiento.until(LocalDate.now(), ChronoUnit.YEARS);
    }
    @Override
    public String toString() {
            return "DatosCliente{" + "nombre=" + nombre + ", edad=" + edad() + "}\n";
    }
}
/*Programa principal*/
Map<String, DatosCliente> m=Arrays.stream(tClie)
          .sorted()
          .collect(Collectors.toMap(c->c.dni, c->new DatosCliente(c)));
System.out.println(m);
```

MAPA CONCEPTUAL

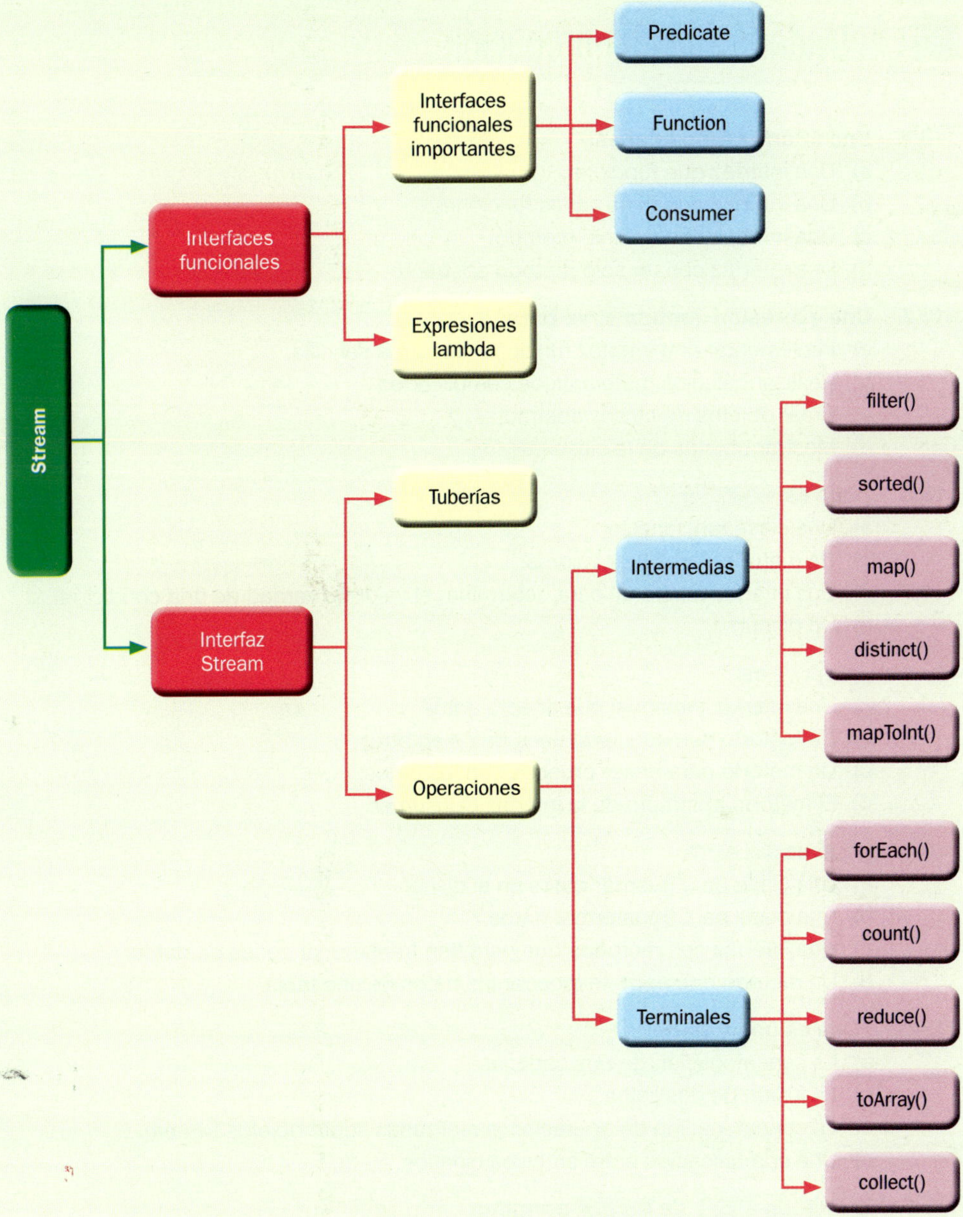

Actividades de comprobación

13.1. Una interfaz funcional es:

a) Una interfaz que funciona.
b) Una interfaz que tiene varias funciones.
c) Una interfaz con un solo método.
d) Una interfaz con un solo método abstracto.

13.2. Una expresión lambda sirve para:

a) Implementar una interfaz funcional de forma sencilla.
b) Realizar cálculos matemáticos complicados.
c) Crear objetos de clases abstractas.
d) Mostrar objetos de la clase `Object`.

13.3. ¿Qué es `Predicate`?

a) Una clase funcional.
b) Un método para filtrar valores.
c) Una interfaz funcional para determinar el valor de verdad de una condición.
d) Un discurso.

13.4. `accept()` es:

a) Una interfaz funcional que acepta datos.
b) Un método que convierte unos datos en otros.
c) Un método para hacer pruebas con los datos.
d) El método abstracto de la interfaz *Consumer.*

13.5. ¿Qué es `Stream`?

a) Una clase para guardar datos en el disco.
b) Una clase para transformar datos.
c) Una interfaz con métodos que permiten transformar series de datos.
d) Un método que permite mostrar los datos de una tabla.

13.6. ¿Qué es una tubería?

a) La concatenación de dos cadenas.
b) La fusión de dos listas.
c) La concatenación de operaciones realizadas sobre objetos Stream.
d) Una comunicación entre archivos binarios.

13.7. El método `map()` de `Stream` permite:

a) Obtener un objeto `HashMap`.
b) Filtrar los elementos de un `Stream`.
c) Transformar uno a uno los elementos de un `Stream` filtrándolos con un predicado.
d) Transformar uno a uno los elementos de un `Stream` aplicando una función.

13.8. El método `collect()` de `Stream` sirve para:

a) Agrupar de diversas formas los elementos de un Stream.
b) Filtrar los elementos de una colección.
c) Mostrar los elementos de una lista.
d) Ordenar los elementos de un `Stream`.

13.9. Las operaciones terminales de la interfaz `Stream` son:

a) Las que se realizan al principio de una tubería.
b) Las que no producen un nuevo `Stream`.
c) Las que producen un nuevo `Stream`.
d) Las que no hacen nada.

13.10. ¿Qué método sirve para realizar una acción sobre todos los elementos de un `Stream`?

a) action().
b) forEach().
c) sorted().
d) apply().

Actividades de aplicación

13.11. A partir de una lista de 100 enteros aleatorios menores que 1000:

a) Calcula cuántos son primos.
b) Determina cuál es el mayor, el menor, la suma de todos ellos y el valor promedio.

13.12. A partir de una lista con los enteros del 1 al 100, crea un `Stream` con los múltiplos de 7. Muéstralos por pantalla.

13.13. Fusiona dos listas, cada una con 20 enteros aleatorios entre 1 y 100, en un `Stream` ordenado sin repeticiones. Muestra los elementos del `Stream`.

13.14. A partir de una cadena con palabras separadas por espacios introducida por teclado, construye una tabla con las palabras. A partir de ella, crea un `Stream` con las palabras ordenadas por orden alfabético y muéstralas por pantalla.

13.15. Repite la Actividad de aplicación 13.14, pero en vez de mostrar por pantalla las palabras, construye una cadena con las palabras de más de tres letras.

13.16. Implementa la clase *Socio* con los atributos `dni`, `nombre`, `fechaNacimiento`, `fechaAlta` (ambos de tipo `LocalDate`), `cuota` y `numFamiliares` (número de familiares del socio).

Además de un constructor, implementa los métodos `equals()`, `compareTo()` (basados en el DNI) y `toString()`. Crea una tabla con 5 socios y, a partir de ella, un `Stream` con los socios:

a) Ordenados por DNI.
b) Con una cuota mayor de 100 €.
c) Cuyo nombre empieza por «A».

En todos los casos, muestra por pantalla los elementos del `Stream`.

13.17. Añade a la clase `Socio` de la Actividad de aplicación 13.16 los siguientes métodos:

a) int edad(): que calcula la edad del socio en años a partir de la fecha de nacimiento y de la fecha actual.
b) int antiguedad(): que calcula la antigüedad del socio en meses completos.

Crea (y muestra) un `Stream` con los socios ordenados por antigüedad, y otro con los socios ordenados por edad.

13.18. A partir de una tabla de elementos de la clase Socio, definida en la Actividad de aplicación 13.16, crea un Stream ordenado por dni y muéstralo por pantalla.

13.19. Repite la Actividad de aplicación 13.18, pero en vez de mostrar los elementos del `Stream` obtén, a partir de él, una tabla de tipo `String` con los DNI de los socios.

13.20. Realiza la Actividad de aplicación 13.19, pero obteniendo una lista, en vez de una tabla.

13.21. Repite la Actividad de aplicación 13.18 de forma que se obtenga una colección con los nombres en orden alfabético.

13.22. A partir de la misma tabla de socios de la Actividad de aplicación 13.16 calcula, usando un `Stream`, el número medio de familiares por socio.

13.23. Implementa un programa en el que, a partir de dos listas de enteros ordenadas en sentido creciente, se obtenga una única lista, también ordenada, fusión de las dos anteriores. Desarrolla el algoritmo de forma no destructiva, es decir, que las listas utilizadas como parámetros de entrada se mantengan intactas.

13.24. Repetir la Actividad de ampliación 12.37, pero usando `Stream` para todos los listados.

Actividades de ampliación

13.25. Utilizando el método `reduce()` de la interfaz `Stream`, calcula el producto de los elementos de un `Stream` de enteros.

13.26. Escribe los números primos menores que 100 por medio de la criba de Eratóstenes. A partir de una lista con los números del 2 al 100, eliminamos los múltiplos de los números primos menores que 10: 2, 3, 5 y 7. Utiliza `Stream` para cribar los números.

13.27. Repite la Actividad resuelta 12.11, pero usando `Stream` para todos los listados.

13.28. Vuelve a realizar la Actividad resuelta 12.14 usando `Stream` en los listados.

13.29. Repite la Actividad de ampliación 12.37 usando `Stream` en los listados.

13.30. Usando Stream, obtén una lista de todos los números impares, múltiplos de 3 o de 5, menores que 1000.

UNIDAD 14

Conexión a base de datos: JDBC

Objetivos

- Realizar la persistencia de los datos de una aplicación mediante los servicios de un SGBD.
- Configurar el driver JDBC para poder acceder a SGBD de distintos fabricantes.
- Crear una conexión entre un programa Java y un SGBD.
- Ejecutar instrucciones de un SGBD desde una aplicación que funciona como cliente.
- Insertar los datos de una aplicación en una base de datos.
- Recuperar información almacenada en una base de datos, para su posterior uso, desde un programa Java.
- Realizar el mapeo objeto-relacional de clases simples.

Contenidos

Introducción

La mayoría de las aplicaciones, tras recoger una serie de datos y procesarlos, generan distintos resultados en forma de nuevos datos. Todos estos datos necesitan ser almacenados de forma permanente para su posterior uso. Sin la posibilidad de que una aplicación guarde la información necesaria sería imposible llevar a cabo muchas tareas.

Entre las técnicas de persistencia hemos visto que es posible guardar datos mediante ficheros. Otra alternativa consiste en utilizar los servicios de un sistema gestor de base de datos (SGBD) para que almacene y custodie toda la información necesaria de una aplicación.

14.1. API JDBC

La API de JDBC se encuentra en el paquete `java.sql` y está compuesto por un sinfín de clases que trabajan de forma conjunta. No es necesario conocerlas todas, solo es imprescindible saber cuáles son las principales:

- `DriverManager`: permite manipular los distintos drivers. Con cada driver se puede acceder a un SGBD distinto.
- `Connection`: crea una conexión entre la aplicación y la base de datos.
- `Statement`: representa una sentencia SQL que ejecutará el servidor de base de datos.
- `PreparedStatement`: también representa una sentencia SQL, que permite configurar o parametrizar fácilmente valores en la consulta, como por ejemplo la edad de un alumno o su fecha de nacimiento en una condición.
- `ResultSet`: representa una tabla con el resultado que genera el SGBD tras ejecutar una sentencia de consulta de información (SELECT).

Argot técnico

API (Applications Programming Interface) es un conjunto de clases que trabajan de forma coordinada y conjunta proporcionando ciertos servicios, como por ejemplo interactuar con una base de datos, configurar una red o gestionar los movimientos de un robot.

JDBC: Java DataBase Connectivity. Es una API que permite ejecutar sentencias SQL en un SGBD desde una aplicación Java, que funcionará como un cliente que accede a los servicios del servidor de base de datos.

SGBD (sistema gestor de base de datos) es un conjunto de software que permite almacenar y gestionar información en una base de datos. También proporciona servicios de recuperación e integridad de datos, control de acceso de usuarios, copias de seguridad, etcétera.

Argot técnico

SQL (Structured Query Languages) es el lenguaje que permite interactuar con un SGBD, haciendo posible la manipulación de tablas y datos.

Recuerda

Para poder utilizar cualquiera de estas clases deberás usar su nombre cualificado. Por ejemplo, para emplear una conexión

```
java.sql.Connection
```

o importar cada clase utilizada

```
import java.sql.Connection;
```

14.2. Driver

Cada fabricante de un SGBD, al desarrollar su producto, usa mecanismos propios (protocolos, llamadas, API de bajo nivel, etc.) que establecen una conexión con la base de datos y permiten acceder a sus servicios. Las clases que componen la API de JDBC no conocen estos detalles propios de cada producto: MySQL, Oracle Database, PostgreSQL...

Por lo tanto, ¿cómo es posible que las clases de la API de JDBC finalmente lleguen a establecer conexión con el servidor de base de datos? El mecanismo es muy sencillo: entre las clases que componen la API de JDBC existe una especial (que se denomina `Driver`) que será específica de cada SGBD. De hecho, cuando un fabricante desarrolla un nuevo SGBD deberá desarrollar también el driver que permite su uso con JDBC. La clase `Driver` o driver de JDBC se añadirá a nuestro programa en función del SGBD que hayamos seleccionado.

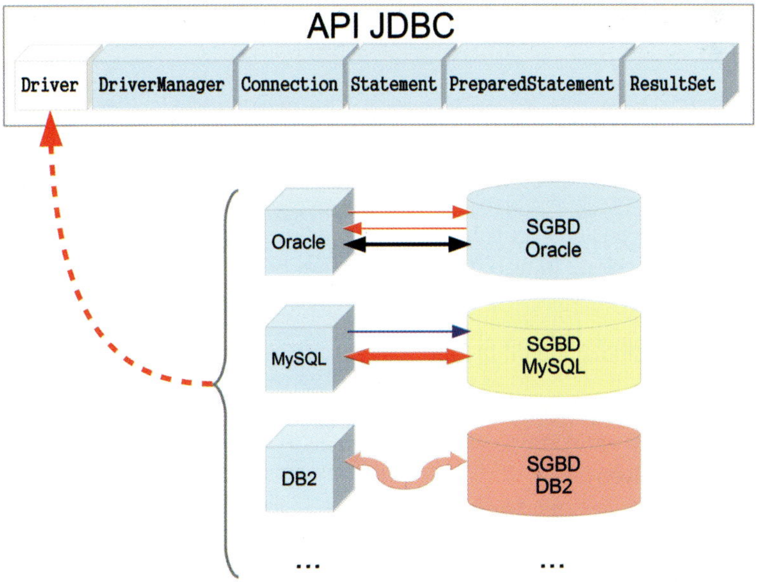

Figura 14.1. *Cada fabricante desarrolla un driver JDBC que conoce las peculiaridades del SGBD asociado, haciendo de puente o traductor entre el resto de las clases de la API de JDBC y el servidor de base de datos. Las distintas flechas de colores entre el driver y el SGBD representan los detalles propios de la comunicación.*

De esta forma, el driver permite que cualquier aplicación Java, a través de la API JDBC sea capaz de utilizar los servicios de cualquier SGBD para el que exista un driver JDBC. Y así se evita que cada aplicación Java tenga que conocer los detalles internos propios de cada SGBD.

Recuerda

MariaDB es un clon de MySQL que mantiene exacta la interfaz externa y realiza una continua mejora de los procedimientos y algoritmos, y corrige errores. Por lo tanto, el driver de MySQL sirve también para MariaDB.

La manera de añadir un driver a nuestro proyecto consiste en insertar la biblioteca que contiene la clase correspondiente al driver. La forma más sencilla es usar el navegador de proyectos de NetBeans y pulsar el botón derecho del ratón sobre *Libraries* en nuestro proyecto (véase Figura 14.2), y seleccionar en el menú contextual *Add JAR/Folder.*

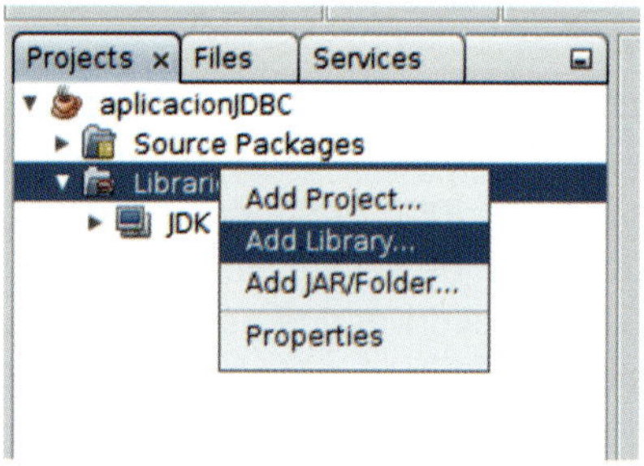

Figura 14.2. *Mecanismo para insertar las librerías que necesitemos en nuestro proyecto.*

Recuerda

Una biblioteca no es más que una serie de clases (API) encapsuladas en un fichero.

Ahora solo queda seleccionar el fichero .jar que incluye el driver adecuado. Dicho fichero tendrá que descargarse de la web del fabricante del SGBD.

Driver preinstalado en el IDE

Algunos drivers, como el de PostgreSQL, vienen preinstalados por defecto en NetBeans. Incluso las versiones antiguas de NetBeans tenían el driver de MySQL (en las versiones recientes no se incluyen).

Recuerda

En ocasiones, dependiendo del sistema operativo, la versión del IDE, del SGBD y la versión del driver, es posible que exista alguna incompatibilidad. En caso de que la aplicación no funcione, se recomienda probar una versión distinta del driver.

Si el driver que se va a usar viene con NetBeans, no es necesario descargar nada y tan solo hay que seleccionarlo de la forma: botón derecho sobre *Libraries* en nuestro proyecto y elegimos *Add Library* en el menú contextual. A continuación seleccionaremos el driver que nos interese (o cualquier otra librería que nos haga falta). El único problema es que la versión del driver no será la última.

En la Figura 14.3 se aprecian los drivers de MySQL (que se incluían en versiones antiguas de NetBeans) y PostgreSQL.

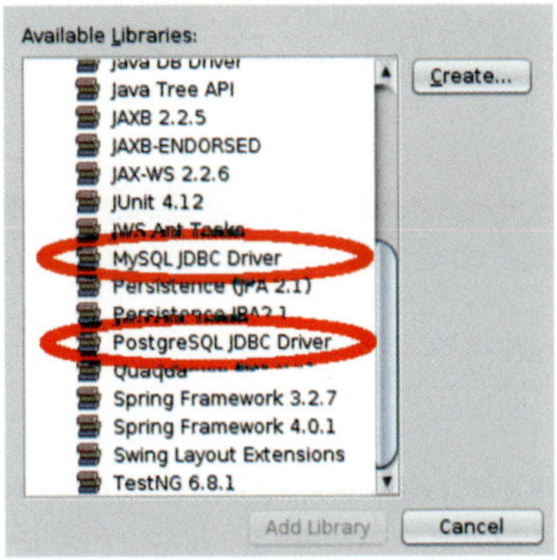

Figura 14.3. *Ventana de selección de una nueva biblioteca. En este caso se aprecia que disponemos del driver JDBC de MySQL y de PostgreSQL.*

Añadir otro driver

La opción *Add JAR/Folder* permite añadir una biblioteca al proyecto que previamente habremos descargado en nuestro equipo. Esta opción posibilita añadir drivers de otros SGBD o modificar la versión de los drivers preinstalados.

Si deseamos utilizar la última versión del driver de MySQL (que denomina a su driver como Connector/J), solo tendremos que buscar y descargarlo de su web.

14.3. Conexión

Antes de trabajar con la base de datos, hay que crear una conexión entre nuestra aplicación y el SGBD. Esta conexión funciona como un tubo que comunica ambas partes, permitiendo que las sentencias SQL viajen desde la aplicación al SGBD y los resultados de las consultas se muevan en sentido contrario. Mientras la necesitemos, la conexión deberá permanecer abierta; una vez que ya no sea útil, hay que cerrarla. En el caso de que una conexión no se cierre, quedará abierta consumiendo recursos del SGBD.

Para crear una conexión disponemos del método estático de `DriverManager`:

- `Connection getConnection(String url, String usuario, String password)`

El primer parámetro identifica la base de datos a la que queremos acceder, en general, para MySQL tendrá la forma:

«jdbc:mysql://<servidor>/<base de datos>»

Donde:

- <servidor>: es el nombre o la dirección IP de la máquina donde está instalado el servidor de BD. En el caso que el servidor esté instalado en la máquina local, puede usarse *localhost.*
- <base de datos>: nombre de la BD dentro del SGBD.

Argot técnico

URL (Uniform Resource Locator) es un identificador de recursos con un formato establecido. El formato general es:

esquema://máquina/recurso

Existen sistemas operativos y servidores de BD que no son sensibles a mayúsculas y minúsculas, es decir, no distinguen entre las palabras «hola» y «HOLA». Sin embargo, los sistemas operativos de la familia GNU/Linux sí lo hacen. Por lo tanto, se recomienda escribir siempre los nombres de bases de datos, tablas y campos de forma idéntica a como se crearon.

Recuerda

El uso de una contraseña sin cifrar en JDBC no es muy seguro, ya que esta viajará por la red desde nuestra aplicación hasta el servidor sin ningún tipo de seguridad.

Para evitar esto es necesario enviar la contraseña cifrada en lugar de como texto «en claro».

Los mecanismos para cifrar la contraseña son ajenos a JDBC, por lo tanto, para no complicar esta unidad usaremos contraseñas sin cifrar.

Los siguientes dos parámetros son una cadena con el nombre del usuario y su contraseña.

El método devuelve un objeto de tipo `Connection`, que representa la conexión establecida entre nuestra aplicación y la base de datos.

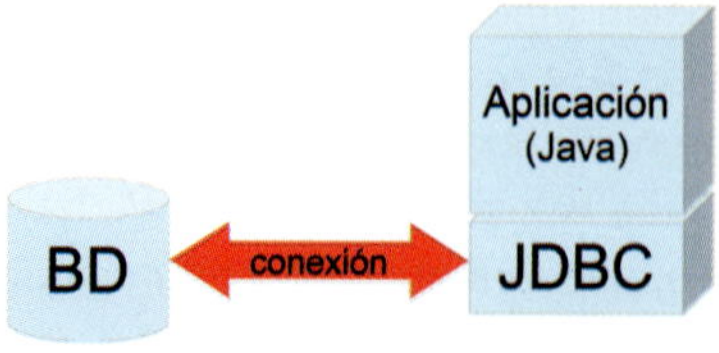

Figura 14.4. *Cada objeto de la clase* `Connection` *representa una conexión entre nuestra aplicación y la BD.*

Suponiendo que nuestra base de datos se llama «Instituto» y que disponemos del usuario «Pepe» con contraseña «12345», la manera de crear una conexión será:

```
Connection con;
String url = "jdbc:mysql://localhost/Instituto";
con = DriverMananager.getConnection(url, "Pepe", "12345");
```

Cada conexión es una tubería que permite que viajen distintos objetos. Cada tipo de objetos representa una información útil para el SGBD o para la aplicación (véase Figura 14.5).

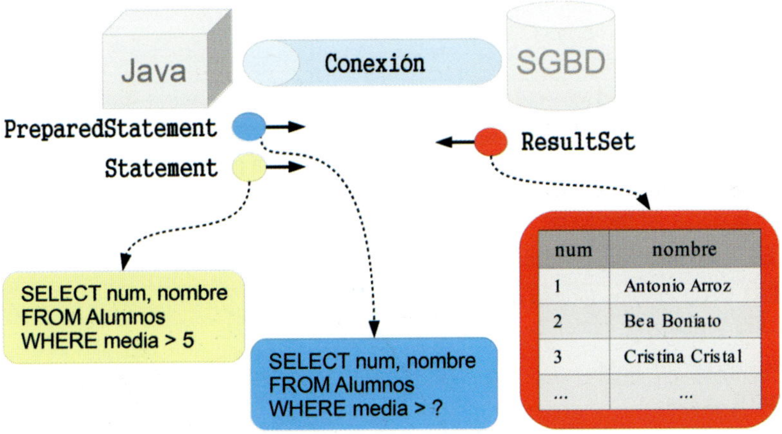

Figura 14.5. *Tipos de objetos que viajan por una conexión, el sentido en el que lo hacen y la información que representan.*

El método `getConnection()`, en el caso que se produzca algún error al crear la conexión, lanzará alguna de las siguientes excepciones:

- `SQLException`: si ocurre algún error en el acceso a la base de datos o la URL es `null`.
- `SQLTimeoutException`: cuando el tiempo que ha transcurrido sin llegar a conectar a la base de datos es excesivo.

Recuerda

Cuando usamos métodos que lanzan excepciones (checked) necesitamos añadir el código pertinente para manejarlas, ya sea añadiendo una cláusula `trows` al método que contiene el código o utilizando bloques `try-catch`.

Para mantener una mayor legibilidad de los ejemplos hemos decido omitir el código que maneja las excepciones.

Cuando no necesitemos una conexión, es necesario cerrarla mediante el método:

- `void close()`

14.4. Ejecución de sentencias

Para ejecutar una sentencia SQL (SELECT, INSERT, UPDATE o DELETE) tendremos que utilizar un objeto de la clase `Statement`. Estos objetos, al igual que ocurre con la conexión, no se crean mediante el operador `new`, sino mediante métodos que se encargan de construir, configurar y devolver los objetos que necesitamos.

Recuerda

La sintaxis simplificada de la sentencia SELECT es:

SELECT <lista de campos> | *
FROM <tabla> | <join>
[WHERE <condición>]
[ORDER BY <lista de campos>]

La sentencia SELECT tiene una sintaxis demasiado compleja para representarla aquí. En caso de tener que utilizar subconsultas, funciones de agregados o agrupamientos, se recomienda acceder a la documentación de SQL.

Una de las sintaxis de INSERT es:

INSERT INTO <tabla> [(<lista de campos>)]
VALUES (<valor 1>, <valor 2>, ...)

La sintaxis de UPDATE es:

UPDATE <tabla>
SET <campo1> = <valor1>,
<campo2> = <valor2>
...
[WHERE <condición>]

La sintaxis de DELETE es:

DELETE
FROM <tabla>
[WHERE <condición>]

Las sintaxis mostradas son las más utilizadas, pero existen otros operadores y alternativas.

Lo primero que haremos será crear un objeto de tipo `Statement`:

```
Statement sentencia = con.createStatement();
```

El objeto `con` es de tipo `Connection` y representa la conexión creada entre la aplicación y el SGBD. Disponemos de dos métodos para ejecutar sentencias SQL. El primero está reservado a las consultas (SELECT) que devuelven datos con el resultado proporcionado por el SGBD. El segundo método está reservado para las sentencias INSERT, UPDATE o DELETE que no devuelven resultados.

14.4.1. Ejecución de consultas (SELECT)

El método `executeQuery()` de `Statement` ejecuta una consulta y devuelve el resultado de esta mediante un objeto de tipo `ResultSet`.

Su prototipo es:

- `ResultSet executeQuery(String sql)`

Veamos cómo consultar la tabla Alumnos:

```
String sql = "SELECT * FROM Alumnos";
Statement sentencia = con.createStatement();
ResultSet rs = sentencia.executeQuery(sql);
```

Una vez que obtenemos los resultados de la consulta (englobados en un objeto de tipo `ResultSet`), queda trabajar con ellos. Esto se verá en un apartado posterior.

Al igual que la mayoría de las clases que componen la API de JDBC, el método `executeQuery()` lanza, en el caso de que exista algún problema, dos excepciones:

- `SQLException`.
- `SQLTimeoutException`.

Recuerda

El script que crea e inserta la base de datos Instituto en MySQL está disponible en la web de la Editorial Paraninfo como recurso digital.

14.4.2. Ejecución de sentencias INSERT, UPDATE o DELETE

En este caso, la ejecución de cualquiera de estas sentencias no devuelve un conjunto de datos como resultados, sino simplemente realizan la operación indicada en el servidor. Disponemos del método:

- `int executeUpdate(String sql)`: ejecuta la sentencia sql correspondiente y devuelve el número de filas que han sido afectadas por la sentencia, es decir, el número de registros que se han eliminado, actualizado o insertado.

Que el nombre del método no nos lleve a engaño; este sirve tanto para insertar y actualizar como para eliminar registros en una tabla.

Actividad resuelta 14.1

Incrementar la nota media en un punto a todos los alumnos del curso «1B». Usar una consulta SQL que haga uso de `UPDATE`.

Solución

Para resolver esta actividad, tras crear un nuevo proyecto de NetBeans, el primer paso será añadir el driver JDBC de MySQL. El código que lleva a cabo esto es:

```
Connection con; //declaramos las variables necesarias
Statement sentencia;
String sql;
```

```
String url = "jdbc:mysql://localhost/Instituto";
try {
   con = DriverManager.getConnection(url, "Pepe", "12345");
   sentencia = con.createStatement();
   String sql = "UPDATE Alumnos SET media=media+1 " +
               "WHERE curso = '1B'"; //el curso es de tipo VARCHAR, por lo
   //tanto, necesita que sus valores se entrecomillen
   sentencia.executeUpdate(sql);
   con.close(); //cerramos la conexión
   System.out.println("Se ha modificado la nota media.");
} catch (SQLException ex) {
   System.out.println("Ha ocurrido algún error.");
}
```

Antes de poder ejecutar este código es imprescindible que:

1. La base de datos Instituto esté creada en el servidor.
2. Que exista el usuario Pepe (con clave 12345) y tenga los permisos necesarios en la base de datos Instituto.

Recuerda

El uso de las clases que forman la API de JDBC requieren de las importaciones oportunas. Conforme se escriben el código, el propio IDE nos facilita la opción de realizar de forma automática la importación de estas clases.

Es necesario tener mucho cuidado al elegir la clase que se va a importar, ya que existen varias clases con idéntico nombre pero en distintos paquetes. Hemos de elegir siempre las clases del paquete `java.sql`.

Para comprobar si nuestra aplicación está realizando las actualizaciones oportunas es necesario acceder al SGBD (mediante un terminal o algún cliente gráfico) y revisar que la nota media de los alumnos de 1B está sufriendo un incremento.

Nota técnica

En las sentencias SQL que manejamos desde Java, en ocasiones, es necesario utilizar comillas para algunos literales cadena o fecha.

Los literales cadena en Java utilizan comillas dobles ", por lo tanto, dejamos las comillas simples ' para los literales usados en SQL. También es posible usar las comillas dobles mediante la secuencia de escape: \".

La sentencia UPDATE de la Actividad resuelta 14.1 se podría haber escrito de cualquiera de estas dos maneras:

- `String sql = "UPDATE Alumnos SET media=media+1 WHERE curso = '1B'";`
- `String sql = "UPDATE Alumnos SET media=media+1 WHERE curso = \"1B\"";`

Las comillas en rojo " son las que se usan en las cadenas de Java, y el resto de comillas (en azul) son las utilizadas por las sentencias SQL.

Actividad resuelta 14.2

Realizar una aplicación que solicite todos los datos de un nuevo alumno y los inserte en la base de datos.

Solución

```
Connection con;
Statement sentencia;
String sql;

String url = "jdbc:mysql://localhost/Instituto";
try {
   con = DriverManager.getConnection(url, "Pepe", "12345");
   sentencia = con.createStatement();
   //vamos a solicitar todos los datos del nuevo alumno:
   System.out.println("Número de alumno:");
   int num = new Scanner(System.in).nextInt();
   System.out.println("Nombre:");
   String nombre = new Scanner(System.in).nextLine();
   System.out.println("Fecha de nacimiento");
   String fnac = new Scanner(System.in).nextLine();
   System.out.println("Media:");
   Double media;
   media = new Scanner(System.in).useLocale(Locale.US).nextDouble();
   System.out.println("Curso:");
   String curso = new Scanner(System.in).nextLine();

   //Ahora hemos de construir la sentencia INSERT a partir de todos
   //los valores anteriores
   sql = "INSERT INTO Alumnos (num, nombre, fnac, media, curso) " +
         "VALUES (" + num + ",'" + nombre + "', '" + fnac + "'," +
          media + ", '" + curso + "')";
   sentencia.executeUpdate(sql);
   con.close(); //cerramos la conexión
   System.out.println("Se ha insertado el nuevo alumno.");
} catch (SQLException ex) {
   System.out.println("Ha ocurrido algún error.");
}
```

En esta actividad no se realiza ninguna comprobación, por lo tanto, si el número del alumno (que es la clave) se encontrase repetido, se produciría un error.

Es interesante apreciar que el tipo de las variables no es relevante, ya que solo se usan para formar la cadena que ejecutará el SGBD. Por ello, hubiera dado igual declarar la variable `media` de tipo `Double` o de tipo `String`.

Actividad resuelta 14.3

Solicita el número de un alumno y elimínalo de la base de datos.

Solución

```
Connection con;
Statement sentencia;
String sql;
```

```
String url = "jdbc:mysql://localhost/Instituto";
try {
    con = DriverManager.getConnection(url, "Pepe", "12345");
    sentencia = con.createStatement();
    //vamos a solicitar el número del alumno a borrar:
    System.out.println("Número de alumno:");
    int num = new Scanner(System.in).nextInt();

    //Ahora construimos la sentencia DELETE:
    sql = "DELETE FROM Alumnos WHERE num = " + num ;
    sentencia.executeUpdate(sql);
    System.out.println("Se ha eliminado el alumno con número: " + num);
    con.close(); //cerramos la conexión
} catch (SQLException ex) {
    System.out.println("Ha ocurrido algún error.");
}
```

14.5. Clase ResultSet

Cuando se ejecuta una consulta (SELECT) obtenemos los resultados encapsulados en un objeto de tipo `ResultSet`, que representa una tabla con los datos que genera la consulta.

Por ejemplo, si necesitamos consultar el número, nombre y nota media de los alumnos que hayan nacido después del 1 de enero de 2009, ejecutaremos el código:

```
String sql = "SELECT num, nombre, media FROM Alumnos WHERE fnac > '2009-01-01'";
Statement sentencia = con.createStatement();
ResultSet rs = sentencia.executeQuery(sql);
```

El objeto `rs` contiene los datos obtenidos de esta consulta:

num	nombre	media
1	Antonio Arroz	5.10
2	Bea Boniato	6.75
3	Cristina Cristal	7.23
4	David Dado	8.50

Figura 14.6. *Listado de alumnos nacidos después del 1 de enero de 2009.*

La clase `ResultSet` tiene una forma de trabajar muy parecida a un iterador. Dispone de un cursor que apunta en cada momento a una única fila (llamada *fila activa*). En la Figura 14.7 el cursor se representa mediante una flecha roja. Este sistema solo permite acceder a los datos de la fila activa, para trabajar con todos los datos del objeto `ResultSet` tendremos que ir moviendo el cursor de fila en fila.

Justo en el momento en el que se crea un objeto `ResultSet` el cursor se encuentra delante de la primera fila (Figura 14.7). Por lo tanto, hay que realizar un primer avance del cursor para colocarlo en la primera fila (Figura 14.8) y comenzar a trabajar con los datos de esta.

num	nombre	media
1	Antonio Arroz	5.10
2	Bea Boniato	6.75
3	Cristina Cristal	7.23
4	David Dado	8.50

Figura 14.7. *Posición inicial de un* `ResultSet`*, donde aún no existe ninguna fila activa.*

La forma de pasar de una fila a la siguiente se lleva a cabo mediante el método:

- `boolean next()`: mueve el cursor a la siguiente fila. Devuelve verdadero o falso si ha sido posible realizar el movimiento. Dicho en otras palabras, devuelve `false` cuando el cursor termina de recorrer todas las filas de datos y `true` en caso contrario.

El booleano que devuelve `next()` es fundamental para conocer cuándo hemos terminado de procesar todas las filas de un `ResultSet`. Es habitual utilizar `rs.next()` como la condición de un bucle `while`.

num	nombre	media
1	Antonio Arroz	5.10
2	Bea Boniato	6.75
3	Cristina Cristal	7.23
4	David Dado	8.50

Figura 14.8. *Tras ejecutar el primer* `next()`*, el cursor apunta a la primera fila, es decir, se activa la fila correspondiente al alumno Antonio Arroz.*

Ahora podemos extraer los datos de la fila activa. Para ello disponemos de los métodos:

- `getString(String nombreCampo)`: devuelve el valor del campo como una cadena.
- `int getInt(String nombreCampo)`: devuelve el valor del campo como un entero.
- `Double getDouble(String nombreCampo)`: devuelve el valor del campo como un real.
- `Date getDate(String nombreCampo)`: devuelve el valor del campo como una fecha.

Existe un método prácticamente para cada tipo de dato disponible en Java.

Ahora podemos extraer los datos de la fila activa. Por ejemplo:

```
//mostrará "Número de alumno: 1"
System.out.println("Número del alumno: " + rs.getInt("num"));
//mostrará "Nombre Antonio Arroz"
System.out.println("Nombre: " + rs.getString("nombre"));
Double nota = rs.getDouble("media"); //la variable nota será igual a 5.10
```

Todos los métodos para extraer los datos de una tabla están sobrecargados para que, en lugar de especificar el nombre del campo, se pueda indicar su posición en la consulta. Hay que tener en cuenta que `ResultSet` numera los campos de una consulta comenzando en 1.

El código anterior sería similar a:

```
//El campo 1 corresponde con "num".
System.out.println("Número del alumno: " + rs.getInt(1));
//El campo 2 corresponde con "nombre"
System.out.println("Nombre: " + rs.getString(2));
//El campo 3 corresponde con "media"
Double nota = rs.getDouble(3);
```

Si de nuevo ejecutamos `rs.next()`, obtendremos `true`, ya que es posible activar la siguiente fila (Figura 14.9) y podríamos extraer de nuevo los datos de la fila activa, que ahora corresponderán a Bea Boniato.

num	nombre	media
1	Antonio Arroz	5.10
2	Bea Boniato	6.75
3	Cristina Cristal	7.23
4	David Dado	8.50

Figura 14.9. *Estado del objeto* `ResultSet` *tras activar la siguiente fila. En este caso, la fila activa corresponde a los datos de Bea Boniato.*

Podemos extraer los datos de las filas y ejecutar repetidas veces `rs.next()`, pero llegará un momento en el que hayamos visitado todas las filas del `ResultSet`, y `rs.next()` devolverá falso, indicando que no existen más filas que activar (Figura 14.10); en ese momento el cursor se coloca justo detrás de la última fila.

num	nombre	media
1	Antonio Arroz	5.10
2	Bea Boniato	6.75
3	Cristina Cristal	7.23
4	David Dado	8.50

Figura 14.10. *Estado del* `ResultSet` *tras haber activado todas las filas. El último* `rs.next()` *devolverá falso y coloca el cursor justo detrás de la última fila.*

La estructura habitual para trabajar con un `ResultSet` es:

```
ResultSet rs = sentencia.executeQuery(sql);
while (rs.next()) {
   //extraemos los datos de la fila activa
```

```
        variable1 = rs.getString("nombre);
        variable2 = rs.getInt("num");
        ...
    }
```

Al salir del bucle `while` tenemos la certeza de que hemos recorrido todas las filas obtenidas en la consulta.

Actividad resuelta 14.4

Mostrar el nombre y fecha de nacimiento de todos los alumnos de un curso, que se solicitará al usuario por teclado.

Solución

```
Connection con;
Statement sentencia;
ResultSet rs;
String sql;

String url = "jdbc:mysql://localhost/Instituto";
try {
   con = DriverManager.getConnection(url, "Pepe", "12345");
   //vamos a solicitar el curso:
   System.out.println("Escriba un curso:");
   String curso = new Scanner(System.in).nextLine();
   sentencia = con.createStatement();
   sql = "SELECT nombre, fnac FROM Alumnos WHERE curso = '" + curso + "'" ;
   rs = sentencia.executeQuery(sql);
   System.out.println("Lista de alumnos:");
   while (rs.next()) {
      String nombre = rs.getString("nombre");
      Date fecha = rs.getDate("fnac");
      System.out.println("Alumno: " + nombre + "\tF. nacimiento: " + fecha);
   }
   con.close(); //cerramos la conexión
} catch (SQLException ex) {
   System.out.println("Ha ocurrido algún error.");
}
```

14.5.1. Tipos de ResultSet

El objeto `ResultSet` que hemos utilizado puede denominarse *por defecto,* ya que es de solo lectura (se pueden extraer los datos del objeto `ResulSet`, pero no modificarlos) y su cursor siempre avanza hacia delante. Es posible, utilizar otros tipos de `ResultSet` que permiten la modificación de sus datos y poder mover el cursor hacia delante o atrás, así como posicionarlo en cualquier fila.

Para obtener otros tipos de `ResultSet` es necesario crear los objetos `Statement` mediante el método sobrecargado de `Connection`:

- `Statement createStatement(int tipoResultSet, int concurrencia)`

El parámetro `tipoResultSet` admite cualquier de las constantes:

- `ResultSet.TYPE_FORWARD_ONLY`: indica que el cursor solo podrá moverse hacia delante.
- `ResultSet.TYPE_SCROLL_INSENSITIVE`: el cursor podrá desplazarse hacia delante o atrás. Los datos contenidos en el `ResultSet` son una copia de los datos almacenados en la base de datos, por lo tanto, el `ResultSet` no es sensible a los posibles cambios que se produzcan en la base de datos.
- `ResultSet.TYPE_SCROLL_SENSITIVE`: el cursor podrá desplazarse hacia delante o atrás. El `ResultSet` es sensible a los cambios que ocurran en la base de datos. Cualquier modificación de los datos que contiene el `ResultSet` en la base de datos produce una modificación en los datos del `ResultSet`. En este caso el `ResultSet` actúa de una forma similar a una vista.

El segundo parámetro indica la posibilidad de modificar los datos contenidos en el objeto `ResultSet`:

- `ResultSet.CONCUR_READ_ONLY`: los datos contenidos en el `ResultSet` serán de solo lectura.
- `ResultSet.CONCUR_UPDATABLE`: desde la aplicación es posible modificar los datos contenidos en el objeto `ResultSet`.

Cuando usamos el método `createStatement()`, sin parámetros, los objetos `ResultSet` obtenidos por defecto serán de tipo `TYPE_FORWARD_ONLY` y `CONCUR_READ_ONLY.`

14.5.2. Métodos para mover el cursor

Existes métodos que mueven y posicionan el cursor a nuestro antojo a través de las filas de un `ResultSet`. Estos métodos solo son aplicables en objetos `ResultSet` cuyo tipo permite el desplazamiento del cursor (`TYPE_SCROLL_INSENSITIVE` y `TYPE_SCROLL_SENSITIVE`). Si se intenta mover el cursor en un `ResultSet` de tipo `TYPE_FORWARD_ONLY`, se lanzará una excepción; con este tipo de `ResultSet` solo es posible avanzar el cursor hacia la fila siguiente.

Todos los métodos que mueven el cursor devuelven un booleano que indica si ha sido posible desplazar el cursor (`true`) o, por el contrario, el movimiento del cursor no puede realizarse (en este caso devuelven `false`). Un movimiento del cursor no podrá llevarse a cabo si la fila especificada no existe o el tipo de cursor no permite ese tipo de movimiento. Estos métodos son:

- `boolean next()`: avanza el cursor y activa la siguiente fila.
- `boolean previous()`: retrocede el cursor y activa la fila anterior.
- `boolean first()`: coloca el cursor en la primera fila, activándola.
- `boolean last()`: coloca el cursor en la última fila, activándola.
- `boolean absolute(int numeroFila)`: mueve el cursor a la enésima fila del `ResultSet`. El parámetro `numeroFila` especifica el número de fila al que hay que

mover el cursor. Las filas se numeran comenzando en 1, es decir, la primera fila es la 1, la segunda la 2, etc. Existe otra forma de numerar las filas y consiste en utilizar número negativos, en este caso, la cuenta comienza por la última fila. La fila –1 es la última, la fila –2 es la penúltima, etcétera.

- `boolean relative(int cuantasFilas)`: mueve el cursor tomando como base su posición actual. El parámetro `cuantasFilas` especifica cuántas filas hay que desplazar el cursor. Si es positivo, el cursor avanza tantas filas como se especifique; y si es negativo, el cursor retrocede. Si el parámetro `cuantasFilas` es 0, el cursor no se moverá.
- `void beforeFirst()`: coloca el cursor justo delante de la primera fila (posición inicial del cursor al crear un objeto `ResultSet`). Este método no tiene ningún efecto en un cursor vacío (sin ninguna fila).
- `void afterLast()`: coloca el cursor justo después de la última fila. Esta posición del cursor es la misma que conseguimos tras recorrerlo mediante: `while(rs.next())`. Este método no hace nada si el `ResultSet` está vacío.

Actividad resuelta 14.5

Modificar la Actividad resuelta 14.4 para que los alumnos se muestren en orden inverso.

Si existiera algún criterio de ordenación en la consulta SQL, se podría modificar para que fuera justo el contrario. Pero en la Actividad resuelta 14.4 no existe criterio de ordenación alguno, por lo tanto, tendremos que colocar el cursor detrás de la última fila y recorrerlo de abajo arriba (con el método `previous()`).

Solución

```
... //el código anterior es idéntico a la actividad resuelta 14.4
//con la salvedad en la forma de crear el objeto sentencia (en rojo)
sentencia = con.createStatement(ResultSet.TYPE_SCROLL_INSENSITIVE,
                                ResultSet.CONCUR_READ_ONLY);
rs = sentencia.executeQuery(sql);
rs.afterLast(); //colocamos el cursor detrás de la última fila
System.out.println("Lista de alumnos:");
while (rs.previous()) { //recorremos el ResultSet de abajo hacia arriba
   String nombre = rs.getString("nombre");
   Date fecha = rs.getDate("fnac");
   System.out.println("Alumno: " + nombre + "\tF. nacimiento: " + fecha);
}
... // falta cerrar la conexión y los bloques try-catch
```

14.5.3. Ubicación del cursor

La posibilidad de mover el cursor puede provocar que perdamos la noción de dónde se encuentra. Por ello, existe un conjunto de métodos que permiten sondear si el cursor se halla en algunas posiciones establecidas. Estos métodos preguntan: ¿está el cursor en cierta posición? Todos devuelven un booleano para indicar sí o no.

- `boolean isBeforeFirst()`: especifica si el cursor se encuentra delante de la primera fila (es la posición inicial cuando se crea un objeto `ResultSet`).
- `boolean isAfterLast()`: indica si el cursor está colocado justo detrás de la última fila. Esta posición es la que se alcanza tras recorrer el `ResultSet` mediante `while(rs.next())`.
- `boolean isFirst()`: devuelve `true` si el cursor está apuntando a la primera fila.
- `boolean isLast()`: devuelve `true` si el cursor apunta a la última fila.

Actividad resuelta 14.6

Mostrar el nombre y nota de todos los alumnos y, *a posteriori*, mostrar al alumno con la mejor nota y al alumno con la peor nota media.

Obtener a los alumnos con la mejor y peor nota es posible mediante una consulta SQL. Existen distintas soluciones: operador UNION, subconsultas, etc. En lugar de esto aprovecharemos la consulta que devuelve a todos los alumnos ordenados por su nota media en orden decreciente, ya que el primer alumno será el que posea la mejor nota y el último el que tenga la nota más baja. Por sencillez, supondremos que no existen alumnos con notas repetidas.

Solución

```
Connection con;
Statement sentencia;
ResultSet rs;
String sql;

String url = "jdbc:mysql://localhost/Instituto";
try {
   con = DriverManager.getConnection(url, "Pepe", "12345");
   sentencia = con.createStatement(ResultSet.TYPE_SCROLL_INSENSITIVE,
                                   ResultSet.CONCUR_READ_ONLY);
   //vamos a consultar todos los alumnos ordenados por su nota
   sql = "SELECT nombre, media FROM Alumnos ORDER BY media DESC";
   rs = sentencia.executeQuery(sql);
   System.out.println("Todos los alumnos:");
   while (rs.next()) {
      System.out.println(rs.getString(1) + " - " + rs.getInt(2));
   }
   //El alumno con la mejor nota estará en la primera fila.
   //Y el alumno con la nota media más baja estará en la última fila.
   if (rs.first()) { //si nos podemos colocar en la primera fila
      String nombre = rs.getString("nombre");
      Double nota = rs.getDouble("media");
      System.out.println("Nota más alta: " + nombre + "\t" + nota);
   }
   if (rs.last()) { //si nos podemos colocar en la última fila
      String nombre = rs.getString("nombre");
      Double nota = rs.getDouble("media");
      System.out.println("Nota más baja: " + nombre + "\t" + nota);
   }
```

```
    con.close(); //cerramos la conexión
} catch (SQLException ex) {
    System.out.println("Ha ocurrido algún error.");
}
```

14.6. SQL Injection

SQL Injection es una técnica de hacking muy conocida, sencilla y fácil de utilizar. Consiste en inyectar código SQL en una consulta mediante la entrada de datos. Veamos un ejemplo: suponemos que tenemos una aplicación que, en un momento dado, nos pide el nombre de un alumno para eliminarlo.

El código que utilizaremos tendrá el aspecto:

```
String nombre;
nombre = new Scanner(System.in).nextLine(); //pedimos el nombre al usuario
String sql = "DELETE FROM Alumnos WHERE nombre = '" + nombre + "'";
```

En el código hemos coloreado las comillas simples (usadas por la consulta SQL) para ganar en legibilidad.

Si el usuario introduce como nombre «Antonio Arroz», la consulta que se ejecutará en el servidor de base de datos, será:

DELETE FROM Alumnos
WHERE nombre = 'Antonio Arroz'

lo que provocaría que se eliminara a dicho alumno.

Pero si el usuario tiene conocimientos de SQL e introduce de forma malintencionada código SQL como si fuera el nombre del alumno, este código se añadirá a la sentencia. El hacker lo que busca es eliminar completamente nuestra base de datos. Para ello, cuando se le solicita el nombre del alumno, puede teclear:

xxx' OR '1' = '1

La cadena introducida por el usuario se complementa con la nuestra, resultando:

DELETE FROM Alumnos
WHERE nombre = 'xxx' OR '1' = '1'

Como la cadena '1' es siempre igual a '1', esto provocará que se eliminen todos los registros de la tabla Alumnos.

Actividad resuelta 14.7

Implementar un programa que solicite el nombre de un alumno y lo elimine. Aprovechar esta aplicación para practicar la técnica de SQL Injection.

Solución

```
Connection con;
Statement sentencia;
String sql;
String url = "jdbc:mysql://localhost/Instituto";
try {
   con = DriverManager.getConnection(url, "Pepe", "12345");
   sentencia = con.createStatement();

   //vamos pedir el nombre del alumno a eliminar:
   System.out.println("Nombre del alumno:");
   String nombre = new Scanner(System.in).nextLine();

   //Formamos la consulta
   sql = "DELETE FROM Alumnos WHERE nombre ='" + nombre + "'";
   System.out.println(sql); //mostramos la consulta SQL
   sentencia.executeUpdate(sql); //ejecutamos
   con.close(); //cerramos la conexión
} catch (SQLException ex) {
   System.out.println("Ha ocurrido algún error.");
}
```

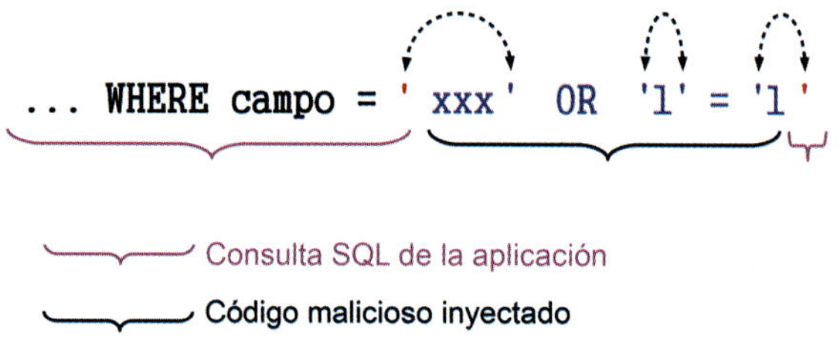

Figura 14.11. *La extraña posición de las comillas utilizadas en el código inyectado tiene como finalidad completar las comillas de la consulta de la aplicación y utilizar el código propio. En la condición sería más cómodo usar 1 = 1, pero el hecho de que exista una comilla final en la consulta de la aplicación es lo que fuerza a la comparación '1' = '1'.*

SQL Injection no solo funciona cuando nuestra aplicación elimina, también se puede inyectar código malicioso en otros casos. Por ejemplo, en una consulta que muestre todos los alumnos de un curso

```
sql = "SELECT * FROM Alumnos WHERE curso ='" + curso +"'";
```

si al pedir el curso al usuario, este teclea:

```
xxx'; DROP TABLE Alumnos; SELECT * FROM Alumnos WHERE curso = 'x
```

la cadena que se manda al SGBD para su ejecución estará compuesta de tres sentencias, siendo una de ellas la eliminación completa de una tabla

```
SELECT * FROM Alumnos WHERE curso ='xxx'
DROP TABLE Alumnos
SELECT * FROM Alumnos WHERE curso = 'x'
```

Por suerte, el método `executeUpdate()` solo permite la ejecución de una única instrucción. Pero existen otros mecanismos de acceso a una base de datos en otros lenguajes donde el código anterior sí funcionaría.

La vulnerabilidad que explota SQL Injection es que no se validan los datos de entrada a la aplicación. Para solucionar esto tendríamos que validar todos y cada uno de los datos que se recogen en una aplicación, evitando que incluyan comillas simples, puntos y comas y todos aquellos caracteres que facilitan la inyección de código SQL.

Otra solución para evitar la inyección de código es el uso de sentencias parametrizadas.

14.7. Sentencias parametrizadas

Como se ha visto, para evitar SQL Injection no es buena idea construir sentencias como concatenación de cadenas a partir de datos introducidos por el usuario. En lugar de esto, usaremos sentencias parametrizadas, que son aquellas que incluyen unos marcadores o parámetros que se sustituyen por valores. Este mecanismo permite adaptar y reutilizar la misma consulta varias veces. En JDBC la interfaz `PreparedStatement` representa una consulta parametrizada.

Veamos el concepto de consulta parametrizada con un ejemplo: si deseo consultar a todos los alumnos de un curso concreto cuya nota media es superior a cierta nota de corte. La consulta parametrizada se formará:

```
SELECT *
FROM Alumnos
WHERE curso = ? AND
        media > ?
```

En la consulta se usa el símbolo de cierre de interrogación (?) para introducir un parámetro. Si me interesa que el curso sea 1A y la nota de corte sea 6,0, puedo asignar estos valores a los parámetros:

- El primer parámetro: ? = 1A.
- El segundo parámetro: ? = 6.0

De esta forma la consulta queda:

```
SELECT *
FROM Alumnos
WHERE curso = '1A' AND
        media > 6.0
```

Una ventaja de este tipo de consultas es que no es necesario prestar atención a las comillas, solo hay que asignar valores a los parámetros y es el propio JDBC lo que determina qué campos se entrecomillan.

En el caso de tener que reutilizar la consulta, es tan simple como asignar nuevos valores a los parámetros.

Veamos el código necesario para utilizar las consultas con parámetros:

```
//Consulta con parámetros. Cada parámetro se indica con ?
String sql = "SELECT nombre, media FROM Alumnos " +
             "WHERE curso = ? AND " +
             "      media > ?";
//Creamos un objeto de tipo PreparedStatement:
PreparedStatement sentencia = con.prepareStatement(sql);
//asignamos los parámetros:
sentencia.setString(1, curso); //el primer ? corresponde al curso
sentencia.setDouble(2, notaCorte); //el segundo ? corresponde a la nota de corte
ResultSet rs = sentencia.executeQuery(); //ejecutamos la consulta
... //trabajamos con los datos resultantes
```

Para asignar los parámetros disponemos de los métodos:

- `void setString(int índiceParámetro, String valor)`
- `void setInt(int índiceParámetro, int valor)`
- `void setDouble(int índiceParametro, double valor)`
- `void setBoolean( int índiceParametro, boolean valor)`
- `void setDate(int índiceParámetro, Date valor)`

En todos los métodos el primer parámetro indica el índice del parámetro de la consulta (los parámetros se comienzan a contar desde 1). Y el segundo parámetro es el valor que asignar. Existen tantos métodos como tipos de datos, los expuestos aquí son solo algunos.

Nota técnica

Consulta en la ayuda oficial de Java el resto de métodos que existen para asignar distintos tipos de valores a un parámetro de una consulta del tipo `PreparedStatement`.

Actividad resuelta 14.8

Escribir un programa que muestre todos los alumnos de un curso cuya nota es mayor que cierta nota de corte. Tanto el curso como la nota de corte serán introducidos por el usuario.

Solución

```
Connection con;
PreparedStatement sentencia;
String sql;

String url = "jdbc:mysql://localhost/Instituto";
try {
   con = DriverManager.getConnection(url, "Pepe", "12345");
  //Formamos la consulta
  sql = "SELECT nombre, media FROM Alumnos WHERE curso = ? AND media > ?";
```

```
    sentencia = con.prepareStatement(sql);
    //Vamos pedir el curso:
    System.out.println("Curso:");
    String curso = new Scanner(System.in).nextLine();
    //Vamos pedir la nota de corte:
    System.out.println("Nota de corte:");
    Double notaCorte = new Scanner(System.in).nextDouble();

    //asignamos los parámetros:
    sentencia.setString(1, curso); //el primer ? corresponde al curso
    sentencia.setDouble(2, notaCorte); //el segundo ? es la nota de corte

    ResultSet rs = sentencia.executeQuery();
    while(rs.next()) {
       System.out.println(rs.getString("nombre") + "\t" +
       rs.getDouble("media"));
    }

    con.close(); //cerramos la conexión
 } catch (SQLException ex) {
    System.out.println("Ha ocurrido algún error.");
 }
```

En ocasiones, puede ser interesante que el valor de un parámetro sea nulo. Para ello disponemos del método de `PreparedStatemenet`:

- `void setNull(int índiceParámetro, int tipoSQL)`: pone a nulo el parámetro indicado, que se trata como si fuera del tipo `tipoSQL`, y que será uno de los tipos definidos en `java.sql.Types`: `INTEGER`, `BOOLEAN`, `VARCHAR`, `DECIMAL`, etcétera.

Actividad resuelta 14.9

Diseñar una aplicación que muestre un informe de los alumnos, según sus notas: todos los alumnos cuya nota es Bien (nota entre 6 y 7) y todos los alumnos cuya nota es Notable (entre 7 y 9). Cada informe debe ordenarse por la nota de forma ascendente.

Para realizar esta actividad usaremos una consulta con parámetros y la reutilizaremos.

Solución

```
Connection con;
String url = "jdbc:mysql://localhost/Instituto";
try {
   con = DriverManager.getConnection(url, "Pepe", "12345");
   System.out.println("Alumnos con Bien:");
   alumnosXNota(con, 6, 7);
   System.out.println("\nAlumnos con Notable:");
   alumnosXNota(con, 7, 9);
   con.close(); //cerramos la conexión
} catch (SQLException ex) {
   System.out.println("Ha ocurrido algún error.");
}
```

El código correspondiente al método que muestra a los alumnos según sus notas es:

```
void alumnosXNota(Connection con, double n1, double n2) throws SQLException {
    //Formamos la consulta
    String sql = "SELECT nombre, media FROM Alumnos WHERE ?<=media AND media<? " +
                 "ORDER BY media ASC";
    PreparedStatement sentencia = con.prepareStatement(sql);
    //asignamos los parámetros:
    sentencia.setDouble(1, n1); //nota mínima
    sentencia.setDouble(2, n2); //nota máxima
    ResultSet rs = sentencia.executeQuery();

    while (rs.next()) { //mostramos
        System.out.println(rs.getString("nombre") + "\t\t" +
        rs.getString("media"));
    }
}
```

14.8. Operaciones CRUD

CRUD son las siglas en inglés de «crear, leer, actualizar y borrar», y se usa para referirse a las operaciones básicas que se realizan en una base de datos.

Hasta ahora, hemos trabajado con datos aislados como simples variables. Esto nos ha servido para acercarnos a la API de JDBC y al manejo de una base de datos; pero esta forma de trabajar no es la más habitual. Ahora manejaremos clases y objetos (clase `Persona`, clase `Mascota`, etc.) a las que incorporaremos las operaciones CRUD, que se encargarán de gestionar el objeto en la base de datos.

Existe una técnica llamada *mapeo objeto-relacional,* que consiste en mapear o vincular cada atributo de una clase con un campo de una tabla en la base de datos. Es decir, convertimos los datos como objeto en un registro de una tabla relacional, y viceversa.

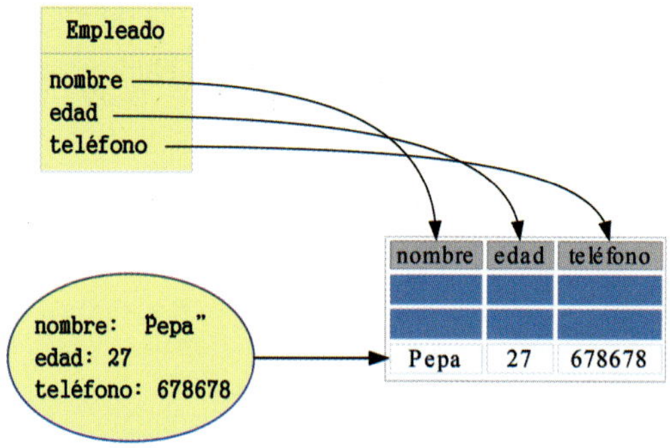

Figura 14.12. *La clase* `Empleado` *se mapea en una tabla, cada atributo de la clase se almacena en un campo de la tabla. Los tipos deben coincidir o, al menos, ser compatibles. Cada objeto se almacena en un registro. Aquí los datos son los mismos, solo varía su representación: como objeto en el ámbito de la aplicación y como registro en el ámbito de la base de datos.*

Recuerda

Las bases de datos que almacenan sus datos en tablas, formadas por columnas (campos) y filas (registros) reciben el nombre de **bases de datos relacionales.** Este nombre proviene del **modelo relacional,** que es el modelo de datos que utiliza este tipo de bases de datos.

El modelo relacional se lo debemos a Edgar Frank Codd.

A cada clase de nuestra aplicación se le añadirán los métodos:

- `create()`: inserta los datos del objeto en la base de datos mediante una sentencia INSERT.
- `read()`: mediante una sentencia SELECT, rescata los datos de la BD y los carga en un objeto.
- `update()`: actualiza los datos de un objeto (que se habrán modificado) guardándolos en la base de datos, mediante una sentencia UPDATE.
- `delete()`: elimina los datos del objeto actual de la base de datos.

Argot técnico

El flujo de información del método `update()` suele ser desde el objeto hacia la base de datos. Es decir, cuando sabemos que un objeto ya está insertado en la BD y se ha modificado, guardamos las actualizaciones en la BD mediante este método.

Puede que nos interese justo lo contrario: tras modificar un objeto, desechar estos cambios y que el objeto vuelva a cargarse con los datos existentes en la BD. Para ello, podemos utilizar el método `read()`. En la bibliografía se suele denominar `refresh()` al método que hace esto.

Actividad resuelta 14.10

Diseñar la clase `Alumno` que tiene los siguientes atributos, de manera que se pueda almacenar sus objetos en la base de datos Instituto:

- `id`: es el número identificativo único asignado a cada alumno, que sirve para distinguirlos de forma unívoca.
- `nombre`: del alumno. Su tamaño nunca superará los 30 caracteres. En caso de tener una longitud superior, se acortará.
- `fecNacimiento`: fecha de nacimiento del alumno.
- `notaMedia`: la calificación media del alumno en el curso.
- `curso`: cadena formada por dos caracteres que identifica el curso donde está matriculado el alumno.

Solución

```
public class Alumno {
   private final int TAM_NOMBRE = 30; //especifica el tamaño máximo del nombre
   //que en la BD se ha definido como un VARCHAR(30)
   private int id; //atributo identificador
```

```
    private String nombre;
    private Date fNacimiento;
    private double notaMedia;
    private String curso; //La cadena curso debe tener una longitud máx. de 2

    /* Constructor que crea un objeto Alumno únicamente con su identificador.
     * Se utiliza para leer los datos desde la BD a partir de la clave. */
    public Alumno(int id) {
        this.id = id;
    }

    public Alumno(int id, String nombre, Date fNacimiento, double notaMedia, String curso) {
        this.id = id;
        setNombre(nombre);
        this.fNacimiento = fNacimiento;
        this.notaMedia = notaMedia;
        this.setCurso(curso);
    }

    /* Crea una conexión con el SGBD y lo devuelve. La responsabilidad de cerrar
     * la conexión queda en manos de quién la use.*/
    static private Connection conexion() {
        Connection con=null;
            String url = "jdbc:mysql://localhost/Instituto";
        try {
            con = DriverManager.getConnection(url, "Pepe", "12345");
        } catch (SQLException ex) {
            System.out.println("Error al conectar al SGBD.");
        }
        return con;
    }

    //Este método inserta el objeto this como un registro de la tabla Alumnos,
    //en la BD Instituto. Debemos hacer coincidir el nombre de los atributos del
    //objeto y el de los campos de la tabla.
    public void create() {
        Connection con = conexion();
        String sql = "INSERT INTO Alumnos (num, nombre, fnac, media, curso) " +
                     "              VALUES ( ?,     ?,      ?,      ?,      ? )";
            try {
            PreparedStatement sentencia = con.prepareStatement(sql);
            sentencia.setInt(1, id);
            sentencia.setString(2, nombre);
            sentencia.setDate(3, new java.sql.Date(fNacimiento.getTime()));
            sentencia.setDouble(4, notaMedia);
            sentencia.setString(5, curso);
            sentencia.executeUpdate();
            con.close(); //cerramos la conexión
        } catch (SQLException ex) {
            System.out.println("Error al insertar.");
        }
    }

   //Escribiremos dos versiones de read():
   //1. Será un método estático al que se le pasa la clave(id). Leerá los
   //   datos correspondiente a ese id, construirá un objeto con esos datos
```

```
//   y devolverá el objeto creado.
//2. Será un método no estático que utilizará this.id, leerá los datos del
//   registro correspondiente a esa clave, y asignará los valores de los
//   campos en los atributos del propio objeto (this).
//Método estático: devuelve el objeto leido.
static public Alumno read(int id) {
   Alumno alumno = null;
   String sql = "SELECT * FROM Alumnos WHERE num = ?";
   try {
      Connection con = conexion();
      PreparedStatement sentencia = con.prepareStatement(sql);
      sentencia.setInt(1, id); //asignamos la clave a buscar
      ResultSet rs = sentencia.executeQuery();
      //Al estar buscando por la clave, solo existen dos alternativas:
      //La encuentra: el resultSet tendrá un único registro.
      //No la encuentra: el resultSet estará vacía.
      if (rs.next()) { //si hay un registro
         String nombre = rs.getString("nombre");
         Date fNacimiento = rs.getDate("fNac");
         Double notaMedia = rs.getDouble("media");
         String curso = rs.getString("curso");
         //creamos un objeto con los datos obtenidos
         alumno = new Alumno(id, nombre, fNacimiento, notaMedia, curso);
      }
   } catch (SQLException ex) {
      System.out.println("Error al consultar un alumno.");
   }
      return alumno; //si no encuentra el id devolverá null
}

//Método no estático: busca en la BD un registro con la misma clase que
// este objeto (this.id), lolee y asigna estos valores a los atributos
//de this.
public void read() {
   String sql = "SELECT * FROM Alumnos WHERE num = ?";
   try {
      Connection con = conexion();
      PreparedStatement sentencia = con.prepareStatement(sql);
      sentencia.setInt(1, id); //asignamos la clave a buscar
      ResultSet rs = sentencia.executeQuery();

      //Al estar buscando por la clave, solo existen dos alternativas:
      //La encuentra: el resultSet tendrá un único registro.
      //No la encuentra: el resultSet estará vacía.
      if (rs.next()) { //si hay un registro
         this.nombre = rs.getString("nombre");
         this.fNacimiento = rs.getDate("fNac");
         this.notaMedia = rs.getDouble("media");
         this.curso = rs.getString("curso");
      }
   } catch (SQLException ex) {
      System.out.println("Error al consultar un alumno.");
   }
}

//Actualiza los valores del objeto this en la BD.
//Supondremos que el objeto ya dispone de su registro.
```

```
//Es habitual, no permitir que se modifique el identificador de un objeto.
public void update() {
   String sql = "UPDATE Alumnos SET nombre=?, fNac=?, media=?, curso=? WHERE num = ?";
   try {
      Connection con = conexion();
      PreparedStatement sentencia = con.prepareStatement(sql);
      sentencia.setString(1, this.nombre);
      sentencia.setDate(2, (java.sql.Date)this.fNacimiento);
      sentencia.setDouble(3, this.notaMedia);
      sentencia.setString(4, this.curso);
      sentencia.setInt(5, id); //asignamos la clave a buscar
      sentencia.executeUpdate();
   } catch (SQLException ex) {
      System.out.println("Error al actualizar un alumno.");
   }
}

//Eliminamos el registro correspondiente al objeto this de la BD.
public void delete() {
   String sql = "DELETE FROM Alumnos WHERE num = ?";
   try {
      Connection con = conexion();
      PreparedStatement sentencia = con.prepareStatement(sql);
      sentencia.setInt(1, id); //asignamos la clave a buscar
      sentencia.executeUpdate();
   } catch (SQLException ex) {
      System.out.println("Error al eliminar un alumno.");
   }
}

public int getId() { return id;}

public void setId(int id) { this.id = id; }

public String getNombre() { return nombre; }

//Limita la longitud del nombre al número de caracteres indicado por la
//constante TAM_NOMBRE.
public void setNombre(String nombre) {
   this.nombre = nombre.substring(0, Math.min(TAM_NOMBRE, nombre.length()));
}

public Date getfNacimiento() { return fNacimiento; }

public void setfNacimiento(Date fNacimiento) { this.fNacimiento = fNacimiento; }

public double getNotaMedia() { return notaMedia; }

public void setNotaMedia(double notaMedia) { this.notaMedia = notaMedia; }

public String getCurso() { return curso; }

//en la BD es un VARCHAR(2), tenemos que limitar el String a un máximo de 2 caracteres.
public void setCurso(String curso) {
   this.curso = curso.substring(0, Math.min(2, nombre.length()));
}
```

```
    @Override
    public String toString() {
        return "Alumno{id = " + id + ", nombre = " + nombre + ", fNacimiento = " +
          fNacimiento + ", notaMedia = " + notaMedia + ", curso = " + curso + '}';
    }
}
```

14.9. Objeto de acceso a datos

Desde el punto de vista de la abstracción en la POO, un enfoque purista defenderá que una clase debe plasmar sus características y comportamientos esenciales. En el caso de un alumno, habrá que manejar sus datos, sus notas, sus matrículas, etc. Pero estaremos de acuerdo en que cualquier operación CRUD en una BD no pertenece al mundo de un alumno.

El hecho de añadir los métodos relacionados con las operaciones de la BD a una clase como `Alumno` es una distorsión de la abstracción que se hace de la realidad. Por este motivo, existe un enfoque en el que cada clase de interés en nuestra aplicación se diseñará única y exclusivamente atendiendo a la abstracción del mundo real. Y si necesitamos que esa clase se almacene en una BD, diseñaremos una segunda clase, denominada DAO (por sus siglas en inglés de «objeto de acceso a datos») con la única misión de realizar las operaciones CRUD en la BD para su correspondiente clase.

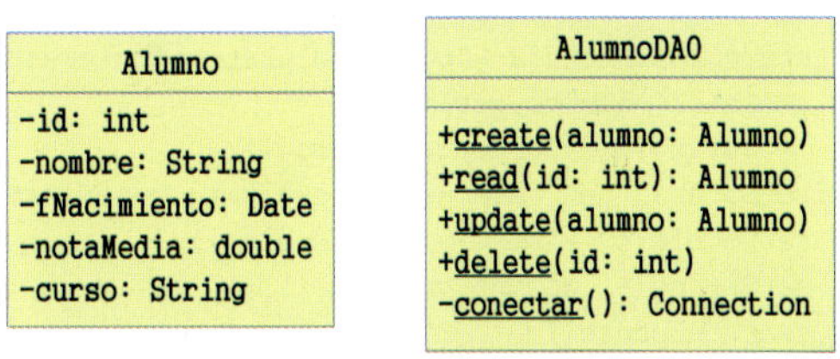

Figura 14.13. *Clase `Alumno`, que solo contiene atributos y métodos producto de la abstracción de los alumnos en la realidad; y clase `AlumnoDAO`, que está diseñada para interactuar con objeto de tipo `Alumno` con la BD.*

Cada clase DAO tendrá los mismos métodos, pero estará diseñada específicamente para una clase del modelo de dominio.

Recuerda

Un modelo de dominio es una abstracción del sistema que modelar. Las clases del modelo de dominio son aquellas que abstraen esta realidad. Si, por ejemplo, deseo informatizar una ferretería, las clases del modelo de dominio serán aquellas que representan a los clientes, productos, facturas y pedidos. No pertenecerán al modelo de dominio cualquier clase auxiliar, las clases de la interfaz gráfica ni las clases de JDBC.

Actividad resuelta 14.11

Escribir la clase `AlumnoDAO` que se encargará de gestionar los objetos de la clase `Alumno` en la BD. La clase `AlumnoDAO` tendrá los métodos representados en el diagrama de clases de la Figura 14.13.

Solución

```
public class AlumnoDAO {
   //Crea una conexión con el SGBD y la devuelve.
   private static Connection conectar() {
      Connection con = null;
      String url = "jdbc:mysql://localhost/Instituto";
      try {
         con = DriverManager.getConnection(url, "Pepe", "12345");
      } catch (SQLException ex) {
         System.out.println("Error al conectar al SGBD.");
      }
         return con;
   }

   //Este método inserta el Alumno pasado como parámetro como un registro de la
   //tabla Alumnos, en la BD Instituto. Debemos hacer coincidir el nombre de
   //los atributos del objeto y el de los campos de la tabla.
   public static void create(Alumno alumno) {
      //Si el alumno pasado es nulo no haremos nada.
      if (alumno != null) {
         Connection conexion = conectar();
         String sql = "INSERT INTO Alumnos (num, nombre, fnac, media, curso) " +
                      "              VALUES ( ?,    ?,     ?,     ?,     ? )";
         try {
            PreparedStatement sentencia = conexion.prepareStatement(sql);
            sentencia.setInt(1, alumno.getId());
            sentencia.setString(2, alumno.getNombre());
            sentencia.setDate(3, new java.sql.Date(alumno.getfNacimiento().getTime()));
            sentencia.setDouble(4, alumno.getNotaMedia());
            sentencia.setString(5, alumno.getCurso());
            sentencia.executeUpdate();
            conexion.close(); //cerramos la conexión
         } catch (SQLException ex) {
            System.out.println("Error al insertar.");
         }
      }
   }

   //Lee los datos del alumno con clave id, construye un objeto Alumno con sus
   //datos y lo devuelve.
   public static Alumno read(int id) {
      Alumno alumno = null;
      String sql = "SELECT * FROM Alumnos WHERE num = ?";
      try {
         Connection conexion = conectar();
         PreparedStatement sentencia = conexion.prepareStatement(sql);
         sentencia.setInt(1, id); //asignamos la clave a buscar
         ResultSet rs = sentencia.executeQuery();
```

```
        //Al estar buscando por la clave, solo existen dos alternativas:
        //1. La encuentra: el resultSet tendrá un único registro.
        //2. No la encuentra: el resultSet estará vacío.
        if (rs.next()) { //si hay un registro
           String nombre = rs.getString("nombre");
           Date fNacimiento = rs.getDate("fNac");
           Double notaMedia = rs.getDouble("media");
           String curso = rs.getString("curso");
           //creamos un objeto con los datos obtenidos
           alumno = new Alumno(id, nombre, fNacimiento, notaMedia, curso);
           conexion.close();
        }
      } catch (SQLException ex) {
        System.out.println("Error al consultar un alumno.");
      }
      return alumno; //si no encuentra el id devolverá null
   }

   //Actualiza los valores del objeto alumno pasado como parámetro en la BD.
   //Supondremos que el objeto ya dispone de su registro.
   //No permitimos que se modifique el identificador de un objeto.
   public static void update(Alumno alumno) {
      if (alumno != null) {
        String sql="UPDATE Alumnos SET nombre=?, fNac=?, media=?," +
               "curso=? WHERE num=?";
        try {
           Connection conexion = conectar();
           PreparedStatement sentencia = conexion.prepareStatement(sql);
           sentencia.setString(1, alumno.getNombre());
           sentencia.setDate(2, (java.sql.Date) alumno.getfNacimiento());
           sentencia.setDouble(3, alumno.getNotaMedia());
           sentencia.setString(4, alumno.getCurso());
           sentencia.setInt(5, alumno.getId()); //asignamos la clave a buscar
           sentencia.executeUpdate();
           conexion.close();
      } catch (SQLException ex) {
        System.out.println("Error al actualizar un alumno.");
      }
   }
}

//Eliminamos el registro correspondiente al registro con clave id.
public static void delete(int id) {
   String sql = "DELETE FROM Alumnos WHERE num = ?";
   try {
      Connection conexion = conectar();
      PreparedStatement sentencia = conexion.prepareStatement(sql);
      sentencia.setInt(1, id); //asignamos la clave a buscar
      sentencia.executeUpdate();
      conexion.close();
   } catch (SQLException ex) {
      System.out.println("Error al eliminar un alumno.");
   }
 }
}
```

En esta actividad se ha implementado la clase `AlumnoDAO` con todos los métodos estáticos. Con respecto a la conexión, se ha mantenido la política de:

1. Realizar una conexión con la BD.
2. Realizar una operación (create, update, delete o insert).
3. Cerrar la conexión.

Actividad resuelta 14.12

Rediseñar la clase `AlumnoDAO` para que permita una política distinta con respecto a la conexión a la BD:

1. Conectamos con la BD al principio.
2. Se realizan multitud de operaciones.
3. Se cierra la conexión con la BD.

Para implementar este enfoque debemos mantener un atributo con la conexión, que se abrirá en cuanto un objeto `AlumnoDAO` se construya. Ahora los métodos no podrán ser estáticos, ya que requieren el uso de un atributo del objeto (la conexión).

Podemos aprovechar el enfoque no estático para definir unas constantes que sirvan para configurar los parámetros de la conexión a la BD.

Solución

La clase `AlumnoDAO` con sus atributos y constructor quedaría:

```
public class AlumnoDAO {
    private Connection conexion;
    private final String USUARIO = "Pepe";
    private final String PASSWORD = "12345";
    private final String MAQUINA = "localhost";
    private final String BD = "Instituto";

    //En el constructor creamos la conexión, que se mantendrá abierta todo el tiempo.
    public AlumnoDAO() {
        //establecemos la conexión con la BD:
        conexion = conectar();
    }

    //Crea una conexión con el SGBD y la devuelve.
    private Connection conectar() {
        Connection con = null;
        String url = "jdbc:mysql://" + MAQUINA + "/" + BD;
        try {
            con = DriverManager.getConnection(url, USUARIO, PASSWORD);
        } catch (SQLException ex) {
            System.out.println("Error al conectar al SGBD.");
        }
       return con;
    }

    //resto de métodos
    //...
}
```

El resto de los métodos son prácticamente idénticos, con la salvedad de que no se declaran estáticos y no construirán la conexión ni la cerrarán; para ello usarán la conexión disponible en la clase. A modo de ejemplo pondremos el método `delete()`:

```
//Eliminamos el registro correspondiente al registro con clave id.
public void delete(int id) {
   String sql = "DELETE FROM Alumnos WHERE num = ?";
   try {
      PreparedStatement sentencia = conexion.prepareStatement(sql);
      sentencia.setInt(1, id); //asignamos la clave a buscar
      sentencia.executeUpdate();
   } catch (SQLException ex) {
      System.out.println("Error al eliminar un alumno.");
   }
}
```

A las clases DAO podemos añadirles tantos métodos como necesitemos. Es habitual disponer de un método que devuelva una lista (`java.util.List`) con tantos objetos como registros tenga la tabla correspondiente. También es usual encontrar en la clase DAO métodos que devuelven todos los objetos que cumplen que cierto atributo coincide con un valor determinado.

Actividad resuelta 14.13

Añadir un método a la clase `AlumnoDAO` que devuelva una lista con todos los alumnos que existen en la base de datos.

Solución

```
//Construye una lista con todos los alumnos que existen en la BD
List<Alumno> todosAlumnos() {
   List<Alumno> todos = new LinkedList<>();
   Alumno alumno = null;
   String sql = "SELECT * FROM Alumnos";
   try {
      Statement sentencia = conexion.createStatement();
      ResultSet rs = sentencia.executeQuery(sql);
      //Recorremos el resultado y crearemos un objeto por cada registro
      while (rs.next()) {
         int id = rs.getInt("num");
         String nombre = rs.getString("nombre");
         Date fNacimiento = rs.getDate("fNac");
         Double notaMedia = rs.getDouble("media");
         String curso = rs.getString("curso");
         //creamos un objeto con los datos obtenidos
         alumno = new Alumno(id, nombre, fNacimiento, notaMedia, curso);
         // y lo añadimos a la lista
         todos.add(alumno);
      }
   } catch (SQLException ex) {
      System.out.println("Error al consultar un alumno.");
   }
   return todos;
}
```

Dependiendo de la política de conexión que usemos en la implementación de la clase DAO, sus métodos serán no estáticos (como en este caso) o se definirán con `static` si cada método se encarga de abrir y cerrar su propia conexión.

Actividad resuelta 14.14

Incluir en la clase `AlumnoDAO` un método que permita buscar a todos los alumnos que comparten curso.

Solución

```
/*Construye una lista con todos los alumnos que pertenecen al mismo curso.
En esta caso estamos implementando un método que realiza la búsqueda por
uno de los atributos (curso) de la clase Alumno. */
List<Alumno> alumnosXCurso(String curso) {
   List<Alumno> mismoCurso = new LinkedList<>();
   Alumno alumno = null;
   String sql = "SELECT * FROM Alumnos WHERE curso = ?";
   try {
      PreparedStatement sentencia = conexion.prepareStatement(sql);
      sentencia.setString(1, curso);

      ResultSet rs = sentencia.executeQuery();
      //Recorremos el resultado y crearemos un objeto por cada registro
      while (rs.next()) {
         int id = rs.getInt("num");
         String nombre = rs.getString("nombre");
         Date fNacimiento = rs.getDate("fNac");
         Double notaMedia = rs.getDouble("media");
         //creamos un objeto con los datos obtenidos
         alumno = new Alumno(id, nombre, fNacimiento, notaMedia, curso);
         mismoCurso.add(alumno); // y lo añadimos a la lista
      }
   } catch (SQLException ex) {
      System.out.println("Error al consultar un alumno.");
   }
   return mismoCurso;
}
```

Enlaces web de interés

- **MySQL Community Downloads** - dev.mysql.com/downloads/connector/j/
  (Lugar de descarga del driver JDBC de MySQL/MariaDB)
- **JDBC and UCP Downloads page** -
  www.oracle.com/database/technologies/appdev/jdbc-downloads.html
  (Página de descarga del driver JDBC de Oracle)
- **PostgreSQL JDBC Driver** - jdbc.postgresql.org
  (Página de descarga del driver JDBC de PostgreSQL)

MAPA CONCEPTUAL

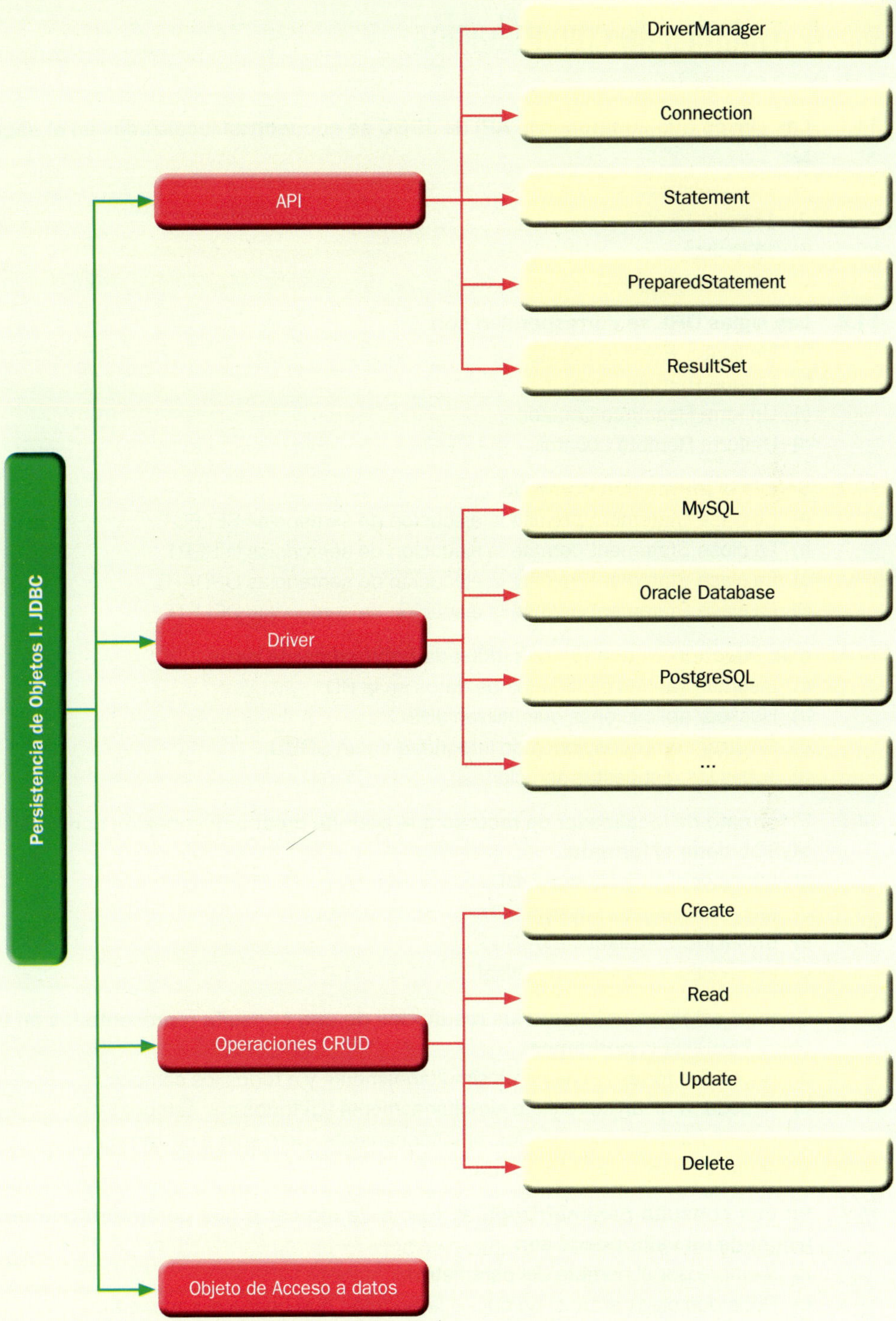

Actividades de comprobación

14.1. Las clases que componen la API de JDBC se encuentran localizadas en el paquete:

a) `java.mysql.api`
b) `java.util.sql`
c) `java.sql`
d) `java.mysql.jdbc`

14.2. Las siglas URL se corresponden con:

a) Unificator Remote Locator.
b) Unique Remote Locator.
c) Uniform Resource Locator.
d) Uniform Remote Locator.

14.3. Señala la afirmación correcta:

a) La clase Statement permite la ejecución de sentencias SELECT.
b) La clase Statement permite la ejecución de sentencias INSERT.
c) La clase Statement permite la ejecución de sentencias UPDATE.
d) La clase Statement permite la ejecución de sentencias DELETE.

14.4. SQL Injection es una técnica utilizada habitualmente para:

a) Insertar grandes cantidades de datos en la BD.
b) Hackear aplicaciones que utilizan JDBC.
c) Realizar comprobaciones de integridad en un SGBD.
d) Todas las respuestas son ciertas.

14.5. El formato de localizador de recurso que permite crear una conexión con un SGBD MySQL tiene el formato:

a) jdbc:mysql://<máquina>/<BD>
b) jdbc:<máquina>://mysql/<BD>
c) mysql:jdbc://<máquina>/<BD>
d) jdbc:<BD>://<máquina>/mysql

14.6. Cuando estamos utilizando los resultados de una consulta representados en una clase `ResultSet`, podremos:

a) Acceder a todos los registros simultáneamente y a todos los campos.
b) Acceder a un único registro simultáneamente y a todos sus campos.
c) Acceder a todos los registros simultáneamente, pero solo a un campo.
d) Todas las respuestas son ciertas.

14.7. En una consulta parametrizada, la forma de indicar a qué parámetro queremos asignarle un valor puede ser:

a) Siempre por el nombre del parámetro.
b) Podemos elegir entre el nombre o la posición que ocupa el parámetro.
c) Siempre por la posición que ocupa el parámetro.
d) Para configurar los parámetros utilizaremos siempre la clase `Parameter`.

14.8. El acrónimo CRUD hace referencia a un conjunto de operaciones que incluyen:

a) Consultas y movimientos de datos.
b) Inserción, consultas, extracción, lectura y creación de datos.
c) Borrado, eliminación, actualización, consulta y copias de seguridad de los datos.
d) Eliminación, inserción, actualización y consulta de datos.

14.9. La técnica de mapeo objeto-relacional hace referencia a:

a) Tratar los objetos de una aplicación y las relaciones (asociaciones) que existen entre ellos.
b) Dibujar un mapa o diagrama que muestre todas las clases y objetos que intervienen en una aplicación.
c) Convertir cada atributo de un objeto en un campo de un registro en una base de datos relacional y viceversa.
d) Tratar todos los mapas relacionales como si fueran objetos de una clase DAO.

14.10. ¿Cuál es la ventaja de implementar las operaciones CRUD dentro de una clase DAO con respecto a implementar las operaciones DAO en una clase del modelo de dominio?

a) Distribuye la lógica del programa entre clases con responsabilidades diferentes.
b) No modifica la representación (abstracción) de las clases del modelo de negocio.
c) Al limitar el código implementado en distintas clases, facilita el mantenimiento de la aplicación.
d) Todas las respuestas son ciertas.

Actividades de aplicación

Disponemos de la base de datos Empresa donde se almacena la información de los empleados de una compañía y las oficinas de las que dispone en distintas ciudades. La base de datos está compuesta por las tablas:

Empleados, con lo campos:

- numemp: número identificativo del empleado.
- nombre.
- edad.
- oficina: clave foránea de la tabla Oficinas, que determina la oficina en la que el empleado trabaja.
- puesto: empleo que desarrolla en la empresa.
- contrato: fecha en la que se contrató al empleado.

Oficinas, con los campos:

- oficina: número identificativo de cada oficina.
- ciudad.
- superficie: extensión en metros cuadrados de la oficina.
- ventas: importe de las ventas de esta oficina.

Utilizando la base de datos Empresa, se pide realizar las siguientes actividades:

14.11. Crea un programa que muestre todos los empleados.

14.12. Utiliza la técnica de mapeo objeto-relacional para cargar todas las oficinas de la base de datos en una lista de oficinas. Muestra el contenido de la lista de objetos creada.

14.13. Modifica la Actividad de aplicación 14.12 para que la aplicación solicite al usuario el nombre de una ciudad, y que muestre las oficinas ubicadas en dicha ciudad.

14.14. Muestra un listado con el nombre y la edad de los empleados cuya edad se encuentra comprendido entre unos valores máximos y mínimos que introducirá el usuario.

14.15. Crea un programa que lea todos los datos de un empleado, excepto la fecha de contratación que será la de hoy, y los inserte en la base de datos.

14.16. Modifica la Actividad de aplicación 14.15 para que el programa utilice mapeo objeto-relacional. Es decir, hemos de insertar los datos de un empleado creando previamente un objeto de tipo `Empleado`. Utiliza también un objeto DAO para la inserción. No será necesario implementar otros métodos del objeto DAO.

14.17. Añade el código necesario a la Actividad de aplicación 14.16 para comprobar que el empleado que se va a insertar no existe en la base de datos. Para ello es necesario controlar que no encontramos un empleado con idéntico «numemp» en la base de datos.

14.18. Repite la Actividad de aplicación 14.17, pero controlando que existe el número de oficina introducido. Utiliza también una clase DAO para las oficinas.

14.19. Escribe una aplicación que cambie a todos los empleados que trabajan en una oficina a otra. Muestra a los empleados afectados por el cambio de oficina, antes y después de la modificación.

14.20. Solicita por teclado el número de un empleado y bórralo de la base de datos. Implementa la solución como parte de la clase DAO para empleados.

14.21. Añade a la clase `OficinaDAO` un método que devuelva una lista con todas las oficinas. Prueba el método mostrando todas las oficinas existentes en la base de datos.

14.22. Aprovecha el método de la Actividad de aplicación 14.21 para mostrar las oficinas cuya superficie es superior a una extensión introducida por el usuario.

14.23. Crea un programa que permita modificar la ciudad e incrementar las ventas de distintas oficinas.

Actividades de ampliación

14.24. Swing es una biblioteca gráfica para Java que permite crear ventanas que contienen distintos elementos gráficos como botones, cajas de texto, listas desplegables, etc. Se pide investigar sobre Swing y añadir una interfaz gráfica sencilla que permita introducir los datos de una oficina mediante un formulario y guardar dichos datos en la base de datos.

ACTIVIDADES FINALES

14.25. Construye una interfaz gráfica con Swing que, mediante el uso de una tabla (clase `JTable`), muestre a todos los empleados que existen en la base de datos.

14.26. La API de JDBC de Java se considera de bajo nivel, lo que provoca que sea el programador el encargado de la gestión de los datos en la aplicación.

Existe una API de más alto nivel (que internamente usa JDBC) denominada JPA y que se encarga de la gestión de los objetos de nuestra aplicación en la base de datos. Se pide investigar sobre JPA: cuáles son sus funcionalidades, el sistema de anotaciones y qué es una entidad.

14.27. JPA dispone de su propio lenguaje de consulta de datos denominado JPQL. Es un lenguaje muy parecido a SQL y comparten gran parte de la sintaxis. Busca información sobre JPQL y sus distintas operaciones, y realiza una comparativa entre las mismas operaciones entre SQL y JPQL.

14.28. Java Reflection API es una librería que permite obtener información y manipular clases e interfaces, así como sus métodos y campos, en tiempo de ejecución. No es necesario (en tiempo de compilación) tener conocimiento de las clases con las que vamos a trabajar. Realizad por grupos una investigación sobre esta API y averiguad cuáles son sus principales funcionalidades.

14.29. Con JDBC tenemos que ser nosotros los encargados de crear las tablas en la base de datos antes de poder realizar operaciones con los datos. Java Reflection API puede ser útil para crear de forma automática una sentencia CREATE TABLE (que se ejecutará con JDBC) a partir de una clase dada. Se pide construir un método que reciba como parámetro una clase y construirá una tabla adecuada para almacenar los datos de los objetos de dicha clase.

14.30. Indaga sobre los mecanismos que utilizan otros lenguajes de programación para acceder a los datos almacenados en un SGBD relacional. Realiza una clasificación por lenguajes de programación según sean el tipo de mecanismo que usa.

UNIDAD 15

API de persistencia de Java

Objetivos

- Establecer los conceptos de persistencia que son necesarios para salvaguardar y recuperar los datos de cualquier aplicación, así como los conceptos y definiciones propias de Java Persistence API.
- Concretar la importancia de los mecanismos de conversión entre datos mediante objetos y datos, utilizando un sistema gestor de base de datos relacional.
- Clasificar las relaciones existentes entre clases, según su navegabilidad y cardinalidad.
- Profundizar en el concepto de persistencia de objeto, vista en los ficheros, y sus alternativas.
- Asimilar las distintas anotaciones y clases de Java Persistance API, así como su lenguaje de consulta Java Persistence Query Language.
- Conocer las herramientas que ofrece NetBeans para la gestión de JPA: generación automática de controladores de entidad: gestión gráfica del fichero persistence.xml, asistentes para la creación de conexiones y entidades a partir de sus respectivos esquemas relacionales.

Contenidos

Introducción

Cuando una aplicación termina, todos sus objetos y datos desaparecen de la memoria, lo que hace que el trabajo realizado se pierda. Para evitar esto, debemos buscar una solución que permita salvaguardar de forma duradera, normalmente en disco, todos los datos. De esta manera, estarán disponibles la próxima vez que volvamos a ejecutar dicha aplicación.

La técnica que permite guardar los datos y que perduren en el tiempo, a través de la terminación y nueva ejecución de una aplicación, se conoce como *persistencia*.

15.1. Persistencia

Existen dos formas de llevar a cabo la persistencia, es decir, dos políticas para guardar y recuperar los datos de una aplicación:

- Mediante ficheros.
- Utilizando los servicios de un sistema gestor de base de datos (SGBD).

El uso de ficheros está en desuso con respecto a las bases de datos. Las principales desventajas de los ficheros para realizar la persistencia son:

- **Redundancia de información:** es difícil que en un sistema de ficheros solo exista una copia de cada elemento guardado. Sin embargo, los SGBD minimizan la redundancia.
- **Complejidad en el acceso de los datos:** los datos se guardan y recuperan utilizando la aplicación (que está diseñada específicamente para ello). Cualquier modificación en los datos conlleva un cambio en la aplicación que los gestiona. Un SGBD tiene mecanismos estándar de acceso a los datos y existe una independencia entre estos y la aplicación que los usa.
- **Seguridad:** mientras que para un conjunto de ficheros es más difícil establecer permisos y quién tiene autorización para acceder a ellos, los SGBD implementan mecanismos de seguridad más sofisticados.
- **Integridad de los datos:** en los ficheros, la única integridad y consistencia viene impuesta por la aplicación que los usa. Si alguien, de forma malintencionada o accidental, produce un error en el control que deben cumplir los datos, estos se almacenarán sin problema. Sin embargo, un SGBD vela por el cumplimiento de las restricciones impuestas a los datos.
- **Dificultad en el acceso concurrente:** la aplicación que accede a los ficheros debe implementar el acceso concurrente de los datos, algo bastante complejo y que requiere un esfuerzo extra. Por otro lado, los SGBD disfrutan de mecanismos seguros para el acceso concurrente, liberando a la aplicación de este control.

Las desventajas de los sistemas de ficheros, frente a los SGBD, para realizar la persistencia no invitan a su uso, por lo que nos centraremos en la persistencia de los datos de una aplicación utilizando los servicios de un SGBD.

15.1.1. Persistencia con un SGBD

La persistencia será algo tan sencillo como guardar los objetos de nuestra aplicación en una BD para su posterior recuperación. Los datos manejados por una aplicación son objetos, pero ¿cómo guardamos dichos objetos en el SGBD? Esto dependerá del tipo de SGBD utilizado:

- **SGBD orientada a objetos.** En la BD se almacenan directamente los objetos de la aplicación, sin necesidad de realizar ningún tratamiento extra. Hoy en día, este tipo de SGBD no se encuentran suficientemente extendidos (con respecto a los relacionales) y todavía muchos de ellos son experimentales.
- **SGBD relacionales.** Sin lugar a dudas, son los productos más extendidos en el mercado. Su consolidación proviene de la larga trayectoria que los ampara, de la experiencia que muchos equipos de desarrollo tienen con ellos y de la seguridad que han demostrado a lo largo del tiempo.

Aun cuando JPA puede trabajar con ambos tipos de SGBD, su desarrollo inicial estaba enfocado en el uso de SGBDR. Este es el caso que veremos a lo largo de la unidad.

Realizar la persistencia de una aplicación en un SGBDR lleva implícito un pequeño problema: mientras la aplicación maneja objetos, el SGBDR utiliza registros de tablas para almacenar los datos, algo que obliga a realizar una conversión entre objetos y registros de una tabla y viceversa. La técnica que realiza esta traducción se conoce como **mapeo objeto-relacional.**

15.1.2. Mapeo objeto-relacional

La Figura 15.1 representa los distintos contextos en los que una aplicación (mediante objetos) y un SGBDR (mediante tablas) gestionan los datos.

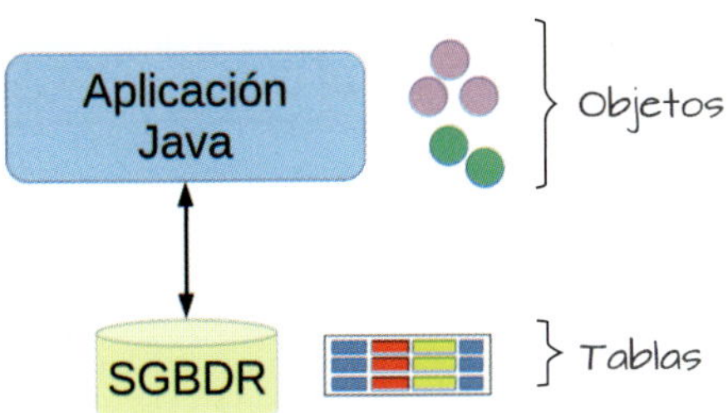

Figura 15.1. *Los datos que manipula una aplicación y los que se guardan en una base de datos deben ser idénticos. Pero mientras la aplicación utiliza objetos, el SGBDR usa tablas.*

La técnica de mapeo objeto-relacional consiste en convertir (o traducir) las clases y objetos en tablas y registros, de esta manera es posible almacenar objetos en un SGBDR.

En primer lugar, cada clase se convierte en una tabla. Esto es la norma general, pero dependiendo de cada caso es posible que una misma clase se convierta en más de una tabla, y que varias clases con cierto grado de asociación se conviertan en una única tabla.

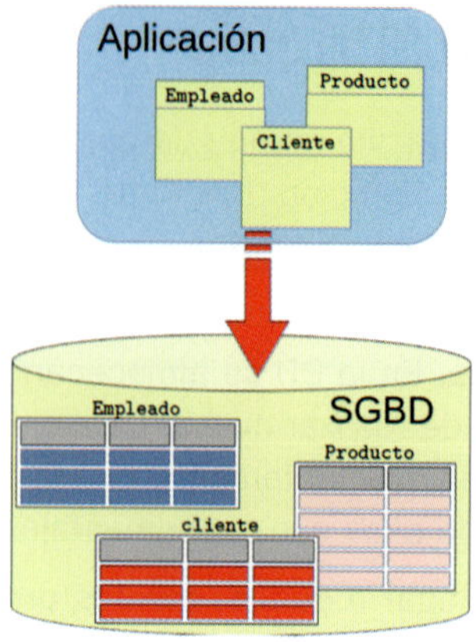

Figura 15.2. *Creación de un esquema relacional a partir de las clases, de forma general: una tabla para cada clase.*

Una vez que disponemos de las tablas para almacenar los objetos de cada clase, ¿de qué manera guardamos un objeto en la tabla? Cada objeto se convertirá en un registro de la tabla correspondiente, de forma que cada atributo del objeto corresponderá con cada atributo del registro. La Figura 15.3 muestra cómo se mapean los atributos de una clase en una tabla y cómo se guardan los valores de un objeto como un registro.

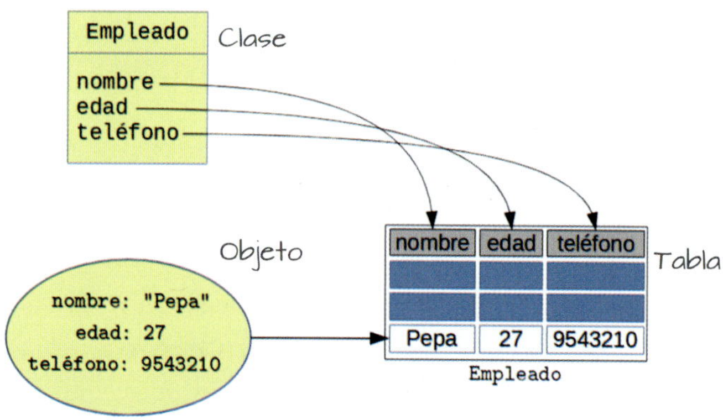

Figura 15.3. *Cada atributo del objeto se almacena en un atributo de la tabla.*

15.1.3. Técnicas de persistencias

Para persistir los objetos de nuestra aplicación existen distintas técnicas que se diferencian en el nivel de abstracción y automatización.

JDBC: persistencia nativa

Consiste en agregar en cada clase métodos que se encargan de guardar y recuperar los atributos del propio objeto en la BD. En estos métodos, típicamente llamados: `save()`, `read()`, `update()` o algo similar, se utilizan consultas de SQL que realizan directamente las operaciones necesarias.

El inconveniente de esta técnica es que se distorsionan las clases de nuestro modelo de dominio con métodos que no pertenecen a la abstracción que dichas clases modelan de la realidad.

Argot técnico

Se conoce como *modelo de dominio* al conjunto de clases conceptuales del mundo real definidas en una aplicación. No pertenecen al modelo de dominio las clases que son un componente software.

Si, por ejemplo, una aplicación gestiona un centro educativo, algunas de las clases del modelo de dominio podrían ser: `Alumno`, `Curso` o `Asignatura`. Mientras que las clases auxiliares que representan un botón, la impresora o se encargan de gestionar la conexión a la base de datos no forman parte del modelo de dominio.

DAO: patrón de diseño

Cada clase de nuestro modelo de dominio permanecerá inalterada sin los métodos necesarios en la técnica de persistencia nativa. Es su lugar, se creará para cada una de las clases otra cuyo único cometido será guardar, actualizar, eliminar y recuperar los datos de un objeto de su clase equivalente.

Veamos un ejemplo: si en nuestra aplicación disponemos de la clase `Empleado`, se diseñará una clase que se encargará de persistir sus objetos. Típicamente, se nombra a esta clase `EmpleadoDAO`, y contiene los métodos:

- `Empleado read(String dni)`: suponiendo que el dni es el identificador de los empleados, lee de la BD, construye y devuelve un objeto con los datos del empleado cuyo `dni` se especifica.
- `void save(Empleado e)`: inserta los datos del objeto `e`, en la BD.
- `void update(Empleado e)`: modifica los datos del empleado en la BD, cuya clave es `e.dni`, por los datos del objeto `e`.
- `void delete(Empleado e)`: elimina el empleado `e` de la base de datos.

Es posible que la clase DAO disponga de más métodos auxiliares, como comprobar que un empleado ya está insertado en la BD o un método que devuelva una colección con todos los empleados disponibles en la BD.

El principal inconveniente de la técnica de persistencia DAO es que casi todo el trabajo recae en el programador, que debe implementarla.

Framework de persistencia

Otra alternativa es utilizar algún framework que se encargue de persistir nuestros objetos. En Java comenzaron a aparecer multitud de alternativas que implementaban, de distinta forma, las mismas funcionalidades, teniendo cada una de ellas una serie de peculiaridades propia de su fabricante. Ante este panorama, con multitud de frameworks de persistencia y, cada uno, con sus características, fue la propia comunidad de Java quien pidió que se desarrollase una especificación que aunara a todas las implementaciones. Y así es como apareció JPA (Java Persistence API).

15.1.4. JPA

JPA es la especificación de una API que permite persistir los datos de una aplicación en un SGBD relacional y que se encarga, de forma transparente al programador, del mapeo objeto-relacional y de la automatización de las operaciones CRUD.

JPA especifica tres grandes bloques:

- La API en sí misma, en el paquete `javax.persistence`.
- El lenguaje de consulta JPQL (Java Persistence Query Language) que permite realizar consultas en una base de datos relacional obteniendo colecciones de objetos.
- Y los metadatos necesarios para el mapeo objeto-relacional. La configuración de estos metadatos se puede realizar mediante anotaciones (con la forma `@anotacion`) o mediante un fichero XML.

La capa intermedia entre la aplicación y el SGBDR (Figura 15.4), comúnmente llamada capa de persistencia, capa de mapeo objeto-relacional o motor de persistencia, es la capa de la que se encarga JPA.

El objetivo de JPA es permitir que las aplicaciones Java (POO) interactúen con las bases de datos relacionales, aprovechando la potencia y la versatilidad de los SGBDR.

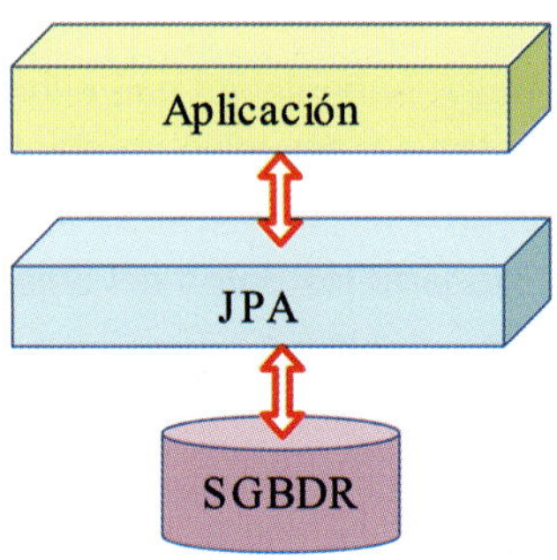

Figura 15.4. *La capa intermedia realiza la traducción entre la capa de aplicación y la BD. La capa de aplicación y la capa de persistencia se comunican mediante objetos. La capa de persistencia usa de forma interna JDBC para interactuar con el SGBD.*

Antes de poder utilizar JPA es necesario añadir a nuestro proyecto la librería *Persistence* (JPA X.Y), donde X.Y son dos números que representan la versión de la librería. Estos cambiarán dependiendo de la versión distribuida con NetBeans. Para ello, seleccionamos en el navegador de proyectos la carpeta *Libraries:*

1. Botón derecho del ratón.
2. Seleccionamos *Add Library...*
3. Por último, seleccionamos la librería *Persistence.*

Es posible tener una visión de JPA como una capa de software que facilita la tarea del programador en el momento de persistir los objetos. Internamente, esta capa de software utiliza como base JDBC para acceder al SGBD, por lo tanto, tendremos que añadir el correspondiente driver JDBC a las librerías de nuestro proyecto.

15.2. Entidades

Una entidad no es más que una clase cuyos objetos persistirán en una BD. Para que una clase pueda convertirse en una entidad debe cumplir:

- Ser un POJO (Plain Old Java Object). Un concepto que quiere especificar una clase simple, que no dependa de un framework en concreto y que no extienda ni implemente nada en especial. Nuestra clase `Empleado`, con sus atributos, constructores, setters y getters, es un POJO.
- Tener un constructor explícito, sin parámetros.
- No ser una clase interna, debe ser una clase de primer nivel.
- No estar definida como una clase `final`.
- Implementar `java.io.Serializable`, que permite el acceso remoto.

Cualquier clase que necesitemos persistir tendrá que convertirse en una entidad. Para ello hay que anotarla con `@Entity` (requiere de la importación de `javax.persistence.Entity`). Toda entidad necesita un único atributo que actúe como identificador (que será utilizado en la BD como clave de la tabla). El atributo identificador se anota con `@Id` (que precisa de la importación de `javax.persistence.Id`).

Nota técnica

El uso de cada clase o anotación perteneciente a JPA requiere de la correspondiente importación. El propio NetBeans nos facilita la importación automática tan solo seleccionando cuál de las posibles clases necesitamos importar. Por motivos de espacio, no especificaremos en este texto la importación que realizar para el resto de las clases y anotaciones de JPA.

Veamos (en rojo) cómo convertir en una entidad la clase `Empleado`:

```
@Entity //anotación de entidad
class Empleado implements java.io.Serializable {
   @Id //anotación de identificador
   String dni; //el dni identificará cada empleado
   String nombre;
   double sueldo;
   int oficina; //número de la oficina en la que trabaja
   String puesto; //que ocupa: Gerente, Informático, etc.

   public Empleado() { //constructor sin parámetros
   }   //es habitual que esté vacio
```

```
        //get's y set's de todos los atributos
        ...
    }
```

A la entidad `Empleado` podemos añadirle todos los constructores y métodos que necesitemos.

Argot técnico

Mientras no existe confusión posible en la denominación entre una clase y sus objetos, a las clases que se anotan con `@Entity` se les denomina *entidades* y a sus objetos se les conoce como *objetos de entidad* o *instancia de entidad;* pero no es inusual que a los propios objetos de una entidad también se les llame *entidades.*

Actividad resuelta 15.1

Escribir la clase `Alumno` con los atributos: número de alumno (que identificará cada uno de los alumnos), nombre, dirección y nota media. Convertir dicha clase en una entidad.

Solución

```
import javax.persistence.*;

@Entity
public class Alumno implements java.io.Serializable {
   @Id
   private int numero;
   private String nombre;
   private String direccion;
   private double notaMedia;

   public Alumno(int numero, String nombre, String direccion, double notaMedia) {
      this.numero = numero;
      this.nombre = nombre;
      this.direccion = direccion;
      this.notaMedia = notaMedia;
   }

   public Alumno() { //constructor sin parámetros, que necesita JPA
   }
   // implementación de los setter, getter toString() y cualquier otro método
   ...
}
```

15.2.1. Identificador autogestionado

JPA puede encargarse de generar y asignar valores distintos al atributo identificador, para ello añadiremos a la anotación `@Id` la anotación `@GeneratedValue`. No es necesario asignarle valores a un identificador autogestionado, será JPA quien se encargue de realizar este trabajo.

Los identificadores de una entidad pueden ser:

- Cualquier tipo primitivo: `int`, `char`, `double`, etcétera.
- Cualquier wrapper: `Integer`, `Character`, `Double`, etcétera.
- Los tipos; `String`, `BigInteger`, `BigDecimal`.
- Los tipos `java.util.Date`, `java.sql.Date`, `java.sql.time`, `java.sql.Timestamp`.
- Tipos enumerados.

Actividad resuelta 15.2

Modificar la clase `Alumno` para que JPA se encargue de asignar un número distinto a cada alumno.

Solución

```
import javax.persistence.*;

@Entity
public class Alumno implements java.io.Serializable {
   @Id
   @GeneratedValue
   private int numero;
   private String nombre;
   private String direccion;
   private double notaMedia;

   //No es necesario asignar un número distinto a cada alumno. De ese trabajo se
   //encargára JPA.
   public Alumno(String nombre, String direccion, double notaMedia) {
      this.nombre = nombre;
      this.direccion = direccion;
      this.notaMedia = notaMedia;
   }

   public Alumno() {
      }
   // implementación de los setter, getter toString() y cualquier otro método
   ...
   }
```

15.3. Unidad de persistencia

La **unidad de persistencia** es el elemento fundamental para configurar el mapeo objeto-relacional, ya que vincula una serie de entidades con una base de datos, lo que permite persistir los objetos de estas entidades en la base de datos especificada.

En un mismo proyecto pueden existir tantas unidades de persistencia como necesitemos y cada una de ellas se identifica mediante un nombre único.

Las unidades de persistencia se definen en un fichero XML llamado *persistence.xml* y que se ubica en el paquete META-INF. El fichero persistence.xml tiene una estructura similar a:

```
<?xml version="1.0" encoding="UTF-8"?>
<persistence ... >
  <persistence-unit name="NombreUnidadPersistencia" ...>
    <provider>org.eclipse.persistence.jpa.PersistenceProvider</provider>
    <class>paquete.Entidad1</class>
    <class>paquete.Entidad2</class>
    <properties>
      <property name="..." value="..." />
      <property ... />
        ...
    </properties>
  </persistence-unit>
</persistence>
```

Veamos brevemente cuál es el cometido de cada una de las etiquetas:

- <persistence-unit>: define cada una de las unidades de persistencia de nuestra aplicación. El atributo name asigna el nombre de dicha unidad.
- <provider>: no olvidemos que JPA no es más que una especificación, es decir, un documento. Para poder utilizar JPA en una aplicación es necesario usar alguna de las implementaciones que algún fabricante (proveedor) ha construido de la especificación. La elección de un proveedor implica añadir sus librerías (con la implementación de JPA) a nuestro proyecto. Algo de lo que se encarga NetBeans.
- <class>: cada una de las entidades vinculadas a esta unidad de persistencia.
- <properties>: mediante los pares propiedad/valor de cada etiqueta <property> se configura cualquier aspecto relacionado con la unidad de persistencia. Entre ellos, uno de los más importantes es la conexión a la base de datos.

La forma de crear una unidad de persistencia es:

- *File > New File...*
- En la categoría seleccionamos *Persistence* y en el tipo de archivo *Persistence Unit.* Si el fichero persistence.xml no existe, NetBeans lo crea por nosotros, así como el paquete META-INF.

Accedemos a la ventana de la Figura 15.5, que permite definir los parámetros básicos de una unidad de persistencia:

- Nombre de la unidad de persistencia.
- Librerías del proveedor de persistencia. Usaremos las que se preseleccionan por defecto: EclipseLink.
- Conexión a la base de datos.
- Y la estrategia de creación de tablas:
  - Create: solo se crean las tablas si estas no existen.

- Drop and Create: en cada ejecución de la aplicación, se borran las tablas y se crean de nuevo. Esta estrategia es útil cuando probamos nuestra aplicación e insertamos datos repetidos.
- None: JPA no construirá las tablas, estas deberán existir en la base de datos.

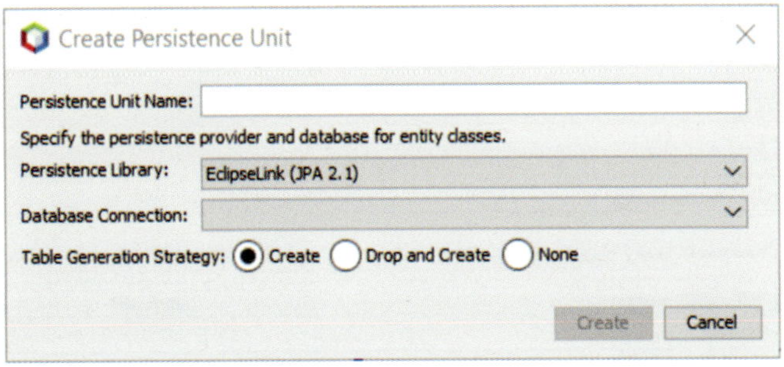

Figura 15.5. *Ventana de NetBeans que permite crear una unidad de persistencia.*

Nota técnica

La selección de la estrategia de creación de tablas indica a JPA cómo tiene que encargarse de la creación de las tablas.

Lo único que deberá existir es una base de datos (esquema) donde tengamos los permisos necesarios.

Es posible reutilizar una conexión existente a la base de datos, pero si no existe, deberemos crearla mediante *New Database Connection...*

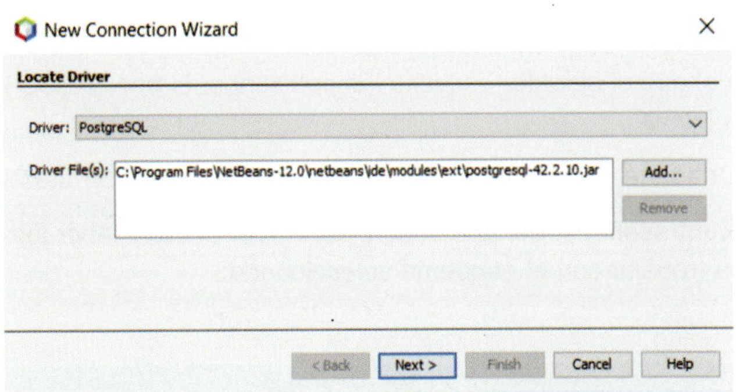

Figura 15.6. *Asistente para la creación de una nueva conexión a la base de datos. En la figura se ve que la conexión interactuará con un SGBD PostgreSQL. Mediante el driver JDBC, es posible que JPA funcione con multitud de SGBD distintos.*

El primer paso para crear una conexión es elegir a qué SGBD nos conectaremos. Para ello hemos de seleccionar el driver JDBC (no olvidemos que JPA utiliza JDBC para conectarse al SGBD). Existe una serie de drivers preinstalados en NetBeans. Por ejemplo, en la Figura 15.6 se usa el de PostgreSQL. Podemos seleccionar el driver que nos interese o crear uno nuevo *(New Driver...)*.

Crear un driver nuevo no supone más que añadir el fichero jar correspondiente al driver, asignarle un nombre y especificar qué clase es la clase principal del driver.

Una vez seleccionado el driver que nos interesa, en nuestro caso MySQL, pasaremos a configurar la conexión (Figura 15.7).

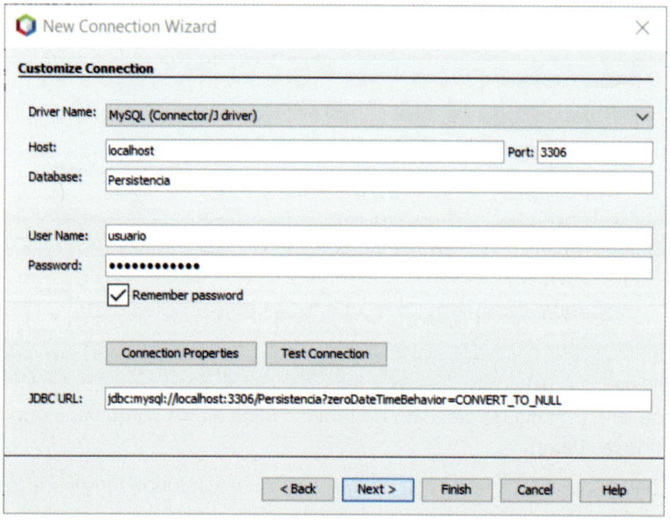

Figura 15.7. *Ventana del asistente que permite configurar los aspectos de la conexión de base de datos.*

Los parámetros que definen una conexión son:

- Host: nombre o IP de la máquina que alberga el servidor.
- Puerto: en el que el servidor escucha las peticiones. El puerto 3306 es típicamente el que usa MySQL.
- Database: nombre de la base de datos (esquema) con el que trabajaremos.
- Usuario y contraseña: el usuario debe existir en el SGBD y tener los permisos necesarios para trabajar con el esquema seleccionado.

Nota técnica

Cada ejercicio o práctica que realicemos se podría persistir en un esquema distinto. El problema es que esto requiere crear los esquemas oportunos y asignar los permisos a uno o más usuarios.

Por simplicidad, todos los ejercicios que realicemos usarán el mismo esquema, que llamaremos «Persistencia», y el mismo usuario (que hemos definido como «usuario», con la contraseña «usuario12345»).

Mediante el botón *Next >* finalizamos el proceso de crear una conexión, asignándole un nombre. El nombre por defecto es el mismo que la URL que define la conexión. Se recomienda utilizar un nombre descriptivo.

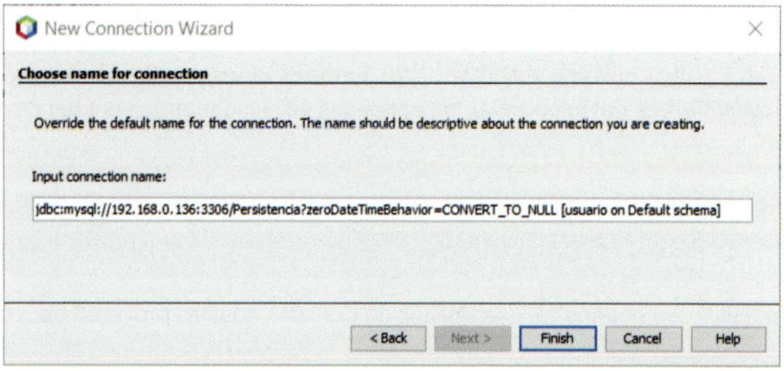

Figura 15.8. *Última fase de la creación de una conexión a base de datos. NetBeans nombra la conexión con la propia URL que la define, aunque es posible asignarle cualquier otro nombre.*

El nombre que utilicemos para esta conexión nos servirá para identificarla y poder reutilizarla en otro proyecto.

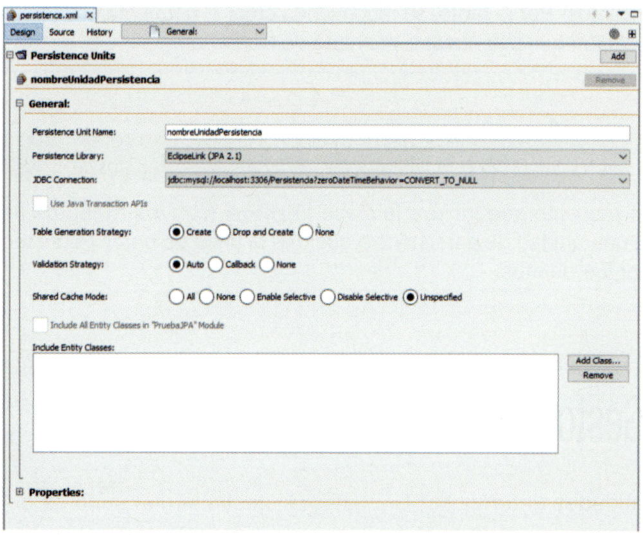

Figura 15.9. *Recordemos que estábamos creando una unidad de persistencia. Una vez creada la conexión a la base de datos, se termina de crear la unidad de persistencia y accedemos a una interfaz gráfica que muestra los parámetros de dicha unidad.*

NetBeans muestra una interfaz gráfica (vista de diseño) para el fichero persistence.xml (Figura 15.9), donde es posible manipular la información referente a las unidades de persistencia. Otra alternativa es editar directamente el fichero XML (vista de fuente).

En la vista de diseño es posible añadir o eliminar unidades de persistencia, así como configurar cualquiera de sus parámetros.

Mención especial merece el botón *Add Class...*, que permite seleccionar las entidades pertenecientes a esta unidad y que estarán vinculadas a la conexión de base de datos establecida.

Truco

Es usual que tras pulsar el botón *Add Class...* no aparezca ninguna entidad. Es recomendable guardar el proyecto antes de seleccionar las entidades vinculadas a una unidad de persistencia.

Nota técnica

Para poder persistir los objetos de una aplicación con JPA nuestro proyecto necesita:

- Librería de persistencia.
- Driver de JDBC del SGBD elegido.
- Librerías del proveedor.

Es habitual que en un código bien formado se produzcan errores en el momento de ejecutar. En la mayoría de los casos, el problema es que las versiones de las librerías no trabajan bien juntas. Si esto ocurre, se recomienda actualizar las librerías a su última versión.

Otro error común se produce porque el juego de caracteres que usa NetBeans y nuestra base de datos son distintos. Por lo tanto, se recomienda crear el esquema en la base de datos con la misma codificación que usa nuestro proyecto de NetBeans.

Actividad propuesta 15.1

Crea un nuevo proyecto que incluya la clase `Persona` (con los atributos nombre, edad y DNI), así como una unidad de persistencia que use la base de datos Persistencia de MySQL para almacenar los objetos.

15.4. Gestor de entidades

Un gestor de entidades (interfaz `EntityManager`) gestiona una serie de objetos de entidades pertenecientes a una unidad de persistencia, encargándose de persistirlas de forma transparente al programador.

Podemos pensar en un gestor de entidades como una especie de colección (en la que es posible añadir o eliminar objetos), que mantiene una caché con todos los objetos de los que es responsable. Al conjunto de objetos que son responsabilidad de un gestor de entidades se les denomina *contexto de persistencia.*

Un objeto `EntityManager` no se crea directamente con el operador `new`, sino que se obtiene a partir de un objeto `EntityManagerFactory`, cuya función es simplificar la construcción y configuración de los `EntityManager`.

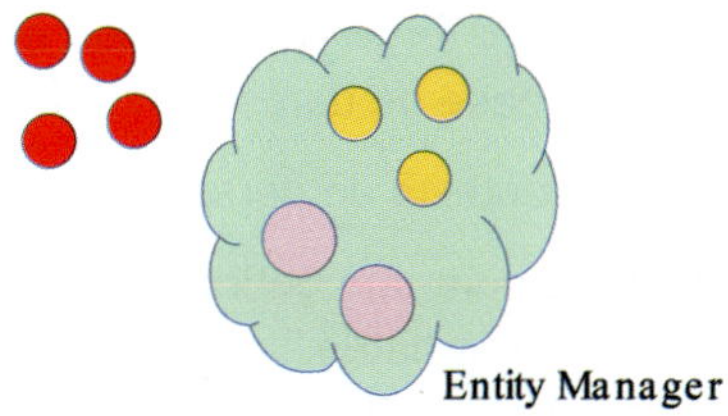

Figura 15.10. *Representación de un gestor de entidades o Entity Manager (mediante una nube) que se encargará de persistir en la base de datos cualquier modificación que se produzca en su contexto de persistencia: compuesta por los objetos naranjas y violetas. Por el contrario, los objetos rojos, al no pertenecer al contexto de persistencia de este Entity Manager, no serán persistidos.*

A su vez, el objeto `EntityManagerFactory` se obtiene mediante un método estático de la clase `Persistence`, que estará configurado específicamente para la base de datos que se definió en la unidad de persistencia.

Por lo tanto, el código para poder obtener un `EntityManager` queda:

```
//elegimos la unidad de persistencia mediante su nombre
EntityManagerFactory emf;
emf = Persistence.createEntityManagerFactory("nombreUnidadPersistencia");
EntityManager em; //variable para el gestor de entidades
em = emf.createEntityManager(); //creamos el objeto EntityManager
```

La siguiente figura representa la obtención de un objeto `EntityManager` a partir de la unidad de persistencia (clase `Persistence`).

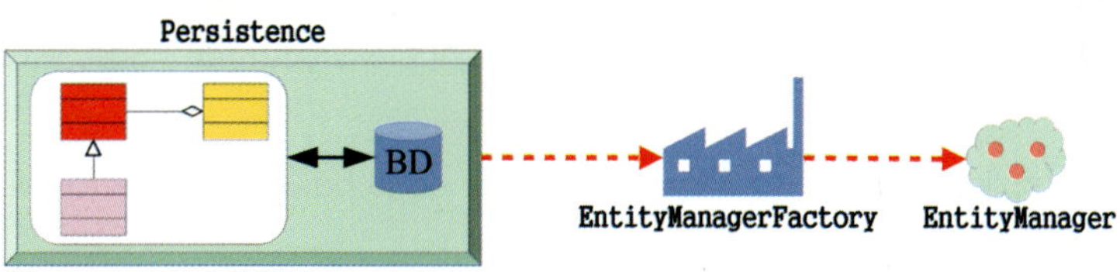

Figura 15.11. *A partir de una unidad de persistencia, podemos crear tantos* `EntityManagerFactory` *como deseemos. A su vez, desde un* `EntityManagerFactory` *es posible crear tantos objetos* `EntityManager` *como sean necesarios. El motivo de crear los objetos a partir de métodos (se usa un patrón de diseño de construcción), en lugar de con* `new`, *es que dichos métodos se encargan de configurar todo lo necesario, como por ejemplo la conexión a la base de datos.*

15.4.1. Métodos de EntityManager

La interfaz `EntityManager` dispone de métodos que permiten gestionar los objetos de los que son responsables. Algunos son:

- `void clear()`: elimina todos los objetos del contexto de persistencia.
- `boolean contains(Object entity)`: indica si el objeto de una entidad se encuentra ya en el contexto de persistencia.

- `void detach(Object entity)`: elimina la entidad del contexto de persistencia, dejándola desconectada de la base de datos.
- `void flush()`: sincroniza el contexto de persistencia con la base de datos.
- `<T>T merge(T entity)`: incorpora una entidad al contexto de persistencia, suponiendo que ya existe en la base de datos.
- `void persist(Object entity)`: añade una entidad al contexto de persistencia, suponiendo que no existe en la base de datos, lo que obliga a realizar a JPA, en algún momento, un INSERT.
- `void refresh(Object entity)`: actualiza el estado de la entidad con los valores de la base de datos, perdiéndose los últimos cambios.

15.4.2. Transacciones

Cualquier operación que modifique la base de datos tendrá que realizarse dentro de una transacción. La forma de crear una transacción es a partir de un objeto `EntityManager`:

```
EntityTransaction tx = em.getTrasaction();
```

Una vez que disponemos del objeto transacción, podemos realizar las siguientes operaciones:

- Comenzar una transacción, mediante el método `begin()`.
- Terminar la transacción con éxito, método `commit()`, y llevar todos los cambios realizados en las entidades, desde que comenzó la transacción, a la base de datos.
- Deshacer la transacción a su estado original, así como todas las modificaciones realizadas en las entidades, como si nunca hubiera ocurrido nada. Método `rollback()`.

Veamos un ejemplo completo de cómo almacenar en la base de datos los objetos de la entidad `Empleado`:

```
import javax.persistence.*;
public class Main {
   public static void main(String[] args) {
       EntityManagerFactory emf;
       EntityManager em;
       EntityTransaction tx;

       emf = Persistence.createEntityManagerFactory("EmpleadoPU");
        //cambiar el nombre de la unidad de persistencia por el asignado
       em = emf.createEntityManager();
       tx = em.getTransaction();
       Empleado e1, e2, e3;
       e1 = new Empleado ("111A", "Pepe", ...); //objetos de Empleado
       e2 = new Empleado ("222B", "Manolo", ...);
       e3 = new Empleado ("333B", "Margarita", ...);
```

```
            tx.begin(); //comenzamos la transacción
            em.persist(e1); //persistimos los objetos
            em.persist(e2);
            em.persist(e3);
            tx.commit(); //finaliza la transacción
        }
    }
```

Si realizamos una consulta de la tabla EMPLEADO de la base de datos, dispondrá de registros con los datos de los objetos que hemos persistido.

Nota técnica

JPA crea los nombres de las tablas y atributos en mayúsculas. En ocasiones, especificaremos que a partir de, por ejemplo, la entidad `Mascota` con los atributos `id` y `nombre` se crea la tabla:

Mascota(id, nombre)

cuando en realidad será la tabla: MASCOTA(ID, NOMBRE).

Actividad propuesta 15.2

Escribe una aplicación que pida por teclado los datos de un coche (matrícula, marca, modelo y número de plazas) y los almacene en la base de datos.

Actividad resuelta 15.3

Se quiere almacenar la información de todos los avistamientos de estrellas fugaces que ocurren en un observatorio. De cada avistamiento interesa: la duración de la estrella fugaz (en segundos), la intensidad (un número de 1 a 10) y saber si la luz que emitía la estrella fugaz era de color verdoso. Como no disponemos de nada que identifique a cada estrella fugaz, debe ser JPA el encargado de asignarle un identificador a cada una.

Solución

Entidad `Estrella`:

```
import javax.persistence.*;

@Entity
public class Estrella implements java.io.Serializable {
    @Id
    @GeneratedValue
    private int id;
    private double duracion;
    private int intensidad;
    private boolean colorVerde;

    public Estrella() {
    }
```

```
    public Estrella(double duracion, int intensidad, boolean colorVerde) {
        this.duracion = duracion;
        this.intensidad = intensidad;
        this.colorVerde = colorVerde;
    }

    //getters y setters
    ...

    @Override
    public String toString() {
        return "Estrella{" + "id=" + id + ", duracion=" + duracion +
            ", intensidad=" + intensidad + ", colorVerde=" + colorVerde + '}';
    }
}
```

Unidad de persistencia:

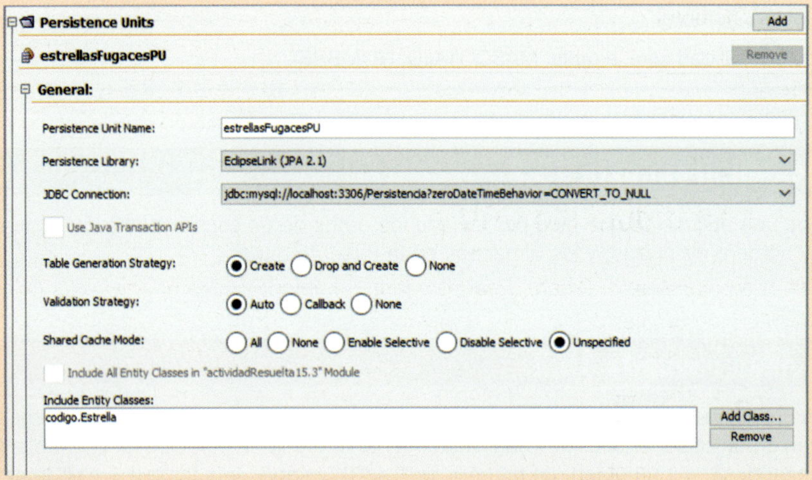

Clase `Main`:

```
import java.util.Locale;
import java.util.Scanner;
import javax.persistence.*;

public class Main {

    public static void main(String[] args) {
        EntityManagerFactory emf;
        emf = Persistence.createEntityManagerFactory("estrellasFugacesPU");
        EntityManager em = emf.createEntityManager();
        EntityTransaction tx = em.getTransaction();

        Estrella estrella;
        double duracion = 0;
        int intensidad;
        boolean colorVerde;
```

```
        while (duracion != -1) {
            System.out.print("Duración (-1 para terminar): ");
            duracion = new Scanner(System.in).useLocale(Locale.US).nextDouble();
            if (duracion != -1) {
                System.out.print("Intensidad (1 .. 10): ");
                intensidad = new Scanner(System.in).nextInt();
                System.out.print("Es de color verde (s/n): ");
                String aux = new Scanner(System.in).nextLine();
                colorVerde = aux.equals("s");

                estrella = new Estrella(duracion, intensidad, colorVerde);

                tx.begin();
                em.persist(estrella);
                tx.commit();
            }
        }

        em.close();
        emf.close();
    }
}
```

15.5. Operaciones CRUD

CRUD es el acrónimo para *Create, Read, Update* y *Delete*. Son las operaciones típicas que se realizan con cualquier dato.

15.5.1. Create

Crear significa añadir un objeto al contexto de persistencia y que sus datos se inserten en la base de datos. Hay que tener cuidado, ya que si intentamos persistir un objeto que ya exista en la base de datos (su identificador ya existe en la BD como clave), se generará un error.

El método que hace esto de `EntityManager` es:

- `void persist(Object entidad)`, añade el objeto al contexto de persistencia e inserta en la base de datos, en la tabla correspondiente, un nuevo registro con los datos de dicho objeto.

15.5.2. Read

Lee los datos en la base de datos; con ellos construye un objeto y lo devuelve. La lectura siempre realiza una búsqueda por el identificador del objeto. Existen dos métodos de `EntityManager` que hacen esto:

- `<T>T find(Class<T> entidad, Object id)`: busca en la base de datos un tipo de entidad por su clave primaria y lo devuelve.

- `<T>T getReference(Class<T> entidad, Object id)`: hace lo mismo que el método `find()`, con una pequeña diferencia: mientras `find()` realiza la lectura de la base de datos en el mismo momento de ser invocada, `getReference()` no realizará la lectura hasta el momento en el que haga falta. Esto suele ocurrir la primera vez que se accede a algún atributo del objeto. Este mecanismo ahorra tiempo cuando se lee un objeto que finalmente no se usa.

En ambos métodos se especifica de qué entidad queremos leer. Para especificar qué entidad nos interesa, usamos el atributo `class`, disponible en todas las clases, que devuelve la propia clase. Es decir, si queremos hacer mención a la clase `Empleado`, se utiliza `Empleado.class` en lugar de simplemente `Empleado`. De esta manera especificamos qué tipo de objeto queremos leer.

La lectura, al no modificar los datos de la BD, no requiere de ninguna transacción.

Actividad resuelta 15.4

Como ya disponemos de un programa que almacena los datos de un coche en la base de datos (Actividad propuesta 15.2), diseñar una aplicación que mediante la matrícula recupere los datos de la BD y los muestre por consola.

Solución

```
import java.util.Scanner;
import javax.persistence.*;

public class Main {

   public static void main(String[] args) {
      EntityManagerFactory emf;
      EntityManager em;
      emf = Persistence.createEntityManagerFactory("cochesPU");
      em = emf.createEntityManager();

      System.out.print("Matricula: ");
      String matricula = new Scanner(System.in).nextLine();

      Coche coche = em.find(Coche.class, matricula);
      if (coche != null) {
         System.out.println(coche);
      } else {
         System.out.println("Error: no existe un coche con esta matrícula");
      }

      em.close();
      emf.close();
   }
}
```

Actividad propuesta 15.3

Escribe una aplicación que, usando la entidad `Estrella` (Actividad resuelta 15.3) y los datos disponibles en la base de datos, solicite el identificador de la estrella y muestre sus datos.

15.5.3. Update

La actualización no requiere de ninguna atención por parte del programador, ya que cualquier modificación en un objeto del contexto de persistencia de un `EntityManager` se reflejará en la base de datos cuando finalice (`commit()`) la transacción correspondiente.

Hay que señalar que es indistinto cómo un objeto se añade al contexto de persistencia, sea mediante `persist()` o `find()`; en cualquier caso, dicho objeto estará bajo la tutela del gestor de entidades.

Es importante anotar que JPA no permite modificar el identificador de un objeto. En caso de que necesitemos cambiar su identificación, estaremos obligados a eliminar el objeto y volver a crearlo con los mismos datos, pero con un identificador distinto.

Actividad resuelta 15.5

Continuar con la gestión de los coches de la Actividad propuesta 15.2 y la Actividad resuelta 15.4 y permitir modificar sus datos (excepto la matrícula).

Solución

Clase `Main`:

```
import java.util.Scanner;
import javax.persistence.*;

public class Main {

   public static void main(String[] args) {
      EntityManagerFactory emf;
      EntityManager em;

      emf = Persistence.createEntityManagerFactory("cochesPU");
      em = emf.createEntityManager();
      EntityTransaction tx = em.getTransaction();

      System.out.print("Matricula: ");
      String matricula = new Scanner(System.in).nextLine();

      Coche coche  = em.find(Coche.class, matricula);

      if (coche != null) {
         System.out.println("Datos actuales: " + coche);
         System.out.print("Nueva marca: ");
         String marca = new Scanner(System.in).nextLine();
         System.out.print("Nuevo modelo: ");
         String modelo = new Scanner(System.in).nextLine();
         System.out.print("Nuevo número de plazas: ");
         int plazas = new Scanner(System.in).nextInt();
         tx.begin();
         coche.setMarca(marca);
         coche.setModelo(modelo);
         coche.setNumPlazas(plazas);
```

```
            tx.commit();
         } else {
            System.out.println("Error: no existe un coche con esta matrícula");
         }

         em.close();
         emf.close();
      }
   }
```

15.5.4. Delete

Al borrar un objeto, ocurren dos cosas:

1. Los datos correspondientes al objeto se eliminan de la BD.
2. El objeto sale del contexto de persistencia, con lo cual, la clase `EntityManager` deja de estar al cargo de dicho objeto.

El método de `EntityManager` que hace esto es

- `void remove(Object obj)`

El método `remove()` solo puede ejecutarse durante una transacción.

Actividad resuelta 15.6

Para finalizar la gestión de los coches de la Actividad resuelta 15.5, escribir una última aplicación que permite eliminar un coche por su matrícula.

Solución

```
import java.util.Scanner;
import javax.persistence.*;

public class Main {

   public static void main(String[] args) {
      EntityManagerFactory emf;
      EntityManager em;

      emf = Persistence.createEntityManagerFactory("cochesPU");
      em = emf.createEntityManager();
      EntityTransaction tx = em.getTransaction();

      System.out.print("Matricula: ");
      String matricula = new Scanner(System.in).nextLine();

      Coche coche  = em.find(Coche.class, matricula);

      if (coche != null) {
         System.out.println("Coche a eliminar: " + coche);
         tx.begin();
```

```
            em.remove(coche);
            tx.commit();
        } else {
            System.out.println("Error: no existe un coche con esta matrícula");
        }

        em.close();
        emf.close();
    }
}
```

15.6. Controlador de JPA

Un controlador de JPA (o JPA Controller) es una clase creada ex profeso para gestionar las operaciones CRUD de una entidad. También proporciona funcionalidades extras, como obtener una lista con todas las instancias de la entidad en cuestión o el número de estas que se almacenan en la BD.

JPA Controller es el nombre con el que se designa en JPA al patrón de diseño DAO (objeto de acceso a datos) para una entidad. NetBeans puede generarlos de forma automática para cada una de las entidades de nuestro modelo de dominio. Para ello:

1. Seleccionar *File* > *New...* (Ctrl + N) o utilizar el botón derecho del ratón sobre el paquete donde queremos crear el controlador.
2. En la categoría *Persistencia,* elegir JPA Controller Classes from Entity Classes, lo que abre un asistente que muestra todas las entidades existentes en el proyecto.
3. Seleccionar las entidades para las que deseamos generar sus controladores.
4. Especificar el paquete donde se ubicarán los controladores JPA.

Si por ejemplo, genero un JPA Controller para la entidad `Empleado`, por defecto se llamará `EmpleadoJpaController`. No existe ningún problema en utilizar el nombre asignado, pero quizá, al ser un identificador algo largo, sea más cómodo renombrarlo por algo similar a `EmpleadoDAO`. Algo que, por ahorro de espacio, haremos en nuestros códigos.

El JPA Controller define una serie de excepciones que sirven para controlar los posibles errores en la gestión de los objetos de su entidad asociada. Este es el motivo por el que se crea un nuevo paquete que incluye las clases que implementan estas excepciones.

Para crear un objeto de JPA Controller (objeto DAO) es necesario especificar qué unidad de persistencia deseamos usar, lo que se hace a través de un objeto `EntityManagerFactory` asociado a ella. De forma interna, es el propio controlador quien se encarga de gestionar todo lo que necesita (objetos `EntityManager`, transacciones, etc.) para realizar su trabajo.

Veamos cuáles son los métodos de un JPA Controller (que hemos renombrado como `EmpleadoDAO`) para la entidad `Empleado`:

- `EmpleadoDAO(EntityManagerFactory emf)`: constructor del objeto DAO, que necesita saber, a través de un objeto `EntityManagerFactory`, qué unidad de persistencia queremos usar.

- `void create(Empleado empleado)`: inserta (persiste) el objeto `empleado` en la BD. Asume que dicho empleado no existe en la BD.
- `void edit(Empleado empleado)`: actualiza los datos del empleado que se pasa como parámetro en la BD.
- `void destroy(int id)`: elimina el empleado cuyo identificador es `id`.
- `List<Empleado> findEmpleadoEntities()`: devuelve una lista con todos los empleados de la BD.
- `List<Empleado> findEmpleadoEntities(boolean all, int maxResults,int firstResult)`: devuelve una lista de empleados de la BD. El parámetro `all` especifica si se devuelven todas las entidades almacenadas en la BD. Si `all` es `true`, no se tiene en consideración el resto de parámetros:
  - `maxResults` especifica el número máximo de objetos que contendrá la lista que devolver.
  - `firstResult` indica la posición del empleado que se seleccionará primero, obviando los anteriores.
- `Empleado findEmpleado(int id)`: devuelve, si existe, el empleado cuyo `id` se pasa.
- `int getEmpleadoCount()`: retorna el número de empleados almacenados en la BD.

Actividad resuelta 15.7

Diseñar una pequeña aplicación que gestione los libros (ISBN, título, autor y precio) de una biblioteca. El menú será:

1. Nuevo libro (añade un nuevo libro a la biblioteca).
2. Modificar libro (excepto el ISBN).
3. Informe de libro (busca un libro por el ISBN y muestra sus datos).
4. Eliminar libro (por el ISBN).
5. Todos los libros.
6. Número de libros.
7. Salir.

La opción «Todos los libros» debe mostrar la información de todos los libros que existen en la base de datos. Y la opción «Número de libros» mostrará cuántos libros hay en nuestra biblioteca.

Para hacer este ejercicio utiliza la técnica DAO que proporciona JPA.

Solución

Clase `Libro`:

```
import javax.persistence.*;

@Entity
public class Libro implements java.io.Serializable {
    @Id
    private String isbn;
```

```
    private String titulo;
    private String autor;
    private double precio;

   public Libro(String isbn, String titulo, String autor, double precio) {
      this.isbn = isbn;
      this.titulo = titulo;
      this.autor = autor;
      this.precio = precio;
   }

   public Libro() {
   }

   //métodos getters y setters
   ...

   @Override
   public String toString() {
      return "(isbn:" + isbn + ") " + titulo + ", de " + autor +
             ". " + precio + " euros";
   }
}
```

La clase `LibroJPAController` que genera NetBeans de forma automática se ha renombrado como `LibroDAO`.

Clase `Main`:

```
import codigo.exceptions.NonexistentEntityException;
import java.util.*;
import javax.persistence.*;

public class Main {

    public static void main(String[] args) {
        EntityManagerFactory emf;
        emf = Persistence.createEntityManagerFactory("BibliotecaPU");

        int opc = menu();
        while (opc != 0) { //0 es la opción para salir
            switch(opc) {
                case 1 -> nuevoLibro(emf);
                case 2 -> modificarLibro(emf);
                case 3 -> informeLibro(emf);
                case 4 -> eliminarLibro(emf);
                case 5 -> todosLibros(emf);
                case 6 -> numeroLibros(emf);
             }
             opc = menu();
        }
    }

    static int menu() {
        System.out.println("1. Nuevo libro.");
        System.out.println("2. Modificar libro.");
```

```
        System.out.println("3. Informe de libro.");
        System.out.println("4. Eliminar libro.");
        System.out.println("5. Todos los libros.");
        System.out.println("6. Número de libros.");
        System.out.println("0. Salir.");

        //leemos la opción y la devolvemos
        return new Scanner(System.in).nextInt();
    }

    static void nuevoLibro(EntityManagerFactory emf) {
        LibroDAO dao = new LibroDAO(emf);
        System.out.print("Isbn: ");
        String isbn = new Scanner(System.in).nextLine();
        System.out.print("Título: ");
        String titulo = new Scanner(System.in).nextLine();
        System.out.print("Autor: ");
        String autor = new Scanner(System.in).nextLine();

        System.out.print("Precio: ");
        Double precio = new Scanner(System.in).useLocale(Locale.US).nextDouble();


        Libro libro = new Libro(isbn, titulo, autor, precio);

        try {
            dao.create(libro);
        } catch (Exception ex) {
            System.out.println("Error al insertar el libro");
        }
    }

    static void modificarLibro(EntityManagerFactory emf) {
        String isbn;
        System.out.println("Isbn:");
        isbn = new Scanner(System.in).nextLine();

        LibroDAO dao = new LibroDAO(emf);

        Libro libro = dao.findLibro(isbn);

        System.out.println("Datos actuales:");
        System.out.println(libro);

        System.out.println("Nuevo título:");
        String aux = new Scanner(System.in).nextLine();
        libro.setTitulo(aux);
        System.out.println("Nuevo autor:");
        aux = new Scanner(System.in).nextLine();
        libro.setAutor(aux);
        System.out.println("Nuevo precio:");
        //el número real se lee con un punto (.)
        Double precio = new Scanner(System.in).useLocale(Locale.US).nextDouble();
        libro.setPrecio(precio);

        try {
```

```
            dao.edit(libro);
        } catch (Exception ex) {
            System.out.println("Error al modificar");
        }

    }

    static void eliminarLibro(EntityManagerFactory emf) {
        System.out.println("Isbn:");
        String isbn=new Scanner(System.in).nextLine();

        LibroDAO dao = new LibroDAO(emf);
        Libro libro = dao.findLibro(isbn);

        System.out.println("Libro eliminado:");
        System.out.println(libro);

        try {
            dao.destroy(isbn);
        } catch (NonexistentEntityException ex) {
            System.out.println("Error al eliminar");
        }
    }

    static void todosLibros(EntityManagerFactory emf) {
        LibroDAO dao = new LibroDAO(emf);

        List<Libro> biblioteca = dao.findLibroEntities();

        for(Libro libro: biblioteca) {
            System.out.println(libro);
        }

    }

    static void numeroLibros(EntityManagerFactory emf) {
        LibroDAO dao = new LibroDAO(emf);
        int numLibros = dao.getLibroCount();

        System.out.println("En la biblioteca hay " + numLibros + " libros.");

    }

    static void informeLibro(EntityManagerFactory emf) {
        System.out.println("Isbn:");
        String isbn=new Scanner(System.in).nextLine();

        LibroDAO dao = new LibroDAO(emf);
        Libro libro = dao.findLibro(isbn);

        System.out.println(libro);
    }
}
```

En la solución se obvia las excepciones que genera NetBeans de forma automática.

15.7. JPQL

JPQL son las siglas de Java Persistence Query Language, y es el lenguaje de consulta de base de datos de JPA. Está inspirado en SQL y comparten una sintaxis parecida. A diferencia de este, que devuelve una tabla con los resultados de una consulta, JPQL trabaja con objetos, siendo el resultado de una consulta una lista de objetos.

Aunque SQL está estandarizado, cada implementación de un fabricante tiene sus pequeñas particularidades. Esto no ocurre con JPQL, que es totalmente independiente del SGBD, de la plataforma y del proveedor que lo implementa.

15.7.1. SELECT

Veremos la sintaxis de JPQL mediante ejemplos y supondremos que el lector tiene conocimientos de SQL.

Veamos cómo consultar todos los empleados que existen en la BD:

```
SELECT e
FROM Empleado e
```

En la cláusula `FROM` se declara una variable `e` de tipo `Empleado`, y en el `SELECT` se seleccionan todos los posibles valores que pueda tomar `e` de entre los empleados persistidos en la BD.

Disponemos de cláusulas opcionales como `WHERE`, `ORDER BY`, `GROUP BY` o `HAVING`. Veamos cómo obtener todos los empleados cuyo sueldo es superior a 1000 euros, ordenados por el nombre:

```
SELECT e
FROM Empleado e
WHERE e.sueldo >= 1000
ORDER BY e.nombre
```

15.7.2. Ejecución de una consulta

La clase `Query` gestiona una consulta JPQL. Veamos cómo ejecutar la consulta anterior:

```
... //suponemos que ya disponemos de em, un objeto EntityManager
String jpql; //texto de la consulta JPQL
Query query; //variable de tipo Query, para gestionar la consulta
List<Empleado> resultado; //lista de empleados, obtenida de la consulta
jpql = "SELECT e FROM Emplado e WHERE e.sueldo >= 1000 ORDER BY e.nombre";
query = em.createQuery(jpql); //creamos un objeto Query con la consulta
resultado = query.getResultList(); //ejecuta la consulta y devuelve el
resultado
... //trabajamos con la lista resultado, que contiene los
    //objetos devueltos por la consulta
```

Si solo queremos mostrar la lista, podemos ejecutar:

```
for(Empleado empleado: resultado) {
     System.out.println(empleado);
}
```

Actividad propuesta 15.4

Diseña una aplicación que lea por consola todos los datos de un empleado (DNI, nombre, sueldo, oficina y puesto) y los persista en la base de datos. Este ejercicio servirá para disponer de datos suficientes de empleados para poder realizar consultas con JPQL.

Actividad resuelta 15.8

Mostrar los empleados que no trabajan en la oficina 11. Ordenar la consulta por el sueldo de forma decreciente.

Solución

Clase Main:

```
import java.util.List;
import javax.persistence.*;

public class Main {

   public static void main(String[] args) {
      EntityManagerFactory emf;
      emf = Persistence.createEntityManagerFactory("empleadoPU");
      EntityManager em = emf.createEntityManager();
      String jpql = "SELECT e FROM Empleado e " +
                    "WHERE e.oficina != 11 ORDER BY e.sueldo";
      Query query = em.createQuery(jpql);
      List<Empleado> result = query.getResultList();

      for(Empleado x: result) {
          System.out.println(x);
      }

      em.close();
      emf.close();
   }
}
```

En la solución obviamos la entidad `Empleado` y la unidad de persistencia.

15.7.3. Otras consultas con SELECT

SELECT permite seleccionar atributos o usar funciones de agregados. Veamos cómo seleccionar solo el nombre de los empleados.

```
SELECT e.nombre
FROM Empleado e
```

En este ejemplo, la ejecución de la consulta devolverá una lista de `Object`, ya que el atributo nombre, aunque de tipo `String`, se devuelve como `Object`:

```
List<Object> todosNombres = query.getResultList();
for(Objet nombre: todosNombres) {
   System.out.println(nombre);
}
```

Si ahora necesitamos un informe con el nombre y el sueldo de cada empleado,

```
SELECT e.nombre, e.sueldo
FROM Empleado e
```

el método `getResultList()` devolverá una lista de tablas de tipo `Object`, es decir, una lista de `Object[]`, donde cada atributo devuelto ocupa el elemento correspondiente en la tabla. Veamos cómo usar la lista devuelta por la consulta anterior:

```
... //preparación del EntityManager
query = em.createQuery("SELECT e.nombre, e.sueldo FROM Empleado e");
List<Object []> informe = query.getResultList();
for(Object aux[]: informe) {
   System.out.println("Nombre: " + aux[0]); //el elemento 0 corresponde al nombre
   System.out.println("Sueldo: " + aux[1]); //el elemento 1 corresponde al sueldo
}
```

Igualmente es posible usar las funciones de agregados:

- `COUNT()`, `AVG()`, `MAX()`, `MIN()` y `SUM()`.

Si tenemos la certeza de que nuestra consulta JPQL devolverá un único valor (sea de una consulta de agregados o de cualquier otro tipo), podemos utilizar el método `getSingleResult()` de `Query` que devuelve un `Object` con el resultado de la consulta.

Veamos cómo obtener el sueldo medio de los empleados:

```
... //código previo
String jpql = "SELECT AVG(e.sueldo) FROM Empleado e";
query = em.createQuery(jpql); //creamos un objeto Query con la consulta
Object sueldoMedio = query.getSingleResult(); //ejecuta la consulta
System.out.println("Sueldo medio: " + sueldoMedio);
```

Actividad resuelta 15.9

Mostrar para cada oficina el sueldo máximo, mínimo y medio de sus empleados.

Solución

```
...// creacion de la variable em (EntityManager)
String jpql = "SELECT e.oficina, MAX(e.sueldo), MIN(e.sueldo), " +
              "AVG(e.sueldo) FROM Empleado e GROUP BY e.oficina";

Query query = em.createQuery(jpql);
List<Object []> resultados = query.getResultList();
```

```
for(Object x[]: resultados) {
    System.out.print("Sueldos de la oficina " + x[0] + " => ");
    System.out.println("máx: " + x[1] + " mín: " + x[2] + " medio: " + x[3]);
}
```

15.7.4. UPDATE y DELETE

JPQL permite realizar sentencias de actualización o de borrado de objetos. A continuación se muestra cómo aumentar un 10 % el sueldo de todos los empleados cuyo nombre empieza por F:

```
UPDATE Empleado e
SET e.sueldo = 1.1 * e.sueldo
WHERE e.nombre LIKE "F%"
```

Nota técnica

El operador LIKE de JPQL que se puede usar en la cláusula WHERE usa los siguientes símbolos para las expresiones regulares:

%: indica de 0 a n caracteres.

_: indica un único carácter.

Nota técnica

Los literales cadena en una sentencia JPQL se pueden entrecomillar con comillas dobles (“) o simples (‘). Por ejemplo:

```
WHERE e.nombre LIKE “F%”.
```

Java también usa comillas dobles con los literales `String`. Para evitar confusiones entre ambas comillas, en JPQL se usarán comillas simples (‘) o la secuencia de escape `\"` para delimitar las cadenas. De esta forma, quedaría (en rojo las comillas de Java, en azul las de JPQL):

```
String jpql = "... WHERE e.nombre LIKE 'F%'";
```

O de forma alternativa,

```
String jpql = "... WHERE e.nombre LIKE  \"F%\"";
```

La sintaxis de DELETE de JPQL es muy similar a la de SQL. Veamos cómo eliminar a todos los empleados que ocupan un puesto de Gerente:

```
DELETE
FROM Empleado e
WHERE e.puesto = 'Gerente'
```

La ejecución de sentencias UPDATE y DELETE difiere de la ejecución de SELECT:

1. Las consultas de UPDATE y DELETE no devuelven ningún resultado, por lo tanto, en lugar de usar el método `getResultList()` (que se usa con SELECT), utilizaremos

el método `executeUpdate()`, que sirve tanto para ejecutar una instrucción UPDATE como DELETE.

2. `executeUpdate()` devuelve el número de filas a las que la consulta ha afectado.
3. La ejecución de sentencias UPDATE o DELETE implican un cambio en la BD, por lo que necesitan ejecutarse dentro de una transacción.

Veamos el fragmento de código que permite eliminar a los gerentes:

```
... //suponemos que ya disponemos de em, un objeto EntityManager
String jpql = "DELETE FROM Empleado e WHERE e.puesto = 'Gerente'";
Query query = em.createQuery(jpql);
EntityTransaction tx = em.getTransaction(); //transacción
tx.begin(); //comienzo de la transacción
int cuantosBorrados = query.executeUpdate(); //ejecuta la instrucción DELETE
tx.commit(); //finaliza la transacción con éxito
System.out.println("Se han eliminado: " + cuantosBorrados + " gerentes");
```

Actividad resuelta 15.10

Asignar a todos los empleados que trabajan de comercial un sueldo de 1500 euros.

Solución

```
...//crceación de em (EntityManager)
String jpql = "UPDATE Empleado e " +
              "SET e.sueldo = 1500 WHERE e.puesto = 'Comercial'";

Query query = em.createQuery(jpql);
EntityTransaction tx = em.getTransaction();
tx.begin();
int regMod = query.executeUpdate();
tx.commit();
System.out.println("Se han modificado el sueldo de " + regMod + " empleados");
```

Actividad resuelta 15.11

Eliminar a todos los empleados cuyo sueldo es negativo (algo que, sin duda, es un dato erróneo en la base de datos).

Solución

```
...//creación de la variable em
String jpql = "DELETE FROM Empleado e WHERE e.sueldo < 0";
Query query = em.createQuery(jpql);
EntityTransaction tx = em.getTransaction();
tx.begin();
int cuantosEliminados = query.executeUpdate();
tx.commit();
System.out.println("Se han eliminado " + cuantosEliminados + " empleados");
```

15.7.5. Consultas parametrizadas

Hasta ahora todas las consultas que hemos ejecutado son estáticas. En ocasiones, puede ser interesante parametrizar una consulta para obtener resultados distintos. Por ejemplo, puede interesar conocer el nombre de todos los empleados que trabajan en una oficina dada o modificar el sueldo de los empleados que ocupan cierto puesto.

JPQL dispone de consultas parametrizadas, también llamadas *consultas dinámicas,* en las que se incluyen ciertos parámetros a los que se les asignan valores, lo que permite adaptar las consultas a las necesidades de cada momento.

Los parámetros de una consulta pueden ser posicionales o nominales. Los parámetros posicionales se denotan con el símbolo de cierre de interrogación (?), seguido del número del parámetro (`?1`, `?2`, `?3`, etc.). Los parámetros por nombre se denotan con el nombre asignado precedido de dos puntos (:).

Estos parámetros solo pueden utilizarse en la cláusula WHERE o HAVING, y no podemos mezclar parámetros posicionales y nominales.

Antes de ejecutar estas sentencias es preciso asignar valores a los parámetros. Para ello disponemos del método `setParameter()` de la clase `Query`.

Veamos cómo conseguir un listado de todos los empleados que desempeñan cierto puesto y tienen un sueldo superior a uno fijado. Con parámetros por posición:

```
String jpql = "SELECT e FROM Empleado e
               WHERE e.puesto =  ?1 AND
                     e.sueldo >= ?2";
Query query = em.createQuery(jpql);
//asignamos valores para consultar los gerentes que ganan más de 1000 euros.
query.setParameter(1, "Gerente"); //valor del parámetro 1
query.setParameter(2, 1000); //valor del parámetro 2
List<Empleado> resultado = query.getResultList(); //ejecución de la consulta
```

Ahora realizaremos exactamente la misma consulta, con parámetros con nombre:

```
String jpql = "SELECT e FROM Empleado e
               WHERE e.puesto = :puesto AND
                     e.sueldo >= :cantidad";
Query query = em.createQuery(jpql);
//asignamos valores para consultar los gerentes que ganan más de 1000 euros.
query.setParameter("puesto", "Gerente"); //valor de párametro: puesto
query.setParameter("cantidad", 1000); //valor del parámetro: cantidad
List<Empleado> resultado = query.getResultList(); //ejecución de la consulta
```

Actividad resuelta 15.12

Mostrar todas las oficinas disponibles. Pedir al usuario que introduzca por consola el número de una oficina y mostrar la información de todos los empleados que trabajan en ella.

Solución

```
...//creación de em
String jpql = "SELECT DISTINCT e.oficina FROM Empleado e";
Query query = em.createQuery(jpql);
List<Integer> oficinas = query.getResultList();

System.out.println("Oficinas disponibles: " + oficinas);
System.out.print("Escriba una oficina: ");
Integer oficina = new Scanner(System.in).nextInt();

if (oficinas.contains(oficina)) {
   EntityTransaction tx = em.getTransaction();
   jpql = "SELECT e FROM Empleado e WHERE e.oficina = ?1";
   query = em.createQuery(jpql);
   query.setParameter(1, oficina);
   List<Empleado> empleados = query.getResultList();
   for (Empleado e: empleados) {
      System.out.println(e);
   }
} else {
   System.out.println("La oficina no existe.");
}
```

15.7.6. Consultas con nombre

Es posible asignar un nombre a una consulta, lo que facilita su reutilización, ya que no es necesario escribir el código JPQL una y otra vez. Las consultas con nombre se crean en la propia entidad y se declaran mediante anotaciones.

A continuación se muestra cómo conseguir un listado de todos los informáticos que trabajan en la oficina 12:

```
@Entity
@NamedQuery (
   name = "informaticosOficina12",
   query = "SELECT e FROM Empleado e WHERE e.puesto = 'Informático' AND
                                            e.oficina = 12")
class Empleado {
   ...
}
```

La anotación `@NamedQuery` define mediante los parámetros `name` y `query` una consulta con nombre en una entidad.

La forma de usar una consulta con nombre es:

```
Query query = em.createNamedQuery("informaticosOficina12");
List<Empleado> resultado = query.getResultList();
```

Las consultas con nombres, al definirse en tiempo de compilación, son más eficientes y con ellas se obtiene un mejor rendimiento.

El nombre de una consulta tiene que ser único en la unidad de persistencia, por lo que se recomienda utilizar nombres de la forma: «Empleado.informaticosOficina12».

Además, las consultas con nombre pueden contener parámetros (tanto posicionales como nominales); el único requisito para usar este tipo de consultas es que estamos obligados a asignar valores a los parámetros antes de ejecutar las consultas.

En el caso en el que necesitemos más de una consulta con nombre en la misma entidad, estas se anotarán con `@NamedQueries` que define un array de `@NamedQuery`. Veamos cómo definir varias consultas con nombre para la entidad `Empleado`:

```
@Entity
@NamedQueries({
    @NamedQuery(name = "Empleado.todos", query = "SELECT e FROM Empleado e"),
    @NamedQuery(name = "Empleado.puesto",
                query = "SELECT e FROM Empleado e WHERE e.puesto = :puesto"),
    @NamedQuery(name = "Empleado.informaticosOficina12",
                query = "SELECT e FROM Empleado e
                         WHERE e.puesto = 'Informático' AND e.oficina = 12")
            })
public class Empleado implements Serializable {
    ...
}
```

Actividad resuelta 15.13

Es necesario conocer cuántos empleados desarrollan su trabajo en cada uno de los puestos disponibles en la empresa: comerciales, gerentes, informáticos, etc. Crear una consulta con nombre para obtener dicha información. El informe debe tener el aspecto:

```
Gerente: 3 empleados.
Informático: 12 empleados.
Comercial: 5 empleados.
```

Solución

Entidad `Empleado`:

```
@Entity
@NamedQuery(name = "Empleado.NumeroEmpleadosXPuestos",
   query = "SELECT e.puesto, COUNT(e) FROM Empleado e GROUP BY e.puesto")
public class Empleado implements Serializable {
   ...
}
```

En la clase `Main`:

```
...//creación del EntityManager: em
Query query = em.createNamedQuery("Empleado.NumeroEmpleadosXPuestos");
List<Object []> resultados = query.getResultList();

for(Object x[]: resultados) {
   System.out.println("Puesto " + x[0] + ": " + x[1] + " empleados");
}
```

15.8. Herencia

Hemos visto cómo gestionar entidades aisladas, pero esto es algo inusual, ya que en una aplicación las entidades suelen tener algún tipo de relación entre ellas. De las distintas relaciones entre clases veremos cómo gestionar la herencia, una de las principales herramientas de la POO.

Para llevar a cabo nuestros ejemplos usaremos las siguientes entidades indicadas en la Figura 15.12

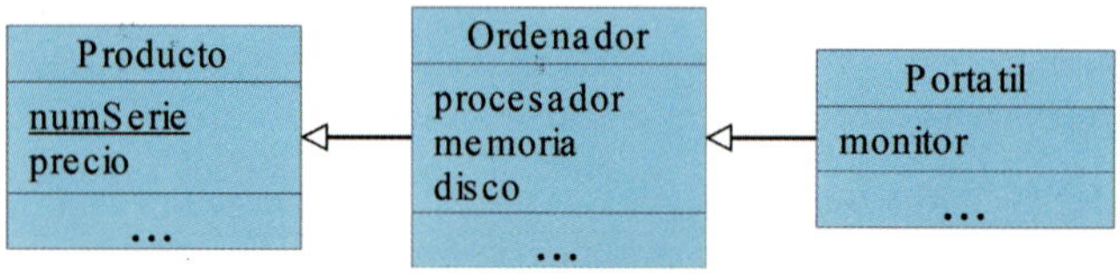

Figura 15.12. *Diagrama de clases de las entidades* `Producto`, `Ordenador` *y* `Portatil`, *que heredan unas de otras. Todas las entidades comparten el identificador, que es el número de serie.*

JPA configura mediante **familias** el mapeo objeto-relacional de la herencia. Una familia no es más que un conjunto de entidades formado por la superclase y sus subclases. En nuestro ejemplo, la familia está formada por las entidades `Producto`, `Ordenador` y `Portatil`.

Debemos recordar que el uso de las entidades en la aplicación es transparente en cuanto a cómo se transforman estas en tablas, es decir, al tipo de mapeo que se hace de las entidades en la base de datos. Para permitir optimizar las lecturas o escrituras en la BD existen tres estrategias para mapear la herencia:

- SINGLE_TABLE: una única tabla en la base de datos por familia. Esta es la estrategia usada por defecto.
- JOINED: una tabla por cada entidad, que contendrá el identificador y los atributos propios, no los heredados.
- TABLE_PER_CLASS: tablas independientes para cada entidad, que contienen todos los atributos (propios y heredados).

Veamos la definición de la superclase y cómo especificar la estrategia que usar en la herencia:

```
@Entity
@Inheritance(strategy = estrategia)
public class Producto {
   @Id
   String numSerie;
   double precio;
   ... //resto de implementación de la clase
}
```

La anotación `@Inheritance` configura el tipo de mapeo de la herencia a través del parámetro `strategy`. Como `@Inheritance` es opcional, en caso de no escribirse se usará la política SINGLE_TABLE por defecto. El valor *`estrategia`* puede ser uno de los siguientes:

- `InheritanceType.SINGLE_TABLE`
- `InheritanceType.JOINED`
- `InheritanceType.TABLE_PER_CLASS`

La forma de declarar el resto de entidades de la familia es:

```
@Entity
public class Ordenador extends Producto {
   String procesador;
   Integer memoria;
   Integer disco;
   ... //resto de la implementación
}

@Entity
public class Portatil extends Ordenador {
   Double monitor; //tamaño del monitor
   ... //resto de la implementación de la clase
}
```

Veamos cómo se crearían las tablas para las entidades `Producto`, `Ordenador` y `Portatil`, dependiendo de la estrategia elegida:

- Con la estrategia SINGLE_TABLE, se genera la tabla:
  - `Producto (`numSerie`, precio, procesador, memoria, disco, monitor, DTYPE)`
- Con la estrategia JOINED, se crean las tablas:
  - `Producto(`numSerie`, precio, DTYPE)`
  - `Ordenador(`numSerie`, procesador, memoria, disco)`
  - `Portatil(`numSerie`, monitor)`
- Y, por último, la estrategia TABLE_PER_CLASS crearía las tablas:
  - `Producto(`numSerie`, precio)`
  - `Ordenador(`numSerie`, precio, procesador, memoria, disco)`
  - `Portatil(`numSerie`, precio, procesador, memoria, disco, monitor)`

Llama la atención que algunas estrategias usan el atributo DTYPE (Data Type), que es un discriminador que indica si los valores de ese registro corresponden a un producto, un ordenador o un portátil.

Actividad propuesta 15.5

Un distribuidor de informática exporta una serie de productos, de los que nos interesa conocer el número de serie y el precio. A cada producto se le asigna un identificador generado.

La empresa también vende ordenadores, que son un tipo especial de productos, de los que además nos interesa conocer su procesador, memoria y disco. También trabajan con portátiles, que son un tipo de ordenador, de los que nos interesa conocer el tamaño de la pantalla.

Diseña una aplicación que construya y persista los objetos correspondientes a productos, ordenadores y portátiles. Realiza tres versiones donde se usen las distintas estrategias para mapear la herencia. Comprueba en el SGBD cómo se han construido las tablas en cada caso.

Actividad propuesta 15.6

Realiza una aplicación para gestionar una biblioteca compuesta de manuales y revistas. De cada manual necesitamos guardar su signatura (que sirve para identificarlo), el título y el precio. Una revista es un tipo especial de manual, de la que, además, tenemos que almacenar el mes de publicación (un número del 1 al 12) y el número de páginas. La aplicación tendrá la opción de añadir, eliminar y consultar la información de manuales y revistas.

15.9. Asociaciones

Entre las clases que componen el modelo de dominio existen relaciones que permiten modelar la realidad. Ejemplos de ello son: que una persona tiene una mascota, que en un departamento trabajan varios empleados o que un pedido incluye un producto, pero este mismo producto puede estar incluido en cualquier otro pedido.

En una base de datos, las relaciones entre los registros se implementan mediante claves foráneas. Este mecanismo permite que estas sean siempre bidireccionales, es decir, a partir del valor de una clave foránea podemos consultar el registro con la clave principal a la que hace referencia, y viceversa.

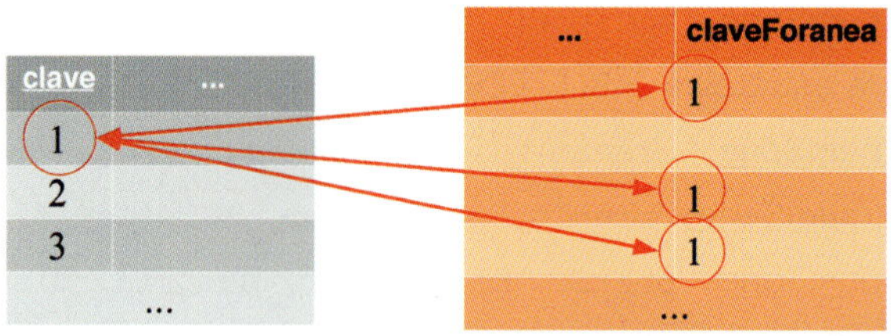

Figura 15.13. *Relación bidireccional entre un registro con la clave principal y los registros que contienen una clave foránea que hace referencia a ella.*

Sin embargo, en la POO no ocurre exactamente lo mismo, sino que las asociaciones se implementan mediante referencias. Si desde un objeto dispongo de la referencia de un segundo objeto, desde el primero es posible acceder al segundo (Figura 15.14 a). Pero no está garantizado el camino inverso, salvo que, a su vez, el segundo objeto tenga una referencia al primero (Figura 15.14 b).

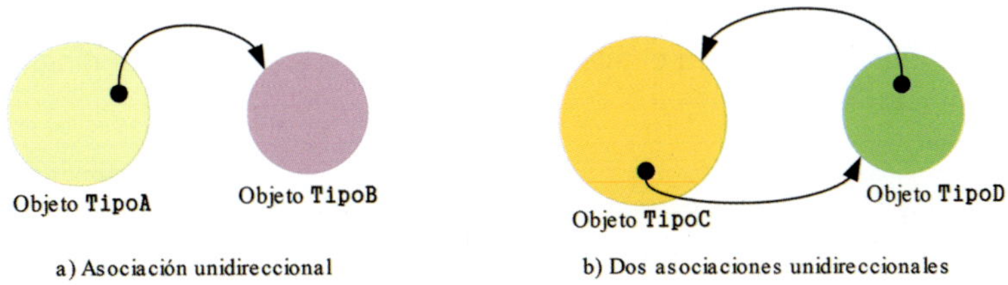

Figura 15.14. *La asociación entre objetos es siempre unidireccional. En la Figura a) es posible llegar al objeto de TipoB a partir del objeto de TipoA, pero no existe forma alguna de realizar el camino inverso. Sin embargo, en la Figura b), desde el objeto de TipoC es posible llegar al objeto de TipoD y viceversa. En este caso, las dos asociaciones unidireccionales se convierten en la práctica en una única asociación bidireccional.*

Es importante distinguir que, mientras en una base de datos las relaciones son siempre bidireccionales, en las clases las asociaciones (relaciones) serán unidireccionales o bidireccionales. De hecho, si nos fijamos con detenimiento, no existen asociaciones bidireccionales; en su lugar, lo que hay son dos asociaciones unidireccionales. Por lo tanto, habrá que especificar qué dos asociaciones unidireccionales se vinculan para formar una bidireccional (para ello usaremos `mappepBy` cuando sea necesario).

Una asociación se define a partir de dos características:

- **La navegavilidad:** el sentido de las referencias (uni o bidireccional).
- **La cardinalidad:** el número de objetos de ambas entidades que participan en la asociación. Las posibles opciones son:
  - Uno a uno.
  - Uno a muchos.
  - Muchos a uno.
  - Muchos a muchos.

15.9.1. Uno a uno

Una asociación uno a uno es aquella en la que cada objeto de una entidad se asocia a uno y solo un objeto de la otra entidad. Pueden ser uni o bidireccionales. Los atributos que implementan las referencias tienen que anotarse con `@OneToOne`.

Uno a uno unidireccional

Mostraremos la relación uno a uno unidireccional con el ejemplo de las personas y sus mascotas. Supondremos que,

- una persona es dueña de una única mascota y
- que una mascota tiene un único dueño.

La entidad `Persona` (un dueño) tendrá un atributo para construir la asociación uno a uno (`Persona` → `Mascota`), sin embargo, hemos decidido que en la entidad `Mascota` no exista referencia alguna a su dueño. Además, tendremos que tener en cuenta que dos objetos `Persona` no referenciarán nunca el mismo objeto `Mascota`. El siguiente diagrama de clases especifica este ejemplo.

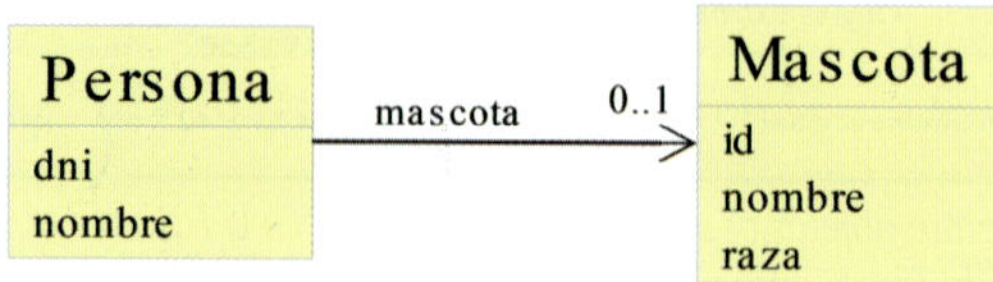

Figura 15.15. *Diagrama de clases del supuesto en el que cada persona puede tener una única mascota.*

Del anterior diagrama de clases se desprende el siguiente código:

```
@Entity
public class Persona {
   @Id
   String dni;
   String nombre;
   @OneToOne
   Mascota mascota;
   ... //resto de implementación
}
```

```
@Entity
public class Mascota {
   @Id
   int id;
   String nombre;
   String raza;
   ... //resto de implemantación
}
```

Este código se mapea en la base de datos en el siguiente esquema relacional:

- Persona(<u>dni</u>, nombre, mascota) con mascota clave foránea de la tabla Mascota.
- Mascota(<u>id</u>, nombre, raza).

Uno a uno bidireccional

Como ejemplo usaremos la relación entre un país y su bandera:

- Un país tiene una única bandera y
- una bandera solo pertenece a un país.

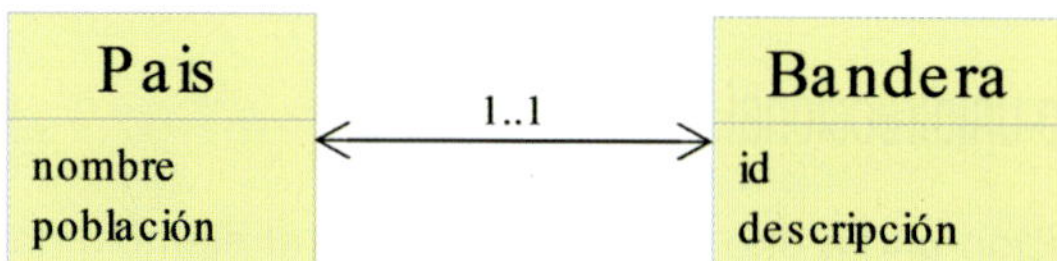

Figura 15.16. *Diagrama de clases que plasma la relación unívoca entre un país y su bandera.*

La relación existente es uno a uno y en este caso usaremos navegabilidad bidireccional. Véase el diagrama de clases de la Figura 15.16, que representa este supuesto y del que se desprende el siguiente código:

```
@Entity
public class Pais {
   @Id String nombre;
   Long poblacion;
   @OneToOne
   Bandera bandera;
   ...
}
```

```
@Entity
public class Bandera {
   @Id Integer id;
   String descripcion;
   @OneToOne (mappedBy = "bandera")
   Pais pais;
   ...
}
```

Cada atributo que implementa la relación, uno en cada entidad, se anota con `@OneToOne`, lo que genera dos asociaciones unidireccionales completamente distintas e independientes:

- `Pais` → `Bandera`: a través del atributo `bandera`.
- `Bandera` → `Pais`: a través del atributo `pais`.

El parámetro `mappedBy` de `@OneToOne` vincula dos asociaciones (unidireccionales) y las convierte en una bidireccional. En nuestro ejemplo, vincula las dos asociaciones anteriores en:

- `Pais` ↔ `Bandera`. Especificando que la relación formada por el atributo `pais` es la misma que la formada por el atributo `bandera`.

`mappdBy` solo se usa en una de las anotaciones `@OneToOne` y define, mediante el nombre del atributo de la otra asociación, que ambas (la asociación que se anota y la asociación que forma el atributo —de la otra entidad— que se especifica) están vinculadas.

Queda responder una pregunta: ¿cuál será el atributo usado como clave foránea en las tablas: `pais` o `bandera`? Se usará siempre el atributo especificado por `mappedBy`. En el argot se dice que la entidad en la que no se usa `mappedBy` es la dueña de la relación, y por tanto, será este atributo el usado como clave foránea para implementar la relación 1:1 en la base de datos.

15.9.2. Uno a muchos

Para que un objeto tenga relación con otros muchos deberá incluir algún tipo de colección, donde guardar las referencias de estos objetos. JPA solo permite asociaciones uno a muchos con atributos del tipo: `List`, `Map` o `Set`.

El atributo que construye la asociación (colección) se anota con `@OneToMany`, que admite el parámetro `cascade`.

Uno a muchos unidireccional

En este caso, usaremos como ejemplo la relación existente entre una granja y las gallinas que viven en ella. Se sabe en cada momento qué gallinas pertenecen a una granja, pero las gallinas desconocen en qué granja viven.

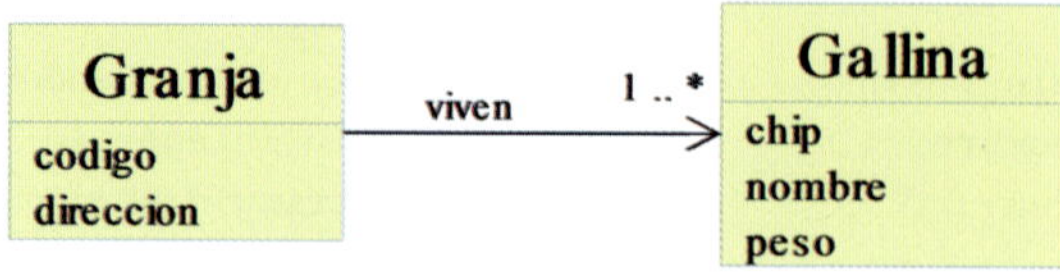

Figura 15.17. *Modelamos la relación existente entre las gallinas y la granja donde se crían.*

La implementación de estas entidades es:

```
@Entity
public class Granja {
   @Id int codigo;
   String direccion;
   @OneToMany
   List<Gallina> viven;
   ...//resto de implementación
}
```

```
@Entity
public class Gallina {
   @Id int chip;
   String nombre;
   int peso; //en gramos
   ...//resto de la implementación
}
```

El atributo `viven` de `Granja` es una colección de objetos (`List`) que define una asociación (uno a muchos) entre las granjas y las gallinas que viven en ellas. Para poder gestionar esta asociación la clase `Granja` necesitará:

- Crear en el constructor la lista `viven`, usando alguna de las clases que implementan la interfaz `List`. Por ejemplo, `viven = new LinkedList<>();`
- O disponer de un mecanismos para asignar un objeto de tipo `List` al atributo `viven`, como por ejemplo: `setViven(List viven)`.
- Y gestionar la colección, con métodos para añadir, modificar o eliminar gallinas de la lista `viven`.

JPA mapea las entidades de una relación uno a muchos con una tabla para cada entidad y una tabla intermedia que recoge las relaciones existentes. En nuestro ejemplo se creará el siguiente esquema relacional:

Granja(codigo, direccion)
Gallina(chip, nombre, peso)
Granja_Gallina(granja, gallina)
granja: clave foránea de Granja
gallina: clave foránea de Gallina

JPA se encargará de que la tabla Granja_Gallina no guarde registros que conviertan la relación en algo distinto a una relación uno a muchos.

Uno a muchos bidireccional

Usaremos como ejemplo la relación existente entre los departamentos de una empresa y los empleados que trabajan en ellos. Supondremos que en un departamento trabajan muchos empleados y que estos solo realizan su trabajo en un único departamento. Además, cada empleado conoce el departamento al que pertenece. Véase el diagrama de clase de la Figura 15.18.

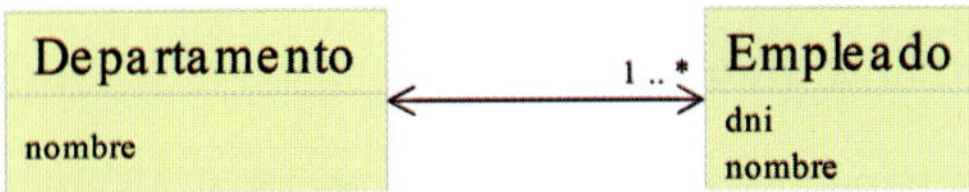

Figura 15.18. *Diagrama de clases correspondiente a una empresa con varios departamentos en los que desarrollan su trabajo los distintos empleados.*

```
@Entity
public class Departamento {
    @Id
    String nombre;
    @OneToMany (mappedBy = "dpto")
    List<Empleado> emplea;
    ...
}
```

```
@Entity
public class Empleado {
    @Id String dni;
    String nombre;
    @ManyToOne
    Departamento dpto;
    ...
}
```

Una asociación `@OneToMany` es una asociación `@ManyToOne` en sentido contrario. Como en cualquier asociación bidireccional, hemos de vincular las dos asociaciones unidireccionales que la forman mediante `mappedBy`. La anotación `@ManyToOne` no admite el parámetro `mappedBy`, lo que obliga a que este esté siempre en `@OneToMany`.

Estas entidades se mapearán en la base de datos, con el siguiente esquema relacional:

Departamento(<u>nombre</u>)
Empleado(<u>dni</u>, nombre, departamento_id)
    departamento_id: clave foránea de Departamento

15.9.3. Muchos a uno unidireccional

Como ejemplo modelaremos un concurso de talentos donde cada espectador vota a su artista favorito. Por su parte, el artista ignora qué espectadores han votado por él (Figura 15.19).

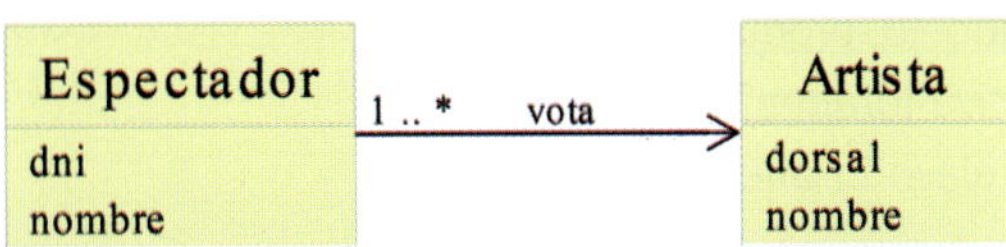

Figura 15.19. *Aplicación que gestiona los votos de un concurso de talentos.*

Del diagrama de clases se desprende el siguiente código:

```
@Entity
public class Espectador {
    @Id String dni;
    String nombre;
    @ManyToOne
    Artista vota;
    ...
}
```

```
@Entity
public class Artista {
    @Id int dorsal;
    String nombre;
    ...
}
```

15.9.4. Muchos a muchos

Una asociación muchos a muchos es siempre bidireccional. Usaremos como ejemplo para ver este tipo de asociación los pedidos de una tienda y los productos que los componen. Un pedido está formado por una serie de productos, y a su vez, un producto puede formar parte de distintos pedidos.

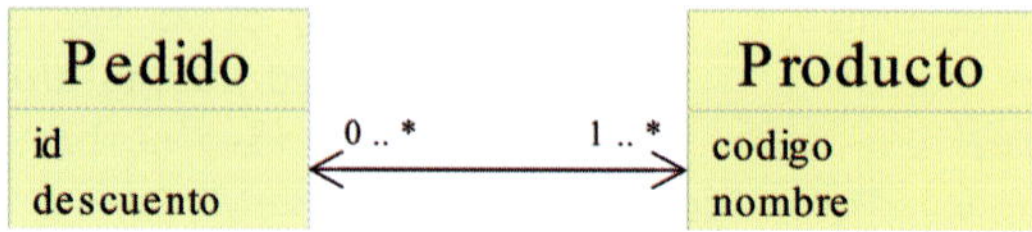

Figura 15.20. *Diagrama de clases con una relación muchos a muchos.*

```
@Entity
public class Pedido {
    @Id
    int id;
    int descuento;
    @ManyToMany
    List<Producto> productos;
    ...
}
```

```
@Entity
public class Producto {
    @Id
    int codigo;
    String nombre;
    @ManyToMany(mappedBy="productos")
    List<Pedido> pedidos
    ...
}
```

Ambas entidades dispondrán de los respectivos objetos lista e implementarán métodos para gestionarlas.

En nuestro ejemplo, a partir de las entidades `Pedido` y `Producto` se crearán en la base de datos las tablas:

Pedido(id, descuento)
Producto(id, nombre)
Pedido_Producto(pedido_id, producto_id)
    pedido_id: clave foránea de Pedido
    producto_id: clave foránea de Producto

15.9.5. Configuración de las asociaciones

Las asociaciones pueden configurarse mediante ciertos parámetros opcionales de sus correspondientes anotaciones: `@OneToOne`, `@OneToMany`, `@ManyToOne` y `@ManyToMany`.

Además del parámetro `mappedBy`, usado para vincular dos asociaciones, disponemos de:

- `cascade`, `optional` y `orphanRemoval`.

No todos los parámetros pueden usarse con una anotación. La Tabla 15.1 describe qué parámetros admiten cada una de las anotaciones de asociación.

Tabla 15.1. Parámetros que configuran las relaciones y qué anotaciones admiten su uso.

	cascade	mappedBy	optional	orphanRemoval
@OneToOne	✓	✓	✓	✓
@OneToMany	✓	✓		✓
@ManyToOne	✓		✓	
@ManyToMany	✓	✓		

Operaciones en cascada

Una operación en cascada es aquella que cuando se aplica a un objeto se propaga de forma automática a los objetos con los que tiene una asociación.

Por ejemplo, en nuestro ejemplo de la granja y las gallinas, podemos configurar la operación de persistencia en cascada, que implica que si persistimos un objeto `Granja`, se persistirán de forma automática todas los objetos `Gallina` sin necesidad de ejecutar para cada uno de ellos el método `persist()`. Igualmente, podemos aplicar el borrado en cascada, lo que implica que si decido eliminar una granja se eliminarán de forma automática todas sus gallinas.

La forma de especificar las operaciones en cascada es:

```
@anotaciónDeAsociación (cascade = {operacion1, operacion2,...})
```

Donde `operacionN`, puede sustituirse por:

- `CascadeType.PERSIST`: si se persiste un objeto, se persistirá de forma automática todos los objetos con los que mantenga una relación.
- `CascadeType.REMOVE`: si se elimina un objeto, se eliminará también (de forma automática) los objetos con los que mantenga una relación.
- `CascadeType.ALL`: cualquier operación que se efectúe en un objeto se transmitirá a los objetos con los que tiene una asociación.

Nota técnica

Existen otras operaciones (Merge, Refresh, Detach) que pueden propagarse en cascada. Incluirlas nos obligaría a profundizar en JPA, lo que, por espacio, escapa a un libro como este.

Volviendo al ejemplo de las gallinas, si solo deseamos configurar el borrado en cascada, la clase `Granja` quedará:

```
@Entity
public class Granja implements java.io.Serializable {
    ...
    @OneToMany(cascade = {CascadeType.REMOVE})
    List<Gallina> viven;
    ...
}
```

Relaciones opcionales

¿Permitimos que sea posible que un objeto no mantenga relación con otros objetos asociados? O dicho con otras palabras: ¿es la relación opcional? Que una relación sea opcional se consigue permitiendo que el atributo que crea la asociación pueda ser nulo. Por el contrario, si la relación no puede ser opcional, no será posible asignar `null` a dicho atributo.

Esto se configura mediante el parámetro `optional` al que se le asigna un valor booleano.

Si retomamos nuestro ejemplo de los dueños y las mascotas, y decidimos que todos los dueños deben tener una mascota, tendremos que especificar que la relación no es opcional:

```
@Entity
class Persona implements java.io.Serializable {
   @OneToOne(optional = false)
   Mascota mascota
   ...
}
```

Ahora hay que tener cuidado de no asignar `null` al atributo `mascota`, ya que esto no está permitido y lanzará una excepción.

Borrado de objetos huérfanos

Un objeto huérfano es aquel que se ha desconectado de una relación. Esta desconexión puede ocurrir por dos motivos: se ha eliminado el objeto que forma la otra parte de la relación o, simplemente, en el objeto que forma la otra parte de la relación se ha modificado la referencia.

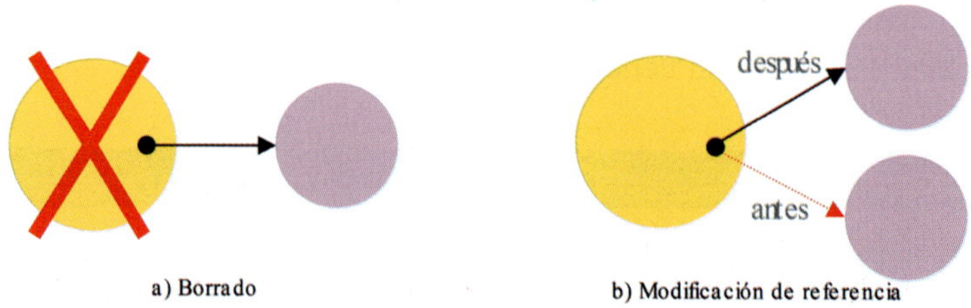

Figura 15.21. *Los dos casos en los que un objeto puede quedar huérfano: a) se borra el objeto con el que mantiene una relación; b) en el objeto con el que mantiene una relación se modifica la referencia, bien a otro objeto (como en la figura), bien anulando la referencia.*

El parámetro `orphanRemoval` especifica si los objetos huérfanos (desconectados de una relación) se mantienen (`orphanRemoval=false`) o por el contrario se eliminan (`orphanRemoval=true`).

El borrado de objetos huérfanos solo tiene sentido en relaciones uno a uno y uno a muchos, por lo tanto, el atributo `orphanRemoval` solo podrá ser utilizado con `@OneToOne` y `@OneToMany`.

Destacar que en ciertas ocasiones el borrado en cascada y la eliminación de objetos huérfanos se solapan, ya que si escribimos `cascade=CascadeType.REMOVE`, entonces `orphanRemoval=true` es redundante. Aunque, en este caso, dicho solapamiento solo ocurre al borrar objetos (caso a de la Figura 15.21). Sin embargo, el hecho de anular la referencia no conlleva una borrado en cascada, pero sí hace que entre en juego la eliminación de objetos huérfanos.

Actividad propuesta 15.7

En la asociación Amigos de los Animales cada persona es dueña de una única mascota. De cada dueño interesa recoger su DNI, nombre, edad y cuál es su mascota. De cada uno de los animales tendremos que guardar su nombre y la raza a la que pertenece. Para evitar problemas con la identificación de cada animal, añadiremos un id autogestionado. Escribe una aplicación con el siguiente menú:

1. Nuevo dueño y mascota.
2. Datos del dueño (por DNI) y su mascota.
3. Datos de la mascota (por id).
4. Mostrar todos los dueños y sus mascotas.
5. Ver todas las mascotas.
6. Baja del dueño.
7. Salir.

Cuando una persona decide darse de baja de la asociación, sus datos se eliminan, pero la información de su mascota permanece en la BD.

Actividad propuesta 15.8

Escribe una aplicación que permita gestionar los artículos escritos por distintos periodistas. Un periodista puede escribir muchos artículos y un artículo tendrá como autor a un único periodista. De cada periodista almacenaremos su nombre, DNI y número de teléfono. De cada artículo es necesario guardar el título, el año de publicación y el número de palabras que contiene.

La aplicación tendrá el siguiente menú:

1. Alta de nuevo periodista.
2. Baja de un periodista.
3. Nuevo artículo.
4. Mostrar artículos de un periodista.
5. Mostrar todos los artículos de un año.

La aplicación debe hacer uso de JPAcontroller (DAO). Es importante eliminar los artículos de un periodista cuando este se elimina.

15.9.6. JPQL con colecciones

JPQL incluye operadores que trabajan con colecciones, estos pueden usarse tanto en la cláusula WHERE como en HAVING. La sintaxis de estos operadores es:

- `colección IS [NOT] EMPTY`: indica, mediante un booleano, si la colección está (o no) vacía.
- `SIZE(colección)`: devuelve el número de elementos que forman parte de una colección.
- `elemento [NOT] MEMBER [OF] colección`: devuelve un booleano cuyo valor indica si el elemento forma parte de la colección.
- `elemento [NOT] IN colección`: es una forma alternativa de comprobar si un elemento pertenece a una colección.

Utilizando nuestro ejemplo anterior de los departamentos y los empleados, vamos a mostrar los departamentos donde no trabaja el empleado con DNI 12345.

```
Empleado empleado12345 = em.find(Empleado.class, "12345");
String jpql = "SELECT d FROM Departamento d
               WHERE :empleado NOT MEMBER OF d.emplea";
Query query = em.createQuery(jpql);
query.setParameter("empleado", empleado12345);
List<Departamento> resultado = query.getResultList();
```

En este ejemplo hemos utilizado una consulta parametrizada que muestra todos los departamentos donde no trabaja cierto empleado. En este caso, hemos asignado al parámetro nominal: `empleado` el valor del objeto referenciado por la variable `empleado12345`.

Veamos otro ejemplo: mostrar todos los departamentos unipersonales:

```
String jpql = "SELECT d FROM Departamento d
           WHERE SIZE(d.emplea) == 1"; //departamento unipersonal = 1 persona
Query query = em.createQuery(jpql);
List<Departamento> resultado = query.getResultList();
```

Algo que caracteriza a los departamentos unipersonales es que en ellos solo trabaja una persona.

15.10. Creación de entidades desde la BD

Hasta ahora, ha sido responsabilidad del programador crear las entidades y, a partir de ellas, JPA se ha encargado de crear las tablas necesarias para albergar sus objetos. Es posible realizar el camino inverso, es decir, si ya disponemos de una base de datos, podemos crear las entidades a partir de las tablas existentes.

Este mecanismo facilita la creación de las entidades para bases de datos preexistentes y libera al programador del engorroso trabajo de implementar una entidad que se amolde a las tablas.

NetBeans automatiza este trabajo creando las entidades, mediante:

1. *File > New File...*
2. En la categoría elegimos *Persistencia* y en el tipo de archivo *Entity Classes from Database.*

lo que abre un asistente que, tras seleccionar una conexión a la base de datos, permite elegir el esquema del que se construirán las entidades. El asistente permite configurar el mapeo objeto-relacional y fijar el nombre de las entidades y los atributos.

Nota técnica

NetBeans incluye por defecto una versión de las librerías del proveedor del motor de persistencia Eclipse, denominadas EclipseLink. Es posible descargar la última versión desde la dirección www.eclipse.org/eclipselink/.

Actividad propuesta 15.9

Existen una serie de torneos de ajedrez de los que es necesario conocer: su código identificativo, el nombre de torneo y la localidad donde se desarrolla. Por otro lado, hay una serie de ajedrecistas (DNI, nombre y teléfono) que participan en los distintos torneos. No nos interesa saber qué jugadores participan en cada torneo, solo quién gana cada uno de ellos. En cada torneo se proclama un único vencedor.

Diseña un script SQL que cree las tablas necesarias para recoger la información de los torneos, ajedrecistas y campeones de cada torneo. Una vez que dispongas de las tablas, crea a partir de ellas las entidades necesarias y escribe una pequeña aplicación que permita gestionar los torneos y ajedrecistas.

Actividad propuesta 15.10

Usa cualquier actividad que hayas desarrollado en el módulo de Base de Datos y crea, a partir de sus tablas, las entidades oportunas.

Escribe una aplicación que te permita gestionar la información de la base de datos.

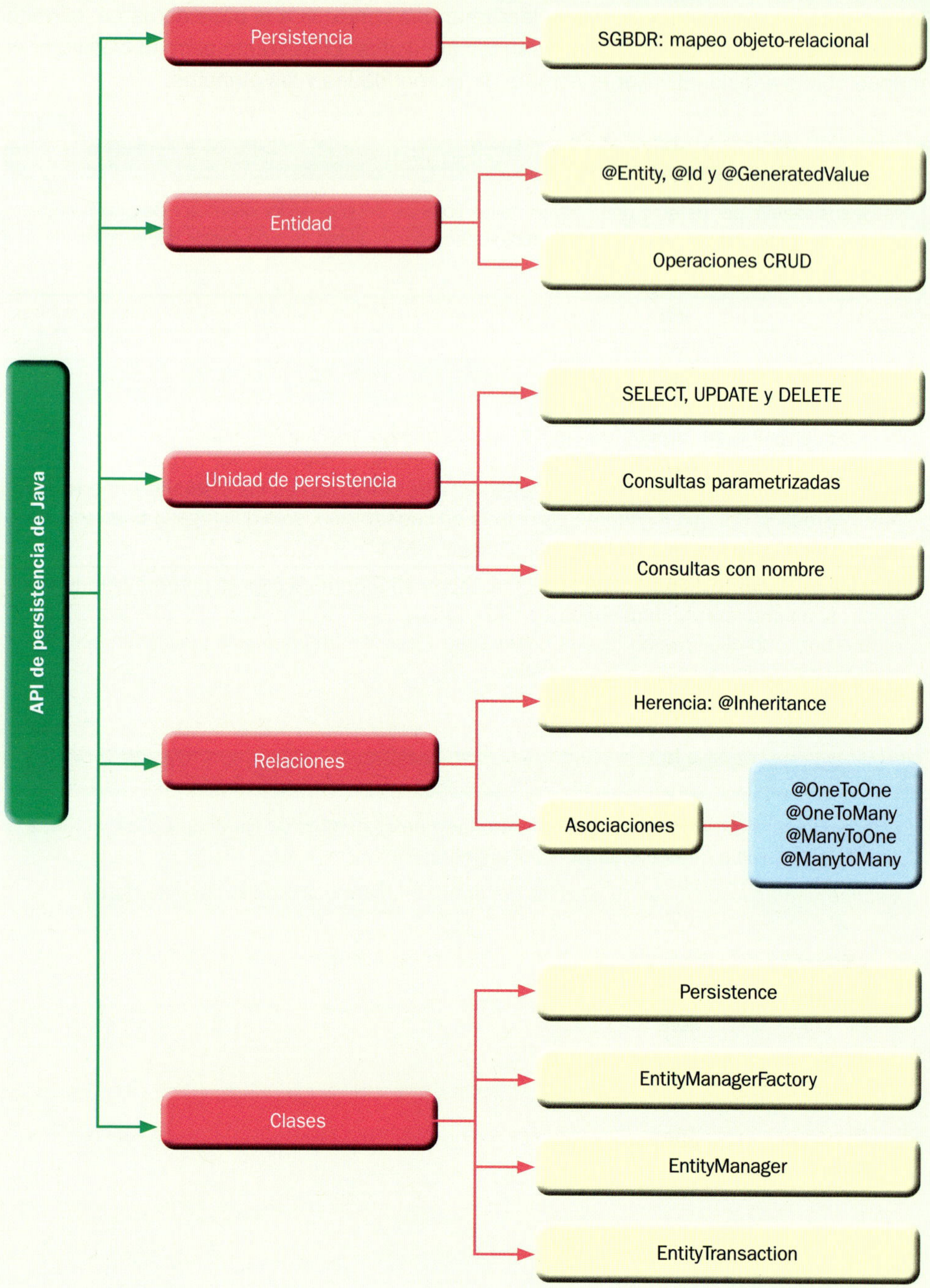
API de persistencia de Java
Persistencia
SGBDR: mapeo objeto-relacional
Entidad
@Entity, @Id y @GeneratedValue
Operaciones CRUD
Unidad de persistencia
SELECT, UPDATE y DELETE
Consultas parametrizadas
Consultas con nombre
Relaciones
Herencia: @Inheritance
Asociaciones
@OneToOne
@OneToMany
@ManyToOne
@ManytoMany
Clases
Persistence
EntityManagerFactory
EntityManager
EntityTransaction

Actividades de comprobación

15.1. La API de JPA se define en el paquete:

a) `javax.persistence`.
b) `javax.jpa`.
c) `javax.jpql`.
d) `javax.entity`.

15.2. Las clases que gestionan la persistencia en JPA tienen la particularidad de que sus objetos no se crean con `new`, sino que se utilizan métodos que construyen y devuelven los objetos necesarios. ¿Cuál es la secuencia temporal que debemos seguir para construir dichos objetos?

a) `Persistence` → `EntityManager` → `EntityManagerFactory`.
b) `EntityManagerFactory` → `Persistence` → `EntityManager`.
c) `Persistence` → `EntityManagerFactory` → `EntityManager`.
d) `EntityManager` → `Persistence` → `EntityManagerFactory`.

15.3. ¿De qué manera se devuelven los resultados de una consulta JPQL?

a) Mediante un objeto `ResultSet`.
b) Mediante un array.
c) Mediante un iterador.
d) Mediante un objeto `List`.

15.4. Si hemos elegido la estrategia JOINED para mapear la herencia en las clases que componen una familia, ¿con qué atributos se crearán las respectivas tablas?

a) Cada tabla tendrá todos los atributos (propios y heredados).
b) Cada tabla tendrá solo los atributos propios y la clave.
c) Se creará una única tabla para toda la familia.
d) La forma de crear las tablas dependerá del SGBD utilizado.

15.5. ¿En qué anotaciones es posible utilizar el parámetro `orphanRemoval`?

a) `@OneToOne`.
b) `@OneToOne` y `@OneToMany`.
c) `@OneToOne`, `@OneToMany` y `@ManyToMany`.
d) Todas las anotaciones de asociación admiten el parámetro `orphanRemoval`.

15.6. El parámetro `mappedBy` puede usarse en todas las anotaciones de asociación, excepto en una. ¿En cuál?

a) `@OneToOne`.
b) `@OneToMany`.
c) `@ManyToOne`.
d) `@ManyToMany`.

15.7. En las relaciones (asociaciones), ¿cuáles permiten realizar operaciones en cascada?

a) `@OneToOne` y `@OneToMany`.
b) Todas permiten operaciones en cascada.
c) Todas excepto `@ManyToMany`.
d) Solo `@ManyToMany`.

15.8. **Indica cuál de las siguientes frases es cierta con respecto a las consultas parametrizadas:**

a) Es posible mezclar parámetros posicionales y parámetros nominales.
b) No es posible mezclar parámetros posicionales y nominales.
c) En la cláusula WHERE solo se permite utilizar un tipo de parámetros (nominales o posicionales), pero es posible utilizar otro tipo distinto de parámetros en la cláusula HAVING.
d) Todas las respuestas son falsas.

15.9. **Indica qué método de `EntityManager` recupera los datos de una entidad de la BD a partir de la clave y devuelve un objeto:**

a) `read()`.
b) `load()`.
c) `find()`.
d) `create()`.

15.10. **Señala la opción incorrecta con respecto a la ejecución de sentencias en JPQL:**

a) `getResultList()` se utiliza para ejecutar sentencias SELECT.
b) `executeUpdate()` se utiliza para ejecutar sentencias UPDATE.
c) `executeUpdate()` se utiliza para ejecutar sentencias DELETE.
d) `executeDelete()` se utiliza para ejecutar sentencias DELETE.

Actividades de aplicación

15.11. Escribe una aplicación para la gestión de una gasolinera. Hay que registrar cada vez que un cliente realiza un repostaje. Existen dos tipos de repostajes:

- Normal: se guarda la fecha, la hora y el importe.
- Factura: se guarda la fecha, la hora, el importe del repostaje, el DNI del cliente y la matrícula del vehículo.

También es necesario llevar el control de cuándo los camiones cisterna rellenan los depósitos de la gasolinera. Cuando esto ocurre, hay que almacenar la cantidad de litros, el tipo de combustible (gasoil, gasolina 95, gasolina 98...) y el importe total del combustible.

La aplicación tendrá el siguiente menú:

1. Repostaje normal.
2. Repostaje factura.
3. Ver todos los repostajes.
4. Importe total combustible vendido.
5. Llenado de depósito.
6. Eliminar último llenado de depósito.
7. Ver todos los llenados de depósito.

Las dos primeras opciones insertan en la BD los datos de los repostajes. La tercera opción muestra todos los repostajes que se han realizado. La cuarta opción visualiza el

importe total del combustible vendido. La opción «Llenado de depósito» guarda en la base de datos la información de cuándo un camión cisterna surte de combustible a la gasolinera. En el caso de que un operario se equivoque al introducir los datos del llenado de depósito, existe la posibilidad de eliminar el último que se ha realizado.
Nota: Todos los atributos que almacenen datos temporales (fechas u horas) deben anotarse con `@Temporal`.

15.12. Escribe una aplicación para gestionar una flota de taxis. La aplicación tiene que almacenar los siguientes datos:

- De cada taxista: nombre, DNI y fecha de nacimiento.
- De cada taxi: precio, matrícula y número de plazas.

Cuando empieza el turno de un taxista se le asigna uno de los taxis que no está siendo utilizado por nadie. Cada taxista, durante su jornada laboral, y hasta que esta concluya, será responsable del taxi asignado. Cuando finaliza el trabajo de un taxista, devuelve el taxi utilizado, que estará libre para asignarlo a otro trabajador.
La aplicación tendrá el siguiente menú:

1. Alta de nuevo taxista.
2. Alta de nuevo taxi.
3. Comienzo de la jornada taxista.
4. Fin de la jornada taxista.
5. Información de un taxista y su taxi.
6. Mostrar taxistas trabajando.
7. Mostrar taxistas fuera de servicio.
8. Salir.

Para facilitar el trabajo de los usuarios de la aplicación, cada vez que se solicite un DNI o una matrícula, se mostrará un listado con los datos disponibles. Por ejemplo, cuando se quiere finalizar la jornada de un taxista, antes de pedir el DNI, se puede mostrar todos los taxistas que están trabajando.

15.13. Cuando un alumno se matricula en un instituto se le asigna un portátil para trabajar. Mientras el alumno esté matriculado, usará siempre el mismo portátil. Es imprescindible conocer en todo momento qué portátil tiene un alumno y a qué alumno corresponde un portátil.

De cada alumno tendremos que guardar su número de alumno, nombre y teléfono. De cada portátil tendremos que guardar el número identificador (una pegatina que se le pone a cada equipo con un número diferente), su marca y modelo.
Diseña una aplicación con el siguiente menú:

1. Matrícula de alumno.
2. Baja de un alumno.
3. Alta de portátil.
4. Portátil de un alumno.
5. Alumno que usa un portátil.
6. Ver todos los alumnos.
7. Salir.

Nota: Hay que tener cuidado de que las tablas que se generan en esta actividad puedan interferir con las de otras actividades donde también se usan las entidades `Alumno` y `Portatil`, pero con distintos atributos.

15.14. Diseña un programa que a partir de los datos introducidos en la Actividad propuesta 15.8, muestre:

- Un informe de todos los periodistas que no han escrito ni un solo artículo.
- Un informe de todos los periodistas que han escrito más de dos artículos.

Realiza dos versiones: la primera hará uso de JPQL y la segunda utilizará las herramientas proporcionadas por el objeto DAO.

15.15. Diseña un programa para la Federación Internacional de Petanca, que necesita gestionar los distintos equipos y los jugadores que los forman. Cada equipo tiene un nombre y está compuesto por un máximo de cinco jugadores. A cada equipo JPA le asignará el NIE (número identificativo del equipo) que sirve para identificarlo.

De cada jugador es necesario guardar su nombre y puntuación máxima. A cada jugador JPA le asigna el NIJ (número identificativo del jugador), que es un número que identifica a cada jugador.

Hay que contemplar que los jugadores pueden traspasarse de un equipo a otro y pueden estar temporalmente sin equipo. La aplicación tendrá el siguiente menú:

1. Nuevo equipo.
2. Baja equipo.
3. Alta de jugador.
4. Asignación de un jugador a un equipo.
5. Mostrar un equipo.
6. Mostrar todos los equipos.
7. Mostrar todos los jugadores.
8. Salir.

La opción «Mostrar un equipo» visualizará la información de un equipo y de todos sus jugadores. Sin embargo, la opción «Mostrar todos los equipos» solo mostrará la información de los equipos (no la información de sus jugadores).

15.16. El Club de Fans de Harry Potter nos ha pedido que creemos una aplicación para llevar el control de todos sus miembros. De cada uno de ellos es necesario guardar su nombre, DNI y con qué casa de Hogwarts se sienten más identificados (Gryffindor, Hufflepuff, Ravenclaw, Slytherin o cualquier otra que se añada). La aplicación debe permitir que un fan se cambie de casa cuando quiera.

La aplicación creará por defecto las cuatro casas que aparecen en los libros, pero se permite la creación de más casas. De cada casa es necesario guardar su nombre y un número identificativo que se le asigna por el usuario.

Nota

Para facilitar la resolución de las siguientes actividades es necesario descargar de la web de la Editorial Paraninfo el script BarcosMarineros.sql, que crea las tablas Barcos y Marineros, e inserta una serie de datos. Las tablas tienen el esquema relacional:

Barco(<u>matricula</u>, nombre, nacionalidad, capacidadCarga, esVelero)

Marinero(<u>numMar</u>, nombre, puesto, sueldo, barco)

barco: clave foránea de Barco.

15.17. Crea desde NetBeans y a partir de las tablas Barco y Marinero las entidades `Barco` y `Marinero`.

15.18. Escribe una consulta JPQL que permita mostrar todos los barcos. Aprovecha la consulta para mostrar todos los marineros que trabajan en cada barco.

15.19. Muestra los marineros que no tienen asignado ningún barco.

15.20. Lee por consola un puesto (capitán, grumete, vigía, etc.) y muestra todos los barcos que llevan al menos un marinero con esa especialidad a bordo.

15.21. Muestra los barcos que no tienen asignado ningún marinero.

15.22. Muestra todos los barcos que tienen cinco o más marineros que trabajan en ellos.

15.23. Muestra el número de marinero, nombre, puesto y sueldo de todos los marineros ordenados por su puesto, y dentro del puesto, ordenados por el sueldo.

15.24. Muestra el sueldo medio que percibe cada uno de los puestos (capitanes, grumetes, etc.). Ordena el informe alfabéticamente por el puesto.

Actividades de ampliación

15.25. La capa de persistencia crea las tablas y atributos de la base de datos (en mayúsculas) a partir de los identificadores de las entidades y sus atributos. Existen anotaciones como `@Table` y `@Column` que, mediante su parámetro `name`, permiten configurar los nombres de las tablas y atributos. Realiza una búsqueda en la documentación de JPA de estas anotaciones y prueba su uso en alguno de los proyectos realizados.

15.26. En ocasiones, no es necesario guardar los valores de cierto atributo de una entidad en la base de datos. JPA permite obviar un atributo anotándolo con `@Transient`. Junto a tus compañeros indaga sobre el uso de esta anotación e idea algún ejemplo donde sea necesario su uso.

15.27. JPA dispone de mecanismos para que ciertos métodos (denominados *callbacks*) se ejecuten de forma automática cuando ocurre un evento. Estos funcionan junto a una serie de anotaciones. Formad grupos de manera que cada grupo realice una pequeña presentación del uso y un ejemplo de las siguientes anotaciones (a razón de una anotación por grupo): `@PrePersist`, `@PostPersist`, `@PreUpdate`, `@PostUpdate`, `@PreRemove`, `@PostRemove`, `@PostLoad`.

15.28. Otro aspecto avanzado de JPA son los listener, clases que agrupan los métodos que se ejecutan cuando ocurre un evento. Busca en internet el uso y la configuración de los listener y realiza un ejemplo donde se usen.

15.29. En ciertas ocasiones, no es posible definir un identificador en una clase. Las instancias de estas clases sin identidad tendrán que insertarse en otras entidades que sí dispongan del correspondiente identificador. Explora con la ayuda de la documentación de JPA las anotaciones `@Embeddable` y `@Embedded`. Plantea y resuelve un problema que haga uso de estos conceptos.

15.30. Una forma alternativa de identificar los objetos de una entidad, en lugar de `@Id`, es usar `@EmbeddId`, que permite utilizar identificadores compuestos. Diseña una aplicación que permita realizar las operaciones CRUD con las mascotas de un centro veterinario. La forma de identificar a cada mascota será mediante el número identificador de su propietario y por su nombre.

15.31. Como hemos visto, JPA está formada por multitud de clases, constantes, anotaciones, etc. Quizá manejar tanta información sea complicado. Por ello, una buena idea puede ser crear un portafolio que incluya un resumen de toda la documentación que hemos visto, además de aquella sobre la que hemos investigado.

Realizad dicho trabajo en grupos de dos o tres y, cuando esté terminado, haced una puesta en común con el resto de los grupos.

Toda la información recopilada puede ser de gran ayuda para realizar futuras aplicaciones, por eso, es fundamental tenerla bien organizada y accesible de forma cómoda.

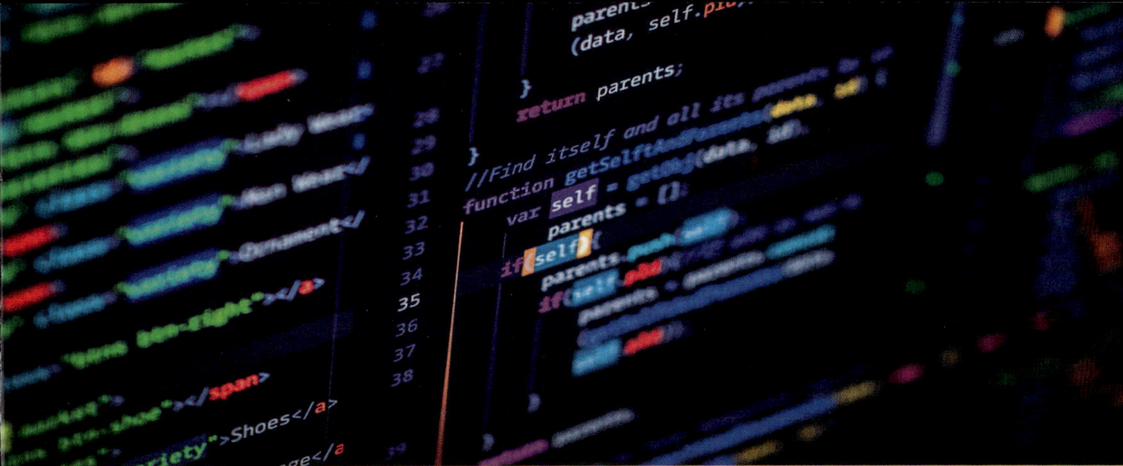

Enlaces web de interés

Sitio oficial de NetBeans

netbeans.org/

(Portal web de uno de los IDE más utilizados)

Rosetta Code

rosettacode.org

(Sitio web que es una crestomatía de programación con implementaciones de algoritmos comunes)

W3 Schools

www.w3schools.com/

(Portal web educativo dedicado al aprendizaje de tecnologías web. Incluye tutoriales y manuales de multitud de lenguajes)

Documentación de Oracle

docs.oracle.com

(Oracle Corporation es una compañía especializada en el desarrollo de soluciones informáticas)

Stack Overflow

stackoverflow.com

(Sitio de preguntas y respuestas para programadores profesionales y aficionados)

GeeksforGeeks

geeksforgeeks.org

(Un portal de ciencias de computación para *geeks*)

Baeldung

baeldung.com/java-tutorial

(Portal de ayuda a los desarrolladores y a la exploración del ecosistema Java)